U0143282

五代十國文獻叢書

杜文玉 主編

國家出版基金項目
NATIONAL PUBLICATION FOUNDATION

五代十國史料輯存 二

杜文玉 編

鳳凰出版社

二、經濟類

1. 通論

五代五十年間,易姓告代如翻鏊上餅。然官爵益濫,小人乘君子之器,富貴出於非意,視國家安危如秦越不相謀,故將相大臣得以竊享燕安。當時貴勢,以筵具更相尚,陸珍水異,畢集於前,至於方丈之案不勝列,傍挺二案翼之。珠花玉果,蔬笋鮓醢,糖品香劑,參差數百,謂之"綽楔臺盤"。御宴官家,例不能辦。

(宋)陶穀:《清異録》卷下

《清異録》:五代時,貴勢以筵具更相尚,陸珍水異,畢集於前。至於方丈之案不勝列,傍挺二案翼之。珠花玉果,蔬笋鮓醢,糖品香劑,參差數百,謂之"綽楔臺盤"。

(清)陳元龍:《格致鏡原》卷二六

梁太祖開平二年十一月,兩浙節度使奏:"差使押茶貨往青州,回變供軍布衫段送納。"

(宋)王欽若等編纂:《册府元龜》卷四八四《邦計部》

潞王之發鳳翔也,許軍士以入洛人賞錢百緡。既至,閱府庫實金帛不過三萬匹、兩,而賞軍之費應用五十萬緡,乃率京城民財,數日僅得數萬緡。執政請據屋爲率,無問士庶,自居及僦者預借五月僦直,百方斂民財,僅得六萬。帝怒,下軍巡使獄晝夜督責,囚繫滿獄,貧者至自經死,而軍士游市肆皆有驕色。時竭左藏舊物及諸道貢獻,乃至太后、太妃器服簪珥皆出之,才及二十萬緡。帝患之,李專美言於帝曰:"竊思自長興之季賞賚亟行,卒以是驕。繼以山陵及出師,帑藏遂涸。雖有無窮之財,終不能滿驕卒之心,故陛下拱手於危困之中而得天下。夫國之存亡,不專係於厚賞,亦在修法度、立紀綱。陛下苟不改覆車之轍,臣恐徒困百姓,存亡未可知也。今財力盡於此矣,宜據所有均給之,何必踐初言乎?"帝以爲然。軍士無厭,猶怨望。

(元)馬端臨:《文獻通考》卷二三《國用考一》

(同光)四年正月壬戌,制曰:"蓋聞兵者凶器,戰者危事,故聖王不得已而任之。是以大兵之後,必有凶年。朕自收復汴州,戡定蜀郡,雖當時秋毫無犯,而已前乃十載勞師,每歲傷夷,寧無災殃?言功於己,曾莫繼於百王;語德於人,況未洽於兆庶。遂至去歲,水潦爲灾,自京以東,幅員千里,田疇悉多荒廢,人户未免流亡,賦租既輸納不充,軍食又轉運未及,物價騰踊,人心煎熬。既視人以如傷,每敬天而忘戒。朕近欲親幸梁宋,遍恤生靈,又恐大駕省方,百司雲從,道途寧免勞擾,州縣復備供承,轉慮凋殘,莫知收濟。朕自今月三日已後避正殿,減常膳,徹樂省費,以答天譴。應同光三年經水灾處有不迨及逃移人户差科夏秋兩稅及諸拆配色,委長吏切加點檢,並與放免;仍一年內不得雜差遣見在者,加意撫恤。流徙者設法招携其田宅,無信有力人户占射,及鄰近毀拆,務令歸復,以惠傷殘。且念給養兵戎,撫綏疲瘵,冀連營而粗濟,思比屋以乂安。危困生靈,倍懷憂切。近者爰頒御札,務切濟時,有所便宜,朕無不聽。近歲賦稅,尚恐懸闕,遠年逋欠,豈可督徵?不惟虛係於簿書,兼亦轉困於生聚,致其流散,職此之繇。應壬午年已前百姓所欠秋夏殘稅及諸色課利錢物,先有敕文,悉已放免。近聞或不遵守,依前却有徵收,仰下租庸司及諸道州府切準前敕處分。如或更有違越,任百姓詣闕論訴,當議勘窮以定贓罪。其同光元年當戰伐之後,是平蕩之初,人户流離,多未復業,困於租賦,須議矜蠲,其諸色殘欠差稅及不迨係官課利並與放免,分明曉告,各遣聞知。又輦轂之中,郊甸之內,時物踴貴,人户飢窮。訪聞自陝以西遐及邠鳳,積年時熟,百穀價和,縱未能別備於貢輸,亦宜廣通於糶糴。近聞輒有稅率,已曾降敕指揮,尚慮關鎮,阻滯行人,增長物價,仰所在長吏切加檢勘,以濟往來,推救災恤患之心,明奉國憂人之道。又京圻之內,自全義制置已數十年,每聞開墾荒蕪,勸課稼穡,曾無歉歲,甚有餘糧,公私貯蓄極多,收藏未肯出糶,欲俟厚價,頗失衆情。宜令中書門下條流。應在京及諸縣有停貯斛斗,並宜減價出糶,以濟公私。如不遵行,即仰聞奏,別具檢括,仍委河南府切詳敕命處分。伐罪吊人,既叶前王之令;推恩布澤,敢忘當代之憂?應三川管內王衍父子僞署將相文武官及諸色職吏等,除罪名顯著已從刑憲外,脅從者固是無辜,同惡者亦以歸命,一切釋放,更不勘尋,仍不得將今日已前事干有告論,貴宣曠蕩之澤,以安反側之心。我國家奄有四海垂三百年,西之日入,罔不來賓,凡有遐方,皆我赤子,久陷僭僞,寧無憫嗟?應三蜀管內百姓除秋夏兩稅及三司舊額錢物斛斗並繼岌、崇韜申奏減落徵收外,所有無名配率急徵橫斂毒害生靈者,更委本道新除節度使上後於館內一一檢勘,細具聞奏,當與放免,俾惠傷殘。應在京及天下州府凡有繫囚,除十惡五逆、官典犯贓、屠牛鑄錢、光火劫舍、持刃殺人准律常赦不原外,合抵極刑者遞減一等,並貸餘生;其次罪等悉與減降疏理釋放,不得久有禁繫。自同光元年後,或有犯罪流人情非巨蠹者,並許歸還。應行營及在京諸軍皆役管健,偶因過犯,便至奔逃,懷憂懼以離家,忍飢寒而在外,事非在已,情亦可矜,委所在如有此色人,切加招撫,或要却歸都幕,或願遂便營生,盡舍愆尤,悉皆聽許。春以生而秋以殺,天之道也;德以教而刑以威,君之政也。朕惟寡薄,敢忘憂勤,唯將德惠,以臨人庶,免灾害之及物。既垂天戒,未致時雍,爰施布澤之文,是表責躬之道。中外臣庶,遐邇生靈,宜體朕懷,罔有不敬。"是時天下州府相繼奏户籍流亡及舉家凍殍者數千,帝憂恐,減膳徹樂,故降此德音,蠲除雜賦,人已流殫,無所及也。

　　(宋)王欽若等編纂:《冊府元龜》卷九二《帝王部》

後唐莊宗既滅梁,宦官勸帝分天下財賦爲内、外府,州縣上供者入外府、充給費;方鎮貢獻者入内府,充宴游及給賜左右。於是外府常虚竭無餘,而内府山積,及有司辦郊祀,乏勞軍錢。郭崇韜頗受藩鎮饋遺,或諫之,崇韜曰:"吾位兼將相,禄賜巨萬,豈借外財?但僞梁之世,賄賂成風,今河南藩鎮皆梁舊臣,主上之仇讎也,若拒其意,能無懼乎?吾特爲國家藏之私室耳。"至是,首獻勞軍錢十萬緡,因言於上曰:"臣已傾家所有,以助大禮。願陛下亦出内府之財,以賜有司。"上默然久之,曰:"吾晉陽自有儲蓄,可令租庸輦取以相助。"於是取李繼韜私第金帛數十萬以益之。繼韜時以誅死。軍士皆不滿望,始怨恨有離心矣。

(元)馬端臨:《文獻通考》卷二三《國用考一》

後唐明宗天成元年四月,制曰:"先皇帝運關外之資糧,俱洛中之戎馬,遂致百姓困弊,不勝饋挽之勞。今則須爲制置,令度支與總管司會定在京兵數,據所供饋積貯京師。其近畿糧儲,可令諸軍就食。其租庸司先將係省錢與人,回圖所供課利,或爛茶弊物,積年之後,和本乾没,爲弊最深。宜令盡底收納,以塞幸門。

(宋)王欽若等編纂:《册府元龜》卷四八四《邦計部》

(天成元年)八月乙未,汴州奏:"兵額數廣,税物不多。切慮年終,供饋有闕。支郡舊管澶州,伏乞却歸當道。"從之。

(宋)王欽若等編纂:《册府元龜》卷四八四《邦計部》

(天成)三年三月三司使奏:"河陽、白波、鞏縣見有軍儲百萬餘斛、草二百七十萬束。"

(宋)王欽若等編纂:《册府元龜》卷四八四《邦計部》

長興二年四月,太子賓客裴皋上言:"以京師牛馬多,草價貴。請畿内種禾者,放地頭錢。及甸服之内,舟船所通,沿河置場買草。每至春、夏,即官中出賣。"

(宋)王欽若等編纂:《冊府元龜》卷四八四《邦計部》

(長興)三年十二月乙亥,三司使馮贇奏:"奉聖旨賜內外臣僚節料,羊計支三千口。"帝曰:"不亦多乎?"范延光奏曰:"供御厨及內史食羊,每日二百口,歲計七百萬餘口。釀酒糯米二萬餘石。"帝聞奏,歔容良久,曰:"支費大過,如何減省?"初,莊宗同光時,御厨日食羊二百口,當時物論,已爲大侈。今羊數既同,帝故駭心。

(宋)王欽若等編纂:《冊府元龜》卷四八四《邦計部》

(長興)四年二月癸丑,帝御中興殿,樞密使范延光曰:"緣邊屯戍兵士,人馬支費,月計極多。若春、夏之交,便有霖雨,山水湍險,軍無興舉之理。應緣邊兵馬,請移於近裏州郡,以便芻糧。"從之。帝因問延光內外見管馬數,對曰:"見兵馬數,管騎軍三萬五千。"帝撫髀嘆曰"朕從戎四十年,太祖在太原時,騎軍不過七千。先皇與汴家二十年較戰,自始至終,馬數裁萬。今有鐵馬三萬五千匹,而不能使九州混一,是吾養士卒,練將帥之不至也。吾老矣焉?將奈何?"延光奏曰:"臣每思之,國家養馬太多。試計一騎士之費,可贍步卒五人。養三萬五千騎,抵十五萬步卒。既無所施,虛耗國力。臣恐一年不易。"帝曰:"誠如卿言,肥騎士而瘠吾民,何負哉?"八月,賜侍衛親軍優給有差。時月內再有頒給,自茲府藏無餘積矣!

(宋)王欽若等編纂:《冊府元龜》卷四八四《邦計部》

(長興四年)十一月辛巳,朱弘昭、馬贇曰:"臣等自蒙重委,計度國力盈虛,而支給常若不足者,直以賞軍無等,買馬太多之弊也。若不早爲節限,後將難濟。宜嚴敕西北邊鎮守,比後請禁止其來。"

(宋)王欽若等編纂:《冊府元龜》卷四八四《邦計部》

閔帝應順元年正月,洋州節度使孫漢韶上言:"於洛谷路造倉舍。”三月,討鳳翔。西京留守王思同上言:“度支支供軍錢一千萬。”末帝即位,改元清泰。太后、太妃出宮中衣服、器用、簪珥之屬,令主者陳於帝庭,以助勞軍也。帝朝太后辭之,不獲。初,三司計用賞軍錢五十萬,及率士庶房課搜索,質兼貢物及二十萬。兩宮知之,故有斯助。

(宋)王欽若等編纂:《册府元龜》卷四八四《邦計部》

(應順)二年六月甲申,以邊軍儲運不給,詔北面總管,以河東諸州民户,有多積粟、菽者,量事抄借,以益軍儲。乙酉,詔鎮州輸絹五萬匹於北面總管府,博糴軍儲。

(宋)王欽若等編纂:《册府元龜》卷四八四《邦計部》

(應順二年)七月甲午,北面總管言邊軍乏芻糧,其安重榮巡邊兵士,欲移振武就軍食。從之。

(宋)王欽若等編纂:《册府元龜》卷四八四《邦計部》

(天福元年)閏十一月壬午,敕:“覆車難襲,弊政宜遷。恤鄉邑之瘡痍,救民人之苦疾。其北京管内鹽鐺户,合納逐年鹽利,昨者僞命指揮,每斗須令人户折納白米一斗五升。極知百姓艱苦,自今後,宜令人户以元納食鹽石斗數目,每斗依時價計定錢數,以錢數取人户便穩,折納斛斗。一人湯沐之奉,實在王畿兆民。凋弊之風,宜行仁恕。其洛京管内,逐年所配人户食鹽,起從來年每斤特與量減價錢十文。”

(宋)王欽若等編纂:《册府元龜》卷四九四《邦計部》

晉高祖初即位,改元天福,敕制曰:“悉力爲時,罄財助國,苟不推於恩命,亦何示於賞酬。自舉義以來,應借率人户及經抄括商旅資財、錢物,委所司明置文籍,候平定之後,當議給還。”

(宋)王欽若等編纂:《册府元龜》卷四八四《邦計部》

(天福)二年九月丁卯,據度支奏:應請假入覲省朝人,皆是等第。支賜茶、藥,自前委所司以諸進到者給。今諸庫並無見在,今後應有請假臣僚,欲請權住支。候有進到,即依舊支賜。從之。

(宋)王欽若等編纂:《冊府元龜》卷四八四《邦計部》

周廣順元年五月內鄴都王殷言:奉宣以去年諸倉羨餘斛斗,留一萬石本府公使,餘係籍管。從之。

(宋)王欽若等編纂:《冊府元龜》卷四八四《邦計部》

(顯德)五年五月辛巳朔,帝御崇元殿。禮畢,內降德音曰:"疆場未寧,旗鼓下出師之命;氛霾既靜,雲雷覃及物之恩,四維張而載戢五兵,武功成而必修文德。朕戎衣再御,三載親征,令行而霆霹爭雄,陣起而龍蛇合勢。蓋舟車之所及,諒聲教以咸臻,敢言涼德之懷柔,實賴忠臣之宣力。積水激朝宗之浪,事等疏川;客星回拱極之光,瑞增懸象。今則斗柄建午,火正司南,順玄穹長養之心,伸有國亭毒之令。睠彼戎士,咸遵武經,或從我征行,久服勤於甲胄;或守茲城邑,能安定於封圻。宜舉彝章,首膺懋賞。應侍衛殿前及諸道馬步軍將士等各賜等第優給,餘從宣命處分。疾風勁草,既驗忠誠;臨難捐軀,所宜旌異。應淮南行營將士歿於王事者,各與贈官,逐人若有親嫡子孫,並與敘錄;內有傷中殘廢不任征行者,等第各給救接錢帛。排難疆場,馬革無慚於壯志;遺骸暴露,牛岡有軫於深仁。載尋掩骼之文,俾什窮泉之恨。凡經戰陣處應有暴露骨骸,仰逐處州縣收拾埋瘞。淮南界內逐處墳墓有曾遭發掘處,委逐處州縣差人掩閉。用兵之際,力役是供,當矜貸之在展,諒優給之宜被。自去年十月後來,沿淮人户曾充夫役,內有遭傷殺不回者,本家各給絹三匹,仍放免本户下三年諸雜差役。江南疲俗,克復方新,特示蠲除,俾令存濟。楊、泰、通、滁、和、濠、泗、楚、光、壽、舒、廬、蘄、黃州、漣水、漢陽、汶川等縣,自去年終已前所欠秋夏殘稅及諸色徵科配斂博徵物色等,並與除放。自東南用兵,首尾三載,沿淮州郡應奉軍期,飛挽頻仍,力役勞並。念其艱苦,深軫所懷。其徐、宿、宋、亳、陳、潁、許、蔡等州人户所欠去年秋夏稅,並與除放。於戲! 江表來賓,顧車書之已混;寰中未义,資將相之同心。所宜共率憲章,勔遵王度,咨爾三事,達於庶官,當整嘉謀,弼予不逮。"

（宋）王欽若等編纂:《册府元龜》卷六六《帝王部》

詔旨謂:"民力困敝,財賦未强。"臣等議之,國家革五代諸侯之暴,奪其威權,以度支財用,自贍天下之兵。歲月既深,賦斂日重,邊事一聳,調率百端,民力愈窮。農功愈削,水旱無備,稅賦不登,減放之數,動逾百萬。今方選舉良吏,務本安民,修水旱之防,收天地之利。而更嚴著勉農之令,使天下官吏專於勸課,百姓勤於稼穡,數年之間,大利可見。又山海之貨,本無窮竭,但國家輕變其法,深取於人,商賈不通,財用自困,今須朝廷集議,從長改革,使天下之財,通濟無滯。又減省冗兵,量入以出,則富强之期,庶有望矣。

（宋）李燾:《續資治通鑒長編》卷一五〇,仁宗慶曆四年(1044)

宋興而吳、蜀、江南、荆湖、南粵皆號富强,相繼降附,祖宗因其畜,守以恭儉簡易。

（元）馬端臨:《文獻通考》卷二四《國用考二》

2. 農業(土地)

梁大祖開平三年八月己卯,幸西苑觀稼。

（宋）王欽若等編纂:《册府元龜》卷一九八《閏位部》

(開平)四年二月己丑,出光政門,至谷水觀麥。

（宋）王欽若等編纂:《册府元龜》卷一九八《閏位部》

(開平)五年二月甲子,幸曜村民舍閱農事。

（宋）王欽若等編纂:《册府元龜》卷一九八《閏位部》

乾化元年五月癸巳,觀稼于伊水。

    (宋)王欽若等編纂:《冊府元龜》卷一九八《閏位部》

(乾化元年)八月戊辰,幸故上陽宮,至榆林觀稼。

    (宋)王欽若等編纂:《冊府元龜》卷一九八《閏位部》

梁韓建,唐末爲華州刺史。建少勤農稼,尤加勸課,曲盡其能。在華數年,軍民饒衍。

    (宋)王欽若等編纂:《冊府元龜》卷六七八《牧守部》

後唐莊宗同光三年三月,西京奏:制置三白渠,起置營田務一十一。

    (宋)王欽若等編纂:《冊府元龜》卷五〇三《邦計部》

藝祖取天下之後,戶三百九萬。

    (清)徐松輯:《宋會要輯稿》食貨一二之一

太祖建隆元年十月,吏部格式司言:"準周廣順三年敕:天下縣除赤縣、次赤、畿、次畿外,其餘三千戶已上爲望,二千戶已上爲緊,千戶已上爲上,五百戶已上爲中,不滿五百戶爲中下。"

    (清)徐松輯:《宋會要輯稿》食貨六九之七七

至道元年六月,詔復天下郡國戶口版籍。自唐末四方兵起,版籍亡失,故戶口、稅賦莫得周知。至是,始命復造焉。

    (清)徐松輯:《宋會要輯稿》食貨六九之七八

後唐明宗天成二年四月,駕出北門觀麥。翊日,謂侍臣曰:"昨日出城,詢諸父老,苗稼滋潤,牛驢皆肥,喜形於色,朕亦樂之。"左右皆賀。是月,蔡州進新繭,宣示庭臣。

（宋）王欽若等編纂:《冊府元龜》卷七〇《帝王部》

明宗天成二年八月,户部員外郎知詔誥于嶠上言,請邊上兵士起置營田,學趙充國、諸葛亮之術,庶令且戰且耕,望致輕徭。

（宋）王欽若等編纂:《冊府元龜》卷五〇三《邦計部》

《通鑒》記周太祖放免租牛。晉天福四年,户部已申放矣。

（宋）程大昌:《演繁露》卷七

漢之法制,大抵因秦,而隨宜損益,不害其爲炎漢。唐之法制,大抵因隋而小加振飾,不害其爲盛唐。國家當五季衰亂之後,其究不下秦、隋,然一時設施,固亦有可采取。案周世宗顯德二年,詔:“應逃户莊田,並許人請射承佃,供納稅租。如三周年内本户來歸者,其桑田不計荒熟,並交還一半。五周年内歸業者,三分交還一分。如五周年外,除本户墳塋外,不在交付之限。其近北諸州陷蕃人户來歸業者,五周年内三分交還二分,十周年内還一半,十五周年内三分還一。此外者,不在交還之限。”其旨明白,人人可曉,非若今之令式文書,盈於几閣,爲猾吏舞文之具,故有捨去物業三五十年,妄人詐稱逃户子孫,以錢買吏而奪見佃者,爲可嘆也。

（宋）洪邁:《容齋三筆》卷九

周世宗均田。五代周世宗嘗夜讀元稹《均田圖》,慨然嘆曰:“此致治之本也,王政自此始。”乃詔頒其圖,使吏民先習知之,期以一歲大均天下之田。

（宋）章如愚:《群書考索》卷六五

國初,范質《玉堂閒話》云:“廣州番禺縣,嘗有部民牒訴云:‘前夜亡失蔬圃,今認得在於某處,請縣宰判狀往取之。’有北客駭其説,因詰之，民云：‘海之淺水中，有藻荇之屬。被風吹沙，與藻荇相雜。其根既浮，其沙或厚三五尺處，可以耕墾，或灌爲圃故也。夜則被盜者，盜至百餘里外，若桴筏之乘流也。’以是殖蔬者，海上往往有之。”楊文公《談苑》云：“兩浙有葑田，蓋湖上有葵葑所相繆結，積久厚至尺餘，闊沃可殖蔬種稻。或割而賣與人。有任浙中官，方視事，民訴失蔬圃，讀其狀甚駭。乃葑園爲人所竊，以小舟撐引而去。”余乃知葑之爲田爲圃，廣、浙皆有之矣。

（宋）吳曾：《能改齋漫錄》卷一四

江南大都皆山也，可耕之土皆下濕，厭水瀕江，規其地以堤而蓺其中，謂之圩。蕪湖縣圩之大者，唯荆山之北，土豪秦氏世擅其饒，謂之秦家圩。李氏據有江南，置官領之，裂爲荆山、黃春、黃池三曹，調其租以給賜後宮。

（宋）沈括：《長興集》卷二一

始取朱欒核，洗净，下肥土中。一年而長，名曰柑淡。其根荄蔎蔎然，明年移而疏之。又一年，木大如小兒之拳，遇春月乃接，取諸柑之佳與橘之美者，經年向陽之枝以爲貼。去地尺餘，鑼鋸截之，剔其皮，兩枝對接，勿動搖其根，撥掬土實其中，以防水蒴護。其外麻束之，緩急高下俱得，所以候地氣之應。接樹之法，載之《四時纂要》中。是蓋老圃者能之，工之良者，揮斤之間，氣質隨異，無不活者。過時而不接，則花實復爲朱欒。人力之有參於造化，每如此。

（宋）韓彦直：《橘錄》卷下

汴老圃紀生，一鉏庇三十口。病篤，呼子孫戒曰：“此二十畝地，便是青銅海也。”

（宋）陶穀：《清異錄》卷上

潘佑事江南，既獲用，恃恩亂政，譖不附己者，頗爲時患。以後主好古重農,因請稍復井田之法,深抑兼並,民間舊買之産使即還之,奪田者紛紛於州縣。又按《周禮》造民籍,曠土皆使樹桑,民間舟車、碓磑、箱篋、鐶釧之物悉籍之。符命旁午,急於星火,吏胥爲奸,百姓大撓,幾聚而爲亂。後主寤,急命罷之。佑有文而容陋,其妻右僕射嚴續之女,有絶態。一日晨妝,佑潛窺於鑒臺,其面落鑒中,妻怖遽倒,佑怒其惡己,因弃之。佑方丱,未入學,已能文,命筆題於壁曰:"朝游蒼海東,暮歸何太速。祇因騎折玉龍腰,謫向人間三十六。"果當其歲誅之。

（宋）文瑩:《湘山野録》卷中

梁山縣。五代僞蜀在今軍治置務,曰石氏屯田務。

（明）曹學佺:《蜀中廣記》卷二三

本朝田制。五代方鎮割據,多於舊賦之外重於取民。藝祖悉皆蠲止,其間或有未均,隨事敷詒。罷廣南受租之大斗,開寶四年之詔也。輕西川之折估,則開寶六年之詔也。其他如勸課農桑,蠲租減賦,募民墾田,與夫命官行均田諸道,戒飭諸州物,非土宜不得折配,而又崇儉以化俗,省費以養民。斯民新脱干戈之苦,而獲沾王者至仁之化,雖一時田制,未能盡如古者,然民安隴畝,得以養生送死,則熙熙乎泰和成周之治也。列聖嗣守此意不替,百年之間,海内富庶。

（宋）章如愚:《群書考索》卷六五

初,僞閩時,墾田一萬四千一百四十三頃一十六畝有奇,白配錢二萬三百八十四貫四百有奇,斛斗九萬二千七百餘石,外官莊田不輸夏稅,惟徵租米八萬一千三百四十八石有奇。

（宋）梁克家:《淳熙三山志》卷一○

初,僞閩時,官莊田地一千一百一十頃八十二畝,配納人户租米八萬一千二百四十八石有奇。

（宋）梁克家：《淳熙三山志》卷一一

盧咸雍，爲起居郎。天成二年十二月上言：以賊寇宵行，逼脅村舍，俾供食宿。及當敗露，指引行程，追禁經時，慮妨農作。望頒明敕，俾得疏治。從之。

（宋）王欽若等編纂：《册府元龜》卷四七五《臺省部》

（天成二年）十二月，左司郎中盧損上言：以今歲南征，運糧糜費。唐、鄧、復、郢，地利膏腴。請以下軍官健興置營田，庶減民役，以備軍行。

（宋）王欽若等編纂：《册府元龜》卷五〇三《邦計部》

後唐明宗天成四年夏，詔曰："今年夏苗，委人戶自供手狀，具頃畝多少，仍以五家爲保，委無隱漏，攢連手狀，送於本州。本州具帳送省，州縣不得差人檢括。如或人戶隱欺，許令保內陳告，其田并令倍。"

（宋）王欽若等編纂：《册府元龜》卷四九五《邦計部》

長興元年三月，車駕出上陽門觀稼，至晚歸宮。

（宋）王欽若等編纂：《册府元龜》卷七〇《帝王部》

長興元年七月，前洋州節度副使程義徽陳利見，請於瀛、莫兩州界，起置營田以備邊。因授義徽莫州刺史，充兩州營田使。

（宋）王欽若等編纂：《册府元龜》卷五〇三《邦計部》

（長興）二年三月，陝州準詔，放獵戶歸農。

（宋）王欽若等編纂：《册府元龜》卷七〇《帝王部》

康澄爲大理少卿。長興二年六月辛未,奏曰:"陛下御極以來,大稔於此,時無水旱,歲有豐登,所以民去農桑,士思游惰。或機巧以趨利,或宴樂以弃時。且一夫不耕,或受其饑者;一婦不織,或受其寒者。而況鄉閭之内,城郭之中,競削錐刀,罔知本末。或鼓舞於村落,或謳歌於市廛,寔繁有徒,觸類而長。若非禁止,漸恐滋彰。"敕旨:"皇王之業,寰海爲家。民不擾而自安,事不紊而易治。皆修遠大,以固雍熙。朕自纂丕圖,每勤庶政。民有耕耘之樂,時無饑饉之灾。然猶菲食如初,宵衣若舊。内則仗前後左右,外則委侯伯子男。共削煩苛,同除蠹弊,康澄所奏機巧之事、游惰之徒,所在不無,未能全斷,令仰諸道長吏詳此,曉示村巡。游惰者,勸以歸農;機巧者,戒其越樣。此外或更有不利於民事,並可嚴行止絶。將使俗無奇伎,野絶閒游。爲下有勤力之資,在上無蕩心之事。鄽肆人和之際,何禁謳謡;村閭農隙之時,無妨歡樂。即須辨認奸惡,不得分外搔擾人户。所切者常輕徭薄賦,不急斂暴征,民不勸而自勤,財不營而自富,況諸侯戮力,列校盡忠,皆是腹心,總如魚水,將期混一,永致和平。"

(宋)王欽若等編纂:《册府元龜》卷四七五《臺省部》

長興二年六月,詔:"諸道觀察使均補苗税,將有力人户出剩田苗,補貧下不迨頃畝。有司者排段檢括,自今年起爲定額。"

(宋)王欽若等編纂:《册府元龜》卷四九五《邦計部》

(長興二年)九月戊子,前鄜州三川縣令竇延圖上:"利見營田務有元屬田户,一任管係。如是後來投務,乞行止絶。"敕旨:"凡致營田,比召浮客,若取編户,實紊常規。如有係税之人,宜令却還本縣。應諸州府營田務,只許耕無主荒田,及召浮客。此後若敢違越,官吏並投名税户,重加懲斷。"

(宋)王欽若等編纂:《册府元龜》卷四九五《邦計部》

(長興)三年二月,樞密使奏:"城南稻田務,每年破錢二千七百貫，獲地利才及一千六百貫。所得不如所亡，請改種雜田。”三司使亦請罷稻田，欲其水利並於諸磑，以資變造。從之。

（宋）王欽若等編纂：《冊府元龜》卷四九五《邦計部》

（長興）三年三月，帝觀稼於郡郊。民有父子三人同挽犁來者，帝閔之，賜耕牛三頭。帝顧謂侍臣曰：“朕昨日以雨霽，暫歸綠野，遙望西南山坡之下，初謂群羊，俯而察之，乃貧民耦耕，朕甚憫焉。”范延光對曰：“陛下輕徭薄賦，所以村落之間自勤於稼穡也。”是時帝哀貧民多無耕牛，鉏地以種。延光以爲勤於稼穡，非主上憂民之意歟！

（宋）王欽若等編纂：《冊府元龜》卷七〇《帝王部》

（長興三年）九月壬午，帝幸南莊。翊日，謂侍臣曰：“朕見西郊種麥已生，民之辛苦，深可憫念。”帝憂民之旨，無日暫忘。

（宋）王欽若等編纂：《冊府元龜》卷七〇《帝王部》

（長興三年）十二月甲寅，詔曰：“富民之道，莫尚於務農；力田之資，必先於利器。器苟不利，民何以安？近聞諸道監治所賣農器，或大小異同，或形狀輕怯，才當墾辟，旋致損傷。近百姓秋稼雖登，時物頗賤，既艱難於買置，遂抵犯於條章。苟利錐刀，擅興爐冶，稍聞彰露，須議誅夷。緩之則贍國不充，急之則殘民轉甚。加以巡檢節級搔擾鄉閭，但益煩苛，殊非通濟。欲使上不奪山澤之利，下皆遂畎畝之宜，務在從長，庶能經久。自今後，不計農器燒器動使諸物，並許百姓遂便自鑄。諸道監治，除依常年定數鑄辦供軍熟鐵並器物外，只管出生鐵，比已前價，各隨逐處見定高低，每斤一例減十文貨賣雜使。熟鐵亦任百姓自揀。巡檢節級勾當。賣鐵場官並鋪户等一切並廢。鄉村百姓只於係省秋夏田畝上，每畝納農器錢一文五分，足陌隨秋夏稅二時送納去。”後歷晉、漢、周，皆不改其制。

（宋）王欽若等編纂：《冊府元龜》卷七〇《帝王部》

（長興）四年三月，帝幸龍門七星亭。農事方春，田民遍野，帝見其刲桑稼樹，枉駕勞問，親自勸課。其月辛酉，太原石敬塘進耒耜一具。時帝常巡幸近郊，見農民田具細弱，而犁耒尤拙，曰："農器若此，宜其無所獲也。"因詔河東、河北進農具，以爲式樣。太原首有是進，降詔襃之。

（宋）王欽若等編纂：《冊府元龜》卷七〇《帝王部》

《後唐史·明宗紀》曰：上顧謂侍臣曰："朕昨日出城觀稼，見百姓父子三人同曳犁耒者，力農如是，深軫予懷。可賜耕牛二頭。"

（宋）李昉：《太平御覽》卷八二三《資產部三·耒》

愍帝應順元年正月，諸處籍没田宅並屬户部，除賜功臣外，禁請射。

（宋）王欽若等編纂：《冊府元龜》卷四九五《邦計部》

後唐張全義，唐末爲河南尹。洛都自黃巢大亂之後，繼之以蔡賊，十餘年間，寇盜往來，都城灰盡，無寸椽尺栢，滿目荊榛。李罕之尹正也，唯部下聚居坊市。窮民不滿百户，加以罕之貪殘，治民無術，流人來者，尋復散去。及全義爲尹，鉏萊披榛，招復流庸，待之如子。每歲農務勸耕之始，全義必自立畎畝間，諭其耕者，賞以酒食，政寬事簡，吏不敢犯。繇是數年之間，京畿無閒田，民户數十萬。

（宋）王欽若等編纂：《冊府元龜》卷六七八《牧守部》

周知裕，明宗朝歷絳州、淄州刺史，宿州團練使。知裕老於軍旅，勤於稼穡，凡爲郡勸課，皆有政聲。朝廷嘉之。

（宋）王欽若等編纂：《冊府元龜》卷六七八《牧守部》

晉高祖天福二年二月，前隴州長史杜篘進策曰："伏見近年百姓頗遇灾荒，縱納得王租，即不充口食，此蓋播種不廣，頃畝無餘。既税外無溢數之苗，致民中有不及之弊。且國以民爲本，民以食爲天，苟百姓不足，君孰與足？伏請曉示天下，應有荒田，一任百姓開種，候及三年外,即檢昭所開種頃畝多少,量納一半租稅。所貴家國富饒,上下通濟者。"敕曰:"闢彼污萊,期於富庶,方當開創,正切施行。往日雖曾指揮,漸恐廢墮,當重申於勸誘,期共樂於豐穰。宜令逐處長吏遍下管內,應是荒田,有主者一任本主開耕,無主者一任百姓請射。佃蒔三年內,並不在收稅之限。"

(宋)王欽若等編纂:《册府元龜》卷七〇《帝王部》

晉高祖天福三年六月己丑,金部郎中張鑄奏:"臣聞國家以務農是本,勸課爲先,用廣田疇,乃資倉廩。臣竊見所在鄉村,浮居人戶,方思墾辟,正切耕耘。種木未滿於十年,樹穀未臻於三頃,似成產業,微有生涯,便被縣司係名,定作鄉村色役。懼其重斂,畏以嚴刑,遂舍所居,却思他適。睹兹阻隔,何以舒蘇?既乖撫恤之門,徒有招携之令。伏乞皇帝陛下,明示州府,特降條流。應所在無主空閒荒地,一任百姓開耕,候及五頃已上、三年外,即許縣司量戶科徭。如未及五頃已上者,不在搔擾之限,則致荒榛漸少,賦稅增多,非唯下益蒸黎,實亦上資邦國。"從之。

(宋)王欽若等編纂:《册府元龜》卷四九五《邦計部》

少帝開運二年十二月,中書舍人陶穀奏:"竊以稼穡爲生民之天,機杼乃豐財之本,是以耕耤在御,王者用三推之儀;鞠衣載陳,后妃有躬桑之禮。則知自天子至於庶人,不可斯須忽於農桑也。又司馬遷著書曰:'齊魯之間千畝桑,安邑千樹棗,其人與千戶侯等。'伏見近年已來,所在百姓皆伐桑爲柴,忘終歲之遠圖,趨一日之小利。既所司不禁,乃積習生常。苟桑柘漸稀,則繒帛須缺,三數年內,國用必虧,雖設法課人種桑,且無及也。舊木已伐,新木未成,不知絲綿欲漊何出?若以下民方困,不可禁之,儻斫伐一空,所在如是,歲或不稔,衣食盡亡,饑凍逼身,須爲群盜。圖難於易,哲王令猷;作事謀始,有國常務。乞留眷覽,詢訪輔臣,欲望特下明敕,此後不得以桑棗爲柴,官場亦不許受納,州縣城門不令放入,及不得囊私置賣,犯者請加重罪。"敕曰："陶穀方思豐國,切欲勸農,以貿易於柴薪,多斫伐於桑棗,請行禁絶,宜舉科條。仍付所司。"

（宋）王欽若等編纂：《册府元龜》卷七〇《帝王部》

晉張希崇爲靈州兩使留後。先是,州界與戎人交處,每歲以戍兵運糧,經五百里,有剽攘之患。希崇及開故屯田諭邊士,使播種,軍食大濟。璽玉書褒之,因正授戎節。

（宋）王欽若等編纂：《册府元龜》卷五〇三《邦計部》

晉劉審交爲陳州刺史,出省風俗,見耕夫田器鉏鏵甚薄而拙,乃於河北取樣,特鑄造以給民。

（宋）王欽若等編纂：《册府元龜》卷六七八《牧守部》

漢隱帝於乾祐元年二月即位。三月,殿中少監胡崧上言請禁斫伐桑棗爲薪,城門所由專加捉搦。從之。

（宋）王欽若等編纂：《册府元龜》卷七〇《帝王部》

梁文贊,爲户部員外郎,乾祐二年上言："臣竊見諸道州府力及人户,廣置田園,不勤耕稼,唯爲興利,以事末游。臣慮因循以成漸染,請量爲條教,以塞源流。臣請在處官吏,搜求此色户民,令出代耕錢納官,以督農務。"

（宋）王欽若等編纂：《册府元龜》卷四七六《臺省部》

漢隱帝乾祐三年,左補闕淳于希顔上言："竊以久不檢田,且仍舊額,無妨耕稼,雖知有勸於農,民復恐不均於衆。望三五年中,時一通括,兼以州縣遭水旱處,比有訴論,差使封量,不宜便有出剩。請今後差官,能敷元額,已不虧官。凡出剩求功,請不收附,所以知朝廷愛民之意,照物之仁。"

（宋）王欽若等編纂：《册府元龜》卷四九五《邦計部》

周太祖廣順元年正月,敕:"農桑之務,衣食所資。一夫不耕,有
艱食之慮;一婦不織,有無褐之虞。今氣正陽春,候當生發,宜勤用天
之業,將觀望歲之心。應諸道州府長吏,宜勸課耕桑,以豐儲積,編民
樂業,仍倍撫綏。"

(宋)王欽若等編纂:《冊府元龜》卷七〇《帝王部》

(廣順)二年正月,敕諸道府州吏:"六府允修,無先重穀;九扈分
職,厥惟勤農。今則東作聿興,西成系望,我有群後,政在養民。苟不
懈於行春,諒倍登於多稼。卿分憂事任,道俗廉平,樹以風聲,靡如草
偃。必污萊之地,並作百廛;游惰之民,咸勤四體。用洽帶牛之化,更
彰栖畝之謠。眷倚之懷,寔興斯切。詔到,卿可散下管內勸課。鄉縣
百姓依時耕種,栽接桑棗,勿縱游惰,務在精勤。"

(宋)王欽若等編纂:《冊府元龜》卷七〇《帝王部》

(廣順)三年正月,詔曰:"宜令三京及諸道州府,委長吏指揮管
內人户,勉勤耕稼,廣闢田疇,勿使蒿萊有廢。膏腴之地,務添桑棗用
資,種養之方。仍令常切撫綏,不得輒加科役。所貴野無曠土,廬有
環桑,致穀帛以豐盈,遂蒸黎之蘇息。"

(宋)王欽若等編纂:《冊府元龜》卷七〇《帝王部》

周太祖廣順三年九月戊寅朔,敕:"京兆府耀州莊宅三百渠,使所
管莊宅,並屬州縣。其本務職員節級,一切停廢。除見管水磑及州縣
鎮郭下店宅外,應有係官桑土、屋宇、園林、車牛,動用並賜見佃人,充
永業。如已有莊田,自來被本務,或形勢影占,令出課利者,並勒見佃
人爲主依例納租,條理未盡處,委三司區分,仍遣刑部員外郎曹匪躬,
專往點檢,割屬州縣。"

(宋)王欽若等編纂:《冊府元龜》卷四九五《邦計部》

(廣順三年)十一月,敕:"廢衛州共城縣稻田務,並歸州縣,任人

佃蒔。宜令户部郎中趙延休,往彼相度利害,及所定租賦聞奏。"先時,三司奏年課無幾,官牛疫死,因廢營田,故有是命。

(宋)王欽若等編纂:《册府元龜》卷四九五《邦計部》

(廣順四年)八月,詔沿淮諸州點檢淮南人糴過糧食,如是以騾驢爲馱及人負荷放過,只不得以舟車輦運過淮。先是,淮南大旱,井泉涸竭,塘堰中生草,淮淺可涉。又聞昇州火灾,石偶人言於淮上,其主惡之,命擊落其首。淮南民渡淮而北者相繼,濠濤受以兵止之,民與兵鬥,淮人陰糴我粟,以爲儲蓄。初,太祖愍之,曰:彼我民,一也。由是諸軍郡許淮南人糴易。至是聞吳人收糴入官以備軍食,故有是詔。

(宋)王欽若等編纂:《册府元龜》卷六六《帝王部》

世宗顯德二年二月,帝曰:"自古厚農寶谷,故家給人足。近世以來,俗尚輕巧。若使耕稼者有利,游惰者無歸,則自然倉廩實,衣食足,澆浮之風當自息矣。宜令遍示天下,厚農桑,薄伎巧,優力田之夫,禁末游之輩,以稱朕意焉。"

(宋)王欽若等編纂:《册府元龜》卷七〇《帝王部》

世宗顯德二年五月乙未,詔曰:"起今後應有逃户莊田,並許人請射承田,供納租税。如三周年内,本户來歸者,其桑土不以荒熟,並莊園並交還一半;五周年内歸業者,三分交還一分;如五周年外歸業者,其莊田除本户墳塋外,不在交還之限。"

(宋)王欽若等編纂:《册府元龜》卷四九五《邦計部》

(顯德)二年八月,詔課民種樹,其上户所種每歲須及百本,其次降殺有差。又令民每口種韭一畦,以助其食。

(宋)王欽若等編纂:《册府元龜》卷七〇《帝王部》

建隆勸農詔:……周世宗顯德三年留心農穡,思廣勸課之道。命

國工刻木爲耕夫、織婦、蠶女之狀於築甲，召近臣觀之。學士承旨陶
穀爲贊，以美其事。其序曰：耕於歷山，重華之德也。蠶於岐陽，太姒
之美也。我后在宥之四載，以爲化民成俗者，莫如身率。乃命有司刻
木爲耦人耕耘之象，又爲織婦、蠶女之類，置於紫庭，亦几杖盤盂，座
右之義也。志在足食，豈同流馬之運。人皆有褐，且殊昆明之石。同
穎八蠶，可翹足而望。豈比獲玉鈎於山陽，空有采桑之號，陳金根於
鈎盾，但爲弄田之戲哉？贊曰：寒耕暑織，上感皇情。帝梧景轉，遲遲
欲行。宮簾風度，扎扎有聲。疲俗是念，侈心不萌。

（宋）王應麟：《玉海》卷七七《藝文》

（顯德）五年八月庚子，命殿中侍御史張藹於京城四面按行稻田
之地。

（宋）王欽若等編纂：《冊府元龜》卷四九五《邦計部》

（顯德五年）十月庚寅，命殿中侍御史張藹於鄭州界制置稻田。
是月，周世宗因覽唐同州刺史元稹均田之法，始議重定天下民租。申
命纂其法制，繢寫爲圖，遍賜於諸侯。詔曰：“朕以寰宇雖安，烝民未
泰，當乙夜觀書之際，較前賢阜俗之方。近覽元稹《長慶集》，見在同
州時所上均田表，較當時之利病，曲盡其情。俾一境之生靈，咸受其
賜，傳於方冊，可得披尋。因令裂素成圖，直書其事，庶公王觀覽，觸
事經心，利於國而便於民，無亂條制；背於經而合於道，盡係變通，但
要適宜，所務濟世，緊乃勛舊，奕庇黎元。今賜卿元稹所奏《均田圖》
一面，至可領也。”

（宋）王欽若等編纂：《冊府元龜》卷四九五《邦計部》

（顯德五年十月）是月，賜諸道詔曰：“朕以干戈既弭，寰海漸寧，
言念黎元，務令通濟。須議普行，均定所貴，永適重輕。卿受任方隅，
深窮理本，必能副寡昧平分之意，察鄉閭致弊之源，明示條章，用分憂
寄。仁聆集事，允屬推公。今差使臣往被檢括，餘從別敕處分。乃命

右散騎常侍艾穎等三十四人，使於諸州，檢定民租。"明年春，諸道使臣回，總計檢到戶二百三十萬九千八百一十二，定墾田一百八萬五千八百三十四頃，淮南郡縣，不在此數。

（宋）王欽若等編纂：《册府元龜》卷四九五《邦計部》

周顯德末，分命常參官詣諸州度民田，多爲民所訴，坐譴黜。上將循世宗之制，欲先事戒敕之，因謂侍臣曰："比遣使度田，蓋欲勤恤下民也，而民弊愈甚，得非使臣圖功幸進，致其然哉？今當精擇其人，以副朕意。"遣官度田，據《食貨志》，云皇朝受命，頗循周制，而常準、崔遜黜責皆係之二年正月，則元年蓋嘗遣官矣。《本紀》《實録》乃無其二事。二年正月壬子，《實録》始載今當精擇其人之言。正月丁巳，《本紀》始書分遣常參官詣諸州度田。據《實録》《本紀》，則《食貨志》誤矣。崔遜由伊陽令爲太子洗馬，元年四月丁亥也。常準削兩任官，二年四月甲午也。而《食貨志》并二事合言之，疑作志者便文，不考其日月先後，故失其實。然則實未嘗遣官，太祖所言當精選其人，蓋謂前朝所遣或不得其人，如崔遜等也。《實録》又云崔遜責伊陽，未滿歲除洗馬，云未滿歲，則其責當在顯德末矣，若在建隆初，則才逾三月耳，不當云未滿歲也。按《王仁鎬傳》稱：顯德中，國子博士上官瓚括田河中，將大增賦調，比戶愁怨，仁鎬奏罷之。蓋當是時，坐度田非實貶黜者，不但崔遜一人也。今皆削去姓名，泛云多爲民所訴，坐譴黜，庶無所牴牾云。

（宋）李燾：《續資治通鑑長編》卷二，太祖建隆二年（961）

己酉年，將軍許敬遷奉命於東洲按夏苗。上言，稱於陂野間，見有蝻生十數里，才欲打捕，其蟲化爲白蛺蝶飛去。

（宋）李昉：《太平廣記》卷四七九《蝻化》

賜西川行營將士棗，蜀土之所乏也。

（宋）李燾：《續資治通鑑長編》卷六，太祖乾德三年（965）

己卯，淮南諸州言江南飢民數千人來歸，令所在發廩賑之。

（宋）李燾：《續資治通鑑長編》卷七，太祖乾德四年（966）

辛酉,詔以江南洊饑,許沿江百姓過江樵采貿易,獨商旅禁之如故。《本紀》在七月,今從《實錄》。

（宋）李燾:《續資治通鑑長編》卷七,太祖乾德四年(966)

五代以來,常檢視見墾田以定歲租,吏緣為奸,稅不均適。由是百姓失業,田多荒萊,上惻然憫之。乙亥,下詔禁止,許民辟土,州縣不得檢括,止以見佃為額。王稱《東都事略》:詔曰:五代以來,兵亂相繼,國用不足,庸調繁興。朕歷試艱難,周知疾苦,省嗇用度,未嘗加賦,優恤災沴,率從蠲復。所在長吏,明加告諭,自今百姓有能植桑棗,墾辟荒田者,只輸舊租。

（宋）李燾:《續資治通鑑長編》卷七,太祖乾德四年(966)

丁未,賜江南米十萬斛,民饑故也。

（宋）李燾:《續資治通鑑長編》卷九,太祖開寶元年(968)

先是,江南饑,詔諭國主借船漕湖南米麥以賑之。辛亥,國主遣使修貢謝恩。賜米麥,前已見。

（宋）李燾:《續資治通鑑長編》卷一四,太祖開寶六年(973)

自江南平,歲漕米數百萬石給京師,增廣倉舍,命常參官掌其出納,內侍副之。上猶恐吏概量不平,遣皇城卒變服覘邏,於是廉得永豐倉持量者張遇等凡八輩受賕為奸,庚辰,悉斬之。監倉右監門衛將軍范從簡等四人免官,同監內侍決杖。

（宋）李燾:《續資治通鑑長編》卷一八,太宗太平興國二年(977)

且如五代群雄爭霸之時,本國歲饑,則乞糴於鄰國,故各興農利,自至豐足。江南舊有圩田,每一圩方數十里,如大城,中有河渠,外有門閘,旱則開閘引江水之利,潦則閉閘拒江水之害,旱潦不及,為農美利。又浙西地卑,常苦水沴,雖有溝河可以通海,惟時開道,則潮泥不得而堙之。雖有堤塘可以御患,惟時修固,則無摧壞。臣知蘇州日,點檢簿書，一州之田，係出税者三萬四千頃。中稔之利，每畝得米二碩至三碩，計出米七百餘萬碩。東南每歲上供之數六百萬碩，乃一州所出。臣詢訪高年，則云曩時兩浙未歸朝廷，蘇州有營田軍四都，共七八千人，專爲田事，道河築堤，以減水患，於時民間錢五十文糴白米一碩。自皇朝一統，江南不稔則取之浙右，浙右不稔則取之淮南，故慢於農政，不復修舉。江南圩田、浙西河塘，大半隳廢，失東南之大利。今江、浙之米，碩不下六七百文足至一貫者，比於當時，其貴十倍，民不得不困，國不得不虛矣。又京東、西路有卑濕積潦之地，早年國家特令開決，水患大減。今罷役數年，漸已堙塞，復將爲患。臣請每歲之秋，降敕下諸路轉運司，令轄下州軍吏民各言農桑可興之利、可去之害，或合開河渠，或築堤堰陂塘之類，並委本州島軍選官計定工料，每歲於二月間興役，半月而罷，仍具功績聞奏。如此不絶，數年之間，農利大興，下少饑年，上無貴糴，則東南歲糴輦運之費大可減省。其勸課之法，宜選官討論古制，取其簡約易從之術，頒賜諸路轉運使，及面賜一本，付新授知州、知縣、縣令等。此養民之政，富國之本也。

（宋）李燾：《續資治通鑑長編》卷一四三，仁宗慶曆三年（1043）

壬子，又議經費曰：“臣聞古者以三十年之通制國用，使有九年之蓄。而制國用者必於歲杪，蓋量入而爲出。國之所不可儉者祭祀，然不過用數之仂，則先王養民之意可知矣。蓋用之有節，則天下雖貧，其富易致也。用之無節，則天下雖富，其貧亦易致也。宋興，承五代之敝，六聖相繼，與民休息，故生齒既庶，財用有餘。

（宋）李燾：《續資治通鑑長編》卷三一〇，神宗元豐三年（1080）

始，孟氏據蜀，徙夔州於東山，以拒王師，而居民弗便。轉運使薛顏奏爲復其故城，又募民墾施、黔等州荒田。戊辰，顏奏今歲獲粟萬餘石。

（宋）李燾：《續資治通鑑長編》卷六一，真宗景德二年（1005）

書空匠

乾祐中冷金亭賞菊,分韻賦秋雁,族子秘書丞敞先就,詩曰:"天掃閑雲秋净時,書空匠者最相宜。"云云。

(明)陶宗儀:《説郛》卷六一《清異録》

人日鳥

南唐王建封,不識文義,族子有動植疏,俾吏録之。其載鴿事,以傳寫訛謬,分一字爲三,變而爲"人日鳥"矣。建封信之,每人日開筵,必首進此味。

(明)陶宗儀:《説郛》卷六一《清異録》

糟糠氏

僞唐陳喬食蒸肫,曰:"此糟糠氏,面目殊乖而風味不淺也。"

(明)陶宗儀:《説郛》卷六一《清異録》

鈍公子

天成、長興中,以牛者耕之本,殺禁甚嚴。有盗屠私販,不敢顯其名,宛稱曰"格餌"一作耳,亦猶李甘家號甘子爲"金輪藏",楊虞卿家號魚爲"水花羊",陸象先家號象爲"鈍公子",李栖筠家號犀爲"獨笋牛",石虎時號虎爲"黄猛",朱全忠時號鐘爲"大聖銅",俱以避諱故也。

(明)陶宗儀:《説郛》卷六一《清異録》

清人樹

僞閩甘露堂前兩株茶,鬱茂婆娑,宫人呼爲"清人樹"。每春初,嬪嫱戲摘新芽,堂中設"傾筐會"。

(明)陶宗儀:《説郛》卷六一《清異録》

玉蟬膏

大理徐恪見貽鄉信鋌子茶,茶面印文曰"玉蟬膏",一種曰"清風使”，恪建人也。

（明）陶宗儀：《説郛》卷六一《清異録》

　　劍門之左峭岩間有大樹，生於石縫之中，大可數圍。枝幹純白，皆傳曰白檀樹。其下常有巨虺，蟠而護之，民不敢采伐。又西岩之半，有志公和尚影，路人過者，皆西向擎拳頂禮，若親面其如來。王仁裕癸未歲入蜀，至其岩下，注目觀之，以質向來傳説，時值晴朗，溪谷洗然，遂勒轡移時望之。其白檀，乃一白栝樹也。自歷大小漫天，夾路溪谷之間，此類甚多，安有檀香蛇繞之事？又西瞻志公影，蓋岩間有圓柏一株，即其笠首也；兩面有上下石縫，限之爲身形；斜其縫者，即袈裟之文也；上有苔蘚斑駁，即山水之靐文也。方審其非白檀。志公不留影於此，明矣。乃知人之誤傳者何限哉！

（宋）李昉：《太平廣記》卷四〇七《辨白檀樹》

　　僞蜀主當僭位，諸勛貴功臣，競起甲第。獨僞中令趙廷隱，起南宅北宅，千梁萬拱，其諸奢麗，莫之與儔。後枕江瀆，池中有二島嶼，遂甃石循池，四岸皆種垂楊，或間雜木芙蓉。池中種藕，每至秋夏，花開魚躍。柳陰之下，有士子執卷者、垂綸者、執如意者、執麈尾者、譚詩論道者。一旦岸之隈，有蓮一莖，上分兩歧，開二朵，其時謂之太平無事之秋，士女拖香肆豔，看者甚衆。趙廷隱畫圖以進，蜀主嘆賞。其時歌者咏者不少。無何，禁苑中有蓮一莖，歧分三朵。蜀主開筵宴，召群臣賞之。是時詞臣已下皆貢詩。當時有好事者，圖以繪事，至今傳之。

（宋）李昉：《太平廣記》卷四〇九《三朵瑞蓮》

　　天水之地，邇於邊陲，土寒，不産芭蕉。戎師使人於興元求之，植二本於亭臺間，每至入冬，即連土掘取之，埋藏於地窟。候春暖，即再植之。庚午辛未之間，有童謡曰：“花開來裏，花謝來裏。”而又節氣變而不寒，冬即和煦，夏即暑毒，甚於南中，芭蕉於是花開。秦人不識，遠近士女來看者,填咽衢路。尋則蜀人犯我封疆,自爾年年一來,不失芭蕉開謝之候。乙亥歲,岐隴援師不至,自隴之西,竟爲蜀人所有。暑濕之候,一如巴邛者。蓋劍外節氣,先布於秦城。童謠之言,不可不察。

(宋)李昉:《太平廣記》卷一四〇《秦城芭蕉》

楊子留後吳堯卿家有傭賃者,役之既久,一日,持一大桃核,可容數升,以獻堯卿。堯卿知其異,稍磨之取食。食盡,頗覺輕健。堯卿爲吏,貪猥殘虐。畢師鐸之難,投所居後閣井中死。師鐸求得類堯卿者殺之。後有得其故居者,竊知其尸在井中,取而得之。舉體皆腐壞,而藏府有成金者。

(宋)李昉:《太平廣記》卷四一〇《食核桃》

晉趙瑩家庭有檽棗樹,婆娑異常,四遠俱見。有望氣者訪其鄰里,問人云:"此家合有登宰輔者。"里叟曰:"無之。然主人小字相兒,得非此乎?"術士曰:"王氣方盛,不在其身,當在其子孫。"其後瑩由太原判官大拜,出將入相。

(宋)李昉:《太平廣記》卷四一一《檽棗》

廣州番禺縣常有部民諜訴云,前夜亡失蔬圃,今認得在于某處,請縣宰判狀往取之。有北客駭其説,因詰之。民云,海之淺水中有藻荇之屬,被風吹,沙與藻荇相雜。其根既浮,其沙或厚三五尺處,可以耕墾,或灌或圃故也。夜則被盜者盜之百餘里外,若桴筏之乘流也。以是植蔬者,海上往往有之。

(宋)李昉:《太平廣記》卷四八三《番禺》

3. 水利

梁太祖開平二年春正月,荆州奏聞白小河,此河環繞州郭,以導大江。近年壅塞，舟楫不通。是時疏之，頗爲民便，運漕商賈之利，復如曩歲。

（宋）王欽若等編纂：《冊府元龜》卷四九七《邦計部》

梁羅紹威鎮魏博日，以臨淄、海岱罷兵歲久，儲庾山積，唯京師軍民多，而食蓋寡，願於大行伐木下安陽、淇門，斷船三百艘，置水運，自大河入洛口，歲以給宿衛。太祖深然之，會紹威遘疾，乃止。

（宋）王欽若等編纂：《冊府元龜》卷四九八《邦計部》

後唐莊宗同光二年三月，敕鄆州差兵二千，自黎陽開河以通漕運。

（宋）王欽若等編纂：《冊府元龜》卷四九八《邦計部》

後唐莊宗同光二年四月癸酉，蔡州朱勍奏開淘洛河，到故洛城。七月甲辰，右監門衛上將軍婁繼英督汴、滑兵士，修酸棗縣堤。連年河水溺曹、濮故也。

（宋）王欽若等編纂：《冊府元龜》卷四九七《邦計部》

（同光）三年正月壬子，青州符習承命左役徒修酸棗縣堯堤。初，僞廷決此堤，引河水東注至於鄆、濮，以限我軍，自是民罹水患。帝先遣婁繼英領諸軍修塞，尋而復壞，乃命習以濟厥功。

（宋）王欽若等編纂：《冊府元龜》卷四九七《邦計部》

（同光三年）二月，洛京奏朱殷修築月波堤，畢功，引水入新開河。

（宋）王欽若等編纂：《冊府元龜》卷四九七《邦計部》

（同光三年）三月己亥，西京奏：制置三白渠，起置營田務一十一。

（宋）王欽若等編纂：《冊府元龜》卷四九七《邦計部》

（同光三年三月）壬寅，符習奏修堯堤水口畢。

（宋）王欽若等編纂：《冊府元龜》卷四九七《邦計部》

（同光三年）七月丁未，鄴都副留守張憲奏："御河漲溢，慮漂溺城池。已於石灰窑口開故河道，以分水勢。"

（宋）王欽若等編纂：《冊府元龜》卷四九七《邦計部》

後唐同光三年，吏部尚書李琪奏請敕下諸道，合差百姓轉般之數，有能出力運官物到京者，五百石以上，白身授一初任州縣官，有官者依資次遷授，欠選者便與放選，千石以上至萬石者，不拘文武，顯示賞酬。免令方春農人流散，此亦轉倉贍軍之一術也。敕租庸司下諸州，有應募者聞奏施行。

（元）馬端臨：《文獻通考》卷二五《國用考三》

（同光）四年七月乙卯，汴州孔循奏："汴河泛漲，恐漂没城河。已於城西、城東權開壕口，引水入古河。"

（宋）王欽若等編纂：《冊府元龜》卷四九七《邦計部》

（同光）五年正月，租庸使奏："鄴都差夫一萬五千，於衛州界修河堤。又於宋州創斗門。"

（宋）王欽若等編纂：《冊府元龜》卷四九七《邦計部》

明宗天成元年四月，制曰："先緣漕運京師，租庸司兵借私船，今既分兵就食，停淤漕運。其諸河渡私船，并仰却付本主。如有滯留，許本主論告。"

（宋）王欽若等編纂：《冊府元龜》卷四九八《邦計部》

（天成元年）九月，都官員外郎于鄴奏請指揮不得書契券輒賣良人。從之。

（宋）王欽若等編纂：《册府元龜》卷一六〇《帝王部》

（天成）二年九月，洋州修魏門倉一百間充貯，轉運下峽斛斗。

（宋）王欽若等編纂：《册府元龜》卷四九八《邦計部》

（天成二年）十一月壬子，三司使張延朗奏：“於洛中預備一、二年軍糧，除水運外，深冬百姓稍閑，請差運糧一轉。”帝然之。又云延朗奏敕諸道船糧百石，以實京師。

（宋）王欽若等編纂：《册府元龜》卷四九八《邦計部》

（天成二年）十二月，車駕在汴。時論以運糧百萬，勞民稍甚，近臣奏之。帝只命東地數州，搬十萬石至汴州，仍促諸軍搬取家口。

（宋）王欽若等編纂：《册府元龜》卷四九八《邦計部》

明宗天成三年正月，陳州奏開潁河。

（宋）王欽若等編纂：《册府元龜》卷四九七《邦計部》

（天成）三年二月，車駕在汴。司勛員外郎夏侯晤上言曰：“諸道轉運北要實輦下軍儲。今聞多是輕齎，却至京中糶納，請下令禁止。”

（宋）王欽若等編纂：《册府元龜》卷四九八《邦計部》

（天成）四年十二月庚申，修洛河北岸。宣差左衛上將軍李承約祭之。

（宋）王欽若等編纂：《册府元龜》卷四九七《邦計部》

長興元年十月，鳳州奏開修唐倉湖田路，通鳳翔饋運。

（宋）王欽若等編纂：《册府元龜》卷四九八《邦計部》

　　(長興)二年閏五月三日,敕應緣沿河船糧,依北面轉運司船搬倉例,每一石於數內與正銷破二升。

　　　　　　(宋)王欽若等編纂:《冊府元龜》卷四九八《邦計部》

　　長興二年,敕應沿河船般倉,依北面轉運司船般倉例,每一石於數內與正銷破二升。

　　　　　　(元)馬端臨:《文獻通考》卷二五《國用考三》

　　長興三年三月,幽州奏重開府東南河路一百五十里,闊九十步,以通漕運。

　　　　　　(宋)王欽若等編纂:《冊府元龜》卷四九七《邦計部》

　　長興三年三月,帝謂六軍副使石敬瑭曰:"神武馬軍就糧鞏縣,昨日雨甚,何不賜油衣?"敬瑭對曰:"去京師近,不敢奏請。"帝曰:"百僚入朝至近,尚須油衣,縱與未必御濕,然表朕意耳。"十二月,賜修洛水堤岸工徒,每夫酒一升,十夫共一羊。癸丑,帝幸龍門觀工徒修伊河石堰,以羊酒賜役夫,如洛堰例。伊水中流,榜夫墮水,遣人拯之,以錦袍賜之。

　　　　　　(宋)王欽若等編纂:《冊府元龜》卷一三五《帝王部》

　　(長興三年)五月,幽州進呈《新開東南河路圖》,自王馬口至淤口,長一百六十五里,闊六十五步,深一丈二尺,可勝漕船千石。

　　　　　　(宋)王欽若等編纂:《冊府元龜》卷四九七《邦計部》

　　(長興)四年二月,三司使奏:"河水運自洛口至京,往年牽船下卸,皆是水運牙官,每人管定四十石,令洛岸至倉門稍遠,牙官轉運艱難。近日例多逃走,欲於洛河北岸,別鑿一灣,引船直至倉門下,卸其功役。欲於諸軍傔人內差借。"從之。尋命奉聖軍都指揮朱洮實,開河灣至瞻自倉明。

　　　　　　(宋)王欽若等編纂:《冊府元龜》卷四九八《邦計部》

（長興）四年二月辛酉，濮州進《重修堤圖》，備載沿河地理名。帝指示行臺砦、麻石砦、德勝南北城鐵丘，帝愀然興嘆曰：“吾佐先朝定天下，於此堤塢間大小數百戰，時事如昨，奄忽十年。遽閱此圖，令人悲嘆。”又指一丘阜曰：“此吾擐甲之臺也。”

（宋）王欽若等編纂：《册府元龜》卷四九七《邦計部》

（長興四年）是年四月，靈武奏開渠白河，引黃河水入大城溉田。

（宋）王欽若等編纂：《册府元龜》卷四九七《邦計部》

四年（長興四年）二月，三司使奏：“洛河水運，自洛口至京，往來牽船下卸，皆是水運，牙官每人管定四十石。今洛岸至倉門稍遠，牙官運轉艱難，近日例多逃走。今欲於洛河北岸別鑿一灣，引船直至倉門下卸，其工役欲於諸軍傔人內差借。”從之。

（元）馬端臨：《文獻通考》卷二五《國用考三》

（長興四年）十一月，樞密使安重誨奏，欲近南別開一河以導水，計功六十萬權，倩京師户人，帝曰：“勞役百姓，不宜有此商量。”遂止。

（宋）王欽若等編纂：《册府元龜》卷一三五《帝王部》

張敬詢爲滑州節度使。長興初，敬詢以河水連年溢堤，乃自酸棗縣界至濮州，廣堤防一丈五尺，東西二百里。

（宋）王欽若等編纂：《册府元龜》卷四九七《邦計部》

末帝清泰元年七月，河中言取去秋草七千圍，堙塞堤堰。

（宋）王欽若等編纂：《册府元龜》卷四九七《邦計部》

晉高祖天福二年九月，判詳定院梁文矩奏：“以前汴州陽武縣主簿左墀進策十七條，可行者有四。其一，請於黃河夾岸防秋水暴漲，差上户充堤長，一年一替。委本縣令十日一巡，如怯弱處不早處治，旋令修補,致臨時渝決,有害秋苗,既失王租,俱爲墮事。堤長、刺史、縣令勒停。"敕曰:"修葺河岸,深護田農,每歲差堤長檢巡,深爲濟要。逐旬遣縣令看行,稍恐煩勞。堤長可差,縣令宜止。"

(宋)王欽若等編纂:《册府元龜》卷四九七《邦計部》

(天福)三年二月,楊光遠進《黃河衝注水勢圖》。

(宋)王欽若等編纂:《册府元龜》卷四九七《邦計部》

(天福)六年九月,前鄴都皇城使張延美進表陳利便,請開淘相州界天平渠,通濟運。從之。仍委自往計度。

(宋)王欽若等編纂:《册府元龜》卷四九七《邦計部》

(天福)七年三月己未,宋州節度安彥威奏到滑州修河堤。時以瓠子河漲溢,詔彥威督諸道軍民,自豕韋之北,築堰數十里,給私財以犒民。民無散者,竟止其害。鄆、曹、濮賴之,以功加鄴國公。詔於河決之地,建碑立廟。四月,詔曰:"近年以來,大河頻決,漂蕩人户,妨廢農桑。言念蒸黎,因兹凋弊,凡居牧守,皆委山河。既已在封巡,所宜專切。起今後,宜令沿河廣晉開封府尹,逐處觀察。防禦使、刺史等,并兼河堤使,名額任便,差選職員,分擘勾當。有堤堰薄怯,水勢衝注處,預先計度,不得臨時失於防護。"

(宋)王欽若等編纂:《册府元龜》卷四九七《邦計部》

晉張籛初仕後唐,始在雍州。因春景舒和,出游近郊,憩於大冢之上。忽有黃雀銜一銅錢置於前而去,未幾,復於衙院晝卧,見二燕相鬥,鬥畢,各銜一錢落於籛首。籛前後所獲三錢。嘗秘於巾箱,識者以爲大富之徵。莊宗同光末,爲西都知府。先是,魏王繼岌自西征回至咸陽時,渭水暴漲,籛斷浮橋。魏王到渭南,自經死,所有隨行輜車,蜀川珍貨、女妓、寶馬,並爲籛所有,籛由是家財巨萬。明宗朝,居環衛時,湖南馬希範與籛有舊,奏朝廷請命爲使,允之。籛密賷蜀之奇貨往焉，又獲十餘萬緡以歸。籛出入，有庖者十人從行，食皆水陸之珍鮮，厚自奉養，無與爲比，後終密州刺史。

（宋）王欽若等編纂：《册府元龜》卷八一二《總録部》

顯德二年，於京城西北引水入五丈，運於濟。

（宋）吕祖謙：《歷代制度詳説》卷四

淮河源，在縣東一百步桃源橋北，經桐山羅坑凑黄壩三十里入海。周顯德三年，令祖孝傑用水工。黄允德言謂縣北地坦夷，宜鑿渠，通海引舟入梁，以通百貨。遂菜田七頃，發民丁六萬浚之。既而渠成，視其勢反卑於縣，雖距海一舍，而爲堰者九重，以兩山水暴漲，齧蕩堰閘，遂止不浚。時歲饑且寒，役人多死，或云今縣北千人坑蓋其時叢冢也。元祐六年，羅提刑適重浚之，亦無成。今故道存焉。

（宋）陳耆卿：《赤城志》卷二五

周世宗顯德四年，疏汴水一派，北入五丈河，又東北達於濟。

（宋）程大昌：《續考古編》卷六

周顯德四年詔，疏下汴水一派，北入於五丈河，又東北達於濟。自是齊魯之舟楫，皆至京師。六年，命袁彦浚五丈河，以通漕運。

（宋）吕祖謙：《歷代制度詳説》卷四

周世宗顯德中，遣周景大浚汴口，又自鄭州道郭西濠達中牟。景心知汴口既浚，舟楫無壅，將有淮、浙巨商貿糧斛賈，萬貨臨汴，無委泊之地，諷世宗，乞令許京城民環汴栽榆柳、起臺榭，以爲都會之壯。世宗許之。景率先應詔，距汴流中要起巨樓十二間。方運斤，世宗輦輅過，因問之，知景所造，頗喜，賜酒犒其工，不悟其規利也。景後邀鉅貨於樓，山積波委，歲入數萬計，今樓尚存。

（宋）文瑩：《玉壺清話》卷三

福建道以海口黃碕岸橫石巉峭，常爲舟楫之患。閩王琅琊王審知思欲制置，憚於力役。乾寧中，因夢金甲神自稱吳安王，許助開鑿。及覺，話於賓僚，因命判官劉山甫躬往設祭，具述所夢之事。三奠未終，海內靈怪具見。山甫乃憩於僧院，憑高觀之。風雷暴興，見一物，非魚非龍，鱗黃鬚赤，凡三日，風雷止霽，已別開一港，甚便行旅。當時録奏，賜號"甘棠港"。閩從事劉山甫，乃中朝舊族也，著《金溪閒談》十二卷，具載其事。愚嘗略得披覽，而其本偶亡，絶無人收得，海隅迢遞，莫可搜訪。今之所集，云"聞於劉山甫"，即其事也，十不記其三四，惜哉！

（五代）孫光憲：《北夢瑣言》卷七

杭州江堤，築自梁開平四年八月時。錢氏始伯武肅王以潮通江，二門之外，潮水冲齧，版築不就。命强弩數百射之，潮水爲避，擊西陵。遂以竹籠石植大木圍之，率數歲輒復壞。祥符七年，潮直抵郡城。守臣戚綸、漕臣陳堯佐議累木爲岸，實薪土以捍之。或言非便，命發運使李溥按視。十月壬戌，溥請如錢氏舊制，立木積石，以捍潮波。從之。

（宋）袁褧：《楓窗小牘》卷上

錢塘江，錢氏時爲石堤，堤外又植大木十餘行，謂之"混柱"。

（宋）沈括：《夢溪筆談》卷一一

梁開平四年，武肅王錢氏始築捍海塘，在候潮通江門之外。潮水晝夜衝激，版築不就，因命强弩數百以射潮頭，又致禱於胥山祠，既而潮水避錢塘東，擊西陵，遂成堤岸。

（宋）祝穆：《古今事文類聚》前集卷一五

捍海塘鐵幢浦，《吳越備史》云：梁開平四年八月，武肅王錢氏，始築捍海塘，在候潮通江門之外。潮水晝夜衝激，版築不就，因命强弩數百，以射濤頭。又致禱於胥山祠，仍爲詩一章函鑰置海門山。云爲報龍王及水府，錢江借取築錢城。既而潮水避錢塘，東擊西陵，遂造竹器積巨石，植以大木，堤岸既成，久之乃爲城邑聚落。凡今之平陸，皆昔時浙江也。土人相傳云吳越王箭射止處，嘗立鐵幢，因以名之。

（宋）施諤：（淳祐）《臨安志》卷一〇

錢唐江邊土惡不能堤，錢氏以薪爲之，水至即潰。

（宋）周煇：《清波別志》卷六

五代錢王射潮箭，在臨安府候潮門左手數步。昔江潮每衝激城下，錢氏以壯士數百人候潮之至，以強弩射之，由此潮頭退避。後遂以鐵鑄成箭樣，其大如秤，作亭泥路之傍，埋箭亭中，出土外猶七尺許，以示鎮壓之義。然潮汛之來，常失故道，臨安府置一司，名修江司焉。

（元）劉一清：《錢唐遺事》卷一

辨錢塘鐵箭

按舊《臨安志》：郡人相傳吳越王鏐用強弩射潮，箭所止處，立鐵幢識之。又云錢氏子孫言築塘時，高下置鐵幢三，以爲水則，在今利津橋北者，其一也。舊名其地爲鐵幢浦，幢制首圓如杵，徑七八寸許，出土約三尺餘，其趾入土不知幾許。故老又云：初置幢時，塘猶未成，慮潮蕩幢，用鐵輪護幢趾，而以鐵絚貫幢幹，且引絚維於塘上下之石，槌然後實土築塘，故幢首出土云。此説是也。宋淳祐間，趙安撫與篲買民地，作亭覆幢，今亭夷爲民居，獨存洼池，而鐵幢之首嶄然出洼池可驗。幢本有三，故老云一在舊便門街東南小巷，今其巷尚名曰鐵箭；一在舊薦橋門外，皆堙塞於民居，僅存其在利津橋者，又爲民居所蔽，若不表識，久亦堙塞，此實幢也。近世有賦鐵箭者，遂指此幢爲箭，認幢首爲鏃首。不思方射潮時，箭已逐潮去矣，箭惡能存？且鏐雖英雄，其所發箭，亦不過致一時之精誠，未必異於常箭。不考而妄作,如此可笑。又謂其首出土,面可撼而不可拔,以爲神異,此尤不察其下有關鍵故也,至惑於《夷堅志》之説,謂此矢拔則龜目紅,其言尤謬。今恐以訛傳訛,故力辨之。

(明)徐一夔:《始豐稿》卷七

《僑書》大略云:浙西昔有營田司,自唐至錢氏時,其來源去委,悉有堤防堰閘之制。旁分其支脉之流,不使溢聚,以爲腹内畎畝之患。是以錢氏百年間,歲多豐稔,唯長興中一遭水耳。暨納土之後,至於今日,其患方劇,蓋由端拱中,轉運使喬維岳不究堤岸堰閘之制,與夫溝洫畎澮之利,姑務便於轉漕舟楫,一切毀之。

(宋)范成大:《紹定吳郡志》卷一九

新洋江,在崑山縣界。本有故道,錢氏時常浚治之,號曰新洋江。既可排流潦以注松江,又可引江流溉岡身也。

(宋)朱長文:《吳郡圖經續記》卷中

錢氏時,嘗置都水營田使,以主水事,募卒供役,號曰撩淺。蓋當是時,方欲富境禦敵,必以是爲先務。

(宋)朱長文:《吳郡圖經續記》卷下

伍堰水利

昔錢舍人公輔爲守金陵,嘗究伍堰之利,雖知伍堰之利,而不知伍堰以東三州之利害。鍔知三州之水利,而未知伍堰以西之利害。一日,錢公輔以世所爲伍堰之利害,與鍔參究,方知始末,利害之議完也。公輔以爲闔堰者,自春秋時,吳王闔閭用伍子胥之謀伐楚,始創此河,以爲漕運。春冬載二百石舟而東,則通太湖,西則入長江。自後相傳,未始有廢,至李氏時,亦常通運,而制牛於堰上,挽拽船筏,於固城湖之側,又常設監官,置廨宇以收往來之税。自是河道淀塞,堰埭低狹虛務,添置者十有一堰,往來舟筏,莫能通行,而水勢遂不復

西。及遇春夏大水，江湖泛漲，則圍頭王母龍潭三澗，合爲一道，而奔
沖東來，河之不治，愈可見也。

（宋）單鍔：《吳中水利全書》

漢隱帝乾祐二年，有補闕盧振上言：“臣伏見汴河兩岸，堤堰不
牢。每年潰決，正當農時，勞民功役。以臣愚管，沿汴水有故河道陂
澤處，置立斗門，水漲溢時，以分其勢。即澇歲無漂沫之患，旱年獲澆
溉之饒，庶幾編甿，差免勞役。”

（宋）王欽若等編纂：《冊府元龜》卷四九七《邦計部》

（乾祐）三年，遣前棣州刺史周景殷河陰淘杼汴口。又令鄭州疏
引郭西水，入中牟渠，以增蔡水漕運。

（宋）王欽若等編纂：《冊府元龜》卷四九七《邦計部》

李欽明爲司勛員外郎。是年，欽明言：“臣伏以百姓轉食餽運，舟
車之利，苦樂相懸。臣竊見蔡水嘗有漕運，多是括借舟船，破溺者弃
在水邊，不許修葺，又不給付。以臣愚見，乞容陳、許、蔡三州人户，製
造舟船，不用括取，以備差僱。水路可至合流鎮及陳州。蔡水未及，
水匱十數里，水小岸狹，或時乾淺。臣伏請開決汴水，取定力禪院西
一半並港，穿大城向南至斗門，可費三五千工。自水匱蔡，水路才五
六里，水勢便於開決，陳蔡漕運，必倍常年。私下往來，更豐財貨。此
之利便，實益轉輸。”

（宋）王欽若等編纂：《冊府元龜》卷四九七《邦計部》

漢慕容彦超爲磁州刺史，地饒水田，則西門豹史起所理，漳滏十
二礆之遺迹也。時以郡邑薦饑，溝渠堙塞，彦超日引己之親僕及郡衙
散卒，出俸錢以給其食。自旦及夕，親令開鑿。期歲之間，民獲其惠。
及以政聞於朝，遷領軍州。百姓遮留於路，彦超始以代者未至，營渠
不息，左右勸而止之。彦超曰：“有未成功處與成之，何頓輟而不終其

志也。"聞者嘉之。

（宋）王欽若等編纂：《冊府元龜》卷六七八《牧守部》

（嘉祐五年）七月六日，（知秀州）羅拯言："……如越州鑑湖自東漢時興修，著在圖籍，周回三百餘里，灌田數萬餘頃，甚爲越人之利甚大。近歲爲貪黷之輩以權勢干請，假托姓名，占射殆遍。欲乞今後諸處湖塘及運河邊田土，不得更令請射。如有私冒侵佔耕作，並科違制之罪：仍不以年歲遠近，令追理所得租課入官。"從之。

（清）徐松輯：《宋會要輯稿》食貨七之一四

（宣和）五年五月四日，臣僚言："鎮江府練湖與新豐塘地里相接八百餘頃，灌溉四縣民田，每歲春夏雨水漲滿，側近百姓引灌田苗，縱秋無雨，亦不慮旱。漕河水淺，湖水灌注，是以一寸益河一尺，其來久矣。今湖堤四岸多有損缺，春夏不能貯水，才至少雨，則民田便稱旱傷，縣官又禁止民間不得引湖水灌田，且以益河爲務，故丹陽等縣民田失於灌溉，虧損稅賦。欲令食利縣分候農隙日，次第補葺堤防。"詔本路漕臣並本州縣當職官詳度利害，檢計合用功料以聞。

（清）徐松輯：《宋會要輯稿》食貨七之三八

兩浙西路安撫制置大使兼知臨安府呂頤浩言：五代時，馬氏據湖南，潭州東二十里，因諸山之泉築堤潴水，號曰龜塘，灌溉公私一萬餘頃，惠民一方。其後堤堰廢壞，經百餘年，有失修治。去年旱災，民皆失食。臣募雇飢民修成堤岸，以爲久遠之利。今來栽插是時，欲令安撫司於潭州摘挪數百人，及將來芟除蒿草。詔令劉洪道疾速措置施行。

（清）徐松輯：《宋會要輯稿》食貨七之四四

按此渠自後魏正始二年都水校尉元清引平坑水西入黃河以運鹽，故號永豐渠。周、齊之間，渠遂廢絶，隋大業中，都水監姚暹決堰濬渠,自陝郊西入解縣,民賴其利。及唐末至五代亂離,迄今湮沒,水甚淺涸,舟楫不行。

(清)徐松輯:《宋會要輯稿》食貨八之四八

周顯德六年,引閔水入於蔡河,以通漕運。

顯德二年,於京域西堤引水入於五丈河,運連於濟。

(清)徐松輯:《宋會要輯稿》食貨四六之一

昔錢氏以臨安府西湖有灌田之利,嘗專置撩湖兵士千人,以爲便。今欲移壯城一百人備撩澱浚治之役,許本府辟差强幹大小使臣一員,以巡轄鑒湖堤岸爲名。

(清)徐松輯:《宋會要輯稿》食貨八之一九

王峻,爲樞密使。廣順三年正月辛未,太祖御便殿,顧謂侍臣曰:"去歲霖潦爲災,河堤決壞。今大興工役,分命使臣,此時計務從經久,一勞永逸,以息吾民。宜得幹才,往彼規畫。"峻對曰:"興作事大,臣欲自往區分。"太祖曰:"此土功之事,不勞大臣。"峻堅請即途,從之。及辭,賜襲衣金帶彩絹二千匹。楚軍指揮使何徽、史暉各領龍捷虎捷兩指揮兵士從行,頒賜袍帛有差。壬申,峻進發,百官班送於金義門外,群官祖帳甚盛。

(宋)王欽若等編纂:《册府元龜》卷三二九《宰輔部》

周太祖廣順三年正月辛未,詔樞密使王峻巡視河堤。峻請行,故從之。

(宋)王欽若等編纂:《册府元龜》卷四九七《邦計部》

(廣順三年)三月,澶州言天福十一年黃河自觀城縣界楚里材堤決,東北經臨黃、觀城兩縣,隔絶村鄉人户。今觀城在河北,隔三村在河南。今臨黃在河南,隔八村在河北。官吏節級徵督賦租,取路於州橋迂曲,僅數百里,每事多違程限。其兩縣所隔村鄉,擬回換管係,所冀便於徵督,修埋補堤岸,河流復故,兩縣仍舊收管,從之。

（宋）王欽若等編纂:《册府元龜》卷四九七《邦計部》

（廣順三年）五月,遣客省副使齊藏珍等三人,簡視魚池、常樂驛、原武河堤。

（宋）王欽若等編纂:《册府元龜》卷四九七《邦計部》

（廣順三年）六月,鄭州夫一千五百人修原武河堤。宿州言遣虎犍厢主何徽,率兵往靈河修堤。

（宋）王欽若等編纂:《册府元龜》卷四九七《邦計部》

（廣順三年）八月,淄州臨河鎮淄水決,鄒平、長山人四千埋塞。是月,河陰新堤壞三百步,遣中使於贊往相度修治。

（宋）王欽若等編纂:《册府元龜》卷四九七《邦計部》

（廣順三年）九月,滑州白重贊言:“臣自部署埋塞六名鎮河堤。”

（宋）王欽若等編纂:《册府元龜》卷四九七《邦計部》

世宗顯德元年十一月戊戌,命宰臣李穀往鄆、齊管内,相度修築河堤。

（宋）王欽若等編纂:《册府元龜》卷四九七《邦計部》

周世宗顯德二年正月,上謂侍臣曰:“轉輸之物,向來皆給斗耗。自晉、漢以來,不與支破。倉廩所納新物,尚破省耗,况水路所般,豈無所損。起今後每石宜與耗一斗。”

（宋）王欽若等編纂:《册府元龜》卷四九八《邦計部》

（顯德二年）二月癸亥,世宗曰:“今州戍兵,舊制沿江發運,務差均、鄧兩州人户,自備舟船,水運糧鹽,供饋軍食。近聞彼民頗甚勞弊,及令有司按本州稅積,所納常賦,可以歲給軍儲。其水運舟船,並宜停廢。"

（宋）王欽若等編纂：《册府元龜》卷四九八《邦計部》

（顯德）二年三月壬午,李穀治河堤回。見先是河水自楊劉北至博州界一百二十里,連歲東岸而爲派者十有二焉。復匯爲大澤,漫漫數百里。又東北壞古堤,而出注齊、棣、淄、青,至於海瀕,壞民廬舍,占民良田,殆不可勝計。流民但收野稗,捕魚而食。朝廷連年命使視之,無敢議其工者。帝嗟東民之病,故命輔相親督其事。凡役徒六萬,三十日而罷。

（宋）王欽若等編纂：《册府元龜》卷四九七《邦計部》

（顯德）二年十一月癸丑,鳳翔節度王章上言收下鳳州。乙卯,詔曰："朕承宗社之靈,居億兆之上,祇臨太寶,于兹再周。每念晉漢以來,朝野多故。疆宇日削,生聚未堪,常懷拯救之心,冀答天人之意。至於夙夜,不敢荒寧,求安邊拓境之謀,思濟世息民之計。乃眷秦鳳,地接巴邛,頃屬亂離,因兹阻隔。千里之地,大朝之聲教不通;十年之中,百姓之艱苦難狀。昨者興發師旅,經略封陲,鼓聲絶震於郊原,蛇豕難逃於鋒刃,僵尸遍野,弃甲如山。秦成階等州管内將校官吏軍人百姓等,喜寇孽之逋逃,舉城壘而歸順,飛章送款,協力同謀,父老相歡,山河如故。而偽署鳳州節度使王環等獨迷去就,尚據城池,朕念彼孤危,繼令招諭,惜一城之士庶,開三面之網羅,豈期拒轍之徒,不體好生之德。遂令攻擊,立見蕩平,渠帥就擒,秦隴無梗。宜降惟新之澤,庶隆及物之恩。應秦鳳階等州管内,自顯德二年十一月已前有罪犯者,無問輕重,一切釋放。應馬步行營將士等,各與恩澤。其有殁於王事者,自付兵馬使已上並與贈官,仍賜賻贈物。城下攻殁百姓爲矢石所害致死者,本户除二稅外,放免三年差徭,仍賜本家孝服絹三匹。其倍署人夫州縣官並與加階减選。秦成階等州歸明將士,自長行以上等第支賜優給，其官吏將校職員等並與加恩；其中有西川人員除恩澤賞賜外，如願駐留者厚與請受，如願歸去者並給盤纏，用慰眾情，免違物性。應收捉到賊軍將校，一切放罪，並令押送赴闕，各與恩澤。自何重建等歸投西川已來，訪聞管內州縣連歲饑荒，百姓軍人倍加勞役，科歛頻併，法令滋章，既爲吾民，宜革前弊，今後除秋夏兩稅徵科外，應僞蜀所立諸般科率名目及非理徭役，一切停罷。德音未該者，宜令所司相次指揮。"

（宋）王欽若等編纂：《冊府元龜》卷九六《帝王部》

周顯德二年，上謂侍臣曰："轉輸之物，向來皆給斗耗，自漢以來，不與支破。倉廩所納新物，尚破省耗，況水路所般，豈無損失，今後每石宜與耗一斗。"

致堂胡氏曰："受稅而取耗，雖非良法，誠以給用，猶不使民徒費。今觀世宗之言，則知晉、漢間取雀鼠耗及省耗，未嘗爲耗用，直多取以實倉廩耳。比及輸運，其當給耗，反不與之，而或責之綱吏，或還使所出州縣補其虧數，亡身破家，不可勝計，豈爲國撫民之道也！不宜取而取者，省耗糜費是也；當予而未嘗予者，漕運斗耗是也。世宗既與之，善矣；省耗應罷而未罷，豈非以多故未邪？明宗、潞王時，可謂窨匱，猶放逋租數百萬，世宗誠欲蠲除省耗，又何難哉？

（元）馬端臨：《文獻通考》卷二五《國用考三》

（顯德）四年四月，詔疏汴水一派，北入於五丈河，又東北達於濟。至是，齊、魯之舟楫，亦達於京師矣。

（宋）王欽若等編纂：《冊府元龜》卷四九七《邦計部》

（顯德）四年四月，詔疏汴水一派，北入於五丈河。又東北達於齊、魯之舟楫，皆至京師。

（宋）王欽若等編纂：《冊府元龜》卷四九八《邦計部》

（顯德）四年，詔疏下汴水，一派北入於五丈河，又東北達於濟。自是，齊、魯之舟楫皆至京師。

（元）馬端臨：《文獻通考》卷二五《國用考三》

（顯德）五年正月，帝在淮上，詔發楚州管內丁壯，於城西北開老鸛河。是時，帝將以齊雲船數百艘自淮入江，楚州城北舊有北城堰，度其舟大，難於過堰，故開此河以通其路。先期令近臣往按地計功，回奏云："地形不便，又計功甚多。"帝勿聽，因枉駕以視之，親授規畫，大減丁夫之數，旬日而成，不愆於素。由是我之戰艦自淮達江，無留滯矣。二月，帝在淮南。甲寅，僞天長軍使易贇令男延壽賫表以其城來降。天長縣當九驛之路，城小而固，南人以其地爲雄州。帝之破楚州也，獲其僞守將張彥卿男光祐，捨而不誅，因令光祐賫璽書以諭贇，贇知楚州既下，故降。

（宋）王欽若等編纂：《冊府元龜》卷四五《帝王部》

（顯德）五年三月，世宗在淮南，會濬汴口，導其流而達於淮、汴。河自唐室之季，爲淮賊所決，自埇橋東南，悉匯爲污澤。帝於二年冬，將議南征，即詔徐州節度使武行德，發其部內丁夫，因其古堤，疏而導之，東至於泗上。是時，人皆竊議，以爲無益。惟帝不然之，曰："二三年之後，當知其利矣。"至是，果符聖慮。由是江淮舟楫，果達於京師，萬世之利，其斯之謂乎？

（宋）王欽若等編纂：《冊府元龜》卷四九七《邦計部》

（顯德五年）十二月戊寅，以工部郎中何幼冲爲司勛郎中，充關西渠堰使。仍命於雍、耀之間，疏涇水以溉稻田。

（宋）王欽若等編纂：《冊府元龜》卷四九七《邦計部》

周顯德五年，以尚書司勛郎中何幼冲爲關西渠堰使，命於雍、耀二州界疏涇水以溉田。

（元）馬端臨：《文獻通考》卷六《田賦考六》

（顯德）六年正月甲子，命侍衛都虞候韓通往河陰，按行河堤。

（宋）王欽若等編纂：《册府元龜》卷四九七《邦計部》

（顯德六年）二月丙子朔，命樞密使王朴往河陰縣，按行河堤，及修汴口水門。壬午，命侍衛都指揮使韓通，宣往徽南院使吳延祚，發徐、宿、宋、單等州丁夫數萬，以濬汴河。甲申，命馬軍都指揮使韓令坤，自京東道汴水入於蔡河。又命步軍都指揮使袁彥濬五丈河，分遣使臣，發畿內及滑、亳等州丁夫數千，以供其役。

（宋）王欽若等編纂：《册府元龜》卷四九七《邦計部》

（顯德）六年二月，命侍衛軍馬都指揮使韓令坤，自京都疏汴水入於蔡河，侍衛步軍都指揮使袁彥，浚五丈河，以通漕運。

（宋）王欽若等編纂：《册府元龜》卷四九八《邦計部》

後周河堤　顯德六年二月丙子朔，命王朴如河陰，按行河堤，立斗門於汴口。甲申，命韓令坤自大梁城東導汴水入於蔡水，以通陳、穎之漕。命袁彥浚五丈渠東過曹濟梁山泊，以通青、鄆之漕。

（宋）王應麟：《玉海》卷二三《地理》

（顯德）六年，命侍衛馬軍都指揮使韓令坤，自京東疏汴水入於蔡河。侍衛步軍都指揮使袁彥浚五丈河以通漕運。

（元）馬端臨：《文獻通考》卷二五《國用考三》

武肅王天祐丙寅思欲拓捍海塘。先是，江心有石，即泰望山脚，橫截波濤中，出崔巍然。時商旅船到此，强爲風濤所困而傾覆，遂呼此爲羅刹石。我國八月既望必迎潮設祭，必運樂又鼓舞於此，上尋命更呼鎮江石。開平已來沙漲，遂作木欄圍頂，今亦存焉。今祭江亭是也。

（明）陶宗儀：《說郛》卷五《傳載》

武肅王欲於錢塘江捍堤，苦於怒濤所擊，遂構思爲詩祝之，意如假借明日愈攻西岸，憤發於疊雪樓架三百弩射之。潮頭爲之斂去，便命下石籠，樹巨木，其塘遂成。

（明）陶宗儀：《說郛》卷五《傳載》

汴都仰給漕運，故河渠最爲急務。先是，歲調丁夫開浚淤淺，糗糧皆民自備。丁未，詔悉從官給，遂著爲式。又以河北仍歲豐稔，穀價彌賤，命高其價以糴之。

（宋）李燾：《續資治通鑑長編》卷一，太祖建隆元年（960）

初，解州之永豐渠，始後魏正始二年，都水校尉元清引平坑水西入黃河以運鹽，而周、齊之間廢絕。隋大業中，都水監姚暹決堰浚渠，由陝入解縣，唐末至五代不復治。至本朝，湮淺，舟不通，鹽運大艱，主運者耗家產幾盡。州校麻處厚詣闕訴，而右班殿直劉達因請治渠，起安邑至白家場，轉運使王博文亦言其便，復詔三司度利害。是歲，卒成之，公私果利。

（宋）李燾：《續資治通鑑長編》卷一〇四，仁宗天聖四年（1026）

賜度僧牒五十，令杭州開西湖，政目二十八日事。從知州蘇軾請也。杭本江海之地，水泉鹹苦，民居稀少。唐刺史李泌始引西湖作六井，民足於水，故井邑日富。及白居易復浚西湖，放水入運河，自河入田，所溉至千頃。然湖水多葑，自唐及錢氏，歲輒開治，故湖水足用。近歲廢而不理，至是，湖中葑田積二十五萬餘丈，而水無幾。運河失湖水之利，則取給於潮，潮水渾濁多淤，河行閭閻中，三年一淘，爲市井大患，而六井亦幾廢。軾始至，浚茆山、鹽橋二河，以茆山一河專受江潮,以鹽橋一河專受湖水,造堰閘以爲潮水蓄泄之限,然後潮不入市,且以餘力復治六井,民稍獲其利。軾間至湖上,周視良久,曰:"今欲去葑田,葑田如雲,將安所置之? 湖南北三十里,環湖往來,終日不達,若取葑田積之湖中,而行者便矣。人喜種菱,若種菱收其利,以備修湖,則湖當不復埋塞。"乃取救荒之餘,得錢糧以貫、石數者萬,復請於朝,得度牒半百,以募役者。堤成,植芙蓉、楊柳其上,望之如圖畫,杭人名之"蘇公堤"。軾墓志云:僧度牒百。今從政目。

　　(宋)李燾:《續資治通鑒長編》卷四四二,哲宗元祐五年(1090)

　　(潛江縣)高氏(堤),在縣西北五里,相傳五代時高季興所築,因氏焉。起自荆州綠麻山,至縣南沱埠淵,延亘一百三十里,以障襄、漢二水。

　　　　　　　　　　　　　(清)顧炎武:《天下郡國利病書》

　　(江陵縣)寸金,在龍山門外,五代時蜀孟昶將伐高氏,欲作戰艦巨筏衝荆南城,梁將軍倪福可築是堤,激水以捍之。宋吳獵嘗分高沙、東漿之流,由此堤外,歷南紀、楚望諸門,東匯沙市,爲南海。

　　　　　　　　　　　　　(清)顧炎武:《天下郡國利病書》

　　五代時高季興節度荆南,築堤以障漢水,自荆門綠麻出至潛江,延亘百三十里,因名高氏堤。

　　　　　　　　　　　　　(清)顧炎武:《天下郡國利病書》

　　論曰:夫黃河爲中國患久矣,而究之爲河要害古今一也。《禹貢》:九河故迹,在平原河間之境,非今郡界所及,無庸論矣。漢唐以來,由大名而北,過郡之北境,以入於海。五代以後,由大名而東過郡之南境,以入於淮,其常道也。

　　　　　　　　　　　　　(清)顧炎武:《天下郡國利病書》

4. 畜牧業

唐天祐中，秦州有劉自然者，主管義軍桉，因連帥李繼宗點鄉兵捍蜀，成紀縣百姓黃知感者，妻有美髮，自然欲之，謂知感曰："能致妻髮，即免是行。"知感之妻曰："我以弱質托於君，髮有再生，人死永訣矣。君若南征不返，我有美髮何爲焉？"言訖，攬髮剪之，知感深懷痛愍，既迫於差點，遂獻於劉。知感竟亦不免縣戍，尋歿於金沙之陣，黃妻晝夜禱天號訴。是歲，自然亦亡。後黃家牝驢，忽産一駒，左脅下有字云"劉自然"。邑人傳之，遂達於郡守。郡守召其妻子識認，劉自然長子曰："某父平生好飲酒食肉，若能飲啖，即是某父也。"驢遂飲酒數升，啖肉數臠，食畢，奮迅長鳴，泪下數行。劉子請備百千贖之，黃妻不納，日加鞭捶，曰："猶足以報吾夫也。"後經喪亂，不知所終，劉子竟慚憾而死。

（宋）李昉：《太平廣記》卷一三四《劉自然》

梁太祖開平元年九月，詔："先以討伐北虜，因索公私馬以濟戎事。至是，慮有搔擾，復罷前令。如有力者，任畜馬。"

（宋）王欽若等編纂：《册府元龜》卷六二一《卿監部》

（開平）四年十月，頒奪馬令。先是，王師擊賊，所得馬雖一二，必具獻。或被瘴殞於道中，而戰者無所利。帝曰："獲則有之，所以要其奮擊也。今主將亡馬皆不言，取士卒獲以爲己功，甚無謂。宜下諸軍勿來獻，擅冒禁者，以違敕罪罪之。"

（宋）王欽若等編纂：《册府元龜》卷六二一《卿監部》

朱梁尹皓鎮華州，夏將半，出城巡警，時蒲雍各有兵戈相持故也。因下馬，於荒地中得一物如石，又如卵，其色青黑，光滑可愛，命左右收之。又行三二十里，見村院佛堂，遂置於像前，其夜雷霆大震，猛雨如注，天火燒佛堂，而不損佛像。蓋龍卵也。院外柳樹數百株，皆倒植之,其卵已失。

（宋）李昉：《太平廣記》卷四二四《尹皓》

後唐莊宗同光三年六月,將事西蜀。下河南、河北諸州府,和市戰馬。所在搜括,官吏除一匹外,官收匿者,致之以法,由是搜索殆盡。

（宋）王欽若等編纂：《册府元龜》卷六二一《卿監部》

（同光）三年閏十二月,魏王奏東西兩川點到見在馬得九千五百三十匹。

（宋）王欽若等編纂：《册府元龜》卷六二一《卿監部》

明宗即位,以康福爲飛龍使。福便弓馬,少事武皇,累補軍職。莊宗嗣位,嘗謂左右曰:"我本番人,以羊馬爲活業。彼康福者,體貌豐厚,宜領財貨,可令總轄馬牧。"由是署爲馬坊使,大有蕃息。及後明宗爲亂兵所逼,將離魏縣,會福牧小馬數千匹於相州,乃驅而歸命。及即位,乃有此授。

（宋）王欽若等編纂：《册府元龜》卷六二一《卿監部》

天成二年三月丙辰,宰臣任圜奏:"臣伏見蕃牧臣僚,每正至慶賀,例皆進馬。臣以捧日之心,貴申其忠孝;追風之步,必擇於馴良。備乘奉於帝車,資駔駿於天厩。伏見本朝舊事,雖以進馬爲名,例多貢奉。馬價蓋道途之役,護養稍難,因此群方久爲定制。自今後伏請只許四夷蕃國進駝馬,其諸道藩府州鎮,請依天復三年已前許貢綾絹金銀,隨土産折進馬之直。所貴稍便貢輸,不虧誠敬。兼請約舊制選孳生馬,分置監牧,俾飲齕而自遂,即騋牝之逾繁者。"敕旨:"任圜方秉國權,乃專邦計,公家之利,知無不爲。當景運之中,興舉皇朝之政事,不獨資其經費,亦冀便於貢輸。載閱敷陳,允叶事體,宜依所奏。"乃置監牧,委爲三司使別其制置奏聞。

（宋）王欽若等編纂：《册府元龜》卷六二一《卿監部》

（天成）三年三月，吏部郎中何澤請率天下牝馬置群牧，取其蕃息。

（宋）王欽若等編纂：《冊府元龜》卷六二一《卿監部》

（天成）四年四月，詔沿邊置場買馬，不許蕃部直至闕下。帝自臨馭，欲來遠人，党項之衆，競赴都下。嘗賜酒食於禁庭，醉則連袂，歌土風以出。凡將到馬無駑良，並云上進國家。雖約其價以給之，及計其館穀。錫賚所費，不可勝紀。計司以爲蠹中華無出於此，遂止之。

（宋）王欽若等編纂：《冊府元龜》卷六二一《卿監部》

（天成四年）是年八月，詔以右軍馬牧軍使田令方芻牧不謹，馬瘠而多死，劾致於法。安重誨奏曰：“令方損耗官馬，死未塞責。然因馬罪死一軍使，非撫士之道。”杖減死一等。

（宋）王欽若等編纂：《冊府元龜》卷六二一《卿監部》

長興元年七月，分飛龍院爲左右，以小馬坊爲右飛龍院。

（宋）王欽若等編纂：《冊府元龜》卷六二一《卿監部》

（長興二年）九月辛亥，詔五坊見在鷹隼之類，並可就山林解放，今後不許進獻。

（宋）王欽若等編纂：《冊府元龜》卷四二《帝王部》

（長興）三年正月，三司奏從去年正月至年終，收到諸蕃所賣馬計六千餘匹，所支價錢及給賜供費，約數四十萬貫。

（宋）王欽若等編纂：《冊府元龜》卷六二一《卿監部》

（長興）四年十月，帝問見管馬數，范延光奏曰：“天下嘗支草粟者，近五萬匹。見今西北諸蕃部賣馬者，往來如市，其郵傳之費，中估之價日四五千貫。以臣計之，國力十耗其七。馬無所使，財賦坐銷，朝廷將不濟。"馮贇奏曰："金商州每年上供絹不過六百匹,臣給馬價每日約支五千餘匹,臣等思惟無益之甚。乞陛下深悟其理。"帝曰："卿等商略可否以聞。"延光等議,戒緣邊鎮戍蕃部賣馬,即擇其良壯給券,具數以聞。從之。

（宋）王欽若等編纂:《冊府元龜》卷六二一《卿監部》

（長興四年）十一月,朱弘昭、馮贇奏曰："臣等自蒙重委,計度國力盈虛而支給,嘗苦不足者,直以賞軍無算,買馬太多之弊也。若不早爲節限,後將難濟。宜嚴敕西北邊鎮守此,後請禁止其來。"

（宋）王欽若等編纂:《冊府元龜》卷六二一《卿監部》

後唐長興中,徐州軍營將烹一牝豕。翌日,將宰之。是夕,豕見夢於主曰："爾勿殺我,我之胎非豕也。爾能志之,俾爾豐渥。"比明,忘而宰之,腹内果懷一小白象,裁可五寸,形質已具,雙牙燦然。主方悟,無及矣,營中洶洶咸知之。聞於都校,以紙緘之,聞於節度使李敬周。時人咸不測之,亦竟無他。

（宋）李昉:《太平廣記》卷四三九《徐州軍人》

晉少帝天福九年正月,發使天下率公私之馬。

（宋）王欽若等編纂:《冊府元龜》卷六二一《卿監部》

晉太常卿崔梲游學時,往至姑家,夜與諸表昆季宿於學院。來晨,姑家方會客。夜夢十九人皆衣青綠,羅拜,具告求生,詞旨哀切。崔曰："某方閒居,非有公府之事也,何以相告?"咸曰："公但許諾,某輩獲全矣!"崔曰："苟有階緣,固不惜奉救也。"咸喜躍再拜而退。既寤,盥櫛束帶,至堂省姑。見缶中有水而泛鱉焉,數之,大小凡十九,計其衣色,亦略同也。遂告於姑,具述所夢,再拜請之,姑亦不阻,即命僕夫置於器中,躬詣水次放之。

（宋）李昉:《太平廣記》卷四六七《崔梲》

漢高祖天福十二年九月，河南諸道並奏使臣到和買戰馬。始帝去冬以北虜犯闕，陷戰馬二萬匹，而騎卒在焉。時方欲攻鄴壘而制塞下，遂降和買河南諸道不經虜掠處土人私馬。時制旨略曰："朕方以勤儉一身，輯和庶政，未嘗枉費，所在安人。今則重威未賓，契丹尚擾，必多添於戰騎，期大振於軍威，言念煩勞，事非獲己。"時天下人心厭虜燔炙之患久矣，皆願以身爲捍，聞帝詔諭，皆感悟，樂而隨之。

（宋）王欽若等編纂：《册府元龜》卷六二一《卿監部》

漢户部侍郎范質言，嘗有燕巢於舍下，育數雛，已哺食矣。其雌者爲猫所搏食之，雄者啁啾，久之方去。即時又與一燕爲匹而至，哺雛如故。不數日，諸雛相次墮地，宛轉而僵。兒童剖腹視之，則有蒺藜子在嗉中，蓋爲繼偶者所害。

（宋）李昉：《太平廣記》卷四六一《范質》

周世宗顯德二年八月，帝謂侍臣曰："諸軍與飛龍院馬向來有病患老弱者，多爲其主者無故擊殺，分食其肉，豈可壯則乘騎，貴其負重之力；老則見弃，不免刲宰之患，忘其勞而枉其死，寔有所傷。今後應有病患老弱馬，並可送同州沙苑、監衛州牧馬監，就彼水草，以盡其飲齕之性。"

（宋）王欽若等編纂：《册府元龜》卷六二一《卿監部》

戊申，三司請市糴芻粟，上因問輔臣："諸坊、監牧馬幾何?"王曾對曰："當今比五代馬多數倍，計芻秣費歲不下數百萬，蓋措置利害失其要。若以陝西蕃部入中馬立定數，餘聽民間市易，二三年間必有蕃息，此與畜之外厩無異也。"外厩之説，以前有之，不妨重見也。

（宋）李燾：《續資治通鑑長編》卷一〇四，仁宗天聖四年（1026）

痴伯子
葛從周養一皁鷹，甚鷔，忽突籠飛去。從周惜，責掌事討捕良急。從周方食，小僕報桐樹上鷹見栖泊，望之乃一鷗也，怒罵曰：
"不解事奴，此痴伯子，得萬箇何所用？"促尋黑漫天來。黑漫天，所
失鷹名也。

（明）陶宗儀：《説郛》卷六一《清異録》

偽吳兵部尚書賈潭，言其所知爲嶺南節度使，獲一桔，其大如升。
將表上之，監軍中使以爲非常物，不可輕進。因取針微刺其蒂下，乃
蠕而動，命破之，中有小赤蛇長數寸。

（宋）李昉：《太平廣記》卷四五九《賈潭》

偽吳壽州節度使姚景，爲兒時，事濠州節度使劉金，給使厠中。
金嘗卒行至厠，見景方寢，有二小赤蛇戲於景面，出入兩鼻中。良久
景寤，蛇乃不見。金由是驟加寵擢，妻之以女，卒至大官。

（宋）李昉：《太平廣記》卷四五九《姚景》

偽吳壽州節度使王稔，罷歸揚都，爲統軍。坐廳事，與客語，忽有
小赤蛇自屋墜地，向稔而蟠。稔令以器覆之，良久發視，唯一蝙蝠飛
去。其年，稔加平章事。

（宋）李昉：《太平廣記》卷四五九《王稔》

釜中龍
南唐時有蒼頭持《龍水圖》求售，或得之，將練以爲服，忽釜中雲
蒸起，見二龍騰躍，穿壁而去。

（宋）曾慥：《類説》卷二七《唐宋遺史》

江南無野狐，江北無鷓鴣，舊説也。晉天福甲辰歲，公安縣滄渚
村民辛家，犬逐一婦人，登木而墜，爲犬嚙死，乃小狐也，尾長七八尺，
則正首之妖，江南不謂無也，但稀有耳。蜀中彭漢邛蜀絕無，唯山郡
往往而有，里人號爲野犬。更有黃腰，尾長頭黑，腰間焦黃，或於村落

鳴,則有不祥事。

(宋)李昉:《太平廣記》卷四五五《滄渚民》

江南神武軍使孫漢威,厩中有馬,遇夜,輒尾上放光,狀若散火,驚群馬,皆嘶鳴。漢威以爲妖,仗劍斬之。數月,除盧州刺史。

(宋)李昉:《太平廣記》卷四三六《孫漢威》

相國張文蔚莊在東都柏坡,莊内有鼠狼穴,養四子,爲蛇所吞。鼠狼雌雄情切,乃於穴外坋土,恰容蛇頭。伺蛇出穴,裹入所坋處。出頭,度其回轉不及,當腰齧斷,而劈蛇腹,銜出四子,尚有氣。置之穴外,銜豆葉,嚼而傅之,皆活。何微物而有情有智之如是乎? 最靈者人,胡不思之?

(宋)李昉:《太平廣記》卷四四○《張文蔚》

武成三年庚午,六月五日癸亥,廣漢太守孟彦暉奏,西湖有金龜徑寸,游於荷葉之上,畫圖以上聞。

(宋)李昉:《太平廣記》卷四七二《孟彦暉》

王蜀永平二年,得北邙山章弘道所留瑞文於什邡之仙居山,遂出緡錢,委漢州馬步使趙弘約,締構觀宇。洎創天尊殿,材石宏博,功用甚多。是日,將架巨梁,工巧丁役三百餘人縛拽鼓噪,震動遠近。忽有異鳥三隻,一紅赤色,二皆潔白,尾如曳練,各長二尺餘,栖於梁上,隨緪索上下,在衆人中,略無驚怖。工人撫搦戲玩之,如所馴養者。梁既上畢,鳥亦飛去。

(宋)李昉:《太平廣記》卷四六三《仙居山異鳥》

王建稱尊於蜀,其嬖臣唐道襲爲樞密使。夏日在家,會大雨,其所蓄猫,戲水於檐溜下。道襲視之,稍稍而長,俄而前足及檐。忽爾雷電大至，化爲龍而去。

（宋）李昉：《太平廣記》卷四四〇《唐道襲》

梓潼縣張蛇子神，乃五丁拔蛇之所也。或云，雋州張生所養之蛇，因而祠，時人謂爲張蛇子，其神甚靈。僞蜀王建世子名元膺，聰明博達，騎射絶倫。牙齒常露，多以袖掩口，左右不敢仰視。蛇眼而黑色，凶惡鄙褻，通夜不寐，竟以作逆伏誅。就誅之夕，梓潼廟祝，巫爲蛇子所責，言："我久在川，今始方歸，何以致廟宇荒穢如是耶？"由是蜀人乃知元膺爲廟蛇之精矣。

（宋）李昉：《太平廣記》卷四五八《張蛇子》

王蜀刑部侍郎李仁表寓居許州，將入貢於春官。時薛能尚書爲鎮，先繕所業詩五十篇以爲贄，濡翰成軸，於小亭憑几閱之。未三五首，有戴勝自簷飛入，立於案几之上，馴狎。良久，伸頸翬翼而舞，向人若將語。久之，又轉又舞。如是者三，超然飛去。心異之，不以告人，翌日投詩，薛大加禮待。居數日，以其子妻之。

（宋）李昉：《太平廣記》卷四六三《戴勝》

王仁裕嘗從事於漢中，家於公署。巴山有采捕者，獻猿兒焉，憐其小而慧黠，使人養之，名曰野賓，呼之則聲聲應對，經年則充博壯盛，縻紲稍解，逢人必齧之，頗亦爲患。仁裕叱之，則弭伏而不動，餘人縱鞭箠亦不畏。其公衙子城繚繞，並是榆槐雜樹。漢高廟有長松古柏，上鳥巢不知其數。時中春日，野賓解逸，躍入叢林，飛趠於樹稍之間。遂入漢高廟，破鳥巢，擲其雛卵於地。是州衙門有鈴架，群鳥遂集架引鈴。主使令尋鳥所來，見野賓在林間，即使人投瓦礫彈射，皆莫能中。薄暮腹枵，方餒而就縶，乃遣人送入巴山百餘里溪洞中。人方回，詢問未畢，野賓已在廚內謀餐矣。又復縶之，忽一日解逸，入主帥厨中，應動用食器之屬，並遭掀撲穢污。而後登屋，擲瓦拆磚。主帥大怒，使衆箭射之。野賓騎屋脊而毀拆磚瓦。箭發如雨，野賓目

不妨視，口不妨呼，手拈足擲，左右避箭，竟不能損其一毫。有使院小
將馬元章曰：“市上有一人，善弄胡猻。”乃使召至，指示之曰：“速擒
來。”於是大胡猻躍上衙屋趕之，逾垣驀巷，擒得至前。野賓流汗體浴
而伏罪，主帥亦不甚詬怒，衆皆看而笑之。於是頸上係紅綃一縷，題
詩送之曰：“放爾丁寧復故林，舊來行處好追尋。月明巫峽堪憐靜，路
隔巴山莫厭深。栖宿免勞青嶂夢，躋攀應愜碧雲心。三秋果熟松稍
健，任抱高枝徹曉吟。”又使人送入孤雲兩角山，且使繫在山家。旬日
後，方解而縱之，不復再來矣。後罷職入蜀，行次嶓冢廟前，漢江之
壖，有群猿自峭岩中連臂而下，飲於清流。有巨猿捨群而前，於道畔
古木之間。垂身下顧，紅綃仿佛而在。從者指之曰：“此野賓也。”呼
之，聲聲相應，立馬移時，不覺惻然。及篲彗之際，哀叫數聲而去。及
陟山路，轉壑回溪之際，尚聞嗚咽之音，疑其腸斷矣。遂繼之一篇曰：
“嶓冢祠邊漢水濱，此猿連臂下嶙峋。漸來子細窺行客，認得依稀是
野賓。月宿縱勞羈紲夢，松餐非復稻粱身。數聲腸斷和雲叫，識是前
年舊主人。

（宋）李昉：《太平廣記》卷四四六《王仁裕》

　　蜀中有楊于度者善弄胡猻，於闤闠中，乞丐於人，常飼養胡猻大
小十餘頭，會人語。或令騎犬，作參軍行李，則呵殿前後，其執鞭驅
策，戴帽穿靴，亦可取笑一時。如弄醉人，則必倒之，臥於地上，扶之
久而不起。于度唱曰：“街使來。”輒不起。“御史中丞來。”亦不起。
或微言：“侯侍中來。”胡猻即便起走，眼目張惶，佯作懼怕，人皆笑之。
侯侍中弘實，巡檢內外，主嚴重，人皆懼之，故弄此戲。一日，內厩胡猻維絕
走上殿閣，蜀主令人射之。以其蹻捷，皆不之中，竟不能捉獲者三日。
內豎奏楊于度善弄胡猻，試令捉之，遂以十餘頭入，望殿上拜，拱手作
一行立，內厩胡猻亦在舍上窺覦。于度高聲唱言：“奉敕捉舍上胡猻
來。”手下胡猻一時上舍，齊手把捉內厩胡猻，立在殿上。蜀主大悅，
因賜楊于度緋衫錢帛，收係教坊。有內臣因問楊于度，胡猻何以教之
而會人言語？對曰：“胡猻乃獸，實不會人語。于度緣飼之靈砂，變其

獸心,然後可教。"内臣深訝其説,則有好事者知之,多以靈砂飼胡猻鸚鵡犬鼠等以教之。故知禽獸食靈砂,尚變人心,人食靈砂,足變凡質。

（宋）李昉：《太平廣記》卷四四六《楊于度》

王蜀時,梓州有張温者好捕魚,曾作客館鎮將。夏中,携賓觀魚,偶游近龍潭之下。熱甚,志不快。自入水舉網,獲一魚長尺許,鬐鱗如金,撥剌不已。俯岸人皆異之。逡巡晦暝,風雨驟作。温惶駭,奔走數里,依然烈景。或曰："所獲金魚,即潭龍也。"是知龍爲魚服,自貽其患。苟無風雨之變,亦難逃鼎俎矣。龍潭取魚,亦宜戒慎。

（宋）李昉：《太平廣記》卷四二五《張温》

僞蜀渠陽鄰山有富民王行思,嘗養一馬,甚愛之,芻粟餵飼,倍於他馬。一日因乘往本郡,遇夏潦暴漲,舟子先渡馬,回舟以迎王氏。至中流,風起船覆,其馬自岸奔入駭浪,接其主。蒼茫之間,遽免沉溺。

（宋）李昉：《太平廣記》卷一一八《王行思》

王蜀時,夔州大昌鹽井水中往往有龍,或白或黄,鱗鬣光明,攪之不動,唯沮沫而已。彼人不以爲異。近者秭歸永濟井鹵槽亦有龍蟠,與大昌者無異,識者曰："龍之爲靈瑞也,負圖以昇天,今乃見於鹵中,豈能雲行雨施乎?"雲安縣漢成宫絶頂,有天池深七八丈,其中有物如蜥蜴,長咫尺,五色備具,躍於水面,象小龍也。有高遇者爲刺史,詣宫設醮,忽浮出。或問監官李德符曰："是何祥也?"符曰："某自生長於此,且未常見漢成池中之物。高既無善政,諂佛佞神,亦已至矣,安可定其是非也?"夷陵清江有狼山潭,其中有龍,土豪李務求禱而事之。往見錦衾覆水,或浮出大木,橫塞水面,號爲龍巢。遂州高棟溪潭,每歲龍見,一如狼山之事。

（宋）李昉：《太平廣記》卷四二四《鹽井龍》

王蜀先主時,修斜谷閣道,鳳州衙將白忘其名。掌其事焉。至武休潭,見一婦人浮水而來,意其溺者,命僕夫鈎至岸濱。忽化爲大蛇,没於潭中,白公以爲不祥,因而致疾。愚爲誦岑參《招北客賦》云:"瞿塘之東,下有千歲老蛟,化爲婦人,炫服靚妝,游於水濱。"白公聞之,方悟蛟也,厭疾尋瘳。又内官宋愈昭,自言於柳州江岸,爲二三女人所招,里民叫而止之,亦蛟也。岑賦所言,斯足爲證。

(宋)李昉:《太平廣記》卷四二五《武休潭》

孟蜀主母后之宮有衛聖神龍堂,亦嘗修飾嚴潔,蓋即世俗之家神也。一旦別欲廣其殿宇,因晝寢,夢一青衣謂后曰:"今神龍意欲出宮外居止,宜於寺觀中安排可也。"后欲從之,而子未許。后又夢見青衣重請,因選昭覺寺廊廡間,特建一廟。土木既就,繪事云畢,遂宣教坊樂,自宮中引出,奏送神曲;歸新廟中,奏迎神曲。其日玄雲四合,大風振起,及神歸位,雨即滂沱。或曰:"衛聖神龍出離宮殿,是不祥也。"逾年,國亡滅而去,土地歸廟中矣。

(宋)李昉:《太平廣記》卷四二五《夢青衣》

偽蜀豐資院使李延福晝寢公廳,夢裹烏帽三十人伏於階下,但云乞命。驚覺,僕使報,門外有村人獻鱉三十頭,因悟所夢,遂放之。

(宋)李昉:《太平廣記》卷四六七《李延福》

孫光憲曾行次敘谷,宿於神山,見嶺上板屋中,以木根爲巨虺,前列香燈,因詰店叟:"彼何神也?"叟曰:"光化中,楊守亮鎮襄日,有一蛇橫此嶺路,高七八尺,莫知其首尾,四面小蛇翼之無數。每一拖身,即林木摧折,殆旬半方過盡,阻絕行旅。因聚草焚燎路隅,慮其遺毒,然後方行。"明年,楊伏誅。

(宋)李昉:《太平廣記》卷四五九《孫光憲》

淮南統軍陳璋加平章事,拜命於朝。李昇時執政,謂璋曰:"吾將詣公賀,且求一女婿於公家。公其先歸,吾將至。"璋馳一赤馬而去。中路,馬蹶而墜。頃之,昇至,璋扶疾而出。昇坐少選即去。璋召馬數之曰:"吾以今日拜官,又議親事,爾乃以是而墜我。畜生!"不忍即殺,使牽去,勿與芻秣,餓殺之。是夕,圉人竊具芻粟,馬視之而已,達旦不食。如是累日,圉人以告,璋復召語之曰:"爾既知罪,吾赦爾。"馬跳躍而去。是夕,乃飲飴如故。璋後出鎮宣城,罷歸而薨。旬月,馬亦悲鳴而死。

(宋)李昉:《太平廣記》卷四三五《陳璋》

龍武統軍柴再用常在廳事,憑几獨坐,忽有一鼠走至庭下,向再用拱手而立,如欲拜揖之狀。再用怒,呼左右,左右皆不至。即起逐之,鼠乃去。而廳屋梁折,所坐床几,盡壓糜碎。再用後爲廬鄂宣三鎮節度使卒。

(宋)李昉:《太平廣記》卷四四〇《柴再用》

衛州淇水二監,五代周顯德中置牧馬監。

(宋)孫逢吉:《職官分紀》卷一九

相州安陽監,五代周顯德中置馬坊。

(宋)孫逢吉:《職官分紀》卷一九

馬:昔錢氏牧馬於錢塘門外東西馬塍,其馬蕃息至三數萬,當時號馬海。今餘杭、臨安、於潛三邑,猶有遺種。

(宋)潛說友:《咸淳臨安志》卷五八

5. 手工業

(開平)四年五月甲辰,詔曰:"奇邪亂正,假僞奪真,既刑典之不容,宜犯違而勿赦。應東西兩京及諸道州府制造假犀玉真珠腰帶、璧、珥並諸色售用等，一切禁斷，不得輒更造作。如公私人家先已有者，所在送納長吏，對面毀弃。如行敕後有人故違，必當極法。仍委所在州府差人檢察收捕，明行處斷。"是時，兩京豪族至於賤隸，必假犀玉之飾，雖有嚴令，亦不能禁止。

（宋）王欽若等編纂：《册府元龜》卷一九一《閏位部》

同光既即位，猶襲故態，身預俳優。尚方進御巾裹，名品日新。今伶人所頂，尚有合其遺制者。曰聖逍遙、安樂巾、珠龍便巾、清涼寶山、交龍太守、六合舍人、二儀幞頭、烏程樣、玲瓏、高常侍、小朝天、玄虛令、漆相公、自在冠、鳳三千、日華輕利巾、九葉雲、黑三郎、慶雲仙、聖天宜卿，凡二十品。

（明）陶宗儀：《説郛》卷六一《清異録》

同光年，上因暇日晚霽，登興平閣，見霞彩可人，命染院作霞樣紗，作千褶裙，分賜宮嬪。自後民間尚之，競爲衫裙，號"拂拂嬌"。

（明）陶宗儀：《説郛》卷六一《清異録》

同光年，高麗行人至，副使樸岩叟，文雅如中朝賢士。既行，吏掃除其館舍，得餘燭半挺，其末紅印篆文曰："光濟叟。"蓋以命燭也。

（明）陶宗儀：《説郛》卷六一《清異録》

南夷香槎到文登，盡以易匹物。同光中，有舶上檀香，色正白，號"雪檀"，長六尺，土人買爲僧坊刹竿。

（明）陶宗儀：《説郛》卷六一《清異録》

莊宗滅梁平蜀，志頗自逸，命蜀匠織十幅無縫錦爲被材，被成，賜名"六合被"。

（明）陶宗儀：《説郛》卷六一《清異録》

東南諸路鑄錢：國朝承南唐之舊，爲之未廣也。咸平三年，馬忠肅亮以虞部員外郎出使，始於江、池、饒、建四州，歲鑄錢百三十五萬貫，銅鉛皆有餘羨。

（清）徐松輯：《宋會要輯稿》食貨一一之一

江州廣寧監額：三十四萬貫，舊額二十萬貫。池州永豐監額：四十四萬五千貫，舊額四十萬貫。建州豐國監額：二十萬貫，舊額三十萬貫。韶州永通監額：四十萬貫，大錢，內兼鑄小錢八萬貫。

（清）徐松輯：《宋會要輯稿》食貨一一之二

太平興國二年，江南轉運使樊若水言：“江南舊用鐵錢，於民非便。望於昇州、饒州出銅處置官鑄錢，其鐵錢即令諸州鼓鑄爲農器，以給江北流民。”

（清）徐松輯：《宋會要輯稿》食貨一一之四

先是，李煜因唐舊制，於饒州永平監歲鑄錢六萬貫。江南平，增數爲七萬貫，常患銅少不充用。

（清）徐松輯：《宋會要輯稿》食貨一一之四

太祖乾德五年十月，命水部郎中于繼徽監視綾錦院。朝廷平蜀，得綾錦工人，乃於國門東南創置機杼院，始命繼徽監領焉。

（清）徐松輯：《宋會要輯稿》食貨六四之一六

後唐明宗天成二年十二月，中書舍人程遜上言：“以民間機杼多有假僞，虛費絲縷，不堪爲衣，請下禁止，庶歸樸素。”

（宋）王欽若等編纂：《冊府元龜》卷五〇四《邦計部》

蒸黃透繡襖子
明宗天資恭儉，嘗因苦寒，左右進蒸黃透繡襖子，不肯服，索托羅氈襖衣之。

（明）陶宗儀：《説郛》卷六一《清異録》

四奇家具

後唐福慶公主下降孟知祥。明宗晏駕，唐亂，莊宗諸兒削髮爲苾蒭，間道走蜀。時知祥新稱帝，爲公主厚待猶子。敕器用局以沉香降真爲鉢，木香爲匙箸錫之。常食堂展鉢，衆僧相謂曰："我輩謂渠頂相衣服均是金輪王孫，但面前四奇家具有無不等耳。"

（明）陶宗儀：《説郛》卷六一《清異録》

李家寬

清泰燕服，凡兩品。幞頭李家寬者，漆地加金綫棱盤，四脚差細。

（明）陶宗儀：《説郛》卷六一《清異録》

小樣雲

士人暑天不欲露髻，則頂矮冠。清泰間，都下星貨鋪賣一冠子，銀謂之，五朵平雲，作三層安置，計止是梁朝物，匠者遂依效造小樣雲求售。

（明）陶宗儀：《説郛》卷六一《清異録》

平等香

清泰中，荆南有僧貨平等香，貧富不二價，不見市香和合，疑其仙者。

（明）陶宗儀：《説郛》卷六一《清異録》

唐季王侯競作方便囊，重錦爲之，形如今之照袋。每出行，雜置衣巾、篦鑒、香藥、詞册，頗爲簡快。

（宋）陶穀：《清異録》卷下

同光既即位,猶襲故態,身預俳優,尚方進御巾裹,名品日新。今伶人所頂尚有合其遺制者,曰聖逍遥、安樂巾、珠龍便巾、清凉寶山、交龍太守、六合舍人、二儀幞頭、烏程樣、玲瓏、高常侍、小朝天、玄虚令、漆相公、自在冠、鳳翼三千、日華輕利巾、九葉雲、黑三郎、慶雲仙、聖天宜卿,凡二十品。

(宋)陶穀:《清異録》卷下

莊宗滅梁平蜀,志頗自逸,命蜀匠旋織十幅無縫錦爲被材,被成,賜名六合被。

(宋)陶穀:《清異録》卷下

同光年,上因暇日晚霽,登興平閣,見霞彩可人,命染院作霞樣紗,作千褶裙,分賜宮嬪。自後民間尚之,競爲衫裙,號拂拂嬌。

(宋)陶穀:《清異録》卷下

五位瓶,自同光至開運盛行。以銀銅爲之,高三尺,圍八九寸,上下直如筒樣,安嵌蓋,其口有微洼處,可以傾酒。春日郊行,家家用之。

(宋)陶穀:《清異録》卷下

清泰燕服凡兩品,幞頭李家寬者,漆地加金綫,棱盤四脚差細。

(宋)陶穀:《清異録》卷下

士人暑天不欲露髻,則頂矮冠。清泰間,都下星貨鋪賣一冠子,銀爲之,五朵平雲,作三層安置,計止是梁朝物,匠者遂依效造小樣求售。

(宋)陶穀:《清異録》卷下

桑維翰服蟬翼紗大人帽,庶表四方,名爲化巾。

(宋)陶穀:《清異録》卷下

鳳尾袍者,相國桑維翰時未仕緼衣也。謂其繼縷穿結,類乎鳳尾。

(宋)陶穀:《清異録》卷下

顯德中書堂,設起紋秋水席,色如蒲萄紫,而柔薄綿,叠之,可置研函中。吏偶覆水,水皆散去,不能沾濡,不識其何物爲之。

(宋)陶穀:《清異録》卷下

舒雅作青紗連二枕,滿貯酴醿、木犀、瑞香散蕊,甚益鼻根。尚書郎秦南運見之,留詩曰:"陰香裝艷入青紗,還與欹眠好事家。夢裏却成三色雨,沉山不敢鬥清華。"

(宋)陶穀:《清異録》卷下

盧文紀有玉枕骨,故凡枕之堅實者,悉不可用。親舊間作楊花枕贈之,遂獲安寢。自是,縫青繒充以柳絮,一年一易。

(宋)陶穀:《清異録》卷下

左宫枕,青玉爲之,體方平,長可寢二人,冬温夏凉,醉者破醒,夢者游仙。云是左宫王夫人,左宫以授杜光庭,光庭進之蜀主。與皇明帳爲嶰宫二寶。

(宋)陶穀:《清異録》卷下

王蜀報朱梁信物有金棱碗、越瓷器。致語云:金棱含寶碗之光,秘色抱青瓷之響。乃吳越錢鏐事梁所燒秘磁。相沿以奉柴世宗,所謂柴窑者,其色如天,其聲如磬,精妙之極,今不可復睹矣。

(清)潘永因:《宋稗類鈔》卷三二

自知祥傳至昶,但稱皇明帳,不知所自。色淺紅,恐是鮫鮹之類。於皺紋中有十洲三島象,施之大小床,皆稱可,此爲怪耳。夜則燦錯如金箔狀。昶敗失所在。

（宋）陶穀：《清異録》卷下

孟蜀主一錦被，其闊猶今之三幅帛，而一梭織成。被頭作二穴，若雲版樣，蓋以叩於項下，如盤領狀，兩側餘錦則擁覆於肩，此之謂鴛衾也。楊元誠太史言，兒時聞尊人樞密公云，嘗於宋官庫見之。

（明）陶宗儀：《南村輟耕録》卷七

余兒時聞先父樞密言：嘗與宋官庫中見孟蜀王錦衾，其闊一梭，徑過被頭，作十穴，織成雲板樣，蓋而扣於項下如盤領狀，兩側餘錦擁覆於肩，此謂之鴛衾也。

（元）楊瑀：《山居新語》卷四

閩廣多種木綿，樹高七八尺，葉如柞，結實如大菱而色青，秋深即開，露白綿茸茸然。土人摘取出殼，以鐵杖杆盡黑子，徐以小弓彈令紛起，然後紡績爲布，名曰吉貝。今所貨木綿，特其細緊爾。當以花多爲勝，橫數之得一百二十花，此最上品。海南蠻人織爲巾，上作細字，雜花卉，尤工巧，即古所謂白叠巾也。李琮詩有“腥味魚中墨，烏賊魚也。衣裁木上綿”之句。

（宋）方勺：《泊宅編》卷三

南漢僭創小國，乃作平頂帽自冠之，由是風俗一變，皆以安豐頂爲尚。

（宋）陶穀：《清異録》卷下

劉鋹僭宮中，有魚英托鏤椰子立壺四隻，各受三斗。嶺海人亦以爲罕有。魚英蓋魚腦骨，熠治之可以成器。

（宋）陶穀：《清異録》卷下

吳越孫總監承祐，富傾霸朝，用千金市得石綠一塊，天質嵯峨如山，命匠治爲博山香爐，峰尖上作一暗竅，出烟一則聚，而且直穗凌空，實美觀視。親朋效之，呼小三山。

（宋）陶穀：《清異録》卷下

吳越外戚孫承祐，奢僭異常，用龍腦煎酥，製小樣驪山，山水、屋室、人畜、林木、橋道，纖悉備具。近者畢工，承祐大喜，贈蠟裝龍腦山子一座。其小驪山，中朝士君子見之，云圍方丈許。

（宋）陶穀：《清異録》卷下

羅隱帽輕巧簡便省樸，人竊仿學，相傳爲減樣方平帽。

（宋）陶穀：《清異録》卷下

江南中書厨，宰相飲器有燕羽觴，似常杯而狹長，兩邊作羽形，塗以佳漆。云昔有宰相病目，惡五色耗明，凡器用類改令黑。

（宋）陶穀：《清異録》卷下

江南烈祖素儉，寢殿燭不用脂蠟，灌以烏臼子油，但呼烏舅。案上捧燭鐵人，高尺五，云是楊氏時馬厩中物。一日黃昏，急須燭，喚小黃門：“掇過我金奴來。”左右竊相謂曰：“烏舅金奴，正好作對。”

（宋）陶穀：《清異録》卷下

李煜僞長秋周氏，居柔儀殿。有主香宮女，其焚香之器，曰：把子蓮、三雲鳳、折腰獅子、小三神、卍字金、鳳口嬰、玉太古、容華鼎，凡數十種，金玉爲之。

（宋）陶穀：《清異録》卷下

江南李主帳中香法，以鵝梨蒸沈香用之。

（宋）祝穆：《古今事文類聚》續集卷一二

江南李主帳中，香法以鵝梨，蒸沉香用之。

（明）彭大翼：《山堂肆考》卷一八三

韓熙載在江南造輕紗帽，匠帽者謂爲韓君輕格。

（宋）陶穀：《清異録》卷下

金剛炭，有司以進御爐，圍徑欲及盆口，自唐宋五代皆然。方燒造時，置式以受柴，稍劣者必退之。小熾一爐，可以終日。

（宋）陶穀：《清異録》卷下

姚顗子侄善造五色箋，光緊精華，砑紙版乃沈香，刻山水林木、折枝花果、獅鳳蟲魚、壽星八仙、鐘鼎文，幅幅不同，文縷奇細，號砑光小本。余嘗詢其訣，顗侄云：“妙處與作墨同，用膠有工拙耳。”

（宋）陶穀：《清異録》卷下

余於丹徒高氏，見楊行密節度淮南補將校牒紙，光潔如玉，膚如卵膜，今士大夫所有澄心堂紙不迨也。

（宋）陳師道：《後山談叢》卷二

蜀中多以麻爲紙，有玉屑屑骨之號。江浙間多以嫩竹爲紙，北土以桑皮爲紙，剡溪以藤爲紙，海人以苔爲紙，浙人以麥麪稻爲之者，脆薄焉。以麥膏油藤紙爲之者，尤佳。

（宋）蘇易簡：《文房四譜》卷四

江南李後主善詞章，能書畫，皆臻妙絶，是時紙筆之亦極精緻。世傳尤好玉屑箋，於蜀主求箋匠造之，唯六合水最宜於用，即其地製作。今本土所出麻紙，無異玉屑，蓋所造遺範也。

（宋）高晦叟：《珍席放談》卷下

江南僞主李氏,常較舉人畢,放榜日給會府紙一張,可長二丈,闊二丈,厚如繒帛數重。令書合格人姓字,每紙出則縫掖者相慶,有望於成名也。僕頃使江表,睹今壞樓之上,猶存千數幅。

（宋）蘇易簡:《文房四譜》卷四

江南李後主造澄心堂紙,前輩甚貴重之。江南平後六十年,其紙猶有存者。歐公嘗得之,以二軸贈梅聖俞,梅詩鋪叙其由,而謝之曰:"江南李氏有國日,百金不許市一枚。當時國破何所有,帑藏空竭生萎苔。但存圖書及此紙,弃置大屋墻角堆。幅狹不堪作詔命,聊備粗使供鸞臺。"用梅詩以想其制,必是紙製大佳而幅度低狹,不能與麻紙相及,故曰"幅狹不堪作詔命"也。然一紙已直百錢,亦已珍矣。

（宋）程大昌:《演繁露》卷九

《演繁露》:江南李後主造澄心堂紙,前輩甚貴重之。江南平後六十年,其紙猶有存者。歐公嘗得之,以二軸贈梅聖俞,紙制大佳而幅度低狹,不能與麻紙相及,然一紙已值百錢,亦已珍矣。

（清）陳元龍:《格致鏡原》卷三七

澄心堂紙今尚有存者,然余見之不多,未敢辨其真僞也。……宋時去南唐不遠,此紙散落人間尚多,今則絶無而僅有。

（明）謝肇淛:《五雜組》卷一二

紙,李主澄心堂爲第一。其物出江南池、歙二郡,今世不復作精品。蜀箋不堪久,自餘皆非佳物也。

（宋）羅願:《新安志》卷一〇

歙州績溪紙,乃澄心堂遺物,其新也鮮明過之。今世紙多出南方,如烏田、古田、由拳、温州、惠州,皆知名,擬之績溪,曾不得及其門墙耳。

（宋）羅願:《新安志》卷一〇

剡用南唐澄心堂紙，其樣甚展。《新安志》曰：“績溪紙，乃澄心堂遺物。”歐陽公、韓持國有澄心堂紙詩，米元章、薛道祖亦有詩。

（宋）高似孫：《剡録》卷七

南唐以徽紙，作澄心堂紙得名。若蜀箋、吳箋皆染搗而成，蜀箋重厚不佳，今吳箋爲勝。

（明）陳耀文：《天中記》卷三八

《楊慎外集》：南唐昇元帖，以匱紙摹拓，李廷珪墨拂之，爲絶品。匱紙者，打金箔紙也。其次，即用澄心堂紙，蟬翅拂爲第二品，濃墨本爲第三品也。昇元帖在淳化祖刻之上，隋開皇帖之下。

（清）陳元龍：《格致鏡原》卷三九

今常侍徐公鉉云：幼年嘗得李超墨一挺，長不過尺，細才如箸。與其愛弟鍇共用之，日書不下五千字，凡十年乃盡。磨處邊際有刃可以裁紙。自後用李氏墨無及此者。唐末陶雅爲歙州刺史二十年，嘗責李超云：“爾近所造墨，殊不及吾初至郡時，何也？”對曰：“公初臨郡，歲取墨不過十挺，今數百挺未已，何暇精好？”

（宋）羅願：《新安志》卷一〇

秦少游有李廷珪墨半丸，不爲文理，質如金石，潘谷見之而拜曰：“真李氏故物也，我生再見矣。”

（宋）陳師道：《後山談叢》卷二

南唐於饒置墨務，歙置硯務，揚置紙務，各有官，歲貢有數。求墨工於海東，紙工於蜀。中主好蜀紙，既得蜀工，使行境內，而六合之水與蜀同。李本奚氏，以幸賜國姓，世爲墨官云。唐之問，質肅公之子，有墨曰：“饒州供進墨務官李仲宣造。”世莫知其何。子頗有家法，唐以遺黃魯直，魯直以謂不迨孫氏所有。而予謂過之。陳留孫待制家有墨半挺,號稱廷珪,但色重爾,非古制也。

(宋)陳師道:《後山談叢》卷二

太祖下南唐,所得李廷珪父子墨,同他俘獲物,付主藏籍收,不以爲貴也。後有司更作相國寺門樓,詔用黑漆,取墨於主藏,車載以給,皆廷珪父子之墨。至宣和年,黃金可得,李氏之墨不可得也。

(宋)邵博:《邵氏聞見後録》卷二八

黃魯直就几閣間,取小錦囊,中有墨半丸,以示潘谷。谷隔錦囊手之,即置几上,頓首曰:“天下之寶也。”出之,乃李廷珪作耳。又別取小錦囊,中有墨一丸,谷手之如前,則嘆曰:“今老矣,不能爲也。”出之,乃谷少作耳。其藝之精如此。

(宋)邵博:《邵氏聞見後録》卷二八

柴珣,國初時人。得二李膠法,出潘張之上。其作玉梭樣,銘曰“柴珣東瑤”者,士大夫得之,蓋金玉比也。

(宋)何薳:《春渚紀聞》卷八

余爲兒時,於彭門寇鈞國家見其先世所藏李廷珪下至潘谷十三家墨。斷珪殘璧,粲然滿目。其廷珪小挺,歲久不見膠彩,而書於紙間視之,其黑皆非餘墨所及。東坡先生臨郡日,取試之,爲書杜詩十三篇,各於篇下書墨工姓名,因第其品次云。

(宋)何薳:《春渚紀聞》卷八

墨工製名,多相蹈襲。其偶然耶,亦好事者冀其精藝,追配前人,故以重名之也。南唐李廷珪,子承宴;今有沈珪,珪子宴;又有關珪。國初張遇後有常遇,和之子;又有潘遇,谷之子。黟川布衣張谷,所製得李氏法,而世不多有;同時有潘谷;又永嘉葉谷作油烟,與潭州胡景純相上下,而膠法不及。陳贍之後又有梅贍,云耿德真,江南人,所製精者不減沈珪,惜其早死,藏墨之家不多見也。

(宋)何薳:《春渚紀聞》卷八

一日謁章季子於富春之法門寺,出廷珪墨半笏爲示,初不見膠彩。云是其大父申公所藏者。其墨匣亦作半笏樣,規製古樸,是百餘年物。東坡先生所謂非人磨墨墨磨人者,不虛語也。

(宋)何薳:《春渚紀聞》卷八

余偶與曾純父論李氏對膠法,因語及嘉禾沈珪與居彥實造墨再和之妙。純父曰,頃於相州韓家見廷珪一墨,曰"臣廷珪四和墨",則知對膠之法寓於此。

(宋)何薳:《春渚紀聞》卷八

南唐(善製墨者):李超、鼂之子始居歙州。南唐賜姓李氏。李廷珪、李廷寬、李承宴,皆超之子。李文用、承宴之子。李惟慶、李惟一、李仲宣,皆文用子。耿遂仁、歙州。耿文政、耿文壽,皆遂仁子。耿德、耿盛、盛匡道、宣州。盛通、盛真、盛舟、盛信、盛浩。

(明)陶宗儀:《南村輟耕錄》卷二九

莆陽蔡君謨嘗評李超,易水人,唐末與子庭珪度江,至歙州,以其地多美松,因留居,以墨名家。本姓奚,江南賜姓李,珪或爲邽,弟庭寬、庭實,男承晏,男文用,皆有聞易水。江南又有朱君德、柴珣、柴成務、李文遠,皆遇陳贇,著名當時。其製有劍脊圓餅握墨、進貢墨、供堂墨、面多爲龍紋,其幙有宣府字,或止云宣城,著姓氏,或別州府。今人間亦有傳者。

(宋)江少虞:《宋朝事實類苑》卷六〇

江南黟、歙之地,有李廷珪墨,尤佳。廷珪本易水人,其父超,唐末流離渡江,睹歙中可居造墨,故有名焉。今有人得而藏於家者,亦不下五六十年。蓋膠敗而墨調也,其堅如玉,其紋如犀,寫逾數十幅,不耗一二分也。

(宋)蘇易簡:《文房四譜》卷五

今常侍徐公鉉云:"建康東有雲穴,西山有石墨,親常使之。"又云:"幼年常得李超墨一挺,長不過尺,細裁如箸。"與其愛弟鍇共用之,日書不下五千字,凡十年乃盡,磨處邊際有刃,可以裁紙。自後用李氏墨,無及此者。超即廷珪之父也。

(宋)蘇易簡:《文房四譜》卷五

唐末,陶雅爲歙州刺史二十年,嘗責李超云:"爾近所造墨,殊不及吾初至郡時,何也?"對曰:"公初臨郡,歲取墨不過十挺,今數百挺未已,何暇精好焉!"

(宋)蘇易簡:《文房四譜》卷五

山中新伐木,書之,字即隱起。他日洗去墨,字猶分明。又書於版牘,歲久木朽,而字終不動,蓋烟煤能固木也。亦徐常侍言。

(宋)蘇易簡:《文房四譜》卷五

僧齊已《謝人惠墨》詩:珍重歲寒烟,携來路幾千。只應真典誥,銷得苦磨研。正色浮端硯,精光動蜀箋。因君強濡染,捨此即忘筌。

(宋)蘇易簡:《文房四譜》卷五

奚庭珪,易水人。或曰李庭珪,本姓奚,江南賜姓李氏,非也。今之人但見有奚庭珪墨二品。庭珪父即超,何獨有奚庭珪而無奚超也?趙寅達夫嘗收得一種,上印文曰"宣府奚庭珪",乃知居歙者李氏,籍宣者奚氏,各是一族而名偶同耳。《新安志》云:自蔡居謨以來,皆言李庭珪即奚庭珪,唯黃秉、李孝美云"奚墨不及李"。友按《墨經》云:觀易水奚氏、歙州李氏,皆用大膠,所以養墨。又云奚鼐之子超,鼐之子起,而別叙歙州李超,超子庭珪以下世家。是族有奚、李之異,居有易、歙之分矣。況《墨說》復指宣府之記爲證,用衆說,從姓氏書之,惟超、起未嘗以奚稱,則仍李氏,不敢重出云。

(元)陸友:《墨史》卷上

　　江南黟、歙之地有李廷珪,墨尤佳。廷珪本易水人,其父超,唐末流離渡江,睹歙中可居造墨,故有名焉。今有得而藏於家者,亦不下五六十年,蓋膠敗而墨調也。其堅如玉,其文如犀,寫逾數十幅,不耗一二分也。常侍徐公鉉爲太簡,言幼年嘗得李超墨一挺,長不過尺,細裁如箸,與其弟鍇共用之,日書不下五千字,凡十年乃盡。磨處邊際有刃,可以裁紙。自後用李氏墨,無及此者。超即廷珪之父也。超墨有二品,其面或爲特龍者,或曰“新安香墨”者,其幕曰“歙州李超造”。一上曰“李超”,其號雖異,亦互有精粗。王仲蘉曰:其父岐公,在仁宗朝,被賜超墨,題云“檢校水部員外郎臣超”。後以遺蔡君謨,君謨云:“超與其子廷珪,唐末自易水渡江至歙州,地多美松,因而留居,遂以墨名家。本姓奚,江南賜姓李氏。”超之墨世不復傳,襄嘗侍群玉宴,輒賜得之。其從子絛云:“昭陵晚歲開内宴,數與大臣侍從從容談笑,嘗親御飛白書以分賜,更以香藥、名墨遍賚焉。一大臣得超墨,而君謨伯父所得乃廷珪墨。君謨時覺大臣意歉,有不足色,因密語能易之乎? 大臣者但知廷珪爲貴,而不知有超也。既得易,輒欣然。及宴罷,騎從出内門去,將分道,君謨於馬上始乃長揖曰:‘還知廷珪是李超兒否?’”超有弟起,墨不傳;子廷珪、廷寬。

(元)陸友:《墨史》卷上

　　廷珪,超之子,世爲南唐墨官。蔡君謨云:“廷珪墨爲天下第一品。”祥符治昭應,用爲染飾,今人間所有,皆其時餘物也。其墨能削木,誤墜溝中,數月不壞。昔年洛下爲留守推官,事王公,見遺廷珪墨。自是書笥中,稍或益之,漸至知墨之說,尤爲精微。唐彦猷殊達此理。超與珪,始至新安,各出姓名,尚用邦字。超死而珪業益精,面有龍文，而其名亦有用邽字者，乃知名字不同形制有異者，作之有先後也。或曰："何以知之？"曰："類其父超也。"世之好奇者，多借廷珪姓名，模仿形制以造之，有至好者，苟非素蓄之家，不能辨其墨，雖歷數百年研磨，尚有龍腦氣，此其驗也。

王原叔性愛墨，持玩不厭，几案床枕間，往往置之。常以柔物磨拭之，發其光色，至用衣袖，略無所惜。慶曆中，有人持廷珪墨十丸求售，從子參預，托言草文字，恐溷其思，遽令麾去。既而聞之，極爲嘆息。其後尤難得，而屢以萬錢市一丸。其品乃有邽字，作下邽之邽者爲上，作圭潔之圭者次之，作珪璧之珪者又次之，其云奚廷珪者最下。蓋廷珪本燕人，奚初姓，後徙江南，其初未奇，久而益佳，故李主寵其能，賜之姓也。雖名號有高下，其間又自有精粗，亦時有僞作者，人多惑。原叔言辨之當視其背印，背印云"歙州李廷珪墨"，歙傍欠字之左足與州字之中，或其李字之中畫與子字之足貫，又與廷字王之竪畫、墨字之右角貫，視之上下相通者爲真。又自能造墨，在濠梁彭門常走人取兗州善煤，手自和揉，妙爲形體，其光色與廷珪相上下。既成，均遺好事，悉伏其精。嘗以廷珪墨遺蔡君謨，隴西李之徇謁之曰："聞以墨遺君謨，橐中必缺，今請以一丸補之。"蘇魏公云：高祖以來所用廷珪墨一挺，於祖父寶之。長四寸，闊一寸，厚一寸，其色之黑，世無物及者。研之無聲，面有"李廷珪墨"四字。

蘇子瞻爲顏鳧繹作集引，其子復以廷珪墨遺之，金塗龍及銘云"李憲臣所屬賜墨也"。又嘗以蜀中冷金箋試墨，惟廷珪乃黑。

陳無己云：晁無斁有李墨半丸，云是裕陵故物也。往於秦少游家見李墨，不爲文理，質如金石，亦裕陵所賜。王平甫所藏者，其子斿以遺少游。潘谷見之，載拜云："真廷珪所作也，世惟王四學士有之，與此爲二矣。"吴开喜蓄墨，收古今名品甚具，諸李所製皆有之，云皆無出廷珪之右者。其堅利可以削木，書《華嚴經》一部半，用廷珪才研一寸。其下帙用承晏墨，遂至二寸，則膠法可知矣。

王彥若云：趙韓王從太祖至洛，行故宮，見架間一篋，取視之，皆李氏父子所製墨也。因盡以賜王。後王之子婦蓐中血暈危甚，醫求古墨爲藥，因取一枚投烈火中，研末酒服，即愈。諸子欲各備産乳之用，乃盡取墨，煅而分之。自是李氏墨世益少得。

邵公濟云：太祖下南唐，所得廷珪父子墨，同俘獲物付主藏吏籍收，不以爲貴也。後有司更作相國寺門樓，詔用黑漆，取墨於主藏，車載以給，皆廷珪父子之墨。至宣和年，黃金可得，李氏之墨不可得。熙寧間李舜舉御藥，爲林子中言禁中墨無廷珪成挺者，但有承晏、文用等墨，爲古墨之尤者。握子有香字乃廷珪，禁中尤珍之。

（元）陸友：《墨史》卷上

吾家太史云：國初平江南時，廷珪墨連載數艘，輸入内庫。太宗賜近臣、秘閣帖，皆用此墨。其後建玉清昭應宮，至用以供漆飾，而太史所記，與蔡、邵二説互有同異，故並載之。

廷珪子承浩，夭世，故墨不多有，其後遂絶。友平生凡五見廷珪墨，其一見之於京師楊好謙家，面作柳枝瘦龍，上印一小香字，幕曰“徽州李廷珪墨”，黃羅囊襲之，表以牙籤，曰“仁宗皇帝寶字墨”。其一見之於黃可玉清權齋，云是其外家宣和進士陳篆所藏。其一唐子真得於趙氏姑脂澤中，銘曰“保大元年歙州進墨務官臣李廷珪造”，後截留保大二字，易帖於莊肅幼恭。其一半挺見之於鑒書博士柯敬仲家，銘曰“保大元年正月七日奉旨造”，幕曰“弘文館供奉庫”，左行書云“墨務官臣廷珪”，右行書云“墨務官臣廷寬”。其一見之於洛陽趙顔子之孫許，面作特龍，幕曰“保大九年奉敕造長春殿供御龍印香煤”。左行書云“墨務官臣廷邽、監官臣亮”，右行書云“臣夷中、臣子和、臣卞等進”。試之皆光澤如新，獨寶字墨質雖具，而膠法已敗，疑爲蘇家贗物也。

（元）陸友：《墨史》卷上

廷寬，超之次子。蔡君謨云：李超並男廷寬墨，今少見。廷珪爲第一，廷寬、承晏次之。又云欲求廷珪墨，終難得。或廷寬、承晏、文用皆其家法。子承晏，承晏子文用，文用子仲宣，仲宣子惟益、惟慶。

承晏,廷寬之子。蔡君謨云:李氏墨承晏而下,不能用家法,無足取者。熙寧九年,蘇魏公頌同修國史,開局日,賜承晏笏挺雙脊龍墨、張遇丸墨、澄心堂紙。及對,神宗曰:"禁中自此少矣,宜寶之。"蘇子瞻云:黄魯直學吾書,輒以書名於時,好事者爭以精紙妙墨求字,常携古錦袋,滿中皆是物者。一日見過,探之得承晏墨半挺,遂奪之。潘谷驗墨,摸索便知精粗。一日過,魯直取所藏墨示之,谷隔錦囊揣之曰:"此李承晏軟劑,今不易得。"又揣其一曰:"此谷廿年造者,今精力不及,無此墨也。"取視果然。

(元)陸友:《墨史》卷上

文用,承晏之子,能世其業,然墨差不逮,絕無有也。

(元)陸友:《墨史》卷上

仲宣,文用之子,亦如其父。陳無己云:南唐於饒置墨務,李本奚氏,以幸賜國姓,世爲墨官云。唐之問,質肅公之子,有墨曰"饒州供進墨務官李仲宣造",世莫知其何人,頗有家法,以遺黄魯直,魯直謂不逮孫氏所有,而無己謂過之。陳留孫待制家有墨半挺,號稱廷珪,但色重耳,非古製也。

(元)陸友:《墨史》卷上

惟益,仲宣之子。葉少蘊云:元祐初,京師雜買務貨舊墨,猶有惟益所作千餘挺。當時士大夫爭取之,背印作"歙州墨務官李惟益造"者是也。弟惟慶。

(元)陸友:《墨史》卷上

惟慶,仲宣次子。其墨小挺子,優於大墨,可亞廷珪。一種有兩頭圜,面有雙龍奉一牌子,曰"供洒龍麝香墨"。幕文曰"歙州李惟慶墨"者,上品也。江南畏中國之威,其供御字並刻爲"供洒"一種,面印皆同,幕文曰"歙州供進墨務官李惟慶造"者,其次也。此後李氏遂無聞。宋仁宗時,其子孫尚有爲務官者,歲貢上方,絶不佳。每移文本州責之,殊不入用也。

(元)陸友:《墨史》卷上

朱逢,歙州人。江南韓熙載自延其造化松堂墨,文曰“玄中子”,又曰“麝香月匣”而寶之。雖至親昵友無見之者。熙載死後,盡爲諸妓分攜而去。

(元)陸友:《墨史》卷上

江南則歙州李超,超之子庭珪、庭寬,庭珪之子承浩,庭寬之子承晏,承晏之子文用,文用之子惟處、惟一、惟益、仲宣,皆其世家也。歙州舊有耿仁、耿遂,遂之子文政、文壽,而耿德、耿盛,皆其世家也。宣州則盛匡道、盛通、盛真、盛舟、盛信、盛浩。又有柴珣、柴承務、朱君德。兗州則陳朗,朗弟遠,遠之子惟進、惟迨。近世則京師潘谷,歙州張谷。

(宋)晁季一:《墨經》

磨李廷珪墨法。商台符嘗云:“向抄合萬户,用聚星玉版研,磨李廷珪墨,求木庵書。研爲墨所畫,木庵亟止之曰:‘用李氏墨有法。若用一分,先以水依分數漬一宿,然後磨研,乃不傷研。’”

(元)王惲:《玉堂嘉話》卷二

右奚庭珪墨二品,一面曰“遠烟香墨”,漫曰“從前奚庭珪”;其一面有特龍,漫曰“供使奚庭珪祖記墨”。皆狹薄輕脆,多斷折枝,其精粗不及李庭珪遠甚,安敢望超也。

(宋)李孝美:《墨譜法式》卷中

右李超墨,有二品,其面或有特龍者,或有“新安香墨”者,其漫曰“歙州李超造”,一止曰“李超”。其號雖異,亦互有精粗,精者其堅如玉,其文如犀,寫千幅紙不耗三分。《墨苑》載徐常侍云:“嘗得李超墨一挺,與弟鍇共用十年乃盡。磨處邊際有刃,可以割紙。自後用李氏墨無及者。”以此知超精意爲之者,庭珪不及也。

(宋)李孝美:《墨譜法式》卷中

右李庭珪大墨,有二品,其一面曰“歙州李庭珪墨”,漫有特龍;其一面曰“歙州李庭珪造”,漫有雙脊特龍。小墨有握子者,上止有一香字。其豐肌膩理,光澤如漆。又有小餅子,面有蟠龍,四角有“供御香墨”字,漫止有一“歙”字。前四品無粗者,非法之至精,曷能臻於此哉。

(宋)李孝美:《墨譜法式》卷中

右李惟慶。惟慶推超、庭珪爲特嘉,承晏、文用次之。惟慶小挺子優於大墨,可亞庭珪也。

(宋)李孝美:《墨譜法式》卷中

石晉時,關中有曰李處士者,能補石硯。硯已破碎,留一二日以歸,完好如新琢者。其法不傳,或以爲異人。

(宋)邵博:《邵氏聞見後録》卷二八

近石晉之際,關右有李處士者,放達之流也。能畫馴狸,復能補端硯至百碎者。賚歸旬日,即復舊焉,如新琢成,略無瑕纇。世莫得其法也。

(宋)蘇易簡:《文房四譜》卷三

僧貫休《咏硯》詩:淺薄雖頑樸,其如近筆端。低心蒙潤久,入匣更身安。應念研磨苦,無爲瓦礫看。倘然人不弃,還可比琅玕。

(宋)蘇易簡:《文房四譜》卷三

李琪《咏石硯》:遠來何嶺外,近到玉堂間。乍琢文猶澀,新磨墨尚慳。不能濡大筆，何事別秋山。

（宋）蘇易簡：《文房四譜》卷三

吳興余拂君厚家所寶玉蟾蜍硯，其廣四寸而長幾倍，中受墨處獨不出光。云是南唐御府中物。余與許師聖崇寧閒過余氏借觀，時君厚母喪在殯，正懷硯柩側。已而聞袖中嘖然有聲。視之，蜍腦中裂如絲，蓋觸尸氣所致也。

（宋）何薳：《春渚紀聞》卷九

江南李氏後主寶一研山，徑長尺逾咫，前聳三十六峰，皆大如手指，左右則引兩阜坡陀，而中鑿爲研。及江南國破，研山因流轉數士人家，爲米元章所得。後米老之歸丹陽也，念將卜宅，久勿就。而蘇仲恭學士之弟者，才翁孫也，號稱好事。有甘露寺下並江一古墓，多群木，蓋晉、唐人所居。時米老欲得宅，而蘇覬得研山。於是王彥昭侍郎兄弟與登北固，共爲之和會，蘇、米竟相易。米後號“海岳庵”者是也。研山藏蘇氏，未幾，索入九禁。時東坡公亦曾作一研山，米老則有二，其一曰芙蓉者，頗崛奇。後上亦自爲二研山，咸視江南所寶流亞爾。吾在政和未得罪時，嘗預召入萬歲洞，至研閣得盡見之。

（宋）蔡絛：《鐵圍山叢談》卷五

南唐後主，留心筆札，所用澄心堂紙、李廷珪墨、龍尾石硯，三物爲天下之冠。自李氏亡，龍尾石不復出。

（宋）江少虞：《宋朝事實類苑》卷六〇

婺源硯，在唐開元中。獵人葉氏逐獸至長城里，見疊石如城壘狀，瑩潔可愛，因携以歸，刊粗成硯，溫潤大過端溪。後數世，葉氏諸孫持以與令，令愛之，訪得匠手斷爲硯，由是山下始傳。至南唐，元宗精意翰墨，歙守又獻硯並斲硯工李少微。國主嘉之，擢爲硯官。令石工周全師之，爾後匠者增益頗多。今全最高年，能道昔時事。並召少微孫明今家濟源。訪偽誥，不獲，傳多如此。今山下葉氏繁息幾數百戶，迺獵者之孫。

（宋）唐積：《歙州硯譜》

（歙州龍尾山）羅紋里山坑，在羅紋山後。李氏時發，今廢五十餘年，名色未詳。

（宋）唐積：《歙州硯譜》

（歙州龍尾山）羅紋坑，在眉子坑之東，李氏時發。地向屬王仁高，今絕籍，為硯户戴義八人共請之，歲輸山稅三十金。自山下至取石處，計七十五丈，闊十八丈，深十五丈三尺。石藏土中，今土深三四丈乃至石也，見石處謂之寨頭也。

（宋）唐積：《歙州硯譜》

唐侍讀《硯譜》云：二十年前，頗見人用龍尾石硯，求之江南故老，云：“昔李後主，留意翰墨，用澄心堂紙、李廷珪墨、龍尾硯，三者為天下冠。”當時貴之，自李氏亡而石不出，亦有傳至今者。景祐中，校理錢仙芝守歙，始得李氏取石故處，其地本大溪也，常患水深，工不可入。仙芝改其流，使由別道行，自是方能得之。其後縣人病其須索，復溪流如初，石乃中絕。

（宋）佚名：《歙硯說》

李後主得青石硯，墨池中有黃石如彈丸，水常滿，終日用之不耗，每以自隨。後歸朝，陶穀見而異之，硯大不可持，乃取石彈丸去，後主拽其手，振臂就取，後主請以寶玩為謝，陶不許。後主曰：“唯此硯能生水，他硯皆不可用。”陶試數十硯，水皆不生。後主索之良苦，陶不能奈，曰：“要當碎之。”石破，中有小魚跳地上即死。自是硯無復潤澤。

（宋）佚名：《硯譜》

《硯譜》載:天下之硯四十餘品,以青州紅絲石硯爲第一,端州斧柯山石爲第二,歙州龍尾石爲第三。

(宋)李石:《續博物志》卷九

南唐後主留意筆札,所用澄心堂紙、李廷珪墨、龍尾石硯三物爲天下之冠。自李氏之亡,龍尾石不復出。嘉祐中,校理錢仙芝知歙州,訪得其所,乃大溪也。李氏嘗患溪不可入,斷其流,使由他道。李氏亡,居民苦其溪之回遠,道之如昔,石乃絕。仙芝移溪還故道,石乃復出,遂與端溪並行。

莆陽蔡君謨嘗評李廷珪墨能削木,墜溝中,經月不壞。李超,易水人,唐末與其子廷珪亡至歙州,以其地多美松,因留居,以墨名家。本姓奚,江南賜姓李氏。珪或爲邽。珪弟廷寬,男承晏、承安,男又用,皆有聞易水。江南又有朱君德、柴詢、柴成務、李文遠、張遇、陳贇,著名當時。其制有劍脊圓餅、拙墨、進貢墨、供堂墨,其面多作龍紋,其幕有“宣府”字,或止云“宣”,或著姓氏,或別州府,今人間已少傳者。仁宗嘉祐中,宴近臣於殿,嘗以墨賜之,其文曰“新安香墨”。其後翰林諸君承賜者,皆廷珪雙脊龍樣,尤爲佳品。

(宋)王闢之:《澠水燕談錄》卷八

余家有歙研,底有款識云:“吳順義元年,處士汪少微銘云:‘松操凝烟,楮英鋪雪,毫穎如飛,人間五絕。’”所頌者三物爾,蓋謂研與少微爲五耶。

(宋)羅願:《新安志》卷一〇

婺源研。在唐開元中,因獵人葉氏逐獸,至長城里,見疊石如城壘狀,瑩潔可愛,因携之以歸,刊粗成研,温潤大過端溪者。後數世,葉氏諸孫持以與令,令愛之,訪得匠手,琢爲研,由是天下始傳。南唐元宗精意翰墨,歙守獻研,並薦研工李少微。國主嘉之,擢爲研官,令石工周全師之。其後匠益多,今全最高年,能道昔時事。

並召少微之孫明訪,僞告不獲。今山下葉氏繁息幾數百户,乃獵者之孫也。

(宋)羅願:《新安志》卷一〇

龍尾山,在婺源東南。開元中,獵人葉氏逐獸至長城,見叠石瑩潔,携歸刊成硯,温潤過端溪,持獻令,令訪匠琢爲硯。南唐元宗時,歙守獻硯,薦工李少微,擢硯官。

(宋)高似孫:《硯箋》卷二

羅紋舊坑,在寨頭,即錢仙芝訪南唐采石故坑。

(宋)高似孫:《硯箋》卷二

羅紋坑在眉子坑東,羅紋里坑在羅紋山後,金星坑在羅紋西北,並李氏發。

(宋)高似孫:《硯箋》卷二

江南故老云:李後主所用龍尾石,爲天下冠。

(宋)高似孫:《硯箋》卷二

余家歙硯,識吴順義元年處士汪少微銘:"松操凝烟,楮英鋪雪,毫穎如飛,人間五絶。"所頌者三物,硯與少微爲五耶?

(宋)高似孫:《硯箋》卷二

(徐鉉曰)它山之石,是斵是治,荆藍表潤,雲霧含滋。

(宋)高似孫:《硯箋》卷二

徐鉉得銅雀瓦,注水試墨即滲,鉉笑曰:"豈銅雀之渴乎?"

(宋)高似孫:《硯箋》卷三

桑維翰鑄鐵硯,曰:"硯弊則改而他仕。"

(宋)高似孫:《硯箋》卷三

南唐李氏於歙州置硯務官,歲爲官造硯有數。其硯四方而平淺者,南唐官硏也。往往鏤邊,極工巧。

(元)陸友仁:《硯北雜志》卷下

李仲芳家有南唐金銅蟾蜍硯滴,重厚奇古,磨滅處,金色愈明,非近世塗金比也。腹下有篆銘云"舍月窟"。

(元)陸友仁:《硯北雜志》卷下

石晉之末,汝州有一高士,不顯姓名。每夜作筆十管,付其室家,至曉闔户而出,面背街鑿壁,貫以竹筒,如引水者。或人置三十金,則一管躍出。十筆告盡,雖勢要官府督之,亦無報也。其人則携一楄,吟嘯於道宫、佛廟、酒肆中,至夜酺暢而歸。其匹婦亦怡然自得。復爲十管,來晨貨之,如此三十載。後或携室徙居,杳不知所終。後數十年復見者,顔色如故,時人謂之筆仙。

(宋)蘇易簡:《文房四譜》卷一

石晉朝丞相趙瑩,布衣時常以窮通之分,禱於華岳廟。是夜,夢神遺以一筆二劍,始猶未寤,既而一踐廊廟,再擁節旄。

(宋)蘇易簡:《文房四譜》卷一

石晉之相和凝少爲明經,夢人與五色筆一束,自是文彩日新,擢進士第,三公九卿,無所不歷。

(宋)蘇易簡:《文房四譜》卷一

僧貫休《咏筆》詩:莫訝書紳苦,功成在一毫。自從蒙管録,便覺用心勞。手點時難弃,身閑架亦高。何妨成五色,永願助風騷。

(宋)蘇易簡:《文房四譜》卷二

世言歙州具文房四寶,謂筆、墨、紙、硯也,其實三耳。歙本不出筆,蓋出於宣州。自唐惟諸葛一姓世傳其業,治平、嘉祐前有得諸葛筆者,率以爲珍玩,云“一枝可敵他筆數枝”。熙寧後,世始用無心散卓筆,其風一變。諸葛氏以三副力守家法不易,於是浸不見貴,而家亦衰。

(宋)葉夢得:《避暑録話》卷一

僞唐宜春王從謙,喜書札,學晉二王楷法,用宣城諸葛筆,一枝酬以十金,勁妙甲當時,號爲“翹軒寶箒”,士人往往呼爲“寶箒”。

(宋)陶穀:《清異録》卷下

東坡云:“諸葛氏筆,譬如内庫法酒、北苑茶,他處縱有嘉者,殆難得其髣髴。”余續之曰:“上閤衙香,儀鸞司椽燭,京師婦人梳妝與脚,天下所不及。”公大笑。

(宋)趙令畤:《侯鯖録》卷四

内庫酒法,自柴世宗破河中,李守正得匠人至汴,迄今用其法。

(宋)趙令畤:《侯鯖録》卷四

今之秘色瓷器,世言錢氏有國,越州燒進,爲供奉之物,不得臣庶用之,故云秘色。比見《陸龜蒙集·越器》詩云:“九秋風露越窑開,奪得千峰翠色來。好向中宵盛沆瀣,共嵇中散鬬遺杯。”乃知唐時已有秘色,非自錢氏始。

(宋)趙令畤:《侯鯖録》卷六

越上秘色器,錢氏有國日供奉之物,不得臣下用,故曰“秘色”。

(宋)周輝:《清波别志》卷五

越州秘色磁器,世言錢氏有國日作之,輒用,故云秘色。按《陸魯望集·越器》云:“九秋風露越窑開,奪得千峰翠色來。好向中霄盛沆瀣,共嵇中散鬥遺杯。”乃知唐已有秘色,非錢氏爲始,今耀州陶器名曰越器。

（宋）施宿:《嘉泰會稽志》卷一九

《事物原始》:紙鳶,古傳韓信所作。按《六帖》云:“五代漢李業與隱帝爲紙鳶,於宮門外放之。今春時小兒紙鷂是也。”

（清）陳元龍:《格致鏡原》卷六〇

《事物紺珠》:六鼻鏡,南唐王氏物,常生雲烟,照之則左右前後事皆見。

（清）陳元龍:《格致鏡原》卷五六

《清異録》:海舶來有一沉香翁,剜鏤鬼工,高尺餘。舶酋以上吳越王,王目爲清門處士。

（清）陳元龍:《格致鏡原》卷一二

佛光褲

潞王從珂出馳獵,從者皆輕零衫、佛光褲。佛光者,以雜色橫合爲褲。

（明）陶宗儀:《説郛》卷六一《清異録》

五位瓶

五位瓶,自同光至開運盛行,以銀銅爲之,高三尺,圍八九寸,上下直如筒樣,安嵌蓋,其口有微洼處,可以傾酒。春日郊行,家家用之。

（明）陶宗儀:《説郛》卷六一《清異録》

布漆山

天成、開運以來,俗尚巨棺,有停之中寢,人立兩邊不相見者,凶肆號"布漆山"。

(明)陶宗儀:《説郛》卷六一《清異録》

補百碎硯

石晉時,關右有李處士,能畫貍貍。復能補端硯百碎者,賚歸,旬日即復舊如新琢成,略無瑕纇,世莫得其法。

(宋)曾慥:《類説》卷五九《硯譜》

玉平脱雙蒲萄鏡

開運既私寵馮夫人,其事猶秘。會高祖御器用有玉平脱雙蒲萄鏡,乃高祖所愛。帝初即位,舉以賜馮夫人,咸訝之,未久,册爲皇后。

(明)陶宗儀:《説郛》卷六一《清異録》

丑未觴

予開運中賜丑未觴,法用雞酥棧羊筒子髓置醇酒中,暖消而後飲。

(明)陶宗儀:《説郛》卷六一《清異録》

金泥五檐傘

晉少主北遷,至孟津界一古寺,遺下所張紫羅傘,五層叠垛,檐仍泥金作盤花。

(明)陶宗儀:《説郛》卷六一《清異録》

化巾

桑維翰服蟬翼紗、大人帽,庶表四方,名爲"化巾"。

(明)陶宗儀:《説郛》卷六一《清異録》

漢隱帝乾祐三年，左司員外郎盧振上言：“古先哲王之制，布帛不中度不鬻於市。比來組織之物，輕重皆有定規。近年已來，織帛之家過爲疏薄，徒勞杼軸，無益公私。臣請三京鄴都諸道州府，凡織造之家，所織綾羅絁帛諸物，並須斤兩尺度合官定規程，不得輒爲疏薄。所在官吏，覺察禁止，不得更然。”

（宋）王欽若等編纂：《册府元龜》卷五〇四《邦計部》

奪真盤釘

顯德元年，周祖創造供薦之物，世宗以外姓繼統，凡百務從崇厚。靈前看果雕香爲之，承以金銀，起突叠格。禁中謂之“奪真盤釘”。

（明）陶宗儀：《説郛》卷六一《清異録》

周世宗顯德三年五月，詔曰：“化民成俗，須務真純。蠹物害能，莫先浮僞。織紝杼軸之制，素有規程。裨販貿易之徒，不許違越。久無條理，漸致澆訛。苟所鬻之或精，則酬直之必重。宜從樸厚，用革輕浮應天下。今後公私織造，到絹帛絁布綾羅錦綺及諸色匹段，其幅尺斤兩，並須合向來制度，不得輕弱假僞，罔冒取價。如有已上物色等，限一百日内，並須破貨了絶。如限外敢有違犯織造貨賣者，即所在節級所由擒捉送官。”十月，詔曰：“舊制織造絁紬絹布綾羅錦綺紗縠等，幅闊二尺五分，不得夾帶粉藥。宜令諸道州府，嚴切指揮。來年所納官絹，每匹須及一十二兩。河北諸州，須及一十兩。務要夾密停勻，其長依舊四十二尺。”

（宋）王欽若等編纂：《册府元龜》卷五〇四《邦計部》

尊重纈帳

顯德中，創行尊重纈、淡墨體、花深黄。二部郎陳昌達好緣飾，家貧，貨琴劍，作纈帳一具。

（明）陶宗儀：《説郛》卷六一《清異録》

十指倉

曹翰事世宗,爲樞密承旨,性貪侈,常著錦韈金綫絲鞋。朝士有托無名子嘲之者,詩曰:"不作錦衣裳,裁爲十指倉。千金包汗脚,慚愧絡絲娘。"

(明)陶宗儀:《説郛》卷六一《清異録》

起紋秋水席

顯德中,書堂設起紋秋水席,色如蒲萄紫,而柔薄類綿,叠之可置研函中。吏偶覆水,水皆散去,不能沾濡,不識其何物爲之。

(明)陶宗儀:《説郛》卷六一《清異録》

寶箒

僞唐宜春王從謙,喜書札,用宣城諸葛筆,號爲"翹軒寶箒",士人往往呼爲"寶箒"。

(明)陶宗儀:《説郛》卷六一《清異録》

烏舅金奴

江南烈祖素儉,寢殿燭不用脂蠟,灌以烏桕子油,但呼"烏桕"。案上捧燭鐵人,高尺五,云是楊氏時馬厩中物。一日黄昏急須燭,喚小黄門:"掇過我金奴來。"左右竊相謂曰:"烏舅、金奴正好作對。"

(明)陶宗儀:《説郛》卷六一《清異録》

香燕

李璟保大七年,召大臣宗室赴内香燕,凡中國外夷所出,以至和合煎飲、佩帶粉囊,共九十二種,江南素所無也。

(明)陶宗儀:《説郛》卷六一《清異録》

玉太古

李煜僞長秋周氏,居柔儀殿,有主香宫女,其焚香之器曰把子蓮、三雲鳳、折腰獅子、小三神、卍字金鳳口罌、玉太古、容華鼎。凡數十種,金玉爲之。

(明)陶宗儀:《説郛》卷六一《清異録》

天水碧

李後主末年,宮人競服碧衣,取靛花盛天雨水,澄而染之,號“天水碧”。

(宋)曾慥:《類説》卷八《乘異記》

李後主

李後主留意筆札,所用澄心堂紙、李廷珪墨、龍尾石硯,三者爲天下之冠。

(宋)曾慥:《類説》卷五九《硯譜》

後主青石硯

李後主得青石硯,墨池中有黃石如彈丸,水常滿,終日用之不耗,每以自隨。後歸朝,陶穀見而異之,硯大不可持,乃取石彈丸去。後主拽其手,振臂就馬。後主請以寶玩爲謝,陶不許。後主曰:“惟此硯能生水,他硯皆不可用。”陶試數十硯,皆不生。後主索之良苦,不能奈,曰:“要當碎之。”石破,中有小魚,跳地上即死,自是硯無復澤潤。

(宋)曾慥:《類説》卷五九《硯譜》

江南李氏後主嘗買一研山,徑長才逾尺,前聳三十六峰,皆大猶手指,左右則引兩阜坡陀而中鑿爲研。及江南國破,研山因流轉數十人,爲米老元章所得。後米老之歸丹陽也,念將卜宅,久未就。而蘇仲恭學士之弟者,才翁孫也,號稱好事。有甘露寺下傍江一古基,多群木,唐晉人所居。時米欲得宅,而蘇覬得研,於是王昭彥侍郎兄弟與登北固,共爲之和會,蘇米竟相易。米後號“海嶽庵”者是也。研山

藏蘇子,未幾,索入九禁矣。《鐵圍山叢談》

(明)陶宗儀:《説郛》卷一二《悦生隨抄》

高密侯

江南周則少賤,以造雨傘爲業。其後戚連椒閫,後主戲問之,言:"臣急於米鹽,日造二傘貨之,惟霪雨連月,則道大亨。後生理微温,至於遭遇盛明,遂捨舊業。"後主曰:"非我用卿而富貴,乃高密侯提携而起家也。"明年當封,特以爲高密侯,實誚之耳。

(明)陶宗儀:《説郛》卷六一《清異録》

燕羽觴

江南中書省宰相,飲器有燕羽觴,似常杯而狹長,兩邊作羽形,塗以佳漆,云昔有宰相因惡五色耗明,凡器用類改令黑。

(明)陶宗儀:《説郛》卷六一《清異録》

韓君輕格

韓熙載在江南造輕紗帽,匠者謂爲"韓君輕格"。

(明)陶宗儀:《説郛》卷六一《清異録》

麝香月

韓熙載留心翰墨,四方膠煤多不合意,延歙匠朱逢於書館傍,燒墨供用,命其所曰"化松堂",墨又曰"玄中子",又名"麝香月"。

(明)陶宗儀:《説郛》卷六一《清異録》

先是,平蜀得錦工數百人,冬十月丙辰朔,置綾錦院以處之,命常參官監焉。

(宋)李燾:《續資治通鑒長編》卷八,太祖乾德五年(967)

僞蜀詞人文谷,好古之士也,嘗詣中書舍人劉光祚,喜曰:"今日方與二客爲約,看予桃核杯。"文方欲問其由,客至,乃青城山道士劉雲,次乃昇宮客沈默也。劉謂之曰:"文員外亦奇士。"因令取桃核杯出視之,杯闊尺餘,紋彩燦然,真蟠桃之實也。劉云:"予少年時,常游華岳,逢一道士,以此核取瀑泉盥漱,予睹之驚駭。"道士笑曰:"爾意欲之耶?"即以半片見授:"予寶之有年矣。"道士劉雲出一白石,圓如雞子,其上有文彩,隱出如畫,乃是二童子,持節引仙人,眉目毛髮,冠履衣帔,纖悉皆具。云:"於麻姑洞石穴中得之。"沈默亦出一石,闊一寸餘,長二寸五分。上隱出盤龍,鱗角爪鬣,無不周備,云"於巫峽山中得之"。文谷一日盡睹此奇物,幸矣。

(宋)李昉:《太平廣記》卷二三二《文谷》

流星輦

蜀王衍荒於游幸,乃造平底大車設二十輪,牽以駿馬,其去如飛,謂之"流星輦"。

(明)陶宗儀:《説郛》卷六一《清異録》

這邊走那邊走

蜀後主裹小巾,其尖如錐,宮妓多衣道服,簪以蓮花冠,因施胭脂夾臉,號醉妝。作詞云:"這邊走,那邊走,只是尋花柳。那邊走,這邊走,莫厭金杯酒。"

(宋)曾慥:《類説》卷四三《北夢瑣言》

重戴

重戴者,大裁帽也,本野夫岩叟之服,以皂爲之。後魏孝文帝自雲中徙代,以賜百僚。五代以來,惟御史服之。淳化初,宰相、學士、臺省官皆令服之。

(宋)曾慥:《類説》卷五三《談苑》

三清臺

閩國王昶,起三清臺三層,以黃金鑄像,日焚龍腦、重陸諸香數斤。

(宋)曾慥:《類説》卷五九《香後譜》

五色香囊

蜀文淡生五歲,謂母曰:"有五色香囊於杏林上。"幸取得之,乃淡前生,五歲失足落井,今再生也。

(宋)曾慥:《類説》卷五九《香後譜》

古硯辨

世之論硯者皆曰多用歙石,蓋未知有端溪,殊不知歷代以來皆采端溪,至南唐李主時,端溪舊坑已竭,故不得已而取其次。歙乃端之次,其失一也。

(明)陶宗儀:《説郛》卷一二《洞天清録》

嶙宮

孟蜀高祖晚年作,以畫屏七十張,關百紐而鬥之,用爲寢所。

(明)陶宗儀:《説郛》卷六一《清異録》

安豐頂

南漢僭,創小國,乃作平頂帽自冠之,由是風俗一變,皆以安豐頂爲尚。

(明)陶宗儀:《説郛》卷六一《清異録》

水精金脉屏風

成德節度王鎔,求長生不死,日延異人方士,坐邃宇,映水晶金脉屏風,焚香,謂飛昇可致,吏民莫不竊笑。

(明)陶宗儀:《説郛》卷六一《清異録》

左宮枕

左宮枕,青玉爲之,體方平,長可寢二人,冬温夏清,醉者破醒,夢者游仙。云是左宮王夫人授杜光庭,光庭進之蜀主,與皇明帳爲嶰宮二寶。

(明)陶宗儀:《説郛》卷六一《清異録》

綽楔臺盤

五代五十年間,易姓告代,如翻鏊上餅。然官爵益濫,小人乘君子之器,富貴出於非意,視國家安危如秦越不相謀,故將相大臣得以竊享燕安。當時貴勢,以筵具更相尚,陸珍水異,畢集於前,至於方丈之桉不勝列,傍挺二桉翼之,珠花玉果,蔬笋鮓醢,糖品香劑,參差數百,謂之"綽楔臺盤"。御宴官家,例不能辦。

(明)陶宗儀:《説郛》卷六一《清異録》

仙臺秘府小中臼

郭從義營洛第,發池得一器,受五升餘。體如綠玉,形正方,其中可用杵,頂傍有篆文曰"仙臺秘府小中臼"。按《杜陽雜編》記,仙臺秘府乃武宗修和藥餌之所。

(明)陶宗儀:《説郛》卷六一《清異録》

不二山

吳越孫總監承祐,富傾霸朝,用千金市得石綠一塊,天質嵯峨如山,命匠治爲博山香爐,峰尖上作一暗竅,出烟一則聚而且直穗凌空,實美觀視,親朋效之,呼"不二山"。

(明)陶宗儀:《説郛》卷六一《清異録》

龍蕊簪

吳越孫妃嘗以一物施龍興寺,形如朽木箸,僧不以爲珍,偶出示舶上胡人,曰"此日本國龍蕊簪也"。增價至萬二千緡易去。

(明)陶宗儀:《説郛》卷六一《清異録》

龍酥方丈小驪山

吳越外戚孫承祐,奢僭異常,用龍腦煎酥,製小樣驪山,山水、屋室、人畜、林木、橋道,纖息備具,圍方丈許。

（明）陶宗儀:《説郛》卷六一《清異録》

魚英托鏤椰子立壺

劉鋹僞宮中有魚英托鏤椰子立壺四隻,各受三斗,嶺海人亦以爲罕。有魚英,蓋魚腦骨爔治之。

（明）陶宗儀:《説郛》卷六一《清異録》

珠龍九五鞍

劉鋹自結珠龍九五鞍,獻闕下,頗甚勤勞。

（明）陶宗儀:《説郛》卷六一《清異録》

驕龍杖

天師杜光庭驕龍杖,紅如猩肉,重若玉石,似非藤竹所爲,相傳是仙人留賜。

（明）陶宗儀:《説郛》卷六一《清異録》

漆方士

王丞相溥,還政閒居,四方書牘答報皆手筆,然不過百字。目前事與親黨相聞,倦於紙札封疊,造赤漆小版書其上,僕吏以帊蒙傳去,雖一時間可發數十。公自爲木箋,後復加頰拒安抽面以啓閉,字濕則能護之,故又有"漆方士""漆雕開"之名。公薨,無效顰者,惜哉!

（明）陶宗儀:《説郛》卷六一《清異録》

月團

徐鉉兄弟工翰染,崇飾書具,嘗出一月團墨,曰"此價值三萬"。

（明）陶宗儀:《説郛》卷六一《清異録》

山水香

道士譚紫霄有異術,閩王昶奉之爲師,月給山水香焚之。香用精沉。香上火半熾,則沃以蘇合油。

(明)陶宗儀:《説郛》卷六一《清異録》

雪香扇

夏昶夏月水調龍腦末塗白扇上,用以揮風,名"雪香扇"。

(明)陶宗儀:《説郛》卷六一《清異録》

金搭膝

温韜少無賴,拳人幾死。市魁將送官,謝過魁前,拜逾數百,魁釋之。韜每念之以爲耻,既貴達,拍金薄爲搭膝帶之,曰:"聊酬此膝。"

(明)陶宗儀:《説郛》卷六一《清異録》

6. 商業

梁太祖開平三年十一月,敕許諸道州府百姓自造麴,官中不禁。

(宋)王欽若等編纂:《册府元龜》卷五〇四《邦計部》

梁開平三年敕:"聽諸道州府百姓自造麴,官中不禁。"

(元)馬端臨:《文獻通考》卷一七《征榷考四》

梁時,西京中州市有何四郎者,以鬻妝粉自業。嘗於一日五更初,街鼓未鳴時,聞百步之外,有人極叫何四郎者,凡數聲而罷,自是率以爲常。約半月後,忽晨興開肆畢,有一人若官僚之僕者,直前揖之云:"官令召汝。"何意府尹之宅有取,未就路,僕又促之。何方束帶,僕又不容。俄以衣牽之北行,達於東西之衢。何乃欲回歸,僕執之尤急。何乃愈疑:"將非人耶?"嘗聞所著鞋履,以之規地自圍,亦可禦其邪魅。某雖亟爲之,即被擲之於屋。知其無能爲也,且訝且行,情甚恍惚,遂正北抵徽安門。又西北約五七里,則昏冥矣。忽有朱門峻宇,若王者之府署。至更深,延入。烈炬熒煌,供帳華麗,唯婦人輩款接殷勤,云:"是故將相之第,幼女方擇良匹。實慕英賢,可就吉席。"何既睹妖冶,情亦惑之,婉淑之姿,亦絕代矣。比曉,則卧於丘冢之間,寂無人迹。遂望徽安門而返,草莽翳密,墮於荒井之中。又經一夕,飢渴難狀,以衣襟承露而飲之。有樵者見而問之,遂報其家,縋而出之,數日方愈。

(宋)李昉:《太平廣記》卷三五三《何四郎》

朱梁時,青州有賈客泛海遇風,飄至一處,遠望有山川城郭,海師曰:"自頃遭風者,未嘗至此。吾聞鬼國在是,得非此耶?"頃之,舟至岸,因登岸,向城而去。其廬舍田畝,不殊中國。見人皆揖之,而人皆不見己。至城,有守門者,揖之,亦不應。入城,屋室人物甚殷。遂至王宫,正值大宴,群臣侍宴者數十,其衣冠器用絲竹陳設之類,多類中國。客因升殿,俯逼王坐以窺之。俄而王有疾,左右扶還,亟召巫者視之。巫至,"有陽地人至此,陽氣逼人,故王病。其人偶來爾,無心爲祟,以飲食車馬謝遣之,可矣"。即具酒食,設座於別室,巫及其群臣,皆來祀祝。客據按而食。俄有僕夫馭馬而至,客亦乘馬而歸。至岸登舟,國人竟不見己。復遇便風得歸。時賀德儉爲青州節度,與魏博節度楊師厚有親,因遣此客使魏,其爲師厚言之。魏人范宣古,親聞其事,爲余言。

(宋)李昉:《太平廣記》卷三五三《青州客》

(同光二年)二月,詔:"應於諸道見使斗秤,並是僞朝所定,宜令所司別造新朝斗秤,頒下諸道。其見使者,納官毀廢。"

(宋)王欽若等編纂:《册府元龜》卷六一《帝王部》

後唐明宗天成二年六月,中書舍人張文寶請復常平倉。

(宋)王欽若等編纂:《册府元龜》卷五〇二《邦計部》

明宗天成二年八月乙酉，中書舍人張文寶上言：“今歲時雨不愆，秋苗倍熟，應大熟處。望下敕收糴，以備歉歲。”

（宋）王欽若等編纂：《冊府元龜》卷五〇二《邦計部》

後唐明宗天成三年七月，詔曰：“應三京鄴都諸道州府鄉村人户，自今年七月後，於夏秋田苗上，每畝納麴錢五文足陌，一任百姓自造私麴，醞酒供家，其錢隨夏秋徵納。其京都及諸道州府縣鎮坊界内，應逐年買官麴酒户，便許自造麴醞酒貨賣。仍取天成二年正月至年終，逐户計算都買麴錢數内，十分只納二分，以充榷酒錢。便從今年七月後，管數徵納榷酒户外，其餘諸色人，亦許私造酒麴供家，即不得裏私賣酒。如有固違，便仰糾察，勒依中等酒户納榷。其坊一任酤賣，不在納榷之限。其麴敕命到後，任便踏造。如賣麴酒户中，有去年曾賣麴，今年因事不辨買麴，住開店者，則與出落。如睹新敕，有情願開店投榷者，則不計舊户，便令依見納錢中等户例出榷。以後酒户中有無力開店賣酒，亦許隨處陳狀，其舊納麴錢並宜停廢。應諸處麴務，據見管麴，亦仰十分減八分價錢出賣，不得更請官本踏造。”時孔循以麴法殺一家於洛陽，或獻此議，以爲愛其人，便於國，故行之。

（宋）王欽若等編纂：《冊府元龜》卷五〇四《邦計部》

（天成）四年七月，兵部員外郎趙燕奏：“切見京城人買賣莊宅，官中印契每貫抽税契錢二十文。其市牙人每貫收錢一百文，甚苦貧民，請行條理。”從之。

（宋）王欽若等編纂：《冊府元龜》卷五〇四《邦計部》

（天成）四年九月，左補闕張昭遠奏：“切見今秋物價絶賤，百姓隨地畝細配錢物，名目多般，皆賤糴供輸，極傷農業。既未能減放貯，請加估折納斛斗，稍便於民。又，國朝已來，備凶年之法，州府置常平倉，饑歲以賑貧民。請於天下最豐熟處，折納斛斗，以倉貯之，依常平法出納,則國家常有粟,而民不匱也。"疏奏,不報。

（宋）王欽若等編纂:《冊府元龜》卷五〇二《邦計部》

同阿餅

天成中,帝令作同阿餅,法用碎肉與麵溲和,如臂,刀截每隻三寸厚,蒸之。

（明）陶宗儀:《說郛》卷六一《清異錄》

長興元年正月,許州奏:準詔,放過淮南客二百三十人,通商也。

（宋）王欽若等編纂:《冊府元龜》卷五〇四《邦計部》

長興元年二月敕書節文:諸道州府人戶,每秋苗一畝,上元徵麴錢五文,今後特放二文只徵三文。

（宋）王欽若等編纂:《冊府元龜》卷五〇四《邦計部》

後唐明宗長興元年二月,敕書:"應諸色私債納利已經一倍者,只許徵本,本外欠數並放。納利已經兩倍者,本利並放。"

（宋）王欽若等編纂:《冊府元龜》卷六六《帝王部》

長興元年五月,右司郎中盧道奏請置常平義倉,以備凶年。

（宋）王欽若等編纂:《冊府元龜》卷五〇二《邦計部》

張殷袞爲少府少監,長興元年六月,奏請斷官賣農器,例皆薄怯,不便生民。

（宋）王欽若等編纂:《冊府元龜》卷六二〇《卿監部》

（長興二年）八月,前攝普州洪洞縣令胡廷暐獻時務:糶糴斛斗,買賣絲綿,請因舊樣斗秤。敕旨:"官中比設量度,民間合務均平;苟縱欺謾,誠爲蠹弊。宜令三司及諸道州府常如約勒,如違犯,量事科刑。”

（宋）王欽若等編纂：《册府元龜》卷六六《帝王部》

後唐長興二年敕：“今後不計農器、燒器，動使諸物並許百姓逐便自鑄造，諸道監冶除依常年定數鑄辦供軍熟鐵並器物外，衹管出生鐵，比已前價，各隨逐處見定高低，每斤一例減十文貨賣，雜使熟鐵亦任百姓自鍊。巡檢、節級、勾當賣鐵場官並鋪户，一切並廢。鄉村百姓衹於係省夏秋苗畝上納農器錢一文五分足，隨夏秋二税送納。”

（元）馬端臨：《文獻通考》卷一八《征榷考五》

（長興三年正月）乙巳，左右金吾街門使奏狀，見法人多於清化坊南禁街内，請移於歸義坊南河灘新市。從之。

（宋）王欽若等編纂：《册府元龜》卷六六《帝王部》

末帝清泰元年七月，詔鳳州禁糴出外界。

（宋）王欽若等編纂：《册府元龜》卷五〇二《邦計部》

法乳湯

明宗在藩，不妄費，嘗召幙屬論事，各設法乳湯半盞，蓋罌中粟所煎者。

（明）陶宗儀：《說郛》卷六一《清異録》

王羹亥卯未相粥白玄黄

魏王繼岌，每薦羹，以羊兔豬簪而參之。時盧澄爲平章事，趨朝待漏，堂厨具小饌，澄惟進粥。其品曰粟粥、乳粥、豆沙加糖粥，三種並供。澄各取少許，併和而食。厨官遂有“王羹亥卯未，相粥白玄黄”之語。

（明）陶宗儀：《說郛》卷六一《清異録》

麝香驈

魏王繼岌奉命伐蜀，王衍苑馬數百，皆逸足也。繼岌猶比選之，得二十許匹，格價不可言。

（明）陶宗儀：《説郛》卷六一《清異録》

林慮漿

後唐時，高麗遣其廣評侍郎韓申一來。申一通書史，臨回，召對便殿，出新貢林慮漿面賜之。

（明）陶宗儀：《説郛》卷六一《清異録》

塗金折枝蜻蜓

後唐宮人，或網獲蜻蜓，愛其翠薄，遂以描金筆塗翅，作小折枝花子，金綫籠貯養之。爾後上元賞花，取象爲之，售於游女。

（明）陶宗儀：《説郛》卷六一《清異録》

晉高祖天福元年閏十一月壬午，敕曰："奇伎淫巧，往誥不容；務實去華，哲王所尚。應有浮虛假僞之物，不得鬻於市肆。委所在嘗加覺察，犯者重加刑責。"

（宋）王欽若等編纂：《册府元龜》卷一六〇《帝王部》

晉高祖天福二年十一月，大理少卿路阮上言："臣聞却敵者兵，强兵者食。兵不强，無以驅除禍亂；食不足，無以贍濟國家。方今海内未平，寰中多事，制叛則必攻必討，壯國在足食足兵。臣伏見天下諸州府，舊穀尚賤，新穀又登。既漸豐饒，例難糶貨。臣請國家每隆大計，須作預防。時當小稔之年，可設無窮之備。伏請取天下州府錢帛數，逐年支計。外委逐處長吏於津要處，差清白官收糴粟一色，別廠積貯，以備荒年。若在豐穰之日，未見優長；如逢饑饉之時，方明利濟。"疏奏不納。時輦下養兵數廣於前，衣食又倍之，猶是，合諸藩上供不足以充費。間以畝税並折，徵縑帛倉廩，曾無兼年之蓄。至廢帝嗣位，大蝗起，率百姓口食，天下一空。俄致戎人南牧，幸其國虛故也。

（宋）王欽若等編纂：《冊府元龜》卷五〇二《邦計部》

晉天福六年赦節文：“諸道鐵冶三司，先條流百姓農具破者，須於官場中賣，鑄時却於官場中買鐵。今後許百姓取便鑄造買賣，所在場院不得禁止攪擾。”

（元）馬端臨：《文獻通考》卷一八《征榷考五》

（天福）七年十一月，宣旨下三司：“應有往來鹽貨，悉稅之。過稅每斤七文，住稅每斤一十文。其諸道州府應有屬州鹽務，並令省司差人勾當。既而糶鹽雖多，而人户鹽錢又不放免，至今民甚苦之。”

（宋）王欽若等編纂：《冊府元龜》卷五〇四《邦計部》

晉陳暉爲靈州節度使，作舟車百數，代民轉輸，行商坐賈，蠲其征稅，勸民播植，薄其賦斂，蕃漢貿易，禁其欺詆，屬郡筦榷，田課悉復。

（宋）王欽若等編纂：《冊府元龜》卷六七八《牧守部》

趙在禮，歷十餘鎮，後爲晉昌軍節度使，善治生殖貨，積財巨萬，兩京及所蒞藩鎮，皆邸店羅列。

（宋）王欽若等編纂：《冊府元龜》卷八一二《總録部》

漢高祖乾祐元年，詔曰：“軍國之費，務在豐財。關市之征，資於行旅。所宜優假，俾遂流應。天下商旅往來，所在並須饒借，不得妄有邀勒。”

（宋）王欽若等編纂：《冊府元龜》卷五〇四《邦計部》

隱帝乾祐二年，國子司業樊倫上言三事：其一耕桑未至，國多游民；關市之中，稅物苛細。請稍減省，以惠疲民百姓。賣物不多，所歷關市並望除稅。

（宋）王欽若等編纂：《册府元龜》卷五〇四《邦計部》

漢隱帝乾祐二年，太子詹事曹允昇上言："國以民爲本，民以食爲天。時或水旱爲災，蟲蝗害稼，既無九年之蓄，寧救萬姓之饑。天災流行，古今代有，而前代縱逢災歉，免至流亡，蓋以分災恤民，素有儲備。臣請依古法，置常平倉，請於天下京都州府，租賦五斛斗上，每斗别納一升，别倉貯積。若凶災之處，出貸貧民，豐年即納本數。庶幾生聚，永洽綏懷。"

（宋）王欽若等編纂：《册府元龜》卷五〇二《邦計部》

（乾祐）三年六月，太常少卿劉悦上言："臣伏見買賣耕牛，官中元無商稅。近日關市場院，不稟敕文，悉是收稅。歲計其利，所入無多。在於農民，即疲於市易。請重降敕文，明行止絶。勸人耕稼，國之大計。倉廪有積，何莫由斯！"

（宋）王欽若等編纂：《册府元龜》卷五〇四《邦計部》

（廣順元年）三月丙子，敕沿淮州鎮："朝廷比與淮南，素非仇怨，互分疆土，各有人民，商旅往來，比無阻滯，兵師屯戍，自守關防。其自近朝，稍聞多事，烟塵時動，生聚無聊。爰當開創之初，每求安静之道。沿淮千里，所宜禁暴戢兵；比屋小民，漸冀息肩樂土。庶期歲月，馴致和平。凡我疆場之臣，當體宵旰之念。應沿淮州縣軍鎮，今後自守疆土，鈐轄兵士，鄉軍不得縱一人一騎擅入淮南地分，稍或違令，不宜輕恕。商旅行李經過，輒不得妄致邀難，如聞滯留，必行勘罪。更仰指揮沿邊巡檢，止絶賊盗，務在道途清肅，人户謐寧。詔到速散行管界，凡津要口鋪，可丁寧曉告。"

（宋）王欽若等編纂：《册府元龜》卷六六《帝王部》

（廣順元年）四月，沿淮州鎮上言："淮南飢民，過來糴物，從前通商,未敢止絕。"詔曰:"淮南雖是殊邦,未通中國,近聞歉食,深所軫懷。天災流行,分野代有,苟或閉糴,豈是愛人!彼之生靈,與此何異。宜申惻隱,用濟饑糧,宜令沿淮州縣渡口鎮鋪,不得止淮南人糴易。"是時,淮甸累年災旱,流民度淮就食者萬計,不令止糴。其後,淮南立倉糴我,粟畜之商賈利其善價,以舟車輦運。太祖聞之,許其負擔以供養者,禁止輦運。又詔:"唐莊宗、明宗、晉高祖三處陵寢,各有守陵宮人,並放逐便。如願在陵所者,依舊供給。"

(宋)王欽若等編纂:《册府元龜》卷四二《帝王部》

周太祖廣順元年四月,敕:"天災流行,分野代有。苟或閉糴,豈是愛人?宜令沿淮渡口鎮鋪,不得止淮南人糴易。"

(宋)王欽若等編纂:《册府元龜》卷五〇二《邦計部》

周太祖廣順元年九月,詔改麴法,凡犯五斤已上者,處死。先是,漢法不計斤兩多少,並處極刑,至是始革之。

(宋)王欽若等編纂:《册府元龜》卷五〇四《邦計部》

(廣順)二年七月戊辰,詔河東接界沿山諸州關塞山路止絕向北商賈往來。

(宋)王欽若等編纂:《册府元龜》卷六六《帝王部》

(廣順二年)十月戊子,詔諸州府曉諭軍民,不得屠牛驢及賣生口。

(宋)王欽若等編纂:《册府元龜》卷六六《帝王部》

(廣順)二年,考城縣民乞開縣城南門、東門,從之。先是,修縣城閉塞之。縣民以南臨宋、亳,北接曹、澶,商賈往來,以此便之。

(宋)王欽若等編纂:《册府元龜》卷四八《帝王部》

（廣順三年）三月，詔曰："青白池務，素有定規。只是近年頗乖循守。比來青鹽一石，抽稅錢八百文；足陌鹽一斗，白鹽一石，抽稅錢五百文，鹽五升。其後青鹽一石，抽稅錢一千，鹽一斗。訪聞改法已來，不便商旅，蕃人漢戶，求利艱難。宜與優饒，庶令存濟。今後每有青鹽一石，依舊抽稅錢八百文，以八十五爲陌，鹽一斗；白鹽一石，抽稅錢五百，鹽五升。此外，更不得別有邀求。如聞邊上鎮鋪，於蕃漢戶市易糶糴，衆私抽稅，今後一切止絶。"

（宋）王欽若等編纂：《冊府元龜》卷五〇四《邦計部》

（廣順）三年七月，敕："沿淮諸州點檢，淮南人所糴糧食，如是以驢騾爲馱，及人負擔，即仰放過，不得以舟車輦運過淮。"先是，淮南大旱，井泉涸竭，太祖愍之，命許博糴。至是，聞吳人收糴入官，以備軍食，遂詔止輦運過淮。

（宋）王欽若等編纂：《冊府元龜》卷五〇二《邦計部》

顯德元年，上謂侍臣曰："朕覽食末鹽州郡，犯私鹽多於顆鹽界分。蓋卑濕之地易爲刮鹽煎造，豈惟違我榷法，兼又污我好鹽。況末鹽煎鍊，搬運費用倍於顆鹽。今宜分割十餘州，令食顆鹽，不唯輦運省力，兼亦少人犯禁。"自是，曹、宋已西十餘州皆食顆鹽。種者曰顆鹽，出解州。煮者曰末鹽，出瀕海。

（元）馬端臨：《文獻通考》卷一五《征榷考二》

（顯德）三年，敕："漳河已北州府管界，元是官場糶鹽，今後除城郭草市內仍舊禁法，其鄉村並許鹽貨通商。逐處有鹹鹵之地，一任人戶煎鍊，興販則不得逾越漳河，入不通商界。"

（元）馬端臨：《文獻通考》卷一五《征榷考二》

周世宗顯德四年七月，詔曰："諸道州府麴務，今後一依往例。官中禁法賣麴，逐處先置都務，候敕到日，並仰停罷。據見在麴數，依時踏造。候人戶將價錢，據數給麴，不得賒賣，抑配與人。應鄉村人戶，今後並許自造米醋，及買糟造醋供食。仍許於本州縣界就精美處酤賣其酒，麴法條依舊施行。"先是，自晉漢已來，諸道州府皆榷計麴額，置都務以酤酒，民間酒醋，例皆醨薄。世宗知其弊，故令改法。

　　（宋）王欽若等編纂：《册府元龜》卷五〇四《邦計部》

　　宋彥筠爲太子太師致仕，筠性好貨殖，能圖什一之利，良田甲第，相望於郡國。及將終，以伊、洛之間莊十數區上進，並籍於官焉。

　　（宋）王欽若等編纂：《册府元龜》卷八一二《總録部》

　　戊子歲旱，廬陵人龍昌裔有米數千斛耀。既而米價稍賤，昌裔乃爲文，禱神岡廟，祈更一月不雨。祠訖，還至路，憩亭中。俄有黑雲一片，自廟後出。頃之，雷雨大至，昌裔震死於亭外。官司檢視之，脫巾於髻中得一紙書，則禱廟之文也。昌裔有孫，將應童子舉，鄉人以其事訴之，不獲送。

　　（宋）李昉：《太平廣記》卷二四三《龍昌裔》

　　戊戌歲，城海陵縣爲郡，侵人冢墓。有市儈夏氏，其先嘗爲鹽商，墓在城西，百一十年矣。夏改葬其祖，開棺，唯有白骨，而衣服器物，皆儼然如新，無所損污。有紅錦被，文彩尤異。夏方貧，皆取賣之，人競以善價買云。其餘冢，雖歷年未及，而皆腐敗矣。

　　（宋）李昉：《太平廣記》卷三九〇《海陵夏氏》

　　建康江寧縣廨之後，有沽酒王氏，以平直稱。癸卯歲，二月既望夜，店人將閉外戶，忽有朱衣數人，僕馬甚盛，奄至戶前，叱曰："開門，吾將暫憩於此。"店人奔走告其主，其主曰出迎，則已入坐矣。主人因設，酒食甚備，又犒諸從者，客甚謝焉。頃之，有僕夫執捆繩百千丈，又一人執橛橇數百枚，前白："請布圍。"紫衣可之，即出，以橛釘地，繫繩其上，圍坊曲人家使遍。良久白事訖，紫衣起至户外。從者白："此店亦在圍中矣。"紫衣相謂曰："主人相待甚厚，免此一店可乎?"皆曰："一家爾，何爲不可?"即命移橇，出店於圍外。顧主人曰："以此相報。"遂去，倏忽不見，顧視繩橇，已亡矣。俄而巡使歐陽進邏巡夜，至店前，問何故深夜開門，又不滅燈燭何也。主人具告所見，進不信。執之下獄，將以妖言罪之。居二日，建康大火，自朱雀橋西至鳳臺山，居人焚之殆盡。此店四鄰皆爲煨燼，而王氏獨免。

(宋)李昉：《太平廣記》卷三一四《沽酒王氏》

　　軍吏徐彦成恒業市木，丁亥歲，往信州汭口場，無木可市，泊舟久之。一日晚，有少年從二僕往來岸側，狀若訪人而不遇者。彦成因延入舟中，爲設酒食，賓敬之。少年甚愧焉，將去，謝曰："吾家近此數里別業中，君旦日能辱顧乎?"徐彦成許諾，明日乃往。行里餘，有僕馬來迎，奄至一大宅，門館甚盛。少年出延客，酒膳豐備。從容久之，彦成因言住此久，無木可市，少年曰："吾有木在山中，明當令出也。"居一二日，果有材木大至，良而價廉。市易既畢，往辭少年。少年復出大杉板四枚，曰："向之木，吾所賣，今以此贈君，至吴，當獲善價。"彦成回，始至秦淮，會吴師殂，納杉板爲棺。以爲材之尤異者，獲錢數十萬。彦成大市珍玩，復往汭口，以酬少年，少年復與交市。如是三往，頗獲其利。間一歲，復詣之，村落如故，了無所見。訪其里中，竟無能知者。

(宋)李昉：《太平廣記》卷三五四《徐彦成》

　　壬午歲，廣陵瓜州市中，有人市果實甚急。或問所用，云："吾長官明日上事。"有問長官爲誰，云："楊副使也。"又問："官署何在?"云："金山之東。"遂去，不可復問。時浙西有副使被召之揚都，明日，船至金山，無故而没。

(宋)李昉：《太平廣記》卷三五五《楊副使》

　　廣陵有賈人，以柏木造床，凡什器百餘事，製作甚精。其費已二十萬，載之建康，賣以求利。晚至瓜步，微有風起，因泊山下。頃之，有巨舟，其中空，惟篙工三人乘之，亦泊於其側。賈人疑之，相與議："此必群盜也，將伺夜而劫我。"前浦既遠，風又益急，逃避無所，夜即相與登岸，深林中以避之。俄而風雨雷電，蒙覆舟所。岸上則星月了然。食頃，雨止雲散，見巨舟稍稍前去，乃敢歸。舟中所載柏木什器，都不復見，餘物皆在。巨舟猶在東岸，有人呼曰："爾無恨，當還爾價。"賈人所載既失，復歸廣陵。至家，已有人送錢三十萬，置之而去。問其人，即泊瓜步之明日也。

　　　　　　　　（宋）李昉：《太平廣記》卷三五五《廣陵賈人》

　　池陽人胡澄，傭耕以自給。妻卒，官給棺以葬，其平生服飾，悉附棺中。後數年，澄偶至市，見列肆賣首飾者，熟視之，乃妻送葬物也。問其人，云："一婦人寄於此，約某日來取。"澄如期復往，果見其妻取直而去。澄因躡其後，至郊外，及之，妻曰："我昔葬時，官給秘器，雖免暴骨，然至今爲所司督責其直。計無所出，賣此以償之爾。"言訖不見。澄遂爲僧。

　　　　　　　　（宋）李昉：《太平廣記》卷三五五《胡澄》

小四海

　　孫承祐在浙右，嘗饌客，指其盤筵曰："今日坐中，南之蟵蚷，北之紅羊，東之鰕魚，西之果菜，無不畢備，可謂富有小四海矣。"

　　　　　　　　（明）陶宗儀：《説郛》卷六一《清異録》

酒骨糟

　　孟蜀尚食掌《食典》一百卷，有賜緋羊，其法以紅麴煮肉，緊卷石鎮，深入酒骨淹透，切如紙薄乃進，注云"酒骨糟"也。

　　　　　　　　（明）陶宗儀：《説郛》卷六一《清異録》

禁嶺南諸州略賣生口。

（宋）李燾：《續資治通鑑長編》卷一三，太祖開寶五年（972）

丙寅，詔廢嶺南道媚川都，選其少壯者爲靜江軍，老弱者聽自便，仍禁民不得以采珠爲業。

先是，劉鋹於海門鎮募兵能采珠者二千人，號“媚川都”。凡采珠，必以石縋索繫於足而没焉，深或至五百尺，溺死者甚衆。鋹所居棟宇，皆飾以玳瑁、珠、翠，窮極侈靡。及王師至，並府庫悉焚之。於是，潘美等於煨燼中得所餘玳瑁、真珠來獻，且言采珠危苦之狀，上亟命小黄門持示宰相，速降詔罷之。

（宋）李燾：《續資治通鑑長編》卷一三，太祖開寶五年（972）

禁嶺南諸州民捕象，籍其器，仗送官。

（宋）李燾：《續資治通鑑長編》卷一四，太祖開寶六年（973）

乙丑，始頒銅禁於江南諸州。

（宋）李燾：《續資治通鑑長編》卷一八，太宗太平興國二年（977）

詔廣南民自今祖父母、父母在而别籍者論如律，已分居者勿論。先是，同判桂州王告言：“劉氏時，應祖父母、父母在，孫子既娶，即令析産，其後富者數至千金，而貧者或不能自給。及朝廷平嶺南，乃知法不得以異居。争訟至今不息，請條約之。”故降是詔。

（宋）李燾：《續資治通鑑長編》卷一〇八，仁宗天聖七年（1029）

市舶互市。宋初，承周制，與江南通市。

（元）馬端臨：《文獻通考》卷二〇《市糴考一》

幽州從事温璉，燕人也。以儒學著稱，與瀛王馮道幼相善。曾經兵亂，有賣漆燈槤於市者，璉以爲鐵也，遂數錢買之。累日，家人用然膏燭,因拂試,乃知銀也。大小觀之,靡不欣喜。唯璉憫然曰:"非義之物,安可寶之。"遂訪其賣主而還之。彼曰:"某自不識珍奇,鬻於街肆。郎中厚加酬直,非強買也,不敢復收。"璉固還之,乃拜受而去。別賣四五萬,將其半以謝之,璉終不納。遂施於僧寺,用飾佛像,冀祝璉之壽也。當時遠近罔不推服,以其有仁人之行。後官至尚書侍郎卒。

(宋)李昉:《太平廣記》卷一六五《溫璉》

劉鑰匙

五代隴右木門村劉氏以舉債爲業,取人資財如秉鑰匙,開人箱篋無異,故人以"劉鑰匙"稱之。《玉堂閒話》

(明)陶宗儀:《説郛》卷三《實賓録》

到頭庵主徹底門生

魏仁浦長百僚,提獎單隱岩至列郎,又附他相,仁浦不悦。一日,浮屠仁普來乞山資,留飯,而隱岩至,以束素贈別,顧仁普曰:"到頭庵主,徹底門生。今昔所難,師宜勉之。"隱岩面不類人,唯唯而退。

(明)陶宗儀:《説郛》卷六一《清異録》

《輿地紀勝》云:黎州初設茶馬、買馬兩務,成都則市於大黎珍叙等州,號川馬。五代王建大閱於星宿山,官馬八千,私馬四千。建起家騎士,有國之後,於文黎雅茂等州市胡馬,十年之間,遠及兹數。按《通略》,韓億知益州,移永康鬻馬場於州黎境上,以灌茂地接蕃部,歲來互市,覘我西川,故徙於此。舊載在川南,以今度之,與大渡河相近,但今市馬者,由川北之中江縣,而轉販入黎雅。

(清)顧炎武:《天下郡國利病書》

後唐宮人或網獲蜻蜓,愛其翠薄,遂以描金筆塗翅,作小折枝花子,金綫籠貯養之。爾後上元賣花者取象爲之,售於游女。

(宋)陶穀:《清異録》卷上

唐末,群方貢國物產不通。東漢有商歸自閩越,以橄欖獻於霸君。明日,分賜大臣。禁帥郝惟慶曰:"此公狀類吾鄉竹青棗,加之一時久,方得薄味,官家何用賜,臣所喜者金稜略綽盤耳。"

(宋)陶穀:《清異録》卷上

蜀有鹽市,每年正月至三月,州城及屬縣,循環一十五處。耆舊相傳,古鹽蒙氏爲蜀主,民無定居,隨鹽蒙所在致市居,此之遺風也。又鹽將興以爲名也,因是貨鹽農之具,及花木果草藥什物。有鬻龍骨叟,與孫兒輩將龍骨齒角頭脊之類,凡數擔,至暮,貨之亦盡。因問所得之處,云:某在靈池縣分棟山,山去府城七十餘里,北連秦隴,南接資瀘,山阜岡岫之間,磧洞土穴之內,有能興雲雨之處,即有龍蛻骨焉。齒角頭足,皆有五色者,有白如綿者,有年深朽腐者,大十數丈,小三五丈,掘而得之甚多。龍之蛻骨,與蟬蛻無異。又聞龍有五苦,謂生時、眠時、淫時、怒時、蛻骨時也。每年秋夏中一兩度,愚遙見分棟山上,陰雲勃起,其間一物,白色拖尾,及夭蟜入雲,如曳練,長七八十尺。時濯錦江橋上千人縱觀,食頃,方挈奮而没,旋有暴雨滂沱,雷震數聲,倏忽開霽,得不爲蛻骨者龍乎?因鹽市有王仲璋得一蛇蛻,長五六尺,腹甲下有四爪,如雀之四爪。胡本立得一龜,小如錢,綠色,背有金綫,界成八卦象。鄭伯廣得一小瓢子,如疊兩皂莢子,堅實重厚,無有及者。休復亦曾得芝本兩層,抱石而生。每鹽市,好事者凌晨而往。忽有遇神仙者,或有遇靈藥者,或有遇奇物者。耆艾相傳,青城山仙人隱士多因鹽市接救人爾。

(宋)黃休復:《茅亭客話》卷九

7. 賦稅

光啓三年,張全義爲河南尹。初,東都經黃巢之亂,遺民聚爲三城以相保,繼以秦宗權、孫儒殘暴,僅存壞垣而已。全義初至,白骨蔽地,荆棘彌望,居民不滿百户。全義麾下才百餘人,乃於麾下選可使者十八人，命曰“屯將”，人給一旗一榜，於舊十八縣中令招農户自耕種，流民漸歸。又選可使者十八人，命曰“屯副”，民之來者綏撫之，除殺人者死，餘但加杖，無重刑，無租税，歸者漸衆。又選諳書計者十八人，命曰“屯判官”。不一二年，每屯户至數千，於農隙選壯者教之戰陣，以禦寇盜。關市之賦，迨於無籍。刑寬事簡，遠近趨之如市。五年之後，諸縣户口率皆歸復，桑麻蔚然，野無曠土，其勝兵大縣至七千人，小縣不減二千人，乃奏置令佐以治之。全義明察，人不能欺，爲政寬簡，出見田疇美者，輒下馬與僚佐共觀之，召田主勞以酒食。有蠶麥善收者，或親至其家，悉呼出老幼，賜以茶彩衣物。民間言張公不喜聲伎，見之未嘗笑，獨見佳麥良繭則笑耳。有田荒穢者，則集衆杖之。或訴以乏人牛，則召鄰里責之曰：“彼誠乏人牛，何不助之？”由是鄰里有無相助，比户有積蓄，在洛四十年，遂成富庶。

按：唐末盜賊之亂，振古所未有，洛陽四戰之地，受禍尤酷。全義本出群盜，乃能勸農力本，生聚教誨，使荒墟爲富實。觀其規畫，雖五季之君號爲有志於民者所不如也。賢哉！

（元）馬端臨：《文獻通考》卷三《田賦考三》

梁太祖開平元年，既受唐禪，兩税之法，咸因唐制。

（宋）王欽若等編纂：《册府元龜》卷四八八《邦計部》

（開平）二年三月，幸澤州，下詔以去年六月後昭義行營陣殁都將吏卒死於王事，追念忠赤，乃録其名氏，各下本軍令給養妻孥。三年内官給糧賜。

（宋）王欽若等編纂：《册府元龜》卷一九五《閏位部》

（開平）三年七月乙丑，敕行宮將士陣殁者，咸令所在給槥櫝津置歸鄉里。戰卒聞之，悉感涕。

（宋）王欽若等編纂：《册府元龜》卷一九五《閏位部》

（開平三年）八月辛亥，制諸郡如有陣歿將士，仰逐都安存家屬。如有弟兄兒侄，便給與衣糧充役。

（宋）王欽若等編纂：《册府元龜》卷一九五《閏位部》

（開平三年）八月，敕所在長吏，放雜差役、兩稅外，不得妄有科配。自今後州縣府鎮，凡使命經過若不執敕文券，並不得妄差人、驢及取索一物已上。又，今歲秋田皆期大稔，仰所在切加條流本分納稅及加耗外，勿令更有科索。切戒所縣人，更不得於鄉村乞托擾人。

（宋）王欽若等編纂：《册府元龜》卷一九一《閏位部》

虜政苛刻，幽、薊苦之。圍桑稅田，數倍於中國。水旱蟲蝗之災，無蠲減焉。以是服田之家，十夫並耨，而老者之食，不得精鑿。力蠶之婦，十手並織，而老者之衣，不得繒絮。征斂調發，急於剽掠。加以耶律、蕭、韓三姓恣横，歲求良家子以爲妻妾。幽、薊之女有姿質者，父母不令施粉白，弊衣而藏之。比嫁，不與親族往來。

賈敬顔：《五代宋金元人邊疆行記十三種疏證稿》引《乘軺録》

魚課：五代閩時，凡江湖陂塘，皆收其課。宋至道間除之，然州縣尚有采捕舟船之稅。

（清）顧炎武：《天下郡國利病書》

（開平三年）十一月甲午，祀南郊。戊戌，制曰：“夫嚴祀報本，所以通神明；流澤覃休，所以惠黎庶。斯蓋邦家不易之道，皇王自昔之規，敢歝大猷，兹惟古義。粤朕受命，於今三年，何嘗不寅畏晨興，焦勞夕惕。師唐、虞之典，上則於乾功；挹夏、殷之源，下涵於民極。欲使萬方有裕，六辨無愆。然而志有所未孚，理有所未達，致奸宄作蠥，旱霪爲災，驕將守邊，擁牙旗而背義；積陰馭氣，陵玉燭以乾和。載考休徵，式昭至警。朕是以仰高俯厚，靡惜於責躬；履薄臨淵，冀昭於玄覽。兢兢栗栗，夙夜匪寧。及夫動干戈而必契靈誅，陳犧牲而克章善應，苟非天垂丕祐，神贊殊休，則安可致夷凶渠，就不戰之功；變沴戾氣，作有年之慶。況靈旗北指，喪犬羊於亂轍之間；飛騎西臨，下郿翟若走丸之易。息一隅之烟燧，復千里之封疆，而又掃蕩左馮，討除峴首，故得外戎內憂，益知天命之攸歸；喙息跂行，共識皇基之永固。仰懷昭應，欲報無階，爰因南至之辰，親展圜丘之禮。茲惟大慶，必及下民，乃弘渙汗之私，以錫疲羸之幸，所冀漸臻蘇息，亟致和平。噫！朕自臨御以來，歲時尚爾，氛昏未殄，討伐猶頻。甲兵須議於餽糧，飛挽頻勞於編戶，事非獲已，慮若納隍。宜所在長吏倍切撫綏，明加勉諭。每官中抽差徭役，禁猾吏廣歛貪求，免至流散靡依，凋弊不濟。宜令河南府、開封府及諸道觀察使切加鈐轄，刺史、縣令不得因緣賦歛，分外擾人。凡關庶獄，每尚輕刑。祗候纔罷用軍，必當便議優給。德音節文，內有未該者，宜令所司類例條件聞奏。”

（宋）王欽若等編纂：《册府元龜》卷一九一《閏位部》

朱梁之惡，最爲歐陽公《五代史記》所斥詈。然輕賦一事，《舊史》取之，而《新書》不爲拈出。其語云：“梁祖之開國也，屬黃巢大亂之餘，以夷門一鎮，外嚴烽候，內辟污萊，屬以耕桑，薄其租賦，士雖苦戰，民則樂輸，二紀之間，俄成霸業。及末帝與莊宗對壘於河上，河南之民，雖困於輦運，亦未至流亡。其義無他，蓋賦歛輕而丘園可戀故也。及莊宗平定梁室，任吏人孔謙爲租庸使，峻法以剥下，厚歛以奉上，民產雖竭，軍食尚虧，加之以兵革，因之以饑饉，不四三年，以致顛隕。其義無他，蓋賦役重而寰區失望故也。”予以事考之，此論誠然，有國有家者之龜鑒也。《資治通鑒》亦不載此一節。

（宋）洪邁：《容齋三筆》卷一〇

梁太祖擊淮南，掠得牛以千萬計，給東南諸州農民，使歲輸租。自是歷數十年，牛死而租不除，民甚苦之。周太祖素知其弊，用張凝、李穀之言，悉罷户部營田，務以其民隸州縣，其田廬牛農器並賜見佃者爲永業,悉除租牛課。是歲,户部增三萬餘户。或言營田有肥饒者,不可鬻之,可得錢數萬緡以資國。帝曰:"利在於民,猶在國也。朕用此錢何爲?"嗚呼!以五代之君猶知此義,而況它日大有爲之主,必有朝聞而夕行之者矣。宋紹興二十三年,知池州府黃子游言:"青陽縣苗七八倍於諸縣,因南唐嘗以縣爲宋齊丘食邑,故輸三斗,後遂爲額。"詔減苗稅二分有半,科米二分。

(清)顧炎武著,黃汝成集釋:《日知録集釋》卷一〇

同光三年秋大水,兩河之民,流徙道路,京州賦調不充,六軍之士往往殍踣。乃預借明年秋夏租稅,百姓愁苦,號泣於路。

(宋)謝維新:《古今合璧事類備要》外集卷二七

五代後唐莊宗同光三年,以軍儲不足,李琪上疏以爲古者量入以爲出,計農而發兵,故雖有水旱之灾,而無匱乏之憂,近代税農以養兵云云。今縱未能蠲省租稅,苟除折納紐配之法,農亦可以少休矣。帝即敕有司如其言,然竟不能行。

(宋)謝維新:《古今合璧事類備要》外集卷二七

孔謙欲聚斂以求媚,凡赦文所蠲者,謙復徵之。每有詔令,人皆不信,百姓愁怨。

(明)胡我琨:《錢通》卷二二

今之民間所納夏秋二稅,蓋唐大中間,取一年諸色科斂最重者,定爲二稅,則諸色科斂已在其間。後唐天成三年七月十三日敕:"應三京鄴都諸道州府鄉村人户,自今年七月後,於夏秋田苗上,每畝納麴錢伍文足陌,一任造麴酒貨賣。"則是再增酒麴錢矣。又置坊户,以三年爲界,界滿必增錢,實封投狀,百日限滿拆封,給價高人,上户增價攘奪。洎其久也,課高難辦,又創萬户酒之説,將一坊酒額盡均苗頭上。舊坊户既有醞具,其上户亦有力造酒酤賣,五等下户白令出

錢,數且零細,家至户到,貽害良農。目今浙東、湖北皆有斯弊,悉緣達官慕愛民之虛名,忘久遠之利病,爲無窮之害。予向在漢東,偶有爲此舉,力爭得免,故書以告來者。

(宋)趙彥衞:《雲麓漫鈔》卷一〇

後唐天成三年七月十三日敕:"三京、鄴都、諸道州府鄉村人户,自今年七月後,於夏秋田苗上,每畝納麴錢五文足陌,一任造麴酒貨賣。"則是再增酒麴錢矣。又置坊户,以三年爲限,限滿必增錢。實封投狀,百日限滿,折封給價高人。上户增價攘奪,洎其久也。課高難辦,又創立户酒之説,將一坊酒額,盡均苗頭上。舊坊户既有醞具,上户亦有力造酒酤賣。五等下户,自令出錢,數且零細,家至户到,貽害良農。

(明)胡我琨:《錢通》卷二二

後唐明宗嘗入倉觀受納,主吏懼責其多取,乃故爲輕量。明宗曰:"倉廩宿藏,動經數歲,若取之如此,後豈免銷折乎?"吏因訴曰:"自來主藏者,所以至破家竭產以償欠,正爲是。"明宗惻然,乃詔"自今石取二升爲雀鼠耗",至今行之,所謂"加耗者"是也。明宗知恤吏矣,不知反墮其計中,遂爲民害。

(宋)葉夢得:《石林燕語》卷三

後唐明宗嘗入倉觀,受納主吏懼責其多取,乃故爲輕量。明宗曰:"倉廩宿藏,動經數歲,若取之如此,後豈免折閲。"吏因訴曰:"自來主藏者,所以致破家竭產以償欠,正爲此耳。"明宗惻然,乃詔自今石取二升,爲鼠雀耗,至今行之,所謂加耗是也。

(宋)章如愚:《群書考索》後集卷五四

初税農具錢,五代唐明宗長興二年。

(唐)白居易、(宋)孔傳:《白孔六帖》卷八一陶穀爲湘東張仲荀序詩《贈常覺》云:起後唐天成至漢乾祐,每黑白月三取八日,浴京大衆,累歲費錢,可一百三十六萬,數計緡千萬矣。雖檀施共成,寔覺公化道之力也。

(明)胡我琨:《錢通》卷一四

(天福)五年春正月丁卯朔,德音除公私債。《容齋隨筆》:"天福六年八月赦云:私下債負取利及一倍者,並放,則此所除者,想與之同。世方尚武,四民失業,稱貸之際,必有不能堪命者。故不得已而屢下蠲除之令也。"

(清)何焯:《義門讀書記》卷二九

劉知遠即位,自言未忍改晉國,又惡開運之名,乃更稱天福十二年。詔諸道契丹括率錢帛者,皆罷之,晉臣爲使者,令詣行在,契丹所在誅之。

(明)胡我琨:《錢通》卷一三

五代漢王章爲三司使,往時民租石輸二升,爲鼠雀耗,章增一石輸二升爲二斗。

(宋)祝穆:《古今事文類聚》別集卷二三

漢隱帝乾祐三年十一月,平章事王章與郭威、楊邠等,聚斂太過,時論非之。時下令民稅,每斛別輸二升,名曰省耗。百姓苦之。

(宋)李上交:《近事會元》卷三

國朝太祖乾德四年詔:……宜準漢乾祐三年敕,復於中等無色役人戶內置俸戶,據本處所請料錢,折支物色,每一貫文給與兩戶貨賣,逐戶每月輸錢五百文,除二稅外,與色餘役,其所支物色,每歲委官隨竈鹽一並給付,如州縣闕正員差人承攝者準此。

(宋)謝維新:《古今合璧事類備要》後集卷六

漢乾祐以來，天下令録判司簿尉，並據所請俸折支物，每一千分兩户，俾月輸緡錢。除二税外，與免徭役，謂之俸户。開寶九年，太祖即位，始詔罷之。

（宋）曾鞏：《隆平集》卷二

《周世宗實録》：顯德二年詔曰：“朕聞轉輸之物，向來例給斗耗。晉、漢不與，至有犯死者。今後每石宜與一斗。”八卷。案此即今收苗明耗也。

（宋）程大昌：《續考古編》卷七

周顯德二年正月，上謂侍臣曰：“轉輸之物，向來皆給斗耗，自漢以來不與支破，倉廩所納新物，尚破省耗，況水路所搬，豈無損失？今後每石宜與耗一斗。”

（宋）吕祖謙：《歷代制度詳説》卷四

本朝夏秋二税起催，以六月、十月一日，至今州縣遵用。案王溥《五代會要》：“周顯德三年十月，宣三司指揮諸道州府，今後夏税以六月一日起徵，秋税至十月一日起徵，永爲定制。”乃知本朝循用周制。

（宋）吳曾：《能改齋漫録》卷二

周顯德三年，敕：“舊制織造絁紬、絹布、綾羅、錦綺、紗縠等，幅闊二尺起，來年後並須及二尺五分。宜令諸道州府，來年所納官絹，每匹須及一十二兩，其絁紬只要夾密停勻，不定斤兩。其納官紬絹，依舊長四十二尺。”乃知今之税絹，尺度長短闊狹，斤兩輕重，頗本於此。

（宋）洪邁：《容齋三筆》卷一〇

周顯德，上以漕運自晉漢以來不給斗耗，綱吏多以虧欠抵死，詔自今每斛給耗一斗。

（宋）謝維新：《古今合璧事類備要》外集卷二七

周顯德五年七月，詔："近覽元積《長慶集》，見在同州時所上《均田表》，因令製素成圖賜諸道。"是時，上將均定天下民租，故先以《均田圖》遍賜諸侯。其年十月，命艾穎等二十四人使於諸州，檢定民租。

（宋）呂祖謙：《歷代制度詳説》卷三

周主立二税徵限，夏税以六月，秋税以八月，兩税既行，無有便於此矣。急於此則民病，易知也；緩於此則民亦病，未易知也。

（清）王夫之：《讀通鑒論》卷三〇

兩税之法起於楊炎，五代迄宋，行之至今。……新安楊行密用唐兩税法，田上中下，山地園並分上中下，一畝紐起税錢幾文每一百文。夏税科若干，秋税科若干，支移折變，不勝多端。浙西、江西、湖廣、川閩，大抵論物力若干科，夏科税若干，有增無減。州不恤縣，縣不恤民，其弊不可勝書。

（元）方回：《續古今考》卷一九

唐末有五代之刻板印契，租庸調之法，已不詳密，而徒知過取口分、世業之法，寬鄉、狹鄉，區處失當。

（元）方回：《續古今考》卷二〇

江南有國時，田每十畝，蠲一畝半，以充瘠薄。

（宋）宋敏求：《春明退朝錄》下

乾道丁亥，趙德莊爲江東漕，問所委予曰："徽，吾桑梓也。税額之重，居田收十之六也。自五代楊行密時已如此，今難減矣。"

（宋）程大昌：《續演繁露》卷二

　　吳有丁口錢，又計畝輸錢。徐知誥秉吳政，宋齊丘說徐知誥請減丁口錢，從之。由是江淮曠土盡辟，桑柘滿野，國以富強。

（宋）程大昌：《續演繁露》卷二

　　南唐烈祖稅嚴。嘗旱，伶人申漸高侍側，祖曰：“聞四郊乃多雨。”漸高遽曰：“雨懼抽稅，不敢入城。”

（明）顧起元：《客座贅語》卷五

　　自用兵以來，令民間以見錢紐納稅直，既爲不堪，然於其中所謂和買折帛，尤爲名不正而斂最重。偶閱大中祥符間，太常博士許載著《吳唐拾遺録》，所載多諸書未有者。其《勸農桑》一篇正云：“吳順義年中，差官興版簿，定租稅，厥田上上者，每一頃稅錢二貫一百文，中田一頃稅錢一貫八百，下田一頃千五百，皆足陌見錢，如見錢不足，許依市價折以金銀。並計丁口課調，亦科錢。宋齊丘時爲員外郎，上策乞虛擡時價，而折紬、綿、絹本色，曰：‘江、淮之地，唐季已來，戰爭之所。今兵革乍息，黎氓始安，而必率以見錢，折以金銀，此非民耕鑿可得也，無興販以求之，是爲教民弃本逐末耳。’是時絹每匹市賣五百文，紬六百文，綿每兩十五文。齊丘請絹每匹擡爲一貫七百，紬爲二貫四百，綿爲四十文，皆足錢，丁口課調亦請蠲除。朝議喧然沮之，謂虧損官錢萬數不少。齊丘致書於徐知誥曰：‘明公總百官，理大國，督民見錢與金銀，求國富庶，所謂擁彗救火，撓水求清，欲火滅水清可得乎？’知誥得書，曰：‘此勸農上策也。’即行之。自是不十年間，野無閒田，桑無隙地，自吳變唐，自唐歸宋，民到於今受其賜。”齊丘之事美矣。徐知誥亟聽而行之，可謂賢輔相。而《九國志·齊丘傳》中略不書，《資治通鑒》亦佚此事。今之君子爲國，唯知浚民以益利，豈不有覥於偏閏之臣乎！齊丘平生，在所不論也。

（宋）洪邁：《容齋續筆》卷一六

　　宋齊邱請徐知誥除輸錢代折之法，令丁稅悉輸穀、帛，繇是江、淮曠土益辟,國民兩富,其故何也? 楊氏之有國也,西北不逾淮,東不過常州,南不過宣州,皆水國也。時無冬夏,日無晝夜,舟楫可通,無浹旬在道之久,無越山閘水之難,則所輸粟、帛,無黦敝紅朽之患,民固無推穀經時之費,無耗蠹賠償之害,惡得而不利也? 地無幾,稅亦有涯,上之受而藏之也,亦不致歷年未放、淹滯陳腐之傷,上亦惡得而不利也? 且於時天下割裂,封疆各守,戰爭日尋,商賈不通,民有有餘之粟、帛,無可貿遷以易金錢,江、淮之間,無銅、鉛之產以供鼓鑄,而必待錢於異國,粟、帛滯而錢窮,取其有餘,不責其不足,耕夫紅女,得粒米寸絲而可應追呼,非四海一家,商賈通而金錢易得之比也。是以齊邱言之,知譎行之,因其時,就其地,以撫其人民,而國民交利,豈虛也哉?

(清)王夫之:《讀通鑑論》卷二八

江南李氏按行民田之肥瘠以定稅,凡調兵興役、非常事而猝求於民者,皆以稅錢爲率。宋平江南,承用其法,延及於今,一用此式,故南方之賦役所以獨重,此《春秋》所謂用田賦也。

(清)王夫之:《讀通鑑論》卷三〇

吳越舊式,民間盡算丁壯錢以增賦興。貧匱之家,父母不能保守,或弃於繈褓,或賣爲僮妾,至有提携寄於釋老者。真宗一切蠲放,吳俗始蘇。

(宋)文瑩:《湘山野録》卷上

吳越錢氏,人成丁,歲賦錢三百六十,謂之身錢,民有至老死而不冠者。

(宋)陳師道:《後山談叢》卷四

初,錢氏國除,而田稅尚仍其舊,畝稅三斗,浙人苦之。太宗乃遣王贊爲轉運使,均兩浙雜稅。贊悉令畝稅一斗。使還,大臣有責其增減賦額者,贊謂畝稅一斗,天下之通法,兩浙既已爲王民,豈可復循僞國之制。上從其説,浙人至今便之。

(宋)龔明之:《中吳紀聞》卷一

　　兩浙田税畝三斗,錢氏國除,朝廷遣王方贊均兩浙雜税,方贊悉令畝出一斗。使還,責擅减税額,方贊以謂:"畝税一斗者,天下之通法。兩浙既已爲王民,豈當復循僞國之法?"上從其説。至今畝税一斗者,自方贊始。唯江南、福建猶循舊額,蓋當時無人論列,遂爲永式。方贊尋除右司諫,終於京東轉運使,有五子:皋、凖、覃、鞏、罕,凖之子珪,爲宰相,其他亦多顯者,豈惠民之報歟?

(宋)沈括:《夢溪筆談》卷九

　　兩浙田税畝三斗,錢氏國除,朝廷遣王贊均兩浙雜税,王贊悉令畝出一斗。使還,責擅减税額。王贊以謂畝税一斗者,天下之通法,兩浙既已爲王民,豈當復循僞國之法。上從其説。至今畝税一斗者,自王贊始。惟江南、福建,猶循舊額,蓋當時無人論列,遂爲永式。

(宋)施宿:《嘉泰會稽志》卷一九

　　杜宗桓《上巡撫侍郎周忱書》曰:"五季錢氏税兩浙之田,每畝三斗。宋時均兩浙田,每畝一斗。"宋淳祐元年,鮑廉作《琴川志》曰:"國初,盡削錢氏白配之目,遣右補闕王永、高象先,各乘遞馬,均定税數,只作中下二等,中田一畝,夏税錢四文四分,秋米八升。下田一畝,錢三文三分,米七升四合。取於民者不過如此。自熙、豐更法,崇、觀多事,靖、炎軍興,隨時增益。"然則宋初之額,尚未至一斗也。

(清)顧炎武著,黄汝成集釋:《日知録集釋》卷一〇

　　詔兩浙諸州,自太平興國六年逋租及錢帛日無名掊歛,吏至今猶徵督者,悉除之。太平興國七年十二月,時兩浙運使高冕條上舊政不便者百餘事,故有是詔。

(宋)潛説友:《咸淳臨安志》卷四〇

詔兩浙諸州，先是錢俶日，民多流亡，弃其地爲曠土，宜令所在籍其壙畝之數，均其租，每歲十分減其三，以爲定制，仍給復五年。召游民勸其耕種，厚慰撫之，以稱吾務農厚本之意。淳化元年九月。

（宋）潛説友：《咸淳臨安志》卷四〇

詔杭州寺院童行，錢氏所賦身丁錢，悉除之。至道三年八月即位，未改元。

（宋）潛説友：《咸淳臨安志》卷四〇

錢氏擅二浙時，總於貨寶，夭椓其民，民免於兵革之殃，而不免於賦斂之毒，叫囂呻吟者八十年。

（宋）潛説友：《咸淳臨安志》卷五九

歐公《五代史》極言錢氏重斂其民，下至雞魚卵鷇，必家至而户取，諸案吏持簿量，笞至數百人。按錢世昭作《錢氏私志》則云，錢惟演爲西京留守，歐公任河南推官，頗狎一妓，而惟演逐之，以故有憾於錢氏，所作似非信史。然《江表志》亦云，吳越時，民多赤體，用竹篾繫腰間，民貧至此，而吏胥雖貧，亦家累千金。《順存錄》曰：錢氏欠租至一斗，便定徒罪，以故江景防入宋，沉圖籍於河，以蘇民困。總緣自武肅王來三世，竭十三州之力以事大國故也。《通鑑》則載吳越王宏佐知國有十年之蓄，乃賜復境中租税三年，亦與《五代史》不合。

（清）袁枚：《隨園隨筆》卷二三

湖南馬希範用孔目官周陟議，常税之外，別令人輸米。天策學士拓拔恒上書諫曰："殿下居深宮之中，籍已成之業。身不知稼穡之勞，耳不聞鼓鼙之音，馳騁遨游，雕墻玉食。府庫盡矣而浮費益甚，百姓困矣而厚斂不息。今淮南爲仇讎之國，番禺懷吞噬之心，荆渚日圖窺伺，待我姑息。諺曰：'足寒傷心，民怨傷國。'願罷輸米之令，誅周陟以謝郡縣，去不急之務，減興作之役，無令一旦禍敗，爲四方所笑。"希範覽之，大怒，以先王舊臣爲隱忍之。

（宋）孔平仲：《續世說》卷一〇

（蔡襄）奏乞減閩人五代時丁口稅之半。

（宋）佚名：《翰苑新書》前集卷四七

宋蔡襄爲福建路轉運使，復古塘以溉民田，人利之，爲立生祠於塘側。又奏減閩人五代時丁口稅之半。

（明）彭大翼：《山堂肆考》卷六八

五代方鎮割據，多於舊賦之外重取於民。國初悉皆蠲正，稅額一定。其間有或重輕未均處，隨事均之。福、歙州稅額太重，福州則令以錢二貫五百折納絹一匹，歙州輸官之絹止重數兩，太原府輸賦全除，乃以減價糴糶補之。後人往往疑福、歙折絹太貴，太原折米太賤，蓋不見當時均賦之意也。

（宋）沈括：《夢溪筆談》卷一一

五代割據，多於舊賦之外，重取於民。國初悉皆蠲，正稅額一定，其間有重輕未均處，隨事均之。福、歙州稅額太重，福州則令以錢二貫五百折納絹一匹，歙州輸官之絹，止重數兩。太原輸賦全除，乃以減價糴米補之。後人往往疑福、歙州折絹太貴，太原折米太賤，蓋不見當時均賦之意也。案《宋史·食貨志》淳熙十一年，臣僚言兩浙江東西四路和買不均之弊。送戶部給舍等官議，鄭丙、丘崟議畝頭均科之法，至公至平。詔施行。即此所云均賦之法，可以與史文互證。

（宋）韓淲：《澗泉日記》卷上

本朝翰林學士沈括稱，國初蠲正五代方鎮割據稅外多取之弊，其有輕重未均處，稍隨事均之。福、歙稅額太重，故福州才令以錢二百五十折納絹一匹，歙州輸官之絹只重數兩，後人往往疑浙絹太重，蓋不見當時之意。此括之所載，於其書可考者也。

（宋）羅願：《新安志》卷二

《圖經》每歲有丁身錢，自大中祥符四年，詔以兩浙、福建路，荆湖南、北，廣南東路，在僞國日出丁身錢，並特除放。凡歲免緡錢四十五萬有餘貫。由是蘇民至今無計口算緡之事，蒙澤最厚。

（宋）朱長文：《吳郡圖經續記》卷下

宋太祖建隆四年，南漢主劉鋹降，赦廣南管内州縣，舊無名賦斂，咸蠲除之。十月，又詔諸州劉鋹日前煩苛賦斂，並除之。

（明）彭大翼：《山堂肆考》卷八七

《唐宋遺史》載：張崇帥廬州不法，民苦之。既入覲，人謂渠伊必不來，崇計口率渠伊錢。再入覲，人不敢言，捋鬚相慶，崇率捋鬚錢。《五代史補》載：趙在禮自宋移永興，人曰眼中拔却釘矣。在禮乞還，每日率拔釘錢。方鎮不法，信非一處，此二事雅可爲對。

（宋）戴埴：《鼠璞》卷下

五代之際，民苦於兵，往往因親疾以割股，廬墓以規免賦役，户部歲給蠲符，不可勝數，而課州縣出紙，號爲蠲紙。

（宋）錢端禮：《諸史提要》卷一五

五代何澤。户部歲給蠲符，不可勝數，而課州縣出，號爲蠲紙。澤上書言其弊，明宗下詔悉廢户部蠲紙。

（唐）白居易、（宋）孔傳：《白孔六帖》卷一四

臨安有鬻紙者，澤以漿粉之屬，使之瑩滑，謂之蠲紙。蠲猶潔也。《詩》：“吉蠲爲饎。”《周禮》：“宮人除其不蠲。”名取諸此。又記五代《何澤傳》載：“民苦於兵，往往因親疾以割股，或既喪而廬墓，以規免

州縣賦役。户部歲給蠲符，不可勝數，而課州縣出紙，號蠲紙。"蠲紙之名適同，非此之謂也。

（宋）趙與時：《賓退録》卷二

　　五代括民粟，不出粟者死，與歛散輕重之法又殆數等。大抵其法愈壞，則其術愈粗。

（宋）呂祖謙：《歷代制度詳説》卷八

　　梁末帝貞明六年四月己亥，詔曰："王者愛育萬方，慈養百姓，恨不驅之以仁壽，撫之以淳和。而炎黄有戰伐之師，堯舜有干戈之用，諒不獲已，其猶病諸。然則去害除妖，興兵動衆，殺黑龍而濟中土，刑白馬而誓諸侯，終能永逸暫勞，以至同文共軌，古今無異，方册具存。朕以眇末之身，托億兆之上，四海未艾，八年於兹，業業兢兢，日慎一日。雖逾山越海，肅慎方來，而召雨徵風，蚩尤尚在。顧兹殘孽，勞我大邦，將士久於戰征，黎庶疲於力役。木牛暫息，則師人有不爨之憂；流馬盡行，則丁壯有無聊之苦。況青春告謝，朱夏已臨，妨我農時，迫我戎事。永言大計，思致小康。宜覃在宥之恩，稍示殷憂之旨。用兵之地，賦役實煩，不有蠲除，何使存濟？除兩京已放免外，應、宋、亳、輝、潁、鄆、齊、棣、滑、鄭、濮、沂、密、青、登、萊、淄、陳、許、均、房、襄、鄧、泌、隨、陝、華、雍、晉、絳、懷、汝、商等三十二州，應欠貞明四年已前夏秋兩税，並鄆、齊、滑、濮、襄、晉、輝等七州，兼欠貞明四年已前營田課利物色等，並委租庸使逐州據其名額外數目矜放。所在官吏，不得淹停制命，徵督下民，致恩澤不及於鄉間，租税虛損於帳籍。其有衰私，遠年債負，生利過倍，自違格條，所在州縣，不在更與徵理之限。兗州境内，自張守進違背朝廷，結連蕃寇，久勞攻討，頗困生靈，言念傷殘，尋加給復。"

（宋）王欽若等編纂：《册府元龜》卷四九一《邦計部》

　　龍德元年五月丙戌，詔應欠貞明三年、四年諸色殘欠，五年、六年夏秋殘稅,並放。

(宋)王欽若等編纂:《册府元龜》卷四九一《邦計部》

(龍德元年)七月,以陳州平,先是,州刺史惠王友能叛,命張漢傑討之。敕開封府太康、襄邑、雍丘三縣遭陳州賊軍奔衝,其夏稅只據見苗輸納。

(宋)王欽若等編纂:《册府元龜》卷四九一《邦計部》

後唐莊宗即位,推恩天下,除百姓田租,放諸場務課利欠負者。而租庸使孔謙悉違詔督理,更制括田竿尺,盡率州使公廨錢。天下怨苦,民多流亡,租稅日少。

容齋洪氏《隨筆》曰:“朱梁之惡,最爲歐陽公《五代史記》所斥詈,然輕賦一事,《舊史》取之,而《新書》不爲拈出。其語云:‘梁祖之開國也,屬黃巢大亂之餘,以夷門一鎮,外嚴烽候,內辟污萊,屬以耕桑,薄其租賦,士雖苦戰,民則樂輸,二紀之間,俄成霸業。及末帝與莊宗對壘於河上,河南之民雖困於輦運,亦未至流亡,其義無他,蓋賦斂輕而丘園可戀也。及莊宗平定梁室,任吏人孔謙爲租庸使,峻法以剥下,厚斂以奉上,民産雖竭,軍食尚虧,加以兵革,因以饑饉,不三四年,以致顛隕,其義無他,蓋賦役重而寰區失望故也。’予以事考之,此論誠然,有國家者之龜鑒也。《資治通鑒》亦不載此一節。”

(元)馬端臨:《文獻通考》卷三《田賦考三》

(同光元年)十月,詔曰:“理國之道,莫若安民;勸課之規,宜從薄賦。庶遂息肩之願,冀諧鼓腹之謠。應諸道戶口,並宜罷其差役,各務營農。所係殘欠賦稅,及諸務懸欠、積年課利,及公私債負等,其汴州城內,自收復日已前,並不在徵理之限。應天下諸道,自壬午十二月已前,並收其兵戈蹂躪之地,水旱災沴之鄉,苗稼不登,征賦宜減。應今年經雹旱所損田苗處,檢覆不虛,據畝壖蠲免。兼北京及河北先爲妖祲未平,配買征馬。如有未請官本錢,及買馬不迨者,可並放免。"

(宋)王欽若等編纂:《册府元龜》卷四九一《邦計部》

(同光)二年二月,詔曰:"水旱之鄉,饑寒宜恤;兵戈之地,勞弊堪傷。鄴都及河東,久興師旅,頗困生靈。其近中州縣,又輦運徭役,無時暫息。應北京以北諸州川界,及至新州、幽州、鎮、定管界,契丹侵掠,井邑凋殘,兼遼州、泌州南界,及安義北界、澤州諸縣、河陽向下,至鄆、濮、齊、棣以來邊河州縣,數年兵革,至甚凋殘。自此並宜倍加撫安,召令復業。應人户所輸税租,特與蠲減,已從别敕處分。兼諸道州縣有經罨水旱之處,所損田苗,納税不迨懸欠處,仰仔細檢詳。如不虚妄,特與蠲放。"

(宋)王欽若等編纂:《册府元龜》卷四九一《邦計部》

後唐莊宗同光二年二月,敕:"歷代以後,除桑田正税外,只有茶、鹽、銅、鐵出山澤之利,有商税之名。其餘諸司,並無税額。僞朝已來,通言雜税,有形之類,無税不加。爲弊頗深,興怨無已。今則軍需尚重,國力未充,猶且權宜,未能全去。見簡天下桑田正税,除三司上供,既能無漏,則四方雜税,必可盡除。仰所司速簡勘天下州府户口正額、墾田實數,待憑條理,以息煩苛。"

(宋)王欽若等編纂:《册府元龜》卷四八八《邦計部》

唐莊宗同光二年二月,制:"鄉村糴貨斛斗及賣薪炭等物,多被牙人於城外接賤糴買到房店,增價邀求,遂使貧困之家嘗買貴物,稱量之際,又罔平人。宜令府縣及御史臺於諸門嚴切條疏,不得更令違犯。又國以人爲本,人困則國何所依?人以食爲天,食艱則人何以濟?蓋聞僞朝已來,恣爲掊歛,至於雜色斛斗柴草,受納倉場,邀頡人户,分外課求。納一斗則二斗未充,納一束則三束不充,互相蒙蔽,上下均分,疲弊生靈,莫斯爲甚。自今已後,仰長吏選清强官吏充主納,仍須嚴立條制,以防奸欺,兼具逐色所納加耗申奏。當官者,宜守於朝章;力田者,宜尊於王制。苟容僥幸,必亂規繩,訪問富户,田疇多投,權勢影占,縣州不敢科役。貧下者更代征徭,轉致雕殘,最爲蠹弊,將安疲瘵,須擇循良者。”

(宋)王欽若等編纂:《册府元龜》卷一六〇《帝王部》

(同光二年)三月,車駕自鄴至澶州。辛亥,次於德勝鎮。頓丘縣人王遇等一百五十人遮道訴曰:“臣等墳墓、田園,陛下數年列栅在内。桑棗爲寨木,田園成溝壘。十年在外,去歲方歸。”帝憫然,許復一年。

(宋)王欽若等編纂:《册府元龜》卷四九一《邦計部》

(同光二年)五月,敕:“治國之由,安民是本。如聞今歲麥田雖繁,而結實不廣。其四京諸道百姓,於麥察地内種得秋苗,並不徵税。”

(宋)王欽若等編纂:《册府元龜》卷四九一《邦計部》

(同光二年)九月,詔:“今後支郡公事,須申本道,本道謄狀奏聞。租庸使合有徵催,只牒觀察使,貴全禮體。”

(宋)王欽若等編纂:《册府元龜》卷六一《帝王部》

預借

《五代史·後唐莊宗後劉氏傳》:同光二年秋,大旱,預借明年夏秋税。

(明)陶宗儀:《説郛》卷三五《續釋常談》

(同光二年)十一月,中書奏:“天下州府,今秋多有水潦處。百姓所輸秋税,請特減,以慰貧民。”敕:“俟來年蠲免。”

(宋)王欽若等編纂:《册府元龜》卷四九一《邦計部》

（同光）三年二月，敕：“魏府小緑豆稅，每畝與減放三升。城内店宅、園圃，比來無稅，頃因僞命，遂有配徵。後來元將所徵物色，添助軍人衣賜，將令通濟，宜示矜卹。今據緊慢去處，於見輸稅絲上，每兩作三等，酌量納錢，貴與充本，回圖收市。軍人衣賜其絲，永與除放。”

（宋）王欽若等編纂：《册府元龜》卷四八八《邦計部》

後唐莊宗同光三年閏十二月，吏部尚書李琪上疏曰：“臣伏思漢文帝時，欲人務農，乃募人入粟得拜爵及贖罪。景帝亦如之。後漢安帝時，水旱不定，三公奏請富人入粟，得封關内侯。及公卿已下散官，本朝乾元中，亦曾如此。今陛下縱不欲入粟授官，願降明敕下諸道，合差百姓轉般之。有能出力運官物到京者，五百石已上，白身授一。初任州縣官有官者，依資遷授；欠選者，便與放選。千石已上至萬石者，不拘文武，顯示賞酬。免令方春，農人流散。此亦轉倉瞻軍之一術也。”敕：“李琪所論，召募轉倉斛斗與官行賞，委租庸司下諸州府。有應募者，聞奏施行。”

（宋）王欽若等編纂：《册府元龜》卷五〇九《邦計部》

（同光三年）閏十二月，吏部尚書李琪上疏，請兩稅不以折納爲事，不以紐配爲名，止以正稅加納。敕：“本朝徵科，唯有兩稅。至於折紐，比不施爲。宜依李琪所論，應逐稅合納錢物、斛斗及鹽錢等，宜令租庸司指揮，並準元徵，本色輸納，不得更改。若有移改，須具事由聞奏。請下中書門下商量，別侯敕旨。”

（宋）王欽若等編纂：《册府元龜》卷四八八《邦計部》

同光三年，敕：“魏府小緑豆稅，每畝減收三升。城内店宅園圃，比來無稅，頃因僞命，遂有配徵。後來以所徵物色，添助軍裝衣賜，將令通濟，宜示矜卹。令據緊慢去處，於見輸稅絲上，每兩作三等，酌量納錢，貴與充本回圖，收市軍裝衣賜，其絲仍與除放。”

吏部尚書李琪上疏曰：“臣聞古人有言：穀者人之司命，地者穀之所生，人者君之所理。有其穀則國力備，定其地則人食足，察其人則徭役均。知此三者，爲國之急務也。軒黄以前，不可詳記，自堯埋洪水，禹作司空，於是辯九等之田，收什一之稅，其時户口一千三百餘萬，定墾田約九百二十萬頃，爲太平之盛。及殷革夏命，重立田制，每私田十畝，種公田一畝，水旱同之，亦什一之義也。洎周室立井田之法，大約百里之國，提封萬井，出車百乘，戎馬四千匹，畿内兵車萬乘，馬四萬匹。以田法論之，亦什一之制也。故當成、康之時，比堯、舜之朝，户口更增二十餘萬，非他術也，蓋三代之前，皆量入以爲出，計農以立軍，雖逢水旱之災，而有凶荒之備。降及秦、漢，重稅工商，急關市之徵，倍舟車之算，人口既以減耗，古制猶復兼行，按此時户口尚有一千二百餘萬，墾土亦一千八百萬餘頃。至乎三國並興，兩晉之後，則農夫少於軍衆，戰馬多於耕牛，供軍須奪於農糧，秣馬必侵於牛草，於是天下户口，只有二百四十餘萬。洎隋文之代，與漢比崇，及煬帝之年，又三分去一。唐太宗文皇帝以四夷初定，百姓未豐，延訪群臣，各陳所見，惟魏徵獨勸文皇力行王道。由是輕徭薄賦，不奪農時，進賢良，悦忠直，天下粟斗直兩錢。自貞觀至於開元，將及九百萬户，五千三百萬口，墾田一千四百萬頃，比之近古，又多增加。是知救人瘼者，必重斂爲病源，料兵食者，以惠農爲軍政。仲尼云：‘百姓足，君孰與不足？’臣之此言，是魏徵所以勸文皇也，伏惟深留宸鑒。如以六軍方闕，未可輕徭，兩稅之餘，猶須重斂，則但不以折納爲事，一切以本色輸官，又不以紐配爲名，止以正稅加納，則天下幸甚！”敕：“本朝徵科唯有兩稅，至於折納，比不施爲。宜依李琪所論，應逐稅合納錢物斛斗及鹽錢等，宜令租庸司指揮，並準元徵本色輸納，不得改更，若合有移改，即須具事由聞奏。”

按：同光三年，是爲莊宗既滅梁、蜀之後，驕侈自恣，賞賚無節，倉廩空虛，軍民咨怨，孔謙復行克剥之政，民力重困，而國用不支，將以危亡之時也。然則琪言雖美，詔敕雖再，只虚文耳。以此疏叙述歷代勸農、寬徵、生聚之事，辭簡而義備，故録之。

（元）馬端臨：《文獻通考》卷三《田賦考三》

（同光）四年正月壬戌，制："應同光三年經水灾處，有不迨及逃移人户，差科夏秋兩稅及諸折配，委官吏切加點檢，並與放免。仍一年内不得雜差遣。壬午年已前百姓所欠秋夏殘稅，及諸色課利錢物，先有敕文，悉已放免。近聞或不遵守，依前却有徵收，仰下租庸司及諸道州府，切準前敕處分。其同光元年，當戰伐之後，是平蕩之初，人户流離，多未復業。固於租賦，須議矜蠲。其諸色殘欠差稅及不迨係官課利，並與放免。三蜀管内，百姓除秋夏兩稅，及三司舊額錢物、斛、斗，並繼岌、崇韜申奏减落徵收外，所有無名配卒，急徵横斂，毒害生靈者，更委本道新除節度使已後於管内一一檢勘，細具聞奏，當與放免。"

（宋）王欽若等編纂：《册府元龜》卷四九一《邦計部》

駱鵬舉爲度支員外郎。同光四年上疏請節聲樂，薄滋味，崇儉約，斷形勢，影庇富户，納倉儲，去加耗，每歲青苗鹽鐵雜稅等錢不紐配條，錢陌無闕，召人耕曠土，免三年地租，使觀風察俗。敕旨以斷形勢，影庇、納倉、租物、加耗等，從之。

（宋）王欽若等編纂：《册府元龜》卷五四七《諫諍部》

（同光四年）明年，以軍食不足，敕河南尹預借夏秋稅，民不聊生。

（元）馬端臨：《文獻通考》卷三《田賦考三》

後唐安彦威爲河中節度，上言："被省符課丁夫運石修河堤，農事方急，請以牢城軍千人代役。"從之。

（宋）王欽若等編纂：《册府元龜》卷六八八《牧守部》

按，後唐天成年宣命，於係省麴錢上，每貫止二百文充公使。同光二年，庸租院奏，諸道如更妄稱簡置官員，即勒令自備請給，不得正破係省錢物，則係省之名舊矣，然初未嘗立拘轄鈎管之制，要不使妄費而已。

（元）馬端臨：《文獻通考》卷二三《國用考一》

明宗天成元年四月,誅租庸使孔謙,停租庸名額,依舊爲鹽鐵、戶部、度支三司,委宰臣豆盧革專判。中書門下奏請停廢諸道監軍使、內局司、租庸院、大程官,出放猪羊、柴炭、戶括田、竿尺,一依僞梁度制,仍委節度使通田。三司不得差使量檢州使,公廨錢物先被租庸院一切管係,今據數却還州府。州府不得科率百姓,先遇赦所放逋稅、租庸違制徵收,並與除放。今欲曉告河南府及諸道,准此施行。從之。

（宋）王欽若等編纂:《册府元龜》卷一六〇《帝王部》

天成元年四月,敕:"應納夏秋稅,先有省耗,每斗一升。起今後只納正錢,不得別量省耗。其餘芻藁,亦不得別加徵耗。"

（宋）王欽若等編纂:《册府元龜》卷四八八《邦計部》

後唐明宗天成元年四月即位,下制曰:"昨自魏、汴至京,大軍所歷,戎馬騰踐麥苗。下本州使簡量,據所傷踐,與蠲地稅。諸色殘稅,自今年四月一日已前,並與放免。如已徵入州縣者,即據數納省,若取官中回圖錢立契取私債,未曾納本利者,不在此限。其餘並不徵理。"

（宋）王欽若等編纂:《册府元龜》卷四九二《邦計部》

明宗天成元年五月,商州奏:"當管水銀五窟,乞依舊管係。"

（宋）王欽若等編纂:《册府元龜》卷四九四《邦計部》

（天成元年）十一月癸未,鎮州並盧文進所率歸業戶口,奉詔放租稅三年,仍每口給糧五斗訖。

（宋）王欽若等編纂:《册府元龜》卷四九二《邦計部》

明宗天成元年,敕節文:"應納夏秋稅子,先有省耗,每斗一升,今後祇納正稅數,不量省耗。"

（元）馬端臨:《文獻通考》卷三《田賦考三》

天成元年,敕:"諸州府百姓合散蠶鹽,今後每年祇二月内一度俵散,依夏税限納錢。"

(元)馬端臨:《文獻通考》卷一五《征榷考二》

姚顗,爲左散騎常侍。天成二年九月,上言:"伏以運當昭泰,時屬豐成。金鸞已議於省方,彩仗將離於上國。沿路供億,固有舊規。況聞詔旨丁寧,不許分外科率。所在藩侯、郡守,竭力推忠奉迎,頒備於貢輸徵歛,或及於黎庶。伏望更加示諭,免至煩勞,使四海九州遐邇共聞於聖德,千乘萬騎經過,不擾於疲民。俾諧望幸之心,以顯來蘇之義。"

(宋)王欽若等編纂:《册府元龜》卷四七五《臺省部》

(天成)二年十月戊戌,詔曰:"諸道州府,自同光三年已前所欠灾、秋、夏税租,並主持務局,敗闕課利,並沿河舟船折欠、天成元年欠夏税租,並特與除放。"時安重誨既構任圜之禍,恐人非之,思市恩於衆,以掩己過。辛丑,詔曰:"朕聞後來其蘇,動必從於人欲。天監厥德静,且布於國恩。近者言幸浚郊,暫離洛邑,蓋逢歲稔,共樂時康。不謂奸臣遽彰逆狀,爲厲之階既甚,覆宗之禍自貽,俾我生靈,遭兹紛擾,永言軫惻,無輟寐興。宜覃雨露之恩,式表雲雷之澤。應汴州城内百姓,既經驚劫,須議優饒,宜放二年屋税,兼公私債負。如是在城回圖錢物及公私質庫,除點簡見在外,實經兵士散計者,不計年月,遠近並宜蠲放。應有年八十已上,及家長有廢疾者,宜免一丁差役。夫天灾流行,時雨愆亢,既關地分,宜減國税。今歲岐、華、登、萊,自夏稍旱,須加軫念,以示優恩。四州所管百姓,宜令長吏,切加安恤。其所旱損田苗,宜令簡行,詣實申奏。與蠲減税租,仍不得輒有差徭科配。"

(宋)王欽若等編纂:《册府元龜》卷四九二《邦計部》

(天成)二年十一月,貝州刺史竇廷琬上便宜狀,請制置鹽州烏、

白兩池,逐年出絹十萬匹、米五萬石。奉敕昇慶州爲防禦使,便除廷
琬爲使。

(宋)王欽若等編纂:《册府元龜》卷四九四《邦計部》

(天成)二年,敕:"率土黎甿,並輸王税,逐年生計,祇在春時。
深虞所在之方,無知之輩不自增修產業,輒便攪擾鄉鄰,既撓公門,須
嚴定制。自今後凡關論認桑土,二月一日後,州縣不得受狀。十月務
開,方許論對,準格據理斷割。"

(元)馬端臨:《文獻通考》卷三《田賦考三》

又按:後唐天成二年,户部奏:"苗子一布袋,令納錢八文,三文倉
司吃食補襯。"

(元)馬端臨:《文獻通考》卷四《田賦考四》

後唐明宗天成二年,詔免三司逋負近二百萬緡。

(元)馬端臨:《文獻通考》卷二七《國用考五》

(天成)三年正月,敕:"諸道秋夏苗,只取天成二年舊額徵理。"

(宋)王欽若等編纂:《册府元龜》卷四八八《邦計部》

(天成三年)二月,以蔚州銀冶,無裨國費,虛占人户,命廢之。

(宋)王欽若等編纂:《册府元龜》卷四九四《邦計部》

(天成)三年,敕:"應三京、鄴都、諸道州府縣村人户,自今年七
月後,於夏秋田苗上每畝納麴錢五文足陌。"

(元)馬端臨:《文獻通考》卷三《田賦考三》

後唐天成三年敕:"三京、鄴都、道州府鄉村人户,自今年七月後,
於夏秋田苗上,每畝納麴錢五文足陌。一任百姓造麴,醞酒供家,其

錢隨夏秋徵納,並不折色。其京都及諸道州府縣鎮坊界及關城草市內,應逐年買官麴酒戶,便許自造麴,醞酒貨賣,仍取天成二年正月至年終一年,逐月計算,都買麴錢數內十分祇納二分,以充榷酒錢,便從今年七月後,管數徵納。榷酒戶外,其餘諸色人亦許私造酒麴供家,即不得衷私賣酒。如有故違,便仰糾察,勒依中等酒戶納榷。其村坊一任沽賣,不在納榷之限。"

吳氏《能改齋漫録》曰:"今之秋苗有麴脚錢之類,此事起於五代後唐。當時雖納麴錢,而民間却許自賣酒。時移事變,麴錢之額遂爲定制,而民間則禁私酤矣。"

（元）馬端臨:《文獻通考》卷一七《征榷考四》

（天成）四年正月敕:"會計之司,租賦爲本。州縣之職,徵科是常。儻不切整齊,必漸滋僥幸。今聆舉奏,果有逋懸。非朝廷之立法不嚴,蓋官吏之慢公頗甚。緣當獻歲,未欲加刑,宜顯示於新條,貴永除於積弊。其天成元年應欠秋税,特與據數放免。"

（宋）王欽若等編纂:《册府元龜》卷四九二《邦計部》

長興元年二月,制曰:"應天下州府各徵秋夏苗税,土地節氣,各有早晚。訪聞天下州縣官吏,於省限前預先徵促,致百姓生持送納,博買供輸。既不利其生民,今特議其改革,宜令所司,更展期限。於是户部奏三京、鄴都、諸道州府,逐年所徵夏秋税租,兼鹽麴折徵諸般錢穀等起徵條流。内河南府、華、耀、陜、絳、鄭、孟、懷、陳、齊、棣、延、兗、沂、徐、宿、汝、申、安、滑、濮、澶、商、襄、均、房、雍、許、邢、鄧、洛、磁、唐、隋、郢、蔡、同、鄆、魏、汴、潁、復、曹、廓、宋、亳、蒲等州四十七處節候常早,大小麥、麴麥、豌豆取五月十五日起徵,至八月一日納足正税。匹段錢、鞋、地頭、榷麴、鹽及諸色折科,取六月五日起徵,至八月二十日納足。幽、定、鎮、滄、晉、隰、慈、密、青、登、淄、萊、邠、寧、慶、衍十六處節候較晚,大小麥、麴麥、豌豆取六月一日起徵,至八月十五日納足正税。匹段錢、鞋、地頭錢、榷麴、鹽及諸色折科,取六月十日起徵，至八月二十五日納足。并、潞、澤、應、威塞軍、大同軍、振武軍七處節候更晚，大小麥、豌豆取六月十日起徵，至九月納足正稅。匹段錢、鞋、榷麴錢等，取六月二十日起徵，至九月納足。”

（宋）王欽若等編纂：《册府元龜》卷四八八《邦計部》

（長興元年）三月敕：“天下州府，受納秸草，每束納一文足陌，每一百束，納紐子四莖，充積草供，使棘針一莖，充撑場院。其草並柴蒿一束，只納一束。其細絹、絁布、綾羅，每匹納錢一十文足陌，絲、綿、紬、綫、麻、布等，每一十兩納耗半兩，麻鞋每量納錢一文足陌。見錢每貫納錢七文陌，省庫受納諸處上供錢物，元條流見錢每貫納二文足陌。絲、綿、紬、綫子每一百兩納耗一兩。其諸色匹段並無加耗。此後並須依上件則例受納。”

（宋）王欽若等編纂：《册府元龜》卷四八八《邦計部》

長興元年七月，敕：“訪聞諸道州縣官自衒虛名，不惜人户，皆於省限已前行帖催驅，須令人户貴買充納；且徵科租賦乃是常規，所務事集人安，不必急徵暴斂。况累降敕命，非不丁寧，只據規程，勿令逾僭。此後爲徵科事辦亦不酬勞，本州不得申奏。如違限稽慢，即準條流責罰。如灼然添得廨署，招得流民，無害於公私者，可具事由申奏，固得特行優獎。”初，同光時租庸使孔謙起自胥徒，不知大體。方中原未平，所利財賦辦集，乃奏請州縣官有徵科先可者，則行恩獎，或與檢校官，或賜章服，由是長吏競爲苛刻於省限前，卒徵暴斂，以希曲恩。或蠶未繭而欲絲，麥初芒而督稅，皆出利求取，其費數倍，人皆哭泣而未訴。自天成已來猶仍舊轍，長吏以此成風，計司奏請無已。時政懲其如是，屢奏改革，猶未能杜其幸門。惜哉！又敕京百司不許影庇州縣户人，虛出課利。

（宋）王欽若等編纂：《册府元龜》卷一六〇《帝王部》

長興元年，敕：“天下州府受納秆草，每束約一文足，一百束納枸子四莖，充積年供使，棗鍼一莖充稃場院。其草並柴蒿，一束納錢一文。其細絹絁布綾羅,每匹納錢十二文足。絲綿紬綫麻皮等,每一十兩納耗半兩。鞋每量納錢一文足。見錢每貫納七文足。省庫收納上件錢物,元條流:見錢每貫納二文足,絲綿紬子每一百兩納耗一兩,其諸色匹段並無加耗。"二年,敕:"今後諸州府所納秆草,每二十束別納加耗一束,充場司耗折。"

(元)馬端臨:《文獻通考》卷三《田賦考三》

長興元年敕節文:"人戶秋苗一畝元徵麴錢五文,今後特放三文,止徵二文。"

(元)馬端臨:《文獻通考》卷一七《征榷考四》

(長興)二年四月夏,詔罷州縣官到任後率斂爲地圖。

(宋)王欽若等編纂:《册府元龜》卷一六〇《帝王部》

長興二年五月,泗水縣令李雲獻時務策:"天下民多,除田土徵租稅,其餘不計是何物色,並請配定稅錢。"敕旨:"益國利民,方爲良策,越嘗生事,則亂彝章。李雲粗讀儒書,曾居假官,所進條件,既廣徵引仍繁,而於職略之間,荒唐頗甚。且鄉閭之內,苦樂不無,則可沿古制而檢繩,度物宜而均濟,豈得請行峻法,大撓群情。詳暴斂之品題,無稍通之氣味。況五兵乍息,兆庶小康,忽有此陳,未測何意。便合勘窮疏率,申舉科條,尚緣言路,方開政刑,務恤特從寬宥,俾自省循。"

(宋)王欽若等編纂:《册府元龜》卷四一《帝王部》

(長興)二年閏五月,敕:"今後諸州府所納秆草,每二十束,別納加耗一束,充場司耗,折其每束,上舊納盤纏錢一文。仰官典同供繫署,一一分明上歷。至納遣了絕已來,公使不得輒將出外分張破使。"

(宋)王欽若等編纂:《册府元龜》卷四八八《邦計部》

（長興二年）六月，詔曰：“務穡勸分，前賢之令範；哀多益寡，往聖之格言。比者諸道賦稅，一定數額，廣種不編於帳案，頻通恐撓於鄉村。如聞不逮之家，困於輸納，爰議有餘之户，共與均攤。貴表一時之恩，不作常年之例，宜委諸道觀察使，於屬縣每村，定有力户一人充村長，於村人議有力人户，出剩田苗，補下貧不迨頃畝。自肯者即具狀徵收，有詞者即排段簡括，便自今年起爲定額。”

（宋）王欽若等編纂：《册府元龜》卷四八八《邦計部》

長興二年六月，敕：“委諸道觀察使，屬縣於每村定有力人户充村長。與村人議，有力人户出剩田苗，補貧下不追頃畝。自肯者即據狀徵收，有詞者即排段檢括。自今年起爲定額。有經灾沴及逐年逋處，不在此限。”

（元）馬端臨：《文獻通考》卷三《田賦考三》

長興二年，人户每田畝納農器錢一文五分。

（元）馬端臨：《文獻通考》卷三《田賦考三》

長興三年正月一日已前諸道兩税殘欠物色，並宜減放。或有先曾經灾沴處逃户却歸業者，除見徵正税外，不得諸雜科徭，切委倍加安撫。應係省司場税倉庫今日已前諸色敗闕人等，據其所有錢物家業盡底收納，已上所欠並敗闕人並放。其間未曾經磨勘點檢者，宜令省司便與磨勘點檢，準前處分，將來永不得任使。如是雖稱敗闕，省司未見申報文狀，及見今勾當人已後敗闕於中錢穀或涉降赦文年分，並不得援此爲例。山林草澤之人，雖頻命搜羅，而尚慮沉滯，委所在長吏切加采訪，的有才氣義行者具以名聞，必議量才任使。在朝文武臣僚並諸色職員有直言極諫者，如上封章，盡當開納。諸凡無主丘墓自兵革已來經發掘者，宜令觀察使、刺史差人量事掩瘗。敢有訴前事相告者，以罪罪之。於戲！滌瑕蕩穢，宇宙繇是澄清。布德推恩，遐邇以之胥悦。所望藩垣群後，社稷諸臣，既尊予以莫大之名，當佐予以彌高之德,日慎一日,雖休勿休,驅彼疲民,置之壽域,光爾在位,顯我得人。"

（宋）王欽若等編纂:《册府元龜》卷九三《帝王部》

（長興）三年三月,三司使奏:"諸道上供税物,兵士衣賜不足。其天下兩税所納斛斗及錢,除支贍外,請依時估,折納綾羅綿絹。"從之。

（宋）王欽若等編纂:《册府元龜》卷四八八《邦計部》

（長興）三年五月,襄州奏:"水高二丈,壞城欲盡,乞蠲人户麥税。"從之。

（宋）王欽若等編纂:《册府元龜》卷四九二《邦計部》

（長興三年）十月庚戌,襄州奏:"漢江暴溢,廬舍田稼並盡,無可徵税,請特免。"從之。

（宋）王欽若等編纂:《册府元龜》卷四九二《邦計部》

三年十二月（長興三年）,三司奏:"諸道上供税物,充兵士衣賜不足,其天下所納斛斗及錢,除支贍外,請依時估折納綾羅絹帛。"從之。

（元）馬端臨:《文獻通考》卷三《田賦考三》

（長興）四年三月辛丑,敕:"叛黨未平,難輟轉輸之役;流民既復,必資安集之謀。朕應天順人,端居静治,若涉大水,如履薄冰,翼翼乾乾,懼不克荷。所賴文武宣力,天地降祥,雨順風調,政寬事簡。雖四夷一主,遠殊貞觀之朝,而斗粟十錢,近比開元之代。無何董璋構亂,蜀郡纏灾,萬方共樂於太平,一境獨嗟於多事,遂致數年動衆,千里勞民,奔馳秦鳳之郊,委頓岷峨之路。蓋彼樂禍,非我願爲。今則逆順分明,車書混一,陸梁之黨,已歸葅醢之刑;涣汗之恩,宜及瘡痍之俗。示以歸還之路,慰其懷戀之誠。應奏岐、延、涇、寧、慶、邠、同、興元、京兆等州府所欠長興元年、二年夏、秋稅賦、諸色錢物及營田戶部莊宅務課利等物，並放。如聞州使廉察，自前每降赦書，稍關除放，頗淹行遣，轉急徵催。物已輸官，人方見榜，厚利實歸於州縣，鴻恩虛及於生靈。而況一戶逃移，一村搔擾，殘欠之物，蓋藏於形氣腹中；披訴之詞，指注於逃亡腳下。朝廷比哀貧戶，州縣轉啓幸門。欲峻條流，宜先曉諭。今後赦到，畫時曉諭所管。仍勒要路，粉壁曉示。如赦未到，時已徵到物色據數附帳，不得隱落。如有人陳告，以枉法贓論。赦到，並須半月內施行，除放訖，奏聞。"

（宋）王欽若等編纂：《冊府元龜》卷四九二《邦計部》

　　四年五月五日（長興四年），戶部奏："三京、鄴都、諸道州府，逐年所徵夏秋稅租兼鹽麴折徵，諸般錢穀等起徵，條流如後：四十七處節候常早，大小麥、穬麥、豌豆五月十五日起徵，八月一日納足。正稅、匹帛錢、鞋、地頭、榷麴、蠶鹽及諸色折科，六月五日起徵，至八月二十日納足。河南府、華州、耀、陝、絳、鄭、孟、懷、陳、齊、棣、延、兗、沂、徐、宿、汝、申、安、滑、濮、澶、襄、均、房、雍、許、邢、洺、磁、唐、隋、鄆、蔡、同、鄲、魏、汴、潁、復、鄜、宋、亳、蒲等州。二十三處節候差晚，隨本處與立兩等期限。一十六處校晚，大小麥、穬麥、豌豆六月一日起徵，至八月十五日納足。正稅、匹帛錢、鞋、地頭、榷麴、蠶鹽及諸色折科，六月十日起徵，至八月二十五日納足。幽、定、鎮、滄、晉、隰、慈、密、青、鄧、淄、萊、邠、寧、慶、衍。七處節候尤晚，大小麥、豌豆六月二十日起徵，至九月納足。正稅、匹帛錢、鞋、榷麴錢等，六月二十日起徵，至九月納足。并、潞、澤、應、威塞軍、大同軍、振武軍。其月（長興四年五月），赦："百姓今年夏苗，委人戶自供通手狀，具頃畝多少，五家爲保，委無隱漏，攢連狀送本州具帳送省，州縣不得差人檢括，如人隱欺，許令陳告，其田並令倍徵。"

（元）馬端臨：《文獻通考》卷三《田賦考三》

　　（長興四年）八月戊申，受尊號畢，大赦。制："長興三年正月一日已前,諸道兩稅殘欠物色,並宜除放。或有先曾經灾沴處,逃戶却歸業者,除見徵正稅外,不得諸雜科徭。應係省司場稅倉庫,今日已前,諸色敗闕人等,據其所有錢物家業,盡底收納。已上所欠並敗闕人等,並放。"

（宋）王欽若等編纂:《冊府元龜》卷四九二《邦計部》

（長興四年）九月,敕曰:"朕自恭臨萬國,惠撫兆民,遵上古清淨之規,削近代繁苛之政。兩稅之外,別無徵歛之名。八年之間,繼有豐穰之瑞。睹流亡之漸復,謂富庶之可期。爰自今秋,偶愆時雨,郡縣累陳於灾沴,關梁亦奏於逃移。良由朕刑政或差,感通不至。責躬罪已,靡忘於懷。特議優矜,庶令安集,據河中、同、華、耀、陝、青、齊、淄、絳、萊等州,各申旱損田處,已令本道判官檢行,不取額定頃畝。如保內人戶逃移,不得均攤抵納本戶租稅。其稅子如闕本色,許納諸雜斛斗菽黍,元每斗折粟八升,今許納本色稗子,特與免稅。前件遭旱州府,據檢到見苗,仍恐輸官不迨,今只徵一半稅物,仍許於便近州府送納,其餘一半,放至來年。其逃移戶田產,仰村鄰看守,不得殘毀,必在方岳群後,州縣庶官,各體憂勤。共相勉勵,明詳獄訟,恭守詔條,上答天灾,必思於戒懼,下除民瘼,必務於撫綏,當共恤於疲羸,勿自安於逸樂。"

（宋）王欽若等編纂:《冊府元龜》卷四九二《邦計部》

明宗初爲監國,下教:"今年夏苗,委人戶自供通頃畝,五家爲保,本州具帳送省,州縣不得差人簡括。如人戶隱欺,許人陳告,其田倍徵。其百姓合散鹽鹽,每年抵二月內,一度俵散。依夏稅限納錢,夏、秋苗畝稅子,除元徵石斗及地頭錢,餘外不得紐。"

（宋）王欽若等編纂:《冊府元龜》卷四八八《邦計部》

雀鼠耗

明宗幸倉場,每石加二斗耗,以備雀鼠侵蠹,謂之雀鼠耗。倉場加耗自此始。

（宋）曾慥：《類說》卷二六《五代史補》

廢帝清泰元年六月，三司使劉昫上言："天下州郡，於天成二年括定稅率，迨今八年，近有民於本道及詣闕訴田不均，乞簡視；累行蠲放，漸失賦租，請朝臣中選清强巡行簡視。"從之。昫奉詔，便欲曉諭，樞密使韓昭裔言："俟更詳議。"其事不報。帝猶豫少決，皆此類也。

（宋）王欽若等編纂：《册府元龜》卷一八一《帝王部》

潞王清泰元年，劉昫命判官鈎考窮核積年逋欠之數，奸利其徵責亐取，故存之。昫具奏其狀，且請察其可徵者急督之，必無可償者悉蠲之。韓昭胤極言其便，乃詔："長興以前户部及諸道逋租三百三十八萬，虛煩簿籍，咸蠲免勿徵。"貧民大悦，而三司悉怨之。

致堂胡氏曰："胥吏利於督租，固小人常情也。長民者士大夫也，不恤百姓，而以胥吏所利者爲生財之術，無窮之源，則於胥吏何責焉！前代著令曰：'凡言放稅者，不得過四分，每有水旱，許訴災傷，或下赦令盡蠲之。'而有司徵督如故。農氓不諭，乃有'黄紙放、白紙催'之謡，蓋不知令甲之文也。是則赦令行一時之恩，以收人心；令甲著永久之制，恐失財賦。陰行虐政，陽行惠澤，豈先王之用心哉！三司吏不肯釋除逋負，非獨其利在焉，亦以在上之意，吝於與而嚴於取也。此百姓膏肓之病也。明宗能蠲二百萬緡，潞王能蠲三百萬石，豈非衰亂之時盛德之事哉？

（元）馬端臨：《文獻通考》卷三《田賦考三》

潞王即位，以劉昫判三司，鈎考舊逋，必無可償者請蠲之。詔長興以前，户部及諸道逋租三百三十萬石咸免之。貧民大悦，三司吏怨之。

（元）馬端臨：《文獻通考》卷二七《國用考五》

末帝清泰元年四月,詔蠲放長興四年十二月已前天下所欠殘稅。

(宋)王欽若等編纂:《冊府元龜》卷四九二《邦計部》

(清泰元年)七月庚午,詔曰:"朕嘗領藩條,屢親政事,每於求理,務在恤民。況今子育萬方,君臨四海,日慎一日,思漸致於小康;雖休勿休,冀終成於大化。得不察生靈之疾苦,知稼穡之艱難,俾蠲積弊之原,庶廣惟新之澤。省三司使奏,自長興元年至四年十二月已前,諸道及戶部營田逋租三十八萬八千六百七十二端匹、束、貫、斤、量,或頻經水旱,或並值轉輸,悉至困窮,遂成逋欠,加以連年灾沴,比戶流亡,殘租空係於簿書,計數莫資於經費。蓋州縣不公之吏,鄉閭無識之夫,乘便欺官,多端隱稅。三司使患其僥幸,便欲推尋。朕憫彼蒸黎,慮成淹滯,示體物憂民之旨,徵滌瑕蕩垢之文。特議含容,且期均濟。應自長興四年已前,三京諸道及營田,委三司使各下諸州、府、縣,除已納外,並放。應有逃戶,除曾經釐革外,所有後來逃移者,委所在觀察司使、刺史,速下本部,遍令招撫歸業。除放八月後至五年八月,並得歸業。所有房親、鄰近,佃射桑田,不得輒有佔據,如自越國程,故不收認,其所徵租稅,却從清泰元年四月後,委三司重行釐革,別議施行。舉賞罰之明,條立徵催之年限,不得更欠租稅,致啓幸門。勉懷成務之勤,以副劇繁之選。有要行事件,三司畫一聞奏,仍報中書門下,不得漏落。"

(宋)王欽若等編纂:《冊府元龜》卷四九二《邦計部》

(清泰元年)十月癸未,詔河中居民屋稅,蠲除其半。丙午,又詔振武、新州、河東、西北邊,經契丹蹂踐處,放免三年兩稅差配。時契丹初退故也。

(宋)王欽若等編纂:《冊府元龜》卷四九二《邦計部》

(清泰元年)十一月乙未,蔚州言州界經契丹蹂踐處,乞蠲除差稅,從之。丁未,又詔曰"朕猥將寡昧,虔嗣宗祧,草木蟲魚,思弘於覆育；蠻夷戎狄，固切於綏懷。睠彼契丹孤我恩信，忽驅族類，擾亂邊陲，殺害生靈，窺窬保障，唯貨財是視，殘疾是行，逞虐肆凶，莫甚於此，人神之所共怒，天地之所不容。今則上將臨邊，衆軍大集，克日必成於蕩定，望風已報於奔逃。雖料彼戎兵，他日終期於葅醢；而顧予生聚，此時方抱於瘡痍。或骨肉分離，或丘園荒廢，凝旒載想，過在朕躬。將却復於阜繁，宜特行於恤隱。應振武、新州、河東、西北邊，經契丹蹂踐處百姓兩稅差配，今日後並放三年。宜令逐處長吏，分明曉諭。其人户陷蕃者，宜令設法招尋，各令歸復，稱朕意焉。"

（宋）王欽若等編纂：《册府元龜》卷四九二《邦計部》

後唐末帝清泰元年，詔禁軍鳳翔城下，歸明帑，藏無貨財，率城中士庶至於鼎釜之類，亦估給。及經雍、華、陝，率如鳳翔。士民之家，不勝其苦。至京師，三司調計，左藏金帛不過二三萬。續內外貢奉計，外少四十五萬緡。詔盧質而下，率配京城市民及舍屋計，不過六萬緡。帝怒，軍巡使下獄，命供奉官丁昭溥、史思温爲軍巡使，晝夜督促，囚繫滿獄。貧民不濟，有投井自雉者，而軍中揚颺於市。四坊民聚訴云："爾爲主征行勞苦，不羞見天子，俾我輩鞭胸打背，出賞錢，莫氣概。揚颺天眼，會有開時也。"帝聞之，不懌。是夜，李專宿於禁署，讓之曰："韓昭裔首鼠，我不責辦；卿，士人子弟，嘗言有才術。今致我至此，不能運度以濟時事，留才術何所施也？"專惶恐，待罪良久，奏曰："臣才力駑劣，屬當興運。陛下猶垂録任，無以裨益聖朝。然府藏空竭，軍賞不給，非臣之罪也。臣思先皇弃代之際，是時府庫濫賞已竭，繼以鄂王臨朝，紀綱大壞，縱有無限之財賦，不能滿驕卒谿壑之心。所以，陛下孤立岐陽而得天下。臣以爲國之存亡，不專在行賞，須刑政立於上，耻格行於下。賞當功，罰當罪，乃理道也。若陛下不改覆車之轍，以賞無賴之軍，徒困蒸民，存亡未可知也。今宜以見收財賦以給之，不必踐前言而希苟悦。"帝然之，故有是給數二十餘萬緡。

（宋）王欽若等編纂：《册府元龜》卷五一〇《邦計部》

末帝清泰元年，新州銀冶務使承珪言：“自今年正月得銀三百五十兩。自八月後，采山無銀，別尋弦道。”

（宋）王欽若等編纂：《冊府元龜》卷四九四《邦計部》

（清泰）二年七月，滄州言續逃亡户八百五十九。詔魏府於税率內蠲減，旱故也。

（宋）王欽若等編纂：《冊府元龜》卷四九二《邦計部》

（清泰二年）九月，詔蠲除許州去年殘租。

（宋）王欽若等編纂：《冊府元龜》卷四九二《邦計部》

（清泰二年）十月，詔河中居民屋租蠲除其半。

（宋）王欽若等編纂：《冊府元龜》卷四九二《邦計部》

末帝清泰三年，鎮州董温琪以旱苗不迨舊籍，欲於諸縣均攤。從之。

（宋）王欽若等編纂：《冊府元龜》卷四八八《邦計部》

周護，末帝時爲户部郎中充鹽鐵判官，大通賄賂，輒無避忌。掌計者目之，無如之何。清泰之政隳焉。

（宋）王欽若等編纂：《冊府元龜》卷五一一《邦計部》

晉高祖以後唐末帝清泰三年十一月十二日即位，制曰：“昨以寇戎久在郊境，頗傷禾稼，宜減賦租。應近京畿五十里內，委逐處令長檢覆，當與免今秋税租差科。”

（宋）王欽若等編纂：《冊府元龜》卷四九二《邦計部》

天福元年閏十一月壬午，詔曰：“昨者舉義之地，稱師之邦，必蹂踐於川原，要矜蠲於輿賦。其河東管內諸縣税租，自今年秋及來年夏税,各與减放一半。警蹕經過之地,望幸雖榮;蕃漢雜處之兵,禁暴難備。既頒渥澤,須示優矜。昨大軍兵士,自河東以至京畿,沿路蹂踐之處,宜委逐處長吏,公同檢覆,據頃畝特與蠲放今年秋税一半。"

(宋)王欽若等編纂:《册府元龜》卷四九二《邦計部》

晉高祖天福元年閏十一月,敕:"應諸道州府所徵百姓正税斛、斗、錢、帛等,除關係省司文帳外,所在州府,並不得裏私增添紐配租物。"

(宋)王欽若等編纂:《册府元龜》卷四八八《邦計部》

晉天福元年,敕:"洛京洛管内所配人户食鹽,起來年每斗放减十文。"

(元)馬端臨:《文獻通考》卷一五《征榷考二》

(天福)二年四月丁亥,詔曰:"凡關布澤,務在及民,宜加軫憫之恩,俾遂蘇舒之望。天福元年以前,諸道州府應係殘欠租税,並特除放。諸道係徵諸色人欠負省司錢物,宜令自僞清泰元年終已前所欠者,據所通納到物業外,並與除放。或水旱爲災,蟲蝗作沴,儻無軫恤,何致阜豐?朕昨行至鄭州滎陽縣界,路旁見有蟲食,及旱損桑麥處,委所司差人檢覆,量與蠲免租税。河陽管内酒户百姓,應欠天福元年閏十一月二十五日已前,不敷年額麴錢並放。其諸處應經兵火者,並與指揮。天下百姓有年八十已上者,與免一子差徭。"甲午,敕:"自僞清泰元年終已前場園官所欠係省錢物,據盡底通納到物業外,四月五日恩制,並與除放。其人任逐穩便,不計省司及外藩府,永不得録任。"

(宋)王欽若等編纂:《册府元龜》卷四九二《邦計部》

(天福二年)五月,敕:"應洛京及魏府管内所徵今年夏苗税物等,朕自臨御寰瀛,躬親庶政,静惟師古,動欲便民。雖物力方虚,每牽經費,而田疇微損,亦欲矜蠲。朕見洛京內麥苗,今春稍似旱損,尋睹魏府奏報,境內亦有微傷。須聊示於優饒,冀克諧於通濟。比欲差官就檢,又恐生事擾人。其洛京、魏府管內所有旱損夏苗縣分,特於五分中減放一分苗子,其餘四分,仍許將諸色斛斗,依倉式例與折納。所期渥澤,以及衆多。報告人戶,各令悉知。"

(宋)王欽若等編纂:《册府元龜》卷四九二《邦計部》

(天福二年)八月乙巳,赦制:"魏府管界內今年夏税,近指揮祇徵五分。今以放駐兵師,不無勞役,宜並蠲放。"

(宋)王欽若等編纂:《册府元龜》卷四九二《邦計部》

(天福)三年八月癸未,定州奏境內旱,民多流散。詔曰:"朕自臨寰宇,每念生民,務切撫綏,期於富庶。屬干戈之未戢,慮徭役之或煩,以彼中山,偶經夏旱,因兹疾苦,遂至流移。達我聽聞,深懷憫惻。應定州所奏軍前夫役逃戶,夏税並放。"已丑,戶部奏:"河南、同州、絳州等處,相次上訴,爲管界灾旱,逃却人戶。"敕:"朕奄有四方,尊爲萬乘,所務誕敷教化,普濟黎元。蓋全師致討於妖狂,而比戶未臻於富庶。仍聞關輔,偏屬旱灾,致使鄉村,多有逃竄。達我聞聽,深用憫傷。宜加矜恤之恩,俾遂歸還之計。應三處逃移人戶,下所欠累年殘税,並今年夏税差科及麥苗子、沿徵諸色錢物等,並放。其逃戶下秋苗據見檢到數,不計是元額,及出剩頃畝,並放一半。仰觀察使散行曉諭,專切招携應歸業戶人,仍指揮逐縣,切加安撫,免施惠養,副我憂勤。"

(宋)王欽若等編纂:《册府元龜》卷四九二《邦計部》

(天福三年)九月,詔:"以魏府范延光出降,其府城四面人戶三十里內,與放二年秋夏租税。三十里外,委逐縣令、佐,專切點檢。如實曾經砍伐桑柘,毀折屋宇者,分析申奏,盡與蠲放租税。"

(宋)王欽若等編纂:《册府元龜》卷四九二《邦計部》

（天福三年）十月戊戌，赦敕：“侵官潤已，爾其有誅。督責暴徵，我所不忍。應係欠省司課利、場官院等，宜依近行，宣命期限，磨勘徵督。内有送納所欠錢物得足者，其餘限愆罪特放。如有没納本人及本人家業盡抵外，尚欠錢物，更無抵當者，其所欠並與蠲放。其逐人罪犯，特從減等。其去年降宣命月日後來欠負者，不在此限。昨以水旱爲沴，什一未均，冀便蒸黎，因令檢覆。未明公法，或彰隱漏之愆；爰念小民，宜示矜寬之典。近因檢田，有隱漏合當罪犯者，並放。所有合罰令倍納租税者，特放。並令却依實頃畝輸納。貨泉所聚，徵督必行，況係省之逋懸，宜應期之供辦。但以兵戈之後，帳籍空存，已行蠲減之恩，常憂未普，再示優饒之命，式表推恩。天福元年，應經灾處州府諸色場院，因兹失陷錢等，先曾指揮，蠲一半者，今並全放。未曾經減放者，今與蠲放一半。天灾或降地分所招携老幼，以流離弃田園而蕪没，深懷惻憫，宜示招安。蒲、同、晉、絳、滑、漢、魏府、鎮、定州等人户，或經亢旱，或屬兵戈，逃移人户等，應逐户所欠今年已前諸雜税物，並特除放。宜令縣州，曉示招携。如有復業者，仍放一年秋夏税、二年諸雜差徭，爰自攻圍，每多徭役，或因兵死，尚有户存。言念傷痍，屢宜優恤。應差赴魏府城下人夫内，有傷重身死者，除已經支贈外，特放户下三年諸雜差徭。又頃因借率，猶有逋懸，方務優饒，豈宜徵督。先率借洛京舍錢，其所欠並放。又諸道州府營田户部院矜省莊等，天福元年秋夏租課錢、帛、斛、斗諸雜色物等，除已納外，應有逋懸欠，並與蠲放。”

（宋）王欽若等編纂：《册府元龜》卷四九二《邦計部》

（天福）三年十一月，晉昌軍節度使李周奏發長安縣主簿李翔賷表到闕，以境内人户群集，簡苗不得，欲只於見苗上增添。可之。

（宋）王欽若等編纂：《册府元龜》卷四八八《邦計部》

（天福）四年二月，詔曰：“朕自臨區夏，每念蒸黎。常夜思而晝行，冀時康而俗阜。其如干戈乍息，瘡痍猶多，由是疚懷，不能安席。

復又車徒甚衆,廩藏方虛,雖賦租未暇於矜蠲,而煩擾當行於禁止。俾除暴斂,式洽群心。應郡守、藩侯,不得擅加賦役。及縣邑別立監徵,所納田租,委人戶自量自概。”

（宋）王欽若等編纂:《冊府元龜》卷四八八《邦計部》

晉天福四年,敕:“應諸道節度使、刺史,不得擅加賦役及於縣邑別立監徵。所納田租,委人戶自量自概。”

（元）馬端臨:《文獻通考》卷四《田賦考四》

（天福）五年正月丁卯朔,帝受朝於崇元殿,降制曰:“朕自勉副群心,恭臨大寶,承歷代荒屯之後,屬前朝喪亂之餘,每務綏和,漸期富庶。尋以東遷梁苑,北定鄴都,國力既虛,軍資甚廣,所司以供億爲念,督責是專,嘗思凋弊之民,倍軫焦勞之意。今我事漸簡,農時欲興,將道達於休和,用頒宣於渥澤,宜蠲宿負,以惠黎元。應天福元年終已前,公私債欠,一切除放。”

（宋）王欽若等編纂:《冊府元龜》卷四九二《邦計部》

（天福）五年八月,李崧因帝顧問,遂言諸州倉糧皆於帳計之外,所剩頗多。帝曰:“多納害民,罪同枉法。其倉督等特貸其命,各宜懲斷。”

（宋）王欽若等編纂:《冊府元龜》卷五七《帝王部》

（天福）七年二月癸酉,詔曰:“朕自臨天下,每念民間。御一衣思蠶績之勞,對一食想耕耘之苦。而況職官俸禄、師旅資糧,凡所瞻供,悉因黔庶,得不救其疾苦,憫彼災傷?徵宿久慮流離者不歸,均殘租恐貧饑者漸困。今春膏雨繼降,農作方興,宜示渥恩,俾蘇疲瘵。天福二年至四年夏秋租稅,一切除放。”

（宋）王欽若等編纂:《冊府元龜》卷四九二《邦計部》

少帝以天福七年七月即位,赦制:"蟲蝗作沴,苗稼重傷,特示矜蠲,俾令蘇息。應諸道州府,經蝗蟲傷食苗稼者,並據所損頃畝,與蠲放賦稅。"

(宋)王欽若等編纂:《册府元龜》卷四九二《邦計部》

(天福七年)八月己亥,車駕幸鄴。壬寅,制曰:"歲因灾沴,民用艱辛,久係逋懸,宜示蠲免。應欠天福五年終已前夏秋租稅,並沿徵諸物及營田租課,並與除放。應沿路有傍道稍損却田苗處,其合納苗子及沿徵錢物等,據畝數並與除放。主掌曠敗,錢物逋懸,宜示矜容,聊加蠲免。應天福三年終已前諸色場院官欠負官中錢物人等,累經徵理通勘,實無錢物家業者,並與除放,其人免罪,任從逐便,不得再任。使無黨無遍,徇至公之道,去泰去甚,誠求利之心。私下債負徵利,已及一陪者,並與除放。如是主持者不在此限。邊陲管界蕃部經由,言念疲羸,良深軫恤。欣、代、蔚、并、鎮州管限内,有經蕃部踐踏却苗稼者,其合納苗子。沿徵錢物等,據頃畝與除放。其經燒爇屋舍、殺傷人命者,據户下合徵苗稅,並與除放。"

(宋)王欽若等編纂:《册府元龜》卷四九二《邦計部》

(天福七年)八月,詔曰:"叛逆之臣,必行於討伐;凋傷之俗,宜示於撫綏。一昨逆賊安從進,不戒滿盈,輒謀違背,占據城壘,虐害人民。元凶已就於嚴誅,比屋宜加於霈澤。俾令蘇息,用示軫傷。應在城人户,除已行賑貸外,特放今年秋、來年夏城内物業上租稅。其城外下營寨處,或有砍伐却桑柘,及毀折却屋舍處,特與除放。今年、來年二月,合係租稅,其管内諸縣人户等,被安從進數年誅剥,多是貧寒,應天福七年夏稅已前諸色殘欠,及沿徵錢物,並公私債負等,並與除放。"

(宋)王欽若等編纂:《册府元龜》卷四九二《邦計部》

(天福七年)九月,又詔襄州城内人户,今年秋、來年夏屋稅,其城外下營處，與放二年租稅。應被安從進脅從者，一切不問。

　　（宋）王欽若等編纂：《冊府元龜》卷四九二《邦計部》

　　（天福）七年十一月，禮部郎中李爲光上封事，爲諸州府倉場，逐年所納百姓秋、夏租，加耗頗多，乞行條理，庶得遠近舒蘇。敕曰：“朕自居藩邸，每務躬親。稟先帝之聖謨，見萬方之庶政。泊登宸極，思致時康。屬蝗旱爲災，耕桑失業，顧惟寡昧，深軫焦勞。舉一食思稼穡之艱難，行一事期黎民之蘇息，爲光清朝名士，朱邸舊僚，深窮蠹政之源，備得養民之本。況藩侯郡牧，察俗觀風，必能副冲人委仗之心，駐疲俗逋逃之足。明行條制，俾絶侵漁。使稅額無虧，戶口獲濟，斯爲急務，要在頒行，便可散下諸州，嚴誡主者，盡令遵守，無致因循，遍繫惠養之功，共致昇平之運。仍付所司。”

　　（宋）王欽若等編纂：《冊府元龜》卷四八八《邦計部》

　　（天福七年）十一月，宣所司廣晉州至洛京沿路，應靈駕經過處州縣，分蝗蟲食外，秋稅已納外，放一半。

　　（宋）王欽若等編纂：《冊府元龜》卷四九二《邦計部》

　　七年（天福七年），宣旨下三司：“應有往來鹽貨悉稅之，過稅每斤七文，住稅每斤十文。其諸道應係有保屬州府鹽務，並令省司差人勾當。”

　　先是，諸州府除俵散蠶鹽徵錢外，每年末鹽界分場務，約糶錢一十七萬貫有餘。言事者稱，雖得此錢，百姓多犯鹽法，請將上件食鹽錢，於諸道州府計戶，每戶一貫至二百，爲五等配之，然後任人逐便興販，既不虧官，又益百姓。朝廷行之，諸處場務且仍舊。俄而鹽貨頓賤，去出鹽遠處州縣，每斤不過二十文，近處不過一十文，掌事者又難驟改其法，奏請重置稅焉，蓋欲絶興販，歸利於官。場院糶鹽雖多，人戶鹽錢又不放免，民甚苦之。

　　按：當時，江南亦配鹽於民而徵米，在後鹽不給而徵米如故，其弊歷三百年而未除。宇縣分割，國自爲政，而苛斂如出一轍，異哉！

（元）馬端臨：《文獻通考》卷一五《征榷考二》

（天福）八年二月，河中府奏逃户七千七百五十九。敕諸州應欠天福七年夏税，並與除放。秋放一半，其餘一半，候到蠶麥納。逃户與放一半差徭，却令歸業。是歲，天下饑。河南穀價暴加，人多饑殍，故有此除放。

（宋）王欽若等編纂：《册府元龜》卷四九二《邦計部》

（天福八年）十月，遣殿直四人賷詔，敕西道示諭，除放是歲殘欠税物。

（宋）王欽若等編纂：《册府元龜》卷四九二《邦計部》

開運元年七月辛未，詔魏博、貝、冀、滄、景、德等州經敵騎剽攘者，放今年秋税。其餘經過之地，亦量與矜蠲。

（宋）王欽若等編纂：《册府元龜》卷四九二《邦計部》

晉少帝開運元年八月，敕夏秋徵科爲帳籍，一季一奏。

（宋）王欽若等編纂：《册府元龜》卷四八六《邦計部》

（開運元年）閏十二月，詔以平青州楊光遠，應王師攻討逆賊下寨之處，所有田苗、桑棗，應遭蹂踐砍伐，宜令官吏子細通檢，除今年欠苗外，來年夏税，並與權放一半。其青州三十里内，更免今年秋夏殘租。應青州管内，及郓、齊、棣、兗、沂、密等州諸道人户，自討伐以來，科配頻並。其今年夏麥殘欠，並沿徵錢物，並與除放。其城内屋税，特放一年。應洞子頭及城下夫役，有遭矢石致死者，宜令逐處長吏，子細勘會，與放二年徭役。

（宋）王欽若等編纂：《册府元龜》卷四九二《邦計部》

（開運）二年五月丙申朔，詔曰："自今年契丹犯境以來，有人户實經殘殺者，其夏稅十分，已令減放二分。苗子並沿徵錢物，今更特減一分。其正稅錢物，亦與十分内減放二分。場院積弊，官吏承寬，致課額之逋懸，勞朝廷之徵督，久淹刑獄，深軫予懷，爰示優容，俾令除放。其安邑、解縣兩池，前榷鹽使王居敏、王景遇界分見禁般鹽欠折，軍將兩界逋懸，累年禁繫。宜令三司各詳逐人所欠，如有家業錢物填納者，可與盡底據數納官，餘欠並放。如有欠負錢物内，今無家業錢物填納者，所欠特放。河中府、雍、同、華、陝、虢等州管界内人户，有欠王居敏、王景遇般鹽脚價者，並特放。"

（宋）王欽若等編纂：《册府元龜》卷四九二《邦計部》

（開運）三年九月，宣開封府霖雨不止，宜令放京城内外人户一月房錢。

（宋）王欽若等編纂：《册府元龜》卷四九二《邦計部》

漢高祖以晉天福十二年五月，自晉陽趨東京，至趙城洪洞，百姓以駱從朗不順，皆藏匿山谷，所在灰燼，有遺堵焉。及帝還京，咸相絜來詣行輿，叫萬歲者響震川陸。帝哀之，咸與蠲其租調。至開運四年二月，即位於晉陽。六月，詔應天福十一年已前，諸州府應係殘欠租稅，並特除放。又曰："東、西兩京一百里内，今年夏稅及沿徵諸色，並與蠲放。其一百里外，曾有契丹蹂踐處，其今年夏租大、小麥苗子、沿徵諸色，各放一半。其京城内今年屋稅，與減放一半。"

（宋）王欽若等編纂：《册府元龜》卷四九二《邦計部》

吕咸休爲給事中，乾祐元年上言："臣見前朝，閩、浙入貢物色，下船之後，官差脚乘，搬送到京。臣悉諳，知害民尤甚。比來貢奉，自是勤王，差擾貧民，貢之何益？以臣管見，凡此數處貢物，並令自出脚乘，不困貧民，於理無爽。"

（宋）王欽若等編纂：《册府元龜》卷四七六《臺省部》

乾祐元年正月乙卯,詔鄴城四面人户三十里內,所有天福十二年稅賦,並沿徵一物已上,並可特放。

(宋)王欽若等編纂:《册府元龜》卷四九二《邦計部》

隱帝以其年二月辛巳即位,己巳詔:"應天福十二年終已前,殘欠糧夏稅賦,及和糴沿徵一物已上,今並令特放。所有開封府、滑、曹、鄆、宋、亳、鄆、潁、徐、宿、兗、沂、密、孟、鄭、懷、衛、復、濮等州,並鄴城四面三十里內共二十處,除已放去年殘稅外,其今年麥苗子,於舊額上特與放一半。頃經戎虜,所在經搔,至於場院課、城州府官係,既有陷失,宜示矜蠲。應州府縣鎮,遭契丹草寇及軍都更變驚却,兼有般送綱運,已離本處,沿路遭劫,奪諸色錦帛一物已上,兼天福十二年六月終已前諸州府鹽、麴、商稅、鐵冶不敷課利,及主持錢物、糧草、柴蒿敗闕欠折等,一切特與除放。諸道州府有去年六月終已前全放。支却將士春冬衣賜,及諸色請受,自來累行徵納者,並與檢驗除放。天福十二年六月終已前,諸處收刈到茭草,積年損壞,及欠少處,並令除放。"

(宋)王欽若等編纂:《册府元龜》卷四九二《邦計部》

(乾祐)二年二月,敕:"先以兵甲至多,糧儲不給,權放苗畝之上,遂有紐配之煩。雖年歲之豐登,諒黎民之艱窘,固非獲已,深用軫懷。今則雨雪及時,陽春布澤,宜順發生之令,特覃優恤之恩,冀閭里之安居,俾農桑之樂業。應三京、鄴都、諸道州府所徵乾祐元年夏秋苗稅,及紐徵白米、稈草,據今年二月一日已前已納外,見係欠數,並宜特放。布告遐邇,體朕意焉。"

(宋)王欽若等編纂:《册府元龜》卷四九二《邦計部》

漢李欽明爲司勛員外郎,乾祐二年冬上言:"伏見天下户民,大半家貧産薄,征賦之外,差配尤繁。豈宜寒耕熱耨之人,供游手惰農之輩?臣近以簡苗外縣,遍歷鄉村,緇侶聚居,精舍輝赫,每縣不下二十餘處。求化齋糧，不勝飽飫，寺家耕種，又免征税。臣竊知淮南不度僧尼，不滋醫卜，已六十年矣，兼不許外求者入境，此貴留蠹耗，幸我國困民窮。古語云：一夫不耕，一婦不織，必有受飢寒者。即自聖化之内，且約十萬僧尼，每人日米一升，十萬日費一千石。以日繫月，其數可知。每人春冬服裝，除綾羅紗縠外，一僧歲中須絹五匹，綿五十兩。十萬僧計絹匹五十萬，綿兩五百萬。此輩不耕不農，皆出於蠶織。無裨至化，實斁大猷。臣以爲聚僧不如聚兵，僧富不如民富。昔秦皇帝并吞六國，虎視天下，以兵多民富故也，僧何預焉？《經》曰：聖人在上，國無幸民。民之多幸，國之不幸。臣嘗三復此言，爲之扼腕。”

（宋）王欽若等編纂：《册府元龜》卷五四七《諫諍部》

漢隱帝時，三司使王章聚斂刻急。舊制，田税每斛更輸二斗，謂之“雀鼠耗”，章始令更輸二斗，謂之“省耗”。舊錢出入皆以八十爲陌，章始令入者八十，出者七十七，謂之“省陌”。

致堂胡氏曰：“百姓輸税足，雀鼠耗蠹倉廩，乃有司之責，而亦使百姓償之，斂税重矣。然稱之曰‘雀鼠耗’，尚爲有名，章乃使十倍而償。十、百、千、萬，有定數矣。以八十爲百，既非定數，然出入皆然，尚爲均一，章乃於出者特收其三。省耗不已，於是有一斛之税，又取其三斛者。省陌不已，於是有一千之省，又取其頭子者。故曰作法於貪，敝將若何！章以此佐國用於一時，信號爲能臣，然國所以興而遂亡，身所以貴而遂殺者，乃自於此。故言利之臣，自以謂時之不可少我，而不知人之不多我也，可不戒哉！”

（元）馬端臨：《文獻通考》卷四《田賦考四》

漢少帝時，王章爲檢校太尉同平章事，判三司。專於權利，剥下過當，歙怨歸上，物論非之。舊制，秋夏苗租，民輸一斛，別輸二升，謂之雀鼠耗。乾祐中，輸一斛者，別令輸二斗，目之爲雀耗，百姓苦之。又官庫出納緡錢，皆以八十爲陌。至是，民輸者如舊官給者，以七十七陌田。民有訴田者，雖無數十口，章必命全州覆視。幸其廣有苗額，以增邦賦。曾未數年，民力大困。章與楊邠不喜儒士，郡官所請月俸，皆取不堪資軍者給之，謂之閒雜。命物所司高估其價，估定更添，謂之擡估。章亦不滿其意，隨事更令添估。章急於財賦，峻於刑法。民有犯鹽麴之令，雖絲毫滴瀝，盡處極刑。吏緣爲奸，民不堪命。

（宋）王欽若等編纂：《冊府元龜》卷五一〇《邦計部》

周太祖廣順元年正月即位，制："晉、漢以來，兵革屢動，賦役煩並，黎庶瘡痍。鰥寡孤煢，不能自濟。爲人父母，曾不憫傷？應天下州縣所欠乾祐元年、二年已前夏秋殘稅，及沿徵物色，並三年夏稅、諸色殘欠，並與除放。所有澶州已來大軍經過之時，沿路人户，恐有蹂踐，其官路兩邊共二十里，並乾祐三年殘欠秋稅，並放。應河北緣邊州縣，自去年九月後來，曾經契丹蹂踐處，其人户應欠乾祐三年終已前積年殘欠諸色稅物，並與除放。"

（宋）王欽若等編纂：《冊府元龜》卷四九二《邦計部》

（廣順元年）四月乙亥，徐州言彭城縣訴收城時，兵士踏踐麥苗，乞聊減稅。從之。

（宋）王欽若等編纂：《冊府元龜》卷四九二《邦計部》

周太祖廣順元年七月，敕："秋、夏徵賦，素有常規，苟或催督及時，官吏奉法，自然辦及，不至愆期。前後所行條流，頗甚苛細，殊虧大體，且類空言。宜有改更，以示懲勸。起今後，秋、夏徵賦，省限滿後，十分係欠三分者，縣令、主簿罰一百直，勒停；録事、參軍、本曹官，罰七十直；殿兩選孔目官，罰七十直、降職次；本孔目勾押官典決，停本判官，罰七十直。若係欠三分已上，奏取進止；係欠三分已下者，等第科斷殿罰。其州縣徵科，節級所由，委本州重行決責。其本判官、録事、參軍、本曹官、孔目、勾押官，典取一州，都徵上比較，縣令、主簿，即本縣都徵上比較，分數州縣官吏等各處員僚，司分寄任，所徵賦稅,乃是職司,苟或慢公,何以食禄?將勸能吏,仍立賞科。應諸州縣令録佐官在任徵科,依省限了絶者,至參選日,若是四選已上者,減一選;若不及四選者,則與轉官。其已前所行賞罰條流,一切不行。"

(宋)王欽若等編纂:《册府元龜》卷四八八《邦計部》

(廣順)二年二月,宣徽院言:"洛京留司奏莊宅等六司夏秋稅額、頃畝、地土、園林、亭殿、房室、水磑、什物係籍者,莊宅司諸巡元額,定夏秋稅,定是百姓係稅户千三百五十七;内侍省諸巡户四百六十三;宮苑司三巡户二百九十七;内園兩巡户三百二十七,並屬諸縣界。廣德宮並苑昇平宮等,敕莊宅司、内侍省、宮苑司、内園等四司所管諸巡係稅人户,宜據逐縣界分割,並還本縣管屬,依例賦稅。巡司所置節級,所由名目,並停廢。其諸司所有行從、諸莊及園林、亭殿、房舍、什物、課利等,仍令逐司依舊收管。廣德、昇平二宮並廢宮額,隸莊宅司管係。"

(宋)王欽若等編纂:《册府元龜》卷四八八《邦計部》

(廣順二年)五月,平兗州。詔曰:"賊據一城,民殘四境,或徹毁其墙屋,或蹂躪其田疇。既於徵取供軍,點集役應,並宜矜恤,俾漸蘇舒。應兗州城内所徵今年屋租,及鹽食鹽錢、諸色雜物稅,並與除放。城外官軍下寨處,四面去州城五里内,所徵今年夏秋苗子、鹽食鹽錢,並諸雜沿徵錢物,並與除放。五里外、十里内,除放今年夏苗子,三分中減放一分。諸州差到人夫,内有遭矢石身死者,宜令逐州縣分折姓名聞奏,放户下三年諸雜差遣。"

(宋)王欽若等編纂:《册府元龜》卷四九二《邦計部》

(廣順)二年五月,敕榜宋州,曉諭管内諸縣民等,省節度使嘗思所進絲四萬一千四百七十兩,言出放在民,例以五月内徵納,其絲並還,元契除放。如已納到者,委巡檢使柴進據使追户責領歸。榜到速告報知委。

（宋）王欽若等編纂：《册府元龜》卷一六〇《帝王部》

（廣順二年）十一月敕：“累朝已來，用兵不息。至於繕治甲冑，未免配斂生靈，取乃民資，助成軍器。就中皮革，尤峻科刑，稍犯嚴條，皆抵極典。鄉縣以之生事，奸滑得以侵漁。宜立新規，用革前弊，應天下所納牛皮，今將逐年所納數三分内減放二分，其一分於人户苗畝上配定，每秋夏苗共十頃，納連角牛皮一張；其黄牛納乾筋四兩、水牛半斤，犢子不在納限。其皮人户自詣本州送納，所司不得邀難。所有牛、馬、騾、皮、筋、角，今後官中，更不禁斷，並許私家供使。買賣只不得將出化外敵境，仍仰關津界首，仔細覺察，捕捉所犯人，必加深罪。其州縣先置巡簡牛皮節級及朝廷先降條法，一切停廢。其合分擘納黄牛、水牛皮、筋處，其間有未盡事件，委所司取便處分，庶免編民犯禁，且使人户資家。既便公私，用除苛弊。”

（宋）王欽若等編纂：《册府元龜》卷四八八《邦計部》

周廣順二年（952），敕：“約每歲民閑所收牛皮，三分減二，計田十頃，稅取一皮，餘聽民自用及買賣，惟禁賣於鄰國。”先是，兵興以來，禁民私賣牛皮，悉令輸國受直。唐明宗之世，有司止償以鹽。晉天福中，并鹽不給。漢法，犯牛皮一寸抵死。然民間日用，實不可無，帝素知其弊，至是，李穀建議均於田畝，公私便之。

（元）馬端臨：《文獻通考》卷四《田賦考四》

（廣順）三年正月敕：“青州在城及諸縣、鎮、鄉村人户等，朕臨御已來，安民是切，務除疾苦，俾逐蘇舒。據知州閤門使張凝近奏，陳八事於人不便，積久相承，宜降指揮，並從改正。其一：屬州營田後槽兩務所管課利、斛、斗、錢、物、人户、牛具、屯官等，宜並割屬州縣官，舊額稅課，其務及職員並廢。其課額内，有紅花、紫草、菜、澱、麻等，據時估納錢，折絲絹。亦不得其係官桑土、牛具、什物並賜見佃人，爲永業。其城郭内宅舍、房店,奏取進止。其秋夏納稅匹段,不成端匹者,許人户合端匹,不得以零尺納錢,其匹並須本色,不得邀納價錢,改換色目。如省司品配,不在此限。其二:省司元納夏秋稅匹段,每匹納十錢,每貫七錢,絲綿細綾,每十兩納耗半兩,糧食每石耗一斗八錢,蒿草每十束耗一束,錢五分,鞋每兩一錢,此外别無配率。今後青州所管州縣,並依省司則例供輸,如違罪無輕恕。其三:劉銖在任時,於苗畝上每畝徵車脚錢,每頃配柴炭,今後並止絶。其四:州司每年配和買秆草及苫營草,今後並止絶。如有關三司指揮及五所徵食鹽錢,每貫别納脚錢,今後止絶。其六:别徵進奏院糧課錢及遞鋪錢鞋,分配縣鎮,今後並止絶,要即於州司公用錢内支遣。其七:州司配徵唊馬藥及泛配藥,又縣鎮科配石炭、紅花、紫草,今後並止絶,不得配率。又州司於夏苗上配納麥麪,今後據州合用多少,量於近縣配納,不得遍據諸縣。其八:舊例州縣供納夏秋租稅皆畢,頃追人吏到州勘會,此後止絶。稅無欠少,不得追集縣吏。已前事件,已降宣命處分。其屬郡淄、登、萊等州,如有前項舊弊,亦依青州例施行。”

(宋)王欽若等編纂:《册府元龜》卷四八八《邦計部》

(廣順)三年正月乙亥,敕放都下浮客食鹽錢。戊戌,詔諸道州府先納人户軍器物,並放。

(宋)王欽若等編纂:《册府元龜》卷四九二《邦計部》

(廣順三年正月)是月,昭義言諸縣欠去年秋稅,乞折納錢絹。從之。

(宋)王欽若等編纂:《册府元龜》卷四八八《邦計部》

(廣順三年)五月,滄州言營田務户,納去年空地苗稅不迨,乞除放。從之。

(宋)王欽若等編纂:《册府元龜》卷四九二《邦計部》

（廣順四年）十一月，敕：“近降命京兆、鳳翔、同、華、邠、延、涇、鄜、耀等州管内縣鎮，各守職分。州縣徵稅賦，治婚田詞訟，巡鎮賊盜追捕，非不丁寧。宜令三司使依前敕更嚴切指揮，各守職分，不得侵越。諸州各行訖聞奏。”

（宋）王欽若等編纂：《册府元龜》卷六六《帝王部》

世宗顯德元年正月，帝南郊，禮畢，詔曰：“諸州府廣順二年已前逋欠稅、沿徵錢，並放。其二年終已前，主持省錢及主倉庫敗闕者，據納家業外無抵當者，並釋放。”

（宋）王欽若等編纂：《册府元龜》卷四九二《邦計部》

（顯德元年）三月，詔曰：“兩京及諸道州府人户，所欠去年秋、夏稅租，其沿徵物色，並與除放。”

（宋）王欽若等編纂：《册府元龜》卷四九二《邦計部》

（顯德元年）四月，世宗攻河東。庚午，於潞州詔曰：“當州諸縣及澤州數縣，昨經賊軍傷踐處人户，所徵今年夏稅斛、斗、錢、帛，三分與放一分。内有村坊元不遭軍寇傷踐者，不在蠲放之限。”

（宋）王欽若等編纂：《册府元龜》卷四九二《邦計部》

（顯德元年）十月癸亥，帝謂侍臣曰：“昨諸道户民，有詣闕訴水灾者，因遣使按之，令睹奏報，有此舊額出剩者，今歲豐熟，必可輸納。或他時小有不稔，便因編氓所檢出頃畝，宜令三司補舊額外，與減一半。”

（宋）王欽若等編纂：《册府元龜》卷四九二《邦計部》

（顯德）二年正月，帝謂侍臣曰：“近觀三司累奏，以漕運綱官拌和官物處極刑者數人。朕聞轉漕之物，向未例給斗耗，自晉漢以來，不與支破。且倉廩所納常賦，皆是新物，尚破省耗，況水路所般，豈無

耗折？忍令犯者銜冤處死？起今後每石與耗一斗。苟有所犯，人必
甘心。"

（宋）王欽若等編纂：《册府元龜》卷五七《帝王部》

周陶文舉爲起居郎。世宗顯德二年五月，齊州臨邑縣民田失額，
命刑部員外郎陳渥按之，尚有隱漏，復命文舉檢之。文舉，酷吏也，竭
澤而取之。是歲冬十月，文舉復奉命徵殘租於宋州，宋人被其刑者凡
數千，冤號之聲聞於道路。有一媪，所欠殘租十錢而已，聞文舉法峻，
即日納之。執其公文呈於文舉，文舉怒曰："爾何不早納之，而勞我此
來也。"亦撻之。時有悼耄之輩，不勝其刑而死者數人。其後數月，文
舉因隨駕南征，尋遇疾而卒。時人以爲陰責之事有徵矣。

（宋）王欽若等編纂：《册府元龜》卷九四一《總録部》

顯德二年，敕："應自前及今後有逃户莊田，許人請射承佃，供納
租税。如三周年内本户來歸業者，其桑土不以荒熟，並莊園交還一
半；五周年後歸業者，三分交還一分；其承佃户自出力蓋造到屋舍，及
栽種樹木園圃，並不在交還之限。如五周年後歸業者，莊田除本户墳
塋外，不在交付，如有荒廢桑土，承佃户自來無力佃蒔，祇仰交割與歸
業户佃蒔。其近北諸州陷番人户來歸業者：五周年内，三分交還二
分；十周年内，還一半；十五周年内，三分還一分；此外不在交還之限。
應有冒佃逃户物業不納租税者，其本户歸業之時，不計年限，並許
總認。"

洪氏《容齋隨筆》曰："國朝當五季衰亂之後，隨宜損益，然一時
設施，固亦有可采取。"今觀周世宗顯德二年射佃逃田詔敕，其旨明
白，人人可曉，非若今之令式文書盈几閣，爲猾吏舞文之具，故有捨去
物業三五十年，妄人詐稱逃户子孫，以錢買吏而奪見佃者，爲可嘆也。

（元）馬端臨：《文獻通考》卷四《田賦考四》

世宗顯德三年十月，敕曰："齊州管内，元於秋苗上俵配鹽、鹽，謂

之察頭鹽,每一石徵錢三千文。苗畝雖減於舊時,鹽數不侈於往日。且聞黎庶頗亦艱辛,其滄、棣、濱、淄、青五州管内,所請蠶、鹽,每一石徵絹一匹。地里相接,苦樂頓殊。輸輕者量與增添,賦重者時宜蠲減。庶無偏黨,用示均平。其齊州所納鹽價錢,特與減放一半,只徵一千五百文。其滄、棣、濱、淄、青等州,每鹽一石,舊徵絹一匹,起來年後加一匹。”

(宋)王欽若等編纂:《册府元龜》卷四八八《邦計部》

(顯德三年十月)是月,宣三司指揮諸道州府,今後夏稅以六月一日起徵;秋稅以十月一日起徵,永爲定制。

(宋)王欽若等編纂:《册府元龜》卷四八八《邦計部》

三年(顯德三年),宣三司指揮諸道州府,今後夏稅以六月一日起徵,秋稅至十月一日起徵,永爲定例。又敕:“舊制,織造絁、紬、絹、布、綾、羅、錦、綺、紗、縠等,幅闊二尺。起來年後,並須及二尺五分,不得夾帶粉藥。宜令諸道州府,來年所納官絹,每匹須及十二兩;其絁、紬只要夾密停勻,不定斤兩;其納官紬、絹,依舊長四十二尺。”

洪氏《容齋隨筆》曰:“今之稅絹,尺度長短闊狹、斤兩輕重,頗本於此。”

(元)馬端臨:《文獻通考》卷四《田賦考四》

(顯德)四年正月,詔曰:“諸道州府應欠顯德三年終已前秋夏稅物,並與除放。諸處敗闕場院人員,自來累行徵督,尚有逋欠,實無抵當者,宜令三司具欠分析數目聞奏,别候指揮。”

(宋)王欽若等編纂:《册府元龜》卷四九二《邦計部》

(顯德四年)三月,壽州降。庚戌詔:“壽州管内去城五十里内,與放今年及明年秋夏稅租。”

(宋)王欽若等編纂:《册府元龜》卷四九二《邦計部》

（顯德）五年正月，克復淮南，詔免濠、泗、楚、海、楊、康、滁、和等州管内罪人，及蠲其殘稅、轉徵科率之物。先是，州人於兩稅外，以茗茶及鹽抑配户民，令輸縑帛稻米以充其直，謂之轉徵。又歲率羊彘薪炭之類，人甚苦之。帝以克復之始，悉命除放，民情悦甚，允蘇之望。

（宋）王欽若等編纂：《册府元龜》卷一六〇《帝王部》

（顯德）五年十月，命左散騎常侍艾穎等三十四人使於諸州，簡定民租。

（宋）王欽若等編纂：《册府元龜》卷四八八《邦計部》

周世宗顯德五年十一月，諸道定稅使臣奉辭。帝臨軒諭之曰："夫國以民爲本，本立則國家安。朕以近代已來，賦租不等，貧者抱虛而無告，富者廣植以不言。州縣以舊額爲規，官吏以相承爲準，須行均定，用致蘇舒。卿等宜正身莅事，副朕兹意。仍與逐處長吏和順商榷，但務從長，共集其事，無使朕之赤子枉罹於峻法也。"

（宋）王欽若等編纂：《册府元龜》卷一五八《帝王部》

顯德五年，賜諸道均田詔，曰："朕以干戈既弭，寰海漸寧，言念地征，罕臻藝極，須議並行均定，所冀求適輕重。卿受任方隅，深窮治本，必能副寡昧平分之意，察鄉間致弊之源，明示條章，用分寄任。佇聆集事，允屬惟公。"乃命左散騎常侍艾穎等三十四人使諸州檢定民租。

先時，上因覽元稹《長慶集》，見在同州時所上《均田表》，因令製素成圖，直考其事，以便觀覽，遍賜諸道，議均定民租。至是，乃詔行之。

（元）馬端臨：《文獻通考》卷四《田賦考四》

後周顯德五年，敕諸道州府，應有商賈興販牛畜者，不計黄牛、水牛，凡經過處並不得抽稅；如是貨賣處，仰據賣價每一千抽稅錢三十，不得別有邀難。

按：鬻賣而有稅，理也。經過而有稅，非理也。觀此，則其來已久，而牛畜之外，餘物俱有過稅，商旅安得願出其塗乎？

（元）馬端臨：《文獻通考》卷一四《征榷考一》

（顯德）六年二月丁亥，開封府上言："舊額下稅苗一十萬二千餘頃，今檢到羨苗四萬二千餘頃，奉敕放三萬八千頃。"是時，諸州檢苗使，率以所檢到羨苗上奏。帝皆命減放，其分數大約如是。

（宋）王欽若等編纂：《册府元龜》卷四九二《邦計部》

元符三年十月二十八日，崇儀使林豫奏：伏見周初榷河北鹽，犯者輒死，猶不能禁。世宗幸河北，父老遮道泣訴，乞以鹽課均之兩稅。世宗定從其請，今兩稅鹽錢是也。

（清）徐松輯：《宋會要輯稿》食貨二四之三三

先是，周顯德二年敕，犯礬不計多少，並知情人悉處死。

（清）徐松輯：《宋會要輯稿》食貨三四之一

（太平興國）八年正月，宋州言："宋城縣民，自周顯德元年，所給義倉斛斗已經二十餘年，見今督納，民實不逮，率多逃移。欲望與限，至夏秋熟日送納。"詔並除之。

（清）徐松輯：《宋會要輯稿》食貨五三之一九

先是，判三司户部勾院王琪言："……竊以義倉之建，始隋開皇年中，終文皇一朝，得免饑饉之患。唐太宗曰：'即爲百姓預作儲貯，官爲舉掌以備凶年，非朕所須橫生賦斂，利人之事，深是可嘉。'於是自王公以下，墾田畝稅二開。逮天寶中，天下義倉共六千三百八十七萬餘石。長慶、大中以來，約束既嚴，貸借不乏。至於五代之末，天下分裂，中原所有州郡無幾，加之以戰伐，因之以饑饉，征役無已，賦斂不勝,義倉不得不廢矣。”

(清)徐松輯:《宋會要輯稿》食貨六二之二〇

乾德三年正月,詔:西川城内民户食鹽,僞蜀估定每斤百六十足陌,自今減六十文,諸州取逐處價減三分之一。

(清)徐松輯:《宋會要輯稿》食貨二三之一八

景德四年七月,權三司使丁謂言:“……竊以版圖之役,生齒畢登,所以一租庸,辨衆寡。前朝丁黄之數,悉載縑緗,五代已來,舊章多廢,兆國家幅員萬里,阜成兆民,惟國史之闕書,由有司之曠職。”

(清)徐松輯:《宋會要輯稿》食貨六九之七八

(太平興國)八年正月,宋州言:“宋城縣民自周顯德元年所給義倉斛斗,已經二十餘年,見今督納,民寔不逮,率多逃移,欲望與限,至夏秋熟日送納。”詔並除之。

(清)徐松輯:《宋會要輯稿》食貨六二之一八

吴徐知誥爲淮南帥,以宋齊邱爲謀主。先是,吴有丁口錢,又計畝輸錢,民甚病之。齊邱以爲錢非耕桑所得,使民輸錢,是教之弃本逐末也,請蠲丁口錢,自餘税悉收穀帛,紬絹匹直千錢者,税三十。知誥從之,由是曠土盡辟,國以富强。

容齋洪氏《隨筆》曰:“自用兵以來,民間以見錢紐納税直,既爲不堪,然於其中所謂和買折帛,尤爲名不正而斂最重。偶閲大中祥符間太常博士許載著《吴唐拾遺録》,所載多諸書未有者,其《勸農桑》一篇正云:吴順義年中(924),差官興販簿,定租税,厥田上上者,每一頃税錢二貫一百文,中田一頃税錢一貫八百,下田一頃千五百,皆足陌見錢,如見錢不足,許依市價折以金銀。並計丁口課調,亦科錢。宋齊邱時爲員外郎,上策乞虛擡時價,而折紬、絹、綿本色,曰:‘江淮之地,唐季以來戰争之所,今兵革乍息,黎甿始安,而必率以見錢,折

以金銀，此非民耕鑿可得也。必興販以求之，是爲教民弃本逐末耳。'
是時絹每匹市價五百文，紬六百文，綿每兩十五文，齊邱請絹每匹擡
爲一貫七百，紬爲二貫四百，綿爲四十文，皆足錢，丁口課調，亦請蠲
除。朝議喧然沮之，謂虧損官錢，萬數不少。齊邱致書於徐知誥曰：
'明公總百官，理大國，督民見錢與金銀，求國富庶，所謂擁彗救火，撓
水求清，欲火滅水清可得乎?'知誥得書，曰：'此勸農上策也。'即行
之。自是不十年間，野無閒田，桑無隙地。自吳變唐，自唐歸宋，民到
於今受其賜，齊邱之事美矣。徐知誥亟聽而行之，可謂賢輔相，而《九
國志・齊邱傳》中略不書，《資治通鑒》亦佚此事。今之君子爲國，唯
知浚民以益利，豈不有靦於偏閏之臣乎！"

（元）馬端臨：《文獻通考》卷三《田賦考三》

　　吳徐知誥用歙人汪臺符之策，括定田賦，每正苗一斛，別輸三斗，
官授鹽二斤，謂之"鹽米"。入倉則有"蔍米"。

　　吳氏《能改齋漫錄》曰："今所在輸秋苗，一斛之外，則別納'鹽
米'三斗，亦始於《五代史》南唐耳。《江南野史》：李先主世括定田
產，自正斛上別輸三斗，於官廩受鹽二斤，謂之'鹽米'，百姓便之。及
周世宗克淮南，鹽貨遂艱，官無可支，至今輸之，猶有定制，此事與太
宗朝和買絹無異。"

（元）馬端臨：《文獻通考》卷四《田賦考四》

　　右鹽、蔍米爲南唐橫賦，藝祖平南唐，首命樊知古將漕江南，訪求
民瘼，而樊非其人，訖不能建明蠲除。繼而運使陳靖言之於祥符間，
提舉劉誼言之於元豐間，蓋南唐正賦之外，所取不一，宋因之……蓋
自晉天福時創例，至是凡三百一十四年而始除云。據吳虎臣《能改齋漫
錄》稱，今所在有之。虎臣此書，作於紹興間，則知南渡後此賦之未減者，非獨饒
州而已。而洪、魏二公則謂獨饒有此，當考。此宋咸淳年間事，《通考》所
載，本不及咸淳，但欲見此項蠲除之難，故述其本末，附創法之後。

（元）馬端臨：《文獻通考》卷四《田賦考四》

雨懼抽税不入城

金陵建國之初，軍儲未實，關市之利苛，悉農桑商賈。時亢旱日久，上曰：“近京皆報雨足，獨京城不雨，何也？”申漸高對曰：“雨懼抽税，不敢入城。”上即下詔，停額外税，俄雨沾足。故知優旃漆城，那律瓦衣，不爲虛矣。

（宋）曾慥：《類説》卷二一《南唐近事》

吳越王錢弘佐年十四即位，問倉吏：“今畜積幾何？”對曰：“十年。”王曰：“然則軍食足矣，可以寬吾民。”乃令復其境内税三年。

致堂胡氏曰：“錢氏當五代時，不廢中國貢獻，又有四鄰之交，史氏乃謂：‘自武穆王鏐常重斂以事奢侈，下至魚雞卵鷇，必家至而日取。每笞一人以責其負，則諸案吏各持簿立於庭，凡一簿所負，唱其多少，量爲笞數，已，則以次唱而笞之，少者猶積數十，多至百餘，人不堪其苦。’信斯言也，是取之盡錙銖，用之如泥沙，安得倉廩有十年之積，而又復境内三年之税，則其養民亦厚矣。故以史所載，則錢氏宜先亡，而享國最久，何也？是故司馬氏記弘佐復税之事，而《五代史》不載；歐陽公記錢氏重斂之虐，而《通鑒》不取，其虛實有證矣。”

（元）馬端臨：《文獻通考》卷四《田賦考四》

今有五代以來所未蠲之苛政，四海之内所未有之暴賦，而獨於小邑不得免焉。倘不引首一鳴，是疲民永無蘇醒之期矣。竊見五季暴政所興，江東、西釀酒則有“麴引錢”，食鹽則輸“鹽米”，供軍須則有“鞋錢”，入倉庫則有“蘼錢”。

（元）馬端臨：《文獻通考》卷四《田賦考四》

乾德三年十月，詔：“忠州等處僞蜀日以魚爲膏，輸其算者，悉罷之。”

（清）徐松輯：《宋會要輯稿》食貨一七之一〇

（乾德）四年七月，詔："劍南道應僞蜀且有以米麵收算者，罷之。"

（清）徐松輯：《宋會要輯稿》食貨一七之一〇

開寶四年四月，廣南轉運使王明言："廣州承前止於河步收稅，豬、羊、鵝、鹿、魚、果並外場鎮課利，歲收銅錢一千七十貫。收復後來，商旅甚多，已令本州便宜置場收稅。"從之。

（清）徐松輯：《宋會要輯稿》食貨一七之一〇

（開寶四年）十月，知邕州范旻言："本州有制置務，元是廣南創置，不隸州縣，占却稅户，自立營田，復抽收商稅，及將收到課利博場，人户甚受其弊。"詔（今）［令］停廢。其所管抽收商稅，割入商稅院。

（清）徐松輯：《宋會要輯稿》食貨一七之一一

（開寶）六年七月，詔："廣南州縣歲輸稅米，每石加率錢一百六十，自今每碩止納十文，餘並除放。"

八月，免成都府免家嫁娶資裝抽稅。先是，僞蜀時，部民凡嫁娶，皆借其幃帳妝奩之數，（佑）［估］價抽稅，至是除之。

（太平興國）八年四月，漳州言："龍溪等三縣民僞命日，配充館夫，（檐）［擔］擎物色及修公宇橋道。後來本州將館夫紐價錢，凡銅錢二千一百五十餘貫，鐵錢二萬一千五百三十餘貫。"詔並除之。

（清）徐松輯：《宋會要輯稿》食貨一七之一一

淳化元年二月一日，詔："諸處魚池舊皆省司管係，與民争利，非朕素懷。自今應池塘河湖魚鴨之類任民采取，如經市貨賣，即准舊例收稅。"先是，淮南、江浙、荆湖、廣南、福建路當僭據之時，應江湖及池潭陂塘聚魚之處，皆納官錢，或令人户占買輸課，或官遣吏主持。太宗聞其弊，故有是詔。

（清）徐松輯：《宋會要輯稿》食貨一七之一一

（淳化元年）二月，詔曰："秦州司馬堰先置板，賈人船過者取其算，除之。"

（淳化元年）四月，詔："興化軍兩浙僞命日，以官牛賦於民，歲輸租。牛或死傷，則令民買償。自今除之，仍以官牛給租牛戶。"

八月，詔："舒州管內四處魚池，除望江官池外，其桐城縣大龍、宿松縣小孤及長武湖等三處魚池特免稅，任民采運。"

十月十三日，詔："婺州金華、東陽兩縣陂湖，歲取魚稅，並除之，縱民采捕，吏勿禁。"

二十一日，詔："興國軍大冶縣魚池潭步地，江南（請）［謂］江湖邊岸出船之地曰步，以所坐物爲名，若瓜步、麻步是坐。僞國日納魚稅外，復於繪綱每夫歲收十錢，頗甚擾，自今除之。"

十二月十六日，詔："邕州、瓊州僞命日，每遇市集，居人婦女貨賣柴米者，邕州人收一錢，以爲地鋪之直。瓊州粳米計稅四錢，糯米五錢，並除之。"

二年二月二十日，詔："峽路州軍於江置撞岸司，賈人舟船至者，每一舟納百錢已上至一千二百，自今除之。（楊）［揚］、潤、常三州商稅取算外，境上又倍征者，自今止得一度收稅。"

閏二月，詔："峽路先是商人船載米麥，計斗取其算，並簞席等稅，並除之。"

十月，江南轉運司言："鄂州舊例，鹽米出門，皆收稅錢。"詔自今民販鬻斛斗及買官鹽出門，並免收稅。

（清）徐松輯：《宋會要輯稿》食貨一七之一二

（淳化）四年七月，詔："岳州歲輸魚膏四千五百八十斤，斤納七錢，並除之。商人販易，不得輒由私路，募告者厚賞之。"

（清）徐松輯：《宋會要輯稿》食貨一七之一二

（淳化四年）閏十月，詔："商人經潼關東西行者，勿出算。"

至道元年九月，詔："兩浙諸州紙扇、芒鞋及他細碎物，皆勿稅。"

二年十二月，詔：“民間所織縑帛非出鬻於市者，勿得收算。”

（至道三年七月）二十八日，上封者言：“嶺南村墟聚落間日會集稗販，謂之虛市。請降條約，令於城邑交易，冀增市算。”帝曰：“徒擾民爾，可仍其舊。”

八月四日，除杭越州寺院童行錢、民所賦丁身錢。先是，錢俶時，民納丁稅錢，其出家童行未入僧籍，亦輸之，至是除免。

（清）徐松輯：《宋會要輯稿》食貨一七之一三

（至道三年）十月，知益州張咏言：“萬州管內有官收津渡錢數百貫，兼有稅場，皆甚擾民。”詔並除放。

（清）徐松輯：《宋會要輯稿》食貨一七之一四

（景德三年六月）十二日，除杭、越等十三州軍稅鵝鴨年額錢。先是，江、浙諸州奉詔蠲鵝鴨稅，而司關征者尚計三額，故申明之。

（景德）四年六月，詔淮南轉運司：(楊)[揚]州民采荻柴，官中承例十稅其二，自今除之。

（大中祥符二年）十月，詔：“如聞并州民鬻石炭者，每馱抽稅十斤，自今除之。”

四年七月一日，詔：“兩浙、福建、荊湖南北、廣南東西路歲輸身丁錢四十五萬四百六貫，並除之。”

（清）徐松輯：《宋會要輯稿》食貨一七之一五

孟昶時，西川民嫁遣資裝，皆籍其數征之。八月乙酉，勿令復征。

（宋）李燾：《續資治通鑑長編》卷一〇四，太祖開寶六年（973）

僞蜀官倉納給用斗有二等，受納斗盛十升，出給斗盛八升七合。詔自今給納並用十升斗。《本志》：分遣常參官受民租，在乾德二年五月，其下即言僞蜀用斗，按二年則猶未平，疑二年字當作三年，今移見此。

（宋）李燾：《續資治通鑑長編》卷六，太祖乾德三年（965）

忠州民以魚爲膏,僞蜀時,嘗取其算,乙卯,詔除之。

(宋)李燾:《續資治通鑑長編》卷六,太祖乾德三年(965)

詔達州僞蜀時刺史於部下無名科率並罷之。

(宋)李燾:《續資治通鑑長編》卷七,太祖乾德四年(966)

癸未,詔川、峽諸州長吏察民有僞蜀日所輸煩苛,詔所未蠲者,悉便宜除之。

(宋)李燾:《續資治通鑑長編》卷七,太祖乾德四年(966)

前絳州防禦使彭城郭廷謂廷謂,初見顯德四年。爲靜江留後、權知梓州。僞蜀時,有莊屯戶、專腳戶,皆直隸州將,鷹鷂戶日獻雉兔,田獵戶歲入皮革,又有鄉將、都將等互擾閭里,廷謂至,悉除之。

(宋)李燾:《續資治通鑑長編》卷七,太祖乾德四年(966)

五月乙丑朔,詔:"川、峽諸州,僞蜀政令有煩苛刻削害及民者,累詔禁止蠲除之,吏或不能遵守奉行,未忍悉置於罪。自今其勿復令部曲主掌事務,及於部內貿易,與民爭利,違者論如律。"

(宋)李燾:《續資治通鑑長編》卷七,太祖乾德四年(966)

八月丁酉,詔西川民欠僞蜀臣僚私債者,悉令除放。

(宋)李燾:《續資治通鑑長編》卷七,太祖乾德四年(966)

初,蜀民所輸兩稅,皆以匹帛充折,其後市價愈高,而官所收止依舊例。上慮其傷民,壬寅,詔西川諸州,凡以匹帛折稅,並準市價。

(宋)李燾:《續資治通鑑長編》卷一四,太祖開寶六年(973)

丙申,詔廣南諸州受民租皆用省斗,每一石外,別輸二升爲鼠雀耗。先是,劉鋹私制大量,重斂於民。凡輸一石,乃爲一石八斗。轉運使王明上言,故革之。

  （宋）李燾:《續資治通鑒長編》卷一二,太祖開寶四年(971)

  詔廣南道僞漢諸宮庫務所有課役户,並還本屬州縣,仍給復二年。

  （宋）李燾:《續資治通鑒長編》卷一二,太祖開寶四年(971)

  廣南諸州民輸稅米,劉鋹時每石白配百六十錢,丙辰,詔但取其十。

  （宋）李燾:《續資治通鑒長編》卷一四,太祖開寶六年(973)

  廣南轉運司言:"新州劉鋹日,因運茶歲久積弃,以其價數十萬分配部民郭懷智等百餘丁輸之,遂以爲常。民貧力所不逮,請均賦諸縣。"詔悉除之。

  （宋）李燾:《續資治通鑒長編》卷五三,真宗咸平五年(1002)

  北漢主始令民輸贍軍錢,文武百官皆減俸,財用不給故也。

  （宋）李燾:《續資治通鑒長編》卷一三,太祖開寶五年(972)

  五代以來,常檢視見墾田,以定歲租,吏緣爲奸,稅不均適,由是百姓失業,田多荒萊。上憫之,乃詔禁止,許民辟土,州縣無得檢括,止以見佃爲額。

  止齋陳氏曰:"按孔氏《闕里志》云:先是,歷代以聖人之後,不預庸調,至周顯德中遣使均田,遂抑爲編户。"

  （元）馬端臨:《文獻通考》卷四《田賦考四》

  （元豐）五年三月四日,提舉江南西路常平等事劉誼言:"由唐至於五代,暴政所興,二廣則户計一丁,出錢數百,輸米一碩。江東、西許之釀酒,則納麴錢;與之食鹽,則輸鹽米;供軍須即有鞋錢,入倉庫則有蘪錢;正稅之外又有租錢。宋有天下,承平百年,二廣之丁米不除,江南榷酒而收麴錢,民不得鹽而入米,比五代爲加賦矣。"

(清)徐松輯:《宋會要輯稿》食貨六五之二四

(開寶四年二月)是月,平劉鋹,詔:"廣南管內州縣應鄉村不接濟人戶闕少糧食者,委本州官吏取逐縣委實戶數,於省倉內量行賑貸,候豐稔日,令只納元數。"

(清)徐松輯:《宋會要輯稿》食貨六八之二八

(乾德)四年三月,淮南諸郡言:江南饑民數千人來歸。詔所在長吏發廩賑之。

(清)徐松輯:《宋會要輯稿》食貨六八之二八

皇祐三年七月二十八日,詔下湖南郴、永、桂陽監等處,人戶所納丁身米,每丁特減三斗二升。先[是],馬氏據湖湘日,科民間采木,不以貧富,計丁取數。國初,轉運使司務省民力,奏請量直紐米,隨稅以納。行之已久,而高下不等,貧者苦之。至是,守臣以聞,仁宗惻然憫之,亟命三司勘會始末,取其至下者爲準,故有是詔。然每歲所蠲,亦不下十萬石矣。

(清)徐松輯:《宋會要輯稿》食貨七〇之八

(建炎四年)十月七日,臣僚言:"昔錢氏據有吳越,其田稅獨重,而會稽尤甚。越州今秋上戶率折糯米,多至數萬石。糯米一斗爲錢八百,秔米爲錢四百,使民又有倍稱之費。"

(清)徐松輯:《宋會要輯稿》食貨七〇之三〇—三一

(紹興)十八年二月二十一日,權知蘄州呂延年言:"江西一路,自李氏稅苗數外增借三分,以應軍須。欲乞行下本路漕司,如委見田產步畝所載稅苗倍於他路,即取旨量與裁定,仍乞先將沿納一項錢、米特免支移折變。"詔令户部取索諸路色目,一體看詳以聞。

（清）徐松輯:《宋會要輯稿》食貨七〇之四二

（乾道三年）六月二十六日,詔臨安府新城縣每年進際稅賦與減一半。以知臨安府新城縣耿秉言:"新城縣田畝舊緣錢氏以進際爲名,虛增進際,稅額太重。每田十畝虛增六畝,計每畝納絹三尺四寸、米一斗五升二合。桑地十畝虛增八畝,計每畝納絹四尺八寸二分,此之謂正稅。其它又有和買紬絹,每田一畝計二尺四寸,陸地一畝計三尺六寸。又有折科小麥,夏、秋兩料役錢,總計一畝納稅兩千。"

（清）徐松輯:《宋會要輯稿》食貨七〇之五八

（嘉定七年十一月）二十八日,臣僚言:"竊聞自錢氏據有兩浙,橫賦供軍,每田十畝增收六畝,每地十畝增收八畝,謂之進際。暨歸版圖,本朝遣使除豁,其他諸縣皆得蠲減,而不及新城、臨安兩縣。"

（清）徐松輯:《宋會要輯稿》食貨七〇之一一〇

（紹興十四年）十月二十二日,詔:"永、道、郴州、桂陽監及衡州茶陵縣民户於二稅之外,尚循馬氏舊法,別有添納,可將逐州縣丁身錢、絹、米麥並予除放。"

（清）徐松輯:《宋會要輯稿》食貨六三之九

（紹興二十八年三月）十四日,前知(彬)[郴]州江灝言:"郴州承馬氏餘弊,丁輸米,民間病之。昨嘗奏陳,即蒙蠲放,而户部歲額未除。欲望下户部將湖南一路上供米據數開落。"從之。

（清）徐松輯:《宋會要輯稿》食貨六三之一五

紹興七年,知揚州晁公武言:昔晚唐民務稼穡則增其租,故播種少;吳越民墾荒田而不加稅,故無曠土。望詔兩淮更不增賦,庶民知勸。詔可。

（元）馬端臨：《文獻通考》卷五《田賦考五》

紹興十八年，知蘄州昌延年代還，言：「五季時，江南李氏暴斂害民，江西一路稅苗數外倍借三分，以應軍須。本朝官司名爲‘沿納’，蓋謂事非創立，特循沿李氏舊法也。積歲既久，又以此項錢米支移折變，里巷之民，怨聲猶在。乞量與裁定，仍將沿納錢米免支移折變。」

（元）馬端臨：《文獻通考》卷五《田賦考五》

判應天府張方平上言：體古今賦役之制，自三代至於唐末、五代，未有輸納之法也。

（元）馬端臨：《文獻通考》卷九《錢幣考二》

湖、廣、閩、浙因僞國舊制，歲斂丁身錢米，所謂丁口之賦。

（元）馬端臨：《文獻通考》卷一一《戶口考二》

自馬氏據湖南，始取永、道、郴州、桂陽軍、茶陵縣民丁錢、絹、米、麥。

（元）馬端臨：《文獻通考》卷一一《戶口考二》

關市之稅……自唐室藩鎮多便宜從事，擅其征利，其後諸國割據，掊聚財貨以自贍，故征算尤繁。

（元）馬端臨：《文獻通考》卷一四《征榷考一》

榷礬者，唐於晉州置平陽院以收其利，開成三年，度支奏罷之，以礬山歸州縣。五代以來，創務置官吏。

（元）馬端臨：《文獻通考》卷一五《征榷考三》

五代時，有津渡之算，水或枯涸，改置橋梁，有司猶責主者備償，至是詔除。此後諸州有類是者，多因恩宥蠲除。陳州私置蔡河瑣，民船勝百斛者取百錢，有所載，倍其征，太平興國中詔除之。

　　　　　（元）馬端臨：《文獻通考》卷一九《征榷考六》

端拱元年，詔納二稅於各路元限外，可並加一月限。元限見後唐天成四年。

　　　　　（元）馬端臨：《文獻通考》卷四《田賦考四》

是春，詔申明周顯德三年之令，課民種植，每縣定民籍爲五等。第一種雜木百，每等減二十爲差，桑棗半之。男女十七以上，人種韭一畦，闊一步，長十步。乏井者，鄰伍爲鑿之。令佐以春秋巡視其數，秩滿赴調，有司第其課而爲之殿最。此據《本志》在二月，不得其日，今附見閏月後。又詔自今民有逃亡者，本州具户籍頃畝以聞，即檢視之，勿使親鄰代輸其租。此據《本志》附見，不得其月日也，當考。

　　　　　（宋）李燾：《續資治通鑒長編》卷二，太祖建隆二年（961）

是月，詔無得追縣吏會州。五代以來，收稅畢，州符追縣吏，謂之"會州"。縣吏厚斂於里胥，以賂州吏，里胥復率於民，民甚苦之也。此據《本志》在此年此月。

　　　　　（宋）李燾：《續資治通鑒長編》卷四，太祖乾德元年（963）

國初，貢賦悉入左藏庫，及取荆、湖，下西蜀，儲積充羡。上顧左右曰："軍旅饑饉，當預爲之備，不可臨事厚斂於民。"乃於講武殿後別爲內庫，以貯金帛，號曰封樁庫，凡歲終用度贏餘之數皆入焉。別置庫，《本志》及他書皆云在乾德初，未審何年，計必是平西川後也。因命諸州不得占留金帛，附見其事。

　　　　　（宋）李燾：《續資治通鑒長編》卷六，太祖乾德三年（965）

戊辰,詔:"細民以農桑爲業,頃制奉戶月輸緡錢,營置良苦,今皆罷之。官奉並給官物,令貨鬻及七分,仍依周顯德五年十二月詔,增給米麥。"

（宋）李燾:《續資治通鑒長編》卷一七,太祖開寶九年（976）

乙酉,赦河東管內,常赦所不原者並釋之。諸州縣僞署職官等,並令仍舊。人戶兩稅,特與給復二年,王師所不及處,給復一年,從前所逋租調並與除放,常賦外有無名配率,諸州條析以聞。

（宋）李燾:《續資治通鑒長編》卷二〇,太宗太平興國四年（979）

贊善大夫韋務昇、殿頭高品王文壽建議:"李氏取民稅錢三千以上及丁口多者,抽點義師,戶一人,黥面爲字,令自備器甲輸官庫,出軍即給之。有馬軍,每軍出,人支口糧日二升。自收復之後,皆放歸農。然久行伍,不樂耕作,多爲追胥幹力之類,雇倩充役,或放鷹走狗,有作賊者,頗擾民。望遣使選擇堪充軍旅者,並家屬部送赴闕。"乃詔三班二人至江南與轉運使商度,條上其利害。

齊賢奏:"僞命義師,排門具有,例皆稅戶,本是農夫。江南要務虛聲,且張軍數,而百姓遭其配黥,無所逃避,粗應抽點,諒非訓習。克復之後,便放歸農,久被皇風,並皆樂業,或遷移別縣,或商販外州,若或逐戶搜求,排門追勘,忽滋驚擾,交駭物情,斂怨速尤,事實非細。縱令本城係籍,亦未便宜。法貴有常,政尚清靜,江外久從安定,不宜遽有驚擾,前敕久放營農,不若且仍舊貫。"齊賢勤究民弊,務行寬大,行部遇投訴者,或召至傳舍榻前與語,多得其情僞,江南人久益稱之。

（宋）李燾:《續資治通鑒長編》卷二二,太宗太平興國六年（981）

兩浙轉運使高冕條上舊政之不便者,凡百餘事。庚午,詔兩浙諸州自太平興國六年以前逋租及錢俶日無名掊斂,吏至今猶徵督者,悉除之。冕,錫之兄子也。

（宋）李燾:《續資治通鑒長編》卷二三,太宗太平興國七年（982）

丙寅,詔兩浙諸州民先負錢俶日官物,計錢十一萬七千五百緡,
並除之。

(宋)李燾:《續資治通鑒長編》卷三六,太宗淳化五年(994)

戊子,江南轉運使、刑部員外郎、直史館陳靖入奏,賜金紫。江南
自李氏橫賦於民,凡十七事,號曰"沿納",國朝因之,而民困不能輸。
靖極論其弊,詔為罷其尤甚者數事。

(宋)李燾:《續資治通鑒長編》卷五一,真宗咸平五年(1002)

甲申,除福州民通官莊錢。初,王氏據福州時,有田千餘頃,謂之
官莊。自太平興國中,授券與民耕,歲輸賦而已。天聖二年,發運使
方仲荀言:"此公田也,鬻之可得厚利。"遣屯田員外郎辛惟慶領其事,
凡售錢三十五萬餘緡,詔減緡錢三之一,期三年畢償。監察御史朱諫
以為傷民,不可,詔復為貧弱者寬期。既而期盡,未償者十二萬八千
餘緡,知州事章頻具以聞。上曰:"遠方民貧,而官司督責甚苦,其悉除
之。"頻傳數不同,又載事不詳首尾,《實錄》亦然。今取本志及《會要》增修之。

(宋)李燾:《續資治通鑒長編》卷一○六,仁宗天聖六年(1028)

丙子,減湖南郴、永、桂陽監丁身米。初,馬氏科民采木,不以貧
富,皆計丁取數。國初,量給其直,令隨稅輸米,而重輕不等,貧者苦
之。上命三司取最下數為準,凡歲減十萬餘石。韓贄使荊湖,奏罷丁米,
贄本傳云爾。然此時贄猶未出,八月丙戌乃受命,恐贄傳飾説,今不取。趙良規
為湖南漕,奏罷馬氏所賦丁口米數萬石,良規本傳載此,當考。

(宋)李燾:《續資治通鑒長編》卷一七○,仁宗皇祐三年(1051)

張虔劍多貪。鎮滄州日,因亢旱民饑,乃發廩賑之。事上聞,其
嘉賞。他日秋成,倍斗徵斂。常言自覺言行相違,然每見財,不能自
止,時人笑之。

(宋)李昉:《太平廣記》卷二四三《張虔劍》

8. 勞役

梁太祖開平元年十二月辛亥,詔曰:"潞寇未平,王師在野,攻戰之勢,難緩於寇圍;飛挽之勤,實勞於人力。永言輯耒,深用軫懷。宜令長吏丁寧布告,期以兵罷之日,給復賦租。"於是户人聞之,皆忘其倦。

（宋）王欽若等編纂:《册府元龜》卷一九五《閏位部》

後唐莊宗同光元年四月即位,詔:"應諸道管内有高年逾百歲者,便與給復,永俾除名。自八十、九十者,與免一子役,州縣不得差徭。其雲應邊陲、山北八軍、易、定、幽、燕邊陲諸縣,自鮮卑入寇,仍歲纏灾,睠彼流人,良堪興嘆。或乍來復業,纔擬營農,尚怯侵搔,須加慰恤。其税率仍爲長吏量與矜減。凡有痛、毒、孤、貧、煢、鰲、鰥、寡,歷代皆缺於教化,自古共切於軫傷,免致噢咻,遍加惠養,應有欠負,不繫公私,若曾重重出利,累經徵理,填還不迨者,並皆釋放。"

（宋）王欽若等編纂:《册府元龜》卷四九一《邦計部》

後唐莊宗同光元年四月即位,制曰:"應諸道管内有高年逾百歲者,便與給復,永俾除名。自八十至九十者與免一子免役,州縣不得差徭。"

（宋）王欽若等編纂:《册府元龜》卷五五《帝王部》

（同光元年）十月,德音:"有年過八十者,免一子從征。"

（宋）王欽若等編纂:《册府元龜》卷五五《帝王部》

（同光）二年二月甲子朔,詔曰:"間者以皇綱中墜,國步多艱,率兵甲於兩河,漲烟塵於千里。憂勤二紀,勞役萬端。矧乃東京,國號大名,雄稱全魏,昔惟廣晉,今實興唐。自朕南北舉軍,高低叶力,總六州之疆土,供萬乘之征租。有飛芻輓粟之勞,有浚壘深溝之役,賦重而民無嗟怨,務繁而士竭忠勤。致於掃蕩氛霾,平除僞逆,九廟復蒸嘗之薦,兆人息塗炭之灾,静想寅緣,深所嘉嘆。昨者因追曩素,載治歌謡,俱懸望幸之誠,遂舉省方之典。爰臨管界,泊至都城,對父老之歡呼,睠懷斯契;睹井田之凋廢,臨馭增慚。得不特降優恩,俾蘇舊地。冀表寵綏之道,免渝敦激之風。應東京隨絲鹽錢,每兩俱減放五十文。逐年俵賣鹼、鹽、大鹽、甜次、冷鹽,每斗與減五十文。樂鹽與減三十文。其小緑豆税,每畝長與減放三升。都城内店宅、園圃,比來無税,頃因僞命,遂有配徵。後來原將所徵物色,添助軍人衣賜,將令通濟,宜示矜蠲。今據緊慢去處,於見輸税絲上,每兩作三等酌量納錢,貴與充本,回圖收市。軍人衣賜,其絲永與除放。所有六街内空閒田地,並許新歸業人户,逐便蓋舍居止,與免差徭。如是本主未來,一任坊鄰收佃。庶令康泰,俾表優恩。"

（宋）王欽若等編纂:《册府元龜》卷四九一《邦計部》

後唐同光中,滄洲民有子母苦於科徭,流移近界墅店,上恨音。路逢白蛇,其子以繩繫蛇項,約而行,無何擺其頭落。須臾,一片白雲起,雷電暴作,撮將此子上天空中,爲雷火燒殺墜地。而背有大書,人莫之識。忽有一人云:"何不以青物蒙之,即識其字。"遂以青裙被之。有識字讀之曰:"此人殺害安天龍,爲天神所誅。"葆光子曰:"龍,神物也,况有安天之號,必能變化無方。豈有一竪子繩繫而殞之? 遽致天人之罰,斯又何哉!"

（宋）李昉:《太平廣記》卷四二五《安天龍》

明宗天成二年十月辛丑,詔曰:"敬老之規,前王所重;養親之道,爲子居先。應有年八十以上及家長有廢疾者,宜免一丁差役,俾遂奉養。"

（宋）王欽若等編纂:《册府元龜》卷五五《帝王部》

鄭韜光,爲給事中。天成二年八月庚辰上言,以諸縣力役人户,多爲州使影占，或臺省投名，惟貧民客户，在縣應役例有不均之嘆，且多僥幸之流，請議禁止。

（宋）王欽若等編纂:《册府元龜》卷四七五《臺省部》

何澤爲吏部郎中，天成四年二月，上言:"昨問罪中山，近鎮有飛挽力役之勞，乞議蠲減。"

（宋）王欽若等編纂:《册府元龜》卷四七五《臺省部》

（天成四年）三月敕:"王都負國，命將除凶，攻伐之勞，朕所嘗憫，搬運之苦，朕實備知。近自收城，方期罷役，宜加矜恤，遍示優饒。其鄴都、幽、鎮、滄、邢、易、定等州管内百姓，除正税外，免諸色差配，庶令生聚，並獲舒蘇。"

（宋）王欽若等編纂:《册府元龜》卷四九二《邦計部》

晉高祖天福二年四月丁亥，制曰:"洪荒之内，鄉黨之中，宜弘養老之規，式表問年之道。天下百姓有年八十以上者，與免一丁差徭，仍令逐處簡署上佐官。

（宋）王欽若等編纂:《册府元龜》卷五五《帝王部》

（天福）六年八月，宣三司指揮鄴都、澶、相、貝、博五州，配買修軍營材料一萬五千間，仍差工匠、人夫共九千人充役。

（宋）王欽若等編纂:《册府元龜》卷四八四《邦計部》

（天福）七年二月丙午，敕:"鄧、唐、隨、郢諸州管界，多有曠土，宜令逐處曉諭人户，一任開墾佃蒔，仍自開耕後，與免五年差徭。兼仰指揮其荒閒田土，本主如是無力耕佃，即不得虛自占吝，仍且與招携到人户，分析以聞。"

（宋）王欽若等編纂:《册府元龜》卷七〇《帝王部》

乾祐三年九月甲申,詔諸道州府自行軍副使已下至令録佐掾,不得於本部內影庇人户名爲伏事。自是,州縣舊舍職役人除籍放之。

（宋）王欽若等編纂:《册府元龜》卷一六〇《帝王部》

漢隱帝時,有人言府州從事令録皆請料錢,自合雇人驅使,不合差遣百姓丁户。秉政者然之,下詔州府從事令録本處先差職役,並速放散歸農,不得差爲參從。貧官有獨行趨府者,太祖頗知之,故有是命。

（宋）王欽若等編纂:《册府元龜》卷六一《帝王部》

（廣順元年）四月,皇子、鎮寧軍節度使榮即世宗言:屬州帳內有羊猪紙炭等户並羊毛紅花紫草及進奉官月科,並是影占大户。凡差役者,是貧下户。今並欲放免爲散户。詔褒之曰:"卿作鎮王畿,留心政道,雖米鹽細務,不懈於躬親;而會斂無名,盡思於蠲放,能惠窮困,深協眷懷。已降宣命指揮使並放爲散户。"

（宋）王欽若等編纂:《册府元龜》卷一六〇《帝王部》

（顯德）二年十一月,秦、鳳州平,詔:"應秦、鳳、階、成等州管內,顯德二年十一月已前,城下功役百姓,爲矢石所害者,本户除二稅外,放免三年差役。今後除秋夏兩稅徵科外,應爲屬所立諸般科率名目,及非理徭役,一切停罷。"

（宋）王欽若等編纂:《册府元龜》卷四九二《邦計部》

（顯德）二年十一月,以秦、鳳平,詔:"城下功役百姓,爲矢石所害致死者,本户除二稅外,放免三年差徭,仍賜本家孝服絹三疋,其部署人夫,州縣官並與加階减選。"

（宋）王欽若等編纂:《册府元龜》卷一三五《帝王部》

（顯德）三年五月乙卯，帝至自淮南。是日，詔免在京見禁罪人。六月壬申，降德音曰："王者經營四方，式遏亂略，懷安逸而亡戰伐，則雄圖莫震；有雪霜而無雨露，則歲功不成。日者革輅親征，靈旗問罪，正陽之役，吳師無匹馬之歸；六合之征，楚甲有齊山之積。今長江以北，半爲我疆，實賴將相協謀，貔貅宣力，破彼勍敵，成兹茂勛。宜敷曠蕩之恩，用慰輕颺之俗。澤已沾於動植，寵豈忘於忠勤？聲教惟新，甄賞斯在。可特赦淮南道諸州管內見禁罪人，取顯德三年六月十一日已前，凡有違犯，不問輕重，並不窮問。其江北諸州縣有未收復處，宜令行營大將明申招諭，儻能知幾變，歸順朝廷，其向來名位俱一切如故，仍選明藩大郡厚加旌賞，其軍都自長行以上並與優給，其中有願歸江南者亦聽自便。應隨駕淮南行營諸軍等，或破敵成功，或攻城效力，或收降州縣，或護衛乘輿，咸積忠勤，宜加酬獎，各與等第優給。從駕職官及諸色人員等，從征在外，奉事有勞，各與加恩，以獎勤幹。諸州夫役自來有没於矢石者，其本户放免三年差徭，仍每人支賜贈孝絹三匹。淮南道諸州縣先屬江南之時，頗有非理科徭無名配率，今後一切停罷。事有不利於民、無益於時者，宜令長史條奏以聞。"

（宋）王欽若等編纂：《册府元龜》卷九六《帝王部》

（顯德）三年六月，詔曰："應諸州夫役，自來有没於矢石者，其本户並放免三年差徭。"

（宋）王欽若等編纂：《册府元龜》卷四九二《邦計部》

顯德四年，敕節文："諸道州府所管屬縣，每年夏稅徵科了畢，多是却追縣典上州會末文鈔，因兹科配斂掠。宜令今後科徵了足日，仰本州但取倉場庫務納欠文鈔，如無異同，不在更追官典。諸道州官管內縣鎮，每有追催公事，自前多差衙前、使院職員及散從、步奏官。今後如是常程，追催公事，只令府望知後承受遞送，不得更差專人，若要切公事及軍期，不在此限。"

按：五季離亂之時，世主所尚者，用兵爭强而已。其間唐明宗、周世宗粗爲有志於愛民重農者。有如農務未開而受理詞訟，徵科既足而追會科斂，皆官吏奸貪之情，爲閭里隱微之害。而天成、顯德之詔敕，丁寧禁切之，於倥傯日不暇給之時，而能及此，可謂仁矣。

（元）馬端臨：《文獻通考》卷四《田賦考四》

唐末五季，士大夫有言曰："貴不如賤，富不如貧，智不如愚，仕不如閑。"謂嚴刑、徵科、責任、驅役四事也。其深有旨。

（宋）趙令畤：《侯鯖錄》卷八

五代以來，天下郵傳皆役平民。建隆二年，始命以軍人代之。五代時，使臣往來及輦運官司，皆役僑居人户，謂之遞夫。建隆三年，詔禁止之。

（宋）曾鞏：《隆平集》卷二

（廣順二年，北海縣令李元懿奏）臣在任時，奉劉銖文字，放絲三萬兩，配織絹五千匹。管内七縣，大抵如是。及徵收在賦税之前，督責抑凌，借役户民，多造店宅碾磑典庫。

（宋）王欽若：《册府元龜》卷五四七《諫諍部》

五代時，官吏所在貪污不法。王明爲郢陵縣令，獨以廉律身，百姓沿故例行賕賂，明皆不受，曰："但爲我買薪芻，積於某處，他不須也。"久之，積如丘山，民間莫曉明因築堤以備水患。太祖聞之，擢明權知廣州。

（宋）朱弁：《曲洧舊聞》卷七

五代以來，天下郵傳皆役平民。建隆二年，始命以軍人代之。

（宋）羅願：《新安志》卷一

蓋至唐而後,謂頓止之次爲驛也。唐季五代以前,猶以民給其役,謂之遞夫。皇朝建隆二年,乃悉以軍士充,謂之鋪兵。

(宋)施宿:《嘉泰會稽志》卷四

(顯德)五年五月,世宗以征淮回,降德音云:"用兵之際,力役是供,當矜貸之在辰,諒優給之宜被。自去年十月後來,沿淮人户,曾充夫役,内有遭傷殺不回者,本家放免本户下三年諸雜差徭。江南疲俗,克復方新,特示蠲除,俾令存濟。楊、秦、通、滁、和、濠、泗、楚、光、壽、舒、廬、蘄、黃等州,漣水、濮陽、汶川等縣,自去年終已前所欠秋夏殘稅,及諸色徵科配斂、博徵物色等,並與除放。"

(宋)王欽若等編纂:《册府元龜》卷四九二《邦計部》

汴河決,命廷祚督丁壯數萬塞之。因增築堤防,自京城至臨淮,數旬訖工。世宗北征,權東京留守。是夏,河決鄭州原武縣,命廷祚發近縣丁壯二萬餘塞之。

(元)脱脱:《宋史》卷二五七《吴廷祚傳》

申漸高嘗因曲宴天久無雨,烈祖曰:"四郊之外皆言雨足,惟都城百里之地亢旱何也?"漸高云:"雨怕抽稅,不敢入京。"翌曰,市徵之令咸有損除。

(明)陶宗儀:《説郛》卷五八《江表志》

兩浙錢氏偏霸一方,急徵苛慘科賦,凡欠一斗者,多至徒罪。徐瑒嘗使越,云:"三更已聞獐麂號叫,達曙問於驛吏,乃縣司徵科也。鄉民多赤體,有被葛褐者,多用竹蔑繫腰間。執事非刻理不可,雖貧者亦累千金。

(明)陶宗儀:《説郛》卷五八《江表志》

丙戌,詔嶺南諸州劉鋹日煩苛賦斂並除之,平民爲兵者釋其籍,流亡者招誘復業。

　　（宋）李燾:《續資治通鑑長編》卷一二,太祖開寶四年(971)

　　先是,陳洪進發漳、泉丁男爲館夫,給負擔之役。洪進既獻地,轉運使猶計傭取直,凡爲銅錢二千一百五十貫,鐵錢三萬一千五百三十貫。民訴其事,壬辰,詔除之。

　　（宋）李燾:《續資治通鑑長編》卷二四,太宗太平興國八年(983)

9. 商稅(鹽茶酒)

梁太祖開平三年,制:"斷曹州煎小鹽糶貨。"

　　（宋）王欽若等編纂:《冊府元龜》卷四九四《邦計部》

　　末帝龍德初,鹽鐵轉運使敬翔奏:"請於雍州、河陽、徐州三處重置場院稅茶。"從之。

　　（宋）王欽若等編纂:《冊府元龜》卷四九四《邦計部》

　　後唐莊宗同光二年二月庚午,租庸使孔謙奏:"諸道綱運,商旅多於私路。苟免商稅,不繇官路往來。宜令所在關防,嚴加捉搦。山谷私由道路,仍須彰塞,以戢行人。"

　　（宋）王欽若等編纂:《冊府元龜》卷五〇四《邦計部》

　　(同光)二年八月戊寅,免湖南蹋地茶稅,沿路稅錢。

　　（宋）王欽若等編纂:《冊府元龜》卷五〇四《邦計部》

　　後唐莊宗同光三年二月,敕:"會計之重,鹹醝是先。矧彼兩池,實有豐利。項自兵戈擾攘,民庶流離,既場務以隳殘,致程課之虧失。重兹葺理,須仗規模,將立事以成功,在從長而就便。宜令李繼麟兼兖州節度、度支,安邑、解縣兩池榷鹽使,便可制置,一一條貫,所有合制官吏等,亦委自使選差。"

(宋)王欽若等編纂:《冊府元龜》卷四九四《邦計部》

(同光)三年二月,敕:"其逐年俵賣蠶鹽、食鹽、大鹽、甜次、冷鹽,每斗與減五十文。欒鹽伏準本敕文。"

(宋)王欽若等編纂:《冊府元龜》卷四九四《邦計部》

(同光三年二月)辛巳,鄜延高萬興奏:"河中於僖州開場賣課鹽,伏準本朝規制,元食青鹽,請止絕。"

(宋)王欽若等編纂:《冊府元龜》卷四九四《邦計部》

後唐莊宗同光三年閏十二月十九日,敕:"今歲自京已東,水潦爲患,物價騰踴,人户多於西京收糴斛斗。近聞京西諸道州府,逐斗皆有税錢,遂不通行,乃同閉糴。宜令各下京西諸道州府:凡閉糴斛斗,不得輒有税率,及經過水陸關坊鎮縣,妄有邀詰。"

(宋)王欽若等編纂:《冊府元龜》卷五〇二《邦計部》

後唐同光三年,敕:"魏府每年所徵隨絲鹽錢,每兩與減放五文,逐年俵賣蠶鹽、食鹽、大鹽、甜次冷鹽,每斗與減五十,欒鹽與減三十。"

(元)馬端臨:《文獻通考》卷一五《征榷考二》

(同光)四年正月壬戌,詔曰:"輦轂之中,郊甸之內,時物踴貴,人户饑窮。訪聞自陝已西,遝及邠、鳳,積年時熟,百穀價和,縱未能別,備於貢輸,亦宜廣通於和糴近。聞輒有税索,已曾降敕指揮,尚恐關鎮阻滯行塗,增長物價。仰所在長吏,切加檢御,以濟往來,推救災恤患之心,明奉國憂人之道。又京圻之內,自張全義制置已數十年,每聞開墾荒蕪,勸課稼穡,曾無歉歲,甚有餘糧。公私貯蓄,及多收藏,未肯出糴,更俟厚價,頗失眾情。宜令中書門下,條流應在京及諸縣,有貯斛斗,並令減價出糶,以濟公私。如不遵行,即仰聞奏,別具檢括。仍委河南府切詳,敕命處分。”

（宋）王欽若等編纂:《册府元龜》卷五〇二《邦計部》

明宗天成元年四月,詔曰:“省司及諸府置税茶場院,自湖南至京六七處納税,以致商旅不通。及州使置雜税務,交下煩碎。宜定合税,物色名目。商旅即許收税,不得邀難百姓。諸道鹽務,破脚價極多獲少,須有條流,以成規制。”又詔:“諸州雜税,宜定合税;物色名目,不得邀難商旅。租庸司先將係省錢物與人回圖,宜令盡底收納,以塞幸門。”

（宋）王欽若等編纂:《册府元龜》卷五〇四《邦計部》

（天成）三年正月庚申,宰臣以鹽麴價高,請議減價,以便生民。帝曰:“若便於民,不失國計,便可以行。”殿中丞杜璟又以汴州鹽價,倍於洛陽,奏表請減。

（宋）王欽若等編纂:《册府元龜》卷四九四《邦計部》

長興元年二月,南郊畢,詔:“天成四年十二月終已前,諸道州府人户應有殘欠税物、䆉、鹽之乾榷、濕榷,既係積年之欠,俄逢作解之恩,並與放免。諸州府營田户部院應欠租課、房店利潤、逃移人户、死損牛畜,或先遭剽劫,及水澇處欠負斛斗,無可徵填,已收納到家産財物,其餘所欠,並與蠲除。所在倉場,積年損爛,使臣盤覆,欠折尤多。其主持專知官等,據通收到産業物色外,亦與放免。應諸道商税、課利、撲斷錢額去處,除納外,年多蹙欠,枷禁徵收,既無抵當,並可放免。諸道采造材木欠數、定州材木錢及閿鄉船務遭火所燒,所司累行催促,無可徵填,亦與放免。先南、北面軍前倉場,主持損爛欠折及江河轉運,拋失舟船,並斛斗荄稈錢,諸鎮欠少過軍準備糧草等,據主持人見在家業,並勒收納外,除放所欠。天成元年二年,諸州舡納上供到庫秤盤積欠物色,並曾遭兵火燒劫,及耀州前後身死、刺史界分欠省庫錢物，却勒州司官吏陪填者，並特放免。天成二年終，諸色人於西川省庫內借過錢，並省司先差人收買羊、馬，欠折死損，無可填還，及天成二年終已前，諸道銀、銅、鐵冶、鉛、錫、水銀坑窟應欠課利，兼木炭農具等場欠負，亦與放免。河陽管內，人每畝上舊徵橋道錢五文，今後並放不徵。諸道州府人戶每畝上元徵麴錢五文，今特放二文，祇徵三文。”

（宋）王欽若等編纂：《冊府元龜》卷四九二《邦計部》

（長興元年）九月，燕人梁庭投匭陳狀云：“天下商稅處多，不繇舊時。關市制度，以此倍擾農商，亦請減除奸弊。”敕旨並許施行。

（宋）王欽若等編纂：《冊府元龜》卷五〇四《邦計部》

（長興）二年五月，詔曰：“酒醴所重，麴蘖是先。頃緣賣價太高，禁條頗峻，士庶因斯而抵犯，刑名繇是以滋彰。爰行改革之文，庶息煩苛之政，各隨苗畝，量定稅錢。訪聞數年已來，雖犯法者稀，而傷民則甚。蓋以亂離日久，貧下戶多，纔過昇平，且勤稼穡，各務耕田鑿井，孰能枕麴藉糟。既隨例以均攤，遂抱虛而輸納，漸成凋弊，深可憫傷。況欲致豐財，必除時病。有利之事，方切施行；無名之求，尤宜廢罷。但得日新之理，何辭夕改之嫌。應三京諸道州府苗畝上所徵麴錢等，便從今年夏並放其麴，官中自造。委逐州減舊價一半，於在城撲斷貨賣。除在城居人，不得私造。外鄉村人戶或要供家，一任私造。”敕下之日，人甚悦之。

（宋）王欽若等編纂：《冊府元龜》卷五〇四《邦計部》

（長興二年）是年七月，三司奏：諸道州府申論，先有敕命，許百姓造麴，不來官場收買。伏慮課額不迨，請準已前麴法。百姓與在城條法，一例指揮從之。仍據百姓已造到麴，令送納入官，量支還麥本。

（宋）王欽若等編纂：《冊府元龜》卷五〇四《邦計部》

（長興）二年八月，敕："應三京諸道州府商稅等，多不係屬州府，皆是省司差置場官。朕自受命開基，勵精布政，將推誠而感物。每屆己以從人，況於列侯，尤所注意。豈可山河重寄，並在藩方。關市徵租，獨歸省務。加以所置職掌，素處幽微。向閭閻以肆威，與王公而抗禮。蓋已往從權之事，豈將來經久之規！特議改更，貴除繁屑。自今已後，諸商稅並委逐處州府撲斷，依省司常年定額勾當辦集。冀除生事之端，不爽豐財之理。"

（宋）王欽若等編纂：《册府元龜》卷五〇四《邦計部》

（長興）二年，放麴錢。官中自造麴，逐年減舊價一半，於在城貨賣。除在城居人不得私造外，鄉村人戶或要供家，一任私造。令下，人甚便之。其年七月，以課額不逮，準前禁，鄉村百姓造麴，其已造到者，令納官，量支還麥本。

（元）馬端臨：《文獻通考》卷一七《征榷考四》

長興四年五月七日，諸道鹽鐵轉運使奏："應食課鹽州府省司，各置榷糶，折博場院，應是鄉村，並通私商興販，所有折博，並每年人戶鹽糶，並不許將帶一斤一兩入城，侵奪榷糶課利。如違犯者，一兩已上至一斤買賣，人各決臀杖一十三。放一斤已上至三斤買賣，人各決臀杖十五。放三斤已上至五斤買賣，人各決脊杖十三。放五斤已上至十斤買賣，人各決脊杖十七。放十斤已上，不計多少買賣，人各決脊杖二十，處死。有犯鹽人隨行錢物、驢畜等，並納入官，所有元本家業田莊，如是全家逃走者，即行典納。仍許般載脚戶、經過店主人、脚下人力等紏告，等第支與優給。如知情不告，與買賣人同罪。其犯鹽人經過處地分，門司廂界巡簡節級所繇，並諸色關連人等，不專覺察，即據所犯鹽數，委本州臨時科斷乞，報省。如是門司、關津、口鋪捉獲私鹽，即依下項等第支給一半賞錢。一斤已上至十斤，支賞錢二十貫文；五十斤已上至一百斤，支賞錢三十貫文；一百斤已上，支賞錢五十貫文。應食末鹽地界，州府縣分，並有榷糶場院，久來內外禁法，即未有一概條流，應刮鹻煎鹽，不計多少斤兩，並處極法。兼許四鄰及諸色人等陳告，等第支與賞錢。欲指揮此後犯一兩已上至一斤買賣，人各決臀杖十三；放一斤已上至二斤買賣，人各決臀杖十五；放二斤已上至三斤買賣，人各決脊杖十六；放三斤以上至五斤買賣，人各決脊杖十七；放五斤已上買賣，人各決脊杖二十，處死。如是收到鹻土鹽水，即委本處煎煉，鹽數準條流科斷。或有已曾違犯，不至死刑，經斷後，公然不懼條流再犯者，不計斤兩多少，所犯人並處極法。其有榷糶場院員僚、節級人力、煎鹽池各竈戶、般鹽船綱、押綱將軍、衙官、稍工等，具知鹽法，如有公然偷盜官鹽，或將貨賣，其買賣人及窩般主人，知情不告，並依前項刮鹻例五斤已上處死者。其諸色關連人等，並各支賞錢，即準洛京、邢、鎮州條流事例指揮。顆、末、青、黃等鹽，元不許界分參雜，其顆鹽先許通商之時指揮，不得將帶入末鹽地界。如有違犯，一斤一兩，並處極法。所有隨行色物，除鹽外，一半納官，一半與捉事人充優賞。其餘鹽色，未有畫一條流。其洛京、并、鎮、定、邢州管內，多有北京末鹽入界，捉獲並依洛京條流科斷，欲指揮此後，但是顆、末、青、白諸色鹽侵界參雜，捉獲並準洛京條例施行。慶州青、白榷稅，元有透稅條流，所有隨行驢畜物色，一半支與捉事人充優賞，其餘一半并鹽並納入官。欲并且依舊，一斗已上至三斗，決臀杖十五；放三斗已上至五斗，決脊杖十三；放五斗已上，處死。安邑、解縣兩池榷鹽院，河府節度使兼判之，時申到畫一事件條流等，準敕牒，兩池所出鹽，舊日若無榜文，如擅將一斤一兩，準元制條，並處極法。其犯鹽人應有錢物，並與捉事人充優賞者，切以兩池禁棘峻阻，不通人行，四面各置場門，弓射分擘。鹽池地分，居住並在棘圍內，更不別有遣差，只令巡護鹽法。如此後有人偷盜官鹽一斤一兩出池，其犯鹽人並準元敕條流處分，應有隨行錢物，並納入官。其捉事人，依下項定支優給。若是巡簡弓射池場門子，自不專切，巡察致有透漏，到棘圍外被別人捉獲，及有糾告，兼同行反告官中，更不坐罪，陳告人亦以捉事人支賞。應知情偷盜官鹽之人，一依犯鹽人一例處斷。其不知情關連人，臨時酌情定罪。所有透漏地分弓射及池場門子，如是透漏出鹽十斤已下，決脊杖五十；放一十斤已上，與犯鹽人同罪科斷。一斤已上至十斤，支賞錢一十貫文；十斤已上至五十斤，支賞錢二十貫文；五十斤已上至一百斤，支賞錢三十貫文；一百斤已上，支賞錢五十貫文。前項所定奪到鹽法條流，其應屬州府捉獲抵犯之人，便委本州府檢條流科斷訖，申奏別報省司。其屬省院捉到犯鹽之人干死刑者，即勘情申上，候省司指揮，不至極刑者，便委務司準條流決放訖，申報奏。"敕宜依。

（宋）王欽若等編纂：《冊府元龜》卷四九四《邦計部》

（清泰）二年，河中言三司於民添徵蠶鹽錢。

（宋）王欽若等編纂：《冊府元龜》卷四九四《邦計部》

晉高祖天福元年十一月九日即位，制曰："鹽麴之利，軍府所資。儻不便於人户，宜別從於條制。所期濟衆，無患妨公。在京鹽價，元是官場出糶。自今後並不禁斷，一任人户取便糶易。仍下太原府，更不得開場糶貨。"

（宋）王欽若等編纂：《冊府元龜》卷四九四《邦計部》

晉高祖天福元年閏十一月壬午，敕："關防凡有征税，省司曾降條流。慮多時而或有隱藏，因肆赦而再須條貫。應諸道商税，仰逐處將省司合收税。條件文榜於本院前，分明張懸，不得收卷。榜內該税，名目分數者，即得收税。如榜內元不該税着係税物色，即不得收税。宜令所在長吏，常加覺察。如敢有違條流，不將文榜張懸，將不合係税物色收税，罔欺官法，停住商賈者，盡行具名申送。"

（宋）王欽若等編纂：《冊府元龜》卷五〇四《邦計部》

（天福）二年九月，左補闕李知損上章曰："臣以前承御札，許進言者，直書其闕，況在諫司，不敢避事。臣近聞衆議，云國家將變鹽法，有司即欲宣行。竊知以諸道所糶賣鹽，令逐處更添一倍，委州司

量其屋宇,均配城內戶人,每歲勒兩限俵鹽,隨二稅納價。言之雖易,
作之極難,此法若行,甚非穩便。然則歷代變法,先取其益國利人。
前王開基,本在於安時恤物,設國無所益,人不聊生,斯乃害時之理昭
然,變法之功何有?今添配鹽貨資困弊者有二,作敗亂者有三,何則?
念寰海烝民,屬梁朝季運,困之以兵革,重之以科徭,幾經宗社改更,
刑法變換,地經百戰,往年之事力都無,室告九空。到處之鄉村未復,
止於州城眾戶所在,貧乏者多。臣頻曾守職藩方,莫不詳觀利病,且
常年城內居戶,例於屋稅請鹽,比其徵納之時,備見艱難之狀,以至須
勞鞭樸,尚有遺懸,況所請之數甚微,應督之期猶失。若以逐州場院
鹽貨於合賣數,增倍俵之,以稅錢均攤,則貧富高低而不等;以屋宇紐
配,則盈虛剩少以難齊。於功罕全,與物為病,其資困弊者一也。逐
處州府,必委官吏行之。官雖強明而吏藏奸幸,斯蓋必然之理,可得
而知。儻官乏能名,吏多欺詐,則力不足者,重傷於增配;家已給者,
卻獲其輕均。是則率百姓而困國家,虐貧窮而縱胥吏,其資困弊者二
也。且諸州糶鹽收利,省司差官置場所掌者,國家之利權,安得假厚
薄而輒廢?所立者,國家之法制,豈可沿輕重而濫施?使四方之人,
何以取則?聞一朝之令,孰不見疑?散利權於諸州,變鹽法於天下,
俵給不均而民弊,徵催不便而民逃。國無利而喪權,民積困而失業,
其作敗亂者一也。所在之處,多有土鹽,或煎而食之,或藏而貨之,流
行既深,紊亂非細。如無告訐,莫得追尋。若配俵之權,憑於官吏,誠
嚴之法,委自藩方,則民漸困以何辜?國轉虛而何利?其作敗亂者二
也。天下鹽鐵,國家大權嘗重,慎於施張。助國家之輕費,喻河流之
不竭,同岳鎮以無傾。蓋轉運所引,行之如水,禁嚴其固,挺之若山,
豈可緣支用而絕本源,為迫切而摧重大?權衡一失,整頓甚難,利害
再思,辯明極易。是則民有害而可救,國無利而何圖?其作敗亂者三
也。困弊敗亂,願陛下細而思之,審而行之,恐不宜以為常事而不輕
聖慮也。大凡錢穀之利,只以聚斂為能,至於度支之司,唯以濟辦為
效。殊不知人心小失,所憂之事非常;王道大行,所悅之方蓋遠。臣
竊慮有司,以配鹽事件敷奏聖聰,必云百姓賒得食鹽半年,然後納價,

國家隨其二稅頭假,徵得鹽錢。場院既免遷延,官典更無逋欠,民獲其濟,國有所資。臣請詰之,以解前說。且百姓窮困,十八、九焉,或市肆經營,取錐刀宜利,至於日食鹽酪,辦即買之,偶或無錢,不妨淡食。今以半年鹽味,配給貧民,請歸其家,殆非所濟。當俵鹽之日,已不欣歡,及納價之時,可量困躓。復有稅租甚大,舍屋頗多,骨肉替令,家事牢落,官中以戶門而須配,本人懼條法以難辭,剩請官鹽,莫之為用,都徵省債,無足可償,以此通民,何州不有?以此編戶,何處不空?是則百姓因之逃亡,鹽錢固所虧失,省司指本州本使,不管流移,州司追鄰人保人,須令攤配。如此則已傷殘而重困,未波逃而復驅。益國濟民,其利安在?盡時害政,不亦多乎?所司或對云:自古理民,有利則有害。當今贍國,不斂則不充。諫官只以憂民為詞,不知經國之務。臣請再詰,以證斯言。夫國家取利之方,王者安民之道,雖或甚利於國,微損於民,聖君尚以割股啗腹而為言,本固邦寧而垂誠,何況有甚害於物而小益於時者乎?必欲糶賣鹽錢,須要倍於往日,唯宜減落鹽價,慎選場官,示諭諸州,峻整公法。凡經半課利,但令逐處較量,比及周正,必期集事。如糶壹倍於元數,課租濟於朝廷,則必授以殊資別委,主之重務。如或所賣,不及於元數,所資不濟於朝廷,則必顯示斷懲,永更不令任使。既鹽價極輕而鹽法甚重,則民間不犯而貨易自通。州府以公家在心,場院以貞幹為事,自然國有其利,民無所傷,與夫配百姓而失經費之資,其利害懸於天壤矣!伏惟皇帝陛下,每憂勤庶政,嘗諮訪群臣,當明君求諫之秋,是微列得言之日。"尋有旨,寢其事。

　　(宋)王欽若等編纂:《冊府元龜》卷四九四《邦計部》

　　少帝以天福六年六月即位。十一月,詔:"州郡稅鹽,課稅斤七分,住稅斤十分,州府鹽院差省司差人勾當。"先是,諸州府除顆鹽外,每斗海鹽界分約收鹽價錢一十七萬貫。高祖以所在禁法,只犯者眾,遂開鹽禁,許通商。令州郡配徵人戶食鹽錢,上戶千文,下戶二百,分為五等,時亦便之。至是掌賦者欲增財利,難於驟變前法,乃重其關市之征，蓋欲絕其興販，歸利於官也。其後鹽禁如故，鹽錢亦徵，至今爲弊焉。

（宋）王欽若等編纂：《冊府元龜》卷四九四《邦計部》

漢高祖入汴之年，屬外敵稱兵之後，國用尤窘，故鹽鐵之禁甚峻。明年，李守貞叛於河中，傳檄於鄰藩，以疏漢之不道。云："鹹䧛不通，從銖兩者遭刑；農器不行，務耕耘者束手。"則漢之立法可知矣。

（宋）王欽若等編纂：《冊府元龜》卷四九四《邦計部》

周太祖廣順元年九月，詔改鹽法。凡犯五斤已上者處死，煎䧛鹽者犯一斤已上處死。先是，漢法不計斤兩多少，並處極刑。至是始革之。

（宋）王欽若等編纂：《冊府元龜》卷四九四《邦計部》

周太祖廣順元年十二月甲寅，相州李筠乞除放黃澤關商稅課利。從之。

（宋）王欽若等編纂：《冊府元龜》卷五〇四《邦計部》

（廣順）二年正月丙申，晉州王彥超奏：乞除放去年十一月、十二月商稅、鹽務課利。從之。乙巳，陝府折從阮言：奉敕除放賊軍蹂踐人戶賦租。

（宋）王欽若等編纂：《冊府元龜》卷四九二《邦計部》

（廣順）二年九月十八日，敕："條流禁私鹽麴法如後：一、諸色犯鹽麴，所犯一斤已下至一兩，決臀杖十七，配役一年；五斤已下一斤已上，決脊杖二十，配役三年；五斤已上，並決重杖一頓，處死。應所犯鹽麴關津、門司、廂巡、村保，如有透漏，並行勘斷。一、刮䧛煎鍊私鹽，所犯一斤已下，決脊杖二十，配役三年；一斤已上，並決重杖一頓，處死。所犯私鹽，若捉到䧛土䧛水，只煎成鹽，稱盤定罪。逐處凡有醶鹵之地，所在官吏節級所繇，嘗須巡簡，村坊鄰保，遍相覺察。若有所犯，他處彰露，並行勘斷。一、所犯私鹽，捉事告事人各支賞錢，以係省錢充。至死刑者，賞錢五十貫文；不及死刑者，三十貫文。一、顆鹽、末鹽，各有界分，若將本地分鹽侵越疆界，同諸色犯鹽例科斷。一，鄉村人戶，所謂蠶鹽，只得將歸裹繭供鹽，不得別將博易貨賣，投托與人。如違，並同諸色犯鹽例科斷。若是所請蠶鹽，道路津濟，須經過州府縣鎮，委三司明行指揮。一、凡賣鹽麴，須並於官場官務內買。若衷私投托興販，其買賣人，並同諸色犯鹽麴例科斷。一、諸官場務，如有羨餘，出利鹽麴，並許盡底報官。如衷私貨賣者，買賣人並同諸色犯鹽麴例科斷。若鹽鋪酒店戶，及諸色人與場院衷私貨賣者，並同罪科斷。一、所犯鹽麴，有同情共犯者，若是骨肉卑幼奴婢同犯，抵罪家長主首。如家長主首不知情抵，罪造意者，其餘減等科斷。若是他人同犯，並同罪斷遣。若與他人同犯，據逐人腳下所犯斤兩，依輕重斷遣。一、州城縣鎮郭下人戶，係屋稅合請鹽者，若是州府，並於城內請給；若是外縣鎮郭下人戶，亦許將鹽歸家供食。仍仰本縣預取逐戶合請鹽數目，攢定文帳，部領人戶，請拔勒本官吏及所在場務同點簡入城。若縣鎮郭下人戶，城外別有莊田，亦仰本縣預前分擘開坐，勿令一處請給供使。"敕令："應諸道今後，若捉獲犯私鹽麴人，罪犯分明，正該條法，便即斷遣訖奏。若稍設疑誤，抵須申奏取裁。"

（宋）王欽若等編纂：《冊府元龜》卷四九四《邦計部》

（廣順二年）十月戊申，解州刺史兼兩池榷鹽使張崇訓言："兩鹽池周圍極遠，以棘爲籬，別無城壁。其巡警牙官，數百步一人。向未立法，猶有犯禁。近奉九月十日條流，雖不該制置鹽場務司，亦已曉諭。今來未審依舊法，用新條。"詔："依新敕。"先是，漢法：犯鹽一斤一兩死之。太祖以其用法太峻，兼不足以懲奸，乃改法，加至五斤處死。主者但欲嚴酷以集事，不顧治道之可否。故張崇訓有是奏。

（宋）王欽若等編纂：《冊府元龜》卷四九四《邦計部》

（廣順）二年十一月，鄆州言奉詔，已示諭商稅院不收絲麻鞋等稅。

（宋）王欽若等編纂：《册府元龜》卷五〇四《邦計部》

周廣順二年，敕令慶州榷鹽務，今後每青鹽一石依舊抽稅錢八百八十五陌、鹽一斗；白鹽一石抽稅錢五百八十五陌、鹽五升，此外不得別有邀求。

青、白鹽池在鹽州北。唐朝元管四池：曰烏池、白池、瓦窑池、細項池。今出稅置吏唯有青、白二池。

敕諸色犯鹽、麴五斤以上，並重杖處死，以下科斷有差；刮鹼煎鍊私鹽所犯一斤以上斷死，以下科斷有差；人戶所請蠶鹽只得將歸裹繭供食，不得博易貨賣，違者照私鹽科斷。州城、縣鎮郭下人戶係屋稅合請鹽者，若是州府，並於城內請給；若是外縣鎮郭下人戶，亦許將鹽歸家供食。仰本縣預取逐戶合請鹽數目，攢定文帳，部領人戶請給，勒本處官吏及所在場務同點檢入城。若縣鎮郭下人戶城外別有莊田，亦仰本縣預先分擘開坐，勿令一處分給供使。

（元）馬端臨：《文獻通考》卷一五《征榷考二》

（廣順）三年正月，澶州言於商稅舊額上，添長錢二千八百貫，麴務添七千貫，從今年三月初一納起。詔褒之。

（宋）王欽若等編纂：《册府元龜》卷五〇四《邦計部》

（廣順）三年三月，詔曰："青、白池務，素有定規。只自近年，頗乖循守，比來青鹽一石，抽稅錢八百、鹽一斗；白鹽一石，抽稅五百、鹽五升。其後青鹽一石，抽錢一千、鹽一斗。訪聞改法已來，不便商販。蕃人漢戶，求利艱難，宜與優饒，庶令存濟。已降宣命，指揮廣州榷鹽院：今後每青鹽一石，依舊抽稅錢八百八十五，爲陌鹽一斗；白鹽一石，抽稅錢五百、鹽五升。此外更不得別有邀求，仍候蕃人入界，本州務及諸巡鎮，倍加安撫，不得侵欺。如蕃人將羊馬貨價，須平和交易，不得縱任牙人，通同脱略，故爲抑凌。訪聞邊上鎮鋪，於蕃、漢户人市易糶餘，衷私抽税，今後一切止絶。如違，必加深罪。各令知悉。"青、白鹽池在鹽州北，唐朝元管四池，曰烏池、白池、瓦窑池、細項池。今出税置吏，準烏、白二池而已。寧、慶諸州，民有自池務買鹽，經過處皆定税利。

（宋）王欽若等編纂：《册府元龜》卷四九四《邦計部》

（廣順三年）十二月，三司使奏："諸道州府逐年俵散户人顆鹽，除俵鄉村外，有州城縣鎮郭下舊請屋税鹽鹽處，自前元不敢入城門，以廣順二年敕，却許放入。緣州城縣鎮郭下各有糶場，切慮放入税鹽。紊亂條法，難爲簡較。其州城府縣鎮郭下所俵，年約六千餘石，徵錢萬五千八百貫。起來年欲住俵其元徵錢，未審徵否？"敕："諸州府並外縣鎮城内，其居人屋税鹽，今後不俵其鹽錢，亦不徵納。所有鄉村人户合請鹽鹽，州城縣鎮嚴切簡較，不得放入城門。"

（宋）王欽若等編纂：《册府元龜》卷四九四《邦計部》

（廣順）三年，敕："諸州府並外縣鎮城内，其居人屋税鹽，今後不俵，其鹽錢亦不徵納。所有鄉村人户合請鹽鹽，所在州城縣鎮嚴切檢校，不得放入城門。"

（元）馬端臨：《文獻通考》卷一五《征榷考二》

世宗顯德元年十二月，帝謂侍臣曰："朕覽食末鹽州郡，犯私鹽者，多於食顆鹽界分。蓋卑濕之地，易爲刮鹼煎造，豈唯違我榷法，兼又以我好鹽？況末鹽煎鍊，般運費用，倍於顆鹽，今宜分割十餘州，令食顆鹽。不唯沿流輦運省力，兼且少人犯禁。"時論便之，自是曹、宋已西十餘州，皆食顆鹽焉。

（宋）王欽若等編纂：《册府元龜》卷四九四《邦計部》

（顯德）二年八月二十四日，宣節頭文："改立鹽法如後：一、瞻國軍堂陽務。邢、洺州鹽務，應有見垛貯鹽貨處，並煎鹽場竈，及應是鹹池，並須四面修置墙塹，如是地里均遠，難爲修置墙塹，即是壕籬爲規隔，如是人於壕籬內偷鹽，夾帶官鹽，兼於壕籬外煎造鹽貨，便仰收捉。及許諸色人陳告，所犯不計多少斤兩，並決重杖一頓，處死。其經歷地分，及門司節級人員，并當勘斷。所有捉事、告事人賞錢，一兩已上至一斤，賞錢二十貫文；一斤已上至一十斤，賞錢三十貫文；一十斤已上，賞錢五十貫文。一、應有不係官中煎鹽處鹹池，並須立標標出，委本州府差公幹職員，與巡鹽節級、村保、地主、鄰人，同共巡檢。若諸色人偷刮鹹地，便仰收捉。及諸色人陳告，若勘逐不虛，捉事、告事人，每獲一人，賞絹一十匹；獲二人，賞絹二十匹；獲三人已上，不計人數，賞絹五十匹。刮鹹煎鹽人，並知情人，所犯不計多少斤兩，並決重杖一頓，處死。其刮鹹處地分，並刮鹹人住處，巡簡節級、所隸村保等，各決脊杖十八。令衆一月放，依舊勾當。刮鹹處地主，不切簡較，決脊杖十七，令衆一月放一課鹽池。分界內有刮鹹煎鍊鹽貨，所犯並依前項。一、今緣改價賣鹽，慮有別界分鹽貨，遞相侵犯。及將鹽入城諸色犯鹽人，令下三司，依下項條流科斷。其犯鹽人隨行物色，給與本家，其鹽没納入官。所經歷地分，節級人員，並行勘斷。一兩至一斤，決臀杖十五，令衆半月，捉事、告事人賞錢五貫文。一斤已上至十斤，決脊杖十五，令衆一月，捉事、告事人賞錢七貫文。二十斤已上，不計多少，決脊杖十七，配發運務役一年，捉事、告事人賞錢一十貫文。一、諸州府人戶所請蠶鹽，不得於鄉村里私貨賣。及信團頭腳戶，鹽司請鹽節級所隸等，克折糶賣，如有犯者，依諸色犯鹽例科斷。一、如有人於河東界將鹽過來，及自家界內，有人往彼興販鹽貨，所犯者，並處斬。其犯鹽人隨行驢畜資財，並與捉事人充賞。"

　　（宋）王欽若等編纂：《册府元龜》卷四九四《邦計部》

　　（顯德二年）十月，詔曰："漳河以北州府管界，元是官場糶鹽。今除城郭等市內，仍舊禁約，其鄉村並許鹽貨通商。逐處有鹹鹵之地,一任人户煎鍊興販,即不得逾越漳河,入不通商地界。"

(宋)王欽若等編纂:《册府元龜》卷四九四《邦計部》

五年(顯德五年),既取江北諸州,唐主奉表入貢,因白帝以江南無鹵田,願得海陵鹽監南屬以贍軍。帝曰:"海陵在江北,難以交居,當別有處分。"乃詔歲支鹽三十萬斛以給江南,士卒稍稍歸之。

(元)馬端臨:《文獻通考》卷一五《征榷考二》

五代時,鹽法太峻。

(元)馬端臨:《文獻通考》卷一五《征榷考二》

是月,吳越始榷酒酤。

(宋)李燾:《續資治通鑒長編》卷一,太祖建隆元年(960)

漢初,犯私麴者並弃市,周祖始令至五斤死。上以周法尚峻,壬戌,詔民犯私麴十五斤,以私酒入城至三斗者,始處極典,其餘論罪有差;私市酒麴,減造者之半。

上又以前朝鹽法太峻,是日,定令:"官鹽闌入禁地貿易至十斤,煮鹻至三斤者,乃坐死。民所受蠶鹽以入城市,三十斤以上者,奏裁。"《太宗實錄》太平興國二年云:先是,官貨鹽與民,蠶事既畢,即以絲絹償官,謂之蠶鹽,令民隨夏秋賦租納其直。《食貨志》云:唐有蠶鹽,皆賦於民,隨夏稅收錢絹。與《實錄》少異,當考。

(宋)李燾:《續資治通鑒長編》卷二,太祖建隆二年(961)

己巳,詔嶺南商税及鹽法並依荆湖例,酒麴仍勿禁。

(宋)李燾:《續資治通鑒長編》卷一二,太祖開寶四年(971)

有司言:"江南諸州榷茶,準敕於緣江置榷貨諸務。百姓有藏茶於私家者,差定其法,著於甲令,匿而不聞者,許鄰里告之,賞以金帛,

咸有差品。仍於要害處縣法以示之。"詔從其請。凡出茶州縣,民輒
留及賣鬻計直千貫以上,黥面送闕下,婦人配爲鐵工。民間私茶減本
犯人罪之半。榷務主吏盜官茶販鬻,錢五百以下,徒三年;三貫以上,
黥面送闕下。茶園戶輒毀敗其叢株者,案"叢株",《文獻通考》作"叢樹"。
計所出茶,論如法。

　　(宋)李燾:《續資治通鑒長編》卷一八,太宗太平興國二年(977)

　　初江南諸州官市茶十分之八,餘二分復稅其什一,然後給符,聽
其貨鬻,商人旁緣爲奸,逾江涉淮,頗紊國法。轉運使樊若冰請禁之,
仍增所市之直以便民。

　　(宋)李燾:《續資治通鑒長編》卷一八,太宗太平興國二年(977)

　　有司又言:"煮鹽之利,以佐用度,非申明禁法,則豪民專之,山澤
之出,不能盡征於王府矣。應江南諸州先通商處悉禁之,凡烏土鹵水
民並不得私煮鹽,差定其罪,著於甲令。其諸處池監,監臨主者盜官
鹽販鬻以規利,亦如盜煮鹽之法。其通商禁法等處及西路青白鹽各
相伺察,不得令私鹽侵奪公利,犯者自一兩至二百斤論罪有差。於是
比乾德之禁,增闌入至二百斤以上,煮鬻及主吏盜販至百斤以上,蠶
鹽入城市五百斤以上,並杖背黥面送闕下。《宋朝要録》:其民間食鹽,州
縣吏量口賦之,蠶鹽以版籍度而授之,詔並從其請。先是,以官鹽貸於民,蠶事
既畢,即以絲絹償官,謂之蠶鹽。其食鹽,令民隨夏秋賦租納其直。

　　(宋)李燾:《續資治通鑒長編》卷一八,太宗太平興國二年(977)

　　除滁州舒城縣贍軍茶歲七千三百五十斤。蓋沿江南僞主時課民
所輸,范仲淹使淮南,請除之。

　　(宋)李燾:《續資治通鑒長編》卷一一五,仁宗景祐元年(1034)

　　及拱辰爲三司使,拱辰是年正月戊子,以翰林學士兼龍圖閣學士、權三
司使。復建議悉榷二州鹽,下其議於本路,都轉運使魚周詢亦以爲不

可,本志以爲都轉運使夏疏,誤也。竦五年八月判并州,六年二月改大名。拱辰十一月戊子罷三司使,出知亳州,張方平代之。方拱辰在三司時,竦無緣却爲都轉運使。據何郯奏議,爲都轉運使者乃魚周詢也。王岩叟元祐初奏議,亦誤以魚周詢爲夏竦。且言:"商人販鹽,與所過州縣吏交通爲弊,所算十無二三。請敕州縣以十分算之,聽商人至所鬻州縣並輸算錢,歲可得緡錢七十餘萬。"三司奏用其策,上曰:"使人頓食貴鹽,豈朕意哉!"於是三司更立榷法而未下也,方平見上,問曰:"河北再榷鹽,何也?"上曰:"始議立法,非再也。"方平曰:"周世宗榷河北鹽,犯輒處死。世宗北伐,父老遮道泣訴,願以鹽課均之兩稅錢而弛其禁,世宗許之。今兩稅鹽錢是也,豈非再榷乎?且今未榷也,而契丹常盜販不已,若榷之,則鹽貴,敵鹽益售,是爲我斂怨而使敵獲福也。敵鹽滋多,非用兵不能禁,邊隙一開,所得鹽利,能補用兵之費乎?"上大悟曰:"卿語宰相立罷之。"方平曰:"法雖未下,民已戶知之,當直以手詔罷之,不可自有司出也。"上大喜,命方平密撰手詔下之,河朔父老相率拜迎於澶州,爲佛老會七日以報上恩,且刻詔書北京。其後父老過詔書下,必稽首流涕。《食貨志》云:三司奏用其策,仁宗曰:"使民頓食貴鹽,豈朕意哉!"下詔不許。若不許三司之請,則不須下詔,今既下詔,蓋已立法而未行。墓志當得其實,今從之。《食貨志》不載方平事,蓋疏略也。熙寧八年六月,章惇又議榷鹽。

　　(宋)李燾:《續資治通鑑長編》卷一五九,仁宗慶曆六年(1046)

　　癸未,右司諫蘇轍言:

　　臣伏見朝廷近罷市易事,不與商賈爭利,四民各得其業,欣戴聖德,無有窮已。惟有益、利、鳳、熙河等路茶場司,以買賣茶虐四路生靈。又茶法影蔽市易販賣百物,州縣監司不敢顧問,爲害不細,而朝廷未加禁止。臣聞五代之際,孟氏竊據蜀土,國用褊狹,始有榷茶之法。及藝祖平蜀之後,放罷一切橫斂,茶遂無禁,民間便之。其後,淳化間倖利之臣始議掊取,大盜王小波、李順等因販茶失職,窮爲劓劫,凶焰一扇,而蜀之民肝腦塗地,久而後定。自後朝廷始因民間販賣,量行收稅，所取雖不甚多，而商賈流行，爲利自廣。近歲李杞初立茶法，一切禁止民間私買，然猶所收之息止以四十萬貫爲額，供億熙河。至劉佐、蒲宗閔提舉茶事，取息太重，立法太嚴，遠人始病，是時知彭州呂陶奏乞改法，只行長引，令民自販茶，每茶一貫長引錢一百，更不得取息。得旨依奏，民間聞之，方有息肩之望。又却差孫迴、李稷入川相度，始擬極力掊取。因建言乞許茶價隨時增減，茶法既有增減之文，則取息依舊。由是息錢、長引二說並行，而民間轉不易矣！而稷等又益以販鹽布，乃能增額及六十萬貫。及李稷引陸師閔共事，又增額至一百萬貫。師閔近歲又乞於額外以一百萬貫爲獻，朝廷許之。於是，奏乞於成都府置場，客旅無見錢買茶，許以金銀諸貨折博，遂以折博爲名，多遣公人牙人公行拘攔民間物貨，入場賤買貴賣，其害過於市易。又以本錢質典諸物，公違條法，欺罔朝廷。蓋茶法始行至今，法度凡四變矣！每變取利益深，民益困敝。然供億熙河止於四十萬貫，其餘以供給官吏及非理進獻，希求恩賞。而害民之餘，辱國傷教，又有甚者？

　　（宋）李燾：《續資治通鑒長編》卷三六六，哲宗元祐元年（1086）

　　丁晉公有《北苑茶錄》三卷。世多指建州茶焙爲北苑，故姚寬《叢語》謂：“建州龍焙面北，遂謂之北苑。”此說非也。以予觀之，宮苑非人主不可稱，何以言之？案建茶供御，自江南李氏始。故楊文公《談苑》云：“建州，陸羽茶經尚未知之。但言福建等十二州未詳，往往得之，其味極佳。江左近日方有蠟面之號，李氏別令取其乳作片，或號曰京挺、的乳及骨子等，每歲不過五六萬斤。迄今歲出三十餘萬斤。”以文公之言考之，其曰京挺、的乳，則茶以京挺爲名。又稱北苑，亦以供奉得名，可知矣。李氏都於建業，其苑在北，故得稱北苑。水心有清輝殿，張洎爲清輝殿學士。別置一殿於內，謂之澄心堂，故李氏有澄心堂紙。其曰北苑茶者，是猶澄心堂紙耳。

　　　　　　　　　　　　（宋）吳曾：《能改齋漫錄》卷九

張蕓叟《畫墁録》云:"有唐茶品,以陽羨爲上供。建溪、北苑未
著也。貞元中,常衮爲建州刺史,始蒸焙而研之,謂之膏茶;其後始爲
餅樣,貫其中,故謂之一串。陸羽所烹,惟是草茗爾。迨至本朝,建溪
獨盛。丁晉公爲轉運使,始制爲鳳團,後又爲龍團,歲貢不過四十餅。
天聖中,又爲小團,其餅迥加於大團。熙寧末,神宗有旨,下建州置密
雲龍,其餅又加於小團。"已上皆《畫墁》所載。餘案《五代史》,當後
唐天成四年五月七日,"中書門下奏:'朝臣時有乞假覲省者,欲量賜
茶藥。'奉敕宜依者,各令據官品等第指揮,文班自左右常侍、諫議、給
舍,下至侍郎,宜各賜蜀茶三斤、蠟面茶二斤、草荳蔻一百枚、肉荳蔻
一百枚、青木香二斤,以次武班官各有差。"以此知建茶以蠟面爲上

(宋)吳曾:《能改齋漫録》卷一五

僞唐徐履掌建陽茶局。弟復治海陵鹽政,監檢烹煉之亭,榜曰
"金鹵"。履聞之,潔敞焙舍,命曰"玉葺"。

(宋)陶穀:《清異録》卷上

和凝在朝,率同列遞日以茶相飲,味劣者有罰,號爲湯社。

(宋)陶穀:《清異録》卷下

有得建州茶膏,取作耐重兒八枚,膠以金縷,獻於閩王曦,遇通文
之禍,爲內侍所盜,轉遺貴臣。

(宋)陶穀:《清異録》卷下

吳僧文了善烹茶。游荆南,高保勉白子季興,延置紫雲庵,日試
其藝。保勉父子呼爲"湯神",奏授華定水大師上人,目曰"乳妖"。

(宋)陶穀:《清異録》卷下

《清異録》:吳僧文了善烹茶。游荆南,高保勉子季興延置紫雲
庵,曰:"試其藝。"保勉父子呼爲"湯神",奏授華亭水大師上人,目曰

“乳妖”。

（明）彭大翼：《山堂肆考》卷一九三

《荆南列傳》：文了，吴僧也，雅善烹茗，擅絕一時。武信王時來游荆南，延住紫雲禪院，日試其藝，王大加欣賞，呼爲“湯神”，奏授華亭水大師，人皆目爲“乳妖”。

（清）陸廷燦：《續茶經》卷下之三

僞閩甘露堂前兩株茶，鬱茂婆娑，宮人呼爲“清人樹”。每春初，嬪嬙戲摘新芽，堂中設傾筐會。

（宋）陶穀：《清異録》卷下

顯德初，大理徐恪見貽鄉信鋌子茶，茶面印文曰“玉蟬膏”，一種曰“清風使”。恪，建人也。

（宋）陶穀：《清異録》卷下

胡嶠《飛龍礀飲茶詩》曰：“沾牙舊姓餘甘氏，破睡當封不夜侯。”新奇哉！嶠，宿學雄材，未達，爲耶律德光所虜，北去後間道復歸。

（宋）陶穀：《清異録》卷下

其茶凡三名：一曰供軍稅茶，蓋江南李氏所取，以助軍也；二曰酒茶，乃景德以前因撲買縣酒，其課利計茶以納，後因敗欠，遂以其數敷出於民；三曰市茶，景德三年歲荒，官許額外貨茶以濟艱食，所入既倍，而監場官因亦被賞，竟不復減。

（宋）王得臣：《麈史》卷上

有唐茶品，以陽羨爲上供，建溪、北苑未著也。貞元中，常衮爲建州刺史，始蒸焙而研之，謂研膏茶。其後稍爲餅樣其中，故謂之一串。陸羽所烹，惟是草茗爾。迨至本朝，建溪獨盛，采焙製作，前世所未有也。士大夫珍尚鑒別,亦過古。

(宋)張舜民:《畫墁録》

建茶之美者號北苑茶。今建州鳳凰山,土人相傳謂之"北苑",言江南嘗置官領之,謂之"北苑使"。余因讀李後主文集有《北苑詩》及《北苑紀》,知北苑乃江南禁苑,在金陵,非建安也。江南北苑使,正如今之内園使。李氏時有北苑使善製茶,人競貴之,謂之"北苑茶",如今茶器中有學士甌之類,皆因人得名,非地名也。丁晉公爲《北苑茶録》云:"北苑,地名也,今曰'龍焙'。"又云:"苑者,天子園囿之名。此在列郡之東隅,緣何却名北苑?"丁亦自疑之。蓋不知北苑茶本非地名,始因誤傳,自晉公實之於書,至今遂謂之"北苑"。

(宋)沈括:《補夢溪筆談》卷一

北苑産茶有四十六所,廣袤三十餘里,分内外園。江南李氏初置使,本朝丁晉公行漕事,始制龍鳳團以進,然歲不過四十餅。慶曆中,蔡端明爲漕,復有增益。元豐中,神宗有旨造密雲龍,其品又高於小龍團。今歲貢三等十有二綱,四萬九千餘銙。

(宋)曾敏行:《獨醒雜志》卷九

建谿龍茶,始江南李氏,號"北苑龍焙"者,在一山之中間,其周遭則諸葉地也。居是山,號"正焙",一出是山之外,則曰"外焙"。"正焙""外焙",色香必迥殊,此亦山秀地靈所鍾之,有異色已。"龍焙"又號"官焙",始但有龍鳳、大團二品而已。仁廟朝,伯父君謨名知茶,因進小龍團,爲時珍貴,因有大團、小團之别。小龍團見於歐陽文忠公《歸田録》,至神祖時即"龍焙",又進"密雲龍"。"密雲龍"者,其雲紋細密,更精絶於小龍團也。及哲宗朝,益復進"瑞雲翔龍"者,御府歲止得十二餅焉。其後,祐陵雅好尚,故大觀初,"龍焙"於歲貢色目外,乃進御苑玉芽、萬壽龍芽,政和間且增以長壽玉圭。玉圭凡厪盈寸,大抵北苑絶品曾不過是,歲但可十百餅。然名益新,品益出,而舊格遞降於凡劣爾。又茶茁其芽,貴在於社前則已進御。自是迤邐宣和間,皆占冬至而嘗新茗,是率人力爲之,反不近自然矣。茶之尚,蓋自唐人始,至本朝爲盛;而本朝又至祐陵時益窮極新出,而無以加矣。

(宋)蔡絛:《鐵圍山叢談》卷六

[荆州]當陽縣青溪山,仙人掌茶。李白有詩。又曰:綿州龍安縣生松嶺關者,與荆州同。

(前蜀)毛文錫撰,陳尚君輯:《茶譜》

峽州:碧澗、明月。有小江園、明月僚、碧澗僚、茱萸僚之名。

(前蜀)毛文錫撰,陳尚君輯:《茶譜》

涪州出三般茶:賓化最上,制於早春;其次白馬;最下涪陵。

(前蜀)毛文錫撰,陳尚君輯:《茶譜》

[渠州]渠江薄片,一斤八十枚。

(前蜀)毛文錫撰,陳尚君輯:《茶譜》

揚州禪智寺,隋之故宮,寺枕蜀岡,有茶園,其味甘香,如蒙頂也。

(前蜀)毛文錫撰,陳尚君輯:《茶譜》

壽州:霍山黃牙。

(前蜀)毛文錫撰,陳尚君輯:《茶譜》

[舒州]多智山,其山有茶及蠟,每年民得采掇爲貢。

(前蜀)毛文錫撰,陳尚君輯:《茶譜》

常州:義興紫笋、陽羨春。義興有灘湖之含膏。

(前蜀)毛文錫撰,陳尚君輯:《茶譜》

［蘇州］長洲縣生洞庭山者，與金州、蘄州、梁州味同。

（前蜀）毛文錫撰，陳尚君輯：《茶譜》

湖州長興縣啄木嶺金沙泉，即每歲造茶之所也。湖、常二郡接界於此。厥土有境會亭，每茶節，二牧皆至焉。斯泉也，處沙之中，居常無水。將造茶，太守具儀注拜敕祭泉。頃之發源，其夕清溢。造供御者畢，水即微減。供堂者畢，水已半之。太守造畢，即涸矣。太守或還旆稽期，則示風雷之變，或見鷙獸、毒蛇、木魅焉。

（前蜀）毛文錫撰，陳尚君輯：《茶譜》

杭州臨安、於潛二縣生天目山者，與舒州同。

（前蜀）毛文錫撰，陳尚君輯：《茶譜》

睦州之鳩坑極妙。

（前蜀）毛文錫撰，陳尚君輯：《茶譜》

婺州有舉岩茶，片片方細。所出雖少，味極甘芳，煎如碧玉之乳也。

（前蜀）毛文錫撰，陳尚君輯：《茶譜》

福州柏岩極佳。
［福州］臘面。
福州：方山露芽。

（前蜀）毛文錫撰，陳尚君輯：《茶譜》

建州：北苑先春龍焙。
［南劍州］蒙頂石花、露鋋牙、籛芽。

（前蜀）毛文錫撰，陳尚君輯：《茶譜》

宣州宣城縣有茶山,其東爲朝日所燭,號曰陽坡。其茶最勝,形如小方餅,橫鋪茗芽其上。太守常薦之,京洛題曰陽坡茶。杜枚《茶山詩》云:"山實東吳秀,茶稱瑞草魁。"

又曰:宣城縣有丫山小方餅,橫鋪茗牙裝面,其山東爲朝日所燭,號曰陽坡,其茶最勝。太守嘗薦於京洛,人士題曰:丫山陽坡橫紋茶。

(前蜀)毛文錫撰,陳尚君輯:《茶譜》

蘄州牛嶺者尤好。

(前蜀)毛文錫撰,陳尚君輯:《茶譜》

[池州]池陽:鳳嶺。

(前蜀)毛文錫撰,陳尚君輯:《茶譜》

洪州西山白露及鶴嶺茶極妙。
又曰:洪州西山白露、雙井白芽、鶴嶺。

(前蜀)毛文錫撰,陳尚君輯:《茶譜》

鄂州之東山、薄圻、唐年縣,皆産茶,黑色如韭,葉極軟,治頭痛。

(前蜀)毛文錫撰,陳尚君輯:《茶譜》

[虔州]南康:雲居。

(前蜀)毛文錫撰,陳尚君輯:《茶譜》

袁州之界橋,其名甚著,不若湖州之研膏、紫笋,烹之有緑脚垂下。

(前蜀)毛文錫撰,陳尚君輯:《茶譜》

[潭州]長沙之石楠,采牙爲茶,湘人以四月四日摘楊桐草,搗其汁拌米而蒸,猶糕糜之類。必啜此茶,乃去風也,尤宜暑月飲之。

(前蜀)毛文錫撰,陳尚君輯:《茶譜》

衡州之衡山,封州之西鄉,茶研膏爲之,皆片團如月。

(前蜀)毛文錫撰,陳尚君輯:《茶譜》

彭州有蒲村、堋口、灌口,其園名仙崖、石花等。其茶餅小而布嫩芽如六出花者,尤妙。

玉壘關外寶唐山有茶樹,產於懸崖,筍長三寸五寸,方有一葉兩葉。

(前蜀)毛文錫撰,陳尚君輯:《茶譜》

蜀州晉原洞口、橫源、味江、青城。其橫源雀舌、鳥嘴、麥顆,蓋取其嫩芽所造,以其芽似之也。又有片甲者,即是早春黃芽,其葉相抱,如片甲也;蟬翼者,其葉嫩薄,如蟬翼也。皆散茶之最上也。

(前蜀)毛文錫撰,陳尚君輯:《茶譜》

眉州洪稚、丹棱、昌合亦制餅茶,法如蒙頂。

眉州洪雅、昌闔、丹棱,其茶如蒙頂制餅茶法。其散者,葉大而黃,味頗甘苦,亦片甲、蟬翼之次也。

(前蜀)毛文錫撰,陳尚君輯:《茶譜》

邛州之臨邛、臨溪、思安、火井,有早春、火前、火後、嫩綠等上中下茶。

邛、臨數邑,茶有火前、火後、嫩綠、黃芽號。又有火番餅,每餅重四十兩,入西蕃、党項,重之,如中國名山者,其味甘苦。

(前蜀)毛文錫撰,陳尚君輯:《茶譜》

蜀之雅州有蒙山，山有五頂，頂有茶園，其中頂曰上清峰。昔有僧病冷且久，嘗遇一老父，謂曰："蒙之中頂茶，嘗以春分之先後，多構人力，候雷之發聲，併手采摘三日而止。若獲一兩，以本處水煎服，即能袪宿疾。二兩當限前無疾，三兩固以換骨，四兩即爲地仙矣。"是僧因之中頂，築室以候，及其獲一兩餘，服未竟而病瘥。時到城市，人見容貌，常若年三十餘，眉髮綠色。其後入青城訪道，不知所終。今四頂茶園采摘不廢，惟中頂草木繁密，雲霧蔽虧，鷙獸時出，人迹稀到矣。今蒙頂茶有霧銙芽、籛芽，皆云火前，言造於禁火之前也。

蒙山有壓膏露牙、不壓膏露牙、並冬牙，言隆冬甲坼也。

蒙頂有研膏茶，作片進之，亦作紫笋。

雅州百丈、名山二者尤佳。

（前蜀）毛文錫撰，陳尚君輯：《茶譜》

［梓州］東川：獸目。

（前蜀）毛文錫撰，陳尚君輯：《茶譜》

［綿州］龍安有騎火茶，最上，言不在火前，不在火後作也。清明改火，故曰火。

綿州龍安縣生松嶺關者，與荆州同。其西昌、昌明、神衆等縣，連西山生者，並佳。獨嶺上者不堪采擷。

（前蜀）毛文錫撰，陳尚君輯：《茶譜》

［渝州］南平縣狼猱山，黃黑色，渝人重之，十月采貢。

（前蜀）毛文錫撰，陳尚君輯：《茶譜》

廬州之茶樹，獠常携瓢具，穴其側。每登樹采摘芽茶，必含於口，待其展，然後置於瓢中，旋塞其竅，歸必置於暖處。其味極佳。又有粗者，其味辛而性熱。彼人云：飲之療風。

（前蜀）毛文錫撰，陳尚君輯：《茶譜》

容州黃家洞有休葉如嫩竹，土人作飲，甚甘美。

（前蜀）毛文錫撰，陳尚君輯：《茶譜》

團黃有一旗二槍之號，言一葉二牙也。

（前蜀）毛文錫撰，陳尚君輯：《茶譜》

茶之別者，枳殼芽、構杞牙、枇杷牙，皆治風疾。又有皂英牙、槐牙、柳牙，乃上春摘其牙，和茶作之。五花茶者，其片作五出花也。

（前蜀）毛文錫撰，陳尚君輯：《茶譜》

胡生者，以釘鉸爲業，居近白蘋洲。傍有古墳，每因茶飲，必奠酹之。忽夢一人謂之曰：“吾姓柳，平生善爲詩而嗜茗。感子茶茗之惠，無以爲報，欲教子爲詩。”胡生辭以不能，柳强之，曰：“但率子意言之，當有致矣。”生後遂工詩焉。時人謂之胡釘鉸詩。柳當是柳惲也。

（前蜀）毛文錫撰，陳尚君輯：《茶譜》

覺林僧志崇，收茶三等。待客以驚雷莢，自奉以萱草帶，供佛以紫茸香。赴茶者，以油囊盛餘瀝歸。

（前蜀）毛文錫撰，陳尚君輯：《茶譜》

甫里先生陸龜蒙，嗜茶荈，置小園於顧諸山下，歲入茶租，簿爲甌蟻之費。自爲品第書一篇，繼《茶經》《茶訣》之後。

（前蜀）毛文錫撰，陳尚君輯：《茶譜》

舊記：建安郡官焙三十有八，自南唐歲率六縣民采造，大爲民間所苦。我宋建隆已來，環北苑近焙，歲取上供，外焙俱還民間而裁稅之。

（宋）宋子安：《東溪試茶録》

陸羽《茶經》，裴汶《茶述》，皆不第建品，說者但謂二子未嘗至閩，而不知物之發也，固自有時。蓋昔者山川尚閟，靈芽未露。至於唐末，然後北苑出爲之最。是時僞蜀詞臣毛文錫作《茶譜》，亦第言建有紫笋，而臘面乃産於福。五代之季，建屬南唐，南唐保大三年，俘王延政而得其地。歲率諸縣民，采茶北苑，初造研膏，繼造臘面。丁晉公《茶錄》載：泉南老僧清錫，年八十四，嘗示以所得李國主書，寄研膏茶，隔兩歲方得臘面，此其實也。至景祐中，監察御史丘荷撰《御泉亭記》，乃云唐季敕福建罷貢橄欖，但贄臘面茶，即臘面産於建安明矣。荷不知臘面之號，始於福，其後建安始爲之。按唐《地理志》，福州貢茶及橄欖，建州惟貢練練，未嘗貢茶，前所謂罷供橄欖，惟贄臘面茶，皆爲福也。慶曆初，林世程作《閩中記》，言福茶所産在閩縣十里，且言往時建茶未盛，本土有之，今則土人皆食建茶。世程之説，蓋得其實，而晉公所記臘面起於南唐，乃建茶也。既有制其佳者，號曰京鋌。其狀如貢神金白金之鋌。聖朝開寶末，下南唐。太平興國初，特置龍鳳模，遣使即北苑造團茶，以別庶飲，龍鳳茶蓋始於此。

（宋）熊蕃：《宣和北苑貢茶錄》

臣聞五代之際，孟氏竊據蜀土，國用褊狹，始有榷茶之法。及藝祖平蜀之後，放罷一切橫歛，茶遂無禁，民間便之。

（宋）蘇轍：《欒城集》卷三六

《茶錄》：茶，古不聞食，自晉宋已降，吳人采葉煮之，名爲茗粥。

（清）陸廷燦：《續茶經》卷上之一

《茶譜》：衡州之衡山、封州之西鄉茶，研膏爲之，皆片團如月。又，彭州蒲村堋口，其園有仙芽、石花等號。

（清）陸廷燦：《續茶經》卷上之一

樂思白《雪庵清史》：夫輕身換骨，消渴滌煩，茶荈之功至妙至神。昔在有唐，吾閩茗事未興，草木仙骨，尚閟其靈。五代之季，南唐采茶北苑,而茗事興。迨宋至道初,有詔奉造,而茶品日廣。

(清)陸廷燦:《續茶經》卷上之一

　　《太平山川記》:茶葉僚五代時於屨居之。

(清)陸廷燦:《續茶經》卷下之三

　　《類林》:五代時,魯公和凝字成績,在朝率同列遞日以茶相飲,味劣者有罰,號爲湯社。

(清)陸廷燦:《續茶經》卷下之三

　　馬令《南唐書》:豐城毛炳好學,家貧不能自給,入廬山與諸生留講,獲鑼即市酒盡醉。時彭會好茶而炳好酒,時人爲之語曰:"彭生作賦茶三片,毛氏傳詩酒半升。"

(清)陸廷燦:《續茶經》卷下之三

　　《十國春秋·楚王馬殷世家》:開平二年六月,判官高鬱請聽民售茶北客,收其徵以贍軍,從之。秋七月,王奏運茶河之南北以易繒纊戰馬,仍歲貢茶二十五萬斤,詔可。由是屬內民得自摘山造茶而收其算,歲入萬計,高另置邸閣居茗,號曰八床主人。

(清)陸廷燦:《續茶經》卷下之三

　　《談苑》:茶之精者,北苑名白乳頭,江左有金蠟面,李氏別命取其乳作片,或號曰"京挺的乳",二十餘品,又有研膏茶,即龍品也。

(清)陸廷燦:《續茶經》卷下之三

　　《五代史》:楊行密,字化源,議出鹽茗俾民輸帛幕府。高勖曰:"創破之餘不可以加斂,且帑贔何患不足?若悉我所有以易四鄰所無,不積財而自有餘矣!"行密納之。

(清)陸廷燦:《續茶經·附録》

　　高鬱説馬殷置"回圖務",運茶於河南北,賣之於梁,易繒纊戰馬,而國以富,此後世茶馬之始也。古無茶税,有之自唐德宗始。文宗時,王涯敗,矯改其政而罷之。然則茶税非古,宜罷之乎? 非也。古之所無,後不得而增,增則病民者,謂古所可有而不有者也。古不可以有,而今可有之,則通古人之意而推以立法,奚病哉?

(清)王夫之:《讀通鑑論》卷二八

　　雜錢凡三色,皆起於五代割據時。稱鹽錢者,官據口給食鹽而斂其直;稱麴錢者,給民麴使得釀酒,而歸其麴之直;於官稱腳錢者,每貫出錢五十,以備解發至廣陵。及南唐之末,淮南產鹽之郡爲周世宗所下,無以給民,因以舊所得之數,紐爲正税但輸之。

(宋)羅願:《新安志》卷二

　　添蠶鹽錢增麴價,後唐末清泰二年正月,三司奏增添也。

(宋)李上交:《近事會元》卷三

　　周世宗常榷海鹽,共得三十萬緡,民多犯法,極苦之。

(宋)蘇轍:《龍川略志》卷三

　　周世宗嘗以鹽課均之兩税矣。

(宋)章如愚:《群書考索》後集卷五六

　　周世宗榷河北鹽,犯輒處死。世宗北伐,父老遮道泣訴,願以鹽課均之兩税,而克其禁,世宗許之。

(宋)章如愚:《群書考索》後集卷五七

　　五代晉天福中,以百姓犯鹽禁,乃以食鹽錢於諸道計户配之,作五等,自一貫以至二百,乃令人逐便興販。其後鹽貨頓賤,斤不上二十,於是又重置稅焉。

（宋）章如愚:《群書考索》後集卷五六

後唐長興四年,鹽鐵使奏,每年人户齏鹽,並不許將帶入城,侵奪課利。

（宋）章如愚:《群書考索》後集卷五七

後唐長興四年鹽鐵使奏,每年人户齏鹽,並不許將帶入域,侵奪課利。

（宋）呂祖謙:《歷代制度詳説》卷五

（慶曆三年）六月,罷河北榷鹽。三司使張方平見上問曰:"河北再榷,何也?"上曰:"始立法,非再也。"方平曰:"周世宗以鹽課均之兩稅鹽鐵是也,豈非再榷乎?"遂罷之。河朔父老相率爲佛老會七日,以報上恩,且刻詔書,父老過其下,必稽首焉。

（宋）呂中:《宋大事記講義》卷一一

陵州鹽井,舊深五十餘丈,鑿石而入。其井上土下石,石之上凡二十餘丈,以梗楠木四面鎖叠,用障其土,土下即鹽脉,自石而出。僞蜀置監,歲煉八十萬斤。顯德中,一白龍自井隨霹靂而出,村旁一老父泣曰:"井龍已去,鹹泉將竭,吾蜀亦將衰矣。"乃孟昶即國之二十三年也。自兹石脉淤塞,毒烟上蒸,以緪縋煉匠下視,縋者皆死,不復開浚,民食大饉。太祖即位,建隆中,除賈琰贊善大夫,通判陵州,專幹浚井。琰至井,齋戒虔禱,引鍤徒數百人,祝其井曰:"聖主臨御,深念遠民,井果有靈,隨浚而通。"再拜而入,役徒憚不肯下,琰執鍤先之。數旬才見泉眼,初煉數百斤,日稍增數千斤。郡人繪琰像祀於井旁。

（宋）文瑩:《玉壺清話》卷三

往年王師討伐江南，龍泉乃其境上。錢俶多調發卒士，防遏邊陲。此時榷酤，甚獲其利。縣民張延熙貪婪無識，遂入狀添起虛額，買撲勾當。自江南平定，錢俶進納土疆，書軌既同，幅員無外，所遣丁卒，皆已罷歸。遂致酤賣不行，課利虧失。元買撲戶，並盡底破家賣產，填納不足。

（宋）楊億：《武夷新集》卷一五

唐亡以後，不知始於何日，禁民造麴，官造賣之以收息。既自號為帝王，而所行若此，陋無以加矣。又其甚者，禁民鑄鐵，官鑄農器，强市於民，則尤不仁之甚者也。雖然，猶未甚也。李嗣源天成三年，聽民造麴，而於秋稅畝收五錢，又三年，聽民鑄農器，於夏秋稅二畝收農具三錢，自謂寬政，而不知其賊民之益甚也。造麴者非必有田，有田者方待麴於人而不知造，無端而代鬻麴者以輸稅，其稅之也何名？至於鑄農器者，不耕而獲農人之粟，哀此貧農，輟餐裋衣以博一器，而又為冶人代稅。二者橫征，而後農民之苦日積而月深矣。

（清）王夫之：《讀通鑑論》卷二九

五代橫征無藝。洪容齋《隨筆》記朱溫以夷門一鎮，力征而得天下，士雖苦戰，民則樂輸，末帝與唐莊宗對壘於河上，民雖困於輦運，亦未至流亡，由賦斂輕而田園可戀故也。及唐莊宗任吏人孔謙為三司使，峻法以剝下，厚斂以奉上，於是賦斂日重，而歷代因之。今即據鹽、麴二事，可見其大概也。凡鹽鍋戶應納鹽利，每斗折納白米一斗五升，晉初始令折錢收納，竈戶所納如此，鹽價之貴可知也。海鹽界分每年收錢一千七萬貫，以區區數十州之地，而收價如此，其價更可知也。每城坊官自賣鹽，鄉村則案戶配食，依田稅輸錢。其私販之禁，十斤以上即處死，刮鹻煎鹽者，不論斤兩皆死。凡告者，十斤以上賞錢二十千，五十斤以上三十千，百斤以上五十千，其法令之嚴可知也。晉高祖知鹽貴之病民，乃詔計戶徵稅，每戶自一千至二百文，分五等，聽商人販鹽，民自買食，一時頗以為便。出帝時，又令諸州郡稅鹽,過稅斤七錢,住稅斤十錢,蓋已按戶徵鹽錢,不便改法,乃又加徵商稅,使利歸於官也。漢乾祐中,青鹽一石,抽稅一千文,鹽一斗,是又加重於出帝時矣。周廣順中,始詔青鹽一石,抽八百文,鹽一斗;白鹽一石,抽五百文,鹽五升。然鹽價既因抽稅增貴,而案戶所徵之鹽稅又不放免,是一鹽而二稅,民益苦之。此鹽法之大概也。其酒麴之禁,孔循曾以麴法殺一家於洛陽。私麴五斤以上皆死。明宗乃詔鄉村人戶,於秋田苗上每畝納錢五文,聽民自造麴釀酒,其城坊亦聽自造而榷其稅。長興中,又減五文爲三文,尋仍詔官自造麴,減舊價之半賣民釀酒。漢乾祐中,私麴之禁,不論斤兩皆死。周廣順中,仍改爲五斤以上。然五斤私麴即處極刑,亦可見法令之酷矣。此麴法之大概也。以上俱見薛史及《五代會要》。即此二事,峻法專利,民已不堪命,況賦役繁重,橫征百出,加以藩鎮之私斂,如趙在禮之拔釘錢,每戶一千,劉銖之加派秋苗,每畝率錢三千,夏苗畝二千。民之生於是時者,可勝慨哉!

(清)趙翼撰,王樹民校證:《廿二史劄記校證》卷二二

官榷醋未見所起,問諸掌故輩,亦言不曾著令。然通天下州縣,榷賣犯者仍加之刑,然則雖不榷而實榷也。《周世宗實錄》:顯德四年,詔修賣麴賣酒法,其間有曰:"鄉村人戶今後並許自造米醋;仍許於本州縣界就美處沽賣。"詳此所言,即是五代已嘗禁榷,至世宗許其自造耳。

(宋)程大昌:《續考古編》卷七

10. 對外貿易

明宗天成二年八月,新州奏:得契丹書,乞置互市。翼日,付中書,宣示百官。

(宋)王欽若等編纂:《冊府元龜》卷九九九《外臣部》

（天成）四年四月，敕沿邊置場買馬，不許蕃部直至闕下。帝自臨馭，欲來遠人，党項之衆，競赴都下，常賜酒食於禁庭，醉則連袂歌土風以出。凡將到馬，無駑良，並云上進國家。雖約其價以給之，並計其館穀錫賚，每歲不下五六十萬貫。侍臣以爲耗蠹中華無出於此，因止之。是年，散騎常侍蕭希甫條奏：諸蕃貢馬稍多，酬賞價倍，戎夷無厭，競思興販，請却於邊上置互市，只許首領入貢。

（宋）王欽若等編纂：《冊府元龜》卷九九九《外臣部》

（長興元年）八月壬辰朔，刑部郎中周知微奏："近年關防商賈，不憑司門公驗。關禁之設，國有舊章。請諸司舉行之。"疏奏，不報。

（宋）王欽若等編纂：《冊府元龜》卷四七五《臺省部》

（長興）三年七月，飛龍使奏：回紇所賣馬瘦弱不堪估價。帝曰："遠夷交市，不可輕阻，可以中等估之。"

（宋）王欽若等編纂：《冊府元龜》卷九九九《外臣部》

愍帝應順元年正月，雲州張溫言：契丹在州境互市。

（宋）王欽若等編纂：《冊府元龜》卷九九九《外臣部》

（應順元年）閏正月，雲州上言：契丹至州界市易。

（宋）王欽若等編纂：《冊府元龜》卷九九九《外臣部》

（應順元年）二月，雲州上言：韃靼胡祿末族帳到州界市易。

（宋）王欽若等編纂：《冊府元龜》卷九九九《外臣部》

末帝清泰元年七月，登州言：高麗船一艘至岸，管押將盧昕而下七十人入州市易。是月，雲州言：契丹首領述律梅里求互市。從之。

（宋）王欽若等編纂：《冊府元龜》卷九九九《外臣部》

（清泰元年）十月，青州言：高麗遣人市易。

（宋）王欽若等編纂：《冊府元龜》卷九九九《外臣部》

（清泰）二年，北面總管言：契丹遣人欲爲互市，其吐渾部族歸舊地。從之。

（宋）王欽若等編纂：《冊府元龜》卷九九九《外臣部》

（清泰二年）是年，雲州言總管報於州西北野固口與契丹互市，從之。

（宋）王欽若等編纂：《冊府元龜》卷九九九《外臣部》

（清泰二年）十二月，雲州沙彥珣奏十年前與契丹互市則例。

（宋）王欽若等編纂：《冊府元龜》卷九九九《外臣部》

（清泰）三年，雲州言：契丹石禄牧部族近城市易。

（宋）王欽若等編纂：《冊府元龜》卷九九九《外臣部》

晉少帝天福八年，西京奏：契丹遣前青白軍使王從益到京，出餘貨斛斗，宜破省錢收糴。是時，馮暉移鎮靈武，河西羊馬所產，易爲交易，期年得馬五千匹，而蕃部歸心，朝議患之。

（宋）王欽若等編纂：《冊府元龜》卷九九九《外臣部》

周太祖廣順元年二月，命回紇來者一聽私便交易，官不禁詰。先是，回紇間歲入貢，每行李至關，禁民不得於蕃人處市易寶貨，犯者有刑。太祖以爲不可，至是聽之。繇是玉之價直，十損七八矣。

（宋）王欽若等編纂：《冊府元龜》卷九九九《外臣部》

（廣順元年）十月，涇州言：招到蕃部野龍十九族，有馬赴市私貨賣。

（宋）王欽若等編纂：《冊府元龜》卷九九九《外臣部》

（廣順二年十一月）是月，鳳翔言義州蕃部買牛入蕃多是宰殺，乞止絕沿路州縣道路，百姓不得殺牛貨賣與蕃人。從之。

（宋）王欽若等編纂：《册府元龜》卷一六〇《帝王部》

他們使用銅錢交易。他們有着其他國王所有的那樣國庫。但除他們，沒有別的國王佔有銅幣，因爲這是他們的國幣。他們擁有黃金、白銀、珍珠、錦緞和絲綢。儘管這一切極爲豐富，但僅僅是商品，而銅錢則是貨幣。人們給他們販來象牙、香料、銅錠、海貝（烏龜貝殼）以及前面提到犀牛。他們用犀角製造腰帶。這裏有許許多多馱獸，但沒有阿拉伯馬，而是別種的馬，毛驢和雙峰駝很多。他們有精美的陶器，其中陶碗晶瑩得如同玻璃杯一樣；儘管是陶碗，但是隔着碗可以看得見碗裏的水。海貝從海上來到他們的國土，中國人便把商品存入貨棧，保管六個月，直到最後一船海商到達時爲止。他們提取十分之三的貨物，把其餘十分之七交還商人。這是政府所需的物品，用最高的價格現錢購買，這一點是沒有差錯的。每一曼那（mana）的樟腦賣五十個"法庫"（fakkouj），一法庫合一千個銅錢。這種樟腦，如果不是政府去購買，而是自由買賣，便只有這個價格的一半。

（阿）佚名：《中國印度見聞録》卷一

《五代史》：高麗地産銅銀。周世宗時，遣尚書水部員外郎韓彦卿以帛數千匹市銅於高麗，以鑄錢。顯德六年，高麗王昭遣使者貢黃銅五萬斤。

（清）顧炎武著，黃汝成集釋：《日知録集釋》卷一一

吳越孫妃，嘗以一物施龍興寺，形如朽木箸，僧不以爲珍。偶出示，舶上胡人曰："此日本國龍蕊簪也。"增價至萬二千緡易去。

（宋）陶穀：《清異録》卷下

南夷香槎到文登,盡以易匹物。同光中,有舶上檀香,色正白,號雪檀,長六尺,地人買爲僧坊刹竿。

(宋)陶穀:《清異録》卷下

由此東方海洋,可以從中國輸入絲綢、寶劍、花緞、麝香、沉香、馬鞍、貂皮、綏勒賓節(Silbinhj)、肉桂、高良薑;可以從瓦格瓦格國(即倭國)輸入黄金、烏木……

(阿)伊本·胡爾達兹比赫:《道里邦國志·通向中國之路》

據記載,923年波斯還派遣過一個使團。此時波斯領土大部分似已處於布哈拉的薩曼(Samanid)王朝統治之下。如果我們相信阿拉伯旅行家伊本·穆哈利爾的記載,那麼,大約20年之後,中國與薩曼王朝有過交往,並産生過婚姻聯盟。

(英)格爾撰,(法)考迪埃修訂:
《東域紀程録:古代中國見聞録》第五章

中國更遠處爲何,不得而知。但康都與位於新羅國(Sila)内的崇山峻嶺遥遥相對。新羅國黄金豐饒。至訪該國穆斯林常因其國具有的各種便利而在此永久定居。輸出的産品有高萊泊(ghoraib,一種植物)、桉樹膠、蘆薈、樟腦、帆布、馬鞍、瓷器、錦緞、肉桂和良薑。

(英)格爾撰,(法)考迪埃修訂:
《東域紀程録:古代中國見聞録》第七章

10世紀另一位阿拉伯旅行家自稱游歷過中國,此人即伊本·穆哈利爾(AbūDulaf Mis'ar Lbn Muhalhil)。據其自述,他在布哈拉的薩曼王朝的伊斯梅爾汗(Nasri Bin Abmel BBin lsmail)宫廷中供職時,中國國王沙黑爾(Kalatin-bin-ul Shakhir)遣使布哈拉,商量中國公主和納斯里(Nasri)之子諾亞(Noah)的婚事(諾亞後來在布哈拉登基,繼承王位)。大約在941年,穆哈利爾護送中國使團回國。這位旅行家

的全部記述已佚失,但亞庫特(Yakūt,伊斯蘭紀元 617 年,公元 1220
年)、夸兹維尼(Qazwini,伊斯蘭紀元 667 年,公元 1268 年)對著作頗
加引用,保存了許多内容,一位德國編者將這些段落引出,綴成尚可
連貫的敘述,並將它們譯成拉丁文。

(英)格爾撰,(法)考迪埃修訂:
《東域紀程録:古代中國見聞録》第七章

　　與之最相近的中國名稱是成都府(Cheng du fu),即馬可·波羅
所稱的 Sindìfu。成都府是四川省的省府,在 10 世紀的一個時期是蜀
國的首都。在中國帝王中難以找到一個與沙哈巴爾(即沙黑爾)之子
卡拉丁相似的名稱。

(英)格爾撰,(法)考迪埃修訂:
《東域紀程録:古代中國見聞録》第七章

　　10 世紀初,其中一部族首領先統一契丹全部,然後征服從朝鮮
海邊到阿爾泰山的亞洲鄰國。這位征服者的兒子將短命的後晉王朝
的高祖扶上皇位,而這位被扶上皇位的皇帝不僅將中國北部大塊領
土讓給這些韃靼人,而且同意向他們稱臣納貢作爲回報。繼位的中
國皇帝拒絕承認這種屈辱條件,契丹人佔領了黄河以北諸省,在佔領
的土地上建立了契丹帝國,國號遼。契丹帝國在中國北部和毗鄰的
韃靼地區存在了二百年,於是就發生了韃靼征服者入侵中國後總是
隨之而來的奇妙過程。這一過程與羅馬諸帝定居拜占庭帝國以後發
生的變化極爲相似,入侵者本身采用了中國人的風俗、儀式、文字和
文明,逐漸喪失了充沛精力和好戰性格。契丹一名與中國密不可分
地聯繫在一起,一定是發生在 1123 年契丹王朝被推翻之前的這個時
期,此時這個北方王朝是天朝帝國朝向亞洲内陸的臉面。

(英)格爾撰,(法)考迪埃修訂:
《東域紀程録:古代中國見聞録》第八章

阿拉伯詩人阿布・杜拉夫・米薩爾・本・麥哈黑爾（Abū Dulaf Mis'ar bin al-Muhalhil）出生在紅海中的雅姆波（Yambo），十世紀中葉曾在布哈拉（Bokhārā）薩曼王朝宮廷裏生活。後來陪同一個向布哈拉國王公主求婚的使團來到中國，使他有機會經過中亞細亞突厥游牧部落。他所著的《諸國珍異記》是一部游記，卡兹維尼和雅庫特轉載在各自的著作裏，流傳後世。前面提到的薩曼王朝的蘇丹納斯爾・本・艾哈麥德（Nasr bin Ahmad）死於 943 年，故阿布・杜拉夫的旅行是在 940 年以前完成的。

（法）費瑯：《阿拉伯波斯突厥人東方文獻輯注》第一卷

箇羅國位於前往中國的半途。目前，該城是錫拉夫和阿曼等國伊斯蘭大商船的總彙集點，在這裏與中國商船相遇。過去的情況則不同：中國船隻直接駛往阿曼、錫拉夫、波斯沿岸、巴林沿岸、奧博拉（Obolla）和巴士拉等國，同時，這些國家的船隻也直接駛向中國。後來，各總督的裁決失去信任，他們的企圖喪失了公正性，中國的情況已發生了變化……從那時起，各國商船便選擇了這個中轉地點進行接觸。故這個商人登上一隻中國商船從箇羅出發前往廣府港。

（法）費瑯：《阿拉伯波斯突厥人東方文獻輯注》第一卷

大地的最東方，乃中國和新羅國的邊界，直到戈（Gog）和麥戈（Magog）的長城（編者按：指中國長城）。

（法）費瑯：《阿拉伯波斯突厥人東方文獻輯注》第一卷

當我們有人娶了中國妻子，並要離開時，人們會對他説："留下土地，帶走種子。"如果他把妻子偷偷帶走而被人發現，他將被罰款，款數是事先就確定好的，並被迫投入監獄，有時還會遭到痛打。

（法）費瑯：《阿拉伯波斯突厥人東方文獻輯注》第一卷

中國人有一種混合而成的墨水,好似中國的油,我見到的[這種墨]呈板狀,上面有皇帝頭像,即使一直寫,一塊也可使用很長時間。

（法）費瑯:《阿拉伯波斯突厥人東方文獻輯注》第一卷

中國人的腰帶亦用犀牛角製成,每條價值高達一千個特卡爾(mithkāl)的金子。中國人金子之多,以至於用金子作其馬嚼和狗鏈,并且穿金絲之裙衫。

（法）費瑯:《阿拉伯波斯突厥人東方文獻輯注》第一卷

賽里斯是一個民族,在他們之中有人製造賽里斯絲綢(Sêrika)織物服裝。

（法）戈岱司:《希臘拉丁作家遠東古文獻輯録》八三

有些人把賽里斯人長壽的原因歸於阿瑞斯戰神,還有人將之歸功於土質。

（法）戈岱司:《希臘拉丁作家遠東古文獻輯録》八三

論人類之間的嫉妒心情。無論任何人,祇要他被這種激情誘惑到失去理智時,當他看到一位顯貴穿着華麗的、用賽里斯貴族的珍貴絲綫所織的大衣時,那就會低下頭來,如同自己面前有一大茅坑一般。他們更喜歡看到穿着樸素麻織物的驕奢淫逸者們。

（法）戈岱司:《希臘拉丁作家遠東古文獻輯録》八六

根據城市的大小及各王的名望如何,國王的名稱也不盡一樣,在一個小城市里,稱其爲刺史,意思是"城市的衛護人";像廣府這樣的城市,城中之王被稱爲"太傅"。稱太監爲"都監",這些太監是同樣人種,祇是被閹割了。最高法官叫"録事參軍事",對其他一些職稱就不得而知了。

（阿）佚名:《中國印度見聞録》卷一

没有土地税,但有人頭税,根據表面的財富,每個男性必須交納一定數量的税收。在中國的阿拉伯人或其他外國人,要按其動産交納税收,以便能保全自己的財産。當生活費用上漲時,政府從庫中取出一部分食物,用低於市場的價格出售。因此百物昂貴的情況不會太長久。因此,國庫的收入祇靠税收。廣府儘管不是中國最大的城市,但我估計,納入國庫的錢每天可達五萬迪納爾。

(阿)佚名:《中國印度見聞録》卷一

國王本人的主要收入是全國的鹽税以及泡開水喝的一種乾草税。在各個城市里,這種乾草售價都很高,中國人稱這種草葉叫“茶”(Sakh)。此種乾草葉比苜蓿的葉子還多,也略比它香,稍有苦味,用開水冲喝,治百病。鹽税和這種植物税就是國王的全部財富。

(阿)佚名:《中國印度見聞録》卷一

全中國有 300 座人口稠密的城市。其中較爲著名的有 90 座。中國的疆界始於海洋,經吐蕃、突厥,終至西面的印度。中國的東方有瓦格瓦格(Al-Wāqwaq,倭國),那裏盛産黄金,以至於瓦格瓦格人民用黄金製成拴狗的鏈子及拴猴的項圈,他們拿出用黄金紡成的衣服去貨賣。瓦格瓦格出産優質的烏木。

(阿)伊本·胡爾達兹比赫:《道里邦國志·通向中國之路》

作者(指伊本·胡爾達兹比赫)以極爲明顯的贊賞筆調提到一種習俗,這就是,每個城市的長官睡覺時頭部上方都設有一個鈴鐺,鈴鐺以綫連接到府衙口,任何人要求申冤都有權拉響鈴鐺。我們從阿布·賽義德的記載中瞭解到,甚至國王也有這樣的鈴鐺,祇是敢於拉響鈴鐺的人必須遇到重大案情,不能由普通的司法加以解决纔能這樣做,否則將受到嚴懲。

(英)格爾撰,(法)考迪埃修訂:
《東域紀程録:古代中國見聞録》第七章在中國每座城裏,有四個頭領,其中一個叫郎君(Lāndjun),意思是埃米爾之埃米爾,一個是軍隊首領(Čaračaba)。標志皇帝(Baghbūr)的大供像座落在廣府(Baghrāz 即 Khān Kūn)地界。在中國城郭中間,還有韓州(Djandjūn)、司判(Sībūn)、占卜(Djanbūn)等。Baghbūrg 一詞的漢文意思是天子,也就是説他是上天下凡。這是伊斯蘭曆 356 年(公曆 967 年)漢人(Djīkī)對我説的。

(法)費瑯:《阿拉伯波斯突厥人東方文獻輯注》第一卷

我向僧人詢問宗教情況,他説,大部分漢人是二元論者和出家人(Samanéens)。他們中的一些人崇拜國王,仰慕其尊容,在廣府(Baghrān)城爲國王修建了一座大寺廟,寺廟長寬各約一萬腕尺,是用五顔六色的石頭以及磚、金和銀建造的。前來寺廟(朝聖)的人,先觀看各個不同的供像、雕像和繪畫,這樣可以使那些對其性質和真實含意一無所知的人大開眼界。

(法)費瑯:《阿拉伯波斯突厥人東方文獻輯注》第一卷

11. 賑濟

梁太祖開平四年十二月己巳,詔曰:"滑、宋、輝、亳等州水潦敗傷,人户愁嘆。朕爲民父母,良用痛心,其令本州各等級賑貸,所在長吏監臨周給,務令存濟。"壬辰,賑貸東都畿内,如宋、滑制。

(宋)王欽若等編纂:《册府元龜》卷一九五《閏位部》

乾化二年五月丁亥,詔曰:"生育之人,爰當暑月,乳哺之愛,方及薰風。儻肆意於刲屠,豈推恩於自養? 俾無殄暴,以助發生。宜令兩京及諸州府,夏季内禁斷屠宰及采捕。天民之窮,諒田賦分,國章所載,亦務興仁。所在鰥寡孤獨、廢疾不濟者,委長吏量加賑恤。史載葬枯,用彰軫惻;禮稱掩骼,將致和平。應兵戈之地有暴露骸骨,委所在長吏差人專功收瘞。國癠之文,尚標七祀;良藥之郊,亦載三醫。

用憐無告之人,宜徵有嘉之術。凡有疫之處,委長吏簡尋醫方,於要路曉示。如有家無骨肉,兼困窮不濟者,即仰長吏差醫給藥救療之。"

(宋)王欽若等編纂:《冊府元龜》卷一九五《閏位部》

同光元年十月,詔應鰥寡煢獨無所告仰者,所在各議拯救,或有年過八十者,免一子從征。

(宋)王欽若等編纂:《冊府元龜》卷一四七《帝王部》

後唐莊宗同光四年正月己卯,明宗奏:"深、冀諸州縣流亡饑饉户一千四百,乞鄰都倉儲借貸以濟窮民。"

(宋)王欽若等編纂:《冊府元龜》卷一〇六《帝王部》

明宗天成三年十一月己丑,出潛龍宅粟以賑百官。

(宋)王欽若等編纂:《冊府元龜》卷一四七《帝王部》

明宗天成四年二月,詔:"應、定州城外修築城寨處,委招携本主識認城内窮民不濟者,委本道量加賑給。"

(宋)王欽若等編纂:《冊府元龜》卷一〇六《帝王部》

長興元年正月,滑州上言,準詔賑貸貧民,以去年水災故也。二月,郊禋禮畢,制曰:"諸州府或經水旱災沴,恐人户闕少糇糧,方值春時,誠宜賑恤。宜令逐處取去年納到新好屬省斛斗,量加賑貸,候秋收日徵納。"是月宋州奏,准,詔賑貸粟萬石。三月,差中使三人往登、萊賑濟貧民。是月陝州奏,准,詔賑貸貧民。五月青州奏,准,詔賑貸貧民糧一萬四百一十九石。

(宋)王欽若等編纂:《冊府元龜》卷一〇六《帝王部》

(長興)二年二月汴州奏,准,詔賑貸遭水處貧民。

(宋)王欽若等編纂:《冊府元龜》卷一〇六《帝王部》

長興二年十二月丁丑，帝謂三司使曰："先是兩川隔道兵士所有家屬常加贍給，勿令失所。"時孟知祥初有全蜀之地。

(宋)王欽若等編纂:《册府元龜》卷一四七《帝王部》

（長興）三年三月辛亥，帝謂侍臣曰："朕昨日出城觀稼，見百姓父子三人同曳犁耒者，力農如是，深軫予懷。可賜耕牛二頭。"七月丁未，内出御劄示百僚曰："朕以臨御萬邦，寵綏四海，務恤民以設教，期化俗以成風。昨自霖雨連綿，川瀆泛溢，傷數州之苗稼，蕩百姓之丘園。遭此徵灾，慚虧至德，致農者失力田之望，念編甿有艱食之虞，每自責躬，更思求理。欲使人獲其蘇息，恨不家至而撫安。憂勞所深，鑒寐斯切。宜布維新之澤，式全可大之功。今年州府遭水潦處，已下三司各指揮本州府，支借麥種及等第賑貸斛食。仰逐處長吏切加安存，不得輒有差使。如户口流移，其户下田園屋宅，仰村鄰節級長須主管，不得信令殘毁。候本户歸日，具元本桑棗根數及什物數目交付，不得致有欠少；本户未歸，即許鄰保請佃供輸。若入務時歸業，准例收秋後交付。貴示招携，永期康泰，速宜宣佈，稱朕意焉。"是歲，宋、亳、潁三州水灾尤甚，樞密使范延光、趙延壽從容奏曰："今秋宋、亳、潁等州水灾甚，民户流亡，粟價暴貴，臣等量欲與本州官倉斛斗，依如今時估出糶以救貧民。兼大水之後，頗宜宿麥，窮民不便種子，亦望本州據民户等，第支借麥種自十石至三石，候來年收麥，據原借數納官。"從之，乃下此詔。

(宋)王欽若等編纂:《册府元龜》卷一〇六《帝王部》

（長興）三年七月丙戌，詔賜諸軍救接有差。

(宋)王欽若等編纂:《册府元龜》卷一四七《帝王部》

（長興）四年九月丁丑，范延光奏："隔在兩川兵士家口，自來支給衣糧，今緣國計不充，欲權停支給。"帝曰："彼非願留，因事暌阻，父子乖離，非人情也，不可頓絶支給。其間願歸鄉貫者，從之。如有子弟,許繼其父兄本軍名糧。如無鄉里可歸,無子弟承繼,且量支一年,以是曉諭其家。"

(宋)王欽若等編纂:《冊府元龜》卷一四七《帝王部》

晉高祖天福四年十二月,帝以雨雪彌月,出金粟薪炭與犬羊皮以賑窮乏。

(宋)王欽若等編纂:《冊府元龜》卷一〇六《帝王部》

(天福)六年四月乙巳,以齊魯民饑,詔兗、青、鄆三州發管内倉糧賑貸。

(宋)王欽若等編纂:《冊府元龜》卷一〇六《帝王部》

(天福)七年七月壬戌,開封府奏,准,宣給糧二萬石,賑諸縣貧民。是月戊辰,遣司農少卿李珧使宿州,鴻臚少卿龐令圖使洛京白波,賑貸貧民。

(宋)王欽若等編纂:《冊府元龜》卷一〇六《帝王部》

少帝天福七年八月,詔:"襄州城内百姓等,久經圍閉,例各饑貧。宜示頒宣,用明恩渥。大戶各賜粟二石,小戶各賜粟一石。宜令襄州以見在數充。"十二月丁丑,詔:"遣供奉官馬延翰洛京賑恤飢民,仍宣河南府差大將量將米豆,往諸山谷俵散給人戶。其諸縣係欠秋税,與限至來年夏麥徵納。"

(宋)王欽若等編纂:《冊府元龜》卷一〇六《帝王部》

(天福)八年正月丁酉,敕河南懷、孟、鄭等州管内百姓有積粟者,仰均分借,便以濟貧下。

(宋)王欽若等編纂:《冊府元龜》卷一〇六《帝王部》

周太祖廣順元年八月,契丹、瀛、莫、幽州界大水,饑饉流散,襁負而歸者,不可勝計。比界州縣,亦不禁止。太祖愍之,詔沿邊州郡安恤流民,仍口給斗粟。前後繼至數十萬口。

（宋）王欽若等編纂:《冊府元龜》卷一四七《帝王部》

周太祖廣順二年二月庚申,齊州言禹城縣二年水,民饑流亡。今年見固河倉有濮糧五萬二千餘斛,欲賑貸。救諸邑留二三千斛給巡檢職員,餘並賑貸貧民。

（宋）王欽若等編纂:《冊府元龜》卷一〇六《帝王部》

（廣順）三年三月壬辰,徐州言彭城縣民饑乏,乞賑貸,從之。十一月辛卯,救膳部員外郎劉表微往兗州開倉減價糶粟,以水害稼,救飢民也。丙午,單州刺史劉禧言倉州充給歲餘軍糧外,有大麥六萬石,欲開倉官糶以濟貧民,從之。十二月,以亳州、潁州大水民饑,所有倉儲及永城倉度支給軍食一年外,遣使減價出糶。

（宋）王欽若等編纂:《冊府元龜》卷一〇六《帝王部》

顯德元年正月乙酉,分命朝臣杜曄等五人往潁、亳、永城固河口開倉減價出糶,以濟飢民。

（宋）王欽若等編纂:《冊府元龜》卷一〇六《帝王部》

顯德元年正月,赦天下。年高殘疾鰥寡孤獨,所屬官吏,務行存恤。

（宋）王欽若等編纂:《冊府元龜》卷一四七《帝王部》

世宗顯德四年三月,命左諫議大夫尹日就於壽州開倉賑其饑民。又命供奉官田處岩梁希進等,於壽州城内煮粥,以救饑民。六月辛酉,西京上言:“伊陽縣居民多於山谷間淘金。”帝曰:“山澤之利,與衆共之,王者之道也,命本州勿禁。”

（宋）王欽若等編纂:《冊府元龜》卷一〇六《帝王部》

(顯德)六年正月,命廬州開倉出陳麥以糶之。蓋克復之後,民多阻饑,故廉其價以惠之也。二月壬午,濠州上言,准,宣出糶省倉陳麥以利饑民。三月壬戌,楚州上言,詔准,煮粥以救饑民。丙戌,遣使之和州開倉以賑饑民。戊子,命壽州開倉以賑饑民。十二月,分命使臣賑給諸州遭水人戶。

（宋）王欽若等編纂:《册府元龜》卷一〇六《帝王部》

周顯德六年,淮南饑,上命以米貸之,或曰:"民貧,恐不能償。"上曰:"民猶子也,安有子倒懸而父不爲解者! 安責其必償也?"

致堂胡氏曰:"稱貸所以惠民,亦以病之。惠者紓其目前之急也,病者責其他日之償也。其責償也,或嚴其期,或徵其耗,或取其息,或予之以米而使之歸錢,或貧無可償而督之不置,或胥吏詭貸而徵諸編民。凡此皆民之所甚病也。有司以豐取約予爲術,聚斂之臣以頭會箕斂爲事,大旱而稅不蠲,水潦而稅不蠲,蝗、螟、螣、賊而稅不蠲。長官督稅不登數,則不書課;民戶納欠不破產,則不落籍。出於民力尚如此,而況貸於公者,其責償固不遺餘力矣! 世宗視民猶子,匡救其乏而不責其必償,仁人之心,王者之政也。"

（元）馬端臨:《文獻通考》卷二六《國用考四》

12. 户口

梁太祖開平三年,中書侍郎同平章事、判户部事于兢奏:"伏乞降詔天下州府,各準舊章,申送户口籍帳。"允之。

（宋）王欽若等編纂:《册府元龜》卷四八六《邦計部》

（天成）四年八月癸卯,考功員外郎郭正封奏:"中興平定之初,自數十年離亂,編民或爲兵士所掠,沒爲奴婢者,既無特敕釐革,無復從良,遂令骨肉流離,有傷王化。"敕旨曉諭天下諸軍,所掠生口,有主識認,並勒放歸。

（宋）王欽若等編纂:《册府元龜》卷四二《帝王部》

長興三年二月,帝顧謂宰臣曰:“近日時事何如?”馮道對曰:“京城人户轉多,時物至賤,前代或移徙户口以實京師,今不假如此,聖意所感也。”

（宋）王欽若等編纂:《册府元龜》卷一〇四《帝王部》

周廣順三年,敕:“天下縣邑素有差等,年代既深,增損不一。其中有户口雖衆,地望則卑;地望雖高,户口至少,每至調集,不便銓衡。宜立成規,庶協公共。應天下州府及縣,除赤縣、畿縣、次赤、次畿外,其餘三千户以上爲望縣,二千户以上爲緊縣,一千户以上爲上縣,五百户以上爲中縣,不滿五百户爲中下縣。宜令所司,據今年天下縣户口數,定望、緊、上、中、下次等奏聞。”户部據今年諸州府所管縣户數目,合定爲望縣六十四,緊縣七十,上縣一百二十四,中縣六十五,下縣九十七。

（元）馬端臨:《文獻通考》卷一〇《户口考一》

周劉禧,廣順初爲單州刺史,自之任,招復逃户二千四百六十七。

（宋）王欽若等編纂:《册府元龜》卷六九二《牧守部》

周世宗顯德五年十月,命左散騎常侍艾穎等三十四人使於諸州,簡定民租。明年春,使回。總計簡到户二百三十萬九千八百一十二,定墾田一百八萬五千八百三十四頃。淮南郡縣,不在此數。是月,又詔諸道州府,令團並鄉村。大率以百户爲團,每團選三大户爲耆老。凡夫家之有奸盜者,三大户察之。民田之有耗登者,三大户均之。仍每及三載,即一如是。

（宋）王欽若等編纂:《册府元龜》卷四八六《邦計部》

（顯德）六年春，諸道使臣回，總計簡到户二百三十萬九千八百一十二，定墾田一百八萬五千八百三十四頃。淮南郡縣，不在此數。

（宋）王欽若等編纂：《册府元龜》卷四八八《邦計部》

乾德元年，平荆南，得户十四萬二千三百。湖南平，得户九萬七千三百八十八。

三年（乾德三年），蜀平，得户五十三萬四千二十九。

開寶四年，廣南平，得户十七萬二百六十三。

八年（開寶八年），江南平，得户六十五萬五千六十五。

（元）馬端臨：《文獻通考》卷一一《户口考二》

水心葉氏曰：……夫吳越之地，自錢氏時獨不被兵，又以四十年都邑之盛，四方流徙盡集於千里之内，而衣冠貴人不知其幾族，故以十五州之衆，當今天下之半。

（元）馬端臨：《文獻通考》卷一一《户口考二》

水心葉氏曰：……漢之末年，荆、楚甚盛，不惟民户繁實，地著充滿，而材智勇力之士森然出於其中，孫、劉資之以爭天下。及其更唐、五代，不復振起，今皆爲下州小縣，乃無一士生其間者。而閩、浙之盛，自唐而始，且獨爲東南之望。然則亦古所未有也。

（元）馬端臨：《文獻通考》卷一一《户口考二》

國初杭、粤、蜀、漢末入版圖，總户九十六萬七千五百五十三。至開寶末，增至二百五十萬八千六十五户。太宗拓定南北，户猶三百五十七萬四千二百五十七。此後遞增，至徽廟有一千八百七十八萬之多。噫，可謂盛矣！及乘輿南渡，江淮以北悉入敵庭，今上主户亦至一千一百七十萬五千六百有奇。生息之繁，視宣和已前僅減七百萬耳。尚令此敵假氣游魂，何也？

（宋）袁褧：《楓窗小牘》卷上

13. 錢幣

後唐莊宗同光二年二月,詔曰:"錢者,古之泉布,蓋取其流行天下,布散人間。無積滯則交易通,多貯藏則士農困。故西漢興改幣之制,立告緡之條,所以權蓄賈而防大奸也。宜令所司散下州府,嘗須檢察,不得令富室分外收貯見錢。又,工人銷鑄爲銅器,兼沿邊州鎮設法鈐轄,勿令商人搬載出境。"

(宋)王欽若等編纂:《册府元龜》卷五〇一《邦計部》

(同光二年)三月,知唐州駢晏平奏:"市肆間點檢錢帛内,有錫蠟小錢揀得不少,皆是江南綱商挾帶而來。"詔曰:"帛布之幣,雜以鉛錫,就中江湖之外,盜鑄尤多;市肆之間,公行無畏。因是綱商挾帶,舟楫往來,換易好錢,藏貯富室,實爲蠹弊,須有條流。宜令京城諸道,於坊市行使錢内,點檢雜惡鉛錫錢,並宜禁斷。沿江州縣,每有舟船到岸,嚴加覺察。若私載往來,並宜收納。"

(宋)王欽若等編纂:《册府元龜》卷五〇一《邦計部》

後唐同光二年,令京師及諸道,於坊市行使錢内,檢點雜惡鉛錫錢,並宜禁斷;沿江州縣,每舟船到岸,嚴加覺察,不許將雜鉛錫惡錢往來換易好錢,如有私載,並行收納。

(元)馬端臨:《文獻通考》卷九《錢幣考二》

明宗天成元年八月,中書奏:"訪聞三京諸州府,所賣銅器價貴,多是銷鎔見錢爲器,以邀厚利。敕旨宜令遍行曉諭,嚴加禁制。如元舊破損銅器及碎銅,即許鑄造器物。仍生銅器物,每斤價定二百文;熟銅器物,每斤二百文。如違省價,買賣之人,依盜鑄錢律科斷。"十一月敕:"諸道州府納勒見錢,素有條制,若全禁斷,交非通規。宜令遍指揮三京及諸道州府及諸城門,所出見錢如五百已上,不得放出。如稍有違犯,即準元條指揮。其沿淮州縣鎮,即準先條敕命處分。”

（宋）王欽若等編纂：《册府元龜》卷五〇一《邦計部》

明宗天成元年九月，北京奏準宣旨於係省賣麴錢，上每貫割留二百文充本府公使。初，以朱守殷爲河南尹，守殷位兼平章事，與諸貴要近臣宰執交歡宴會，時集於府第。復又妓侍盈室，每見安重誨、任圜言府司無利潤，支費不充，執政計無從出，即以分割麴錢議聞奏，從之。諸道州使，因以爲例。

（宋）王欽若等編纂：《册府元龜》卷一八〇《帝王部》

（天成元年）十二月，敕：“行使銅錢之内，如聞挾帶鑞錢，若不嚴設條流，轉恐私加鑄造，須行止絶，以息奸欺。應中外所使銅錢内鑞錢，即宜毁弃，不得輒更行使。如違，其所使錢不限多少，並納入官，仍科深罪。”

（宋）王欽若等編纂：《册府元龜》卷五〇一《邦計部》

天成元年，中書門下奏：“訪聞諸道州府所買賣銅器價貴，多是銷鎔見錢，以邀厚利。”敕：“宜遍告曉，如元舊破損銅器及碎銅，即許鑄造銅器。生銅器每斤價定二百，熟銅器每斤四百，如違省價，買賣之人依盗鑄錢律文科斷。”又敕：“諸道州府約勒見錢，素有條制，若全禁斷，實匪通規。宜令三京、諸道州府，城門所出見錢如五百以上，不得放出。”

（元）馬端臨：《文獻通考》卷九《錢幣考二》

（天成）二年七月，度支奏：“三京鄴都並諸道州府，市肆買賣，所使見錢，舊有條流，每陌八十文。近訪聞在京及諸道街坊，市肆人户，不顧條章，皆將短陌轉換長錢，但恣罔欺，殊無畏忌。若不條約，轉啓幸門。請更各降指揮，凡有買賣，並須使八十陌錢從之。”

（宋）王欽若等編纂：《册府元龜》卷五〇一《邦計部》

（天成二年）十月，右司員外郎楊薰奏："先以銅器貴，市人多銷錢以爲器。"下令禁之，令不行，又降之，乃再行前敕，亦不能禁。

（宋）王欽若等編纂：《冊府元龜》卷五○一《邦計部》

二年（天成二年），敕："買賣人所使見錢，舊有條流，每陌八十文。近訪聞在京及諸道市肆人户，皆將短陌轉換長錢。今後凡有買賣，並須使八十陌錢，如有輒將短錢興販，仰所在收捉禁治。"

（元）馬端臨：《文獻通考》卷九《錢幣考二》

（天成）三年十二月，青州上言：北海掘得鐵錢二百萬。

（宋）王欽若等編纂：《冊府元龜》卷五○一《邦計部》

（天成）四年四月，禁鐵鑞錢。時湖南純使鑞錢，青銅一錢折當一百。商估易換，法不能止。

（宋）王欽若等編纂：《冊府元龜》卷五○一《邦計部》

（天成四年）八月，工部員外郎孫洽奏："準律瀉錢作銅，最爲大罪，望加禁絕。"

（宋）王欽若等編纂：《冊府元龜》卷五○一《邦計部》

（天成四年）九月，敕："先條流：三京諸道州府，不得於市使錢内夾帶鐵錫錢。雖自約束，仍聞公然行使。自此，有人於錢陌中捉到一文至兩文，所使錢不計多少，納官。所犯人，準條流科罪。"

（宋）王欽若等編纂：《冊府元龜》卷五○一《邦計部》

四年（天成四年），制："今後行使錢陌内，捉到一文、二文係夾帶鉛鐵錢，所使錢不計多少，納官科罪。"

（元）馬端臨：《文獻通考》卷九《錢幣考二》

長興元年正月，鴻臚少卿郭在徽奏：“請鑄造新錢，或一當十，或一當三十，或一當五十。”兼進《錢譜》一卷，仍於表內徵引故幽州節度使劉仁恭爲鐵錢泥錢事。敕旨：“劉仁恭頃爲燕帥，不守藩條，輒造泥錢，號爲山庫。殊非濟物，一向害人，醜狀尋除，惡名猶在。郭在徽既居班列，合識規章，豈可顯對明庭，遽陳弊事。仍緣舊譜，更撰新文，加之以一當十，真謂將虛作實。據茲見解，宜加懲責。可降授衛尉少卿同正，仍勒依舊篆字。其所進《錢譜》，納在史館。其擅造到官數錢圖，並令焚毁。”

（宋）王欽若等編纂：《册府元龜》卷五〇一《邦計部》

（長興）二年三月，敕：“諸道州府，累降敕令，不得使鐵蠟錢。如有違敕行使者，所使錢不計多少，並没納入官。所犯人，具姓名以聞。近日依前，有無良之輩，所使錢內，夾帶鐵蠟錢，須議再行止絶。宜令諸道州府，嚴切條理，密差人常於街坊察訪。如有衆私鑄瀉及將銅錢銷鑄别造物色，捉獲勘究不虛，並準前敕處分。”

（宋）王欽若等編纂：《册府元龜》卷五〇一《邦計部》

（長興）三年三月，河府奏重開廢銅冶。

（宋）王欽若等編纂：《册府元龜》卷五〇一《邦計部》

末帝清泰二年十二月，詔御史臺，曉告中外，禁用鉛錢。如違犯，準條流處分。

（宋）王欽若等編纂：《册府元龜》卷五〇一《邦計部》

《後唐書》曰：朱守殷奏：“於積善坊役所，得古文錢四百五十六，文曰‘得一元寶’；四百四十，文‘順天元寶’。”守殷進納。敕曰：“凡窺奇異，盡係休明。所獲錢文，式昭玄睍。得一者，佇歸於一統；順天者，式契於天心。道焕一時，事光千載。殊休繼出，信史必書，宜付史館。”

又曰：劉仁恭在幽州，以墐土爲錢，令部人行使。聚銅錢於山上鑿穴藏之，爲無窮之計。

（宋）李昉：《太平御覽》卷八三六《資産部十六·錢下》

晉高祖天福三年二月，敕：“朕以歷代鑄錢，濟時爲寶。久無監務，已絕增添。邇來趨利之人，違法甚衆，銷鎔不已，毀盡日滋。禁制未嚴，奸弊莫止。既無添而有損，耗國以困民。將致豐財，須行峻法。宜令鹽鐵使禁止私下打造鑄瀉銅器，速具條流事件聞奏。”

（宋）王欽若等編纂：《册府元龜》卷五〇一《邦計部》

（天福三年）十一月，敕：“國家所資，泉貨爲重。減耗漸虧於日用，增加自致於時康。近代已來，中原多事，銷盡則甚，添鑄無聞。朝廷合議於條章，寰海必臻於富庶。宜令三京鄴都諸道州府曉示，無問公私，應有銅者，並許鑄錢。仍以天福元寶爲文，左環讀之，委鹽鐵司鑄樣頒下。諸道令每一錢重二銖四，參十錢重一兩。或慮諸人接便，將鉛鐵鑄造雜亂銅錢，仍令三京鄴都諸道州府，依舊禁斷。尚慮逐處銅數不多，宜令諸道應有久廢銅冶處，許百姓取便開鍊，永遠自主，官中不取課利。其有生熟銅，仍許所在中賣入官，或任自鑄錢行用。其陳許鑄錢外，則不得接便別鑄造銅器。如有違犯者，並準三年三月三十日敕條處分。”

（宋）王欽若等編纂：《册府元龜》卷五〇一《邦計部》

（天福三年）十二月，敕：“先許鑄錢，仍每一錢重二銖四，參十錢重一兩。切慮逐處銅闕，難依先定銖兩。宜令天下，無問公私，應有銅欲鑄錢者，一任取便，酌量輕重鑄造。因茲不得入錫並鐵。及令缺漏，不堪久遠用使，仍委鹽鐵明曉示，準元敕指揮。”

（宋）王欽若等編纂：《册府元龜》卷五〇一《邦計部》

晉天福三年，詔曰：“國家所資，泉貨爲重，銷盡則甚，添鑄無聞。宜令三京、鄴都、諸道州府，無問公私，應有銅者，並許鑄錢，仍以‘天福元寶’爲文，左環讀之。每一錢重二銖四參，十錢重一兩，仍禁將鉛鐵雜鑄。諸道應有久廢銅冶，許百姓取便開錬，永遠爲主，官中不取課利。除鑄錢外，不得接便別鑄銅器。"

（元）馬端臨：《文獻通考》卷九《錢幣考二》

其年十一月（晉天福三年），敕："先許鑄錢，切慮逐處缺銅，難依先定銖兩。宜令天下公私應有銅欲鑄錢者，取便酌量輕重鑄造，不得入鉛鐵及缺落不堪久遠流行。"

（元）馬端臨：《文獻通考》卷九《錢幣考二》

（天福）四年七月，敕："先令天下州郡公私鑄錢，近聞以鉛錫相參，缺薄小弱，有違條制，不可久行。今後官私鑄造，私下禁依舊法。"

（宋）王欽若等編纂：《册府元龜》卷五〇一《邦計部》

（天福四年）十一月，建錢爐於欒川，爲石豹之冶。

（宋）王欽若等編纂：《册府元龜》卷五〇一《邦計部》

四年（晉天福四年），敕："以天下公私鑄錢雜以鉛錫，缺小違條。今後祇官鑄造，私下禁舊法。"

（元）馬端臨：《文獻通考》卷九《錢幣考二》

漢隱帝乾祐初，始使七十七陌錢。是時，膳部郎中羅周胤上言曰："錢刀之貨，今古通行。從古自來，鑄造不息，長無積聚，蓋被銷鎔。若不峻設堤防，何以絕其奸宄？臣請敕三京鄴都諸道州府：凡器物服玩、鞍轡門户、民間百物舊用銅者，今後禁斷，不得用銅。諸郡邑州府廛市已成銅器及腰帶、幞頭綫及門户飾，許敕出後一月，並令納官，官中約定銅價支給。候諸處納畢，請在京置鑄錢盡，俾銅盡爲錢以濟軍用。除錢外，只令鑄鏡。鏡亦官鑄，量尺寸定價，其餘並不得用銅。如敢固違，請行條法，以杜奸源。"疏奏不報。

（宋）王欽若等編纂：《册府元龜》卷五〇一《邦計部》

漢隱帝時,王章爲三司使,聚斂刻急。舊制,錢出入皆以八十爲陌,章始令入者八十,出者七十七,謂之"省陌"。

（元）馬端臨:《文獻通考》卷九《錢幣考二》

周太祖廣順元年三月,敕銅法:"今後官中,更不禁斷,一任興販。所有一色,即不得瀉破爲銅器貨賣。如有犯者,有人糾告捉獲,所犯人不計多少斤兩,並處死。其地方所由節級,決脊杖十七。放鄰保人,臀杖十七。放其告事人,給與賞錢一百貫文。"

（宋）王欽若等編纂:《冊府元龜》卷五〇一《邦計部》

世宗顯德二年九月,敕:"國家之利,泉貨爲先。近朝已來,久絶鑄造。至於私下,不禁銷鎔。歲月漸深,奸弊尤甚。今采銅興冶,立監鑄錢,冀便公私,宜行條制,起今後,除朝廷法物,軍器及鏡,並寺觀鐘、磬、鈸、相輪、火珠、鈴鐸外,其餘銅器,一切禁斷。應兩京諸道州府銅像器物及諸色裝鉸,所用銅,限敕到五十日内,立須毀折送官。其私下所約到銅,據斤兩給付價錢。如出限,輒有隱藏及埋窖使用者,一兩至一斤,所犯人並加等第刑責。至五斤已上,不計多少,所犯人處死。其銅鏡,今後官中鑄造於東京,置場貨賣,許人收買於諸處興販。"初,世宗謂侍臣曰:"今以錢貨之弊,將立監鑄錢佛像之屬。凡是銅者,並從銷鑄。卿等勿以毀佛興利而有難色。夫佛,聖人也,廣其善道,以化人心。心能奉道,佛則不遠。存其像也,非重佛之至也。行其道,乃奉佛之深也。今興利所以濟人也,濟人即佛道也,況聞大聖捨頭目之喻。若朕身可濟民,亦將不惜也。"

（宋）王欽若等編纂:《冊府元龜》卷五〇一《邦計部》

周顯德二年,帝以縣官久不鑄錢,而民間多銷錢爲器皿及佛像,錢益少,乃立監采銅鑄錢。自非縣官法物、軍器及寺觀鐘、磬、鈸、鐸之類聽留外,自餘民間銅器、佛像,五十日内悉令輸官,給其直。過期隱匿不輸,五斤以上罪死,不及者諭刑有差。其銅鏡,官中鑄,於東京置場貨賣,許人戶收買興販。朝廷及諸州見管法物、軍器,舊用銅製及裝飾者,候經使用破壞,即仰改造,不得更使銅,內有合使銅者,奏取進止。上謂侍臣曰:"卿輩勿以毀佛爲疑。夫佛以善道化人,苟志於善,斯奉佛矣,彼銅像者,豈所謂佛邪! 且吾聞佛志在利人,雖頭目猶捨以布施,若朕身可以濟民,亦非所惜也。"

致堂胡氏曰:"令之而行,禁之而止,惟爲人所難者能然,若世宗欲禁銷錢而毀銅像是也。銅像,人所敬畏,尚且毀之,錢之不可銷必矣。韓愈拜京兆尹,神策六軍不敢犯法,曰'是尚欲除佛者',亦猶是也。銷錢爲器,其利十倍。錢所以權百貨,平低昂,其鑄之也,不計費,不謀息,今而銷之,可不禁乎? 雖然,銷而爲器,錢雖毀而器存焉。若夫散而四出,舟遷車轉,入於他國,歸於蠻夷,其害豈特爲害而已! 而不聞世宗禁之,則不以泉貨貿遠方之寶可知已。錢之散也,以貿遠方之寶故也。上好之,下效之,於是關防不嚴,法制隳壞,真錢日少,僞錢日多。以不貲之價,靡有限之錢,雖萬物爲銅,陰陽爲炭,亦且不給,區區器像又何濟乎! 故惟至廉無欲,然後可蓄生人之共寶。而又關防嚴密,法制具在,鼓鑄不廢,則中國之錢真可流於地上矣。"

(元)馬端臨:《文獻通考》卷九《錢幣考二》

唐主李璟既失江北,困於用兵,鍾謨請鑄大錢,以一當十,文曰"永通泉貨"。謨得罪而大錢廢,韓熙載又鑄鐵錢,以一當二。

(元)馬端臨:《文獻通考》卷九《錢幣考二》

江南李唐舊用鐵錢,蓋因韓熙載建議。以鐵錢六權銅錢四,然銅鐵之價相去甚遠,不可強也。江南末年,鐵錢十僅直銅錢一,江南平,民間不肯行用。

(明)陶宗儀:《説郛》卷九六《燕翼詒謀録》

錢有銅鐵二等。五代相承用唐錢。諸國割據者,江南曰"唐國通寶",又別鑄,如唐制而篆文。其後鑄鐵錢,每十錢以鐵錢六權銅錢四而行,乾德後只以鐵錢貿易,凡十當銅錢一。兩浙、河東自鑄銅錢,亦如唐制。西川、湖南、福建皆用鐵錢,與銅錢兼行。湖南文曰"乾封泉寶",徑寸,以一當十。福建如唐制。

(元)馬端臨:《文獻通考》卷九《錢幣考二》

蔡條《國史補》:"國朝鑄錢沿襲五代及南唐故事,歲鑄之額日增。"

(元)馬端臨:《文獻通考》卷九《錢幣考二》

禁諸州鐵鑞錢及江南所鑄"唐國通寶"錢。民間有者悉送官,所在設棘圍以受之,敢有藏隱,許人陳告,重置之法。

(宋)李燾:《續資治通鑒長編》卷三,太祖建隆三年(962)

夏四月乙未,詔奉使江南者,毋得將其國所用錢過江北。

(宋)李燾:《續資治通鑒長編》卷三,太祖建隆三年(962)

初,唐廢永通大錢,更用韓熙載之議,鑄當二鐵錢。熙載由中書舍人遷戶部侍郎,充鑄錢使。宰相嚴續數言鐵錢不便,熙載爭於朝堂,聲色俱厲。左遷秘書監,不逾年,復拜吏部侍郎。是月,始用鐵錢,擢熙載兵部尚書、勤政殿學士。民間多藏匿舊錢,舊錢益少,商賈出境,輒以鐵錢十易銅錢一,官不能禁,因從其便。官吏皆增俸,而以銅錢兼之,由是物價益貴至數倍,熙載頗亦自悔。熙載拜戶部侍郎,充鑄錢使,《十國紀年》及《朔記》在建隆元年二月末,拜兵部尚書、勤政殿學士在此年六月,今並書於此。

(宋)李燾:《續資治通鑒長編》卷五,太祖乾德二年(964)

薛史《食貨志》:"唐同光二年,度支請榜示府州、縣鎮,軍民商旅,凡有買賣,並須使八十陌錢。"案短陌之制,顧寧人《日知錄》此書今載《四庫全書簡明目錄》。第十一卷,考得自晉已有之,並歷引《抱朴子》《梁書》《隋書》《舊唐書》、沈括《筆談》《宋史》《金史》以證梁武帝、唐憲宗、穆宗、昭宗、哀帝、五代後漢隱帝、宋太宗、金世宗各朝短陌事甚詳明，獨無後唐莊宗同光中事。《容齋三筆》第四卷云："用錢爲幣，本皆足陌，梁武帝時以鐵錢之故，商賈浸以奸詐自破，嶺以東，八十爲百，名曰東錢；江郢以上，七十爲百，名曰西錢；京師以九十爲百，名曰長錢。大同元年詔通用足陌。詔下而人不從，錢陌益少，至於末年，遂以三十五爲百。唐之盛際，純用足錢，天祐中，以兵亂窘乏，始令以八十五爲百。後唐天成，又減其五，漢乾祐中，王章爲三司使，復減三。皇朝因漢制，其輸官者，亦用八十，或八十五，然諸州私用，猶有隨俗，至於四十八錢。太平興國二年，始詔民間緡錢，定以七十七爲百。自是以來，天下承用，公私出納皆然，故名省錢。"此段亦首尾完備，獨無同光事，然則不但寧人未見薛史，容齋亦未見也。且寧人說，正與容齋同，而不著容齋名，豈此爲暗合邪？容齋以"自破"爲句，寧人乃讀作"自破嶺以東"，以寧人之精核，決不舛訛至此，豈傳寫偶誤邪？

（清）王鳴盛：《十七史商榷》卷九六

李煜舊用鐵錢，於民不便。二月壬辰朔，若冰請置監於昇、鄂、饒等州，大鑄銅錢，凡山之出銅者，悉禁民采，並取以給官鑄。諸州官所貯銅錢數，盡發以市金帛輕貨上供及博糴麥。銅錢既不渡江，益以新錢，民間錢愈多，鐵錢自當不用，悉鑄爲農器，以給江北流民之歸附者，且除銅錢渡江之禁。詔從其請，民甚便之。鑄鐵錢爲農器，別本《實錄》見七月丁亥，今並書之。然煜用兵際，權宜調斂，若冰悉奏以爲常賦，民頗怨懟。若冰少貧賤，嘗爲豫章富人洪氏所辱，心恨之。既而洪氏掌本郡榷酤，負煜時歲課鐵錢數百萬，若冰悉收銅錢，洪氏幾至破產。案樊若冰，《宋史》作樊若水，屢見前第十五卷及第十六卷。

（宋）李燾：《續資治通鑒長編》卷一八，太宗太平興國二年（977）

僞蜀廣政中，始鑄鐵錢。每鐵錢一千兼以銅錢四百，凡銀一兩直

錢千七百，絹一匹直錢千二百，而鑄工精好殆與銅錢等。益買金銀裝
發，頗失裁制，物價增長。尋又禁銅錢入川界，鐵錢十乃直銅錢一。
太平興國四年，始開其禁，令民輸租及権利，每鐵錢十納銅錢一。時
銅錢已竭，民甚苦之，商賈爭以銅錢入川界，與民互市。每銅錢一，得
鐵錢十又四。其明年，轉運副使、右贊善大夫張諤言：“舊市夷人銅，
斤給鐵錢二百，望增爲千錢，可以大獲，因復鑄銅錢，民租當輸錢者，
許且令輸銀及絹，俟銅錢多，即漸令輸之。”詔許市夷人銅，斤止給錢
五百。然卒難得銅，而轉運副使右補闕聶詠、同轉運判官秘書丞范祥
皆言：“民樂輸銅錢，請每歲遞增一分，後十歲即全取銅錢。”詔從其
請。詠、祥因以月俸所得銅錢市與民，厚取其直，於是增及三分。民
蕭然，益苦之，或剜剔佛像，毀器用，盜發古冢，纔得銅錢四五，坐罪者
甚衆。知益州、工部郎中辛仲甫具言其弊，乃詔使臣吳承勛馳傳至成
都府審度利害。仲甫集諸縣令佐問之，或潛持兩端，莫敢正言。仲甫
責之曰：“君等御前及第，天子門生，何得不爲長久計，反爲聶補闕、范
秘丞乎？”乃皆言其不便。

　先是，諸州官権酒酤，官物不足以充用，多賦於民，益爲煩擾，仲
甫並請罷之，仍許民自釀。承勛覆命。己卯，詔：“劍南東西、峽路諸
州，民輸租及権利，勿復徵銅錢。罷官酤酒，仍造曲與民，前所增麴錢
三十萬並除之。禁諸州不得擅增物價。”召聶詠、范祥及東川轉運使
宋覃、同轉運卜倫皆下御史獄。詠、覃杖脊，配役將作監；祥、倫免爲
庶人。覃、倫亦以月俸銅錢市與民，厚取其直故也。此事《國史》《實錄》
皆不詳，參取《成都記》修潤。據《實錄》此年及《會要》咸平三年，並稱宋覃杖脊
配役，覃時官右補闕。又《實錄》，景德三年六月己卯錄故供備庫使、荊南都監宋
覃子太廟齋郎維爲太常寺奉禮郎。覃，太平興國初進士，累官至右補闕、直史
館、東川轉運副使，太宗厚之，爲權臣所擯抑，換諸司使，掌典宿、桂、昇三州，至
是卒，故錄其子授京秩。據此，則宋覃未嘗真決也，所稱權臣亦不知謂誰。又按
《太宗實錄》，雍熙四年己未，以保信節度判官宋覃爲崇儀副使，其五月，鄭宣等
數人俱換內職。覃爲權臣所抑，宜復坐何事耶？則所稱權臣蓋未可信也。覃自
東川失官，而《景德實錄》遂没不言，疑必有故，當考。覃及聶詠杖脊，范祥、卜倫

除名,《實録》在十二月壬子,今並書。

（宋）李燾:《續資治通鑑長編》卷二三,太宗太平興國七年(982)

詔:"虔州歲市鉛錫六萬斤,斤爲錢二十九,增六錢。信州市鉛,斤爲錢十五,增五錢。饒州市炭,秤爲錢十,增三錢。"從轉運使張齊賢之請也。齊賢初除轉運使,辭日,上面命曰:"江左初平,民間不便事一一條奏。"齊賢曰:"臣聞江南舊以鐵爲幣,今改用銅錢,民間難得,而官責課,頗受鞭撻,此最不便。"上曰:"漢時吳王即山鑄錢,江南多出銅,爲朕密經營之。"

初,李氏歲鑄六萬貫,自克復,增冶匠,然不過七萬貫,常患銅及鉛錫之不給。齊賢乃訪得江南承旨丁釗,歷指饒、信、虔州山谷産銅、鉛、錫之所,又求前代鑄法,惟饒州永平監用唐開元錢料,堅實可久,由是定取其法,歲鑄三十萬貫,凡用銅八十五萬斤,鉛三十六萬斤,錫十六萬斤。齊賢即詣闕面陳其事。詔既下,頗有言其妄者,令中書召齊賢問訊,齊賢詞甚確,乃可之。丁釗亦得復補殿前承旨,掌銅場。或又言新法增鉛錫多者,齊賢固引唐朝舊法爲言,始不能奪。然唐永平錢法,肉好周郭精妙,齊賢所鑄,雖歲增數倍,而稍爲粗惡矣。

（宋）李燾:《續資治通鑑長編》卷二四,太宗太平興國八年(983)

詔鑄錢監所鑄錢,每緡熟錢重五斤。若前代舊錢並聽行用,其不堪上供者,許留逐州雜支。二月二日、五月十六日。

（宋）李燾:《續資治通鑑長編》卷二六七,神宗熙寧八年(1075)

大體古今賦役之制,自三代至於唐末、五代,未有輸錢之法也。今乃歲納役錢七萬五千三百有零貫,又散青苗錢八萬三千六百餘貫,累計息錢一萬六千六百有零貫,此乃歲輸實錢九萬三千餘貫。每年兩限,家至户到,科校督迫,無有已時,天下謂之錢荒,搜索殆盡。而又弛邊關之禁,開賣銅之法,外則泄於四夷,内則恣行銷毀。鼓鑄有限,壞散無節,錢不可得,穀帛益賤。變轉既難,民日益困,遠方僻路,無所措其手足。臣故曰募役之法,爲天下害實深。凡公私錢幣之發斂,其則不遠。百官、群吏、三軍之俸給,夏秋糴買穀帛、坑冶場監本價,此所以發之者也;田廬正税、茶鹽酒税之課,此所以斂之者也。民間貨布之豐寡,視官錢所出之少多,官錢出少,民用已乏,則是常賦之外,錢將安出?或曰:募錢輸官,還以募役,錢既出入,非蓄聚也。臣對之曰:夫募錢者率之農民,散於惰游,市井自如,南畝空矣。或曰:四等以下率錢數少,民易輸也。臣對之曰:彼窮鄉荒野,下户細民,冬正節臘,荷薪芻入城市,往來數十里,得五七十錢,買葱、茄、鹽、醯,老稚以爲甘美,平日何嘗識一錢?

　　(宋)李燾:《續資治通鑒長編》卷二七七,神宗熙寧九年(1076)

　　天禧三年,鐵錢者,川、陝、福州承舊制用之。

　　　　　　　　(元)馬端臨:《文獻通考》卷九《錢幣考二》

　　天成元寶,後唐明宗年號。至德年間,安慶緒亦改元天成,未知鑄錢否。

　　天福鎮寶,晉氏舊史以爲趙石晉所鑄。

　　漢元通寶,後漢劉知遠年號。

　　周元通寶,後周世宗毀天下銅佛鑄。

　　以上錢,係大唐至於五代末所鑄,共四十二樣。

　　　　　　　　　　(明)陶宗儀:《説郛》卷八四《錢譜》

僭僞錢

保大元寶,江南王璟鑄。

大唐通寶,南唐世家鑄,《五代史》不載,又有錢子。

　　　　　　　　　　(明)陶宗儀:《説郛》卷八四《錢譜》

　　唐天祐中,兵亂窘乏,始令以八十五錢爲百,後唐天成中又減五錢，漢乾祐初復減三錢。國初因漢制，其輸官亦用八十或八十五，然諸州私用猶各隨俗，至有以四十八錢爲百者。丁酉，詔所在悉用七十七爲百，每千錢必及四斤半以上。禁江南新小錢，民先有藏蓄者，悉令送官，官據銅給其直。

(宋)李燾：《續資治通鑒長編》卷一八，太宗太平興國二年(977)

至五代有天祐、天福、唐國等錢，而本朝始專以年號鑄錢。然"宋通元寶""皇宋元寶"，非年號，宋通乃開寶時所鑄，"皇宋"乃寶元時所鑄，蓋錢文不可用二寶字，故變其文也。

(宋)王觀國：《學林》卷三

天成元年，中書門下奏："訪聞諸道州府所買賣銅器價貴，多是銷鎔見錢，以邀厚利。宜遍告曉，如元舊破損銅器及碎銅，即許鑄造銅器。生銅器每斤價定二百，熟銅器每斤四百。如違省價，買賣之人，依盜鑄錢律文科斷。"又敕："諸道州府約勒見錢，素有條制，若全禁斷，實匪通規。宜令三京、諸道州府，城門所出見錢，如五百以上，不得放出。"

(明)胡我琨：《錢通》卷九

宋白《續通典》曰："天成元年十二月敕：'中外所使銅錢內鐵鑞錢，即宜毀弃，不得行使。'二年八月，禁銷銅錢。四年，禁鐵鑞錢。"

(明)胡我琨：《錢通》卷四

右天成錢。宋白《續通典》曰："天成元年十二月敕，中外所使銅錢內，鐵鑞錢即宜毀弃，不得行使。二年八月，禁銷銅錢。四年禁鐵鑞錢。"余按此錢徑九分，重三銖六參，文曰"天成元寶"，計當時所鑄，而《五代史·後唐紀》不載。

(宋)洪遵：《泉志》卷三

右天成錢。洪遵曰："余按此錢，徑九分，重三銖六參，文曰'天成元寶'，計當時所鑄，而《五代史·後唐紀》不載。"

（明）胡我琨：《錢通》卷六

五代晉高祖敕：聽公私自鑄銅錢，毋得雜以鉛錫，每十錢重一兩，以"天福元寶"爲文。

（宋）章如愚：《群書考索》後集卷五六

宋白《續通典》曰："晉天福三年十一月詔，三京、鄴都、諸道州府，無問公私，應有銅者，並許鑄錢，仍以'天福元寶'爲文，左環讀之，委鹽鐵司鑄樣，頒下諸道。"

（明）胡我琨：《錢通》卷四

晉天福三年詔曰："國家所資，泉貨爲重，銷蠹則甚，添鑄無聞。宜令三京、諸道州府，無問公私，應有銅者，並許鑄錢，仍以'天福元寶'爲文，左環讀之。每一錢重二銖四參，十錢重一兩，仍禁將鉛鐵雜鑄。諸道應有久廢銅冶，許百姓取便開鍊，永遠爲主。官中不取鍊利。除鑄錢外，不得接便，別鑄銅器。"

（明）胡我琨：《錢通》卷二三

右天福錢。宋白《續通典》曰："晉天福三年十一月詔，三京、鄴都、諸道州府，無問公私，應有銅者，並許鑄錢，仍以'天福元寶'爲文，左環讀之。委鹽鐵司鑄樣頒下諸道，令每一錢重二銖四參，十錢重一兩。"鄭向《五代開皇紀》曰："天福三年十一月詔，許天下私鑄錢，復官鑄。十一月詔：建錢爐於樂川。"余按此錢徑七分，重二銖四參，銅質薄小，字文昏昧，蓋以私鑄不精也。

（宋）洪遵：《泉志》卷三

右天福錢。洪遵曰："余按此錢，徑七分，重二銖四參，銅質薄小，字文昏昧,蓋以私鑄不精也。"

(明)胡我琨:《錢通》卷六

宋白《續通典》曰:"漢乾祐元年四月,膳部郎中羅周裔上言,請在京置錢監,俾銅盡爲錢,以濟軍用。"

(明)胡我琨:《錢通》卷四

蘇耆《開譚録》:"漢乾祐中,以晉室鼓鑄錢幣,僞濫非一,乃禁銅貨,悉歸公帑。"

(明)胡我琨:《錢通》卷四

右漢通錢。宋白《續通典》曰:"漢乾祐元年四月,膳部郎中羅周裔上言,請在京置錢監,俾銅盡爲錢,以濟軍用。"蘇耆《開譚録》:"漢乾祐中,以晉室鼓鑄,錢弊僞濫非一,乃禁銅貨,悉歸公帑。"余按此錢徑寸,重三銖六參,文曰"漢通元寶",字文明坦,製作頗精蓋,懲天福之弊。則漢代所鑄明矣。

(宋)洪遵:《泉志》卷三

右漢通錢。洪遵曰:"余按此錢,徑寸,重三銖六參,文曰'漢通元寶',字文明坦,製作頗精,蓋懲天福之弊,則漢代所鑄,明矣。"

(明)胡我琨:《錢通》卷六

《通鑑》:"周世宗顯德元年九月丙寅朔,敕立監采銅鑄錢,自非縣官法物、軍器及寺觀鐘、磬、鈸、鐸之類聽留外,其餘民間銅器、佛像,五十日内,悉令輸官,給其直。過期隱匿不輸,五斤以上,其罪死;不及者,論刑有差。"

(清)顧炎武著,黄汝成集釋:《日知録集釋》卷一一

《五代史·周紀》論曰:"世宗即位之明年,廢天下佛寺三千三百

三十六。是時,國中乏錢,乃詔毀天下銅佛以鑄錢。"

(明)胡我琨:《錢通》卷四

周世宗以縣官久不鑄錢,而民間多銷錢爲器皿及佛像,錢益少,乃敕立監采銅鑄錢,自非縣官法物、軍器及寺觀鐘、磬、鈸、鐸之類聽留外,自餘民間銅器佛像,五十日内悉令輸官,給其直。過期隱匿不輸,五十以上,其罪死,不及者,論刑有差。上謂侍臣曰:"卿輩勿以毀佛爲疑,夫佛以善道,人苟志於善,斯奉佛矣。彼銅像豈所謂佛耶?且吾聞佛志在利人,雖頭目猶捨以布施,若朕身可以濟民,亦非所惜也。"

(宋)章如愚:《群書考索》後集卷六三

周世宗發引之日,金銀錢寶皆寓以形,而楮錢大如盞口,其印文黄曰"泉臺上寶",白曰"冥游亞寶"。據此則金銀楮錠,亦始於五代也。

(明)胡我琨:《錢通》卷三

柴世宗銷天下銅像以爲錢。真定像高大,不可施工,有司請免。既而北伐,命以炮擊之,中佛乳,竟不能毀。未幾,世宗癰發乳間而殂。

(宋)王鞏:《隨手雜録》

五代周世宗即位之明年,中國乏錢,乃悉詔毀天下銅佛像以鑄錢。嘗曰:"吾聞佛説身世爲妄,以利人爲急,使其真身尚在,猶欲割截,況此銅像豈其所惜哉!"由是群臣皆不敢言。

(宋)祝穆:《古今事文類聚》前集卷三五

右周通錢。《五代史·周紀論》曰:"世宗即位之明年,廢天下佛寺三千三百三十六。是時國中乏錢,乃詔毀天下銅佛以鑄錢。"《四夷附録》曰:"周世宗遣尚書水部員外郎韓彥卿,以帛數千匹市銅於高麗,以鑄錢。"鄭向《五代開皇紀》曰:"顯德二年九月丙寅詔,禁天下銅器,始議鑄錢。"《五代會要》曰:"顯德二年九月敕云,今采銅興冶,立監鑄錢,冀便公私,宜行條制。今後除朝廷法物、軍器、官物及鏡,並寺觀内鐘、磬、鈸、相輪、火珠、鈴鐸外,其餘銅器一切禁斷。"蘇耆《開譚録》曰:"世宗朝鑄'周通元寶錢'於後殿,設巨爐數十,親觀鼓鑄。"李孝美曰:"徑寸,重五銖,文曰'周通元寶',形制精妙,與唐開元錢同。"

(宋)洪遵:《泉志》卷三

右周通錢。鄭向五代《開皇紀》曰:"顯德二年九月甲寅,詔禁天下銅器,始議鑄錢。"

(明)胡我琨:《錢通》卷六

用錢之法,自五代以來以七十七爲百,謂之"省陌"。今市井交易又克其五,謂之"依除"。

(宋)歐陽修:《歸田録》卷二

今之數錢,百錢謂之"陌"者,借"陌"字用之,其實只是"百"字,如"什"與"伍"耳。唐自皇甫鎛爲墊錢法,至昭宗末乃定八十爲陌。漢隱帝時,三司使王章每出官錢,又減三錢,以七十七爲陌,輸官仍用八十。至今輸官錢用有用八十陌者。

(宋)沈括:《夢溪筆談》卷四

《五代史》:漢王章爲三司使,征利剥下。緡錢出入,元以八十爲陌,章每出錢陌,必減其三,至今七十七,爲官省錢者,自章始。然今官府於七十七之中,又除頭子錢五文有奇,則愈削於章矣。

(宋)羅大經:《鶴林玉露》甲編卷一

唐天祐中，兵亂窘乏，始令以八十五錢爲百。後唐天成中，又減五錢，漢乾祐初，復減三錢。

（宋）章如愚：《群書考索》後集卷六〇

唐京師錢陌八十五，自河而南八十五，燕代皆以八十爲陌。漢王章建言，官司出錢陌減其三。今則凡官司出入，悉用七十七陌，謂之省陌者，是已獨封贈錢。輸官帤陌，猶用八十，乃唐時餘制也。

（宋）高晦叟：《珍席放談》卷上

《江表志》云：“江南李氏進貢中國無虛月，十數年間，經費將匱。建隆初，始申銅禁，鑄泉貨當十，又鑄‘唐國通寶’錢，兩文當開元錢一文。又用韓熙載法，變鑄錢。其後一縑約賣三十索，銀一兩二十五索，餘物稱是。至開寶末，國帤罄矣。”

（宋）王鞏：《隨手雜録》

江南李唐舊用鐵錢，蓋因韓熙載建議，以鐵錢六權銅錢四，然銅錢之價相去甚遠，不可强也。江南末年，鐵錢十僅直銅錢一，江南平，民間不肯行用，轉運使樊若水請廢之。太平興國二年二月，詔官收民間鐵錢鑄爲農器，以給江北流民之歸附者，於是江南鐵錢盡矣。然川蜀、陝西用之如故，川蜀每鐵錢一貫重二十五斤，銅錢一當十三，小民鎔爲器用，賣錢二千，於是官錢皆爲小民盜銷，不可禁止。大中祥符七年，知益州凌策請改鑄，每貫重十二斤，銅錢一當十，民間無鈺銷之利，不復爲矣。慶曆初，知商州皮仲容議采洛南紅崖、虢州青水銅，置阜民、朱陽二監鑄大錢，一可當小錢三。以之當十，民間趨利，盜鑄不已。至八年，張方平、宋祁議以爲當更，乃詔改銅錢當十。先是慶曆元年十一月，詔江、饒、池三州鑄鐵錢一百萬貫，助陝西經費，所積尤多，錢重民苦之，至是並罷鑄錢，其患方息。

（宋）王栐：《燕翼詒謀録》卷三

江南因唐舊制，饒州置永平監鑄錢，歲六萬貫。江南平，增爲七萬貫，常患銅少。張齊賢任轉運使，求得江南舊承旨丁釗，盡知信、建等州谷銅鉛處，齊賢即調發丁夫采之。初年增十數倍，明年得銅鉛八十五萬斤、錫六十萬斤，因雜爲鉛錫錢，鑄三十六萬貫，以釗爲殿前承旨，領三州銅山。先是永平監所鑄錢，用開通元寶錢法，肉好，周郭精好。至是雜用鉛錫，兼失古制，數雖增而錢惡。

（宋）江少虞：《宋朝事實類苑》卷二一

國朝初平江南，歲鑄錢七萬貫，自後稍增廣。

（宋）江少虞：《宋朝事實類苑》卷二一

國朝初平江南，歲鑄七萬貫，自後稍增廣，至天聖中歲鑄一百餘萬貫，慶曆間，至三百萬貫，熙寧六年以後，歲鑄銅鐵錢六百餘萬貫。

（宋）沈括：《夢溪筆談》卷一二

今唐國通寶、大唐通寶，乃南唐錢，或者不知，求之三百年之唐，謬也。按《南唐書》：元宗即位，鑄唐國通寶、大唐通寶，通用數年，漸弊。百姓盜鑄，極爲輕小。元宗即璟也。

（宋）王楙：《野客叢書》卷二二

右永通錢。《五代史·南唐世家》曰：“李景困於用兵，鍾謨請鑄大錢，以一當十文，曰‘永通泉貨’。”余按此錢有三品，字八分書者，徑寸五分，重八銖七參，背面肉好，皆有周郭。篆文者，徑寸三分，重五銖七參，輪郭重厚，銅色昏闇。又有面爲篆文，背爲龍鳳形者，此錢見奇品。計皆李氏所鑄，李孝美獨載八分書者，遺此一種，豈未之見耶。

（宋）洪遵：《泉志》卷四

五季楚鑄鉛鐵錢，以鉛爲錢始見於此。

（明）胡我琨：《錢通》卷三

　　唐主李璟既失江北，困於用兵，鍾謨請鑄大錢，以一當十文，曰
"永通泉貨"。謨得罪，而大錢廢。韓熙載又鑄鐵錢，以一當二錢，有
銅鐵二等。五代相承用唐錢，諸國割據者，江南曰"唐國通寶"，又別
鑄如唐制而篆文。其後鑄鐵錢，每十錢，以鐵錢六權銅錢四而行。乾
德後，只以鐵錢貿易，凡十當銅錢一。兩浙、河東自鑄銅錢，亦如唐
制。西川、湖南、福建皆用鐵錢，與銅錢兼行。湖南文曰"乾封泉寶"，
徑寸，以一當十。福建如唐制。

(明)胡我琨:《錢通》卷五

　　《五代史·閩世家》曰："王延羲立，改元永隆。鑄大鐵錢，以一
當十。"又，《十國紀年·閩史》曰："王延羲，永隆四年八月鑄'永隆通
寶'大鐵錢，一當鉛錢百。"

(明)胡我琨:《錢通》卷二一

　　閩王延羲改元永隆，鑄大鐵錢，以一當十。

(唐)白居易、(宋)孔傳:《白孔六帖》卷八

　　《十國紀年·閩史》曰："王延政，天德二年鑄'天德通寶'大鐵
錢，一當百。"

(明)胡我琨:《錢通》卷二一

　　董逌曰："馬殷據湖南八州地，建天策府，因鑄天策府寶。"洪遵
曰："余按此錢，文曰'天策府寶'，徑寸七分，重三十銖二參，銅質輝
重，字文明坦，史氏失其傳。張董之說，當有所憑也。"

(明)胡我琨:《錢通》卷二一

　　曾鞏《五朝隆平集》：蜀孟昶聞世宗下秦鳳，愈不自安，多積芻粟，
以鐵爲錢，禁民私用鐵，而自鬻器用以專利。民甚苦之。

(明)胡我琨:《錢通》卷二一

《十國紀年・吳越史》曰："周顯德四年正月，忠懿王俶始議鑄錢。"而洪遵曰："余按《十國紀年》云，晉開運三年，忠獻王弘佐嘗議鑄鐵錢，衙內都虞候弘億上疏，以爲不可。王從之。至忠懿王復議鑄錢，則是錢制行矣。"

（明）胡我琨：《錢通》卷二一

《十國紀年・閩史》曰："王審知爲閩王，梁貞明元年，汀州寧化縣出鉛，置鉛場。二年，鑄鉛錢，與銅錢並行。"

（明）胡我琨：《錢通》卷二一

陶岳《貨泉録》曰："王審知鑄大鐵錢，闊寸餘，甚粗重，亦以'開元通寶'爲文。仍以五百文爲貫，俗謂之銹仄錢，與鉛錢並行。"

（明）胡我琨：《錢通》卷二一

蜀主末年禁銅，不計道佛尊像動用家事，係銅者並仰納官，碎之鑄錢，豐實藏庫，猶患不足。詔云："如有庫家質銅，並仰限日，送納官中，百姓納照子者，即還本主空匣。若是腰帶，即還本主空鞓。"居民忽聞禁銅，民有典銅者，並題云召主收贖。由是競於庫家贖之。但云官中將去，贖不得也。是年蜀平，蜀與贖同音，乃其讖也。

（宋）佚名：《分門古今類事》卷一三

蜀主於劍門夔峽多積芻粟，增置師旅。用度不足，遂鑄鐵錢，禁境内鐵，置場鬻之，以專其利。

（明）曹學佺：《蜀中廣記》卷六七

五代王衍末年，改元咸康。又鑄咸康錢，然不及唐舊錢遠甚。孟氏廣政間，增鑄鐵錢，於外郡邊界參用，每錢千分四百爲銅，六百爲鐵。逮至末年，流入成都，率銅錢十分雜鐵錢一分。大盈庫往往有鐵錢,與銅錢相混莫辨,蓋鑄工精也。

(明)曹學佺:《蜀中廣記》卷六七

　　右開元錢。《五代史·南唐世家》曰:"鍾謨嘗得罪,而大錢廢。韓熙載又鑄鐵錢,以一當二。煜嗣立,乾德二年始用鐵錢,民間多藏匿舊錢,舊錢益少,商賈多以十鐵錢易一銅錢出境,官不可禁。煜下令以一當十錢。若水曰:李氏據有江東之地,國用窘乏。建隆四年,其大臣韓熙載請鑄錢,每十錢即以鐵錢六權銅錢四而行。至乾德、開寶中,遂不用銅錢,民間但以鐵錢貨易,至未年,銅錢一直鐵錢十。及李煜歸朝,鐵錢益無用。"陶岳《貨志録》曰:"元宗時,兵屢挫,帑藏虛竭,韓熙載上疏,請以鐵爲錢。其錢之大小,一如'開元通寶',文亦如之。徐鉉篆其文,比於舊錢稍大,而輪郭深闊。既而是錢大行,公私以爲便。"余按此錢,史氏但云鐵錢,不載其文。岳,國初人,耳目所按,其言當不妄也。

(宋)洪遵:《泉志》卷四

　　右唐國錢。《十國紀年·唐史》曰:"元宗以周師南伐,及割地歲貢方物,府藏空竭,錢貨益少,遂鑄'唐國通寶'錢,二當開元錢一。"馬令《南唐書》曰:"烈祖且殂,謂元宗曰,德昌官布億萬緡,以給軍用。吾死,善修鄰好,北方有事,不可失也。及元宗即位,兵屢起,德昌泉布既竭,遂鑄唐國錢,其文曰'唐國通寶'。"余按此五錢,制度大小各殊,有徑九分,重三銖者;有徑七分,重二銖二參者,字文並類。大唐錢有徑寸二分,重八銖,與徑九分,重三銖者,形制相肖,文皆篆字。有種八分,重二銖六參者,字含八分及隸體,背文有圓點,於五錢中最少,又有小唐國鐵錢,重一銖八參,形制肖銅錢之小者。

(宋)洪遵:《泉志》卷四

　　右大唐錢。馬令《南唐書》曰:"元宗鑄大唐通寶錢,與唐國錢通用,數年漸弊,百姓盜鑄,極爲輕小。"余按此錢,徑八分,重二銖四參,文曰"大唐通寶"。又有徑七分者，字文相類，豈當時盜鑄耶？

（宋）洪遵：《泉志》卷四

右永平錢。《五代史·前蜀世家》曰："王建武成三年十二月大赦，改明年元爲永平。"董逌曰："□□□□□也，殆王建所鑄。"余按此錢大小輕重，□□□□□，以下五錢，皆前蜀所鑄，今世甚多，獨是錢未。

（宋）洪遵：《泉志》卷五

右通正錢。《五代史·前蜀世家》曰："王建永平五年，改元通正。"

（宋）洪遵：《泉志》卷五

右天漢錢。《五代史·前蜀世家》曰："王建通正元年十月，大赦，改明年元曰天漢，國號漢。"

（宋）洪遵：《泉志》卷五

右光天錢。《五代史·前蜀世家》曰："王建天漢元年十二月，大赦，改明年元曰光天。"

（宋）洪遵：《泉志》卷五

右乾德錢。《五代史·前蜀世家》曰："王建卒，子衍立，明年改元乾德。"

（宋）洪遵：《泉志》卷五

右咸康錢。《五代史·前蜀世家》曰："王衍，乾德七年改元曰咸康。"李孝美曰："按此五錢文，皆王氏父子年號，計當時所鑄，並徑七分，重五銖，形制粗惡，今世所存甚多。"余按通正、天漢、光天、乾德錢，皆重三銖，獨咸康錢重三銖三參。

（宋）洪遵：《泉志》卷五

右廣政錢。《五代史·後蜀世家》曰："孟昶，明德五年改元曰廣政。"《十國紀年·後蜀史》曰："蜀主昶，明德三年十二月丁亥申嚴錢禁，明年改元廣政。"余按此錢，計當時所鑄，徑九分，重三銖，銅質渾厚，字八分書。

（宋）洪遵：《泉志》卷五

右鐵錢一。《十國紀年·後蜀史》："廣政二十五年，以屯戍既廣，調度不足，始鑄鐵錢。"曾鞏《五朝隆平集》同。孟昶聞世宗下秦鳳，愈不自安，多積芻粟，以鐵爲錢，禁民私用鐵，而自鬻器用以專利，民甚苦之。

（宋）洪遵：《泉志》卷五

右乾亨錢。《五代史·南漢世家》曰："梁貞明三年，劉龑即位，國號大越，改元曰乾亨。"李孝美曰："此錢文曰'乾亨重寶'，徑七分，重六銖，疑當時所鑄。"余按此錢，止重三銖六參。

（宋）洪遵：《泉志》卷五

右鉛錢。《十國紀年·漢史》曰："劉龑以國用不足，鑄鉛錢，十當銅錢一。乾和後，多聚銅錢，城內用鉛，城外用銅，禁其出，八犯者抵死。俸祿非特恩，不給銅錢。"余按鉛錢有二品，輪郭鍥薄，文曰"乾亨重寶"，大者徑寸，重三銖九參。重寶二字，傳形小者，徑九分，重三銖六參，余抵嶺外，始獲此錢。若銅錢，今世所存至多。

（宋）洪遵：《泉志》卷五

右乾封錢。《五代史·楚世家》曰："高鬱諷馬殷鑄鉛鐵錢，以十當銅錢一。"《十國紀年·楚史》曰："馬殷始鑄鉛錢，行於城中，城外即用銅錢。賈人多銷鉛錢，持過江北。高鬱請鑄鐵錢，圍六寸，文曰'乾封泉寶'，以一當十錢，既重厚，市肆以券契指垛交易。"《湖南故事》曰："馬殷置鐵冶鑄大錢，可六寸圍，重非銖兩，用九文爲貫，文曰

'乾封泉寶'。其文上乾,其數上九,遂通用焉。"余按此錢徑寸七分,重十七銖,圍五寸半,文曰"乾封泉寶",以銅爲之。而《楚史·湖南故事》以爲鐵錢,豈當時鑄銅錢二種耶?

(宋)洪遵:《泉志》卷五

右天策錢。《五代史·楚世家》曰:"馬殷請依唐太宗故事,開天策府。梁太祖拜殷天策上將軍。"張臺曰:"馬氏錢也。"董逌曰:"馬殷據湖南八州地,建天策府,因鑄天策府寶。"余按此錢文曰"天策府寶",徑寸七分,重三十銖二參,銅質渾重,子文明坦,史氏失其傳,張董之説當有所憑也。

(宋)洪遵:《泉志》卷五

右吳越錢。《十國紀年·吳越史》曰:"周顯德四年正月,忠懿王俶始議鑄錢。"余按《十國紀年》云,晉開運三年,忠獻王弘佐嘗議鑄鐵錢,衙内都虞候弘億上疏,以爲不可。王從之。至忠懿王復議鑄錢,則是錢制行矣。

(宋)洪遵:《泉志》卷五

右鉛錢。《十國紀年·閩史》曰:"王番知爲閩王,梁貞明元年,汀州寧化縣出鉛,置鉛場。二年,鑄鉛錢,與銅錢並行。"

(宋)洪遵:《泉志》卷五

右鐵錢。陶岳《貨泉録》曰:"王審知鑄大鐵錢,闊寸餘,甚粗重,亦以'開元通寶'爲文,仍以五百文爲貫。俗謂之鉝賀,與銅錢並行。"

(宋)洪遵:《泉志》卷五

右永隆錢。《五代史·閩世家》曰:"王延義立,改元永隆,鑄大鐵錢,以一當十。"《十國紀年·閩史》曰:"王延義永隆四年八月,鑄

'永隆通寶'大鐵錢,一當鉛錢百。"余按此錢徑寸四分,重十銖二參,文曰"永隆通寶",字文夷漫,制作不精,以銅爲之。《五代史》不載錢文,《十國史》又遺銅品,此錢計當時所鑄。

(宋)洪遵:《泉志》卷五

右天德錢。《十國紀年·閩史》曰:"王延政天德二年,鑄'天德通寶'大鐵錢,一當百。"董逌曰:"建州王氏錢,面文'天德重寶',背文穿上有'殷'字。"余按,王延政以建州建國,稱殷,故幕文爲"殷"字。通寶、重寶之異,亦當時鑄此二品耳。

(宋)洪遵:《泉志》卷五

右土錢。《五代史·雜傳》曰:"劉仁恭令燕人用墐土爲錢,悉歛銅錢,鑿山而藏之。已而殺工以滅口,後人皆莫知其處。"宋白《續通典》曰:"劉仁恭造泥錢,號爲山庫。"陶岳《貨泉錄》曰:"劉仁恭下令境内,以泥爲錢,以膠泥固濟而鍛之,大抵類瓷,樣度粗鹵。"

(宋)洪遵:《泉志》卷五

右應天錢。董逌曰:"幽州劉守光錢,而文曰'應天元寶',背文曰萬。"

(宋)洪遵:《泉志》卷五

右太興錢。董逌曰:"文曰'太興平寶',疑五代僭僞之所鑄。"

(宋)洪遵:《泉志》卷七

右契丹國天贊錢。《五代史·四夷附錄》曰:"契丹主阿保機僭號,名年曰天贊。"余按此錢,徑九分,重三銖六參,文曰"天贊通寶"。

(宋)洪遵:《泉志》卷一一

後周世宗顯德二年敕:始立監采銅鑄錢,非懸官法物、軍器及寺觀鐘、磬、鈸、鐸之類,悉令諸官給其值。過期不輸,五斤以上,其罪無不及者,論刑有差。

(宋)呂祖謙:《歷代制度詳説》卷七

天福七年,閩又鑄"永隆通寶"大鐵錢,一當鉛錢百。

(宋)呂祖謙:《歷代制度詳説》卷七

《稗史類編》:太興平寶錢之鏝有丁字,疑五代僭僞錢也。大德重寶,僞殷王延政所鑄,錢之鏝有殷字。《五代史》:閩王延義改元永隆,鑄大鐵錢以一當十。

(清)陳元龍:《格致鏡原》卷三五

《大定録》:顯德五年七月,江南李氏亦鑄"永通泉貨"。

(清)陳元龍:《格致鏡原》卷三五

14. 貢獻

梁太祖開平元年五月壬午,保義軍節度使朱友謙進百官衣二百副。其月,廣州進奇寶名藥,品類甚多。河南尹張全義進開平元年已前羨餘錢十萬貫、紬六千匹、綿三十萬兩,仍請每年上供定額,每歲貢絹三萬匹,以爲嘗式。荆南高季昌進瑞橘數十顆,質狀百味,倍勝嘗貢。且橘當冬熟,今方仲夏,時人咸異其事,因稱爲瑞。

(宋)王欽若等編纂:《册府元龜》卷一九七《閏位部》

(開平元年)十月,廣州進獻助軍錢二十萬,又進龍腦、腰帶、珍珠枕、玳瑁、香藥等。

(宋)王欽若等編纂:《册府元龜》卷一九七《閏位部》

(開平元年)十一月,廣州進龍形通犀腰帶、金托裹含棱玳瑁器百餘副、香藥珍巧甚多。

　　（宋）王欽若等編纂：《冊府元龜》卷一九七《閏位部》

　　（開平）二年正月，幽州劉守文進海東鷹鶻、蕃馬、氈罽方物。

　　（宋）王欽若等編纂：《冊府元龜》卷一九七《閏位部》

　　梁太祖開平二年六月，詔曰：“敦尚儉素，抑有前聞；斥去浮華，期臻至理。如聞近日貢奉，競務奢淫，或奇巧蕩心，或雕鐫溢目，徒殫資用，有費工庸。此後應諸道進獻不得以金寶裝飾；戈甲劍戟至於鞍勒，不用塗金及雕刻龍鳳，如有此色，所司不得引進。”

　　（宋）王欽若等編纂：《冊府元龜》卷一九八《閏位部》

　　（開平二年）七月，魏博節度使羅紹威進絹三萬匹。時虜寇臨汾，諸將征討，曰聞其捷，紹威進以備犒師之用。

　　（宋）王欽若等編纂：《冊府元龜》卷四八五《邦計部》

　　（開平二年）九月，福州貢玳瑁、琉璃、犀象器並珍玩香藥、奇品、海味色類良多，價累千萬。

　　（宋）王欽若等編纂：《冊府元龜》卷一九七《閏位部》

　　（開平）二年十月己未大明節，諸道節度、刺史各進獻鞍馬、銀器、綾帛以祝壽，宰臣百官設齋於相國寺。

　　（宋）王欽若等編纂：《冊府元龜》卷一八二《閏位部》

　　（開平二年）十一月，諸道節度刺史各進賀冬田器、鞍馬、綾羅等。

　　（宋）王欽若等編纂：《冊府元龜》卷一九七《閏位部》

　　（開平）三年四月，幽州節度使劉守光進蕃中生異馬一匹，鞍後毛長五寸，名烏龍。兩浙節度使錢鏐進睦州大茶三百一十籠、洞牙弩百枝、桐木槍二千條,賜進奉使紀君武銀帛有差。是年冬,諸道節度使、刺史咸貢鞍馬、銀絹羅綺賀正。

（宋）王欽若等編纂:《册府元龜》卷一九七《閏位部》

（開平）三年十月癸未大明節,帝御文明殿設齋僧道,召宰臣、翰林學士預之,諸道節度、刺史及内外諸司使咸有進獻。臣欽若等曰:"《梁太祖實録》自開平四年後不書誕節。"

（宋）王欽若等編纂:《册府元龜》卷一八二《閏位部》

（開平）四年五月,自朔旦至癸巳,内外以午日奉獻巨萬,計馬三千蹄,餘稱是。復相率助修内壘。時南北征伐,板籍未有定賦。帝每議營造,及節序無不咸獻。而南方數鎮,入相調外,山澤魚鹽之利罕籍於縣官矣。

（宋）王欽若等編纂:《册府元龜》卷一九七《閏位部》

（開平四年）七月,福州貢方物,獻桐皮扇。廣州貢犀玉,獻船上薔薇水。

（宋）王欽若等編纂:《册府元龜》卷一九七《閏位部》

（開平四年）十月己卯,新修天驥院,帝開宴落成,内外並獻馬,而魏博進絹四萬匹,以爲駔價。

（宋）王欽若等編纂:《册府元龜》卷一九七《閏位部》

乾化元年十月,北征。密州奏助軍絹二千匹;青州節度使進絹五千匹;兖州進絹三千匹。

（宋）王欽若等編纂:《册府元龜》卷四八五《邦計部》

乾化元年,兩浙進大方茶二萬斤,琢畫宮衣五百副。廣州貢犀象奇珍及金銀等,其估數千萬。安南兩使留後曲美進筒中蕉五百匹,龍腦、鬱金各五瓶,他海貨等有差。又進南蠻通好金器六物、銀器十二

並乾陁綾花、纈越毡等雜織奇巧者各三十件。福建進戶部多支榷課
葛三萬五千匹。

（宋）王欽若等編纂：《冊府元龜》卷一九七《閏位部》

（乾化）二年四月，廣州獻金銀、犀牙雜寶貨及名香等，合估數千
萬。是月，客省引進使韋堅使廣州回，以銀、茶上獻，其估凡五百餘
萬。福建進供御金花銀器一百件，各五千兩。是年，天下郡國各助郊
天及賀正獻，相次而至。

（宋）王欽若等編纂：《冊府元龜》卷一九七《閏位部》

梁太祖乾化二年，以丁審衢爲陳州，而審衢厚以鞍馬金帛爲謝恩
之獻，帝慮其漁民，復其獻，而停之。

（宋）王欽若等編纂：《冊府元龜》卷二一五《閏位部》

晉王權，初仕梁，爲戶部侍郎。權奏："每年正伏，天下貢物陳於
殿庭，屬戶部引進。切以近年以來，未甚齊整，本二百餘州貢物，今止
六十餘州。伏以任土勤王，本朝故事。冀申尊獎，所謂駿奔。伏乞遍
下諸州，請依貢式陳進。正伏之日，所貢整齊。"從之。

（宋）王欽若等編纂：《冊府元龜》卷四六七《臺省部》

後唐莊宗同光元年十一月，敕："朕大平國患，顯紹帝圖，廓天
地之妖氛，救生靈之塗炭，方懷至理，永保鴻休。敦去華務實之規，
成革故從新之化，足可塞僥幸之路，絕繁費之源。協我無私，告爾
有位。應隨處官吏、務局員僚、諸軍將校等，如聞前例各有進獻，直
貢奏章，不唯褻瀆於朝廷，實且傍滋於誅斂。速宜止絕，以肅
風化。"

（宋）王欽若等編纂：《冊府元龜》卷一六八《帝王部》

後唐莊宗同光元年十一月，僞永平軍節度使張筠遣其弟籛即蘭切

進馬三十匹、銀二千兩、御衣千段。

（宋）王欽若等編纂：《册府元龜》卷一六九《帝王部》

（同光元年十一月）是月，宿州朱保謹進本朝十二列聖寫真及玄宗封泰山圖。

（宋）王欽若等編纂：《册府元龜》卷一六九《帝王部》

（同光）二年正月，鳳翔節度使李茂貞進龍鳳玉帶。

（宋）王欽若等編纂：《册府元龜》卷一六九《帝王部》

（同光二年正月）是月，涇原節度使李曦進寶裝、針珥、錦彩於皇后宫；及河南尹張全義諸藩鎮進暖殿物、貢羊馬等。

（宋）王欽若等編纂：《册府元龜》卷一六九《帝王部》

（同光二年）二月，福建節度使王審知遣使奉貢。

（宋）王欽若等編纂：《册府元龜》卷一六九《帝王部》

（同光二年）三月，淮南楊溥遣其右威衛上將軍許確進賀郊天銀二千兩、錦綺羅一千二百匹、細茶五百斤、象牙四株、犀角十株。

（宋）王欽若等編纂：《册府元龜》卷一六九《帝王部》

（同光二年）五月，故秦王李茂貞遣使王修進遺留禮物水晶鞍、盤龍玉帶、馬瑙酒杯、翡翠爵、琉璃瓶、玳瑁唾盂、銀蓮花座、珊瑚樹一株、軍器、繒絲錦等。

（宋）王欽若等編纂：《册府元龜》卷一六九《帝王部》

後唐張全義爲河南尹，莊宗同光二年五月，進粟四萬石助軍。

（宋）王欽若等編纂：《册府元龜》卷四八五《邦計部》

（同光二年）九月，兩浙錢鏐遣使錢詢貢方物、銀器、越綾、吳綾、越絹、龍鳳衣、絲鞋屨子，進萬壽節金器盤、龍鳳錦、織成紅羅縠袍襖衫段、五色長連衣段、綾絹、金棱秘色瓷器、銀裝花櫚木厨子、金排方、盤龍帶、御衣、白龍瑙、紅地龍鳳錦被、紅藤龍鳳箱等。

（宋）王欽若等編纂：《册府元龜》卷一六九《帝王部》

（同光二年）十月，湖南進羅浮柑子。福建節度使王審知進萬壽節並賀皇太后到京金銀、象牙、犀珠、香藥、金裝寶帶、錦文織成菩薩幡等。

（宋）王欽若等編纂：《册府元龜》卷一六九《帝王部》

（同光二年十月）是月，湖南馬殷進萬壽節銀龍鳳陷花漆浴斛一盤、龍御衣、龍鳳氈、金鞊腰、龍鳳裝、箭箙、龍鳳朱背弓、紅絲弦、金鍍頭箭、銀千兩。又安義孔勍進寶裝、酒器。

（宋）王欽若等編纂：《册府元龜》卷一六九《帝王部》

（同光二年）十二月，淮南吳國主楊溥遣使王權進賀正金花銀器、錦絲千段，御衣、金器洎太后禮物。

（宋）王欽若等編纂：《册府元龜》卷一六九《帝王部》

（同光）三年二月，桂州馬賓貢方物。

（宋）王欽若等編纂：《册府元龜》卷一六九《帝王部》

（同光）三年正月，河西郡落折驕兒貢駝馬。

（宋）王欽若等編纂：《册府元龜》卷九七二《外臣部》

（同光三年）二月，河西部族折文通貢駝馬，熟吐渾李紹魯貢駝馬，党項折願慶貢方物。又突厥渾解樓貢方物，渤海國王大諲撰遣使裴璆貢人參、松子、昆布、黄明細布、貂鼠皮被一、褥六、髮、靴、革、奴子二。熟吐渾都督赫連海龍貢羊馬。

（宋）王欽若等編纂：《冊府元龜》卷九七二《外臣部》

（同光三年二月）是月，車駕在鄴。庚午，皇后劉氏生辰，王都樞密使各進上壽物錦彩、金銀器。又河中李繼麟進縑、銀爲宴資。又，湖南馬殷進羅浮柑子。

（宋）王欽若等編纂：《冊府元龜》卷一六九《帝王部》

（同光三年）五月，吳越王錢鏐獻孔雀二。又淮南吳越國主遣使王浩獻重午物銀錦紗縠、細茶、篁扇、龍鳳紗紋廚。諸州府各貢端午物。

（宋）王欽若等編纂：《冊府元龜》卷一六九《帝王部》

（同光三年）九月，徐州進九練神鋼刀、劍各一。

（宋）王欽若等編纂：《冊府元龜》卷一六九《帝王部》

（同光三年）十月，兩淮錢鏐留後錢元瓘、蘇州節度錢元璙各貢進金銀、錦綺數千件，御服犀帶，九經書史，漢、唐書共四百二十三卷。

（宋）王欽若等編纂：《冊府元龜》卷一六九《帝王部》

（同光）四年正月，鎮州知州梁文矩奏准，宣進花果樹栽及樂官梅審鐸等，並已赴闕。

（宋）王欽若等編纂：《冊府元龜》卷一六九《帝王部》

（同光四年正月）是月，兩浙錢鏐貢佛頭螺子青一、山螺子青十、婆薩石蟹子四、空青四，其表不題。又，沙州節度使曹義全進謝賜旌節官誥玉鞍馬二、玉團磠砂、散玉鞍轡、鉸具、安西白氈、胡錦、雄黃、波斯國紅地松樹、眊褐胡桐、泪金星舉大鴛沙。

（宋）王欽若等編纂：《冊府元龜》卷一六九《帝王部》

（同光四年）二月，沙州曹義全進和市馬百匹、羚羊角、碙砂、氂牛尾。又進皇后白玉符、金青符、白玉獅子指環、金剛杵。瓜州刺史慕容歸盈貢馬。

（宋）王欽若等編纂：《冊府元龜》卷一六九《帝王部》

後唐郭崇韜，莊宗同光中爲樞密使。初在汴、洛，稍通諸侯略遺，親友密規之。崇韜曰：“予備位將相，祿賜巨萬，不俟他財以致富。但以朱氏之日，以略遺成風，今之方面藩侯，皆梁之舊將，吾主射鈎斬袪之怨也。一旦革面，化爲吾人，堅拒其請，寧先拒乎？藏於私室，無異公帑。”及莊宗將行郊禮，有司計府庫，闕勞軍錢。崇韜首出積十萬貫，以助郊祀。

（宋）王欽若等編纂：《冊府元龜》卷四八五《邦計部》

後唐明宗以同光四年四月即位。甲寅，詔曰：“夫人不能自理，立之君以理之，豈可殫天下之租賦，爲宮中之玩好！後宮內職，量留一百人，其餘任歸骨肉。內官守閣掌扇，量留三十人。教坊音聲，量留一百人。鷹犬之事，以備蒐狩，量留二十人。御廚膳夫，量留五十人。其餘任從所適。內諸司使有名無事者，並從停廢。”

（宋）王欽若等編纂：《冊府元龜》卷五六《帝王部》

明宗即位初，敕曰：“八表來王，蓋率朝宗之義；四方述職，咸遵任土之宜。苟獻奉之過常，固煩費而滋甚；將隆景運，以俟雍熙。但思於碎枕焚裘，豈悅於珍禽異寶？德宜從儉，法在鼎新。起今後中外臣僚、藩部牧伯時節獻賀，量事達情，不得掊斂生靈，致令愁嘆。鷹犬之類，勿有進獻。”

（宋）王欽若等編纂：《冊府元龜》卷一六八《帝王部》

同光改元天成，下制曰：“征賦上供，國之常典，別因進獻，懼削生靈。應節度防禦等使除四正至、端午及降誕四節，量事達情，自於內庫圓融,不得輒科百姓。其四州刺史不要貢奉。"

(宋)王欽若等編纂:《册府元龜》卷一六八《帝王部》

明宗天成元年五月,西都知府張籛進魏王繼岌打毬馬七十二匹。

(宋)王欽若等編纂:《册府元龜》卷一六九《帝王部》

(天成元年)九月壬申,河中進百司紙三萬張、詔紙二萬張,舊制也。

(宋)王欽若等編纂:《册府元龜》卷一六九《帝王部》

(天成元年)十一月戊辰,户部侍郎王權奏:"每年正仗,天下貢物陳於殿庭,屬户部司引進。竊以近年以來,未甚齊整,本二百餘州貢物,今止六十餘州,伏以任土勤王,本朝故事,冀申尊獎,所謂駿奔。伏乞遍下諸州,請依貢式陳進,正仗之日,所貴整齊。"從之。

(宋)王欽若等編纂:《册府元龜》卷一六九《帝王部》

(天成元年十一月)是月,淮南僞吴主楊溥遣使魯思鄘來賀帝登極,持銀千兩、金百兩、綾一千二百匹、茶三百斤。受之。

(宋)王欽若等編纂:《册府元龜》卷一六九《帝王部》

(天成)二年四月,吴主楊溥差右威衛將軍雷峴進銀千兩,綾羅錦綺千匹,修重午之禮。

(宋)王欽若等編纂:《册府元龜》卷一六九《帝王部》

符蒙,爲右拾遺。天成二年六月辛丑,奏以五日轉對,無獻替之風,虚瀆聖聽,請罷之。

(宋)王欽若等編纂:《册府元龜》卷四七五《臺省部》

(天成二年)九月,潞王從珂鎮河中,進青氈帳一頂,制度極廣,並隨帳諸物,並金銀裝雕鏤龍鳳,甚有奇功。帝嘉賞之。

(宋)王欽若等編纂:《册府元龜》卷一六九《帝王部》

(天成二年)十月,帝將幸汴州。潞王從珂自河中聞大駕巡幸,進銀裝逍遥子一頂。

(宋)王欽若等編纂:《册府元龜》卷一六九《帝王部》

(天成二年)十一月,福建節度使王延鈞進犀牙、香藥、海味等。

(宋)王欽若等編纂:《册府元龜》卷一六九《帝王部》

(天成)三年五月,西川進助大禮錢五千萬、白熟布十萬匹。

(宋)王欽若等編纂:《册府元龜》卷一六九《帝王部》

安重誨爲樞密使。明宗三年五月,以有事於中山,進馬三十匹助戎事。藩侯、郡守遂相次進之。

(宋)王欽若等編纂:《册府元龜》卷四八五《邦計部》

(天成三年)十月,前北京皇城使李繼中弟侄三人進馬二百五匹、金器八百兩、銀萬兩、家機錦百匹、白羅三百匹、綾三千匹、絹三千匹。繼中者,故昭義帥嗣昭之子,少有心疾,其母楊夫人自潞州積聚百萬,輦於荆州私第。繼韜之叛,没之於官。莊宗南郊,助太平賞給。繼韜伏法,其母又輦之晉者,餘百兩。至楊氏卒,其弟湘州刺史繼能、潞府司馬繼襲聞哀俱至,繼中等詣官告變,繼能、繼襲伏法,弟侄等遂得分其所聚。故有是獻。

(宋)王欽若等編纂:《册府元龜》卷一六九《帝王部》

盧詹,爲中書舍人。天成三年十月,上言曰:"歌稱九德,彰聖哲於一人;國啓四門,睦臣賓於萬宇。伏惟陛下,登臨宸極,統御寰區,普天之來享來王,率土之爲臣爲子。所以西戎獻款,北狄輸誠,五谿之蠻獠皆臻,百越之梯航畢至。華夷率服,聲教遐流。竊見外國朝天諸藩到闕,多於便殿引對,中外不知。既聞來自殊鄉,宜使觀於盛事。此後每有四夷入貢,伏乞御於正殿,列彼群臣,立天仗於廣廷,臨宸軒而端拱。庶使邊荒異俗,向慕華風,亦具禮樂威儀,更顯聲明文物。"

　　　　　(宋)王欽若等編纂:《冊府元龜》卷四七五《臺省部》

　　(天成三年)十一月,安重誨以生辰諸處人事,得馬五十匹,進充內厩。

　　　　　(宋)王欽若等編纂:《冊府元龜》卷一六九《帝王部》

　　(天成)四年正月,青州於登州岸得風飄到新羅船,進其寶貨。

　　　　　(宋)王欽若等編纂:《冊府元龜》卷一六九《帝王部》

　　(天成四年)五月甲午,東川進助南郊錢十萬貫。

　　　　　(宋)王欽若等編纂:《冊府元龜》卷一六九《帝王部》

　　(天成)四年七月,荆南節度行軍司馬高從誨遣都押衙劉謙己進贖罪銀三千兩。從誨父季興自僞梁時爲荆帥,據有其地。莊宗平中原,季興懼,自請入覲,復令歸鎮。及帝嗣位,季興表請峽内諸州仍舊圖隸屬。朝議纔允,季興即謀彊取。時魏王繼岌平兩川,舟運奇貨,數艘下峽,爲季興所掠,繕城自守。帝命襄帥劉訓率師討之,遇水退。季興臣於楊溥,受僞爵命。洎季興死,從誨歸國。謙己至,帝御中興殿,陳荆州之貢於庭,顧謂侍臣曰:"父子罪不相及。季興負恩,歿身於地;從誨悔禍,乃心本朝。予以恩信待人,有何不可?"安重誨拜而言曰:"陛下以德和人,不俟舞干,革心從化,臣等敢賀。"

　　　　　(宋)王欽若等編纂:《冊府元龜》卷一七八《帝王部》

　　(天成四年)八月乙丑,兩浙錢鏐使袁韜進銀五千兩、茶二萬七千斤謝恩,加其諸子官。

　　　　　(宋)王欽若等編纂:《冊府元龜》卷一六九《帝王部》

（天成四年）十月戊戌，福建王延鈞進謝恩銀器六千五百兩、金器一百兩、錦綺羅共三千匹並犀牙、玳瑁、真珠、龍腦、笏扇、白氈、紅氈、香藥等。又進謝恩進封母爲魯國太夫人銀四千五百兩、茶、蕉、海蛤、通樺箭等。

（宋）王欽若等編纂：《册府元龜》卷一六九《帝王部》

（天成四年）十一月辛未，左諫議大夫崔憓奏請止絕諸道州府，不得進金玉、鞍轡、龍鳳御衣。其奏曰：“凡在御前，皆爲法物。供奉所自，出自内司。豈假外臣，而有營造？若無禁止，漸爲通規。一則乖國朝淳厚之風，一則冒典憲防閑之制。”

（宋）王欽若等編纂：《册府元龜》卷四七五《臺省部》

長興元年五月，靈武進野駝峰二枚。

（宋）王欽若等編纂：《册府元龜》卷一六九《帝王部》

（長興元年）十月，福建王延鈞進賀郊禮畢銀七千兩及蕉牙、香藥、金器百兩。

（宋）王欽若等編纂：《册府元龜》卷一六九《帝王部》

張筠爲左驍衛上將軍，致仕。長興元年十月，進助軍粟五千石。是月，興元府奏軍府官共進助軍粟三萬三千石。

（宋）王欽若等編纂：《册府元龜》卷四八五《邦計部》

（長興二年）五月甲寅，尚書户部奏：“當司所管天下合貢方物，法長興二年三月定到七十餘州，舊例冬至後齊到正仗前點檢，至元日於殿前排列。當司引進昨點檢，今年正仗前七十州所貢方物，内六十七州正仗前至。其餘二十州，自正月至三月方到京師。其江陵府所貢胎白魚，臣勘本道進奏官狀，稱每年臘月裏造至正仗，未堪供進，固難及限。猶慮其餘州未曾嚴加告諭，不可便議刑名。請行敕命約束。

如來年正仗前貢物不齊,其本州録事、参軍及勾押官典,量定殿罸。又棣州合進蘿蔔子,本州稱無本色,折進價錢絹一匹。伏以任土作貢,必須産在封疆。本色不供,價錢何取? 兼恐顧兹名目,廣有科求,其價絹請停。"敕旨:"江陵府胎白魚,許於限外供進。餘依所奏。"

(宋)王欽若等編纂:《册府元龜》卷四七五《臺省部》

魏仁鵬爲太僕少卿,長興二年閏五月,奏以本寺祠祭牲酒,咸非素備,請復舊規,令諸道進納。

(宋)王欽若等編纂:《册府元龜》卷六二〇《卿監部》

長興二年九月辛亥,敕曰:"馳騁畋獵,聖人每抑其心;奇獸珍禽,明王不畜於國。朕猥將寡薄,虔奉宗祧,覽前代之興亡,思昔人之取捨,所以尋頒明詔,遍諭遐方,推好生惡殺之仁,罷雕鶚鷹鷳之貢。一則杜盤游之漸,一則遂飛走之情。近日諸色人不禀詔條,頻獻鷹隼,既不能守兹近敕,則何以示彼後人? 頗謂逾違,須行止絶。其五方見在鷹隼之類,並宜就山林解放。此後諸色人等並不得輒將進獻,仰閣門使凡有此色貢奉表章,不得引進。"

(宋)王欽若等編纂:《册府元龜》卷一六八《帝王部》

(長興)三年二月,帝謂侍臣曰:"自今後行幸處,宜令止絶進奉。"是月,河東節度使石敬瑭進玉帶,光潤異常。帝謂之曰:"朕不少此物,復以賜卿。"敬瑭拜獻數四方受。翌日,賜以良馬。

(宋)王欽若等編纂:《册府元龜》卷一六八《帝王部》

(長興三年二月)是月,藥彦稠進回鶻可汗先遣使送金裝胡䩞遺秦王,爲党項所掠,至是獲之而獻。帝曰:"此物已經剽掠,況曾曉諭,凡破賊所獲,軍中自收。今後却賜彦稠,所貴示人以信。"彦稠又進納党項所劫回鶻玉二團,尋却賜之。

(宋)王欽若等編纂:《册府元龜》卷一六八《帝王部》

（長興）三年三月，西京奏百姓侯可洪於楊廣城內掘得玉四團，差三橋鎮使朱廷義呈進，賜廷義絹二十匹，可洪等絹二百匹，別賜價錢二百貫。

（宋）王欽若等編纂：《冊府元龜》卷一六九《帝王部》

（長興三年）十月癸酉，湖南馬希範、荊南高從誨並進銀及茶，所上章各稱與強寇比鄰，長資防捍，希宣賜戰馬，以助軍容。帝曰：“湖南接淮寇，請馬爲宜；荊南在內地，何煩設備？”趙延壽奏曰：“藩臣求馬，不宜受直，請還其獻，量賜馬數十匹。”帝曰：“然！”乃賜希範馬五十匹，從誨二十匹，還其獻。

（宋）王欽若等編纂：《冊府元龜》卷一六八《帝王部》

（長興三年）十一月，宣旨在京臣僚不得進奉賀長至馬及物色。

（宋）王欽若等編纂：《冊府元龜》卷一六八《帝王部》

（長興）四年十月己巳，夏州李彝超進馬五十匹。

（宋）王欽若等編纂：《冊府元龜》卷一六九《帝王部》

（長興四年十月）是月，前秦州節度使劉仲殷受代歸京，獻馬七十匹。

（宋）王欽若等編纂：《冊府元龜》卷一六九《帝王部》

後唐愍帝應順元年閏正月癸亥，洋王從璋自河中入覲，獻甲馬二十匹。

（宋）王欽若等編纂：《冊府元龜》卷二六八《宗室部》

後唐閔帝應順元年正月，西川孟知祥上言給事中韋勖，賜五鎮旌節官告，進銀一千五百兩、繒彩一千五百匹。時知祥專制劍南，動多姑息。初，奏李肇而下五人分諸州爲五帥，請朝廷降使。及韋勖至成都,不甚禮待,聊以貢奉,尋僭號於蜀。

(宋)王欽若等編纂:《冊府元龜》卷一七九《帝王部》

廢帝清泰元年五月壬戌,平盧軍節度使房知溫來朝。及與諸將歸鎮,宴於長春殿,始奏樂,知溫獻奉數萬計。

(宋)王欽若等編纂:《冊府元龜》卷一六九《帝王部》

末帝清泰元年七月,萊、亳、陳、汾四州刺史丁審琪而下各進馬賀中宮受冊,詔不納。

(宋)王欽若等編纂:《冊府元龜》卷一六八《帝王部》

(清泰元年)七月辛丑,前邠州節度使康福入朝,獻金龍鞍勒馬十一匹。

(宋)王欽若等編纂:《冊府元龜》卷一六九《帝王部》

(清泰元年)九月辛酉,兩浙錢元瓘獻銀五千兩、綾絹五千匹。又元瓘弟蘇州中吳軍節度使元球及諸弟領安南桂廣節度使元球等四人共貢銀七千兩、綾絹七千匹。

(宋)王欽若等編纂:《冊府元龜》卷一六九《帝王部》

(清泰元年)十月丙戌,皇子河南尹重美、洋王從璋、涇王從敏、宣徽使李專美獻煖帳、羊酒、爐瓶、火具,襄州趙在禮獻青氈帳、紅錦織成龍鳳煖帳。

(宋)王欽若等編纂:《冊府元龜》卷一六九《帝王部》

(清泰元年十月)甲寅,河南尹重美又獻冬服綿綺綾羅三百匹。

(宋)王欽若等編纂:《冊府元龜》卷一六九《帝王部》

(清泰元年)十二月戊戌,靈武張希崇獻拒霜壟三器,馬十八匹。

控鶴都指揮使李重謙獻馬十匹。時征馬少,親將首率也。

（宋）王欽若等編纂:《册府元龜》卷一六九《帝王部》

（清泰）二年五月,詔曰:"朕聞奇伎淫巧,增費損功,古先哲王,常戒其事。朕憲章百代,臨御萬方,以其欲致延鴻,必絕驕奢之漸;將期富庶,須除蠹耗之源。每務實以去華,期化民而成俗。近者諸色進奉寶裝,龍鳳雕鏤刺作組織之異,既經釐革,尚敢逾違? 宜再舉行,貴於遵守。今後此色物諸處不得進奉,所由司不得輒通。"

（宋）王欽若等編纂:《册府元龜》卷一六八《帝王部》

末帝清泰二年五月庚戌,詔曰:"朕聞奇伎淫巧,增費損功,古先哲王,常戒其事。朕憲章百代,臨御萬方,以其欲致延鴻,必絕驕奢之漸;將期富庶,須除蠹耗之原。每務實以去華,期化民而成俗。近者諸色進奉寶裝、龍鳳雕鏤、刺作組織之異,曾經釐革,尚敢逾違。宜在舉行,貴於遵守。今後此色物諸處不得進奉,所由司不得輒通。

（宋）王欽若等編纂:《册府元龜》卷一六〇《帝王部》

末帝清泰二年五月庚戌,詔不得貢奉寶裝龍鳳雕鏤刺作組織之物。

（宋）王欽若等編纂:《册府元龜》卷五六《帝王部》

末帝清泰二年六月癸未,樞密宣徽使進添都馬一百三十四、河南尹百匹。時偵知北虜寇邊,日促騎軍,故有此獻,欲表率藩鎮也。

（宋）王欽若等編纂:《册府元龜》卷四八五《邦計部》

（清泰）二年九月甲寅,兩浙貢茶、香、綾、絹三萬六千計。

（宋）王欽若等編纂:《册府元龜》卷一六九《帝王部》

（清泰二年九月）是月,杭州錢元瓘進銀、綾、絹各五千兩匹,錦綺五百連,金花食器二千兩,金稜秘色磁器二百事。

（宋）王欽若等編纂:《冊府元龜》卷一六九《帝王部》

（清泰二年）十月己巳,鎮州董温琪獻御服羅錦絹三百匹,銀一千兩,非禮也。言貢奉可也。

（宋）王欽若等編纂:《冊府元龜》卷一六九《帝王部》

（清泰二年）十一月乙未,前靈武節度使張希崇入朝,獻馬五十匹、玉團隴右地圖、斜褐、氂牛尾、野馬皮、拒霜菜。

（宋）王欽若等編纂:《冊府元龜》卷一六九《帝王部》

（清泰二年）是年,靜海軍節度使錢元珦、中吳軍錢元球各貢銀、綾羅、器物等。

（宋）王欽若等編纂:《冊府元龜》卷一六九《帝王部》

（清泰）三年七月丁酉,青州房知温獻馬五千匹;鄧州皇甫遇馬十匹、錢千緡以助討伐。辛丑,鄆州王建立獻助軍錢千緡、絹千匹、粟五千斛、馬二千匹。

（宋）王欽若等編纂:《冊府元龜》卷四八五《邦計部》

（清泰三年）八月丙寅,宿州刺史武從諫獻助軍錢五百緡;復州刺史郭延魯貢錢五百貫、馬十匹助征。

（宋）王欽若等編纂:《冊府元龜》卷四八五《邦計部》

晉袁正辭,初仕梁。乾化、貞明中,歷飛龍沂州副使。後唐清泰中,進錢五萬貫。尋領衢州刺史。及高祖即位後,獻錢五萬貫,出典雄州。辭以州在靈武西鄙,處吐蕃部族之中,不願適任,進亦如前,方免其行。少帝開運元年,加檢討司徒,使與朝請。二年,助國錢三萬、銀一萬兩。

（宋）王欽若等編纂:《冊府元龜》卷四八五《邦計部》

鄭師文,絳州人。清泰中,末帝親征太原,師文獻錢五千萬助西軍進討,詔本州補教練使人。

(宋)王欽若等編纂:《冊府元龜》卷四八五《邦計部》

周彥儒,平虜軍節度使,知溫之子。知溫積貨數百萬,天福元年卒。幕客顏衍勸彥儒進錢以助國用。乃進錢三萬貫一云十萬貫、絹二萬匹、布一萬匹、金一百兩、銀一千兩、茶一千五百斤、絲錦十萬兩,尋授彥儒沂州刺史。

(宋)王欽若等編纂:《冊府元龜》卷四八五《邦計部》

晉高祖天福二年二月丙戌,故晉州節度使張敬達母朱氏進銀器、駝馬謝恩,賜還舊業。

(宋)王欽若等編纂:《冊府元龜》卷一六九《帝王部》

(天福二年二月)丁酉,故青州節度使房知溫子彥儒進絹一萬匹。

(宋)王欽若等編纂:《冊府元龜》卷一六九《帝王部》

(天福二年)四月戊子,房彥儒又進絹五千匹。

(宋)王欽若等編纂:《冊府元龜》卷一六九《帝王部》

(天福二年四月)己酉,秦州康福進戰馬十匹、供御馬一匹、玉鞍轡一副。

(宋)王欽若等編纂:《冊府元龜》卷一六九《帝王部》

晉高祖天福二年四月,詔下北京留守石重貴,凡有諸道禮物,不得收留。

(宋)王欽若等編纂:《冊府元龜》卷一六八《帝王部》

晉高祖天福二年四月,汴州楊光遠進助國錢二萬貫;宋州趙在禮進助國絹三千匹、錢二千貫;陝府進助國絹三千匹、銀一千兩、玉腰帶一條、馬十匹。

(宋)王欽若等編纂:《册府元龜》卷四八五《邦計部》

晉高祖天福二年四月,户部尚書王權奏:"臣聞戒奢從儉,惟經國之遠圖;務實去華,乃前王之令範。伏惟皇帝陛下開基創業,應天順人,顯宗樸素之風,克協聖明之訓。臣伏見諸侯奉貢,九土勤王,羅紈則纖麗奇工,器皿則雕鏤異狀,文之錦綉,雜以珠璣,雖外表珍華,而事近淫巧。臣伏請特降敕旨,頒下列藩,自今奉貢,其鮮麗匹段等,酌其物料所直,折進生白重絹,可將一匹之鮮麗,變數匹之縑繒。又進奉銀器及鞍轡等,並不在雕鐫金玉。其餘衣甲器械並不在飾以銀裝布金彩,如有鈎玦瑕處,可將銅鐵代之,足以换彼鮮明,益其堅利。雖所減者輕同積羽,而所集者重可如山,匪爲淳厚國風,抑亦豐資天府。"敕:"王權素推華族,方處重官,睹四海之貢輸,虚陳巧麗;察五兵之器用,枉飾珍奇。不惟耗彼生靈,實且傷於淳素。爰陳章疏,將召和平。宜允敷敕,明示誠約。自今後,臣僚貢奉不得務其淫巧,衣甲器械不得飾以金銀。咸委遵行,勿得逾越。仍付所司。"

(宋)王欽若等編纂:《册府元龜》卷五六《帝王部》

(天福二年)五月丁卯,許州萇從簡進助國錢五千貫、絲五千兩。甲戌,徐州安彦威進助軍錢五千貫、綿絲六萬。己卯,宋州趙在禮進助國茶三萬斤。鄆州安審琦進助軍絹三千匹、絲五千兩、花絁五十匹、銀器五百兩。

(宋)王欽若等編纂:《册府元龜》卷四八五《邦計部》

(天福二年)七月,秦州康福進助國錢五千貫。

(宋)王欽若等編纂:《册府元龜》卷四八五《邦計部》

（天福二年）八年甲午，邠州安叔千進助軍馬五千匹。

   （宋）王欽若等編纂：《冊府元龜》卷四八五《邦計部》

（天福二年八月）癸卯，宋州趙在禮進大、小麥一萬石。同州符彥卿進助國銀一千兩、船五隻。

   （宋）王欽若等編纂：《冊府元龜》卷四八五《邦計部》

（天福二年）九月辛亥，湖南馬希範進助大茶三萬斤。丙辰，荆南高從誨進助國絹五千匹、綿綺一百匹。癸酉，鎮州安重榮進馬三十匹。乙亥，雄州刺史袁正辭進助國錢三萬貫。

   （宋）王欽若等編纂：《冊府元龜》卷四八五《邦計部》

（天福二年）九月，鎮州安重榮進馬三十匹。

   （宋）王欽若等編纂：《冊府元龜》卷一六九《帝王部》

（天福二年）十月，宋州趙在禮進織成龍鳳紅錦煖帳一副。

   （宋）王欽若等編纂：《冊府元龜》卷一六九《帝王部》

（天福二年十月）是月，吳越王錢元瓘進銀五千兩、絹四千匹、吳越異紋綾一千匹、羅二百匹。又進金帶御衣、雜寶、茶器、金銀裝劍並細紅、甲寶裝、弓箭弩等。又進雜細香藥一千斤、牙五株、真珠二十斤、茶五萬斤。

   （宋）王欽若等編纂：《冊府元龜》卷一六九《帝王部》

（天福二年）十一月甲寅，前荆州節度李德琉進馬三十匹。丁巳，襄州安從進獻馬二十匹、絹一千匹。

   （宋）王欽若等編纂：《冊府元龜》卷四八五《邦計部》

（天福二年）十一月甲寅,前涇州李德充進戰馬三十匹、犛牛四頭。

　　　　　（宋）王欽若等編纂:《册府元龜》卷一六九《帝王部》

（天福二年十一月）丁巳,襄州安從進進絹一千匹、馬二十匹。

　　　　　（宋）王欽若等編纂:《册府元龜》卷一六九《帝王部》

（天福二年）十一月,湖南馬希範進金漆柏木銀裝起突龍鳳茶床、椅子、踏床子、紅羅金銀綫綉褥、紅絲網子。又進金銀玳瑁白檀香器皿、銀結條假果花樹、龍鳳蠻畫鼓等物。又進含膏桃源洞白芽、百靈藤渠、江南嶽紫蓋峰白雲洞清花等茶。又進蟬翼、鍾乳、頭香、石亭脂、木瓜丸一萬顆、藥橄欖子。帝覽之,謂侍臣曰:"奇巧蕩心,斯何用耳。藥茗可進而丸可食乎? 但地僻海曲,習以成風,來遠之道,遽止爲難。宜令所司與收。"聞者服其儉德。

　　　　　（宋）王欽若等編纂:《册府元龜》卷五六《帝王部》

（天福二年）十二月丙申,宋州趙在禮進助國絹三千匹。

　　　　　（宋）王欽若等編纂:《册府元龜》卷一六九《帝王部》

（天福二年十二月）辛丑,湖南馬希範進銀二千兩,賀日南至。

　　　　　（宋）王欽若等編纂:《册府元龜》卷一六九《帝王部》

（天福二年）十二月辛丑,定州皇甫遇奏般軍糧八萬石赴魏州。乙巳,楊光遠進助國錢一萬貫。

　　　　　（宋）王欽若等編纂:《册府元龜》卷四八五《邦計部》

（天福二年十二月）乙丑,又進金漆柏木銀裝起突龍鳳茶床、椅子、踏床子、紅羅金銀錦綉褥、紅絲網子。又進金銀、玳瑁、白檀香器四及銀結條假果花樹、龍鳳蠻畫鼓等物。又進含膏桃源洞白茅、百靈藤渠、江南嶽紫蓋峰白雲洞清花等茶。又進蟬翼、鍾乳、乳頭香、石亭脂、木瓜丸一萬顆。帝覽之，謂侍臣曰："奇巧蕩心，斯何用耳！藥茗可進，而丸可食乎？但地僻海曲，習以成風，來遠之道，遽止爲難。宜令所司與收。"

（宋）王欽若等編纂：《册府元龜》卷一六九《帝王部》

（天福二年）是年，幽州趙思溫進端午鞍馬器四、縑帛等物。

（宋）王欽若等編纂：《册府元龜》卷一六九《帝王部》

（天福二年）是年，襄州安從進進謝恩加官絹一千匹、金一千兩、銀一千兩、犀三株、牙一株。

（宋）王欽若等編纂：《册府元龜》卷一六九《帝王部》

（天福）三年正月壬戌，昭義軍杜重威進助國馬二十四、銀五百兩、玉帶五條。

（宋）王欽若等編纂：《册府元龜》卷一六九《帝王部》

（天福）三年正月壬戌，昭義軍杜重威進助國馬二十四、銀五百兩、玉帶五條。戊辰，鄆州安審琦進助國絲二萬兩、絹二千匹。

（宋）王欽若等編纂：《册府元龜》卷四八五《邦計部》

（天福三年）二月戊寅，徐州萇從簡進助國錢三千貫；同州符彥卿進馬三十匹。戊戌，北京留守安彥威進助國馬二十五匹、絹一千匹；東京留守高行周進助國錢五千貫。又，鎮州安重榮進助國絹六千匹、綿一萬兩。進州相里金進銀一千兩、錢一千貫。

（宋）王欽若等編纂：《册府元龜》卷四八五《邦計部》

（天福三年）三月庚戌，安州李金全進助國錢一千貫、茶三千斤。

（宋）王欽若等編纂：《册府元龜》卷四八五《邦計部》

（天福三年）四月戊戌，楊光遠進草十萬束、粟三千石、大豆二千石、白米三千石。壬寅，襄州安從進助國茶一萬斤。

　　　　　　　　（宋）王欽若等編纂：《冊府元龜》卷四八五《邦計部》

（天福三年）五月己巳，招討使楊光遠進謝恩加官馬十匹、絹一千匹、銀器一千兩。

　　　　　　　　（宋）王欽若等編纂：《冊府元龜》卷一六九《帝王部》

（天福三年）五月，西京留守李周進助國銀二千五百兩。

　　　　　　　　（宋）王欽若等編纂：《冊府元龜》卷四八五《邦計部》

（天福三年）六月丁丑，鄆州安審琦進謝恩加官馬十匹、銀五百兩、絲一千兩、絹五百匹。

　　　　　　　　（宋）王欽若等編纂：《冊府元龜》卷一六九《帝王部》

（天福三年六月）丁亥，河中安審信進謝恩加官馬三十匹。

　　　　　　　　（宋）王欽若等編纂：《冊府元龜》卷一六九《帝王部》

（天福三年六月）壬寅，荊南節度使高從誨進謝恩加官馬二十匹、銀二千兩。

　　　　　　　　（宋）王欽若等編纂：《冊府元龜》卷一六九《帝王部》

（天福三年六月）甲辰，陝府李從敏進謝恩加官馬十匹、錢一萬貫。

　　　　　　　　（宋）王欽若等編纂：《冊府元龜》卷一六九《帝王部》

（天福三年六月）是月，北京留守安彥威進加官馬一十匹、錢三千貫。

　　　　　　　　（宋）王欽若等編纂：《冊府元龜》卷一六九《帝王部》

（天福三年）七月庚戌，西京留守李周進謝恩加官馬一十匹、銀二千兩。鎮州安重榮進謝恩加官馬十匹、絹二千匹。

（宋）王欽若等編纂：《册府元龜》卷一六九《帝王部》

（天福三年）八月丁丑，秦州節度使康福進謝恩加官銀五百兩、馬三十匹。

（宋）王欽若等編纂：《册府元龜》卷一六九《帝王部》

（天福三年八月）乙未，鳳翔李從曬進謝恩册授秦王馬五十匹。

（宋）王欽若等編纂：《册府元龜》卷一六九《帝王部》

（天福三年）九月乙丑，鄆州安審琦進添都馬五十匹。徐州萇從簡直進馬三十匹。又，亳州團練使郎萬全直進馬二十五匹。

（宋）王欽若等編纂：《册府元龜》卷一六九《帝王部》

（天福三年九月）丁丑，滄州馬全節進御衣、織成紅錦床褥、雜色綾一千匹，綿五千兩。

（宋）王欽若等編纂：《册府元龜》卷一六九《帝王部》

（天福三年）九月，許州進馬五十匹、劍五十口、銀裝鎗五十條。鎮州安重榮進添都馬五十匹。

（宋）王欽若等編纂：《册府元龜》卷四八五《邦計部》

（天福三年）十月乙亥，福建節度使王繼恭進奉天和節並賀冬、端午銀共五十兩。

（宋）王欽若等編纂：《册府元龜》卷一六九《帝王部》

（天福三年十月）是月，王繼恭又進金器六事二百兩、金花細縷銀

器三千兩、真珠二十斤、犀三十株、銀裝交床五十副、牙二十株。又進
大茶八十斤、香藥一萬斤、朱笴銀纏槍二百條、通節箭笴三萬莖。又
進五色桐皮扇子、海蛤麞靴、細蕉藥、木瓜等物。

（宋）王欽若等編纂：《冊府元龜》卷一六九《帝王部》

（天福三年十月）丁丑，范延光差男守節、守嚴等進謝恩累差使臣
安撫馬三十匹、銀一千兩、絹三十二匹。

（宋）王欽若等編纂：《冊府元龜》卷一六九《帝王部》

（天福三年十月）乙酉，青州王建立進謝恩賜冊禮銀器一千兩、繒
帛二十匹。

（宋）王欽若等編纂：《冊府元龜》卷一六九《帝王部》

（天福三年十月）丙戌，兩浙錢元瓘進謝恩除天下兵馬副元帥、吳
越國王金器五百兩，銀一萬兩，吳越異紋綾八千匹，金條紗三千匹，絹
二萬匹，綿九萬兩，大茶、腦源茶共六萬四千斤。又進大排方通犀瑞
象腰帶。

（宋）王欽若等編纂：《冊府元龜》卷一六九《帝王部》

（天福三年十月）戊子，前鄆州安審琦進絹三千匹、絲萬兩。兩浙
錢元瓘又進真珠二十斤、牙三十株、乾薑五萬斤、蘇木五萬斤、雜香五
十斤。

（宋）王欽若等編纂：《冊府元龜》卷一六九《帝王部》

（天福三年十月）辛卯，宋州趙在禮進助國錢二萬貫。

（宋）王欽若等編纂：《冊府元龜》卷一六九《帝王部》

（天福三年十月）丙申，魏府楊光遠進謝恩允臣朝覲馬三匹、絹一千匹、玉腰帶、金酒器等。又進謝恩賜旌節官誥馬五匹、絹一千匹、銀器三百兩。新授晉昌安審琦進謝恩賜旌節官誥馬二匹、絹一千匹。又進請開內宴金腰帶一條、絲一萬兩、樂官絹二百匹。

（宋）王欽若等編纂：《冊府元龜》卷一六九《帝王部》

（天福三年十月）壬寅，徐州萇從簡進錢一千貫、絹一千匹。

（宋）王欽若等編纂：《冊府元龜》卷一六九《帝王部》

（天福三年十月）是月，鎮州安重榮進錢一萬貫。

（宋）王欽若等編纂：《冊府元龜》卷一六九《帝王部》

（天福三年）十月，鄜州安審暉、晉州相里金、定州皇甫遇進添都馬三十匹。秦州康福、邠州安叔千共進添軍馬七十匹。

（宋）王欽若等編纂：《冊府元龜》卷四八五《邦計部》

（天福三年）十一月乙巳，鄆州范延光來朝，進馬三千匹、絹二千匹、銀二千兩。

（宋）王欽若等編纂：《冊府元龜》卷一六九《帝王部》

（天福三年十一月）丙午，又進請開內宴絹一千匹、伶官絹二百匹。定州皇甫遇進絹三千匹。

（宋）王欽若等編纂：《冊府元龜》卷一六九《帝王部》

（天福三年十一月）丁未，范延光又進絲十萬兩。耀州團練使安元信進添都馬二十五匹。

（宋）王欽若等編纂：《冊府元龜》卷一六九《帝王部》

（天福三年十一月）甲寅，新授西京留守楊光遠進謝恩馬三十匹、銀器三百兩、絹一千匹。

（宋）王欽若等編纂:《册府元龜》卷一六九《帝王部》

（天福三年十一月）丁巳，鄴都副留守、太子太師、致仕范延光進謝恩馬十匹、絹一千匹、玉腰帶一條、金匣盛金酒器一副。

（宋）王欽若等編纂:《册府元龜》卷一六九《帝王部》

（天福三年十一月）壬申，前西京留守高行周進絹一千匹、馬十匹。

（宋）王欽若等編纂:《册府元龜》卷一六九《帝王部》

（天福三年）十一月，晉昌李周進添都馬三十匹；河府安審信進助國錢一萬貫；青州王建玄進助國絹七千匹、綿一萬兩、銀三千五百兩、金酒器一副；滄州馬全節進助國絹三千匹、綿三千兩、絲八千兩、添都馬二十匹；兗州李從溫進助國錢五千貫；安州李金全進助國錢二千貫。甲子，襄州安從進助國絹三千匹、茶一萬斤。

（宋）王欽若等編纂:《册府元龜》卷四八五《邦計部》

（天福三年）十二月己卯，新授鄴都留守高行周進謝恩馬十匹、絹一千匹、銀器三百兩、内宴錢一萬貫。

（宋）王欽若等編纂:《册府元龜》卷一六九《帝王部》

（天福三年十二月）乙酉，湖南馬希範進御輦一乘、金漆柏木鏤金花板、銀裝真珠車渠、紅絲網囊。又進謝恩除江南諸道都統絹二千匹。又進謝改功臣加食邑銀鈔羅四十面，重二千兩。又進土絹、土絁、吉貝布共三千匹，謝恩放免逐年三十五萬茶稅。又進鍒金五十兩。

（宋）王欽若等編纂:《册府元龜》卷一六九《帝王部》

　　（天福三年）十二月，陝府李從敏進絹二千匹、綾五百匹、小麥二千石。同州符彥卿進助國錢一千貫、絹一千匹。戊戌，湖南進助國銀一萬兩；秦州康福進助國馬七千匹、銀一千五百兩、細布一千匹、廷布五百匹。

　　　　　（宋）王欽若等編纂：《冊府元龜》卷四八五《邦計部》

　　（天福）四年六月，陳郡民王武穿地得黃金數鉼，州牧取而貢之。帝曰：“宿藏之地，既非符寶，不合入官。”命付所獲之家。

　　　　　（宋）王欽若等編纂：《冊府元龜》卷一六八《帝王部》

　　（天福四年）九月，敕曰：“朕恭己臨民，虛心求理，務崇儉約，以致和平。乃眷臣僚，悉懷忠義。每觀貢助，備見傾輸，雖嘉奉上之誠，宜示酌中之道。其寒食、七夕、重陽及十月煖帳，內外群後進獻宜停。”

　　　　　（宋）王欽若等編纂：《冊府元龜》卷一六八《帝王部》

　　（天福）五年二月戊申，湖南進臥輦一乘，御衣一襲與鳳文之靴、龍玉之帶。

　　　　　（宋）王欽若等編纂：《冊府元龜》卷一六九《帝王部》

　　（天福）五年四月，詔罷洛陽、京兆進苑囿瓜果，憫勞人也。

　　　　　（宋）王欽若等編纂：《冊府元龜》卷一六八《帝王部》

　　（天福）六年正月，詔曰：“朕自御寰區，每思黎庶，貴除聚斂，以活疲羸。訪聞遐僻邊境之州，或無公廨利用之物，每因節序，亦備於貢輸，輟官吏之俸錢，率鄉園之人戶，雖云奉上，其奈害公！今後冬年寒食、端午、天和節及諸色謝賀，所屬州縣處俱不得進奉。”

　　　　　（宋）王欽若等編纂：《冊府元龜》卷一六八《帝王部》

（天福）六年八月甲寅,湖南遣使進金銀器及方物。
（宋）王欽若等編纂:《册府元龜》卷一六九《帝王部》

（天福六年）十月己丑,吴越王錢元瓘進金帶一條、金器三百兩、
銀八千兩、綾三千匹、絹二萬匹、金條紗五百匹、綿五萬兩、茶三萬斤,
謝恩加守尚書令。
（宋）王欽若等編纂:《册府元龜》卷一六九《帝王部》

（天福六年十月）辛卯,又進象牙、諸色香藥、軍器、金裝茶床、金
銀棱瓷器、細茶、法酒事件萬餘。
（宋）王欽若等編纂:《册府元龜》卷一六九《帝王部》

（天福六年十月）甲午,湖南貢諸色香藥、蠟面、含膏茶。
（宋）王欽若等編纂:《册府元龜》卷一六九《帝王部》

（天福六年十月）壬子,福州王延羲遣使進銀四千兩、象牙二十
株、葛五十匹、乾薑蕉、乳香、沉香、玳瑁諸物,謝恩加官。别進端午節
銀一千兩、細葛二十匹、海蛤、靴裁、扇子等物。又進茶五千斤。福建
兩浙隔閡淮南,陸道不通,歲以海船來往,風濤無常,故凡節度申貢,
或先時,或不及時也。
（宋）王欽若等編纂:《册府元龜》卷一六九《帝王部》

（天福六年十月）癸丑,福建進度支户部商税葛八千八百八十匹。
（宋）王欽若等編纂:《册府元龜》卷一六九《帝王部》

（天福六年）十一月戊午,殿中監劉政思進竹牛角五對。
（宋）王欽若等編纂:《册府元龜》卷一六九《帝王部》

（天福六年十一月）壬申,荆南遣使進金器一百兩、御衣段羅綾絹

一百五十匹、白龍腦香二斤、九鍊純鋼金花手劍二口,謝恩賜御馬。
別進賀冬至銀五百兩。

（宋）王欽若等編纂:《册府元龜》卷一六九《帝王部》

（天福六年十一月）己卯,殿中省進麝香、熊膽、熊蹯,從舊
制也。

（宋）王欽若等編纂:《册府元龜》卷一六九《帝王部》

（天福六年十一月）丁酉,湖南遣使獻吉貝等三千匹、白蠟一萬
斤、朱砂五百斤並諸香藥五千餘斤,別進漆萬餘事。

（宋）王欽若等編纂:《册府元龜》卷一六九《帝王部》

（天福）七年三月戊寅,涇州節度使張彦澤到闕,進朝見謝恩馬九
匹。又進馬五十匹並銀鞍轡、黑漆銀錢子、馬面人、鐵甲弓箭袋、渾銀
裝劍共五十副。又進駱駝二十頭。

（宋）王欽若等編纂:《册府元龜》卷一六九《帝王部》

（天福七年三月）己卯,又進馬五十匹,供御金鍍銀鞍轡一副。

（宋）王欽若等編纂:《册府元龜》卷一六九《帝王部》

（天福七年三月）庚辰,又進馬五十匹,金鞍轡、全人馬甲弓箭各
五十副。彦澤在前任擅討吐蕃部族,爲其所敗,遂括境内馬千餘匹以
補其數。至是頻有是獻。

（宋）王欽若等編纂:《册府元龜》卷一六九《帝王部》

（天福）七年閏三月,湖南奏:“差人押軍運糧米一萬石,往襄州
軍前進,計四萬石。”

（宋）王欽若等編纂:《册府元龜》卷四八五《邦計部》

（天福七年）四月己巳，新授龍武軍大將軍張彥澤進謝恩馬十匹。

（宋）王欽若等編纂：《册府元龜》卷一六九《帝王部》

（天福七年）五月甲申朔，荆南遣使進賀端午白金、茜緋、篦扇等物。

（宋）王欽若等編纂：《册府元龜》卷一六九《帝王部》

少帝以天福七年六月即位，八年七月，京兆府奏軍食不充。左金吾衞、上將軍皇甫立進助國粟三千石；許州李從温進粟一萬二千三十石。

（宋）王欽若等編纂：《册府元龜》卷四八五《邦計部》

少帝以天福七年七月即位。十一月，兩浙錢弘佐遣使進鋌銀五千兩，絹五千匹，絲一萬兩，謝恩封吳越國王。又貢細甲、弓弩箭、扇子等。又貢蘇木二萬斤、乾薑三萬斤、茶二萬五千斤及秘色瓷器、鞋履、細酒、糟薑、細紙等。回鶻托都督已下進碙砂千八百斤、氂牛尾一千斤、白布一萬匹、斜褐一百假、玉梳玉裝刀子等物。

（宋）王欽若等編纂：《册府元龜》卷一六九《帝王部》

（天福七年）十二月，福建王延羲遣使進鋌銀二千兩、花鼓六面，謝降恩命。又進象牙十株，紅蕉二百匹，蟬紗二百匹，餅香、沉香、煎香共六百斤，胡椒六百斤，肉豆蔻三百斤，箭幹二萬隻，謝賜國信。又進鋌銀四千兩、貢蕉二十四、海蛤十斤、扇子、靴、裁具等，充端午天和節正冬獻賀。又直進鋌銀一千兩、葛一萬匹、細蕉二百匹、粉薑五千斤、象牙十株、蠟面茶二百斤、大茶五千斤。又進鹽鐵、度支、户部三司葛一萬六千六百匹及諸口味等。

（宋）王欽若等編纂：《册府元龜》卷一六九《帝王部》

（天福）八年十月，鎮州節度使杜重威直進馬五十匹。

　　（宋）王欽若等編纂：《册府元龜》卷一六九《帝王部》

　　（天福八年）十一月，密州刺史張瑾奏膠西縣孝行鄉諸城村百姓于希得蛇吐珠一顆，進之。時無慰答，亦無錫賚，議者非之。

　　（宋）王欽若等編纂：《册府元龜》卷一六九《帝王部》

　　皇甫立爲金吾衛上將軍，少帝天福八年，進助國粟三千石。

　　（宋）王欽若等編纂：《册府元龜》卷四八五《邦計部》

　　馮暉爲靈州節度使，天福中，官吏言朔方軍自康福、張從賓、張希崇相承三正，市馬和入糴、蕃客賞賜、軍州俸禄、供事戎仗，三司歲支錢六千萬。自暉鎮臨已來，皆以己物供用。

　　（宋）王欽若等編纂：《册府元龜》卷四八五《邦計部》

　　開運二年十月，湖南進供御細絹六千匹，衣着白羅一百匹，筒卷白羅十匹，錦綺褥面十床，錦綺背十合。淮南進羅縠一百匹，謝恩賜御馬。

　　（宋）王欽若等編纂：《册府元龜》卷一六九《帝王部》

　　開運二年，尚食副使鄭延祚自邠州回，賫新授節度使馮暉表：進馬三千三百五十匹、駱駝五百頭、糧草一百萬束、衣甲器械一萬事件。其駝、馬、器械請供奉官蕭處鈞先押赴闕，糧草在靈武道收貯。

　　（宋）王欽若等編纂：《册府元龜》卷四八五《邦計部》

　　（開運二年）是年，鎮州杜重威進廳頭小底牽攏官共三千四十四人，馬軍七百七十二人，步軍一千七百七十二人，馬八百匹，衣甲、器械、旗槍共四十三萬事件，並在本道。

　　（宋）王欽若等編纂：《册府元龜》卷四八五《邦計部》

（開運）三年九月，前青州防禦使翟光業進絹一千匹、綿三千兩、絲七千兩。

（宋）王欽若等編纂：《冊府元龜》卷一六九《帝王部》

（開運三年）十月，河府侯益進馬五十匹。

（宋）王欽若等編纂：《冊府元龜》卷一六九《帝王部》

（開運三年十月）是月，陝府焦繼勛進馬四十匹、絹一千匹。

（宋）王欽若等編纂：《冊府元龜》卷一六九《帝王部》

（開運三年十月）是月，華州安審信進馬四十匹，太子太師致仕劉景岩進馬三十匹，鳳翔李從儼進馬四十匹。

（宋）王欽若等編纂：《冊府元龜》卷一六九《帝王部》

（開運三年）十月，兩浙錢弘佐進謝恩授守太尉冊命銀五千兩、綾五千匹、絹一萬匹。又茶一萬八百斤、腦源茶三萬四千斤。又進乳香、黃散香共一千斤。又進乾薑三萬斤、蘇木三萬斤、箭笴一萬莖、諸色戎仗等物。又進啓聖節金大排方座龍腰帶一條、御衣一襲十六事、金花銀器一千五百兩、御服錦綺綾羅五百匹。

（宋）王欽若等編纂：《冊府元龜》卷一六九《帝王部》

晉州安叔千進廳頭軍何彥溫已下一百人，鞍馬器仗全。

（宋）王欽若等編纂：《冊府元龜》卷四八五《邦計部》

（天福）十二年十二月，即位。初，殿直韓訓進呈造到攻城木鳳斧钁，帝聞之，謂左右曰：“衆心成城，衆散則城無所保矣，斯何用焉。”

（宋）王欽若等編纂：《冊府元龜》卷四六《帝王部》

漢高祖天福十二年，荊南高從誨賀登極，進金花銀器一千兩、異紋綺錦法錦三百匹、筒卷白羅二百匹、白花羅一百匹、絨毛暖座兩枚、九鍊純鋼手刀一口。

（宋）王欽若等編纂：《冊府元龜》卷一六九《帝王部》

乾祐元年六月壬寅，高從誨貢金器二百兩、銀器千兩、細綿五十匹、繡錦六銖五十段、羅二百匹、龍腦二斤，以首過自新故書。

（宋）王欽若等編纂：《冊府元龜》卷一六九《帝王部》

（乾祐元年）十月丁酉，湖南馬希廣貢除夜游春圖、女俠畫障、真珠枕及端午金銀雕裝物色。帝年未及冠，服玩好奢，嘗爲七寶枕、玉枕、玉缸瓶盤之類，而湖湘貢侈物，益蕩其心。

（宋）王欽若等編纂：《冊府元龜》卷一六九《帝王部》

（乾祐元年）十一月，兩浙貢茶三萬四千斤及香藥、兵仗。湖南貢茶五萬斤。

（宋）王欽若等編纂：《冊府元龜》卷一六九《帝王部》

（乾祐元年）十二月癸未，史弘肇獻錢萬緡、馬二十匹，以助軍討叛。

（宋）王欽若等編纂：《冊府元龜》卷一六九《帝王部》

又，朗州節度馬希萼獻銀器千五百兩，降詔獎飾。仍諭之云："所修職貢，舊有規程，念航深梯險之勞，重違卿意；在誘善勸忠之道，本實朕心。今後凡有進獻，可與希廣商量，庶葉雍和，不爽體制。"

（宋）王欽若等編纂：《冊府元龜》卷一六九《帝王部》

漢高祖乾祐元年，詔曰："卑宮菲食，前代之令猷；革舄綈衣，哲后之明德。至於損上益下，惜力愛人，冀息煩苛，漸期富庶。所有乘輿服御，後宮費用，太官常膳，一切減損。在京及內諸司並天下州府，除應奉軍期急切外,其餘不急之務,非理營造,並皆停罷,免致勞役。"

（宋）王欽若等編纂：《冊府元龜》卷五六《帝王部》

漢史弘肇爲侍衛使,乾祐元年,獻錢萬緡、馬二十匹以助供軍討叛也。三年,肇與鄴都留守各貢助軍絹萬匹。宰臣、三司使各有貢物助軍。

（宋）王欽若等編纂：《冊府元龜》卷四八五《邦計部》

（乾祐）二年九月壬寅,湖南馬希廣獻絹二萬匹、銀一萬五千兩、玳瑁、寶裝、龍鳳板床、盤龍椅子、踢床子、銀戲龍二、銀食器六十八事、真珠花銀果子,其銀共千兩。

（宋）王欽若等編纂：《冊府元龜》卷一六九《帝王部》

（乾祐二年）是年,宰相、侍衛使、三司使以犬戎犯河朔,獻馬自三匹至二十匹。

（宋）王欽若等編纂：《冊府元龜》卷一六九《帝王部》

劉濤爲中書舍人,乾祐二年,上言："方鎮之內,土俗不同；山澤川原,租賦各異。任土作貢,蓋便黎民。臣恐天下稅賦、上供土產各異,恐於調度,或未便安。請敕諸道州府,於所部之內,貢賦供輸有未便,特許上書論列,以協物宜。"

（宋）王欽若等編纂：《冊府元龜》卷四七六《臺省部》

漢閻建爲景州刺史。本州三正至節,進馬一匹,價錢五萬。舊例,分配牙前,及諸縣人吏因茲丐斂編民,今後所買進馬,刺史出自俸錢。又每歲冬月量於鄉村,分配柴薪供州,鄉因此求取過倍。薦席蔬園,舊亦諸縣取給,今並止絕。滄州奏之,優詔獎激,仍示諸道州府。

（宋）王欽若等編纂：《冊府元龜》卷六八九《牧守部》

周太祖廣順元年正月庚辰，御札宣示群臣曰："朕以眇末之身，托王公之上，深懼弗類，撫躬匪遑，豈可化未及人，而過自奉養？道未方古，而不知節量？與其耗費以勞人，曷若儉約而克己。昨者所頒敕令已述至懷，宮闈服御之所須，悉從減損；珍巧纖奇之厥貢，並使寢停。尚有未該，再宜條舉。應天下州縣舊貢滋味、食饌之物，所宜除減。其兩浙進細酒、海味、薑瓜，湖南枕子茶、乳糖、白沙糖、橄欖子，鎮州高公米、水梨，易定栗子，河東白杜梨、米粉、綠豆粉、玉屑粹子麵，永興玉田紅花、秔米、新大麥面，興平蘇小栗子，華州麝香、羚羊角、熊膽、獺肝、朱柿、熊白，河中樹紅棗、五味子、輕餳，同州石磴餅，晉絳葡萄、黃消梨，陝府鳳栖梨，襄州紫薑、新笋、橘子，安州折粳米、糟味，青州水梨，河陽諸雜果子，許州御李子，鄭州新笋、鵝梨，懷州寒食杏仁，申州蘘荷，亳州草蘚，沿淮州郡淮白魚，如聞此等之物，雖即出於土產，亦有取於民家，未免勞煩，率多糜費。至時奔迫以來獻，逐歲收斂以為常，所奉止於朕躬，所損被於甿庶，加之力役負荷，馳驅道途，積於有司之中，甚為無用之物，此而不止，孰曰知微？其常貢上件物色，今後並不許進奉。諸州府更有舊例所進食味，其未該者，宜奏取進止。此外猶有數處時新之物，不敢全罷，蓋或奉於太后，薦於祖宗，苟至悉除，恐隳常敬。告於中外，宜副朕心。"帝嘗於便殿謂樞密使王俊曰："語云：'飢者不厭糟糠，寒者不厭短褐。'是知充飲禦寒，取足而已。存理路者，亦不可以貴賤易其操。朕少孤微，艱辛備歷，逢時喪亂，享帝王之位，安敢過自奉養，以困黎民。卿可為予疏錄前代州府所獻滋味、時果之類，不便於民者，一切減省之。"故有是詔。

（宋）王欽若等編纂：《冊府元龜》卷一六八《帝王部》

周太祖廣順元年正月，制曰："朕早在藩鎮，常戒奢華；今御寰區，尤思節儉。況國家多事，帑藏甚虛，將緩憂勞，所宜省約。應乘輿服御之物不得過為華飾；宮闈器用並從樸素；太官常膳一切減損。諸道所有進奉，此助軍國支費，其珍巧纖華及奇禽異獸鷹犬之類，不許輒有貢獻；諸無用之物、不急之務，並宜停罷。"

（宋）王欽若等編纂：《册府元龜》卷五六《帝王部》

周太祖廣順元年正月，荆南高保融貢銀一千兩，法錦二十匹賀登極。

（宋）王欽若等編纂：《册府元龜》卷一六九《帝王部》

（廣順元年正月）癸巳寒食節，帝出玄化門，設御幄遥拜諸陵，開封府袁義獻熟羊酒食。

（宋）王欽若等編纂：《册府元龜》卷一六九《帝王部》

（廣順元年正月）丁巳，宰臣馮道已下獻馬，賀皇太子授鎮寧軍節度使。

（宋）王欽若等編纂：《册府元龜》卷一六九《帝王部》

（廣順元年正月）己未，昭義常思貢錢三十萬賀太子鎮澶州。又直進錢二千五百貫、布二千五百匹、粟七千石。故史弘肇弟弘福貢馬五匹、綿彩五百匹，謝禮葬兄弘肇。漢末，弘肇、楊邠、王章遇害，帝葬以王禮，喪事並官給。

（宋）王欽若等編纂：《册府元龜》卷一六九《帝王部》

（廣順元年）二月，内出寳玉器數十，有茶籠、酒器、枕及金銀結鏤寳裝床几、飲食之具，碎之於殿庭。有一玉杯累擲之不壞，樞密使王峻上請，太祖笑而賜之。太祖謂侍臣曰："凡爲帝王，安用此爲！近聞漢隱與嬖寵嬉戲，珍華寳玩不離於側。覆車未遠，宜以爲鑒。"仍戒左右，今後凡有珍華悦目之物，不得入宫。

（宋）王欽若等編纂：《册府元龜》卷五六《帝王部》

（廣順元年）二月，鄭州吳處裕言，州貢除新筍、鵝梨之外，今進櫻桃，敕命不該，令取進止。敕此後勿獻。

（宋）王欽若等編纂：《冊府元龜》卷一六八《帝王部》

周太祖廣順元年三月，幸城西城南御園及史弘肇園。帝嘗與弘肇游宴其間，臨觴嗟叱久之。

（宋）王欽若等編纂：《冊府元龜》卷一七二《帝王部》

（廣順元年）四月，宰臣、樞密、宣徽使各獻馬賀冊德妃。荆南高保融貢銀二千兩，謝加恩，別進請開宴絹一千匹，金酒器重五十兩，素羅、花羅、花縠子各百匹，長金綫絨毛暖十二。

（宋）王欽若等編纂：《冊府元龜》卷一六九《帝王部》

（廣順元年四月）壬子，兖州慕容彥超獻龍鳳鞍轡、御馬縑帛賀冊德妃。高保融又貢端午銀絹、青于扇等。

（宋）王欽若等編纂：《冊府元龜》卷一六九《帝王部》

（廣順元年）五月甲子，鎮州武行德來朝，獻粟二萬石。

（宋）王欽若等編纂：《冊府元龜》卷一六九《帝王部》

（廣順元年）七月，邠州侯章進馬三十匹。

（宋）王欽若等編纂：《冊府元龜》卷一六九《帝王部》

（廣順元年七月）甲申，慕容彥超上章謝賜西京興教坊第一區，長男衙内指揮使繼勛遥領明州刺史，次男繼雲轉官，進絹千匹、絲三千兩，別進永壽節祝壽絹二千匹。

（宋）王欽若等編纂：《冊府元龜》卷一六九《帝王部》

（廣順元年）十二月，荆南獻銀五百兩，慕容彥超獻馬二匹，皆賀正也。

（宋）王欽若等編纂：《册府元龜》卷一六九《帝王部》

（廣順）二年三月，鄆州高行周進助軍絹五千匹並戎裝器仗五百事。

（宋）王欽若等編纂：《册府元龜》卷一六九《帝王部》

（廣順二年）四月丁未，潞州襄垣縣民張紹先等八人詣闕獻羊酒，以除放去年殘税謝恩也。

（宋）王欽若等編纂：《册府元龜》卷一六九《帝王部》

（廣順二年）五月，車駕親征兖州，次曹州。鄭孔璋獻銀射碗百雙，衣著三百匹，鄆、澶、宋、許四鎮各獻茶藥。

（宋）王欽若等編纂：《册府元龜》卷一六九《帝王部》

（廣順二年五月）是月甲子旦，次成武，鄆州高行周自鎮來朝，貢絹三十匹及器械。單州許進來朝，獻食。丙寅，次張康鎮，徐州王晏來朝，進馬七匹。戊寅，青州節度使符彦卿來朝，獻馬十三匹。己卯，又進錦彩三千匹，軍糧萬石。

（宋）王欽若等編纂：《册府元龜》卷一六九《帝王部》

（廣順二年）六月丁亥，回次鄆州，高行周進錢絹請開宴。又進車駕巡幸絹五千匹、錢五百萬。戊子，宴於行宮，行周以金酒器、鞍馬爲壽。辛卯，次澶、濮、滑州，扈彦珂來朝，王殷獻馬十匹，三千金酒器。

（宋）王欽若等編纂：《册府元龜》卷一六九《帝王部》

（廣順二年）八月，昭義節度使常思來朝，獻絹三千匹、銀千兩、粟二萬斛、草三萬圍。

（宋）王欽若等編纂：《册府元龜》卷一六九《帝王部》

（廣順二年）九月戊午，故高行周男前鄆州衙內指揮使高懷德進馬五十五匹。

（宋）王欽若等編纂：《冊府元龜》卷一六九《帝王部》

（廣順二年九月）壬戌，靈武節度使留後馮繼業獻馬百匹謝吊祭。定州進所獲契丹馬六千一百匹。

（宋）王欽若等編纂：《冊府元龜》卷一六九《帝王部》

（廣順）二年十月，右參議大夫裴巽、右監門大將軍李崇本皆自兩浙使回見，進綾絹、犀牙。帝以海路艱險，使臣復命，不欲更令進貢，却令賜之。

（宋）王欽若等編纂：《冊府元龜》卷一六八《帝王部》

（廣順二年）十一月甲寅，兩浙錢弘俶遣判官貢奉御衣犀帶、金銀裝、兵仗、金銀器、綾絹、茶、香藥物、秘色瓷器、鞍屧、海味、酒等。凉州申師厚進馬一百一十六匹，詔還其直。閑廄使史孔福獻馬謝却賜涇州物產。

（宋）王欽若等編纂：《冊府元龜》卷一六九《帝王部》

（廣順二年）十二月，鄭州防禦使王進以迎侍母親到郡，獻馬謝恩。進母先往易州，離兵革，失其所在，近於北蕃，訪獲而歸之。故喜而稱謝。

（宋）王欽若等編纂：《冊府元龜》卷一六九《帝王部》

（廣順二年十二月）戊子，邠州侯章罷鎮至闕，獻馬百匹，絹五千匹。

（宋）王欽若等編纂：《冊府元龜》卷一六九《帝王部》

（廣順二年）十二月，邠州侯章獻銀千兩、馬七匹上壽，不納。又進請開宴絹千匹、銀五百兩。太祖顧侍臣曰："諸侯入朝,帝王自備宴,以申魚水之樂,豈俟貢奉,然後致宴!其侯章所進請開宴銀絹宜却賜之。今後諸侯入朝更有如此進奉,亦當不受。"

（宋）王欽若等編纂:《册府元龜》卷一六八《帝王部》

周符彥卿爲青州節度使。太祖廣順二年,車駕平定兗州。彥卿進錦彩三千匹、軍糧萬石。

（宋）王欽若等編纂:《册府元龜》卷四八五《邦計部》

（廣順）三年正月甲子,前安州節度使王令溫進開宴絹五百匹、教坊二百匹,不納。

（宋）王欽若等編纂:《册府元龜》卷一六八《帝王部》

周太祖廣順三年正月,兵部尚書言:"管諸道州府貢物,據元敕諸道州府合輸土貢,每年冬至後到京,歲前點簡,候正伏於殿,廷樂懸南排列。如不依期限到京者,本州錄事參軍殿罰,勾押官典各料斷,當司每年坐敕文,告報催促。去年冬,諸州府輸貢物違敕限者,丹、絳、登、曹等四州,直至今年正月一日後,方送貢物。其本官典合行殿責,欲移本州勘責。"從之。

（宋）王欽若等編纂:《册府元龜》卷四七六《臺省部》

（廣順）三年正月,樞密使王峻獻戰馬二十匹,宰臣獻三司李穀,所傷臂漸損,難任拜起,進朝見馬,親除天平軍節度使。符彥卿進謝近鎮馬十匹、帛二十匹及軍器等。

（宋）王欽若等編纂:《册府元龜》卷一六九《帝王部》

（廣順三年正月）丁卯,朗州獻茶二萬斤,宰臣、樞密、宣徽、内諸司使、禁軍將校、諸藩鎮皆進奉賀皇子嘉禮。

（宋）王欽若等編纂:《册府元龜》卷一六九《帝王部》

（廣順三年）二月，延州衙内指揮使高紹基獻馬四十二匹。紹基父死，擅知軍政，潛有覬望。及軍屯近鎮，故懼而獻奉。三月，又獻馬五十匹、駝三十頭、銀千兩、金器百兩。

（宋）王欽若等編纂：《册府元龜》卷一六九《帝王部》

（廣順三年）二月，前鄧州節度張彦成獻錢七千萬請開宴，不納。

（宋）王欽若等編纂：《册府元龜》卷一六八《帝王部》

（廣順三年）三月，高懷德進絹三千匹、銀三千兩、金酒器六副、馬十五匹。敕賜亡父行周諡及立碑。

（宋）王欽若等編纂：《册府元龜》卷一六九《帝王部》

（廣順三年）四月丁巳，鳳翔節度趙暉進奉錢絹請開宴，不納。

（宋）王欽若等編纂：《册府元龜》卷一六八《帝王部》

（廣順三年四月）壬申，前同州節度使薛懷讓進請開宴錢一百萬，不納。

（宋）王欽若等編纂：《册府元龜》卷一六八《帝王部》

（廣順三年）四月丙寅，宋州節度使常思入朝，獻縑銀匹兩各二千五百，大紬綾五百匹。又鳳翔趙暉來朝，進馬一百一十七匹、絹五千匹、銀五千兩，賜襲金帶。又西涼府節度使牛師厚遣都知兵馬使拓跋貞美等四十九人朝貢駝馬，又鳳翔趙暉進牽櫳官衙隊一百九十五。又進絹三千匹、金三百兩。

（宋）王欽若等編纂：《册府元龜》卷一六九《帝王部》

（廣順三年）五月甲申，宴於廣政殿。宋州常思獻上壽金酒器。同州薛懷讓獻銀五百兩、馬五匹。

（宋）王欽若等編纂：《册府元龜》卷一六九《帝王部》

（廣順三年）八月戊申，邢州節度劉詞獻開宴錢，不納。

（宋）王欽若等編纂：《册府元龜》卷一六八《帝王部》

（廣順三年）十一月甲辰，兩浙回使、千牛大將軍賈延勛，副使、太府少卿李玭等，千牛將軍安崇贊獻犀牙、綾絹，不納。

（宋）王欽若等編纂：《册府元龜》卷一六八《帝王部》

（廣順三年）十一月乙巳，襄州安審琦獻銀萬兩助郊祭。

（宋）王欽若等編纂：《册府元龜》卷一六九《帝王部》

（廣順三年十一月）乙亥，兩浙錢弘俶貢謝恩綾絹二萬八千匹、銀器六千兩、綿五萬兩、茶三萬五千斤、御衣兩襲、通犀帶、戲龍金帶、香藥、瓷器、銀裝甲仗、法酒、海味等。

（宋）王欽若等編纂：《册府元龜》卷一六九《帝王部》

（廣順三年十一月）戊寅，涇州節度使史懿朝見，獻駝馬二百、銀千兩。

（宋）王欽若等編纂：《册府元龜》卷一六九《帝王部》

（廣順三年十一月）癸卯，鄭州防禦使王萬敢獻助郊祭絹二千匹。

（宋）王欽若等編纂：《册府元龜》卷一六九《帝王部》

（廣順）六年六月，大名府王殷貢絹萬匹。棣州何禄進獻供用羅綺二千五百匹。荆南高保融進白龍腦、法錦、金酒器、紅六銖段五十、白羅、花羅、熟縠、鹿胎、褲段六銖、襜面等各一百，九練神鋼陷金銀刀劍各一。

（宋）王欽若等編纂：《册府元龜》卷一六九《帝王部》

（廣順六年）十二月辛亥，諸州府進南郊助祭鞍馬、彩帛、金銀等。

（宋）王欽若等編纂：《冊府元龜》卷一六九《帝王部》

後周太祖命王峻疏四方貢獻珍美食物，下詔悉罷之。詔略曰："所奉止於朕躬，所損被於畎庶。"又曰："積於有司之中，甚爲無用之物。"

（元）馬端臨：《文獻通考》卷二〇二《土貢考一》

世宗顯德三年二月丁亥，荆南節度使高保融進御衣金帶、九練純鋼手刀、弓箭等。

（宋）王欽若等編纂：《冊府元龜》卷一六九《帝王部》

（顯德三年）十一月丙辰，吳越王錢俶進銀五千兩、綾一萬匹。又進天清節金花銀器千五百兩。又御服金帶、錦綺綾羅等。

（宋）王欽若等編纂：《冊府元龜》卷一六九《帝王部》

周鄭陽，前爲潁州馬步軍教練使，家富於財。顯德三年，世宗親征淮南，至壽春，陽進錢二萬以助軍用。蓋效卜式之意也。帝以陽爲左監門衛將軍，致仕，賜襲衣銀帶。

（宋）王欽若等編纂：《冊府元龜》卷四八五《邦計部》

（顯德）五年二月，幸揚州。壬申，吳越王錢俶進御衣犀帶、綾絹、白金、香藥等。又進供軍稻米二十萬石。

（宋）王欽若等編纂：《冊府元龜》卷一六九《帝王部》

（顯德五年）四月，吳越王錢俶進綾絹各二萬匹、銀一萬兩，稱謝恩賜國信。

（宋）王欽若等編纂：《冊府元龜》卷一六九《帝王部》

世宗顯德五年六月壬申,宣徽院進呈御食物料之數,帝因批出曰:"朕之常膳所用物料,今後減半。餘人所食,即須仍舊。"

(宋)王欽若等編纂:《冊府元龜》卷五六《帝王部》

(顯德五年)閏七月癸丑,吳越王錢俶遣使朝貢,進銀五千兩、絹二萬匹、銀器三千兩、細衣段二千連,又御衣、盤龍犀帶等。

(宋)王欽若等編纂:《冊府元龜》卷一六九《帝王部》

(顯德五年)八月,吳越王錢俶進銀五千兩、絹萬匹,稱賀車駕還京。又進龍船一隻、天禄船一隻,皆以白金飾之。帝幸新河亭,命宰臣及從官已下觀吳越所進龍舟,時京師庶士,觀者如堵。

(宋)王欽若等編纂:《冊府元龜》卷一六九《帝王部》

(顯德五年)十一月,吳越王錢俶進茶三萬四千八百斤、綿五萬兩及香藥、器甲等。

(宋)王欽若等編纂:《冊府元龜》卷一六九《帝王部》

(顯德五年)十二月,吳越王錢俶進銀五千兩、絹三萬匹、綿十萬兩,稱謝恩賜國信。又進賀正錢一千貫、絹一千匹。

(宋)王欽若等編纂:《冊府元龜》卷一六九《帝王部》

(顯德)六年三月己酉,回鶻到闕進玉及碙砂,皆不納。所入馬量給價。時帝以玉之爲用無濟於軍國,故因而却之。

(宋)王欽若等編纂:《冊府元龜》卷一六八《帝王部》

吳楊溥襲其兄渥僭號。後唐同光元年,莊宗平梁,遷都洛陽。十一月,溥遣司農卿盧蘋入貢金器二百兩、銀器三千兩、羅錦一千二百匹、龍腦香五斤、龍鳳絲鞋一百事、細茶、白檀、丁香、藥物等。又遣使章景來朝,稱"大吳國主致書上大唐皇帝",其辭旨卑遜,有同箋表。

二年八月甲申，復遣司農卿盧蘋獻方物，上皇太后金花、銀器、衣段等。二年三月壬子，又遣使來朝。四月丙寅，又遣使貢方物。丁丑，獻鴉山茶、含膏茶。己丑，上皇太后賀書，爲帝巡幸還宮。八月，遣使雷峴獻新茶。九月壬寅，以皇太妃喪，獻慰禮銀絹二千。九月癸丑，淮南使張彥鑄對於中興殿，賜分物。十月，以皇太后喪，遣使張璪奉慰致禮。三年閏十二月甲辰，遣使貢長至賀禮。乙卯，遣使雷峴獻賀正禮幣金銀二千兩、羅錦千匹。四年貳月辛亥，遣右驍衛將軍蘇虔獻金花銀器、錦綺綾羅千段。丁酉，淮南使進奉縑銀御服賀平蜀。四月庚子，明宗初即位，遣使楊殷進新茶。天成二年四月，差右威衛將軍雷峴進銀千兩、綾羅錦綺千匹，修重午之禮。賜雷峴酒食於客省，賜絹五十匹、鈔羅盂子各一隻。五月，進新茶。九月，差人獻應聖節金器百兩、金花銀器千兩、雜色綾錦千匹。三年二月庚辰，差通事舍人劉傳忠進賀收復汴州禮物，明宗以荊南旅拒通連淮夷，不納其使命，放還之。

（宋）王欽若等編纂：《册府元龜》卷二三二《僭偽部》

李景襲其父昇僞號。周顯德三年，世宗親征淮南。二月壬午，景遣其臣鍾謨、李德明等奉表來上，表云：“臣聞捨短從長，乃推通理；以小事大，著在格言。實徵自古之來，即有爲臣之禮。既逢昭代，幸履良途。伏惟皇帝陛下體上聖之姿，膺下武之運，協一千而命世，繼八百以卜年，化被區中，恩加海外。虎步則時欽英主，龍飛則圖應真人。臣僻在一方，謬承餘業，比徇軍民之欲，乃居後辟之崇。雖仰慕華風，而莫通上國。伏自初勞將帥，遠涉封疆，叙寸誠則去使甚艱，於間路則單函兩獻。載惟素願，方俟睿慈，遽審大駕天臨，六師雷動。猥以遐陬之俗，親爲跋履之行，循省伏深，兢畏無所，豈因薄質，有累蒸人。伏惟皇帝陛下義在寧民，心惟庇物，臣儻或不思信順，何以上協寬仁！今則仰望高明，俯存億兆，虔將下國，永附天朝。已命邊城，各令固守，見於諸路，皆俾戢軍。仰期宸旨纔頒，當發專人布告，伏冀詔虎賁而歸國，於雉堞以回兵。萬乘千官，免馳驅於原隰；地征土貢，常奔走於歲時。質在神明，誓於天地，庶使闔境荷咸寧之德，大君有光被之功，凡在照臨，孰不歸慕。謹令翰林學士、户部侍郎臣鍾謨、工部侍郎、文理院學士臣李德明奉表以聞。"仍進金器一千兩、銀器五千兩、錦綺綾羅二千匹及御衣、犀帶、茶茗、藥物等。又進犒軍牛五百頭、酒二千石。

丙午，景遣其臣孫晟、王崇質等奉表來上，表云："伏自上將遠臨，六師尋至，始貢書於間道，旋奉表於行宮，虔仰天光，實祈睿旨。伏聞朝陽委照，爝火收光，春雷發音，蟄户知令。惟變通之有在，則去就以斯存。所以徘徊下風，瞻望時雨，載傾捧日，輒叙攀鱗。伏惟皇帝陛下受命上玄，門階中立，仗武功而戡亂略，敷文德以化遠人。故得九鼎慶基，復昌於寶位；十年嘉運，允正於璿衡。實帝道之昭融，知真人之有立。臣幸因順動，敢慕文明，特遣翰林學士、尚書户部侍郎臣鍾謨、尚書工部侍郎、文理院學士臣李德明同奉表章，且申獻贊，請從臣事，仍備歲輸。冀闔境之咸寧，識人君之廣覆，不遙日下，恭達御前。既推嚮化之誠，更露由衷之願。臣伏念天祐之後，率土分摧，或跨據江山，或革遷朝代，皆爲司牧，各拯黎元。臣由是以嗣先基，獲安江表，誠以瞻烏未定，附鳳何從。今則青雲之候明懸，白水之符斯應，仰祈聲教，俯被遐方。豈可遠動和鑾，上勞薄伐，有拒懷來之德，非誠信順之心。臣自遣鍾謨、李德明入奏天朝，具陳懇款，便於水陸皆戢兵師。方冀寬仁，下安億兆，旋進歷陽之旌斾，又屯隋苑之車徒。緣臣既寫傾依，悉曾止約，令罷警嚴之備，不爲悍御之謀。其或皇帝陛下未息雷霆，靡矜葵藿，人當積懼，衆必貪生。若接前鋒，偶成小競，在其非敵，固亦可知。但以無所爲圖，出於不獲，必於軍庶，重見傷殘。豈唯瀆大君亭育之慈，抑乃增下臣咎釁之責，進退惟谷，夙夜靡遑。臣復思東則會稽，南惟湘楚，盡承正朔，俾主封疆。自皇帝陛下允屬天飛，方知海納，雖無外之化徒，仰祝於皇風；而事大之儀闕，卑通於疆吏。惟憑玄造，偃念後期。方今八表未同，一戎兹始，儻或首於下國，許作外臣，則柔遠之風，其誰不服？無戰之勝，自古獨高。臣幸與黎人共依聖政，蚩蚩之俗，期息於江淮；蕩蕩之風，廣流於華裔。永將菲薄，長奉欽明，白日誓心，皇天可質。虔輸肺腑，上祈冕旒，顒俟聖言，以聽朝命。今遣守司空臣孫晟、守禮部尚書臣王崇質部署宣給軍士物，上進金一千兩、銀十萬兩、羅綺二千匹。”

三月己未，景以王崇質等歸國，復遣使奉表來上，表云：“臣叨居舊邦，獲嗣先業，聖人有作，曾無先見之明；王祭弗供，果致後時之責。六龍電邁，萬騎雲屯，舉國震驚，群臣惴悚。遂馳下使，徑詣行宮，乞停薄伐之師，請預外臣之籍。天聽懸邈，聖問未回，通宵九驚，一食三嘆。由是繼飛密表，再遣行人，叙江河羨海之心，指葵藿向陽之意。皇帝陛下自天生德，命世應期，含容每法於方輿，亨育不遺於下國。先令副介，密導宸慈，綸旨優隆，乾文炳煥。仰認懷來之道，喜則可知；深惟事大之言，服之無斁。”

五年三月丙午，景遣其臣僞宰相馮延巳、僞給事中田霖奉表，進銀一十萬兩、絹一十萬匹、錢一十萬貫、茶五十萬斤、米三十萬石。表云：“臣聞盟津初會，仗黃鉞以臨戎；銅馬既歸，推赤心而服衆。一則顯周君之雄武，一則表漢后之仁慈，用能定大業於一戎，紹洪基於四百，兼資具美，允屬聖君。伏惟皇帝陛下量包終古，德合上玄，子育黎民，風行號令。以其執迷未復，則薄賜徂征；以其嚮化知歸，則俯垂信納。仰荷含容之施，彌堅傾附之念。然以淮海遐陬，東南下國，親勞翠蓋，久駐王師。以是憂慚，不遑啓處。今既六師返旆，萬乘還京，合申解甲之儀，粗表充庭之實。但以自經保境，今已累年，供給既繁，困虛頗甚，曾無厚幣，可達深誠。然又思内附已來，聖慈益厚，雖在照臨之下，有如骨肉之恩。縱悉力以貢輸，終厚顏於微鮮。今有少物色以備宣給軍士，謹遣左僕射、平章事臣馮延巳、給事中臣田霖部署上進。”延巳因稱李景命，進納漢陽、汶川二縣。是二縣在大江之北，元隸鄂州，景以既畫江爲界，故歸於我。

辛亥，景遣其臣僞臨汝郡公徐遼、僞客省使尚全恭奉表來上買宴錢二百萬。表云：“臣聞聖人制禮，重尊獎之心；王者會朝，宗燕享之事。是以此日，輒薦微誠。竊以臣幸能迷復，方認懷來，決心既向於皇風，注目每瞻於清蹕。伏自陪臣入奉，帝誥薦臨，頓安下國之生靈，俱荷大君之化育。雖復尋令宰輔，專拜冕旒，少傾貢奉之儀，仰答含容之德。然臣靜思內附，欣奉至尊，既推示其赤心，又迴隆於乃睠，豈將常禮，可表深衷。是以別命使臣，更伸誠懇，俾展犒師之禮，仍陳買宴之儀。躬詣行朝，聊資高會，庶盡傾於臣節，如得面於天顏。伏惟皇帝陛下承天子民，溥恩廣施，四海識真人之應，萬方知王澤之深。固以包括古今，絲綸典則，盛矣美矣，無得而稱，凡仰照臨，孰不歡悅。今遣客省使臣尚全恭專詣行闕，進獻犒軍買宴物色。"

又表云："臣幸將下國，仰奉聖朝，特沐睿慈，俯垂開納，已陳勌禮，請展御筵。因思盡竭於深衷，是敢別陳於至懇。伏以柏梁高會，宸極居尊，朝臣咸侍於冕旒，天樂盛張於金石，莫不競輸庭實，齊獻壽杯。而臣僻處遐陬，迴承乃睠，雖心存於魏闕，奈日遠於長安，無由親咫尺之顏，何以罄勤拳之意。遂令戚屬，躬拜殿庭，庶代外臣，獲參執事。納忠則厚，致禮甚微，誠慚野老之芹，願獻華封之祝。謹差臨汝郡公臣徐遼部署宴上進獻物色詣闕。"時景又選伶官五十人，各賫樂器，與遼偕至，且言來獻壽觴。

四月癸丑，帝以江南遣使買宴，是日，乃宣召從官及江南進奉使馮延巳已下宴於行宮，奏江南樂。江南僞命臨汝郡公徐遼代李景捧壽觴以獻，仍進上金酒器一副、御衣一襲、戲衣魚犀帶一條、金器五百兩、銀器五千兩、銀龍一座、銀鳳二隻、錦綺千段、細馬二匹、金銀鞍轡各一副、玉鞭玳瑁鞭各一。

五月己亥，侍御使李重進自淮南差人上言，李景令人賫牛酒來犒師。

五月戊子，景遣僞供奉官傅滌奉表起居，仍進細茶五百斤、清酒百瓶。

八月甲申，遣其臣陸昭符始置邸於京師。辛丑，太府卿馮延魯、衛尉少卿鍾謨自江南使回，奉李景手表來上。手表者，蓋景親書，以表其虔懇也。表云："臣謬承先業，僻在一隅，不識天命，得罪上國。困而後伏，何足可多，許以不亡，臣之幸也。豈意皇帝陛下辱異常之顧，垂不世之私，外雖君臣，內若骨肉，殊恩異禮，無得而言，退自揣循,何階及此。且古人有一飯之恩必報,臣竊慕之,故自結髮已來,未嘗敢輕受人惠。雖往事君父,亦常以退讓自居。不圖今辰頓受殊遇,此臣所以朝夕慚恨,恐上報之無從也。然天地之功厚矣,父母之恩深矣,而子不謝恩於父,人且何報於天? 以此思之,則惟有赤心可酬大造。況臣常嗟世網,別貯素懷,方以子孫托於陛下,區區之意,可勝言哉! 兼臣比乞鍾謨過江,蓋有情事上告,鍾謨又已奉聖旨,許其放回。伏乞纔到京師,即令單騎歸國,庶於所奏,早奉敕裁。瞻望冕旒,不勝懇禱。"

又表云:"臣聞天秩有禮,位已定於高卑;王者無私,事必循於軌轍。儻臣下稍逾名分,則朝廷實紊等夷,情所難安,理須上訴。竊以臣比承舊制,有昧先機,勞萬乘之時巡,方傾改事;慶千年之嘉會,固已知歸。伏惟皇帝陛下稟上聖之姿,有高世之行,囊括四海,澤潤先民。明目達聰,道均有戴,東征西怨,化被無垠。已觀混一之期,即仰登封之盛。而臣爰從款附,屢奉德音,陛下煦嫗情深,優容義切。全却藩方之禮,惟須咫尺之書。粵在事初,便知恩遇,向者未遑堅讓,今茲敢瀝至誠。且臣頃以德薄道乖,時危事蹙,獻誠以奉陛下,請命以庇國人,獲保先基,賜之南服,莫大之惠,曠古未聞。微臣退思,所享已極,豈於殊禮,可以久當。伏乞皇帝陛下深鑒卑衷,終全舊制,凡回誥命,乞降詔書。庶無屈於至尊,且稍安於遠服,乃心懇禱,無所寄言。"又貢謝賜欽天曆及歲候曆日表各一函,又表乞賜史館書目。

九月,遣其臣吏部尚書商崇義進賀天清節御衣、金帶及金器千兩、銀器五千兩、錦綺綾羅共千匹。辛未,又遣其臣禮部尚書朱鞏來進銀一萬兩、綾絹共二萬匹,稱謝恩賜國信。壬子,天清節,廣壽殿上壽,崇義捧景表,於殿前進旃檀佛象一軀、細衣段千匹、乳香三百斤。崇義又代李景捧壽觴以獻。甲戌,景之世子冀進謝恩賜國信銀器五千兩、錦綺綾絹五千匹。

十月乙巳,遣其臣偽屯田郎中龔慎儀進賀冬銀器二千兩、錦綺綾絹共五百匹。

十二月癸卯,遣其臣偽工部郎中楊元鼎進賀正銀三千兩、錦綺綾絹一千匹。辛巳,江南進奉使朱鞏、商崇義等辭,各賜器幣鞍馬甚厚。

五年閏七月,景所署泉州節度使留從效遣部將蔡仲贇由間道奉絹表起居。從效本閩中王氏之偏將也。王氏失國,從效據漳、泉二州,附庸於金陵。金陵僞署爲清源軍節度使,兼中書令,封晉江王已十餘年矣。至是,聞帝平定江淮,欲歸附於我,故先遣使奉表來上,帝優詔以答之。

六年五月壬子,從效遣別駕黄禹錫奉表來上,表云:"臣聞日月貞明,萬方咸照,帝王英睿,無所不通。竊以閩嶺五州,古來一鎮,僻陋雖居於遐服,梯航長奉於上京。尋因王氏末年,建城失守,干戈擾攘,民庶蒼黄。臣此際收聚餘兵,保全兩郡,北連甌越,南接番禺。況屬貢路未通,所以親鄰是附。今則伏遇皇帝陛下,道侔諸聖,運應千年,布文德於中原,紹武王之丕業。憶昨上遵天意,聊議南征,矧以金陵,已歸皇化,莫不華夷賓服,文軌混同。然臣嘗覽此書,略知往昔。竊見孫權鼎分列國,地有三吳,及於季年,臣於大晉。諸道各仍於舊貫,隨方率貢於中朝,惟彼前規,無殊此日。臣生居海嶠,實慕華風,輒傾葵藿之心,恭向照臨之德,仍進獬豸通犀帶一條、白龍腦香十斤。"

（宋）王欽若等編纂:《册府元龜》卷二三二《僭僞部》

太平興國金錯刀

興國二年二月癸巳,吳越國王貢黄金錯刀四、銀錯刀二十,修時貢也。

（宋）王應麟:《玉海》卷一五一《兵制》

壬申,唐主遣使貢金器二千兩、銀器萬兩、錦綺二千段,謝生辰之賜也。

（宋）李燾:《續資治通鑑長編》卷二,太祖建隆二年（961）

庚申,唐主遣客省使翟如璧來貢,謝生辰之賜也。如璧,未見。

（宋）李燾:《續資治通鑑長編》卷三,太祖建隆三年（962）

唐主遣水部郎中顧彝來貢。

（宋）李燾：《續資治通鑑長編》卷三，太祖建隆三年（962）

丙寅，唐主遣使來助祭南郊及賀冊尊號。

（宋）李燾：《續資治通鑑長編》卷四，太祖乾德元年（963）

甲子，唐主遣使來修貢。

（宋）李燾：《續資治通鑑長編》卷五，太祖乾德二年（964）

甲戌，唐主遣使修貢，助安陵改卜也。

（宋）李燾：《續資治通鑑長編》卷五，太祖乾德二年（964）

癸丑，唐主遣使來修貢，賀平蜀也。

（宋）李燾：《續資治通鑑長編》卷六，太祖乾德三年（965）

唐主煜及吳越王俶，並遣使修貢，賀長春節。

（宋）李燾：《續資治通鑑長編》卷六，太祖乾德三年（965）

唐主遣使來貢，賀文明殿成也。

（宋）李燾：《續資治通鑑長編》卷七，太祖乾德四年（966）

唐主遣使來貢，助修乾元殿。《本紀》及《新錄》皆無之，獨《舊錄》於己丑日載此。

（宋）李燾：《續資治通鑑長編》卷七，太祖乾德四年（966）

唐主遣其弟吉王從謙來朝貢，且買宴，珍寶器幣，其數皆倍於前。

（宋）李燾：《續資治通鑑長編》卷一二，太祖開寶四年（971）

陳洪進遣使來朝貢。

（宋）李燾：《續資治通鑒長編》卷四，太祖乾德元年（963）

十二月癸卯朔，泉州陳洪進遣使朝貢。

（宋）李燾：《續資治通鑒長編》卷五，太祖乾德二年（964）

太祖建隆元年三月十二日，（河）［江］南李景進賀登極絹二萬匹、銀一萬兩；長春節御服、金帶、金器一千兩、銀器五千兩、綾羅錦綺一千匹。

七月二十九日，李景遣其臣禮部郎中龔慎儀來貢乘輿服御物，又貢賀平澤潞金器五百兩、銀器三千兩、羅紈千匹、絹五千匹。

（建隆二年正月）二十二日，李景貢長春節御衣、金帶、金銀器皿；謝恩。賜生辰金器二千兩、銀器一萬兩、綾羅錦綺三千段。

九月一日，江南李煜遣其臣戶部尚書馮謐來貢金器二千兩、銀器二萬兩、綾羅繒彩三萬匹，仍上手表陳叙襲位之意。

（建隆三年）七月二日，李煜遣其臣客省使謝賜生辰國信，貢金器二千兩、銀器一萬兩、胡錦綺羅綾計一萬匹。

乾德元年，十一月十八日，李煜貢賀南郊禮畢銀一萬兩、絹一萬匹，賀冊尊號絹萬匹。

（乾德二年）二月二十八日，李煜貢助改葬安陵銀一萬兩、綾絹各萬匹，別貢銀二萬兩、金銀龍鳳茶酒器數百事。

（乾德）三年二月二日，李煜貢長春節御衣二襲、金酒器千兩、錦綺羅縠各千匹、銀器五千兩。

（乾德三年四月）十四日，李煜貢賀收復西川銀五萬兩、絹五萬匹。

（開寶）二年六月二十一日，李煜遣其弟從謙貢茶、藥、器、幣，以助車駕北征。

（開寶四年）十一月一日，李煜遣其弟從善，錢俶遣其子惟濬以郊禮來貢。

（開寶七年）十月九日，李煜進絹二十萬匹、茶二十萬斤、買宴絹萬匹、錢五千貫、御衣、金帶、金銀器用數百事。聞將舉兵，故有是獻。

閏十月十三日，李煜遣使貢銀三萬兩、絹五萬匹。以王師傅其城，懼而來告。

（清）徐松輯：《宋會要輯稿》蕃夷七之一——四

（建隆元年三月）十三日，吳越國王錢俶進賀登極銀三千兩、絹五千匹。

（建隆四年）十月十九日，錢俶遣使貢銀一萬兩，犀、牙各十株，香藥一十五萬斤，供奉金銀、真珠、玳瑁器數百事，助南郊。

（乾德三年二月二日）錢俶貢長春節御衣一襲、金酒器三百兩、銀器二千兩、羅綺三千匹。

（開寶）六年二月十二日，錢俶進長春節塗金銀騎鹿仙人二對三千兩、色綾五千匹、御衣一襲、犀帶一條、金器五百兩、乳香二千斤。兩浙節度使錢惟濬進長春節渾金渡銀獅子一對一千兩、細衣段十匹、乳香二千斤，又進宮池銀裝花舫二、金酒器一副、金香獅子一、金香合一、金托裏玳瑁碗十、碟子二十、金棱牙茶床子十、金棱紅藤盤子一、金渡銀果子十、釘龍鳳翠花十株、金棱七寶裝烏紋木椅子、踏床子、金銀棱寶裝床子十、銀裝椅子十、金棱秘色瓷器百五十事、銀棱盤子十、銀裝籠子十。

（開寶七年）八月三日，錢俶遣行軍司馬孫承祐來朝貢。

（開寶）九年二月二十二日，錢俶與其子鎮海鎮東等軍節度使惟濬、平江軍節度使孫承祐等來朝，對於崇德殿。俶進朝見銀二萬兩、絹三萬匹謝恩，差皇子遠接，及賜茶、藥、銀二萬兩、絹二萬匹。賜俶衣一襲、玉帶一、金器千兩、銀器三千兩、羅綺三千段、玉鞍勒馬一。館於禮賢宅，即以其宅及器皿、床帳、帟幕賜之。其日，宴於長春殿，俶進上壽酒器金五百兩、銀器千兩、綾羅二千匹、絹五千匹；賀平昇州銀二萬兩、絹三萬匹、乳香二萬斤；又銀五萬兩、錢十萬貫、綿百八十萬兩、茶八萬五千斤、犀牙二百株、香藥三萬斤。翌日，又進御衣一襲、文犀帶一、銀香囊七枚、銀香象一隻、銀浴斛二對、銀笠子千頂,共重五萬兩,渾金茶酒器二十事,共重一千八百兩。

（開寶九年）三月二日,俶進助郊禮銀十萬兩、絹五萬匹、乳香五萬斤。

四日,俶辭,宴於講武殿,賜襲衣、玉帶、錦綺、綾絹共十八萬五千匹、金器二千兩、銀器三萬兩、玉勒馬一匹、散馬百匹。又進藥物一金合重四百五十兩、香藥二十銀合重四千兩、白乳茶三百斤、端午銀器千兩、衣段千匹、綾二千匹、白乳香千斤,並銀裝扇、簟席等。其子惟濬銀千兩、綾千匹、絹二千匹。

六月四日,錢俶進謝朝覲日蒙恩禮殊等銀三萬兩、絹萬匹;謝回日賜藥茶銀三千兩。賜進奉使錢惟治襲衣、玉帶、塗金鞍勒馬、器幣及賜從行群吏衣服、鞍馬、器幣有差。時帝幸西京回,進賀車駕還京,助宴銀三千兩,上壽金酒器一副重百兩,塗金銀香獅子五枚,並臺床重千兩,衙香一金合重五十兩,又進教坊諸司絹二千匹。明州節度使惟治進塗金銀香獅子並臺重千兩,金銀香鹿一對重千兩,塗金銀鳳、孔雀並鶴三對重三千兩,白龍腦十斤金合重二百兩,大綾千匹,寶裝合盤二十隻,瓷器萬一千事,內千事銀棱。俶又進謝加恩銀五千兩、絹五千匹,謝令男惟濬押送加恩官告銀萬兩,謝男已下加恩乳香萬斤,又銀四萬兩、絹四萬匹、綿三十萬兩。

八月一日,錢俶進射火箭軍士六十四人。

十月,俶又進馴象。

太宗太平興國元年十一月二十一日,錢俶奏謝恩,不允。奏請添貢物色絹二萬匹、綿十萬兩。

二年正月八日,俶進賀登極御衣、通犀帶及絹萬匹,又黃金並玳瑁器、金銀棱器、塗金銀香臺、龍腦、檀香、龍床、銀果子、水精花等,又銀萬兩、絹萬匹、綿三十萬兩、乾薑五萬斤、大茶萬斤、犀十株、牙二十株、乳香五十斤、雜香藥五千斤。

二月二日,俶進黃金桃菜器四、黃金錯刀四、銀桃菜器二十、銀錯刀二十。

三月三日，俶進金銀食盒二、紅絲絡銀樻四、銀塗金扣越器二百事、銀匣二。

七月一日，錢俶進翠毛六百斤、七夕乞巧樓子緣用雜物裝飾銀共六千兩。

閏七月，俶又進翠毛六百斤、淡鰲千頭、截臍魚五百斤謝恩，賜羊馬、紬二萬匹、絹三萬匹。其子惟濬進金器五百兩、銀器五千兩、木香五百兩、荔枝十瓶。

（九月）九日，錢俶進盛菊花金藍四隻二百兩、銀藍二十隻九百兩、功臣堂酒、圓蓮實等。

十五日，錢俶進賀納後銀器三千兩、色綾三千匹、金器三百兩、金香獅子一座，並紅牙床金香合、金香毬共五百兩，銀鸞鳳二對，銀香囊二，銀合子三百，銀裝箱十，共重五千兩，並塗金。其子惟濬進銀器二千兩、色綾千匹。

二十九日，錢俶進塗金銀火爐一十隻，重千五百兩。

（十月）十七日，錢俶進銀三萬兩、絹二萬匹、紬二萬匹、綿五十萬兩、犀二十株、牙千五百斤、乳香五千斤、蘇木三萬斤、大茶三百籠、乾薑十萬斤，修歲貢謝賜生辰物銀萬兩、絹萬五千匹、乳香三千斤，賀冬銀二千兩、絹二千匹，上壽酒金器百兩、銀千兩。其子惟濬進謝賜生辰銀五千兩、牯犀二株、牙七百斤、乳香三千斤，賀乾明節檀香雕千佛萬菩薩一龕、金銀臺座，御衣、牯犀帶並御衣段百匹、金器五百兩、衣段四千匹、色綾二千匹、乳香三千斤、銀香龍一對並臺重三千兩，助宴絹萬五千匹，及上壽酒、金銀器用等，並塗金銀鳳一隻，重二千兩，又綿五萬兩、乾薑五萬斤、大茶萬斤、腦源茶二萬斤，並器用香藥等。修常貢，又銀萬兩、絹萬匹、綿萬兩、犀十株、牙十株。其子惟濬賀開樂，進銀香囊六隻，共萬四千兩，銀裝鼓二，銀共三千兩，白龍腦十斤，金合重二百兩。

（十二月）二十八日，錢俶進瓶香二萬五千六百斤，白龍腦三十一斤，象牙八十六株，藥犀十株，木香、阿魏、玳瑁、紫礦共四百四十斤。

（太平興國三年正月）二十二日，錢俶遣浙東觀察推官盛豫馳表言：以二月二十八日離本道赴朝覲。是日，對豫於崇德殿。三月五日，遣其子惟濬至宋州以來迎省。二十一日，對平江軍節度使孫承祐於崇德殿。承祐，俶之姻也，俶將至，遣承祐先入奏事，帝優其禮，即命護諸司供帳，勞俶於郊，又命齊王、廷美宴犒俶於迎春苑。二十五日，俶來朝，對於乾德殿，賜襲衣、玉帶、金銀器、玉鞍、名馬、錦彩萬匹、錢千貫。是日，宴俶於長春殿，宰臣、諸王節度使、劉鋹、李煜咸與，賜兩浙從事崔仁冀、杜叔廉、黃夷簡、裴祚襲衣、金銀帶、器幣、鞍馬有差。

四月二日，俶進銀五萬兩，錢五萬貫，絹十萬匹，綾二萬匹，綿十萬兩，牙茶十萬斤，建茶萬斤，乾薑萬斤，瓷器五萬事，錦彩席千，金銀飾畫舫三，銀飾龍舟四，金飾烏楠木、御食案、御床各一，金樽、罍、醆、斝各一，金飾玳瑁器三十事，金扣藤盤二，金扣雕象俎十，銀假果十株，翠花真珠花三叢，七寶飾食案十，銀樽罍十，盞十，盞斝副焉，金扣瓷器百五十事，雕銀俎五十，密假果、剪羅花各二十株，銀扣大盤十，銀裝鼓二，七寶飾胡琴、五弦箏各四，銀飾箜篌、方響、羯鼓各四，紅牙樂器二十二事，乳香萬斤，犀、象各百株，香藥萬斤，蘇木萬斤。

（清）徐松輯：《宋會要輯稿》蕃夷七之一——一〇

（建隆）二年正月十八日，彰義軍節度使、荊南高保融貢黃金器、錦綺、珠貝、龍文佩刀。

（清）徐松輯：《宋會要輯稿》蕃夷七之一

（建隆元年）十二月二十三日，僞泉州節度使留從效遣其掾黃禹錫間道奉表稱藩，貢獬豸犀帶一、龍腦香數十斤。

（清）徐松輯：《宋會要輯稿》蕃夷七之一

（開寶九年）七月十三日，泉州節度使陳洪進遣其子漳州刺史文顥奉表乞朝覲，貢瓶香萬斤、象牙二千斤、白龍腦五斤。

（清）徐松輯：《宋會要輯稿》蕃夷七之六

（太平興國二年）四月，陳洪進進銀千兩、香二千斤、乾薑萬斤、葛萬匹、生黃茶萬斤、龍腦、蠟面茶等。

（清）徐松輯:《宋會要輯稿》蕃夷七之七

（太平興國二年八月）五日，陳洪進來朝，對於崇德殿，進朝見銀萬兩、絹萬匹，謝允朝覲絹千匹、香千斤，謝降使遠加勞問絹千匹、香千斤，謝遠賜茶藥絹千匹、香千斤，謝迎春苑賜宴絹千匹、香千斤，謝差人船絹千匹、香千斤，幣帛二千匹、塗金鞍勒馬一匹、錢二百萬。其子文顥進絹千匹。又進賀登極香萬斤、牙二千斤，又乳香三萬斤，牙五千斤、犀二十株，共重四十斤，蘇木五萬斤、白檀香萬斤、白龍腦十斤、木香千斤、石膏脂九百斤、阿魏二百斤、麒麟竭二百斤、沒藥二百斤、胡椒五百斤。又進賀納後銀千兩、綾千匹，又謝賜都亭驛安下乳香千斤，謝追封祖考及男已下加恩乳香萬三千斤。又進通犀帶一、金匣百兩，白龍腦十斤，金合五十兩，通牸犀一株、金合百兩，牸犀四株、金合二百兩，真珠五斤，玳瑁五斤，水晶棋子五副、金合六十兩，乳香萬斤。

（清）徐松輯:《宋會要輯稿》蕃夷七之七

（太平興國二年）九月六日，陳洪進貢助宴銀五千兩、乳香萬斤、泉州土產葛二萬匹、乾薑二萬斤、金銀器皿二千二百兩、綾二千匹。

十三日，陳洪進進銀萬兩、錢萬貫、絹萬匹、謝恩乳香二萬斤、牙二千斤。

十一月，陳洪進貢賀開樂乳香五千斤、象牙千斤。

（清）徐松輯:《宋會要輯稿》蕃夷七之八—九

周顯德中，古城貢猛火油，得水愈熾，貯以琉璃瓶。五代西北邊防城庫，皆掘地作大池，縱廣丈餘，以蓄猛火油。不閱月，池土皆赤黃，乃別爲池而徙焉，不如是，則火自屋柱延燒矣。猛火油者，出於高麗之東數千里。日初出之時,因盛夏,日力烘石,極熱則出液,他物遇之,即爲火,惟眞琉璃器可貯之。用油者以油涓滴,自火焰中過,則烈焰俱發,油之餘力入水,藻荇俱盡,魚鼈遇之皆死。

(明)陳耀文:《天中記》卷一〇

三、軍事類

1．軍制

景福二年，昭宗以藩臣跋扈，天子孤弱，議以宗室典禁兵。及伐李茂貞，乃用嗣覃王允爲京西招討使，神策諸軍五十四軍悉隸之，屯興平。已而兵自潰，茂貞逼京師，又與王行瑜、韓建連兵犯闕，天子爲之斬中尉，殺宰相，乃去。後又詔諸王閱親軍，收拾神策亡散，得數萬，置殿後四軍，嗣覃王允與嗣延王戒丕將之。茂貞再犯京師，覃王戰敗，昭宗幸華州。明年，韓建畏諸王有兵，請皆歸十六宅，於是四軍二萬餘人皆罷。又請誅都頭李筠，遂殺十一王。及還長安，左、右神策軍稍復置之，以六十人爲定。是歲，左、右神策中尉劉季述等廢帝，幽之。季述等誅，而昭宗召朱全忠兵入誅宦官。宦官覺，劫天子幸鳳翔。全忠圍之歲餘，天子乃誅中尉韓全誨等，以解梁兵，乃還長安。於是悉誅宦官，而神策左、右軍繇此廢矣。諸司悉歸尚書省郎官，兩軍兵皆隸六軍，而以崔胤判六軍十二衛事。六軍者，左右龍武、神武、羽林，其名存而已。自是軍司以宰相領。

（元）馬端臨：《文獻通考》卷五八《職官考十二》

景福二年，昭宗以藩臣跋扈、天子孤弱，議以宗室典禁兵。及伐李茂貞，乃用嗣覃王允爲京西招討使，神策諸都指揮使李鐬副之，悉發五十四軍屯興平，已而兵自潰。茂貞逼京師，昭宗爲斬神策中尉西門重遂、李周潼，乃引去。乾寧元年，王行瑜、韓建及茂貞連兵犯闕，天子又殺宰相韋昭度、李磎，乃去。太原李克用以其兵伐行瑜等，同州節度使王行實入迫神策中尉駱全瓘、劉景宣，請天子幸邠州，全瓘、景宣及繼晟與行實縱火東市，帝御承天門，敕諸王率禁軍扞之。捧日都頭李筠以其軍衛樓下，茂貞將閻圭攻筠，矢及樓扉，帝乃與親王、公主幸筠軍，扈蹕都頭李君實亦以兵至，侍帝出幸莎城、石門。詔嗣薛王知柔入長安收禁軍、清宮室，月餘乃還。又詔諸王閱親軍，收拾神策亡散，得數萬。益置安聖、捧宸、保寧、安化軍，曰"殿後四軍"，嗣覃王允與嗣延王戒丕將之。三年，茂貞再犯闕，嗣覃王戰敗，昭宗幸華州。明年，韓建畏諸王有兵，請皆歸十六宅，留殿後兵三十人，爲控鶴排馬官，隸飛龍坊，餘悉散之，且列甲圍行宮，於是四軍二萬餘人皆罷。又請誅都頭李筠，帝恐，爲斬於大雲橋。俄遂殺十一王。及還長安，左右神策軍復稍置之，以六千人爲定。是歲，左右神策中尉劉季述、王仲先以其兵千人廢帝，幽之。季述等誅。已而昭宗召朱全忠兵入誅宦官，宦官覺，劫天子幸鳳翔，全忠圍之歲餘，天子乃誅中尉韓全誨、張宏彥等二十餘人，以解梁兵，乃還長安。於是悉誅宦官，而神策左右軍由此廢矣。諸司悉歸尚書省郎官，兩軍兵皆隸六軍，而以崔胤判六軍十二衛事。六軍者，左右龍武、神武、羽林，其名存而已。自是軍司以宰相領。及全忠歸，留步騎萬人屯故兩軍，以子友倫爲左右軍宿衛都指揮使，禁衛皆汴卒。崔胤乃奏："六軍名存而兵亡，非所以壯京師。軍皆置步軍四將，騎軍一將。步將皆兵二百五十人，騎將皆百人，總六千六百人。番上如故事。"乃令六軍諸衛副使、京兆尹鄭元規立格募兵於市，而全忠陰以汴人應之。胤死，以宰相裴樞判左三軍，獨孤損判右三軍，向所募士悉散去。全忠亦兼判左右六軍十二衛。及東遷，唯小黃門打球供奉十數人、內園小兒五百人從。至穀水，又盡屠之，易以汴人，於是天子無一人之衛。昭宗遇弒，唐乃亡。

（元）馬端臨：《文獻通考》卷一五一《兵考三》

昭宗天復三年，上議褒崇朱全忠，乃以皇子輝王祚爲諸道兵馬元帥，加全忠太尉，充副元帥。後唐長興四年，以秦王從榮爲天下兵馬元帥。中書門下奏："歷朝以來，無天下兵馬大元帥公事儀注。臣等謹沿近事，伏見招討使、總管兼授副使已下橐鞬庭禮。今望令諸道節度使已下,凡帶兵權者,見元帥,階下具軍禮參見,皆申公狀;其使相者,初相見,亦以軍禮,一度已後,客禮相見。"

(元)馬端臨:《文獻通考》卷五九《職官考十三》

都指揮使本方鎮軍校之名,自梁起宣武軍,乃以其鎮兵,因仍舊號,置在京馬步軍都指揮使而自將之。蓋於唐六軍諸衛之外,別爲私兵。至後唐明宗,遂改爲侍衛親軍,以康義誠爲馬步軍都指揮使。秦王從榮以河南尹爲大元帥,典六軍,此侍衛司所從始也。及從榮以六軍反入宮,義誠顧望不出兵,而侍衛馬軍都指揮使朱弘實擊之,其後遂不廢。殿前軍起於周世宗,是時太祖爲殿前司都虞候。初詔天下選募壯士送京師,命太祖擇其武藝精高者爲殿前諸班,而置都點檢,位都指揮使上。太祖實由此受禪,見於《國史》。毆陽文忠公爲《五代史》,號精詳,乃云不知所始,蓋考之未詳也。

(元)馬端臨:《文獻通考》卷五八《職官考十二》

梁太祖開平元年初,帝在藩鎮,用法嚴,將校有戰没者,所部兵悉斬之,謂之"拔隊斬"。士卒失主將者,多亡逸不敢歸,帝乃命凡軍士皆文其面,以記軍號。軍士或思鄉里逃去,關津輒執之送所屬,無不死者,其鄉里亦不敢容。由是亡者皆聚山澤爲盜,大爲州縣之患。至是詔赦其罪,自今雖文面亦聽還鄉里,盜減什七八。

吳氏《能改齋漫録》曰:"《五代史・劉守光傳》,天祐三年,梁攻滄州,仁恭調其境内凡男子年十五以上,七十以下,皆黥其面,文曰'定霸都',土人則文其腕或臂,曰'一心事主',得二十萬人。"故蘇明允《兵制篇》曰:'屯田府兵,其利既不足以及天下,而後世之君,又不能循而守之,至於五代燕帥劉守光又從而爲之黥面涅手,自後遂以爲爲常法,使之不得與齊民齒。'然余按陶岳《五代史補》乃云:'健兒文面,自梁太祖始。'梁、燕皆同時,則文面不特始於仁恭也。"

致堂胡氏曰:"伊尹曰:'臣下不匡,其刑墨。'孔氏曰:'鑿其額,以墨涅之。'《吕刑》曰：'苗民淫爲劓刵椓黥。'孔氏曰：'黥面也。'然則涅其顙者，乃五刑之正，而黥其面者，乃五虐之法也。顙受墨涅，若膚疾然，雖刑而不害；以字文面，則弃人矣。是法也，始於有苗，至劉仁恭、朱全忠加甚。籍民爲兵，無罪而黥之，使終身不能去，以自別於平人，非至不仁者，莫忍爲也。"

（元）馬端臨：《文獻通考》卷一五二《兵考四》

梁太祖始置侍衛馬步軍。

開平元年，改左右長直爲左右龍虎軍，左右内衛爲左右羽林軍，左右監鋭夾馬突將爲左右神武軍，左右親隨軍將馬軍爲左右龍驤軍。其年九月，置左右天興、左右廣勝軍，仍以親王爲軍使。

（元）馬端臨：《文獻通考》卷一五五《兵考七》

二年（開平二年）十月，置左右神捷軍。十二月，改左右天武爲左右龍虎軍，左右龍虎爲左右天武軍，左右天威爲左右羽林軍，左右羽林爲左右天威軍，左右英武爲左右神武軍，左右神武爲左右英武軍。前朝置龍虎等六軍，謂之衛士，至是以天威、天武、英武等六軍易其軍號，而任勛舊焉。

（元）馬端臨：《文獻通考》卷一五五《兵考七》

梁祖患之，乃令諸軍悉黥面爲字以識軍號，訖今遵其制。五代以來，境蹙兵少，然習用爲常，亦有近藩之地更迭戍守者，然方鎮列校，勢位差損。周顯德後，克淮甸，有東南之漕，京師倉廪稍實，得以聚兵爲强幹之術。

（元）馬端臨：《文獻通考》卷一五二《兵考四》

文面

健兒文面，自梁太祖始。

（宋）曾慥：《類説》卷二六《五代史補》

火龍標

梁祖自初起，每令左右持大赤旗，緩急之際，用以揮軍，祖自目爲"火龍標"。

（明）陶宗儀：《説郛》卷六一《清異録》

後唐莊宗同光二年敕："隨駕收復汴州，並扈從到洛京，南郊立仗都將官員，自檢校司空已下，宜並賜'協謀定亂匡國功臣'，自檢校僕射、尚書、常侍至大夫、中丞，宜並賜'忠勇拱衛功臣'，其初帶憲衛，並賜'忠烈功臣'，已有功臣名者，不在此限，其節級長行軍將，並賜'扈蹕功臣'。"

（元）馬端臨：《文獻通考》卷一五五《兵考七》

時内臣有李承進者逮事後唐，上問曰："莊宗以英武定中原，享國不久，何也？"對曰："莊宗好田獵，惟務姑息，將士每乘輿出，次近郊，禁兵衛卒，必控馬首告曰：'兒郎輩寒冷，望與振救。'莊宗即隨所欲以給之。如此非一，失於禁戢，因而兆亂，蓋威令不行，賞罰無節矣。"

（元）馬端臨：《文獻通考》卷一五二《兵考四》

後唐長興三年三月敕："衛軍神威、雄威及魏府廣捷以下指揮，宜改爲左右羽林，置四十指揮。每十指揮立爲一軍，每一軍置都指揮使一人兼，分爲左右廂。"應順元年三月，改左右羽林四十指揮爲嚴衛左右軍，龍武、神武四十指揮爲捧聖左右軍。清泰元年六月，改捧聖馬軍爲彰聖左右軍，嚴衛步軍爲寧衛左右軍。

（元）馬端臨：《文獻通考》卷一五五《兵考七》

後唐長興三年，敕："衛軍神威、雄威及魏府廣捷以下指揮，宜改爲左右羽林，置四十指揮；每十指揮立爲一軍，每一軍置都指揮使一人，兼分爲左右廂。"應順元年，改左右羽林四十指揮爲嚴衛左右軍，龍武、神武四十指揮爲捧聖左右軍。清泰元年，改捧聖馬軍爲彰聖左右軍，嚴衛步軍爲寧衛左右軍。

（元）馬端臨：《文獻通考》卷五八《職官考十二》

（天福）二年二月敕：“古之用兵，必先立法，等第既分於將領，高卑自有於規繩。或聞近年多逾此制，至於行間士卒，罔遵都内指揮，既侮國章，且乖師律。適當開創，要整紀綱，宜示條流，免干法制。應在京及諸道馬步諸軍將領節級長行等，今後仰並依階級次第，凡事制禦區分：如是長行或有違犯，即副將便可據罪處理。如是副將十將違犯，即便勒本指揮使據罪科處。指揮使違犯，不出軍時，即委都指揮使具録事由騰奏，當行勘斷；如是行營在外，即便委行營統領依軍法施行。其餘諸道軍都見在本處者或有遲犯，便委本處節級防禦、團練使、刺史據罪科處。事要整齊，法宜遵守，分明告諭，咸使聞知。”

（宋）王欽若等編纂：《册府元龜》卷六六《帝王部》

趙仁奇，爲司天少監。天福三年五月，上言曰：“臣聞自古創業之君，開基之主，設官分職，革故鼎新，必有强名，用爲公器，以誘英彦，皆不徒然。伏見近年酬賞，在京諸指揮使，皆遥授刺史。得非朝廷，以貴其地望，優其禄利乎？臣以爲大輅起推輪之始，濫觴成方舟之流，但恐滋深，不可改易，非創業制命之所宜也。今六軍諸衛，品秩皆高，不用酬勛，是成虛設，遂使掌禁軍者，鄙昇朝之貴；貪外任者，無戀闕之心。稍涉官邪，徒費國用。其六軍諸衛官員，伏望委宰臣，約前唐故事，依文班品第，加以料錢。自此後非有軍功，不可輕授名器。無假中外迭居，豈唯正於等威，抑亦省於經費。”時下中書行之，宰臣奏云：“朝廷所設還衛，此掌禁軍，久屬從權。驟難改制，望令將來，商議施行。”

（宋）王欽若等編纂：《册府元龜》卷四七六《臺省部》

晉天福六年，改拱宸、威和内直軍並爲興順，至八月改奉德兩軍爲護聖左右軍。

（元）馬端臨：《文獻通考》卷一五五《兵考七》

晉初置鄉兵,號"天威軍",教習歲餘,村民不嫻軍旅,竟不可用,悉罷之,但令七户輸錢十千,其鎧仗悉輸官,而無賴子弟不復肯復農桑,多聚山林爲盗。及契丹入汴,縱胡騎打草穀,民不堪命,所在盗起,攻陷州縣,長吏不能制。

(元)馬端臨:《文獻通考》卷一五二《兵考四》

(廣順元年)五月戊子,河陽李暉言奉詔置水軍五百。詔諸州於州兵内選勇壯並家屬赴京師。

(宋)王欽若等編纂:《册府元龜》卷一二四《帝王部》

《五代史》云:周廣順二年十二月,詔改左右威衛復爲左右屯衛,避太祖諱也。

(宋)李昉:《太平御覽》卷二三七《職官部三十五·左右衛將軍》

周廣順初,鎮州諸縣,十户取才勇者一人爲弓箭手,餘九户資以器甲、芻糧。是歲,詔釋之,凡一千四百人。此據《兩朝兵志》。

(宋)李燾:《續資治通鑑長編》卷二,太祖建隆二年(961)

周廣順中,點秦州税户充保毅軍,教習武技,逃死即以佃地者代之。遇征役,官給口糧,有馬給芻菽。是歲,發渭州平涼、潘原二縣民治城壕。既畢,因立爲保毅軍弓箭手,分成鎮寨,能自置馬者免役,逃死者以親屬代焉。蓋因廣順之制也。此據《兩朝兵制》。

(宋)李燾:《續資治通鑑長編》卷一六,太祖開寶八年(975)

周太祖顯德元年,軍士有流言,郊賞薄於唐明宗時。帝召諸將至寢殿,讓之曰:"朕自即位以來,惡衣菲食,專以贍軍爲念,府庫蓄積,四方貢獻,贍軍之外,鮮有贏餘,汝輩豈不知之? 今乃縱凶徒騰口,不顧人主之勤儉,察國之貧乏,又不思己有何功而受賞,惟知怨望,於汝輩安乎!"皆惶恐謝罪,退,索不逞之徒戮之,流言息。

周廣順初，鎮州諸縣，十户取材勇者一人爲之，餘九户資以器甲
芻糧。

河北、河東强壯。自五代時，瀛、霸諸州已有之。

（元）馬端臨：《文獻通考》卷一五六《兵考八》

周廣順（顯德）元年四月，改侍衛馬軍曰龍捷左右軍，步軍曰虎捷
左右軍。

（元）馬端臨：《文獻通考》卷一五五《兵考七》

世宗顯德元年十月，謂侍臣曰：“侍衛兵士，累朝已來，老少相半，
强懦不分，蓋徇人情不能選練。今春於高平與劉崇及蕃軍相遇，臨敵
有指揮不前者，苟非朕親當堅陳，幾至喪敗。況百户農夫未能贍得一
甲士，且兵在精不在衆。今已令一一點選精鋭者昇在上軍，怯弱者任
從安便，庶期可用又不虚費也。”侍臣咸曰：“若非陛下天縱睿謀，無以
有此英斷。”先是自用兵已來，勗武得志，至於偏裨之間，鮮舉雄勇，率
以親舊互用而有懦怯不能自奮者，其行伍可知矣。上案兵於高平，睹
其退縮，慨然有懲革之意。

（宋）王欽若等編纂：《册府元龜》卷一二四《帝王部》

顯德元年，詔汰簡諸軍，取武藝超絶者爲殿前諸班。見《軍制門》。

（元）馬端臨：《文獻通考》卷一五五《兵考七》

（顯德）四年二月，帝再征淮南，令右驍衛大將軍王環率舟師數千
以從焉。先是，帝用師於壽春城下，睹吳人鋭於水戰。時我舟師未
備，無以制之，帝憤激。及還京，遂於京城西汴河之浹造戰船數百艘，
及成，又命於降卒中選水工數百，與我師同習水戰。數月之後，縱橫
出没，殆勝於吳師矣。至是，命環董之，俾自蔡河南入於穎，以溯淮
上焉。

（宋）王欽若等編纂：《册府元龜》卷一二四《帝王部》

（顯德五年）五月壬午，賜淮南行營招收馬步軍，軍號馬軍曰“雄健”，步軍曰“武健”。

（宋）王欽若等編纂：《册府元龜》卷一二四《帝王部》

世宗即位，既敗北漢兵於高平，謀肅軍政。初，宿衛之士累朝相承，務求姑息，不欲簡閱，恐傷人情。由是羸老者居多，但驕蹇不用命，實不可用，每遇大敵，不走則降，其所以失國多由此。帝因高平之戰，始知其弊，謂侍臣曰：“凡兵務精不務多。今以農夫百未能當甲士一，奈何浚民之膏澤，養此無用之物乎！且健懦不分，衆何所勸？”乃命大簡諸軍，精銳者升之上軍，羸者斥去之。又以驍勇之士，多爲諸藩鎮所蓄，詔募天下壯士，咸遣詣闕，命太祖皇帝選其尤者爲殿前諸班；其騎、步諸軍，各命將帥選士。由是士卒精强，近代無比，征伐四方，所向皆捷，選練之力也。

（元）馬端臨：《文獻通考》卷一五二《兵考四》

《五代周史》曰：顯德初，世宗自高平還，乃大閱，帝親臨之。帝自高平之役，睹諸軍未甚嚴整，遂有退却。至是命太祖皇帝一概簡閱，選武藝超絶者，署爲殿前，諸班因是有散員、散指揮、内殿直散、都頭、鐵騎、控鶴之號。覆命總戎者自龍捷虎捷以降一一選之，老弱羸小者去之，諸軍士伍無不精當。由是兵甲之盛，近代無比。

（宋）李昉：《太平御覽》卷二九八《兵部二十九·軍制》

唐末有朱書御札，徵兵方鎮，蓋危難中，以此示信。昭宗以吳綾汗衫寫詔，間道與錢鏐，告以國難。

（宋）楊億：《楊文公談苑》

《唐兵志》中有捧日都頭李筠，則是唐以捧日名軍也。五代有鐵騎指揮。《宋朝會要》曰：“太平興國二年正月，改鐵騎曰日騎。雍熙四年五月,改曰騎爲捧曰。"宜取唐軍名也。

(宋)高承:《事物紀原》卷一〇

《五代史》:梁開平元年,改左右長直爲左右龍虎軍,左右内衙爲左右羽林軍,左右堅銳夾馬突將爲左右神武軍,左右親隨軍將馬軍爲左右龍驤軍。二年,改左右天武爲左右龍虎軍,左右龍虎爲左右天武軍,左右天威爲左右羽林軍,左右羽林爲左右天威軍,左右英武爲左右神武軍,左右神武爲左右英武軍。前朝置龍虎等六軍,謂之衛士,至是以天威、天武、英武等六軍,易其軍號,而任勛舊焉。

(宋)孫逢吉:《職官分紀》卷三五

《五代會要》曰:梁雜使有引進使。《宋朝會要》曰:五代有内外馬步軍都頭、蕃漢都引進使,疑梁官也。

(宋)高承:《事物紀原》卷六

都指揮使本方鎮軍校之名,自梁起宣武軍,乃以其鎮兵,因仍舊號,置在京馬步軍都指揮使而自將之。蓋於唐六軍諸衛之外,別爲私兵。至後唐明宗,遂改爲侍衛親軍,以康義誠爲馬步軍都指揮使。秦王從榮以河南尹爲大元帥,典六軍,此侍衛司所從始也。及從榮以六軍反入宫,義誠顧望不出兵,而侍衛馬軍都指揮使朱弘實擊敗之,其後遂不廢。殿前軍起於周世宗,是時太祖爲殿前司都虞候。初詔天下選募壯士送京師,命太祖擇其武藝精高者爲殿前諸班,而置都點檢,位都指揮使上。太祖實由此受禪,見於《國史》。歐陽文忠公爲《五代史》,號精詳,乃云"不知其所始",蓋考之未詳也。自有兩司,六軍諸衛漸廢,今但有其名。則兩司不獨爲親軍而已,天下之兵柄皆在焉。其權雖重,而軍政號令則在樞密院,與漢周之間史弘肇之徒爲之者,異矣。此祖宗之微意,非前世所可及也。

(宋)葉夢得:《石林燕語》卷六

都指揮使、副都指揮使、都虞候、指揮使,本方鎮軍校之名。自梁起宣武軍,乃以其鎮兵,因仍舊號,置在京馬步軍都指揮使。

（元）富大用:《古今事文類聚遺集》卷一〇

後唐長興三年,改衛軍神威、雄威及魏府廣捷以下指揮,爲左右羽林,置四十指揮,立爲一軍,每一指揮置都指揮使一人,兼分爲左右厢。應順元年,改左右羽林四十指揮爲嚴衛左右軍,龍武、神武四十指揮爲奉聖左右軍。清泰元年,改奉聖馬軍爲彰聖左右軍,嚴衛步軍爲寧衛左右軍。晉天福六年,改拱宸威和內直軍並爲興順。又改奉德兩軍爲護聖左右軍。周顯德四年,以先降到江南兵士分爲六軍,共三十指揮,賜號懷德軍。

（宋）孫逢吉:《職官分紀》卷三五

唐明宗長興三年三月,以神捷、神威、廣捷諸軍（爲）左右羽林軍,分四十指揮,每十指揮爲一軍,置都指揮使一員。

（宋）李上交:《近事會元》卷三

唐明宗時,加秦王從榮天下兵馬大元帥。有司言:"元帥或統諸道,或專一面,自前世無天下大元帥之名,其禮無所考按。"余按,唐至德初,以廣平王爲天下兵馬元帥。天復三年三月,以輝王祚爲諸道元帥。其年十二月,敕國史所書元帥之任,並以天下爲名,乃自近年改爲諸道,宜却復爲天下兵馬元帥。至德距長興尚遠,若天復則耳目相接,而有司皆不之知,何其陋邪!元帥之名,肇見於《左氏》,晉謀元帥是也。然是時所謂元帥者,中軍之將爾,未以官名也。至隋始有行軍元帥,唐初有左右元帥、太原道行軍元帥、西討元帥,自此浸多。然天下兵馬元帥則始於廣平,大元帥則始於從榮。唐末嘗以天下兵馬元帥授朱全忠,偽吳以天下兵馬大元帥授李昇,梁末帝以天下兵馬都元帥授錢鏐,晉高祖以天下兵馬都元帥授錢元瓘,出帝以東南面兵馬都元帥授錢弘佐,周又以天下兵馬都元帥授錢俶。國初,改爲天下兵馬大元帥。古今當其任者，蓋寥寥可數，而我高宗皇帝遂自此應中天之運。初，元帥皆親王爲之，廷臣副貳而已，惟哥舒翰、郭子儀、李光弼、房琯皆嘗眞除。錢氏繼之，全忠自置。昇僞命，不足道也。

（宋）趙與時：《賓退録》卷二

五代後唐長興四年，以秦王從榮爲天下兵馬大元帥。九月，中書門下奏：“秦王加天下兵馬大元帥，自歷朝以來，並無天下兵馬大元帥公事儀注，或專一面之權，或總諸道之帥，其儀注規程，公事條目，載詳故實，未見明文。臣等謹沿近事，伏見招討使總管兼授副使以下囊鞬禮庭，今望令諸道節度使以下，凡帶兵權者，見元帥，階下具軍禮參見，皆申公狀。其使相者，初見亦以軍禮，一次以後，客禮相見。應天下諸軍務公事，元帥府行指揮，其判六軍諸衛事，則公牒往來，其元帥所置官屬，補授軍職，則委元帥奏請。”從之。錢俶在漢朝，爲東南面兵馬都元帥。周廣順初，授諸道兵馬元帥。二年，加天下兵馬元帥。世宗初，授天下兵馬都元帥。

（宋）孫逢吉：《職官分紀》卷四六

《九國志》：吳越正明三年，詔授鏐諸道兵馬元帥。四年，置元帥府僚屬。

（宋）孫逢吉：《職官分紀》卷四六

清泰二年，詔授元瓘爲吳越王天下兵馬元帥，賜金印。元瓘，鏐第五子。

（宋）孫逢吉：《職官分紀》卷四六

後唐末清泰三年五月三日，夔州張景達落副總管，充西北番馬步都部署，始此也。

（宋）李上交：《近事會元》卷二

天福二年,置諸道兵馬元帥,尋復改曰天下兵馬元帥。

(宋)章如愚:《群書考索》後集卷三

錢弘佐,元瓘第六子。開運三年,詔授東南兵馬都元帥。李孺贇之求救也,將皆不欲行。弘佐因召文武官集議,果言山水險惡,不可興兵。弘佐變色曰:"脣亡齒寒,古人之明戒,吾爲天下元帥,豈不能恤鄰!若有異議者斬,衆皆懾伏。"乃遣將誓師,辭令明肅,果有成功。

(宋)孫逢吉:《職官分紀》卷四六

五代有内外馬步軍都頭,漢置都引進使,宋朝去引進之名。端拱二年,又改曰御前忠佐。

(宋)高承:《事物紀原》卷一〇

《皇祐大饗明堂記》云:"五代禁軍號控鶴,年多者號寬衣控鶴。太平興國中改控鶴爲天武,寬衣控鶴曰天武散手,後又改爲寬衣天武。唐天寶有天武健兒,今取此名。"《五代會要》曰:"梁開平二年十二月,改左右天武爲龍虎軍,左右龍虎爲天武軍額。諸軍有控鶴,蓋梁已有天武軍矣。"《宋朝會要》曰:"太平興國二年正月,詔改控鶴曰寬衣天武也。"《唐書·孔緯傳》有天武都頭李順節。

(宋)高承:《事物紀原》卷一〇

周顯德元年詔,募天下豪傑,躬親試閱,選武藝超絶又有身手者,分署焉殿前諸班。因有散員、散指揮使、内殿直、散都頭、鐵騎、控鶴之號。國朝因之。

(宋)孫逢吉:《職官分紀》卷三五

《五代會要》曰:"廣順元年四月,改侍衛馬軍曰龍捷左右軍。"《宋朝會要》曰:"太平興國二年正月詔,改龍衛。宋朝舊有龍騎,興國二年改爲龍猛也。"

（宋）高承:《事物紀原》卷一〇

《五代會要》曰:"廣順元年四月,改侍衛步軍曰虎捷左右軍,御撰其名。此虎捷名軍之始也。"《宋朝會要》曰:"乾德三年四月詔,改西川感化耀武等軍爲虎捷。太平興國二年正月,改虎捷曰神衛。"

（宋）高承:《事物紀原》卷一〇

周廣順元年,改侍衛馬軍司曰龍捷左右軍。國朝改爲侍衛親軍馬軍司。

（宋）孫逢吉:《職官分紀》卷三五

本朝沿五代之制,有侍衛親軍及殿前兩司,蓋侍衛親軍起於後唐,殿前始於周世宗顯德元年。

（宋）潘自牧:《記纂淵海》卷三三

《石林燕語》云:"侍衛親軍自梁起宣武軍,乃以鎮兵因舊號,置在京馬步軍都指揮使,而自將之,蓋於唐六軍諸衛之外,則爲私兵。至後,唐明宗遂改爲侍衛親軍。殿前始於周世宗顯德元年。"

（宋）章如愚:《群書考索》後集卷一二

《五代會要》曰:"周顯德二年十二月,以新收復秦鳳所獲軍爲懷恩軍,則是周爲懷恩軍名也。"《宋朝會要》曰:"乾德二年二月詔,遼州降軍宜以效順、懷恩爲名,用周事也。"

（宋）高承:《事物紀原》卷一〇

《五代會要》曰:"周顯德中,世宗以驍勇之士多爲外諸侯所占,於是募天下武藝超絕及有身首者,爲殿前諸班,因有散員、散指揮使、內殿直、散都頭之員。"

（宋）高承：《事物紀原》卷一〇

世宗自高平之戰，睹其退縮，慨然有懲革之意。又以驍勇之士，多爲外諸侯所占，於是詔募天下豪傑，不遺草澤，而俱送於闕下，躬親試閱，選武藝超絶及有身首者，分署爲殿前諸班，因有散員、散指揮使、內殿直、散者（都）頭、鐵騎、控鶴之號。

（宋）章如愚：《群書考索》後集卷一二

周世宗置殿前軍，時募天下猛士，上爲都虞候，受詔簡其技擊精絶者，爲殿前諸班。

（宋）章如愚：《群書考索》後集卷四〇

周世宗自高平之戰，始知其弊，乃曰："今兵務精而不務多，以農夫百不能養甲士一，安用浚民膏血，養此無用之兵。"於是簡去疲弱，止存精銳，故能北走三關，南定淮南。

（宋）章如愚：《群書考索》後集卷四六

舊制，侍衛親軍與殿前分爲兩司。自侍衛司不置馬步軍都指揮使，止置馬軍指揮使、步軍指揮使以來，侍衛一司自分爲二，故與殿前司列爲三衙也。五代軍制，已無典法，而今又非其舊制者多矣。

（宋）歐陽修：《歸田録》卷一

舊制，侍衛親軍與殿前分爲兩司，自侍衛司不置馬步軍都指揮使，止置馬步軍指揮使以來，侍衛一司，自分爲二，故與殿前司列爲三衙也。五代軍制，已無典法，而今又非其舊制者，多矣。

（宋）江少虞：《宋朝事實類苑》卷二五

三衙。宋朝沿五代之制，有侍衛親軍及殿前兩司，蓋侍衛親軍起於後唐。

（宋）章如愚:《群書考索》後集卷一二

建炎庚戌，先人被旨修祖宗兵制，書成，賜名《樞廷備檢》，今藏於右府。其詳已見《後錄》。獨有引文存於家集，用錄於後:"臣竊聞祖宗兵制之精者，蓋能深鑒唐末、五代之弊也。唐自盜起幽陵，藩鎮竊據，外抗王命，內擅一方，其末流至於朱溫以編戶殘寇，挾宣武之師，睥睨王室，必俟天子禁衛神策之兵屠戮俱盡，却遷洛陽，乃可得志。如李克用、王建、楊行密非不忠義，旋以遐方孤鎮同盟，欲闞王室，皆悲叱憤懣，坐視凶逆，終不能出一兵内向者，昭宗親兵既盡，朱溫羽翼已就，行密蕫崎崛於一邦，初務養練，不能遽成，此内外俱輕，盜臣得志之患也。後唐莊宗萃名將，握精兵，父子轉戰二十餘年，僅能滅梁，功成而驕，兵制不立，弗虞之患，一夫夜呼，内外瓦解。故李嗣源以老將養疴私第，起提大兵，與趙在禮合於甘陵，返用莊宗直搗大梁之術，徑襲洛陽，乘内輕外重之勢，數日而濟大事。其後甘陵舊卒，恃功狂肆，邀求無窮，至一軍盡誅，血膏原野，而明宗爲治少定。如李從珂、晉高祖、劉知遠、郭威皆提本鎮之兵，直入中原，而内外拱手聽命者，循用莊宗、明宗之意也。周世宗知其弊，始募天下亡命，置於帳下，立親衛之兵，爲腹心肘腋之用。未及期年，兵威大振。敗澤、潞，取淮南，内外兼濟，莫之能禦。當是時，藝祖皇帝歷試諸難，親總師旅，應天順人，曆數有歸，則躬定軍制，紀律詳盡。

（宋）王明清:《揮塵後錄餘話》卷一

五代時，尉職以軍校爲之，大爲民患。建隆三年十二月癸巳，詔:"諸縣置尉一員，在主簿之下，俸與主簿同。"始令初賜第人爲之，從趙普之請也。

（宋）王栐:《燕翼詒謀錄》卷一

今之司理參軍，五代之馬步軍都虞候判官也，以牙校爲之，州鎮專殺,而司獄事者輕視人命。太祖皇帝開寶六年七月壬子,詔州府並置司寇參軍,以新及第九經、五經及選人資序相當者充。其後改爲司理參軍。

(宋)王栐:《燕翼詒謀録》卷一

唐設武舉以選將帥,五代以來皆以軍卒爲將,此制久廢。

(宋)王栐:《燕翼詒謀録》卷五

乾符俶擾,陳岩置九龍軍,王氏繼之,竊立龍虎、天霸等六軍及拱宸、控鶴、宸衛三都,以自衛。迄於五季,有曰全勝、百勝、横冲、海路、捉生、護閩、營壘,故號班班猶在。

(宋)梁克家:《淳熙三山志》卷一八

三衙雖曰沿襲五代,然實本西都遺意。侍衛馬軍司蓋創於後梁,至後唐爲侍衛親軍,後周改爲龍捷左右軍。本朝復更鐵騎曰捧日,龍騎曰龍衛,各十指揮,所領騎兵之額,蓋三十有五。

(宋)周應合:《景定建康志》卷二六

五代以來,諸州馬步軍院虞候,以衙校爲之。太祖慮其任私,高下其手,乃置司寇參軍,以進士、九經及第人充之。河東柳開先生及第,爲宋州司寇參軍。後改曰司理參軍,今俚俗以司理院爲馬步院。

(宋)王闢之:《澠水燕談録》卷六

《五代·康義成傳》贊:"侍衛親軍馬步都指揮使云云,親軍之號,始於明宗,其後又有殿前都指揮使之名,皆不見其更置之始。今天下之兵,皆分屬此兩司矣。"豈歐公時未有三司耶。

(宋)程大昌:《續演繁露》卷二

唐太宗時,於府兵外置北門四軍,則募兵也。其後募兵寖盛,爲萬騎，爲左右神策，天子不可自將，故命中官握之，謂之北司。北司始盛，不可制，而府衛爲南衙兵，寖廢不備。朱梁懲唐北司之弊，乃取禁旅天子自將之，所謂侍衛馬步軍是矣。周世宗又謂之殿前軍，蓋亦侍衛之比，而加精銳。然當時藩鎮亦皆募兵，倚以跋扈，雖世宗不能盡制也。祖宗有天下，因周之制，又盡收天下雄勁士卒，列營京畿，足以坐制四方矣。又謂郡亦不可無備，則爲之制，其別有禁軍、廂軍。禁軍蓋因梁周之名，而廂軍則因藩鎮舊名。廂者乃當時分軍之名，今內則龍神衛四廂及外郡有第幾廂之類，皆部分耳禁軍，猶曰京師之兵，而廂軍則郡國所有。雖衣糧有差降，然皆選擇，及歷歲久，禁、廂軍皆郡自募。

（宋）施宿：《嘉泰會稽志》卷四

唐方鎮之兵，今廂軍，是周世宗及太祖皇帝增置。禁旅今禁衛，與諸州禁軍，是神宗皇帝立將兵之法。

（宋）陳傅良：《止齋集》卷五一

侍衛起於後唐，而我朝因之；殿前司起於周，而我朝因之；皇城司起於梁，而我朝因之。

（宋）呂中：《宋大事記講義》卷一

五閩之亂，大帥宿將擁兵跋扈，而天子之廢置如弈棋，此國擅於將也。偏裨卒伍徒手奮呼，而將帥之去留如傳舍，此將擅於兵也。然國擅於將，人皆知之，將擅於兵，則不知也。節度因爲士卒所立，而五代人主興廢皆郡卒爲之推戴，一出而天下俯首聽命，不敢較。太祖既收節度兵權，於是又嚴階級，使士知有校，校知有帥，帥知有朝廷矣。

（宋）呂中：《宋大事記講義》卷二

宦官督戰，此唐末五代之弊政，而太祖未暇革也。然但使之督戰，未使之將兵也。淳化五年，西蜀盜起，命王繼恩平賊，則使之將兵矣。然雖有功,而不得爲宣徽使也。

(宋)呂中:《宋大事記講義》卷三

偽蜀王先主起自利、閬,號親騎軍,皆拳勇之士。四百人分□□□□執紫旗,凡戰陣,若前軍將敗,麾紫旗以副之,莫不□□□靡,霆駭星散,未嘗挫衄。此團將卒多達,或至節將□□□□至散員,亦享官祿。以之定霸,皆資福人。於時□□□□□□南黑雲都,皆紫旗之類也。此從各有名號,時顧□□□□□亦嘗典郡,多雜談謔。曾造武舉,助曰大順□□□□侍郎李吒吒下進士及第,三□□□□□□□□□□□□□憨子、姜癲子、張打胷、長小□□□□□□□□□□□□□□□許□□□□□□□□□李嗑蛆、李破肋、李吉了、樊忽雷、日游神、王號駝、郝牛屎、□□貢、陳波斯、羅蠻子,試《亡命山澤賦》《到處不生草詩》,斯亦麥鐵杖、韓擒虎之流也。

(宋)李昉:《太平廣記》卷二五二《顧敻》

武臣不親吏事

太祖平蜀,孟主入御,上曰:"卿在蜀有人拔扈否?"對曰:"雖有不忠之夫,無因可動。"太祖曰:"何也。"曰:"武臣統兵之外,不親吏事,其藩鎮全用大儒。"

(宋)曾慥:《類說》卷一九《見聞錄》

開寶八年,發渭州平涼、藩源二縣民治城壕,因立爲保毅軍弓箭手,分鎮戍寨,能自置馬者免役,逃死以親屬代,蓋因周廣順之制。周廣順中,點秦州稅户充保毅軍。

(元)馬端臨:《文獻通考》卷一五六《兵考八》

上謂群臣曰:"晉、漢以來,衛士不下數十萬,然可用者極寡。朕頃案籍閱之,去其冗弱,又親校其擊刺騎射之藝,今悉爲精銳,故順時令而講武焉。"詔殿前、侍衛兩司將校,無得冗占直兵,限其數,著於令。此事附見，非因講武始下詔也。

（宋）李燾：《續資治通鑒長編》卷三，太祖建隆三年（962）

壬午，左正言、直史館孫何表獻五議，上覽而善之。

其一，參用儒將，曰："將者，人之司命，國家安危之主。晉、漢至唐，皆選儒臣統兵，當時武臣未有出其右者。五代始分事任，交相是非。古謂元戎無不統攝，爰自近代，又有供軍糧料，隨軍轉運之目。使者往返，托稱上旨，動必中覆，實戾成算。陛下於文儒之中，擇有方略之士，試以邊任委之，勿使小人撓其權，閫外制置一以付之，境内租稅、權利一以與之，監陣先鋒之類悉任偏將，受其節度。文武參用，必致奇績。"

（宋）李燾：《續資治通鑒長編》卷四二，太宗至道三年（997）

乙卯，改軍頭司伴飲指揮使爲散指揮使。五代已來，軍校立功無闕可置者，第令諸校同其飲膳，因以爲名。是後目爲冗秩，唯被譴者處之。上以其名品非正，故改焉。

（宋）李燾：《續資治通鑒長編》卷七一，真宗大中祥符二年（1009）

臣竊觀自唐室募兵以來，果能得武猛材力之士，猶爲有益；若不擇勇怯而養之，臣不知其可也。唐德宗以神策軍使白琇圭爲京城召募使，應募者皆市井沽販之人，有名無實。及涇師犯闕，德宗命琇圭以神策軍禦之，卒無一人至者，德宗狼狽失據，幸奉天。及五代之際，軍政尤紊，是以叛亂接迹，禍敗相尋。周世宗以高平之戰，士卒不精，故樊愛能、何徽所部先奔，歸而大閱諸軍，悉揀去老弱，選其精銳，以爲侍衛親軍。由是甲兵之盛，當世無比，故能南割淮甸，北取關南，群雄畏服，所向無敵。太祖皇帝受天明命，撫有大寶，當是之時，戰士不過數萬，北禦契丹，西捍河東；以其餘威，開荆楚，包湖湘，卷五嶺，吞巴蜀，掃江南，服吳越。太宗皇帝紹丕烈，奮神威，遂拔晉陽，一統四海，堂堂之業，萬世賴之。今天下兵數，臣不能盡知，竊聞比於太祖皇帝時,其多數倍。然元昊羌胡之豎子,智高蠻獠之微種,乃敢倔强河西,横行嶺表,國家發兵討之,士卒或望塵奔北,迎鋒沮潰,毀辱天威,爲四夷笑。由是觀之,養兵之術,務精不務多也。

（宋）李燾:《續資治通鑒長編》卷一九四,仁宗嘉祐六年(1061)

先是曾孝寬爲王安石言:“有軍士深詆朝廷,尤以移並營房爲不便,至云今連陰如此,正是造反時,或手持文書,似欲邀車駕陳訴者。”於是安石具以白上,文彦博曰:“近日朝廷多更張,人情洶洶非一。”安石曰:“朝廷事合更張,豈可因循? 如並營事,亦合如此。此輩乃敢紛紛公肆詆毀,誠無忌憚。至言欲造反,恐須深察,又恐摇動士衆爲患。”吴充曰:“並營事已久,人習熟,何緣有此? 近惟保甲事,人情不安。昨張琥亦言軍士一日兩教,未嘗得賞賜,而保丁纔射,即得銀楪,又免般糧草夫力,軍人不如也。”安石曰:“禁兵皆厚得衣糧,未嘗在行陣,頃陛下與十分支糧,非不加恤也。今朝廷教誘保丁,於軍士有何所負而遽敢怨望者? 以軍士怨望,遂一不敢有所爲,乃是衆卒爲政,非所以制衆卒也。”上曰:“如此,即與唐莊宗無異矣。”充曰:“如慶州事,令屬户在前,募兵在後,當矢石者屬户也,於募兵無所苦,而反,何也?”安石曰:“募兵與屬户同出戰,其勞費等。至遇賊取功賞,則惟屬户專之,募兵皆不預,至令貧窘無以自活,則其爲亂,固其所也。豈與教誘保丁事類?”上曰:“宣撫司所以致軍人怨怒,非一事:如奪騎士馬,使屬户乘之;又一降羌除供奉官,即差禁軍十人當直,與之控馬。軍人以此尤不平。”安石曰:“如此事,恐未爲失。蓋朝廷既令爲供奉官,即應得禁軍控馬,如何輒敢不平? 如漢高祖得陳平,令爲護軍,諸將不服,復令盡護諸將,諸將乃不敢言。小人亦要以氣勝之,使其悖慢之氣銷。但當深察其情,不令有失理分而已。”上言:“太祖善御兵。”又言斬川班事,安石曰:“五代兵驕,太祖若所見與常人同,則因循姑息,終不能成大業。惟能勇,故能帖服此輩,大有所爲。然恃募兵以爲國,終非所以安宗廟、社稷。今五代之弊根實未能除。”上曰:“如慶卒柔遠之變,賴屬户乃能定。慶卒所以不敢復偃蹇者,懲柔遠之事恐屬户乘之故也。然則募兵豈可專恃?”朱史乃以吴充、張琥所言繫之三月二十二日韓絳貶後,誤矣。史官初不知王安石因禁卒詆並營事,故專以募兵爲不可恃。其言殊激切不平,非主韓絳崇獎蕃部也。今依《日録》,仍見於此。

(宋)李燾:《續資治通鑒長編》卷二二九,神宗熙寧五年(1072)

癸巳,詔開封府界教大保長充教頭,其提舉官以昭宣使、果州防禦使、入内副都知王中正,東上閤門使、榮州刺史狄諮爲之。初,王安石議減正兵,以保甲民兵代之,於是始置提舉教閲之使,後又及於西北三路。太祖皇帝懲唐末、五代之亂,始爲軍制,聯營厚禄,以收才武之士。宿重兵於京師,以消四方不軌之氣,番休互遷,使不得久而生變,故百餘年天下無事。雖漢、唐盛時,不可以爲比。養兵之費,一出於民,而御戎捍寇,民不知有金革之事。安石曾不深究,而輕議變易,苟欲以三代之法行之於今,蓋不思本末不相稱,而利害異也。世議不以爲然,後卒改焉。此據墨本編入。朱本簽貼云:檢會王安石《日録》,安石嘗建言於先帝曰:“惟太祖軍制於今可行,今所置保甲、民兵也。”於太祖軍中制法並不相干,則先朝未嘗改太祖軍制。前史官乃以三代兵農之法爲非,以誣先朝善政,合删去。新本仍復存之,並載朱史簽帖,觀者當辨之。西北三路置提舉保甲,在三年六月十五日。王中正、諮等支賜,在此年十二月二十七日。《兵志》二年十一月,始立《府界集教大保長法》,以昭宣使、入内内侍省副都知王中正,東上閤門使狄諮兼提舉府界教保甲大保長,總二十二縣,爲教場十一所;大保長凡二千八百二十五人,每十人一色事藝,置教頭一。凡禁軍教頭二百七十,都教頭三十,使臣十。弓以八斗、九斗、一石爲三等,弩以二石四斗、二石七斗、三石爲三等,馬射九斗、八斗爲二等,其材力超拔者爲出等。當教時,月給錢三千,日給食,官予戎械、戰袍,又具銀楪、酒醪以爲賞犒。三年,大保長藝成,乃立團教法,以大保長爲教頭,教保丁焉。凡一都保以相近者分爲五團,即本團都、副保正所居空地聚教之。以大保長藝成者十人衮教,五日一周。五分其丁,以其一爲騎,二爲弓,三爲弩。府界法成,乃推之三路,各置文武官一人提舉。三年以下未見實月日,姑附此,須考。三路各置提舉官,在三年六月十五日。

(宋)李燾:《續資治通鑒長編》卷三〇一,神宗元豐二年(1079)

宋朝侍衛親軍

五代於唐六軍諸衛之外別爲私兵。藝祖詔殿前侍衛之司各閲所掌兵，簡其驍勇昇爲上軍，復籍郡國驍勇之卒致之闕下。又申嚴一階一級之法，使截然知分守，所存臨試有法勸懲，有方民不知兵而安於未耜兵衛乎？民而習於干戈，去其冗濫而不使有傷財之患，嚴其法制而不使有犯上之憂，故能以十五萬之衆方行天下。五代史、五代軍制無足稱，惟侍衛親軍之號，今猶因之而甚重然。原其始起微矣。當唐末方鎮之兵，凡一軍有指揮使一人，而合一州之諸軍。又有馬步軍都指揮使一人，蓋其卒伍之長也。自梁以宣武軍建國，因其舊制，有在京馬步軍都指揮使本方鎮軍校之名。後唐因之，至明宗時，始更爲侍衛親軍馬步軍都指揮使康義誠爲之。當是時，天子自有六軍諸衛之職，六軍有統軍諸衛，有將軍而又以大臣宗室一人判六軍諸衛事。此朝廷大將天子國兵之舊制也，而侍衛親軍者，天子自將之私兵也。推其名號可知矣後唐秦王從榮以河南尹爲大元帥典六軍。天子自爲之將，則都指揮使乃其卒伍之都長耳。然自漢周以來，其職益重。漢有侍衛司獄，凡朝廷大事皆決侍衛獄。是時，史弘肇爲都指揮使與宰相樞密使並執國政。然是時方鎮各自有兵，天子親軍不過京師之兵而已。今方鎮名存實亡，諸六軍、諸衛又益以廢。朝廷無大將之職而舉天下内外之兵皆屬侍衛司矣。親軍之號始於明宗，其後又有殿前都指揮使亦親軍也。皆不見其更置之始。今天下之兵皆分屬此兩司矣。殿前司始於周世宗。太祖爲殿前都威侯，初詔募壯士送京師，命太祖擇武藝精高者爲發前諸班，而置都點檢位都指揮使上，太祖由此受禪。後周顯德三年十月甲申，以太祖皇帝兼殿前都指揮使。十二月壬申，以張永德爲殿前都點檢。

（宋）王應麟：《玉海》卷一三九《兵制》

五代承唐衛兵，雖衆未嘗訓練。

（宋）王應麟：《玉海》卷一四五《兵制》

吴綾汗衫寫詔

唐末有朱書御札徵兵方鎮，蓋危難中以此示信。昭宗以吴綾汗衫寫詔，間道與錢鏐，告以國難。

（宋）曾慥：《類説》卷五三《談苑》

唐樓艦

韓滉傳爲鎮海節度使，造樓船三千柁，以舟師由海門大閲至申浦乃還。錢鏐伐吴，錢傳瓘帥戰艦五百艘，皆載灰豆及沙，戰於狼山江。傳瓘使順風揚灰，吴人不能開目，以散沙於己船，散豆於吴船。豆爲戰血所漬，吴人踐之皆偃仆。因繼火焚吴船。後梁賀瓌以竹笮聯艨艟十餘艘，蒙以牛革，設睥睨戰格横於河渚。

（宋）王應麟：《玉海》卷一四五《兵制》

及朱温舉兵内向，盡夷中人，廢神策，而唐之鼎祚移於内。楊行密、錢鏐、馬殷、王建、劉仁恭、李茂貞之徒，以卒伍竊據一方，而唐之土宇裂於外，而唐遂亡矣。中更五代，則國擅於將，將擅於兵。卒伍所推，則爲人主，而國興焉，非以得其民也；其所廢則爲獨夫，而國亡焉，非以失其民也。

（元）馬端臨：《文獻通考》卷一五四《兵考六》

自五代無政，凡國之役，皆調於民，民以勞斃。

（元）馬端臨：《文獻通考》卷一五六《兵考八》

五代承唐藩鎮之弊，兵驕而將專，務自封殖，横猾難制。

（元）馬端臨：《文獻通考》卷一五三《兵考五》

葉適應詔《兵總論》二曰："……而五代接於本朝之初，人主之興廢，皆群卒爲之，推戴一出，天下俯首聽命而不敢較。而論者特以爲其憂在於藩鎮，豈不疏哉！夫都於大梁，因周、漢之舊，而非太祖擇而都之也。"

（元）馬端臨：《文獻通考》卷一五四《兵考六》

諸軍名

初先主之世，均量民田以奠科賦，家出一卒，號爲義師。又於客户三丁抽一，謂之團軍。至嗣主，許諸郡民競渡，每端午，較其殿最勝者，加以銀碗，謂之打標。至是盡蒐爲卒，謂之凌波軍。又率民間傭奴、贅婿，謂之義男軍。又募豪民，自備緡帛軍器，招集無賴輩，謂之自在軍。王師圍急，乃招百姓老弱外能被鎧者，謂之排門軍。

（宋）曾慥：《類説》卷一八《江南野録》

五代時，尉職以軍校爲之，大爲民患。

（明）陶宗儀：《説郛》卷九六《燕翼詒謀録》

五季日尋干戈，其於軍卒，尤先激勵。凡軍頭非有戰功，皆號"伴飯指揮使"。

（明）陶宗儀：《説郛》卷九六《燕翼詒謀録》

2. 戰争

乾符三年，段文楚爲代北水陸發運雲州防禦使。時歲歉，文楚朘損用度，下皆怨，邊校程懷信等與國昌子克用謀，執文楚殺之，據州以聞，共丐以克用爲大同防禦留後，不許。發諸道兵進捕，諸道不甚力，而黃巢方渡江，朝廷度未能制，乃赦之。以國昌爲大同軍防禦使，國昌不受命，詔河東節度使崔彦昭等討，無功。國昌與党項戰，未決，大同川吐渾赫連鐸襲振武，盡取其貲械，國昌窮，挈騎五百還雲州，州不納，鐸遂取之。克用轉側蔚、朔間，裒兵纔三千，屯新城，鐸引萬人圍之，隧而攻，三日不拔，鐸兵殺傷甚。國昌自蔚州來，鐸引去。僖宗以鐸領大同節度，俾討國昌。

六年(乾符六年)，詔昭義李鈞爲北面招討使，督潞、太原兵屯代州；幽州李可舉會鐸攻蔚州，國昌以一隊當之。克用分兵抵遮虜城拒鈞，天大雪，士瘴仆，鈞衆潰，還代州，軍遂亂，鈞死於兵。廣明元年，以李琢爲蔚、朔招討都統，率兵數萬屯代州。克用使傅文達調蔚、朔兵，朔州刺史高文集縛以送琢。琢進攻蔚州，國昌敗，與克用舉宗奔北。鐸密圖之，克用得其計，因豪傑大會馳射，百步外針芒木葉無不中，部人大驚，即倡言：“今黃巢北寇，爲中原患，一日天子赦我，願與公等南向定天下，庸能終老沙磧哉！”

巢攻潼關，入京師，詔河東監軍陳景思發代北軍。時沙陀都督李友金屯興唐軍，薩葛首領米海萬、安慶都督史敬存屯感義軍，克用客塞下，衆數千無所屬。景思聞天子西，乃與友金料騎五千入居絳，兵擅劫帑自私。還代州，益募士三萬，屯崞西，士囂縱，友金不能制，謀曰：“今合大衆，不得威名宿將，且無功。吾兄司徒父子，材而雄，衆所推畏，比得罪於朝，僑戍北部不敢還。今若召之使將兵，代北豪英，一呼可集，整行伍，鼓而南，賊不足平也。”景思曰：“善！”乃丐赦國昌，使討賊贖罪。有詔拜克用代州刺史、忻代兵馬留後，促本軍討賊。克用募萬人趨代州。詔克用還軍朔州。義武節度使王處存、河中節度使王重榮傳詔招克用同討巢。克用喜，即以衆三萬、騎五千而南。於是國昌守代州，克用破巢賊，收復京師，功第一，進同中書門下平章事、隴西郡公。國昌爲代北節度使。未幾，以克用領河東節度使。光啓三年，國昌卒。昭宗即位，封克用晉王，後卒。子存勗嗣，討滅朱友貞，復唐祚，是爲唐莊宗。

(元)馬端臨：《文獻通考》卷三四八《四裔考二十五》

朱瑾之據兗州，梁祖攻之未克，其從父兄齊州刺史瓊先降，與瓊同詣壁下以曉之。瑾乃遣都虞候胡規出獻款曰：“兄已降，願貸瑾不死，請以鎮委吏。”既而啓延壽門，陳牌印於笥曰：“兄來，請先奉此。”梁祖命瓊受之，葛從周疑詐，選勇士孫少迪等仗劍以馭。瓊曰：“彼力屈，不足疑。”瓊進前受印篋，瑾單馬曰：“兄獨來密語

耳。"始相及,瑾令驍卒董懷進勾曳瓊墜馬,乃發所匿刃殺瓊,勾戟
突出牽入之。須臾,城上鼓譟,擲瓊首於堺也。我軍失色,梁祖哀
慟久之,斬軍謀徐厚,署瓊弟玭爲齊州防禦使,恩禮殊厚。瑾竟弃
城投揚州。

(五代)孫光憲:《北夢瑣言》卷一六

梁李讜爲太祖元從騎將。唐大順元年,柳王友裕領兵攻澤州。
時太祖駐軍於盟津,乃領讜將兵越太行,授以籌謀。讜頗違節度,久
而無功。太祖遣追還廷,責其罪,戮之於河橋。

(宋)王欽若等編纂:《冊府元龜》卷四三九《將帥部》

李重裔爲太祖右厢馬步軍指揮使。大順元年,從柳王友裕收澤
州,與晉軍戰於馬牢川。王師敗績,回守河陽。太祖謂諸將曰:"李
讜、李重裔違我節度,不能立功,頗辜任使。"於是李讜並戮於河橋。

(宋)王欽若等編纂:《冊府元龜》卷四三九《將帥部》

梁瞿存,初爲太祖諸軍都指揮使。唐昭宗大順二年正月,令丁會
下黎陽,龐師古與存西路下淇門、衛縣。自是常爲先鋒,雄猛善戰,士
皆仗之爲氣。大破朱瑾衆於墉下,督戰晝夜不懈,勒戰卒閱礮,倚立
修竿,忽爲飛矢所中,卒。太祖深傷惜之。

(宋)王欽若等編纂:《冊府元龜》卷四二五《將帥部》

郭言爲宿州刺史。於時徐宿兵鋒日夕相接,控扼偵邏,以言爲
首。景福初,時溥大舉來攻宿州,言勇於野戰,喜逢大敵,自引銳兵擊
溥,殺傷甚衆。徐戎立退,爲流矢所中,一夕而卒。

(宋)王欽若等編纂:《冊府元龜》卷四二五《將帥部》

梁朱瑾爲兗州節度使。乾寧二年春,太祖令大將朱友恭攻瑾,瑾
掘塹,柵以環之。朱瑄遣將賀瓌及蕃將何懷寶赴援,爲友恭所擒。十

一月，瑾從兄齊州刺史瓊以州降。太祖令執賀瓌、懷寶及瓊徇於城下，謂瑾曰："卿兄已敗，早宜效順。"瑾僞遣牙將胡規持書幣送降，太祖自至延壽門外與瑾交語。瑾謂太祖曰："欲令大將送符印，願得兄瓊來押領。所貴骨肉，盡布腹心也。"太祖遣瓊與客將劉捍取符印，瑾單馬立於橋上，揮手謂捍曰："可令兄來，余有密款。"即令瓊往。瑾先令驍果董懷進伏於橋下，及瓊至，懷進突出，擒瓊而入。俄而斬瓊首投於城外，太祖乃班師。

（宋）王欽若等編纂：《册府元龜》卷九四三《總録部》

朱梁太祖乾寧中急攻兗、鄆，朱瑄求援於太原。時李克用遣大將李存信率師赴之，假道於魏，屯於莘縣。存信御軍無法，稍侵魏之芻牧，羅弘信不平之，太祖因遣使謂弘信曰："太原志吞河朔，回戈之日，貴道堪憂。"弘信懼，乃歸款於太祖，仍出師三萬攻李存信，敗之。未幾，李克用領兵攻魏營於觀音門外，屬邑多拔。太祖遣葛從周援之，戰於洹水，擒克用男落落以獻。太祖令送於弘信，斬之，晉軍乃退。是時，太祖方圖兗、鄆，慮弘信離貳，每歲時賂遺，必卑辭厚禮。弘信每有答貺，太祖必對魏使北面拜而受之，曰："六兄比予有倍年之長，兄弟之國，安得以常鄰遇之故。"故弘信以爲厚已。

（宋）王欽若等編纂：《册府元龜》卷二一四《閏位部》

朱友寧，太祖仲兄之子也，領嶺南西道節度使。天復三年四月，率師破青州之博昌、臨淄二邑，殺戮五千餘衆，暨北海焉。六月丙子，友寧復進逼青州，及石樓，與賊相遇，決戰，我師未振，友寧馳騎督軍，薨於陣。

（宋）王欽若等編纂：《册府元龜》卷四二五《將帥部》

唐天祐中，淮師圍武昌，杜洪中令乞師於梁王。梁與荆方睦，乃諷成中令汭帥兵援之。汭欲往親征，乃力造巨艦一艘，三年而成，號曰和州載。艦上列廳宇洎司局，有若衙府之制。又有齊山截海之名。

其餘華壯,即可知也。飾非拒諫,斷自其意。幕僚俯仰,不措一辭,唯孔目吏楊厚贊成之。舟次破軍山下,爲吳師縱燎而焚之,汭竟溺死,兵士潰散。先是改名曰汭,字即水内也。水内之死,豈前兆乎?湖南及朗州軍入江陵,俘載軍民職掌伎巧僧道伶官,並歸長沙。改汭之名,和州之説,前定矣。

(宋)李昉:《太平廣記》卷一五八《成汭》

唐懷英爲陝州節度使。開平元年夏,命大軍以伐潞州,未克。以李思安代之,降爲行營都虞候。五月,晉王率蕃漢大軍,攻下夾城,懷英逃歸,詣銀臺門待罪。太祖宥之,改授右衛上將軍。三年夏,命爲侍衛諸軍都指揮使,尋出爲陝州節度使,兼西路行營副招討使。及劉知俊奔鳳翔,引岐軍以圍靈武。太祖遣懷英率兵救之。師次長城嶺,爲知俊邀擊,懷英敗歸。四年春,移華州節度使。乾化二年秋,命爲河中行營都招討使,與晉軍戰於白徑嶺,敗,歸於陝。

(宋)王欽若等編纂:《册府元龜》卷四四三《將帥部》

范居實,爲左神勇軍使。開平元年,命居實統軍以解澤州之圍。

(宋)王欽若等編纂:《册府元龜》卷四一四《將帥部》

(開平)二年三月,幸澤州,甲申,登東北隅逍遥樓,蒐閲騎乘,旌甲滿野。

(宋)王欽若等編纂:《册府元龜》卷二一四《閏位部》

梁太祖開平二年四月甲寅,淮寇侵軹、潭、岳邊境,欲援朗州,以戰艦百餘艘揚航西上,泊鼎口,湖南馬殷遣水軍都將黃瑀率樓船遮擊之,賊衆沿流宵遁,追至鹿角鎮。

(宋)王欽若等編纂:《册府元龜》卷二一七《閏位部》

(開平二年)五月丁丑,王師圍潞州,將及二年,李進通窮危旦夕,不俟攻擊當自降。太原李存勛以厚幣誘結北蕃諸部,並其境内丁壯,悉驅南征決戰,以救上黨之急,部落帳族,馳馬甲兵,數路齊進,於銅鞮樹寨,旗壘相望。是月癸未,淮賊寇荆州石首縣,襄陽舉舟師沿灄港襲敗之。

(宋)王欽若等編纂:《册府元龜》卷二一七《閏位部》

王班爲澤州刺史。開平二年五月,蕃賊奔突澤州,攻圍甚急,堙溝攀堞,晝夜不息數日。班善於拒捍,懸重賞以激勇士,蕃賊之尸堆積於池隍,周回數里。於時,劉知俊自晉州引兵來救,賊衆乃遁。

(宋)王欽若等編纂:《册府元龜》卷四○○《將帥部》

(開平二年)六月丙辰,邠岐來寇雍西,編户因於逃避,且芟害禾稼,結營自固。逾月,同州劉知俊領所部兵擊退,襲至幕谷,大破之,俘斬千計,收其生器甲。宋文通僅以身免。

(宋)王欽若等編纂:《册府元龜》卷二一七《閏位部》

梁太祖開平二年六月壬戌,岳州爲淮寇所據,上以此郡五嶺三湘水流會合之地,委輸商賈靡由於斯,遂令荆襄湖南皆舉舟師,悉力攻討,王師既集,淮夷毀壁焚俘郭而遁。

(宋)王欽若等編纂:《册府元龜》卷二一六《閏位部》

(開平二年六月)是月壬戌,岳州爲淮賊所據。帝以北郡五嶺三湘水陸會合之地,委輸商賈靡不繇斯,遂令荆湘湖南北舉舟師同方致討,王師集,淮夷毀壁焚郛郭而遁。

(宋)王欽若等編纂:《册府元龜》卷二一七《閏位部》

(開平二年)七月,幸高僧臺,閲禁衛六軍。

(宋)王欽若等編纂:《册府元龜》卷二一四《閏位部》

（開平二年）十月己亥，上在陝。兩浙節度使奏：於嘗州東州鎮殺淮賊萬餘人，獲戰船一百二隻。

（宋）王欽若等編纂：《冊府元龜》卷二一七《閏位部》

（開平）三年六月庚戌，同州節度使劉知俊據本郡反，制令削奪劉知俊在身官爵，仍徵發諸軍速令進討，如有軍前將士懷忠烈以知機，賊內朋徒憤協從而識變，便能梟夷逆豎，擒獲凶渠，務立殊功，當行厚賞，活捉得劉知俊者，賞錢一萬貫文，便授忠武軍節度使，並賜莊宅各一所；如活捉得劉知浣者，賞錢一萬貫文，便與除刺史，有官者超轉三階，無官者特授兵部尚書；如活得劉知俊骨肉及近上都將並梟送闕廷者，賞賜有差。是月，知俊奔於鳳翔，同州平。

（宋）王欽若等編纂：《冊府元龜》卷二一六《閏位部》

梁高萬興，爲延州刺史。開平三年九月，奏邠鳳賊百騎至韓家寨，鄜州請添兵，於木佛寨犄角備禦。

（宋）王欽若等編纂：《冊府元龜》卷三九○《將帥部》

（開平三年）十一月，靈州奏鳳翔賊將劉知俊率邠岐秦涇之師侵迫州城，帝遣陝州康懷英、華州寇彥卿率兵攻迫邠寧，以緩朔方之寇。

（宋）王欽若等編纂：《冊府元龜》卷二一六《閏位部》

康懷英，開平三年爲陝州節度使、西路行營副招討使。逆將劉知俊叛，入鳳翔，宋文通地褊不能容，遂藉兵。知俊以窺靈武，且圖牧擾之利。韓遜馳驛告急，乃命懷英率諸軍逼邠寧，以緩朔方之寇。知俊不果入，懷英使奏十二月二十八日，逆賊劉知俊自靈武抽回，取涇州路入鳳翔。

（宋）王欽若等編纂：《冊府元龜》卷四一四《將帥部》

（開平）四年四月，鎮海軍節度使錢鏐擊高澧於湖州，大敗之，梟夷擒殺萬人，拔其郡，湖州平。先是，澧以州叛入淮南，故詔鏐討之也。

（宋）王欽若等編纂：《册府元龜》卷二一六《閏位部》

（開平四年）七月，劉知俊攻逼夏州，以宣化軍留後李思安爲東北面行營都指揮使、陝州節度使，楊師厚爲兩路行營招討使。九月乙巳，王師敗蕃寇於夏州。初，劉知俊誘沙陁振武賊帥周德威、涇原賊帥李繼鸞，合步騎五萬大舉，欲俯拾夏臺，節度使李仁福兵力俱乏，以急來告。先是，供奉官張漢玫宣諭在壁國禮使杜廷隱賜幣於夏，及石堡寨聞賊至，以防卒三百人馳入州，既而大兵圍合，廷隱、漢玫與指揮使張初、李君用率州民防卒與仁福部分固守，晝夜戮力，逾月，及鄜延援至，天軍奮擊敗之，河東邠岐賊分路逃遁，夏州圍解。丙午，詔曰：“劉知俊貴爲方伯，尊極郡王，而乃背誕朝恩，竄投賊壘，固神人之共怒，諒天地所不容，雖命討除，尚稽擒戮，宜懸爵賞，以大功名，必有忠貞，咸思憤發。有生擒劉知俊者，賞錢千萬，授節度使首級次之；得孟審登者，錢百萬，除刺史；得將孫坑、卓瓌、劉儒、張鄰等，賞有差。”

（宋）王欽若等編纂：《册府元龜》卷二一六《閏位部》

（開平四年）十一月，以寧國軍節度使王景仁充北面行營都招討使，潞州副招討使韓勍爲副，湘州刺史李思安爲先鋒使。時鎮州王鎔、定州王處直叛，結連晉人，故遣將討之。

（宋）王欽若等編纂：《册府元龜》卷二一六《閏位部》

開平五年二月，以蔡州順化軍指揮使王存儼權知軍州事。蔡人久習叛逆，刺史張慎思又衰歛無狀。帝追慎思至京，而久未命代。右廂指揮使劉行琮乘虛作亂，因縱火驅擁，爲度淮計。存儼誅行琮，而撫遏其衆，都將鄭遵與其下奉存儼爲主，而以衆情馳奏。時東京留守博王友文不先請，遂討其亂。兵至鄢陵，上聞之，曰：“誅行琮，功也。然存儼方懼，若臨之以兵，蔡必速飛矣。”遂馳使還軍，而擢授存儼，蔡人安之。

（宋）王欽若等編纂：《册府元龜》卷二一四《閏位部》

後唐劉玘，初事梁，爲襄州都指揮使。開平初，襄帥王班爲帳下所害，亂軍聚譟，推玘爲留後，玘不能遏，詭從之。翌日受賀，衙庭享士，伏兵幕下，中筵盡斬其亂將以聞。

（宋）王欽若等編纂：《册府元龜》卷四二三《將帥部》

張敬方，開平中爲均州刺史。時襄陽小將王永殺留後王班，間使附於蜀。房州聞之，亦叛。敬方能完其郡，又移兵克房陵。

（宋）王欽若等編纂：《册府元龜》卷六九四《牧守部》

梁蔡從訓，開平末權知汝州刺史，殺山賊，誅其首領李虔。

（宋）王欽若等編纂：《册府元龜》卷六九五《牧守部》

王檀，爲潞州東北面行營招討使。乾化元年正月，王景仁與晉人戰於柏鄉，王師敗績，河朔大震。景仁餘衆爲虜騎所追，檀戒嚴設備，應接敗軍，助以資裝，獲濟者甚衆。

（宋）王欽若等編纂：《册府元龜》卷四一四《將帥部》

李振，爲天雄軍節度副使。乾化元年二月戊午，晉軍圍魏州，軍於南門。庚申，振與杜廷隱等自楊劉口偷路夜入鄴城，晉軍乃解圍而退。

（宋）王欽若等編纂：《册府元龜》卷四一四《將帥部》

末帝乾元三年五月乙巳，天雄軍節度使楊師厚及劉守奇率魏博、邢、洛、徐、兗、鄆、滑之衆十萬，討鎮州。庚戌，營於鎮之南門外。壬子，晉將史達瑭自趙州領騎五百人入於鎮州，師厚知其有備，自九月移軍於下博，劉守奇以一軍自貝州掠冀州衡水阜城，陷下博，師厚自弓高渡御河,迫滄州,張萬進懼,送款於師厚。師厚表請以萬進爲青州節度使,以劉守奇爲滄州節度使。

（宋）王欽若等編纂：《册府元龜》卷二一七《閏位部》

（乾元三年）七月,晉王率師自黃澤嶺東下,寇邢、洛,魏博節度使楊師厚軍於漳水之東,晉將曹進金來奔,晉軍遂退。

（宋）王欽若等編纂：《册府元龜》卷二一七《閏位部》

貞明元年四月,邠州留後李保衡以城歸順。是月,鳳翔李茂貞遣僞署涇州節度使劉知俊率師攻邠州,以李保衡歸順故也。自是,凡攻圍十四日。節度使霍彥威、諸軍都指揮使黃貴堅等捍寇,會救軍至,岐人乃還。

（宋）王欽若等編纂：《册府元龜》卷二一七《閏位部》

（貞明元年）六月庚寅,晉王入魏州,以賀德倫爲大同軍節度使,舉族遷於晉陽。是月,晉人陷德州。秋七月,又陷澶州。刺史王彥章棄城來奔。是月,劉鄩自洹水潛師由黃澤路西趣晉陽,至樂平縣,值霖雨積旬,乃班師還次宗城,遂至貝州,軍於堂邑,遇晉軍,轉戰數十里,晉軍稍還。

（宋）王欽若等編纂：《册府元龜》卷二一七《閏位部》

（貞明）二年二月,命許州節度使王檀、河陽節度使謝彥章、鄭州防禦使王彥章率師自陰地關抵晉陽,急攻其壘,不克而旋。

（宋）王欽若等編纂：《册府元龜》卷二一七《閏位部》

劉鄩,末帝時遙領鎮南節度使。貞明二年三月,鄩率師與晉王大戰於故元城,鄩軍敗績。先是,鄩駐軍於莘,帝以河朔危困,師老於外,餉餽不充,遣使賜鄩詔,微以責讓。鄩奏以寇勢方盛,未可輕動。帝又問鄩決勝之策,鄩奏曰："請人給糧十斛米,盡則破敵。"帝不悅,復遣促戰。鄩召諸將會議,諸將皆欲戰,鄩默然。一日,鄩引軍攻鎮定之營,彼眾大駭,上下潰亂,俘斬甚眾。時帝遣偏將楊延直,領軍萬餘人屯澶州以應鄩。既而晉王詐言歸太原,鄩以爲信。是月,召楊延直會於魏城下,鄩自莘率軍亦至,與延直會。既而晉王自貝州至,鄩引軍漸退,至故元城西,與晉人決戰,大爲其所敗。追襲至河上,軍士赴水死者甚眾。鄩自黎陽濟河奔滑州。

(宋)王欽若等編纂:《冊府元龜》卷四四三《將帥部》

(貞明二年)三月,劉鄩率師與晉王大戰於元城,鄩軍敗績。先是,鄩軍駐於莘,帝以河朔危急,師老於外,餉饋不克,遣使賜鄩詔,微以責讓。鄩奏以寇勢方盛,未可輕動。帝又問鄩決勝之策,鄩奏曰:"人給糧十斛,盡則破敵。"帝不悦,復遣促戰。鄩召諸將會議,諸將皆欲戰,鄩默然。一日,鄩引軍攻鎮定之營,彼眾大駭,上下騰亂,俘斬甚眾。時帝遣偏將楊延直領軍萬餘人屯檀州以應鄩。既而晉王詐言歸太原,劉鄩以爲信。是月,詔楊延直會於魏城下,鄩自莘率軍亦至,與延直會。既而晉王自貝州至,鄩引軍漸退至故元城西,與晉人決戰,大爲所敗。追至河上,軍士赴水死者甚眾,鄩自黎陽濟河,奔滑州。

(宋)王欽若等編纂:《冊府元龜》卷二一七《閏位部》

(貞明)四年二月,遣將謝彥章帥眾數百迫楊劉城。甲子,晉王來援楊劉,彥之軍不利而退。

(宋)王欽若等編纂:《冊府元龜》卷二一七《閏位部》

(貞明四年)八月,晉王率師次楊劉口,遂軍於麻家渡,北面招討使賀瓌以兵屯濮州北行臺村,對壘百餘日。晉王以輕騎來覘,許州節度使謝彥章發伏兵掩擊,圍之數重,會救軍至,僅以身免。

(宋)王欽若等編纂:《冊府元龜》卷二一七《閏位部》

（貞明四年）十二月庚子朔，晉王領軍迫行臺寨，十里距寨結營而止。二十二日，晉王次臨濮，賀瓌、王彥章自行臺寨軍躪之，二十四日，至胡柳陂。晉王領軍出戰，瓌軍已成列，晉王以騎突之，王彥章一軍先敗，彥章走濮陽。晉人輜重在陳西，瓌乃領軍薄之，晉人大奔，自相陷籍，死者不可勝計。晉大將軍周德威歿於陣，瓌軍登七山，列陣於山之下。晉王復領軍來戰，瓌軍遂敗。翼日，晉人攻濮陽，陷之，京師戒嚴。

（宋）王欽若等編纂：《冊府元龜》卷二一七《閏位部》

賀瓌爲宣義軍節度使、北面行營招討使。貞明四年十二月，瓌與晉人大戰於胡柳陂，瓌軍亦敗。五年春正月，晉人城德勝，夾河爲柵。四月，瓌率大軍攻其南柵。晉人斷我艨艟，濟軍以援南柵。瓌退軍於行臺，尋以疾卒。

（宋）王欽若等編纂：《冊府元龜》卷四四三《將帥部》

（貞明）五年春正月，晉人城德勝，夾河爲柵。

（宋）王欽若等編纂：《冊府元龜》卷二一七《閏位部》

（貞明五年）四月，賀瓌攻德勝南城，以艨艟戰艦橫於河，以扼津濟之路。晉人斷其艨艟，濟軍以援南城，瓌等退軍。

（宋）王欽若等編纂：《冊府元龜》卷二一七《閏位部》

（貞明五年）十二月戊戌，晉王領軍迫河南寨，王瓚率師御之，獲晉將石家才。既而瓚軍不利，瓚退保楊村寨。

（宋）王欽若等編纂：《冊府元龜》卷二一七《閏位部》

（貞明）六年六月，遣兗州節度使溫昭圖、莊宅使段凝領軍攻同州。先是，河中朱友謙襲陷同州，節度使程全暉單騎奔京師，友謙以其子令德爲同州留後，表求節旄，不允。既而帝慮友謙怨望，遂命兼鎮同州,制命將下,而友謙已叛,遣使求援於晉,故命將討之。九月庚寅,以供奉官郎公遠允契丹歡好使,晉王遣都將李嗣昭、李存審、王建及率師來援同州,戰於城下,我師敗績,諸將以餘眾退保華州。

（宋）王欽若等編纂:《冊府元龜》卷二一七《閏位部》

寇彥卿,末帝貞明初授鄧州節度使。會淮人圍安陸,彥卿奉詔領兵解圍,大破淮賊而回。

（宋）王欽若等編纂:《冊府元龜》卷四一四《將帥部》

龍德元年春正月,戴思遠率師襲魏州。時晉方攻鎮州,故思遠乘虛以襲之,陷城安而還,遂急攻德勝北城,晉將李存審極力拒守。

（宋）王欽若等編纂:《冊府元龜》卷二一七《閏位部》

（龍德元年）二月,晉王以兵至,思遠收軍而退,復保楊村。

（宋）王欽若等編纂:《冊府元龜》卷二一七《閏位部》

（龍德元年）八月,段凝、張朗攻衛州,下之,獲刺史李存儒以獻。戴思遠又下淇門、共城、新鄉等三縣。自是,澶州之西,相州之南,皆爲梁有,晉人失軍儲三分之一焉。

（宋）王欽若等編纂:《冊府元龜》卷二一七《閏位部》

（龍德）三年五月,以滑州節度使王彥章爲北面行營招討使。辛酉,王彥章率舟師自村寨浮河而下,斷德勝之浮梁,攻南城,下之,殺數千人。唐帝弃德勝之北城,並軍保楊劉。己巳,王彥章圍楊劉城。

（宋）王欽若等編纂:《冊府元龜》卷二一七《閏位部》

（龍德三年）六月乙亥,唐帝引軍援楊劉,潛軍至博州,築壘於河東岸。戊子,王彥章、杜晏球率兵急攻博州之新壘,不克,遂退保於鄒口。

（宋）王欽若等編纂:《冊府元龜》卷二一七《閏位部》

（龍德三年）七月丁未，唐帝引軍沿河而南，王彦章弃鄒口，復至楊劉。己未，自楊劉援營退保楊村寨。

（宋）王欽若等編纂：《册府元龜》卷二一七《閏位部》

（龍德三年）八月，以段凝代王彦章爲北面行營招討使。戊子，段凝營於王村，引軍自高陵渡河，略臨河而還。董璋攻澤州，下之。庚寅，命滑州節度使王彦章率兵屯守鄆之東境。九月戊辰，彦章以衆渡汶，與唐軍戰於遞坊鎮。彦章軍不利，退保中都。

（宋）王欽若等編纂：《册府元龜》卷二一七《閏位部》

朱全忠之圍鳳翔也，紹威遣軍將楊利言密以情告全忠，欲借其兵以誅之。全忠以事方急，未暇如其請，陰許之。及李公佺作亂，紹威益懼，復遣牙將臧延範趣全忠。全忠乃發河南諸鎮兵七萬，遣其將李思安將之，會魏鎮兵屯深州樂城，聲言擊滄州，討其納李公佺也。會全忠女適紹威子廷規者卒，全忠遣客將馬嗣勋實甲兵於橐中，選長直兵千人爲擔夫，帥之入魏，詐云會葬。全忠自以大軍繼其後，云赴行營，牙軍皆不之疑。庚午，紹威潛遣人入庫斷弓弦、甲襻。是夕，紹威帥其奴客數百，與嗣勋合擊牙軍，牙軍欲戰而弓甲皆不可用，遂闔營殪之，凡八千家，嬰孺無遺。

（元）馬端臨：《文獻通考》卷一五六《兵考八》

梁王彦章攻晉，晉人以鐵鎖斷德勝口。彦章陰遣人具舟命於楊村，命甲士六百人皆持巨斧，又令舟載鞴炭燒斷之，因以巨斧斬浮橋，遂破南城。

梁賀瓌攻德勝南城，以竹笮聯艨艟十餘艘，蒙以牛革，設睥睨、戰格如城狀，横於河流，以斷晉之救兵，使不得渡。晉王引兵救之，陳於北岸，不得進；遣善游者入南城，守將言矢石將盡，陷在頃刻。晉王募能破艨艟者，親將李建及應募，選效節敢死士得三百人，被鎧操斧，帥之乘舟而進。將至艨艟，流矢雨集，建及使操斧者入艨艟間，斧其竹笮,又以木罌載薪,沃油然火,於上流縱之,隨以巨艦實甲士,鼓譟攻之。艨艟既斷,隨流而下,梁兵焚溺者殆半。

(元)馬端臨:《文獻通考》卷一五八《兵考十》

潞王之初發鳳翔也,許軍士以入洛人賞錢百緡。至閲實金帛,不過三萬兩匹,而賞軍之費,計用五十萬緡。帝怒,三司使王玫請率京城民財以足之。又據屋爲率,無問自居及僦者,預借五月僦直。有司百方斂民財,僅得六萬。帝怒,下軍巡使獄,晝夜督責,囚繫滿獄,貧者至自經、赴井,而軍士游市肆皆有驕色,市人聚詬之。是時竭左藏舊物及諸道貢獻,乃至太后、太妃器服簪珥皆出之,纔及二十萬緡。帝患之,李專美曰:"臣竊思自長興之季,賞賚亟行,卒以是驕。繼以山陵及出師,帑藏遂涸,雖有無窮之財,終不能滿驕卒之心,故陛下拱手於危困之中而得天下。夫國之存亡,不專繫於厚賞,亦在修法度,立紀綱。陛下苟不改覆車之轍,臣恐徒困百姓,存亡未可知也。今財力盡於此矣,宜據所有均給之,何必踐初言乎!"帝以爲然。壬辰,詔禁軍在鳳翔歸命者,自楊思權、尹暉等各賜二馬、一駝、錢七十緡,下至軍人錢二十緡,其在京者各十緡。軍士無厭,猶怨望,爲謠言曰:"除去菩薩,扶立生鐵。"以閔帝仁弱,帝剛嚴,有悔心故也。

(元)馬端臨:《文獻通考》卷一五二《兵考四》

梁張存敬,爲右騎都將。唐光啓中,李罕之會晉軍圍張宗奭於盟津,太祖遣丁會、葛從周、存敬同往馳救。存敬引騎軍先犯虜騎,諸軍翼之,虜騎大敗,乃解河橋之圍。

(宋)王欽若等編纂:《册府元龜》卷四一四《將帥部》

梁杜洪,唐末爲鄂帥。時,成汭鎮荆門,淮南楊行密以兵圍鄂州。洪遣使求救於太祖。時太祖以隔越大江,勢不能救,乃發使諷汭,令出師以援鄂渚。

(宋)王欽若等編纂:《册府元龜》卷四三〇《將帥部》

梁杜洪，江夏伶人。唐光啓中，遂爲本州部校。因戰立威，逐其廉使，自稱留後。及楊行密乘勝，急攻洪鄂。洪復乞師於太祖，命荊南成汭，率荊、襄舟師以赴之。未至夏口，汭敗，溺死。淮人遂陷鄂州，洪爲所擒，被害於廣陵市，繇是行密據有江淮之間。

（宋）王欽若等編纂：《册府元龜》卷四四四《將帥部》

梁氏叔琮，唐末爲晉州節度使。初，太祖屯軍於岐下，晉軍潛襲絳州，前軍不利，晉軍恃勝而攻臨汾。叔琮嚴設備禦，乃於軍中選壯士二人，深目虬鬚，貌如沙陀者，令就襄陵縣，牧馬於道。周蕃寇見之不疑，二人因雜其行間。俄而伺隙，各擒一虜而來，晉軍大驚，且疑有伏兵，遂退據蒲縣。時太祖遣朱友寧兵數萬赴應，悉委叔琮節制。既至，諸將皆欲休軍，叔琮曰："若然，則賊又遁矣，遁則何功焉？"因夜出，潛師截其歸路，遇晉軍游騎數百，盡殺之。遂攻其壘，拔之。後爲保大軍節度使，圍晉陽，誡衆曰："有病者殺而焚之。"三軍咸稱不病，因選精卒殿後，徐而退之，至石會關，留數馬及旌旗，虛設於高岡之上。晉人疑有伏兵，遂不敢追，時皆服其謀也。

（宋）王欽若等編纂：《册府元龜》卷三六七《將帥部》

王重師，唐末爲潁州刺史。從太祖攻濮州，縱兵壞其墉，濮人因屯火塞其壞壘，烟焰亘空，人莫敢越。重師方苦金瘡，卧於軍次，諸將或勉之，乃躍起，命將士悉取軍氈罽投水中，擲於火上，重師然後率精銳，持短兵突入，諸軍踵之，濮州乃陷。

（宋）王欽若等編纂：《册府元龜》卷三六七《將帥部》

密王友倫，唐末爲右武衛將軍。太祖征兗、鄆，友倫勒所部兵，收聚糧穀，以濟軍須。幽、滄軍至内黄，友倫以前鋒夜渡河，擊賊，奪馬千匹，擒斬甚衆。因引兵往八議關，卒逢晉軍萬餘騎，友倫乃分布兵士，多設疑軍，因聲鼓誓衆，士伍奮躍，追斬數十里。

（宋）王欽若等編纂：《册府元龜》卷三六七《將帥部》

王彦章,爲滑州節度使。晉師陷鄆州,代戴思遠爲北面招討使。彦章渡汶以略鄆境,至遞坊鎮爲晉人所襲,彦章退保中都,兵敗,爲晉將夏魯奇所擒。晉王素聞其勇悍,欲全活之,令中使慰撫以誘其意,彦章曰:"此是匹夫,本朝擢居方面,與皇帝十五年抗衡。今日兵敗力窮,死有常分。皇帝縱垂矜宥,何面目見人? 豈有爲臣爲將,朝事梁而暮事晉乎? 得死爲幸。"遂遇害。

(宋)王欽若等編纂:《册府元龜》卷四二五《將帥部》

王彦章爲北面招討使,及晉王至楊劉,彦章軍不利,遂罷彦章兵權。朝廷聞晉人將自兖州路出師,末帝急追彦章。領保鑾騎士數千人,於東路守捉,且以鄆州爲敵人所據,因圖進取,令張漢傑爲監軍。一日,彦章渡汝以略鄆境,至遞坊鎮,爲晉人所襲,彦章退保中都。十月四日,晉王以大軍至,彦章以衆拒戰,兵敗,爲晉將夏魯奇所擒。魯奇嘗事太祖,與彦章素善。及彦章敗,識其語音,曰:"此王鐵槍也。"因揮矟刺之,彦章重傷,馬踣,遂就擒。晉王見彦章,謂之曰:"爾嘗以孺子待我,今日服未?"又問:"我素聞爾善將,何不保守兖州? 此邑素無城壘,何以自固?"彦章對曰:"大事已去,非臣智力所及。"晉王惻然,親賜藥以封其創。

(宋)王欽若等編纂:《册府元龜》卷四四三《將帥部》

符道昭爲秦州節度使。與康懷英等攻潞州,以蚰蜒塹繚之,飛鳥不度。既逾歲,晉人援至,王師大敗,道昭爲晉軍所殺。

(宋)王欽若等編纂:《册府元龜》卷四二五《將帥部》

符道昭爲秦州節度使。太祖受禪,委以兵柄,與康懷美等攻潞州,以蚰蜒塹繚之,飛鳥不度。既逾歲,晉人援至,王師大敗,道昭爲晉軍所殺。

(宋)王欽若等編纂:《册府元龜》卷四四四《將帥部》

梁龐師古，太祖時爲徐州節度使，與葛從周分統大軍，渡淮以伐楊行密。師古寨於清口，寨地卑下，或請遷移，弗聽。俄有告淮人決上流者，曰：“水至矣。”師古怒其惑衆，斬之。已而水至，我軍在淖中，莫能戰。而吳人襲焉，故及於敗，師古没於陣。

（宋）王欽若等編纂：《册府元龜》卷四四三《將帥部》

梁朱瑾，唐末爲兗州節度使。兄瑄在鄆州，及龐師古陷鄆州，與李承嗣方出兵，求芻粟於豐沛間。瑾之二子及大將康懷英、判官辛縮、小校閻寶，以城降於師古。瑾無歸路，即與承嗣將麾下兵走沂州。沂州刺史尹處賓拒關不納，乃走海州，爲師古所迫，遂擁州民渡淮，依楊行密，表瑾領徐州節度使。

（宋）王欽若等編纂：《册府元龜》卷四三八《將帥部》

趙明，唐末以軍功歷蕭、峽二州刺史，其兄凝領襄州，表明爲荆南留後。未至鎮，而朗陵之兵先據其城矣。明領兵逐之，遂鎮於渚宮。天祐二年秋，太祖既平襄州，遣楊師厚乘勝趨荆門。明懼，乃舉族去峽奔蜀，王建待以賓禮。及建稱帝，用爲大理卿、工部尚書。久之，卒於蜀。

（宋）王欽若等編纂：《册府元龜》卷四三八《將帥部》

劉知俊爲同州節度使，奔李茂貞，茂貞署荆州節度使。後爲茂貞左右石簡顒等讒間之，免其軍政。茂貞猶子繼崇鎮秦州，因來寧覲，言知俊途窮至此，不宜以讒嫉見疑。茂貞乃誅簡顒等，以安其心。繼崇又請令知俊挈家居秦州，以就豐給，茂貞從之。未幾，邠州亂，茂貞命知俊討之。時邠州都校李保衡納款於朝廷，末帝遣霍彥威率衆先入於邠。知俊遂圍其城，半載不能下。會李繼崇以秦州降於蜀，知俊妻孥皆遷於成都，遂解邠州之圍，而歸岐陽。知俊以舉家入蜀，終慮猜忌，因與親信百餘人，夜斬關奔蜀。王建待之甚至，即授僞武信軍節度使。

（宋）王欽若等編纂：《册府元龜》卷四三八《將帥部》

劉嗣彬，知俊之族子。幼從知俊征行，累遷爲軍校。及知俊叛，以不預其謀，得不坐。貞明末，大軍與晉王對壘於德勝。久之，嗣彬率數騎奔於晉，具言朝廷軍機得失，又以家世讎怨，將以報之。晉王深信之，即厚給田宅，仍賜錦衣玉帶，軍中目爲劉二哥。居一年，復來奔。當時晉人謂是刺客，以晉王恩澤之厚，故不竊發。龍德三年冬，從王彥章戰於中都，軍敗，爲晉人所擒。晉王見之，笑謂嗣彬曰："爾可還予玉帶？"嗣彬惶恐請死，遂誅之。

（宋）王欽若等編纂：《冊府元龜》卷四三八《將帥部》

梁劉嗣彬，知俊族子也。幼從知俊征行，累遷爲軍校。及知俊叛，以不預謀，得不坐。貞明末，大軍與晉王對壘於德勝，久之，嗣彬率數騎奔於晉，具言朝廷軍機得失。又以家世讎怨，將以報之。晉王深信之，即厚給田宅，仍賜錦衣玉帶。居一年，復來奔。龍德三年冬，從王彥章戰於中都，擒之。晉王笑謂曰："爾可還予玉帶矣！"遂誅之。

（宋）王欽若等編纂：《冊府元龜》卷四五三《將帥部》

徐懷玉爲鄜坊節度使。庶人友珪既篡立河中，朱友謙拒命，遣兵襲鄜州。懷玉無備，尋爲河中所虜，囚於公館。及友珪遣康懷英率師圍河中，友謙慮懷玉有變，遂害之。

（宋）王欽若等編纂：《冊府元龜》卷四四四《將帥部》

王景仁遙領宣州節度使、檢校太傅、同平章事。時鎮州作逆，朋附蕃醜，遂擢爲上將，付步騎十萬，爲北面行營都招討使。開平二年正月二日，與晉軍戰於柏鄉，王師敗績。太祖怒甚，拘之私第，然以兩浙元勛所薦，且欲收其後效，止落平章事，罷兵柄而已。數月，復其官爵。先是十二月，仇殷奏："十四日夜，太陰虧。"帝曰："我方用兵而月蝕，邢不順矣，深入尤不利。"甚憂之。止景仁駐軍邢州，非詔命無得擅進。至其期，夜漏三唱，陰雲盡徹，天象不變。命詰殷，對曰："四點，蝕必既。"果如言。帝又命奔騎詔景仁勿先動，仍授以破敵形勢。

及辰在丙戌，太陽虧，而丁亥日，旁有祲，向背若環珥。或曰：“積暉也。”敬翔曰：“兵可憂，帝旰食矣！”及軍書至，果以二日大敗於柏鄉，過詔命所止二日餘。及戰，又違節度。賊師得我軍所弃制書讀之，大駭曰：“若依此用兵，吾曹安得噍類耶？幸其違而衂耳！”帝追悒久之。副招討使韓勍、諸軍都虞候許從實、左右神捷懷順、神威夾馬等十指揮，自尹皓而下，諸將三十人，免冠素服，待罪於閤外，帝責以違詔失律，既而並令釋放。

（宋）王欽若等編纂：《册府元龜》卷四四三《將帥部》

王虔裕爲義州刺史。時蔡賊秦宗賢寇南鄙，太祖令虔裕逆擊於尉氏，不利而還。

（宋）王欽若等編纂：《册府元龜》卷四四三《將帥部》

王虔裕爲義州刺史，時孟遷請降。未幾，晉人伐邢，孟遷使來乞師。太祖先遣虔裕選勇士百餘人，徑往赴之。伺夜，突入邢州。明日，循堞樹立旗幟。晉人不測，乃退。數月，復來圍邢。時太祖大軍方討兖、鄆，未及救援，邢人困而携貳，遷乃執虔裕，送於太原，尋爲所害。

（宋）王欽若等編纂：《册府元龜》卷四四四《將帥部》

安福遷與其兄福慶俱驍勇，爲武皇親校。景福末，汴人急攻兖鄆，朱瑄求援於武皇，乃令福順等三將率騎軍以赴之。福順與汴人戰没，福慶從史儼奔淮南。朱瑄之敗，福遷亦遇害。

（宋）王欽若等編纂：《册府元龜》卷四二五《將帥部》

葛從周，爲兖州留後。唐光化元年正月，淮南楊行密舉奉天之師寇徐州，幽州劉仁恭又舉十萬衆攻陷其郡。從周自山東馳救魏壁，入上萬歲亭下。遲明，燕人突上水關，攻館陶門。從周與賀德倫、李暉、馬言騎五六百人出壁外，謂門者曰：“前有大敵，不可返顧。”命下栅閣焉。與德倫等殊死戰,燕人大衄,擒其將薛突厥、王郇郎等。翌日,乘勢統諸將張存敬、齊奉國、程暉等連破八寨,襲至臨清,擁其師於御河,溺死甚衆,恭走滄州。

(宋)王欽若等編纂:《冊府元龜》卷四一四《將帥部》

周德威,爲晉陽衙將。天祐三年,幽州求援。德威與李嗣昭合燕軍五萬攻潞州,降丁會。明年正月,授德威檢校太保、代州刺史,督内外衙蕃漢馬步諸軍。六月,梁將李思安寇潞州,下夾城以絶援軍。武皇以德威爲行營都指揮使,應援潞州。二年之間,大小百戰。五年四月二十四日,從莊宗再援潞州。二十九日,德威前軍營橫碾,距潞州四十五里。五月朔,晨霧晦暝,王師伏於三垂岡。翌日,直趨夾城,斬關破壘,梁人大敗,解潞州之圍。莊宗南伐,德威聞劉鄩西寇晉陽,自幽州帥騎千人赴援。至土門關,聞賊東下,信宿至南營,知劉鄩在京城。其夜,選十餘騎逼賊營,擒賊斥候者,詰其軍所向,因斷其腕令還。賊見之,大駭。遲明,德威略賊營而過,至於臨清。劉鄩起軍駐貝州,德威帥前鋒設伏於河上。詰旦,獲十餘騎而還。時帝出師屯於博州,劉鄩營堂邑。德威自臨清率騎五百人赴堂邑,賊聞德威之來,乃伏兵桑下。德威不之察,摩壘挑戰,俘斬百餘級而還。賊自桑間猋起,衆軍大駭,德威控弦接戰數十合。既而賊軍大至,德威稍却,且戰且行,與賊轉鬥五十餘里,會日暮兵解。

(宋)王欽若等編纂:《冊府元龜》卷四一四《將帥部》

李嗣本,唐光化中累歷右職。天祐四年,李思安寇潞州,築夾城。從周德威將兵赴援,擒生斬將,歲中數千計。五年,破夾城。

(宋)王欽若等編纂:《冊府元龜》卷四一四《將帥部》

張承業,爲莊宗監軍。天祐五年六月,鳳翔李茂貞、邠州楊崇本,會西川王建之師五萬,攻長安。汴將同州刺史劉知俊,僞西京尹王重師,以兵逆戰於漢谷,邠岐不利而退。時岐州會兵於我,莊宗及承業會之。

（宋）王欽若等編纂:《册府元龜》卷四一四《將帥部》

李建及，爲衛軍校。天祐七年，柏鄉之役，汴將韓勍追周德威至高邑南野河上，鎮、定兵扼橋道，韓勍選精兵堅奪之。莊宗登高而望，鎮定兵將岪，謂建及曰："如賊過橋，則勢不可遏。卿計如何？"建及於部下選士二百，挺鎗大噪，刺汴軍，却之於橋下。胡柳之役，前軍逗撓，際晚，汴軍登土山，建及一戰奪之。莊宗欲收軍，詰朝合戰，建及橫稍當前，曰："賊大將已亡，乘此易擊。王但登山觀臣破賊。"即引銀鎗效節軍大呼奮擊，三軍增氣，由是王師復振。遷魏博内外衙都將。十六年，梁將賀瓌寇德勝南城，圍壍既周，又以艨艟戰艦斷我津渡，百道攻城，萬旅齊進，負蕘運石，填塞池壍。我營將士氏延賞於城中多蓄蕘草。每賊乘城，束蕰灌膏，燔焰騰天，賊焦爛於下，不可勝紀。莊宗馳騎而往於陣北岸，津河不通，延賞告矢石將盡，上積錢帛於軍門，募能破賊船者。如是獻伎者數十，或言能吐火焚舟，或言能游水破艦，或言能破咒兵刃，悉試之，卒無成功。城中危急，所爭晷漏，虎臣不能勇，智士不能謀，莊宗憂形於色。建及擐甲而進曰："賊帥傾巢敗死，冀兹一舉。如我師不南，則彼爲得計。今豈可限一衣帶水，而縱敵憂君？今日勝負，臣當效命！"遂以巨索聯舟十艘，選效節卒三百人，持斧披鎧，鼓枻而行，中流擊之。賊樓船三層，蒙以牛皮，懸板爲楯，如埤堄之制。我船將近，流矢雨集。建及率持斧者入賊艨艟間，斬其竹，破賊懸楯，以稍刺之，於上流取瓮百，以木夾口，竹笮維之。又以巨索牽制，積蕘薪於上，灌脂沃膏，火發亘天。別維巨艦，中實甲士，乘烟鼓譟，賊斷絙而下。沉溺者殆半，我軍由是得渡。莊宗曰："周瑜得黃蓋而挫曹公，吾有建及卒破賊艦。奇才猛將，何代無之。"

（宋）王欽若等編纂:《册府元龜》卷三九六《將帥部》

後唐周德威爲大將，天祐七年十一月，汴人據深冀，汴將王景仁軍萬人次北鄉。鎮州節度使王鎔來告難，帝遣德威率前軍出井陘，屯

於趙州。十一月，帝親征。二十五日，進薄汴營，距北鄉五里，營於野
河上。汴將韓勍率精兵三萬，鎧甲皆被繒綺，金銀炫曜，望之森然，我
軍懼形於色。德威謂李存璋曰："賊結陣而來，觀其形勢，志不在戰，
以兵甲耀威耳。我軍人乍見其來，謂其鋒不可當，此時不挫其銳，吾
軍不振矣。"乃遣存璋諭諸軍曰："爾見此賊否？是汴州天武健兒，皆
屠沽傭販，虛有其表，徒被精甲，十不當一，擒獲足以爲貨。"德威自率
精騎，攻其兩偏，左馳右冲，出没數里。是日，獲賊百餘人。賊渡河而
退，德威謂莊宗曰："賊驕氣充盛，宜按兵以待其衰。"莊宗曰："我提
孤軍救難解紛，三鎮烏合之衆，利在速戰。卿持重，吾懼其不可使
也。"德威曰："鎮定之士，長於守城，列陣野戰，素非便習。我師破賊，
唯恃騎軍，平田廣野，易爲施巧。今壓賊營，令彼見我虛實，則勝負未
可必也。"莊宗不悦，退卧帳中。德威患之，謂監軍張承業曰："王欲速
戰，將烏合之徒，欲當劇賊，所謂不量力也。去賊咫尺，阻此二渠水，
彼早夜以略約渡之，吾族其爲俘矣。若退軍鄗邑，引賊離營。彼出則
歸，彼歸則出，復以輕騎掠其芻餉，不逾月，敗賊必矣。"承業入言，莊
宗亦釋然。德威得降人，問之曰："景仁下令造浮梁數百。"果如德威
所料。二十七日，乃退軍保鄗邑。

（宋）王欽若等編纂：《册府元龜》卷四二八《將帥部》

李嗣肱，爲三城巡檢，知衙門内事。天祐七年，周德威援靈夏，党
項阻道，音驛不通。嗣肱奉命自麟州渡河，應援德威，與党項轉戰千
里，合德威軍。

（宋）王欽若等編纂：《册府元龜》卷四一四《將帥部》

王建及爲衛軍都校。天祐七年，王師攻魏州，魏人夜出犯我營，
建及設伏待之，扼其歸路，盡殲之。汴將劉鄩之營莘縣，月餘不出，忽
一旦出急兵攻鎮定之營，軍中騰亂。建及率銀槍勁兵千人赴之，擊敗
汴軍，進奔至其壘。十七年，梁軍圍德勝城，百道齊攻，又以蒙衝戰艦
斷其津渡。莊宗陣於北岸，津路不通，守將氏延賞告矢石將盡，莊宗

積錢帛於軍門，募能破賊船者。於是獻伎者數十，或言能吐火焚舟，或言能游水破艦，或言能禁咒兵刃，悉命試之，卒無成效。城中危急，所爭晷漏，虎臣不能勇，智士不能謀，莊宗憂形於色。建及擐甲而進曰："賊帥傾巢眛死，冀茲一舉，如我師不南，則彼爲得計。今豈可限一衣帶水，而縱敵憂君，今日勝負，臣當效命。"遂以巨索聯舟十艘，選效節勇卒三百人，持斧被鎧，鼓枻而行，中流擊之。賊樓船三層處蒙以牛革，縣板如睥睨之制，我船將近，流矢雨集。建及率持斧者入賊蒙衝間，斬其竹纜，破賊懸楯，以稍刺之。因於上流取甕數百，以木夾口，竹笮維之，又以巨索牽制，積芻薪於其上，灌脂沃膏，火發亘天。別維巨艦，中實甲士，乘烟鼓譟，賊斷綖而下，沉溺者大半，我軍由是得渡。帝曰："周瑜得黃蓋而挫曹公，吾有建及，卒破賊艦，奇才猛將，何代無之。"

　　（宋）王欽若等編纂：《册府元龜》卷三六七《將帥部》

　　周德威爲振武軍節度使。天祐七年，汴將王景仁軍八萬次柏鄉，鎮州王鎔告難，莊宗遣德威赴之。德威率騎兵致師於柏鄉，設伏於村塢間，令三百騎以壓汴營。王景仁悉其衆結陣而來，德威轉戰而退，汴軍因而乘之於高邑南。時步軍未成列，德威陳騎河上以抗之。亭午，兩軍皆陳。莊宗問戰時，德威曰："汴軍氣盛，可以勞逸制之，造次校力，殆難與敵。古者師行不逾一舍，蓋慮糧餉不給，士有饑色。今賊遠來決戰，縱挾糗糧，亦不遑食。晡晚之後，饑渴內侵，戰陣外逼，士心既倦，將必求退，乘其勞弊，以生兵制之，縱不大敗，偏師必喪。以臣所籌，利在晡晚。"諸將皆然之。時汴軍以魏博之人爲右廣，宋汴之人爲左廣，自未至申，陣勢稍却，德威麾軍呼曰："汴軍走矣。"塵埃漲天，魏人收軍漸退。莊宗與史建瑭、安金全等因冲其陣，夾攻之，大敗汴軍，殺戮殆盡，王景仁、李思安僅以身免。十年冬，汴軍劉鄩乘虛寇太原。時德威在幽州，徑以五百騎馳入土門，聞鄩軍至樂平不進，德威徑至南宫以候汴軍。初，鄩欲據臨清以扼鎮定轉餉之路，行次陳宋口，德威遣將擒數十人，皆傳刃於背，繫而遣之。既至，謂劉鄩曰："周侍中已據宋城矣。"德威其夜急騎扼臨清，劉鄩乃入貝州。是時，德威若不至,則勝負未可知也。十五年,我師營麻口渡,將大舉以定汴州。德威自幽州率本軍至,十二月二十三日,軍次胡柳。詰旦,騎報曰:"汴軍至矣。"莊宗使問戰備,德威奏曰:"賊倍道而來,未成營壘,我營柵已固,守備有餘。既深入賊疆,須決萬全之策。此去大梁信宿,賊之家屬盡在其間,人之常情,孰不以家國爲念。以我深入之衆,抗彼激憤之軍,不以方略制之,恐難必勝。王但按軍保柵,臣以騎軍疲之,使彼不得下營。際晚,糧廋不給,進退無據,因以乘之,破賊之道也。"莊宗不從,德威遂戰没。

　　　　　　(宋)王欽若等編纂:《冊府元龜》卷三六七《將帥部》

　　後唐李嗣昭爲昭義軍節度。天祐七年,從莊宗南伐。胡柳之役,周德威軍不利,師無行列,至晚方集。汴人五六萬登土山,衆懼形於色。莊宗欲收軍據營,詰旦決戰。嗣昭曰:"賊無營壘,去臨濮數舍,日已晡晚,皆有歸心,但以精騎撓之,無令反斾,晡後進擊,破賊必矣。我若收軍據寨,賊入濮州,俟彼整緝復來,殆難與敵。"帝曰:"微兄言,幾敗吾事。"乃與軍校主王建及爲犄角,大破賊軍,俘斬萬級,由是我軍復振。

　　　　　　(宋)王欽若等編纂:《冊府元龜》卷三六七《將帥部》

　　漢馬萬少從軍,善水游。唐莊宗與梁軍對壘,胡柳之役,莊宗自濮州至潘張立河南北寨。會莊宗入至太原,梁軍水陸齊進,攻南寨於寨北,河流聯戰艦以絶援路,晝夜攻城者三日,寨將氏延賞告急。莊宗自太原回,便趨寨。隔河望敵,無如之何。乃召人能水游破賊者,馬萬兄弟應募,言可通南寨。遂潛行入南寨,往來者三。又助燒船,汴軍斫船走解圍。自是收爲水軍小校,位至上將軍。

　　　　　　(宋)王欽若等編纂:《冊府元龜》卷八四七《總録部》

　　晉王《諭邢洺魏博衛滑諸郡縣檄》
　　《五代史》:天祐八年正月,周德威等破賊,徇地邢、洺。先馳檄諭邢、洺、魏、博、衛、滑諸郡縣曰：‘王室遇屯，七廟被陵夷之酷；昊天不弔，萬民罹塗炭之災。必有英主奮庸，忠臣仗順，斬長鯨而清四海，靖妖祲以泰三靈。予位忝維城，任當分閫。念茲晉王諭覆，詎可宴安。故仗桓文輔合之規，問羿浞凶狂之罪。逆溫碭山隸，巢孽餘凶。當僖宗奔播之初，我太祖掃平之際，束身泥首，請命牙門，包藏奸詐之心，以惟示婦人之態。我太祖俯憐窮鳥，曲爲開懷，特發表章，請帥梁汴，纔出葦蒲之澤，便居茅社之尊，殊不感恩，遽行猜忍。我國家祚隆周漢，迹盛伊唐，二十聖之鎡基，三百年之文物，外則五侯九伯，內則百辟千官。或代襲簪纓，或門傳忠孝，皆遭陷害，永抱沉冤。且鎮定兩藩，國家臣鎮。冀安民而保族，咸屈節以稱藩。逆溫唯仗陰謀，專行不義，欲全吞噬。先據屬州、趙州，特發使車來求援助。予情惟蕩寇，義切親仁，躬率賦輿，赴茲盟約。賊將王景仁將兵十萬，屯據柏鄉，遂驅三鎮之師，授以七萬之略。鸛鵝纔列，梟獍大奔。易如走坂之丸，勢若燎原之火。僵尸仆地，流血成川。組甲雕戈，皆投草莽。謀夫猛將，盡作俘囚。群凶既快於天誅，大憝須垂於鬼錄。今則選蒐兵甲，簡練車徒，乘勝長驅，翦除元惡。凡爾魏、傳、邢、洺之衆，感恩懷義之人，乃祖乃孫爲聖唐赤子，豈徇虎狼之黨，遂忘覆載之恩。蓋以封豕長蛇，憑陵薦食，無方逃難，遂被脅從。空嘗膽以銜冤，竟無門而雪憤。既聞告捷，想所慰懷。今義旅徂征，止於招撫。昔耿統焚廬而向願，蕭何舉族以從軍，皆審料興亡，能圖富貴，殊勛茂業，翼子貽孫，轉禍見機，決在今日。若能詣轅門而效順，開城堡以迎降，長官則改補官資，百姓則優加賞賜。所經詿誤，更不推窮，三鎮諸軍，己中嚴令，不得焚燒廬舍，剽掠馬牛。但仰所在生靈，各安耕織。予恭行天伐，罪止元凶，已外掃明，一切不問，凡爾士衆，咸諒予懷。’”

（宋）王應麟：《玉海》卷一八八《兵捷》

李存審，爲蕃漢總管副使。天祐八年，存審以三千騎屯趙州。九年，梁人攻蓨縣，又與史建塘赴援下博。梁人驚亂，燒營而去。

（宋）王欽若等編纂：《册府元龜》卷四一四《將帥部》

李存賢權典沁州。天祐九年正月，汴人將襲州城，伏於城下。存賢意其奸變，遲明，命守陴者皆鼓譟，如攻戰之勢，賊謂我掩襲，伏兵大駭，因四面攻吾門，分兵禦捍，至午，賊退。

（宋）王欽若等編纂：《冊府元龜》卷三六七《將帥部》

符存審爲蕃漢馬步都指揮使。天祐九年，莊宗討劉守光於幽州，梁太祖因此北伐，至於棗彊，存審以騎軍三千屯於趙州。初，梁軍聲言五十萬，存審以兵少不敵，心頗憂之，謂裨將趙行實曰：“朱公儻以五十萬來，義軍少，我作何禦待？”行實曰：“誠如是，走入土門爲上策。”存審曰：“賊軍未至，難便從公之上策。但得老賊在東，別將西來，尚可從容畫策。”不旬日，楊師厚攻棗强，賀德倫寇蓚縣，攻城甚急。存審謂趙行實、史建瑭曰：“吾王方事北面，南鄙之事，付我等數人。今西道無兵，蓚縣危急，我等坐觀其弊，何以自安？老賊既下蓚城，必西寇深、冀，不預爲方略，則滋蔓難圖。與公等輕騎而行，偵其所向。”乃選精騎八百，急趨信都，扼下博橋道。存審令史建瑭、李都督分道擒生。建瑭分麾下五百騎爲五軍，一軍之衡水，一軍之南宮，一軍之信都，一軍之阜城，自將一軍深入，各命俘賊討芻糧者十人。而會於下博橋。翊日，諸軍所至皆獲賊芻蕘者數百，聚而殺之，内緩縶一人，令其逸去。或教其去者云：“可以報朱公，禡爾戰地，礪爾戈矛，晉王大軍至矣。”諸軍逸去者皆教以是言，賊聞大駭。李都督、史建瑭各領百餘騎，爲賊旗幟服色，與芻糧者相雜而行。至暮，及賀德倫營門，殺其門者，縱火大呼，俘斬而旋。其芻蕘者斷手臂，得歸皆言我兵大至，朱温大駭，遂命夜遁，趨於貝郡。蓚人持檃鋤白梃，追擊汴軍，收其輜車鎧仗，不可勝計。朱温先氣癇發動，因是愈甚，留貝州旬日，不能乘肩輿，疾作暴怒，其將張正言、許從實、朱彦柔皆斬於軍門，以其亡師蓚縣故也。十七年七月，梁將劉鄩、尹浩寇同州。先是，河中節度使朱友謙以兵收復同州，以其子令德主留務。時友謙貌順友貞，請同州節，友貞怒其侵己，不時與之，遂絕。友貞請麾節於我，因授之。友貞乃遣劉鄩與華州節度使尹浩帥兵寇同州，塹其城。友謙力不能救，請師於我，帝遣藩漢馬步總軍李存審、昭義節度使李嗣昭、代州刺史王建及帥師赴援。九月，王師大集於河中，朝至夕渡。時汴人不意王師速至，劉鄩曰："蒲人事晉，心異貌恭，假有乞師，寧無猜審？至於師行次舍，倍道兼程，計其行途，未能及此。"李存審聞之，笑謂軍吏曰："兵法有出奇無窮者，兵若自天而墜，劉鄩善將，何其昧哉？"汴人素輕蒲兵，每遇游騎挑戰，必窮追襲。存審初至，率精甲千人，內選二百，處蒲人之間，直壓賊壘。賊出千騎，結陣而追之，遽見我師，大駭而走，獲賊騎五十而旋。自是，賊軍憚戰。明日，進軍朝邑。時蒲中荔粟暴貴，糧餉不給，駐軍浹旬，人皆思戰。李存審欲徐圖勝負，不時聽從。存審謂嗣昭曰："我率偏師入寇境，蒲中久爲賊有，人心尚懷兩端，事一差跌，則吾屬無類。且蒲人羸懦，不可驅以爭鋒。惟悉我師，又衆寡不敵，持久則資糧不足，求戰則勝負難知。每一揣謀，令人鬚白。公方略如何？"嗣昭曰："我數千里興兵，與人解鬥，儻無成績，則失屬亡師。今日良圖，無逾急戰。"存審曰："予所料度，非不至此，但同州南距渭河又數十里，連接華州，若逼動賊軍，夾河結壘，持久不戰，以逸待勞，俟我饋運不充，蒲人離貳，事生不測，吾輩安歸？不如示弱按兵，侈其鬥志，觀其進取，然後決機。軍士口譚，未可取信。"嗣昭曰："善。"又旬日，望氣者言，夜見西面黑氣如鬥雞之狀，必有戰陣。存審曰："吾方欲決戰，而形於氣象，得非天贊我歟？"召嗣昭、友謙聚謀，下令軍中，誡示所向，遲明進軍，距於賊壘。賊罄壘而出，蒲人在南，我師在北，騎軍既接，蒲人小退。賊呼曰："冀王走矣。"爲賊所躡。嗣昭以精騎抗之，大軍繼逼，賊遂奔潰，追斬二千級。值夜，劉鄩以餘衆保營，自是閉壁不出。居半月，存審謂嗣昭曰："予所料者，懼劉鄩據渭結營，持久待我。今精兵亡敗，退走無門，戰窮搏人，勿謂無事。不如開其走路，然後追奔。"因令王建及牧馬於沙苑。劉鄩知之，遂宵遁。我師追及渭河，弃鎧投仗相蹈借，所收輜重，不可勝計。劉鄩、尹浩單騎獲免。

（宋）王欽若等編纂：《册府元龜》卷三六七《將帥部》

　　李紹衡,爲周德威騎將。天祐十年正月乙巳,梁將楊師厚、劉守奇率邢、洺、魏、博、徐、兖、汴、滑之衆十萬,大掠鎮、冀。師厚自邢州柏鄉攻王門,逼趙州。庚戌,至鎮州,營於南門外,燔其關城。壬子,史建瑭自趙州領騎五百入鎮州。是日,王德明亦自西山入,師厚知其有備,自九門軍於下博。劉守奇以一軍自貝州入掠冀州衡水、阜城,與師厚會。所在焚蕩廬舍,驅虜人物,陷下博城。我趙州戌將李存審、史建瑭兵寡不敵,周德威令紹衡會存審,徵鎮州大將王德明兵同襲賊。乙丑,王鎔遣使告急於德威,分兵赴援。師厚、守奇自弓高渡御河,而東寇滄州。張方進懼,請歸河南,師厚表爲青州節度使,以劉守奇代之而旋。

　　　　　　(宋)王欽若等編纂:《册府元龜》卷四一四《將帥部》

　　後唐莊宗以天祐十二年平鄴城,斬張彦及同惡者七人,軍中股栗,帝親加撫慰而退。翌日,帝輕裘緩策而進,令張彦部下軍士披甲持兵,環馬而從,因命爲帳前銀槍,衆心大服。

　　　　　　(宋)王欽若等編纂:《册府元龜》卷九九《帝王部》

　　(天祐)十三年二月,鄴引兵突至清平,薄我城下。莊宗至自甘陵,兵未陳,多爲鄴所掩截。帝領十餘騎,横槊深入,東西馳突,無敢當者,竟收部伍而旋。莊宗壯之,拊其背曰:"將門出將,言不謬耶!"因頒以器帛,復親爲啗蘇。啗蘇者,當時以爲異恩。由是知名。

　　　　　　(宋)王欽若等編纂:《册府元龜》卷四四《帝王部》

　　石嘉才,爲李嗣昭騎將。天祐十三年,梁將劉鄩既敗據滑州,梁主召之不至。是月,梁遣別將王檀率衆五萬自河中入陰地,寇我晉陽、昭義。李嗣昭遣嘉才率騎二百赴援,賊方至,營壘未成,城中有故將安金全率驍騎夜出薄之,賊衆大潰,俘斬而還,賊人自是膽破。

　　　　　　(宋)王欽若等編纂:《册府元龜》卷四一四《將帥部》

天祐十三年唐哀帝天祐元年,後是朱梁建國,改號開平,其莊宗只稱天祐,與梁將劉鄩戰於洹水,數日兵不交,寂若無聲。王遣邏騎覘之,無斥候者,摩壘而觀之,則營中有班馬之聲而無烟火之狀。望其壘烏止於上,又有旗幟循堞往來。覘者還,以事聞。帝曰:"我聞劉鄩一步百變,營外不見賊軍,必以詭計誤我。"命覘者入其城中,乃以芻爲人,縛旗上,以驢負之,循堞而行,故旗幟嬰城不息。問城中羸老者,曰軍去已二日矣。覘者還以聞,帝曰:"劉鄩使兵短於決戰,愛乘人不備,謂我大軍一盡於此,料晉陽城內全無備兵,必欲出奇絶我根本。虛營設詐,懼有追兵,計彼行程,纔及山下。"既而有人自賊中來,言劉鄩兵趣黃澤矣。帝遽發奇軍追之。

(宋)王欽若等編纂:《册府元龜》卷一二五《帝王部》

明宗初爲邢州節度使。天祐十四年四月,契丹阿保機率衆二十萬攻幽州,周德威間使告急。莊宗召諸將議進趨之計,諸將咸言"虜勢不能持久,野無所掠,食盡自還,然後踵而擊之,可也。"帝奏曰:"德威盡忠於國家,孤城被攻,危亡在即,不宜更待虜衰,願假臣突騎五千爲前鋒以援之。"莊宗曰:"公言是也。"即命帝與李存審、閻寶率軍赴援。帝爲前鋒,會軍於易州,步騎七萬,三將謀進。存審曰:"契丹合戰,唯使騎軍,弓良矢勁,其鋒難敵。我師合戰,唯使步兵,若於平原廣野之中,卒遇其衆,彼若以騎軍十萬馳突,我師欲戰不能,退則被逐,則我屬無遺類矣。"帝曰:"彼賊騎以馬上爲生,不須營壘。我今步騎之行,須有次舍禦備輜重資糧,一宿不虞,則士有饑色。若平原之中,卒遇賊軍,被掠輜重資糧,則我不戰而自亡矣。不如銜枚束甲,尋澗谷而直行抵幽州,與德威合勢,如賊警覺,據險枝梧,此計之上也。"

(宋)王欽若等編纂:《册府元龜》卷四五《帝王部》

閻寶爲天平軍節度使。天祐十四年,從明宗援幽州,敗契丹,指陳方略,多中事機。十五年,胡柳之役,諸軍逗撓,汴軍登無石山,其勢甚盛。莊宗望之,畏其不敵,且欲保營。寶進曰:"王深入敵境,偏師不利。王彥章騎軍已入濮州，山下唯列步兵，向晚皆有歸志。我盡銳擊之，敗走必矣。今若引退，必爲所乘，我軍未集，更聞賊勝，即不戰而自潰也。凡決勝料勢，決戰料情，情勢已得，斷在不疑。今王之成敗，在此一戰。若不決戰，設使餘衆渡河，河朔非王有也。王其勉之。"莊宗聞之聳聽，曰："微公，幾失計。"即引騎大譟，奮稍登山，大敗汴人。

（宋）王欽若等編纂：《册府元龜》卷三六七《將帥部》

周德威，爲幽州節度使。天祐十五年，下揚劉城。莊宗大閱諸軍，渡河趨汴，徵德威進討。師之將起，威以爲不利深入。是夜，鎮星犯文昌。上將臨戰，德威軍爲輜重所擾，父子躍馬出之，與賊數百騎血戰而死。

（宋）王欽若等編纂：《册府元龜》卷四二五《將帥部》

（天祐）十五年，大舉赴汴州。帝問戰備，周德威曰："賊軍倍道而來，未成營壘。我今營寨已備，固守有餘。既深入賊疆，須決萬全之策，機須懸料，未可輕行。此去汴州不越信宿，賊之父母妻子盡在其間。人之常情，孰不以家國爲念？以我深入之人，不以方略制之，恐難常勝。王宜以親軍步卒，警其衆，按軍以殿。臣以其軍擾之，使彼不得下營，晡晚之後，進退無據，糧芻不給，人心恐懼。因以乘之，彼不戰而自潰，破賊之道也。"帝曰："河上終日排布，恨不見賊。今見不殺，知復何待？德威之言一何怯也！"顧李存審曰："敕輜重先發，予爲爾殿後殺之。"帝御新軍驟出，德威命其子曰："吾未知其死所矣！"及軍出，未成列，梁軍已結陣而來，橫亘數十里，亦以陣抗之。帝與李存審總河東天雄之衆居其中，德威以幽薊之師當其西，鎮定之師當其東，梁將賀環、王彥章中軍，兩軍旗鼓相當，短兵接戰。帝御銀鎗軍突入賊中，斬擊十餘里。賀環、王彥章單騎走濮陽。時我軍輜重在陣西，與梁騎相雜，衆見朱旗驚走。德威軍自相蹈藉，不能制止，故德威一軍敗績。陂中有土山，迤邐相屬，梁餘衆數萬登山。帝帥中軍追至山下，梁軍戒嚴不動，旗幟甚盛。帝呼諸軍曰："今日之戰，得山者勝。

賊已據山，乘高四望，平野觀之，罔測衆人。乍見皆有懼心，吾與爾等各馳一騎以奪之。”帝率騎先登，銀鎗步卒繼進，策馬大呼，一時登山。賊紛紜而下。帝御衆登山，賊在土山西結陣數里。時已日暮，或曰諸軍未齊，不如還營，詰朝可戰。閻寶進曰：“深入賊廷，逢其大敵，期於進銳以決雄雌，況賊帥奔亡，衆心方恐，據山而猶委弃，結陣更復何爲？今登高擊下，勢如破竹，芟除殘孽，正在今日。”銀鎗大將軍建及披甲橫槊而進曰：“賊軍大將先已奔亡，王之騎軍一無所損，賊衆晡晚，大半思歸，擊此疲敗之軍，易如拉朽。王且登山縱觀，責臣以破賊之效。”於是，李嗣昭領騎軍自山之北略賊陣，王建及呼士衆曰：“今日所失輜重，並在山下，況彼思歸，則一取若拾遺。與公等奮稍一呼，自然披靡。”建及大呼入賊陣，諸軍繼之，賊衆大敗。時元城令吳瓊、貴卿令胡裝各部役徒萬人於山下，曳柴揚塵，鼓譟助其勢。賊不之測，自相騰籍。弃甲山積，俘斬萬計，賊衆殆盡。

（宋）王欽若等編纂：《册府元龜》卷一二五《帝王部》

李存審爲蕃漢馬步總管。天祐十六年正月，城德勝夾河，置禦捍之備。

（宋）王欽若等編纂：《册府元龜》卷四一〇《將帥部》

李建及，爲魏博內外衙都將。天祐十六年，汴將賀瓌攻德勝南城，以戰船十餘艘，竹笮維之，扼斷津路，師不得渡。城中矢石將盡，守城將氏延賞危急。莊宗置金帛軍門，召能破賊船者。津人有馬破龍者，能水游，乃令往見延賞。延賞言“危窘極矣，所争晷刻”。時棹船滿河，流矢雨集，建及披重鎧，執稍呼曰：“豈有限一衣帶水，縱賊如此！”乃以二船實甲士，皆短兵持斧，徑抵梁之戰艦，斧其笮。又令上流具瓮，積薪其上，順流縱火，以攻其艦。須臾，烟焰騰熾，梁軍斷纜而遁。建及入南城，賀瓌解圍而去。

（宋）王欽若等編纂：《册府元龜》卷四一四《將帥部》

李存進，爲振武軍節度使。天祐十六年，梁軍據上流夾河而軍，建浮梁以濟兵。王師日以船渡，緩急難進。存進率意欲爲浮梁，將吏曰："浮梁須竹笮大絙，河朔無之，難以卒成。"存進曰："吾成算在心，必有所立。"乃織葦爲笮，維大艦數十艘，岸立巨木，築土爲山，以笮縶之。初，軍人以爲戲，不逾月橋成，制度條直，風波凌澌不能壞，衆皆服其勤智。

（宋）王欽若等編纂：《册府元龜》卷四〇五《將帥部》

後唐符存審，爲內外蕃漢馬步總管。莊宗天祐十七年，汴將劉鄩攻同州，朱友謙求援於我，遣存審與嗣昭將兵赴之。九月次河中，進營朝邑，時河中久臣於梁，衷持兩端。及諸軍大集，芻粟暴貴。嗣昭懼其翻覆，將急戰以定勝負。居旬日，梁軍將逼我營。會望氣者言："西南有黑氣如鬥雞之狀，當有戰陣。"存審曰："我方欲決戰，而形於氣象，得非天贊歟？"是夜，閱其衆。詰旦，進軍。梁軍來逆戰，大破之。

（宋）王欽若等編纂：《册府元龜》卷三八九《將帥部》

後唐閻寶爲檢校侍中，遙領天平軍節度使。唐天祐十九年，討鎮州。鎮人累月受圍，城中艱食，穀價騰貴，饑餓者多，計無所出，屢來求戰。城中五百餘人攻我長圍，寶輕之，不爲堅。敵俄而數千人，維志奮力死戰。我救兵不至，賊壞城而出，縱火攻寶營。不能拒戰，引師而退。鎮人壞我營壘，取其芻粟者累日。

（宋）王欽若等編纂：《册府元龜》卷四四七《將帥部》

後唐李存進，初爲建武軍節度使。天祐十九年，王師討張文禮於鎮州，閻寶、李嗣昭相次不利而歿。存進代嗣昭爲招討，進營東垣，度峽潷爲壘。沙土散惡，垣壁難成。存進斬伐林樹板築，旬日而就，賊不能寇。

（宋）王欽若等編纂：《册府元龜》卷四一〇《將帥部》

後唐莊宗初爲晉王,天祐二十年二月,契丹寇漁陽,上擇帥北征。郭崇韜以汴寇未平,李繼韜背命,北邊虛弱,非大將無以鎮臨,請命李存審爲燕帥捍之。時存審方臥病私第,羸瘵殆甚,帝遣使諭之,因奏:"臣效忠稟命,靡敢爲辭,但痾恙纏綿,未堪只役。"既而以存審檢校太傅兼侍中充幽州盧龍節度、管内觀察處置、押奚契丹兩蕃、經略盧龍軍等使,勉而赴任。

(宋)王欽若等編纂:《册府元龜》卷一二〇《帝王部》

同光二年三月,幽州李存審疾篤,求入覲議擇帥代之。方内宴,帝曰:"吾披榛故人,零落殆盡,所餘者存審耳。今復寒疾,北門之事,知付何人?"因目右武衛上將軍李存賢曰:"無易於卿。"即日,授特進、檢校太保、充幽州盧龍節度、行軍司馬,旬日以李存審爲汴州節度,以存賢代存審爲幽州、盧龍節度使。

(宋)王欽若等編纂:《册府元龜》卷一二〇《帝王部》

後唐莊宗同光三年四月,潞州小校楊立據城叛。以蕃漢馬步軍總管李嗣源陝西留後,李紹貞爲副,率師以討之。詔令河中馬步兵士五千人騎發赴潞州五月,收復潞州。

(宋)王欽若等編纂:《册府元龜》卷一二三《帝王部》

(同光三年)九月,大舉伐蜀。制曰:"朕以夙荷丕基,乍平僞室,非不欲寵綏四海,協和萬邦,廣正朔以遐同,俾人倫之有序。其或地居陬裔,位處驕奢,殊乖事大之規,但蕴偷安之計。則必徵諸典訓,振以皇威,爰興伐罪之師,冀遏亂常之黨。蠢茲蜀主,世負唐恩。間者父總藩宣,任居統制,屬朱溫東離汴水,致昭皇西幸岐陽,而乃不務扶持,反懷顧望。盜據山南之土宇,全虧闕外之臣誠。先皇帝早在并門,將興霸業,彼既曾馳書幣,此亦復展謝儀。後又特發使人,專持聘禮,彼則更不回一介之使,答咫尺之書。星歲俄移,歡盟頓阻。朕頃遵崇遺訓,嗣統列藩,追昔日之來誠,繼先皇之舊好。又專持信幣,皆絶酬還,緬惟背恩,食言可忍,弃同即異。今觀孳竪,紹據山河,委閹官以持權,憑阻修而僭號。早者,曾上秦王緘札,張皇蜀地聲塵。形侮瀆之言辭,謗親賢之勛德。昨朕風驅鋭旅,電掃凶渠,復已墜之宗祧,纘中興之曆數。捷音旋報,復命仍稽。使來而上抗書題,情動而先誇險固。加以宋光葆,輒陳狂計,别啓奸謀,將欲北顧秦州,東窺荆渚,人而無禮,罪莫大焉。昨客省使李嚴奉使銅梁,近歸金闕,凡於奏對,備述端由。其宋光嗣相見之時,於坐上便有言説。先問契丹强弱,次數秦王是非,度此包藏,可見情狀。加以疏遠忠直,朋比奸邪,内則縱恣輕華,競貪寵位;外則滋彰法令,蠹耗生靈。既德力以不量,在神祇之共憤。今命興聖宫使魏王繼岌充西川四面行營都統,仍命侍中樞密使郭崇韜充西川東北面行營都招討制置等使,荆南節度使高季興充西川東南面行營都招討,鳳翔節度使李曧充都供軍轉運應接等使,同州節度使李令德充行營招討副使,陝府節度使李紹琛充行營蕃漢馬步軍都排陣斬斫使,兼馬步軍都指揮使,西京留守張筠充西川管内安撫應接使,華州節度使毛璋充行營左廂馬步都虞候,邠州節度使董璋充行營右廂馬步都虞候,客省使李嚴充西川管内招撫使總領闕下諸軍,兼西面諸道馬步兵士。取九月十八日進發,凡爾中外,宜體朕懷。十一月,蜀平。

(宋)王欽若等編纂:《册府元龜》卷一二三《帝王部》

　　(同光)三年秋,客省使李嚴使西州回,言王衍可圖之狀。莊宗與郭崇韜議討伐之謀。方擇大將,時明宗爲諸道兵馬總管,當行。崇韜自以官相傾,欲立大功以制之,乃奏曰:"契丹犯邊,北面須藉大臣,全倚總管鎮禦。臣伏念興聖宫使繼岌德望日隆,大功未著,宜依故事,以親王爲元帥,付以討伐之權,俾成其威望。"莊宗方授繼岌,即曰:"小兒幼稚,安能獨行?卿當擇其副。"崇韜未答。帝曰:"無逾於卿者。"乃以繼岌爲都統,崇韜爲招討使。

(宋)王欽若等編纂:《册府元龜》卷一二〇《帝王部》

　　(同光)四年二月,貝州屯駐兵士擅離本州入鄴,推趙在禮爲兵馬留後。帝怒,令宋州節度使元行欽率騎三千赴鄴都招撫之。下詔徵諸道之師進討。以武德使王允平爲内侍省,延州馬步軍都指揮使高允鐸爲丹州刺史,並充鄴都行營招討使。是月,邢州左右步軍四百人據城叛,推軍校趙大爲留後,詔東北面副招討使李紹貞率兵討之。三月,平之。又命蕃漢總管李嗣源統親軍赴鄴討趙在禮。三月,鄴軍變,立明宗。

　　　　　　(宋)王欽若等編纂:《册府元龜》卷一二三《帝王部》

　　後唐魏王繼岌,莊宗同光三年爲都統,西討西川。軍至鳳翔,馳檄喻蜀郡曰:“舍過論功,王者示好生之道;轉禍爲福,聖人垂善變之文。矧彼蜀民,代承唐德。玄宗朝以兵興河塞,久駐金鑾。僖宗時以盜起中原,曾停玉輅。蜀之乃祖乃父,或士或民,而皆内稟忠貞,外資驍果,武負關、張之氣,文傳揚、馬之風。迎大駕以涉岷峨,合諸軍而定關輔,忠義冠乎日月,勛業著乎山河。凡在幽遐,皆所傳達。不幸龜龍忽去,蛇豕尋生,遇此匪人,據斯重地。蜀主先父出身陳許,擁衆巴庸,接王室之頻遷,保邊隅而自大。蓋屬昭宗皇帝方兹播越,正切撫綏,洗彼瑕疵,潤之雨露,縮紅斾碧幢之貴,兼鳳池雞樹之榮。狂兒逢山,漸展橫行之志。鳴梟出穴,曾無返哺之聲。拔本塞源,見利忘義。加以結連同惡,聚集群凶,當天步多艱,莫展扶持之節。及坤維暫絶,却爲僭僞之謀。烈士聞之撫膺,懦夫見之攘臂。泊兹餘裔,益奮殘妖,閹竪擅權,而勛賢結舌。不稼不穡,奢侈者何啻千門;内淫外荒,塗炭者已餘萬室。而更納其短見,侮我大朝,輒橫拒轍之臂,擬舉投羅之翼。我皇帝仰膺玄讖,再造皇圖,四時順而玉燭明,萬匯安而金繩正。惟兹蜀土,敢隔朝風,連營虣恤養之恩,比屋困煩苛之政。每聞殘酷,深所憫傷。是命車徒,以申吊伐。步卒則矗如山列,騎車則迅若雷奔,振雄聲而詁動乾坤,騰銳氣而動搖河岳。彼若率兵赴死,我則無陣不摧。彼若據壘偷生,我則無城不拔。却慮高低士庶,遠近封巡,不早回翔,終同覆滅,故今曉示,貴在保全。應三川管内,有以藩鎮降者，即授之節度；有以州郡降者，即授之刺史；有以鎮縣降者，即付之主守；有能見機知變，誅斬僞命將帥，以其藩鎮城池降者，亦以其官授之。如列陣交鋒之際，有以萬人已上降者，授之節度；五千人已上，授之大郡；三千人已上，授之次郡；一千人已上，授之主將。有蜀城將校誅斬僞主首領降者，授以方鎮。如蜀主王衍首過自新，以三川歸國，即授之方面。其同謀將校，當加列爵。有舊在本朝文武官或負罪流落在蜀者，苟能率衆歸朝，一切不問。大軍所行之處，不得焚燒廬舍，剽掠馬牛，所有降人，倍加安撫。所罪者一人僣僞，所救者萬姓瘡痍。況蜀主宗枝，成都父老，較其罪狀，良可矜寬。只如僞梁挾我皇威，窺吾大寶，爲四十年之巨寇，覆十九葉之丕基。昨國家平定中原，只誅元惡。列藩牧伯，咸不替移。闔境生靈，一無騷擾。雖蜀中遐僻，亦合傳聞。各宜審計變通，速謀歸向。據茲事件，得以旌酬。勿謂無言，竟貽後悔。故茲示諭，各宜知悉。"時排陣斬斫，使康延孝將勁騎三千，步兵萬人爲前鋒，招撫使李嚴與延孝同行，散人賫檄以喻蜀部。

（宋）王欽若等編纂：《册府元龜》卷四一六《將帥部》

後唐竇廷琬，同光初爲復州游奕使，奸盗屏迹。

（宋）王欽若等編纂：《册府元龜》卷六九五《牧守部》

任圜爲工部尚書。同光末，從魏王繼岌伐蜀。蜀平，魏王班師。及利州，先鋒使康延孝叛，以勁兵欲回劫西川，繼岌遣人馳書諭之。夜半，令中使李延安召圜，因署爲副招討使，令圜率兵七千餘騎，與都指揮使梁漢顒、監軍李延安討之。圜先令都將何建宗擊劍門，下之。圜以大軍至漢州，延孝來逆戰。圜命董璋以東川懦卒當其鋒，伏精兵於其後。延孝擊退東川之軍，急追之，遇伏兵起，延孝敗，馳入漢州，閉壁不出。西川孟知祥以兵二萬與圜，令合勢攻之。漢州四面樹竹木爲柵，圜陣於金雁橋，即率諸軍鼓譟而進。四面縱火，風熖亘空。延孝危急，引騎出戰，遇陣於金雁橋，又敗之。延孝以十數騎奔綿州，何建崇追及擒之。圍命載以檻車，至鳳翔，詔誅之。

（宋）王欽若等編纂：《册府元龜》卷四二三《將帥部》

　　郭崇韜，同光末爲招討使，伐蜀軍，入大散關。崇韜以馬棰指山險，謂魏王繼岌曰：“朝廷興師十萬，已入此中，儻不成功，安有歸路？今岐下飛挽，才及旬日，必須先取鳳州，收其儲積，方濟吾事。”乃令李嚴、康延孝先馳書檄，以諭僞鳳州節度使王承捷。及大軍至，承捷果以城降，得兵八千，軍儲四十萬。次至故鎮，僞命屯駐指揮使唐景思亦以城降，得兵四千。又下三泉，得軍儲三十餘萬。自是師無匱乏，軍聲大振。其招懷制置、官吏補署、師行籌畫、軍書告諭，皆出於崇韜，繼岌承命而已。

（宋）王欽若等編纂：《册府元龜》卷三六七《將帥部》

　　符彥超，爲汾州刺史。同光末，魏州軍亂，天下騷動，詔彥超北京巡簡。朝廷先令内養吕、鄭二人，一監兵，一監倉庫，留守張憲與彥超承應不暇。及蕭牆變起，明宗入洛，皇弟存詔單騎入河東，與二寺人謀殺彥超、張憲，據城自衛。彥超預知其謀，夜密謁憲曰：“總管入洛，存詔此來無善意，濟之以吕、鄭，吾徒禍不旋踵矣。宜出機先，無落腐人之手。”憲儒者，又以莊宗故吏，不忍背之，猶豫未決。是日，彥超部下大譟，趨紙橋。至暝，牢城兵軍集，憲出奔，殺吕、鄭、存詔於衙城。詰旦，號令諸軍，三城晏然。

（宋）王欽若等編纂：《册府元龜》卷四二三《將帥部》

　　符彥饒，爲汴州馬步軍都指揮使。明宗天成元年，詔發汴軍三千人戍瓦橋關，控鶴指揮使張諫部率。既出城，軍衆大譟，回戈攻門，剽劫坊市，殺權州知州推官高遁，仍劫彥饒爲節度使。彥饒喻之曰：“公等以離家遠戍，不願進程，吾可爲爾奏聞。明天子在上，安得自擇主帥？行如此事，未見其福。”亂兵不遜，彥饒懼及禍，曰：“爾輩欲吾爲帥，當宜便止焚劫，一從吾命。”軍衆曰：“然。”即分命撫遏，斬其暴

者。是日安靜,彥饒曰:"翌日吾於南衙領事,當以軍禮見。"彥饒密與
拱衛指揮使龐超謀,伏甲於室。詰朝,諸將入賀,陳列,彥饒曰:"昨日
暴亂者,數人而已。將立法令,無宜長惡。"即命斬張諫及同惡三人,
諫黨張審瓊召其衆,大譟於建國門。彥饒乃率軍攻擊,遂入張諫營,
殺其謀亂者四百人。

  (宋)王欽若等編纂:《册府元龜》卷四二三《將帥部》

  明宗天成二年二月,制曰:"荆南節度使、開府儀同三司、守太尉、
尚書令、南平王高季興可削奪官爵,仍令襄州節度使劉訓充南面招討
使、知荆南行府事,許州節度使夏魯奇爲副招討使,統蕃漢馬步四萬
人進討。"以其叛故也。又命湖南節度使馬殷以湖南全軍會合,以東
川節度使董璋充南面招討使,新授岐州刺史西方鄴爲副招討使,共領
川軍下峽,三面齊進。

  (宋)王欽若等編纂:《册府元龜》卷一二三《帝王部》

  (天成二年)四月,與劉訓等詔曰:"朕昨以妙選師臣,往除凶孽,
自長驅於銳旅,將並擊於孤城。已發使臣,叠頒詔諭,料龍韜之此舉,
顧蟻垤以即平。今已漸向炎蒸,不可持久。切在訓齊貔虎,速進梯
衝,必期此月之中,須殄干天之逆。責令戰士免至疲勞,兼冀生民早
諧蘇息。惟卿忠烈,體朕憂勤,儻能克副於指呼,便見立成其功效,固
於酬獎,予無吝焉。癸卯,有內臣自荆南至,云暑雨方甚,兵士苦之。
及劉訓有疾,乃命樞密使孔循徑往荆南城下。五月,破其水寨而回。

  (宋)王欽若等編纂:《册府元龜》卷一二三《帝王部》

  後唐明宗天成二年十月乙酉,帝幸汴州。戊子,至京水店。汴州
分巡院官王榮走馬報朱守殷已叛。帝親統禁軍,倍程先進。己丑,師
臨汴州,四面逼之,人百其勇,鬥不逾時,城潰而入,戮其黨類,晡晚收
軍。當日寧帖告諭天下曰:"朕以名藩龍潜舊地,思覃風教,爰議巡
游。今月九日至滎陽,得朱守殷詐奏,稱本道都指揮使馬彥超等欲謀

叛逆，輒使殺害。尋令宣徽使范延光徑往撫諭，自後更無申奏。節度使宋敬殷及使臣十餘並遭陷没。至十日，探知虜掠近城，居人上城閉門，顯爲拒捍。朕親御六軍，徑臨孤壘，守殷逆黨，敵於鄭門。百姓望風下城效順，守殷一家遂自屠戮，尋獲首級，已復城池。且朱守殷久事本朝，繼膺重委。洎朕纘承宗社，前後累降，渥恩統處。尹宗薦居節制，位兼將相，貴極人臣，此謂戮力一心，贊時爲國。殊不知潛懷梟性，暗畜狼心，全無事上之忠，遽恣欺天之意。遂加誣於都校，兼殺戮於近臣，驅脅生靈，拒張車駕，果貽衆怒，誅厥全宗。凶狂之釁自招，悖逆之辜莫逭。一方既静，萬國永安。凡所聞知，當極慶快。如有諸色人被朱守殷密行文字，妄有扇搖，蓋慮奸細，點黷良善。朕皆明察，不汝疵瑕，當各安懷，勿爲罣慮。"庚寅，帝御玄德殿受賀。宣陝府節度使石敬瑭權知汴州事。辛卯，百官自鄭州到，立班稱賀。臣欽若等曰："後唐莊宗雖稱尊號，未至河南，其中征伐並具《創業門》。

（宋）王欽若等編纂：《册府元龜》卷一一八《帝王部》

王晏球，爲宋州節度使。天成二年，授北面行營副招討，以兵戍滿城。是歲，王都據定州叛，命晏球攻之。晏球圍城既久，帝遣使督攻城。晏球曰："賊壘堅峻，但食三州租税，撫恤黎民，愛養軍士，彼自當魚潰。"帝然其言。晏球能與將士同其甘苦，所得賜禄私財，盡以饗士，日具飲饌，與將校筵宴。待軍士有禮，軍中無不敬服。其年冬，平賊。自初至於城拔，不戮一士，上下歡心，物議以爲有將帥之略，以功授天平軍節度使。

（宋）王欽若等編纂：《册府元龜》卷四〇五《將帥部》

（天成）三年四月，北面副招討使王晏球以定州節度使王都反狀聞。制曰："王者君臨八表，子育萬民。務匿瑕含垢之仁，引禁暴戢兵之德。每存寬恕，貴就和平。其有受國深恩，承家舊履，乖失臣節，包藏禍心，萌悖亂以欺天恣，貪殘而害物，苟無征討，曷示紀綱。義武軍節度、觀察等使、檢校太尉兼中書令、守定州刺史、太原郡王王都，狠以凡材，托於盛族，梟獍之凶早縱，豺狼之性不移，位極人臣，迹無忠孝。自朕纘承大業，懷輯群方，山河之寄愈堅，帶礪之盟益甚。凡於事體，每務優崇。骨肉淪落者，並致歸還；嗣息薦論者，遍加任使。一門受寵，九族同榮。近以家艱，疊頒國命。行吊遠縈於卿士，奪情尋復於公侯。繼下絲綸，薦及垣翰，在予之分，於爾何虧？而屬者所爲，頻彰逆狀，徵發不從於朝命，賦租罔係於省司。擅致軍都，遍抽編户，專修城壘，潛造甲兵。説誘佐命藩臣，留滯歸朝刺史，賴皆忠順，尋各奏聞。曾令近侍馳書，責使深思改過，載惟撫御，敢怠含弘。近乃長惡靡悛，亂常尤甚。遣奸人招軍前節級，出妖言惑管内生靈，兼挂牒文，已爲邊患。闔境之蒸黎愁沮，遠遣告陳；鄰藩之主帥封章，共期裁定。其王都宜削奪在身官爵，仍令馬步兵士於州側近權置行州，招誘在州軍人百姓，及安撫鄉川人户。於戲！不祥之器寧願舉於干戈；無罪之民豈忍墜於塗炭。將行吊伐，倍軫情懷。勉施極赦之功，勿致傷夷之弊。雖軍威須振，在王道無虧，凡百戎臣，當體朕意。宣佈遐邇，咸使聞知。應諸道舊有定州兵士處並詔安撫，勿令憂疑。”又制：“北面行營權副招討歸德軍節度使王晏球可充北面招討使、權知定州軍州事、北面行營馬軍都指揮，横海軍節度使安審通充北面行營副招討、兼諸道馬軍都指揮使，宣殿直翟令奇等十五人起諸道軍伐定州。以鄭州防禦使張虔釗爲北面兵馬都監。”四年二月，平王都。

　　（宋）王欽若等編纂：《册府元龜》卷一二三《帝王部》

　　（天成三年）九月，詔武寧軍節度使房知温兼荆南行營招討使知荆南行府事。以尚食使馬從斌守澤州刺史，中外命八道起軍赴襄陽。四年五月，高從誨歸順。

　　（宋）王欽若等編纂：《册府元龜》卷一二三《帝王部》

　　（天成三年）十月，詔邠州節度使李從敬攻慶州，以刺史竇廷琬拒命故也。十二月，平廷琬。

　　（宋）王欽若等編纂：《册府元龜》卷一二三《帝王部》

（天成三年）十月，定州王都反，以齊州防禦使孫璋充北面行營馬步都虞候。丙午，制：“橫海軍節度觀察等使、檢校司徒李從敏兼北面行營副招討使。”

（宋）王欽若等編纂：《册府元龜》卷一二〇《帝王部》

（天成三年十月）是月丁酉，朔方軍大將已下差人齎絹表到京，請朝廷命帥以安藩閫。戊戌，以前襄州守禦並本州城兵馬都監、磁州刺史康福爲檢校司空、靈州大都督府長史、行梁州刺史、充朔方、河西等軍節度、靈威、雄武涼州等觀察、處置、管内、營田、押蕃落、度支鹽池、榷稅等使。

（宋）王欽若等編纂：《册府元龜》卷一二〇《帝王部》

明宗天成三年，荊南高李興叛。九月己亥，詔：“武寧軍節度使房知温，兼荊南行營招討使、知荊南行府事，以尚食使馬從斌守澤州刺史，中外分命，百道赴軍襄陽。”

（宋）王欽若等編纂：《册府元龜》卷一二〇《帝王部》

長興元年四月十八日，收復河中，斬楊彦温，傳首來獻。初，彦温莊宗朝累遷裨將；天成初，末帝出鎮河中，奏爲衙將，善遇之。至是，彦温承安重誨意，乘末帝閲馬於黃龍莊，據州城謀叛。末帝尋遣人詰之曰：“吾善待汝，何苦爲叛？”彦温報曰：“某非敢負恩，緣奉樞密院宣頭令某拒命，請相公但歸朝廷。”蒲民感末帝惠養之恩，揭竿持梃敵彦温之徒者甚衆，竟以堅甲利兵不勝而退。數日，詔末帝歸朝，帝疑其詐，不欲興兵，授彦温絳州刺史。安重誨堅請出師，即命西京留守索自通、侍衛步軍都指揮使樂彦稠等率兵攻之，五日而敗，自閉門及敗凡十三日。初，彦稠出師，帝戒之曰：“與朕生致彦温，吾將自訊。”及收城斬首傳送，帝怒彦稠等。時議者以當時四海帖然，五兵載戢，蒲非邊郡，近在國門，而彦温安敢狂悖？皆以爲安重誨方弄權柄，從榮等諸王敬事不暇，獨忌末帝威名夙著，己素在其下，每於帝前屢言其短。帝既鍾慈愛不聽,重誨巧作規圖,冀能傾陷也。彥溫既誅,末帝在清化宅,重誨謂馮道等曰:"蒲帥失守,責帥之義法當如何? 公等安得緘言!"重誨諷道等論列,欲致末帝於有過之地。翼日,起居馮道奏合行朝典,帝不説,謂宰臣曰:"吾兒爲奸黨所傾,未明皂白,公等發此言,是不欲留在人間也。"趙鳳堅奏:"《春秋》責帥之義,所以激勵藩守。"帝曰:"皆非公等意也。"二人惶悚而退。居數日,帝於中興殿見宰臣,趙鳳承重誨意,又再論列,帝問侍臣他事,無所言。翼日,重誨復自論列,帝曰:"卿欲如何制置,吾便隨汝。"重誨曰:"於陛下父子之間,臣不合苦言,一禀聖旨。"帝曰:"從他私第閒坐,何煩奏也。"乃止。

(宋)王欽若等編纂:《册府元龜》卷五七《帝王部》

長興元年四月,皇子河中節度使從珂遣人口奏曰:"今月五日閲馬於黄龍莊,衙内指揮使楊彥溫據城謀叛。尋時詰問,稱奉宣命。臣見在虞鄉縣,狀候進止。"帝謂安重誨曰:"亂臣賊子,何代無之? 安得有此語!"重誨曰:"奸賊之言也,宜速進討。"即命西京留守索自通、侍衛指揮使樂彥稠等率兵攻之,仍授彥溫絳州刺史,冀以誘而擒之。彥稠辭,帝謂之曰:"與吾生致彥溫,吾將面訊之。"遣左右羽林都指揮使張從賓率宿衛兵士指揮赴河中。是月,斬彥溫。

(宋)王欽若等編纂:《册府元龜》卷一二三《帝王部》

(長興元年)九月,利、閬、遂三州奏:"東川節度使董璋結連西川孟知祥,點聚鄉兵,欲來攻逼州城,探得發兵次。"安重誨奏曰:"自今年三月後來,山南、東川諸州奏報董璋叛逆者數十。陛下以事機未發,含垢匿瑕,臣必知有此事。"帝曰:"朕不負他,以生靈之故,須議興師問罪。"乃以左驍衛上將軍趙在禮爲同州節度使,兼西南行營馬步軍都指揮使。又下制曰:"王者興師討伐,若行其時雨;農夫去草誅鋤,務絶其本根。具載格言,式符戎略,而況天垂弧矢,盡殪狼星,國舉干戈,當平賊子。得不朝申號令,夕議削除? 安邦守正翊贊功臣、

劍南東川節度使、特進、檢校太尉、同中書門下平章事、梓州刺史董
璋,受國深恩,殿邦重寄,但恣貪殘之性,莫分宵旰之憂。唯務包藏顯
章,侮慢朝廷。每施含垢,具爲掩瑕,略無悛革之心,轉有狂迷之狀。
伺便而侵漁仁境,何名而點發義軍?仍於關防,輒修堡砦,兼傳書檄
招寇盜於晉州,尋縱賊徒欲窺覦於遂府。焚燒民舍,驅虜耕牛。覽奏
報以實繁,數愆尤而莫盡,豈有武虔裕身爲刺史,輒敢縻留;大程官手
執宣頭,略無遵稟,而又淫刑害物,酷法作威。鐵籠之炮炙未開,金鑊
之科罪并發。善人知懼,惡貫已盈。且擢發以難窮,宜燃臍而不赦。
今則已征師旅,將掃妖氛,舉烈火以燎毛,飛嚴霜而脫葉。匪朝伊夕,覆
狡擒奸。於戲! 無禮於君,奮鷹鸇而驅鳥雀;有功必賞,誓帶礪而保山
河。殄寇則理在必然,興兵則事非獲已。凡在遐邇,宜體朕懷。其董璋
在身官爵並削奪。"又詔西川節度使孟知祥兼東川西面供饋使,天雄軍
節度使石敬瑭充東川行營都招討使,武信軍節度使夏魯奇爲之副。

　　　　　　　　(宋)王欽若等編纂:《册府元龜》卷一二三《帝王部》

　　(長興元年)十二月,遣樞密使安重誨赴西面軍前。時帝以蜀路
險阻,進兵艱難,潼關以西,物價絕賤。百姓般糧往利州,每費一斛,
不得一斗,至令噍類攘攘,逃竄山谷,或聚爲盜,慮不堪命。帝念饋挽
之苦,形於顏色,謂近臣曰:"聞勞擾軍,前未有成功,孰能辦吾事者?
朕須自行。"重誨奏曰:"此臣之責也。臣今請行。"許之。言訖面辭。
翼月發赴軍。前邠州節度使李敬周如京師。羅延魯供奉官周務謙、
丁延徽、陳審瓊、韓玫、符彦倫等並從重誨西行。

　　　　　　　　(宋)王欽若等編纂:《册府元龜》卷一二三《帝王部》

　　安重誨爲樞密使。長興二年伐蜀,明宗以蜀路險阻,進兵艱難,
潼關已西,物價甚賤,百姓輾運至利州,率一斛不得一斗,謂侍中曰:
"關西勞擾,未有成功,孰能辦吾事者,朕須自行。"重誨奏曰:"此臣
之責也。"請行,帝許之,言訖而辭。翌日遂行。

　　　　　　　　(宋)王欽若等編纂:《册府元龜》卷三八九《將帥部》

（長興）三年正月,詔藥彥稠、康福往方渠鎮討党項叛命者。丁酉,康福等率騎軍先進,帝御興教樓,誡以賞罰之令而遣之。

（宋）王欽若等編纂:《册府元龜》卷一五八《帝王部》

長興三年十月戊午,帝御廣壽殿,謂范延光、秦王從榮等曰:"契丹欲謀犯塞邊上,宜得嚴重帥臣。卿等商量誰爲可者以聞。"甲戌,秦王從榮奏:"伏見北面奏報,契丹族帳近塞,吐渾、突厥已侵邊地。北面戍卒雖多,未有統率,早宜命大將。"帝曰:"卿等商量定未?"具奏曰:"將校之中,康義誠可。"帝曰:"召義誠來。"遂令宣徽使朱弘昭往知襄州事代義誠還京師。臣欽若等曰:"時晉高祖首預其選,事具《帝王·創業門》。"

（宋）王欽若等編纂:《册府元龜》卷一二〇《帝王部》

周馮暉善戰有勇,後唐明宗朝領瀘州刺史,典禁兵。長興初,董璋據東蜀叛,攻陷閬州。其年秋,晉祖將兵繇大散關討之,川賊守劍門。暉與趙在禮各領部下兵,逾險阻他道出於劍門之左,掩襲之,殺守兵殆盡。

（宋）王欽若等編纂:《册府元龜》卷四二〇《將帥部》

王思同閔帝應順元年爲京兆尹,兼西京留守。時潞王鎮鳳翔,與之鄰境。及潞王不稟朝旨,致書於秦、涇、雍、梁、邠諸帥言:"賊臣亂政,屬先帝疾篤,謀害秦王,迎立嗣君。自擅權柄,以至殘害骨肉,搖勖藩垣,懼先人基業忽焉墜地,故誓心入朝,以除君側。事濟之後,謝病歸藩。然藩邸素貧,兵食俱困,欲希國士,共濟艱難。"乃令小伶安十十以五弦謁見思同,因勸諫諷。又令軍校宋審溫者請使於雍,若不從命,即獨圖之。又令推官郝詡、府吏朱延乂以書檄起兵。會副部署藥彥稠至,方宴,而岐使適至,乃繫之於獄。彥稠請誅審溫,拘送詡赴闕。時思同已遣其子入朝言事,朝廷嘉之,乃以思同爲鳳翔行營都部署,起軍營於扶風。三月十四日,與張虔釗會於岐下,梯衝大集。十五日,進攻東西關城,城中戰備不完,然死力禦扞,外兵傷夷者十二三。十六日,復進攻其城。潞王登陴,泣諭於外,聞者悲之。張虔釗性褊,詰旦,西面用軍,與都監皆血刃以督軍士。軍士齊訴,反攻虔釗。虔釗躍馬避之。時羽林指揮使楊思權引軍自西門先入,降從珂,而思同未之知,猶督士登城。俄而嚴衛指揮使尹暉呼曰:"城西軍已入城受賞矣,何用戰邪!"軍士解甲弃仗之聲振動天地,日午,亂軍畢入。涇州張從賓、邠州康福、河中安彥威皆遁去。十七日,思同與藥彥稠、萇從簡俱至長安,劉遂雍閉關不內,乃奔潼關。二十二日,潞王至昭應,前鋒執思同來獻。王謂左右曰:"思同計乖於事,然盡心於所奉,亦可嘉也。"顧謂趙守均曰:"思同,爾之故人,可行迓之於路,達予撫慰之意。"思同至,潞王讓之曰:"賊臣傾我家國,殘害骨肉,非子弟之過。我起兵岐山,蓋誅一二賊臣耳。爾何首鼠兩端,多方誤我?今日之罪,其可逃乎?"思同曰:"臣起自行間,受先朝爵命,擁旄仗鉞,累歷重藩,終無顯效以答殊遇。臣非不知攀龍附鳳則福多,扶衰濟弱則禍速,但惟瞑目之後,無面見先帝。釁鼓膏原,纍囚之常分也。"潞王爲之改容,徐謂之曰:"且宜憩歇。"潞王欲宥之,而楊思權之徒耻見其面,屢啓於劉延朗,言思同不可留,慮失士心。又潞王入長安,時尹暉盡得思同家財及諸妓女,故尤惡思同。與劉延朗亟言之,屬潞王醉,不待報,殺思同並其子德勝。潞王醒,召思同,左右報:"已誅之矣。"潞王怒延朗,累日嗟惜之。

(宋)王欽若等編纂:《册府元龜》卷三七四《將帥部》

任漢權,爲西京弓弩指揮使。末帝清泰二年,漢權言:"六月二十一日,與川賊戰,兵少不敵。都監崔處訥傷甚。臣部署神武堅鋭兵士,除夷傷外,並至鳳翔。"又言:"蠱屋都頭許温、勇勝都頭王思儒、强温、李文通下六百三十七人,並自漢陰敗歸。"

(宋)王欽若等編纂:《册府元龜》卷四四三《將帥部》

沙彥珣,爲雲州節度使。末帝清泰三年七月,步軍指揮使桑遷謀應太原,引戍兵圍子城。時無兵甲,彥珣突圍出城,就西山據雷公口二日,招集兵士,入城剪伐亂軍。桑遷戰敗,不知存亡。是日,應州尹暉復部送桑遷與同謀叛太原人李元信至,鞫訊伏罪,並尸於市。

(宋)王欽若等編纂:《冊府元龜》卷四二三《將帥部》

　　張敬達,末帝清泰中從晉高祖爲北面兵馬副總管,仍屯兵雁門。未幾,晉高祖建義,末帝詔以敬達爲北面行營都招討使,仍便委引部下兵圍太原,以定州節度使楊光遠副焉。尋統兵三萬,營晉安鄉。末帝自六月有詔促令攻取,敬達設長城連柵,雲梯飛礟,使工者運其巧思,窮土木之力。時督事者每有所爲城柵,則暴風大雨,平地水深數尺,而城柵摧墮,竟不能合其圍。九月,契丹軍至,張敬達大敗。晉高祖與蕃衆期迫,一夕而圍合。自晉安營南門之外,長百餘里,闊五十里,布以氈帳,用毛索懸之銅鈴,而部伍多備犬以備警急。營中嘗有夜遁者,出則犬吠鈴勆,跬步不能行焉。自是,敬達與麾下雜部曲五萬人,馬萬匹,無由四奔,但見穹廬如岡阜相屬,諸軍相顧,色如死灰,始則削木篩糞以飼其馬,日望末帝救軍。及馬漸羸死,則與將士分而食之。馬盡食殫,副將楊光遠、次將安審琦知其不濟,勸敬達宜蚤降以求自安之計。敬達曰:"吾受恩明宗,位歷方鎮。主上授我大柄,而失律如此,已有愧於心也。今救軍在近,且暮雪耻有期,諸公何相迫邪? 待勢窮,則請殺吾,携首以降,亦未爲晚。"光遠與審琦知敬達意未決,恐坐成魚肉,遂斬敬達以降。末帝聞其歿也,愴慟久之。虜主戒其部曲及漢之降者曰:"爲臣當如此人。"乃令部人收葬之。

(宋)王欽若等編纂:《冊府元龜》卷三七四《將帥部》

　　張敬達爲校尉太保、應州刺史。清泰三年九月,敬達奏:"此月十五日,與契丹戰於太原城下,王師敗績。"時契丹主自率部族來援太原,高行周、苻彥卿率左右厢騎軍出門,蕃軍引退。已時後,蕃軍復成列。張敬達、楊光遠、安審琦等陣於賊西北,倚山橫陣。諸將奮擊,蕃軍屢却。至晡,我騎軍將移陣,蕃軍如山而進,王師大敗,投兵仗相籍而死者山積。是夕，收拾餘衆，保於晉祠南晉安寨。蕃軍塹而圍之，自是音問阻絶，朝廷大怒。

（宋）王欽若等編纂：《册府元龜》卷四四三《將帥部》

張敬達爲晉州節度使，從晉高祖爲北面兵馬副總管，仍屯兵雁門。未幾，晉祖建義，末帝詔以敬達爲北面行營都招討使，仍便委引部下兵圍太原，以定州節度使楊光遠副焉。尋給兵三萬，營於晉安鄉。末帝自六月，繼有詔，促令攻取。敬達設長城、連栅、雲梯、飛礮，使工者運其巧思，窮土木之力。時督事者每有所構，則暴風大雨，平地水深數尺，而城栅摧墮，竟不能合其圍。九月，契丹至，敬達大敗，尋爲晉祖及蕃衆所迫，一夕圍合。蕃衆自晉安寨南門外，長百餘里，闊五十里，布以氈帳，用毛索懸鈴，令部伍多縱火，以備警急。營中嘗有夜遁者，出則犬吠鈴動，跬步不能行焉。自是敬達與麾下部曲五萬人、馬萬匹，無繇四奔，但見穹廬，如高阜相屬。諸軍相顧失色，始則削木篩糞以飼其馬，日望朝廷救軍。及馬漸羸死，則與將士分食之。馬盡食彈，副將楊光遠、次將安審琦，知其不濟，勸敬達宜早降，以求自安。敬達曰：“吾受恩於明宗，位歷方鎮。主上授我大柄，而失律如此，已有愧於心也。今救軍近，在旦暮雪耻有期，諸公何相迫耶？待勢窮，則請携吾首以降，亦未爲晚。”光遠與審琦知敬達意未決，恐坐成魚肉，遂斬敬達以降。末帝聞其殁也，愴慟久之。時戎王戒其部曲及漢之降者曰：“爲臣當如此人。”令部人收葬之。

（宋）王欽若等編纂：《册府元龜》卷四四四《將帥部》

石君立，爲李嗣昭前鋒，敵人畏之。王檀之逼晉陽也，城中無備，安金全驅市人以登陴，保守不完。時莊宗在魏博，救應不暇，人心危懼。嗣昭遣君立率五百騎，自上黨朝發暮至。王檀游軍扼汾橋，君立一戰敗之，徑至城下，馳突斬擊，出入如神，大呼曰：“昭義侍中大軍至矣！”是夜入城，與安金全等分出諸門，擊殺於外。遲明，梁軍敗走。

（宋）王欽若等編纂：《册府元龜》卷四一四《將帥部》

劉鄩，唐末爲淄州刺史、淄青行軍司馬，襲取兗州。鄩遣細人詐爲鬻油者，覘兗城虛實及出入之所，視羅城下一水竇可以引衆而入，遂志之。鄩乃告青帥王師範，請步兵五百，宵自水竇銜枚而入，一夕而定。末帝時，爲開封尹，遙領鎮南軍節度使。朝廷分相、魏爲兩鎮，遣鄩率大軍屯南樂，尋以精兵萬人，自洹水移軍魏縣。晉王來覘，鄩設伏於河曲叢木間，俟晉王至，大譟而進，圍之數匝，殺獲甚衆，晉王僅以身免。鄩乃潛師由黃澤西趨太原，將行，慮爲晉軍所追，乃結芻爲人，縛旗於上，以驢負之，循堞而行，將數日，晉人方覺。軍至樂平，會霖雨積旬，師不克進，鄩即整衆旋。

（宋）王欽若等編纂：《册府元龜》卷三六七《將帥部》

李嗣昭爲蕃漢馬步行營都將，武皇遣嗣昭與周德威，領大軍自慈、隰進攻晉、絳，營於蒲縣。汴將朱友寧、氏叔琮將兵十萬，營於蒲縣之南。汴帥自領軍至晉州，德威之軍大恐，有虹貫德威之營。氏叔琮率軍來戰，德威逆擊，爲汴人所敗。兵仗輜重委弃殆盡，朱友寧長驅至汾州，慈、隰二州復爲汴人所據。

（宋）王欽若等編纂：《册府元龜》卷四四三《將帥部》

朱守殷，莊宗時爲蕃漢馬步都虞候。時河上對壘，帝潛師之下鄆州也，守殷方守德勝寨，爲王彥章攻之，全失禦備。賊衆斷其浮橋，遂失南寨。莊宗聞之曰：“駑才大誤予事。”因徹北寨，往固楊劉，與彥章軍沿流並進，相遇即戰。北，至重傷者十有八九，定霸之基幾墜於此。明宗聞於鄆州，密請以覆軍之罪罪之，莊宗私於腹心，忍而不問。

（宋）王欽若等編纂：《册府元龜》卷四四三《將帥部》

李嗣昭，權幽州軍府事。會閻寶爲鎮州張處瑾所敗，莊宗以嗣昭代之。嗣昭爲流矢所中，尋卒於師。

（宋）王欽若等編纂：《册府元龜》卷四二五《將帥部》

周德威爲盧龍軍節度使，時新州偏將盧文進，殺其帥李存矩，叛投契丹。胡騎攻我新州甚急，刺史安金全不能守，弃城而遁。阿保機令文進部將劉殷壽爲刺史，固守其城。帝怒，遣周德威及河東鎮定之師三萬攻之，營於城東。俄而文進引契丹大至，德威拔營而歸，因爲契丹所躪，師旅多喪。

（宋）王欽若等編纂：《册府元龜》卷四四三《將帥部》

樂彥稠爲副招討使，時閔帝嗣位，與王思同攻鳳翔。禁軍之潰，彥稠欲沿流而遁，爲軍士所擒而獻之。

（宋）王欽若等編纂：《册府元龜》卷四四三《將帥部》

史建瑭，爲相州刺史。張文禮叛，總北面行營兵馬攻趙州，進攻鎮州，營於西南隅。日以輕騎逼門，爲伏弩所中，歸營而卒。

（宋）王欽若等編纂：《册府元龜》卷四二五《將帥部》

孫重進爲大將，性嚴重立法，士卒畏憚。天祐末，張文禮據鎮州，重進攻之，戰没於東垣渡。

（宋）王欽若等編纂：《册府元龜》卷四二五《將帥部》

李存進，爲魏博馬步都侯。會王師討張文禮於鎮州，招討李嗣昭不利而殁，以存進代之，遂討鎮州。王處瑾盡率其衆，乘其無備，奄至壘門。存進聞之，得部下數人出門，驅賊於橋下。俄而賊大至，後軍不繼，血戰而死。

（宋）王欽若等編纂：《册府元龜》卷四二五《將帥部》

夏魯奇，明宗時爲遂州節度使。劉訓討荆南，魯奇爲副招討使，移鎮遂州。時孟知祥、董璋據有兩川，魯奇僻居南鄙。董璋之叛，與知祥攻遂州旬日，援路斷絶，兵盡食乏。勢知必屈，乃自刎而卒。

（宋）王欽若等編纂：《册府元龜》卷四二五《將帥部》

安審通,爲橫海軍節度觀察等使,兼北面行營諸道馬軍都指揮使。圍中山,躬冒矢石,以先士卒,志平氛祲,爲飛矢所中,卒。

（宋）王欽若等編纂:《册府元龜》卷四二五《將帥部》

朱建豐爲趙州刺史。王師討定州,爲北面行營右廂步軍都指揮使。張延朗以偏師先圍新樂,卒於王事,詔贈太傅。

（宋）王欽若等編纂:《册府元龜》卷四二五《將帥部》

晉高祖天福二年六月,六宅使張言自魏府使回,奏范延光叛命,遣客省使李守真往延光所問罪。尋以侍衛使楊光遠充魏州四面都部署,以東都巡簡使張從兵爲副。

（宋）王欽若等編纂:《册府元龜》卷一二三《帝王部》

（天福二年）七月,安州軍亂,都指揮使王暉害節度使周環於理所,遣右衛上將軍李金全領千騎赴安州。八月,王暉爲部下所殺。九月,以李金全爲節度。

（宋）王欽若等編纂:《册府元龜》卷一二三《帝王部》

（天福二年）十一月,賜魏州都部署楊光遠空名官告,自司空至常侍凡四十道,將士立功者得補之而後奏。三年九月,延光降。

（宋）王欽若等編纂:《册府元龜》卷一二三《帝王部》

晉郭海金,爲護聖都指揮使,領黄州刺史。天福二年,襄州安從進謀犯闕。海金爲行營先鋒都指揮使,與李建崇等同於唐州湖陽遇從進軍萬餘人。海金以一旅之衆突擊,大敗之。策勛授檢校太保、商州刺史。

（宋）王欽若等編纂:《册府元龜》卷四一九《將帥部》

宋廷浩,爲房州刺史,汜水關巡簡使。天福二年,爲賊軍所害。

（宋）王欽若等編纂:《册府元龜》卷四二五《將帥部》

（天福）五年五月，安州節度使李金全叛，詔新節度使馬全節以洛、汴、汝、鄭、鄆、宋、陳、蔡、曹、濮十州之兵討之。以前郴州節度使安審暉爲副，以内客省使李守貞爲都監，仍遣供奉官劉彦瑶馳詔以諭金全。彦瑶既至金全麾下，齊謙以詔送於淮南。雲夢人齊峴斬謙歸其詔於門。六月，收復安州。

（宋）王欽若等編纂:《册府元龜》卷一二三《帝王部》

晉安重榮爲鎮州節度使。天福六年五月，執契丹使拽刺，以輕騎掠幽州南境之民，處於博野。乃貢表及馳書天下，述契丹受天子父事之禮，貪傲無厭，困中國之民，供億不逮，已繕治甲兵，將與决戰。高祖發使，諭而止之。

（宋）王欽若等編纂:《册府元龜》卷四四六《將帥部》

（天福）六年十一月，襄州節度使安從進一軍叛，以西京留守高行周爲南面軍前都部署，前同州節度使宋彦筠爲副，宣徽南院使張從恩監焉。以護聖左第四軍指揮使安懷浦爲行營馬軍都指揮，以奉國右第四軍都指揮使杜希遠爲行營步軍都指揮使，以護聖左第四軍都指揮使郭金海爲先鋒使，東京内作坊使陳思讓監護焉。七年八月，平之。

（宋）王欽若等編纂:《册府元龜》卷一二三《帝王部》

（天福六年）十二月，三州節度使安重榮稱兵向鄴都，乃遣聖奉國宗順興國威順等馬步軍三十九指揮擊之。鄆州節度使杜重威爲招討使，邢州節度使馬全節爲副，兼排陣使，前貝州節度使王周爲馬步軍都虞候，洛州團練使王令温爲馬軍都指揮使，奉國左第三軍都指揮使程福贇步軍都指揮使、護聖右第六軍都指揮使史文釗爲先鋒都指揮使，鄴都作坊使翟令奇爲先鋒都監。七年正月，斬安重榮，復鎮州。

（宋）王欽若等編纂:《册府元龜》卷一二三《帝王部》

周廣友，爲郴州衙内都指揮使。天福七年二月，郴州周密奏差男廣友部領馬步兵士二百人,往延州救應,殺戮逆黨,却回到州。

(宋)王欽若等編纂:《册府元龜》卷四一四《將帥部》

梁漢璋,爲永清軍節度使。天福八年,詔領千騎戍冀州。尋以杜重威北討,詔以漢璋充北面軍馬都排陣使,戍游口關,與虜騎五千相遇於浮陽之北界,苦戰竟日,以衆寡不侔,爲流矢所中,没於陣。

(宋)王欽若等編纂:《册府元龜》卷四二五《將帥部》

晉少帝天福九年正月乙亥,滄鎮貝鄴馳告契丹前鋒趙延壽、趙延昭領兵五萬將及甘陵。是日,發兵六千屯澶淵以待之。庚辰,以宋州節度使高行周爲北面行營都部署;河陽節度使符彦卿爲騎軍左排陣使,宿州刺史梁進明副之;神武統軍皇甫遇爲騎軍右排陣使,懷州刺史薛懷副之;陝府節度使王周爲步軍左排陣使,泌州刺史劉詞副之;羽林統軍潘環爲步軍右排陣使,麟州刺史尹實副之。護聖左右厢主王景、王萬敢爲騎軍左右將,慈州刺史周景殷、武衛將軍張鵬監護;奉國左右厢主李殷、程福贇爲步軍左右將,閤門使蕭處仁、高勛監護;前絳州刺史劉在明爲先鋒都指揮使,衛州刺史石公霸副之,坊州刺史陳思讓監護。又以前單州刺史劉禧爲都壕寨使,前階州刺史姚武爲都橋道使。壬午,詔曰:"朕以恭承先旨,尊奉北朝,無事不隨,有求皆應。竭國家之財用,務蕃漢之歡和。豈謂貪殘,終隳信義,直驅戎虜,深犯封疆。如是憑陵,安能俯就?顧師徒之憤惋,念生聚之凋傷。頃議親征,用平醜類。蓋救驚搔之患,寧辭跋涉之勞。取此月十三日,躬御六師,北征雜虜,指期旦夕,悉蕩氛霾。凡爾百僚,當體朕意。以前邠州節度使李同爲東京留守,前晉州節度使周密、前同州節度使李懷忠爲東京巡檢使。"乙酉,帝離京。戊子,鎮、邢、洛、德四州告攻圍日急。辛卯,講武於北都。甲午,以北京留守劉知遠爲幽州道行營招討使,鎮州節度使杜重威副之,定州節度使馬全節爲都虞候,職員將校委招討使便宜署置。丙申,虜以偏師寇黎陽,遣右武衛上將軍張彦澤、亳州防禦使李萼、坊州刺史陳思讓率勁騎三千拒之。辛丑,太原奏：與契丹偉王戰於秀容，斬首三千級，生擒五百人，獲其大將一十七，奪得偉王金槍鐵甲及旗幡等，潰散敵軍入鴉鳴谷，已進軍襲之。

三月丙午，先鋒指揮使石公霸遇敵數萬騎於戚城之北，爲敵所圍。高行周、符彥卿在城之東南方，息於林下，忽聞賊至，駭愕督軍而進，纔數千騎，衆寡不較。行周遣人馳告景延廣請益師。延廣遲留，俟帝進止。既而行周等爲敵圍之數重，三人大譟，瞑目奮擊，契丹傷死者甚多。帝自御親兵援之，前軍獲免。戊申，李守直等軍至馬家渡，賊步卒萬人方築壘濬隍，以騎軍散列其外，舟楫數十猶渡兵未已。我師搏之，敵騎退走，遂攻其城，四面樹梯，一鼓而上。賊衆大敗，乘馬赴河溺者數千。西岸虜軍數萬，鼓譟揚旗，以脅我軍。及見東岸，俘執斬刈大半陷没水中，即大哭而去。是日，獲敵馬八百匹，執敵將莫城義節樓使崔裕、先鋒梁思榮、契丹大首領信悉、兵馬都監常尊王令威、吐渾將黨大地、羽林使閣令省、軍校張興、王佐卿、張令霸等魁首七十八人，部典節級五百人，送於行在。餘衆數千，即時斬之。辛亥，夏州節度使李彝殷、銀州刺史李彝沼合蕃漢之兵四萬抵麟州，濟河侵契丹之境。易州刺史安審約戰契丹於北平，獲車馬兵仗，賊走保祁溝關，斷其橋梁而還。乙卯，梁州刺史康彥進率兵侵瀛州，破荆棗、北薛二城。己未，定州節度使馬全節率州兵掠秦州，破白團城，生擒敵軍七百人，獲牛馬千餘及器械八百。滄州奏：賊皇城使李珂領兵三千，援送所掠男女三千餘人及貨具等長蘆而歸。尋率輕騎攻其不意，斬獲千餘人，人口輜重悉委之而走。

三月癸酉朔，虜主耶律德光領兵十餘萬來戰。是日，高行周前軍在戚城之南。既午，其將趙延壽、趙延昭以數萬騎出於王師之西。德光以鐵騎出我師之東接戰，交相勝負。至晡時，德光以勁兵中央而來，帝亦出親軍列後陣，二陣俱列，東西偃月，際於河涘，旗幟鮮盛，士馬嚴整。德光望之，懼形於色，謂左右曰："楊光遠言晉朝兵馬半已餓死，今日觀之，何其壯耶？"虜騎往來馳突，左折右旋，我師植立不動，萬弩齊彀，飛矢蔽地，馬行其中，多所躓蹶。賊軍稍却，王師亡命者告德光曰："南軍東面人少，沿河城柵不固，宜併兵攻之。"德光乃令千騎爲隊，前銳後方，攻其東首。李守貞、薛懷讓以勝兵數千急赴之，大戰。王師敗。時夾馬軍士千餘人在堤間治水寨，使人急亟召之。旗幡之末出於堰埭，虜以爲僞遁，伏兵所起，遂整軍而立，良久復戰。守貞在戰之後，立馬於大冢之端，去陣三百餘步，不敢寸進。俄頃，王師又退至冢下，李守貞以數百騎短兵直進擊之。虜稍退，戰場之地，人馬死者無算。斷箭殘鏃交橫，厚數寸。既而昏暝，賊擊鉦而去，夜行三十里，乃收合夷傷，萃於野次。甲戌，太原鎮定咸奏："已各離本部，刻期於邯戰會合師徒。"乙亥，虜主帳內小校竊德光所乘馬來奔。辛巳，傳木書收軍北去。四月，帝還京。

（宋）王欽若等編纂：《册府元龜》卷一一八《帝王部》

天福九年，契丹入侵，命宋州節度使高行周爲北面行營都部署，河陽節度使符彥卿爲騎軍右排陣使，宿州刺史梁進明副之。神武統軍皇甫遇爲騎軍右排陣使，懷州刺史薛懷讓副之。陝府節度使王周爲步軍左排陣使，沁州刺史劉詞副之。羽林統軍潘環爲步軍右排陣使，麟州刺史尹實副之。護聖右厢主王景、王萬敢爲騎軍左右將，慈州刺史周景殷、武衛將軍張鵬監護。奉國左右厢主李殷、程福贇爲步軍左右將，閤門使蕭處仁、高勛監護。前絳州刺史劉在明爲先鋒都指揮使，衛州刺史石公霸副之，坊州刺史陳思讓監護。又以前單州刺史劉喜爲都壕寨使，前階州刺史姚武爲都橋道使。

（宋）王欽若等編纂：《册府元龜》卷一二〇《帝王部》

晉盧順密，爲右厢都指揮使。天福初，高祖幸夷門，范延光據鄴城叛。高祖命諸將相次領軍討之，順密亦預其行。會騎將奉進屯於滑州，尋爲滑率符彥饒所殺。軍衆大亂，爭荷戈拔劍嗷呼於外。時馬萬爲步軍都校，不爲遏之。順密未明其心，乃率部曲數百趨謂諸將及萬曰："滑臺去行闕二百里，我等家屬悉在闕下。爾輩如此，不思血屬乎？奉進見殺，過在彥饒，擒送天子，必立大功。順我者賞之，不順我者殺之。"萬曰："善。"諸軍遂不敢動。乃引軍北攻牙城，執彥饒於樓上，使裨將方太押送赴闕，滑城遂定。朝廷即以馬萬爲滑州節度使，時飛奏皆以萬爲首故也。後數日，高祖知功縣順密，尋以順密爲涇州留後。

（宋）王欽若等編纂：《册府元龜》卷四二三《將帥部》

少帝開運元年五月，遣侍衛親軍都虞候李守貞率步騎二萬討楊光遠於青州。以守貞爲青州行營都部署，以河陽節度使符彦卿副之。閏十二月，平之。

（宋）王欽若等編纂：《册府元龜》卷一二三《帝王部》

晉少帝開運元年八月，制曰："宣王講武，逐獫狁於太原；漢帝出師，走匈奴於瀚海。是知蠻夷猾夏，不能絶之於古今；戎狄無厭，不能拘之以信義。先皇帝昔當草昧，方在龍潛，未登鄗邑之壇，始有晉陽之難。契丹主徑驅蕃部，直抵并郊，遂解重圍，助成大統。我之興也，彼有力焉。於是邀之以鬼神，申之以盟誓，載諸簡册，傳厥子孫。爾後常念前因，每思厚報，减宮闈之服玩，罄府藏之珠珍，供億無時，道途相望。而契丹貪殘滋甚，驕縱異常，通使命於江淮，徵貢輸於郡國。包藏既久，奸譎漸萌。既而興議誼譁，群情憤激，軍民扼腕，中外同辭，請興貔虎之師以遏豺狼之患。先皇帝重其信誓，篤以初終。降萬乘之尊，禮不義之虜，耗中原之力，奉無己之求。迨於纘受丕圖，虔承顧命，每欲息民繼好，敢忘屈己從人？所以厚禮卑辭以隆其意，推心置腹以示其誠。其如鴆毒潛深，獸心難革，乘我歉歲，伐予大喪，平視中原，竊窺神器。朕實不德，民罹其殃，愧悼增深，寤寐興嘆。向者躬提黄鉞，親指靈旗，駐於甘泉，自春徂夏。賴祖宗垂慶，天地儲休，猛將如雲，謀臣若雨，士百其勇，人一其心。寸鏃不遺，狂戎自潰，氛霾少息，師旅凱旋。今則漸入秋，深慮爲邊患。朕以志平寇難，不敢荒寧，將期親率全師，恭行天討，庶幾一舉，永静三邊。罔辭櫛沐之勞，用拯生靈之患，得不精求將帥，慎柬偏裨？冀成破竹之功，以殄折膠之寇。爰於剛日，乃降命書。

順國軍節度、鎮深趙等州觀察處置、幽州道行營副招討等使、特進、檢校太師兼中書令、行真定尹駙馬都尉杜重威，地居戚里，神授戎韜，久服金革之勞，累濟艱難之運。虎牢晝閉，一麾而蝥賊自消；河朔未寧，再駕而氛妖纔息。戡定之業，溢於鼎鐘。

太平軍節度、鄆齊棣等州觀察處置兼管内河堤等使、光禄大夫、檢校太尉平章事張從思，清明可鑒，忠正無邪，夙懷刺虎之謀，早列濯龍之籍。當襄陽之役，克成監護之勛。及北虜之來，實賴藩籬之固，器業之用，可謂縱橫。

西京留守起復檢校太尉兼侍中、行河南尹景延廣，文武全才，雲龍際會，指經綸於掌内，藏甲馬於胸中。久權七萃之師，繼委十連之帥。軍民畏伏，畿甸肅清。左右之勞，書於盟府。

武寧軍節度徐、宿等州觀察處置等使、開府儀同三司、檢校太師兼侍中趙在禮，河嶽鍾靈，松筠植性。授玉鈐之秘略，得金版之沈機。輔翼數朝，周旋重鎮。述職而必先九牧，事君而唯盡一心，尊獎之功光乎史册。

建雄軍節度、晉慈隰等州觀察處置等使、特進、檢校太師平章事安叔千，衆推武庫，素曉陣圖，疾惡如讎，見義思勇。觴酒豆肉，無虧撫士之心；尺籍伍符，盡得總戎之訣。軍旅之任，實契僉諧。

前泰寧軍節度、兗沂密等州觀察處置等使、特進、檢校太師平章事安審信，久處腹心，早攀鱗翼，倜儻乃萬夫之長，驍雄真六郡之豪。燕頷虎頭，咸仰將軍之相，牙璋犀節，累持方伯之權。英特之名，播於中外。

河中護國將軍、節度管内觀察處置等使、開府儀同三司、檢校太師平章事安審琦，嚴明無斁，寬簡自居。善知奇正之謀，備熟孤虛之法。首赴風雲之會，昔同帶礪之盟。累殿藩垣，嘗堅夾輔，連帥之重，倚若長城。

河陽三城節度、孟懷等州觀察處置管内河堤等使、青州行營副都部署、特進檢校太師符彦卿，惟爾先臣，實爲名將，世襲弓裘之慶，門傳忠孝之規。西漢三雄，徒稱傑出；東京七校，乃爲時生。竭盡之心，貫於金石。

義成軍節度、滑濮等州觀察處置管內河堤等使、北面行營馬步都
虞候、開府儀同三司、檢校太師皇甫遇，劍敵萬人，力摧九虎。赤羽若
日，蒲大夫之英風；快馬如龍，曹景宗之意氣。繼承重寄，必竭純誠，
義烈之稱，播於寰海。

北面行營馬部都排陣使兼馬軍都指揮使、特進、檢校太保、右神
武統軍張彥澤，猛若關、張，氣吞荊、聶。薦膺委寄，每著勤勞。嗚鏑
離弦，既得吟猿之妙；青萍出匣，久彰斷兕之名。營陣之間，皆推
果毅。

橫海軍節度、滄景德等州觀察處置管內河堤等使、幽州道行營右
廂排陣使、特進、檢校太師王延裔，鬼谷傳書，神龜授印。委鎮臨於滄
海，賴控扼於邊陲。繕甲治兵，暗蓄摧凶之計；深溝高壘，不移持重之
心。捍禦之謀，斷於胸臆。

保義軍節度、陝虢等州觀察處置等使、特進、檢校太尉宋彥筠，威
惠兼著，膽氣無儔。累佐戎權，善貞師律。千軍萬馬，憚陳慶之雄名；
三令五申，得孫武之戰術。將帥之選，皆謂當仁。

前懷德軍節度管內觀察處置等使、光祿大夫、檢校太傅田武，早
從戎武，備歷艱難。安邊展頗牧之才，制勝合韓吳之法。向者仗其舊
德，委以邊藩，頗資外御之功，實有分憂之績。忠貞之節，雅叶束求。

北面行營步軍都排陣使兼步軍都指揮使、特進、檢校太保、左神
武統軍潘環，幕府書勛，師干著效。攻城野戰，獨麾鄭國之旗；陷陣先
登，幾獲魚門之胄。

洎外環衛，彌見公忠，兵革之時，所宜登用，而皆位崇侯伯，任重
茅土，俱爲社稷之臣，悉是棟梁之具。或推忠徇義，或報國忘家，常堅
翼戴之心，夙蘊澄清之志。朕所以告於宗廟，質以蓍龜，授之以征鼙，
付之以蕭鐵。但以狂戎侵掠，生聚虔劉，既貽中國之羞，抑亦人臣之
恥。爾等上則受先皇顧托，輔予沖人，次則副朝廷倚毗，委之重任。
所宜同德比義，戮力齊心，各竭乃誠，共安國步，功業可以不朽，富貴
可以無窮。況今芻粟俱充，士卒咸憤，旌旗萬隊，甲馬千群。呼吸則

山嶽蕩搖,號令則乾坤震動。以此制敵,何敵不摧?以此攻城,何城不克?佇期獻俘清廟,懸首素旗,同集大功,永清四海。於戲!周王任吉甫、南仲,乃慴戎夷;漢帝任去病、衛青,遂空沙漠。今吾命帥,皆謂得人,勉立異勳,速平多難,無令數子,獨擅前功。凡我股肱,當體朕意。杜重威充都招討使,張從思充兵馬都監,景延廣充馬步軍都排陣使,趙在禮充馬步軍都虞候,安叔千充馬步軍左排陣使,安審信充馬步軍右排陣使,安審琦充馬步軍都指揮使,符彥卿充馬軍左都指揮使,皇甫遇充馬軍右都指揮使,張彥澤充馬軍排陣使,王廷裔充步軍左都指揮使,宋彥筠充步軍右都指揮使,田武充步軍左廂排陣使,潘環充步軍右廂排陣使。臣欽若曰:"時漢高祖爲太原留守,授北面行營都統,具《帝王·創業門》。"

（宋）王欽若等編纂:《冊府元龜》卷一二〇《帝王部》

開運元年十一月壬申,詔曰:"朕以蕃寇未平,邊陲多事。選求將帥,徵發師徒,北面屯軍,汾河守禦。即日雖無侵軼,亦須廣設隄防。朕將親率虎貔,躬擐甲胄,俟聞南牧,即便北征。不須先定日辰,別行曉諭。所有供億支用,宜令三司預自指揮。令隨從諸司職員並宜常備行。諸侯不得朝覲,亦不得以進獻供侍借斂吏民,凡百臣僚當體是意。"

（宋）王欽若等編纂:《冊府元龜》卷一一八《帝王部》

（開運）二年正月乙丑離京。二月丙子,次澶州,大閱諸軍於戚城東。帝乘馬指揮於軍中。丁丑,復大閱,列左右陣,戎容甚肅。帝親乘馬指揮,至晚還行宮。己卯,敕以許州符彥卿充北面行營馬軍都指揮使,統軍潘環充北面行營步軍都指揮使。壬午,定州、易州各差人奏契丹攻圍祁州。癸未,宣差皇甫遇領馬步軍兵士二十九、指揮天威兵士二千一百八十人進發。是月,契丹陷祁州。刺史沈斌死之。三月甲辰,都招討使杜威奏:"今月八日,臣與都監李守貞、副招討馬全節、安審琦、皇甫遇等部領大將發赴定州。"易州刺史安審約奏:"二月三日夜,差壯丁三百人入賊寨,斫營戮賊約千人,損馬七百匹。"又據狼山諸寨稱相繼邀殺蕃軍不少。庚戌,杜威大軍攻泰州。刺史晉廷謙以州降,獲守城兵士三百八十九人。辛亥,易州安審約奏:"狼山守把孫方簡掩殺,得賊頭諧里相公一千餘人,奚車一兩,內有諧里妻及奴婢等。"甲寅,杜威收復滿城,獲契丹首領没剌相公及守城兵士一千九百六十四人,內七百人是新、蔚二州兵士,並放歸本道,其一千二百人是契丹,監送次。乙卯,收復遂城縣。其守城契丹留六十三人首領,餘並處斬。丁巳,杜威退還泰州。是日,契丹前鋒至涿州。戊午,杜威大軍在泰州,契丹前鋒至矣。己未,大軍離泰州,契丹躡其後。是夜,營於方順河側,賊亦相隨立牙帳。己未,大軍次陽城。庚申,契丹賊騎如墻而來。大軍步卒排鬥底陣,騎軍鬥二十餘合。午後,張彥澤、皇甫遇、符彥卿等選勁騎擊賊,遂行千餘里,賊渡白溝而去。癸亥,戰於白圍谷。是日,契丹主在奚車中,及軍敗走,車行十餘里,追兵既急,獲一橐駝乘之而走。乙丑,杜威大軍自定州班師赴鎮州。敕曰:"眷唯泰郡,素乃漢疆,偶隸蕃戎,久罹塗炭。遇王師之進討,傾臣節以來降。況地處要衝,人推勇悍,將控臨於黠虜,宜係屬於雄藩。其泰州宜割屬定州爲屬郡,以狼山寨主孫方簡爲泰州刺史,仍檢校尚書右僕射本州守禦都指揮使充定州東西面都巡簡。"四月丙寅朔,北面軍前遣人走馬報:"前月二十八日,殺戮賊軍大敗。"是月,帝還京。

(宋)王欽若等編纂:《册府元龜》卷一一八《帝王部》

王清爲奉國都虞候、洺州刺史。少帝開運二年,從杜重威北征解陽城之圍,清苦戰爲步校之最,加檢校司空。及從杜重威收瀛州,聞契丹大至,重威率諸軍沿滹水而將保常山。及至中渡橋,虜已屯於北岸,且扼歸路。清知勢蹙,請於重威曰:"軍去常山五里,守株於此,營孤食盡,將若之何? 請以步軍二千爲其前鋒,奪橋開路,公可率諸軍繼之。期入常山必矣。"重威可之,遣宋彥筠俱行。清一擊獲其橋,虜爲之小却。重威猶豫不進,密已貳於國矣。彥筠尋退走,清列陣北岸,嚴戒部曲日暮酣戰不息。虜以生軍繼至,我無寸刃益之,清與其下俱没焉。

（宋）王欽若等編纂：《册府元龜》卷四二五《將帥部》

蔡行遇爲左武衛將軍。少帝開運初，博州刺史周儒以城降虜，又與楊光遠人使往返，引契丹於馬家渡濟河。時郭謹在汶陽，遣行遇率數百騎赴之。遇伏兵於葭葦中，突然而出，轉鬥數合，部下皆遁。行遇爲賊所執，鋒鏑重傷，不能乘馬，坐畚中舁至虜帳。

（宋）王欽若等編纂：《册府元龜》卷四四四《將帥部》

吴巒爲復州防禦使。開運中，權知貝州。虜復南牧，擾我河塞，巒以城無戍兵，爲虜所陷，遂死之。

（宋）王欽若等編纂：《册府元龜》卷四二五《將帥部》

晉沈斌，少帝開運中爲祁州刺史。契丹入寇，自鎮州回，以羸兵驅牛羊過其城下，斌乃出州兵以擊之，契丹以精騎剗其門邀之，州兵陷賊。

（宋）王欽若等編纂：《册府元龜》卷四四三《將帥部》

漢田再榮仕晉，爲護聖左厢都指揮使。開運末，契丹犯闕。明年，虜主北去。再榮從虜帳至真定。其年閏七月，晦，李筠、何福進相率殺虜師。麻答據甲仗庫，勢未退。筠等使人召再榮，再榮端坐本營，遲疑久之，爲軍吏道所迫，乃行。翊日，逐出麻答，諸軍以再榮名次在諸校之右，乃請權知留後事。

（宋）王欽若等編纂：《册府元龜》卷四四六《將帥部》

楊光遠爲宣武軍節度使、判六軍諸衛事。時范延光據鄴城叛，光遠率兵討之。光遠進攻城圍，又奏賊城四面凍合壕水，請添兵并力攻取。尋分命使臣往諸道抽取，齊赴魏州軍前。光遠逼寇氏門置寨，賊勢愈蹙。

（宋）王欽若等編纂：《册府元龜》卷三六九《將帥部》

晉景延廣爲侍衛親軍使，少帝即位，以爲己功，尋加使相，彌有矜伐之色。始朝廷遣使告哀北虜，無表致書，去臣稱孫，虜怒，以使來讓。延廣乃奏令契丹圖運使喬榮告邪律氏曰："先帝則北朝所立，今上則中國自册，爲鄰爲孫則可，無稱臣之理。"且言"晉朝有十萬口橫磨劍，翁要戰蚤來，他日不禁孫子，則取笑天下，成後悔矣。"由是與虜立敵，干戈日尋，所謂惟口起戎是也。又請下詔追楊光遠，高祖在位時宣借騎兵。光遠忿延廣，怨朝廷，遂遣間使泛海構虜。明年十二月，虜乃南牧，以三年正月下甘陵。河北儲蓄，悉在其郡，帝大駭，率六師親駐澶淵。虜攻張從恩於鄴下，克；又分衆濟汶陽黃河北津以趣榮丘，爲我騎將皇甫遇、李守真挫其鋒。虜尋退，次攻澶淵，延廣爲上將，凡六師進退，皆出胸臆，自帝以下不能制，衆咸憚而忌之。虜既還，猶閉柵自固。士大夫曰："昔與虜絕好，言何勇也。今虜至若是，氣何憊也。"時延廣在軍，母凶問至，自澶淵津北移津南，不信宿而復莅戎事，曾無慼容，下俚之士，亦聞而惡焉。

（宋）王欽若等編纂：《册府元龜》卷九三五《總録部》

晉符彦倫知相州，契丹入寇。行營都監張從恩引軍退保黎陽，唯留五百人守安陽河橋。彦倫與軍校謀曰："此夜紛紜，人無固志。五百疲兵，安能守橋？"即抽入相州之城爲備。至曙，賊軍萬餘騎已陣於安陽河北。彦倫令城下揚旌鼓譟，賊不能測。至辰時，渡河而南，悉陳甲騎於城下，如攻城之狀。彦倫曰："此虜將走矣。"乃出甲士五百於城北，張弓弩以待之。虜果引去。

（宋）王欽若等編纂：《册府元龜》卷四二八《將帥部》

晉郭璘爲易州刺史。契丹攻其郡，璘率勵士衆，同其甘苦，虜不能克。復以州兵擊賊，數獲其利。朝廷嘉之，就加檢校太保。虜主嘗謂左右："吾不畏一天下，乃爲此人所抑挫。"會杜重威降虜，使通事耿崇美誘其民衆，璘不能制，爲崇美所殺。

（宋）王欽若等編纂：《册府元龜》卷四二五《將帥部》

沈斌,爲祁州刺史。趙延壽知其無備,與蕃賊急攻之,仍呼謂斌曰:"沈使君,我故人也。擇禍莫若輕,早以城降,無自辱也。"斌登城呼曰:"侍中父子誤計,陷於腥膻。忍以犬羊之衆,殘害父母之邦,不自羞慚,反有德色。沈斌寧爲國家死,必不效所爲也。"翌日,城陷而卒。

(宋)王欽若等編纂:《册府元龜》卷四二五《將帥部》

尹暉爲右衛大將軍,范延光據鄴謀叛,以暉失意,密使人賫蠟彈,以榮利啖之。暉得延光文字,懼而私竄,欲沿汴水奔於淮南。高祖聞之,尋降詔招唤。未出王畿,爲人所殺。

(宋)王欽若等編纂:《册府元龜》卷四三八《將帥部》

漢高祖以天福十二年四月漢高祖於晉少帝開運四年二月即位,却稱天福十二年。收復承天軍。軍太原東鄙土門,路所衝也。是歲二月,帝率兵將下井陘。以晉太后過常山議還,乃留步卒一千戍之,備其不虞。時以虜還,守者怠,爲虜所偵,潛來攻我。我衆驚潰,虜乃焚其井邑,一日之中,狼烟百餘舉。帝曰:"必虜之將退,張虛勢也。"乃遣親將葉仁魯領步騎三千趣之。會虜黨發摵掠取,不意軍至,爲我所敗。斬級獲馬各千餘而還,一路遂平安。

(宋)王欽若等編纂:《册府元龜》卷一二五《帝王部》

漢高祖即位,稱天福十二年。是年閏七月,新授宋州節度使杜重威據鄴都叛,詔削奪重威官爵,貶爲庶人。以高行周爲行營都部署率兵進討。十一月,重威降。

(宋)王欽若等編纂:《册府元龜》卷一二三《帝王部》

漢高祖天福十二年九月,御札曰:"朕自副推崇,敢忘寅畏,及物必加於恩信,任人無間於親疏。期區宇之大同,俾蒸黎之小泰。洎朕始臨梁苑,畢會藩侯,蓋當再造之期,用普維新之命。莫不駿奔入覲,率俾争先。旌旄之寄咸遷,帶礪之盟益固。魏博、杜重威負釁雖重,在朕含垢亦深,盡捨前非,只期後效。是以授之真秩,換彼名藩,而禍胎已成,臭氣復作。北勾賊虜,南拒朝章,若不加誅,何以爲法? 黷我天憲,勞我兵威,今則大進梯衝,克收壁壘。重念一夫作孽,百姓何辜? 雖已推祝網之仁,尚宜軫納隍之慮,必恐孤城既拔,衆怒猶深,儻驚飇更迅於雷霆,即烈焰寧分於玉石。朕所以軫傷在念,想慮尤深,將親勞於六師,宜再詢於順動,豈辭櫛沐? 須議省巡。取今月二十九日,車駕起離闕下,暫幸澶魏已來,凡百士庶,宜體朕意。"

(宋)王欽若等編纂:《冊府元龜》卷一一八《帝王部》

(天福十二年)十月戊戌,帝至鄴城阮亭,駐蹕行府。節度使高行周率群校奉迎。午後,帝次御營。丙子,宣遣高行周督諸軍分攻城四面。是日,諸軍將士所傷甚衆,宣遣還營。始一日前諸軍入謁行宮,奏請攻城。帝曰:"朕本意自來者,止爲魏民久嬰,城壍有倒懸之危,復以重威執迷,抱耻無出處之計。今欲示之以武威,來之以大義,恃其恩待必見歸投。若使城中億萬之命重遭塗炭,何以表朕吊伐之意也? 如衆議,須意攻迫,但益兵張勢可矣!"時宰執奏曰:"兵法云:夫有金城湯池,内無積粟,雖善戰者不能守。況重威城孤兵散,勢窮力殫,輿櫬請死,期在旦夕而已。睿意所宣,生靈大幸,足以彰陛下有殷湯開網之仁也。"乙未,帝乘馬巡城,宣遣諸軍以竹籠橋布列架壕水攻擊,至未時還宮。丁卯,諸軍馬步兵士一千餘人各願充梯頭,於行宮見帝,面賜慰勉,以俟指命。壬申,杜重威與妻石氏即石晉宋國長公主也,相次遣牙校崔華、鄭進賫表獻款,乞赴行在。甲戌,又遣觀察判官王敏賫表赴行宮。丁丑,重威出降,鄴都平。是日,除重威守太傅、中書令、楚國公。

(宋)王欽若等編纂:《冊府元龜》卷一一八《帝王部》

(乾祐元年)七月,鳳翔節度使王景崇拒命不受代。詔新除鳳翔節度使趙暉充鳳翔行營都部署以討之。

(宋)王欽若等編纂:《冊府元龜》卷一二三《帝王部》

（乾祐元年）八月，命樞密使同中書門下平章事郭威赴河中軍前。詔河府、永興、鳳翔行營諸軍一稟威節制。二年七月，思綰、守貞平。三年正月，王景崇平。

（宋）王欽若等編纂：《册府元龜》卷一二三《帝王部》

隱帝乾祐二年三月，河中節度使李守貞謀叛，以陝州節度使白文珂爲河府城下一行都部署。四月，以檀州節度使郭從義永興軍一行兵馬都部署。時供奉官時知化、王益自鳳翔部署，前永興軍節度使趙贊部下牙兵趙思綰等三百餘人赴闕。三月二十四日，行次永興。思綰等作亂，突入府城，據城以叛。故命從義以討之。又以侍衛步軍都指揮使尚洪千充行營都虞候，以客省使王峻爲兵馬都監。

（宋）王欽若等編纂：《册府元龜》卷一二三《帝王部》

趙暉爲鳳翔兵馬都部署，以討王景崇。高祖乾祐二年十二月，暉上言：“前月十一日夜分，命兵士燒賊城諸門鹿角戰具，賊並不出門敵，擇日攻城。”次三年正月上言：“十二月二十四日，收復鳳翔，景崇舉家自燔。”

（宋）王欽若等編纂：《册府元龜》卷三六九《將帥部》

漢趙暉，乾祐初除鳳陽節度使，屬王景崇盜據岐山，期不受代，朝廷即命暉爲西南面行營都部署，統兵以討之。時李守貞叛於蒲，趙思綰據於雍，景崇皆援之，及引蜀軍出自大散關，勢不可遏。暉領兵數千，數戰而勝，然後塹而圍之。暉屢使人挑戰，賊終不出。暉乃潛使千餘人於城南一舍之外，擐甲執兵，僞爲蜀兵旗幟，循南山而下，詐令諸軍聲言川軍至，景崇乃令數千人潰圍而出，以爲應援。暉設伏而待，一鼓而盡殲之。自是景崇膽破，無復敢出，明年拔之。

（宋）王欽若等編纂：《册府元龜》卷三六七《將帥部》

漢史萬山，爲深州刺史。乾祐三年春，虜大入寇，萬山城守有功，虜退。周太祖遣索方進率騎七百屯深州,一日虜數十騎侵周東門,萬山父子以虜不多,乃率牙兵百餘人襲虜。虜僞退十餘里而兵發,萬山血戰,急請救於方進,方進勒兵不出,萬山死之。

(宋)王欽若等編纂:《册府元龜》卷四二五《將帥部》

郭瓊,爲沂州刺史。隱帝乾祐三年,密州刺史王萬敢奏奉詔領兵入海州界,至秋水鎮,俘掠焚蕩,更請益兵,詔瓊率禁軍赴之。

(宋)王欽若等編纂:《册府元龜》卷四一四《將帥部》

漢史弘肇爲都督,率兵討代州,平之。初,代州刺史王暉叛歸契丹,弘肇一鼓而拔之,斬暉以徇。

(宋)王欽若等編纂:《册府元龜》卷三六九《將帥部》

漢史弘肇,爲許州節度使,充侍衛步軍都指揮使。會王守恩以上黨求附,虜主命大將耿崇美率衆登太行,欲取上黨。高祖命弘肇以軍應援,軍至潞州,契丹退去。

(宋)王欽若等編纂:《册府元龜》卷四一四《將帥部》

禹洪遷,爲夏州節度使。會趙思綰據永興叛,從郭從義進討之。戰傷,卒於陣。

(宋)王欽若等編纂:《册府元龜》卷四二五《將帥部》

安文祐,潞人也。初,孟方立據邢洺,率兵攻上黨,朝廷授文祐昭義節度使,令討方立。自蜀至澤州,與方立戰,敗没於陣。

(宋)王欽若等編纂:《册府元龜》卷四二五《將帥部》

李瓊,爲威州刺史。行及鄭,遇群盜攻郡,瓊禦賊,中流矢而卒。

(宋)王欽若等編纂:《册府元龜》卷四二五《將帥部》

周太祖廣順元年正月，湘陰公劉贇、丁元從、右都押衙鞏廷美、教練使楊溫等據徐州以拒命。帝遣新授武寧軍節度使王彥超率兵赴之。廷美等遷延不肯開門，遂詔進攻，仍曉諭城內軍民曰："昨以鞏廷美、楊溫等不認朝旨，妄蓄疑心，累令招携，明示誠信，雖有章奏，尚未開門。既無果決之心，必是疑君之計。今以指揮王彥超排此大軍，攻討汝等。若能誅斬元惡，應接官軍上城者，若是將校員僚，只與超拜官資，兼授刺史。百姓即給厚賞，穩便安排。但收此絹書，以爲憑信。"三月，收復徐州。

（宋）王欽若等編纂：《冊府元龜》卷一二三《帝王部》

周孫漢均爲絳州。廣順元年二月，言州無守禦兵士，今欲抽鄉兵千人防城。從之。

（宋）王欽若等編纂：《冊府元龜》卷三九〇《將帥部》

陳思讓，廣順元年三月奉詔率兵往磁州，控扼黃澤路。十月甲寅，淄州言萊無鹽，爲草寇奔衝，城壁無可固禦，欲率兵五百板築。從之。

（宋）王欽若等編纂：《冊府元龜》卷三九〇《將帥部》

（廣順元年）十月，以並寇劉崇犯邊，攻圍未解，遣樞密使、平章事王峻將兵援之。

（宋）王欽若等編纂：《冊府元龜》卷一二三《帝王部》

周王峻爲樞密使。廣順元年，河東劉崇與契丹圍晉州。命峻爲行營都部署，至陝，駐留數夕。劉崇攻晉州甚急，太祖憂其不守，及議親征，取澤州路入，與峻會合，先令諭峻。峻遣驛騎馳奏，請不行幸。時已降御札，行有日矣。會峻奏至，乃止。峻軍已過絳郡，拒平陽一舍。賊軍燔營，狼狽而遁。峻入晉州，或請追賊，必有大利，峻猶豫久之。翊日，方遣騎軍襲賊，信宿而還。向使峻極力追躡，則并、汾之孽，無噍類矣。峻亦深恥無功計度，城平陽而回。

（宋）王欽若等編纂：《册府元龜》卷四三八《將帥部》

周太祖廣順二年正月，敕曰："兗州節度使慕容彥超不知恩信，輒恣凶狂。北則勾喚劉崇，南則結連淮寇，劫掠鄰縣，邀截路行，差補元隨主持鎮務，一向殘害生聚，百般誅斂貨財，贍養奸凶，圖謀悖亂，割剥之苦所不忍聞。朕每爲含容，欲全終始。近據東西諸處申奏，慕容彥超偏於管内抽點鄉軍，人户不伏追差，逐處殺劫鎮將，又懼挾仇屠害，悉是逃竄山林。言念衆多盡能忠孝，嗟我赤子遇此亂臣。方當寒凍之時，可想艱辛之狀，須行吊伐以救孤危。今差侍衛步軍都指揮使曹英等統領大軍往彼問罪。已指揮告報諸軍入兗州界，並不得下路村舍，斫伐桑棗，驅虜牛驢，毁拆舍屋，發掘墳墓。如有犯者，便行軍令。候至城下，委曹英散行指揮，安撫人户，兼勒諸縣令依舊勾當公事。仍差使臣於兗州四面邊界，招唤百姓，令著營養。如有惡黨接便爲非者，即就彼處斷。其人户不得更於堡塞團集，仍勒縣鎮官員節級明具朝廷。指揮告報勸課農桑，無失春計。兼自前有兗州管内人户被慕容彥超迫虜誑惑誘引見在州城内者，及有元在兗州充職人等，必是逐人各有骨肉房親在城，今官中一切不問。宜令州縣倍加安撫，勿縱節級所隸衷私恐嚇。若有全家並在兗州城内者，或有莊田店宅及諸般物産如元有人勾當，勒一切仍舊。若無人主張，即委鄰人簡較看守，勿信任人妄有佔據及毁拆斫伐，候收復城池，分付本主。一夫作亂，萬姓何辜？興言疚懷，傷嘆無己，故兹告諭各令知委。"曹英等討之，數月未克。四月，内出御札曰："昨以慕容彥超違負國朝，閉據城壘，尚稽顯戮，未決群情，方屬灾蒸，正勞師旅。朕恭臨萬國，深居九重，處宫闈之清虚，雖然遂性，念將士之勤苦，寧免疚心。暫自省巡，往申慰撫，況非遠路，不至甚勞。凡我臣僚，當體兹意。朕取五月五日進發，離京赴兗州城下，慰勞行營將士。沿路側近節度、防禦、團練使、刺史不得離本州府來赴朝覲。其隨駕一行供頓，並取係省錢物準備，差侍臣勾當，仍預告報，一路州縣並不得別有排比。其隨從臣僚、內外諸司官中已有供給,州縣亦不得別有破費祗供。其要載動用什物車乘,亦已指揮備辦,如闕少之時,候見宣命,即得供應,只不得預前排比。如衷私有人小小取索,並不得應副。或軍都及諸色人於路途店肆買所須什物,先還價錢。兩京留司百官只於遞中附表起居。時熱,不用差官至行在沿路所指揮事件。車駕回日,亦依此施行。以樞密副使鄭仁誨權大內都點檢,以中書侍郎同平章事判三司李穀權東京留守,兼判開封府。侍衛馬軍都指揮郭崇在京都巡檢。"庚申,帝發京師。戊辰,至兗州城下。乙亥旦,藥元福部下兵如羊馬城,遣奏帝。帝出宮督諸軍。繇是鼓譟而進,勇奮之勢不可遏。帝遣中使至南寨,促王峻進軍迫城。峻部下軍爭登城壘,賊衆奔潰。官軍遂入,直抵牙門。慕容彥超親率其黨來抵官軍,官軍退却,緣城而出,會城北大軍已攀堞而入。彥超復結隊死戰。虎犍都指揮使杜珣、東西班都虞候薄令遷死之。少頃,城南諸軍復入。彥超勢窘,乃與妻投井而死。彥超長子繼勛與徒黨五百餘自東門奔,帝遣騎兵追之。王峻亦領親騎追及,盡殺之,生擒繼勛以獻。六師大掠城中,死者萬人,兗州平。

(宋)王欽若等編纂:《冊府元龜》卷一一八《帝王部》

周高祖廣順二年正月,以侍衛步軍都指揮使曹英爲兗州行營都部署,齊州防禦使史延韜爲副部署,以皇城使向訓爲兵馬都監,陳州防禦使樂元福爲馬步軍都虞候,率兵討慕容彥超。

(宋)王欽若等編纂:《冊府元龜》卷一二〇《帝王部》

周錢俶,廣順二年遣間使言:"覘得淮南去年興兵,取湖南七州。近又以衆於彬連屯守,欲攻容桂。當道調發,兩路進軍。水取漳泉,陸取汀建。望朝廷聊出天兵,以爲犄角之勢。"

(宋)王欽若等編纂:《冊府元龜》卷四三〇《將帥部》

(廣順)三年正月,以兗州慕容彥超反狀已具,無以招懷,乃命侍衛步軍指揮使曹英爲都部署,起兵討之。仍以齊州防禦使史延超爲副,皇城使向訓爲都監,陳州藥元福爲行營馬步都虞候,龍捷右厢都指揮使王全斌爲行營馬軍都指揮使,控鶴都指揮使郭超爲行營步軍都指揮使,前貝州節度副使梁晉超爲行營馬軍都監,前棣州刺史李崿、坊州刺史靳霸、懷州刺史李萬超並佐營軍。五年,帝赴兗州軍前慰勞。是月破之,事具《帝王·親征門》。

(宋)王欽若等編纂:《册府元龜》卷一二三《帝王部》

折從阮,爲勝州觀察處置等使。廣順三年三月,率軍至落葉鎮,掩襲蕃部,尋却至慶州。折德扆爲府州團練使,廣順三年十二月,太原賊將喬贇引兵犯州界,尋出軍掩襲,敗走之。

(宋)王欽若等編纂:《册府元龜》卷四二〇《將帥部》

周世宗顯德元年正月即位。二月丁卯,河東賊將張揮率前鋒自團柏谷入寇,營於梁候驛,攻劫堡栅,殺掠焚燒,所至蕩盡。潞州李筠遣護軍穆令均率步騎千人拒之。時帝議親征,詢於執事者,中書令馮道等奏曰:"劉崇自平陽奔遁之後,勢弱氣奪,未有復振之理。竊慮聲言自來,誘語於我,兼以陛下纂嗣之初,先帝山陵有日,人心搖動,不宜輕舉,命將禦寇,深以爲便。"帝曰:"劉崇幸我大喪,聞我新立,自謂良便,必發狂謀,誑惑人心,勾誘北虜,謂天下可取,謂神器可圖。此際必來,故無疑爾。"時馮道以帝鋭意於親征,恐非萬全之策,因固諫之。帝曰:"昔唐太宗創業,天下草寇靡不親征,朕亦何憚焉?"道曰:"陛下亦不可效太宗。"帝又曰:"劉崇烏合之衆,首遇王師,必如山壓卵爾。"道對曰:"山壓,卵固不敵,不知陛下終作得山定否?"帝不悦而罷。三月癸未,帝降御札親征。壬辰,次澤州。甲午,戰於高平。大將樊愛能、何徽等失律,帝自率親騎臨陣督戰,諸將分兵追襲,勢若風雨,僵尸弃甲填滿山谷。己亥,宴從官於潞州之衙署。是日,誅樊愛能、何徽及諸軍將校監押使臣等共七十餘人,以高平陣見賊奔遁故也。又斬開封府馬步軍都指揮使郭令岩,以臨陣遷延不應指

使也。愛能暨徽皆自戎伍而爲列校,漢末太祖自鄴入平内難,各率
部兵以從,及太祖踐祚,累加擢用,尋以愛能爲侍衛馬軍都校,徽爲
侍衛步軍都校,皆遥領節制,其寵遇委用非不至也。而奸猾爲性,
臨事顧望,至是與劉崇對陣,愛能望賊而遁,徽所部兵未及成列,爲
蹂踐而散。既伏誅,中外無不盛稱帝之英斷。自是驕將惰卒股栗而
知懼矣。

（宋）王欽若等編纂:《册府元龜》卷五七《帝王部》

世宗顯德元年三月親征河東,大敗賊軍。初,兩軍之未整也,風
自東北起,不便於王師。及與賊軍相遇,風勢鬥回,人情相悅。

（宋）王欽若等編纂:《册府元龜》卷二六《帝王部》

世宗顯德元年三月,親征河東。時侍衛馬軍都指揮使樊愛能、何
徽之失律也,騎軍數千馳突南走,控弦露刃,劫掠輜重,衆庶大擾驚
走,不可勝數。帝遣近臣及親校宣諭止過,莫有從命者。散卒凶勃,
頗害使臣,皆遞相揚言:"契丹大至,官軍大敗,餘衆已解甲矣。"至暮,
知官軍克捷,散卒稍稍而回,亦有達曙而不至者。是日危急之勢,頃
刻莫保,賴帝英武果敢,親破寇敵,不然則社稷亦綴旒矣。

（宋）王欽若等編纂:《册府元龜》卷四四《帝王部》

世宗顯德元年三月,親征河東。四月戊申,命河陽節度使劉詞押
步騎三千赴洺州,皆樊愛能、向徽之部兵也。上以既誅其主,將不欲
加罪於衆,乃遣詞押領,分屯於洺州。

（宋）王欽若等編纂:《册府元龜》卷四一《帝王部》

世宗顯德元年三月,以天雄軍節度使衛王符彦卿爲河東行營都
部署、知太原行府事,澶州節度使郭崇爲行營副都部署,宣徽南院使
向訓爲行營兵馬都監,侍衛都虞候李重進爲行營都虞候,華州節度使
史彦超爲先鋒都指揮使,領步騎二萬進討河東。詔河中節度使王彦

超、陝府節度使韓通率兵自陰地關討賊,以河陽節度使劉詞爲隨駕都部署,以鄜州節度使白重贊爲隨駕副部署。二年六月,以曹州節度使韓通充西南面行營都虞候。

（宋）王欽若等編纂:《册府元龜》卷一二○《帝王部》

世宗顯德元年三月癸未,内出御札曰:"朕自遭閔凶,再經晦朔,山陵已卜,日月有期。未忘荼蓼之情,豈願干戈之役? 而河東劉崇幸災樂禍,安忍阻兵,乘我大喪,犯予邊境,勾引蕃寇,抽率鄉兵,殺害生靈,覬覦州郡。朕爲萬姓之父母,守先帝之基局,聞此侵凌,難以啓處,所宜順天地不容之意,從驍雄共憤之心,親御甲兵,往寧邊鄙。務清患難,敢避驅馳。凡在衆多,當體兹意。朕取此月十一日親率大軍取河陽路親征,仁平妖孽,永泰寰區。應沿路排當,並不得差遣百姓,科配州縣及於人户處借索劫掠。遠近節度刺史並不得輒離理所,求赴朝覲。應諸司各宜應奉公事者,即仰從駕。諸無事者,不在扈隨,務從省要,免至勞煩。故兹札示,想宜知悉。以樞密使鄭仁誨爲東京留守。"乙酉,帝御戎服,親總六師出東都。壬辰,次澤州。未晡,帝披甲具戎器觀兵於東北郊。郊距州十五里,夜宿於村舍。癸巳,前鋒與賊軍相遇。甲午,賊陳於高平縣南之高原,有賊中來者云劉崇自將騎三萬餘騎,嚴陳以待王師,鄉兵不與其數。初偵邏者云崇營於八議關關南,距高平四十里。契丹聚於長子縣,賊將張暉領三千餘騎爲前鋒。帝慮其奔遁,促兵以擊之。崇東西列陣,頗亦嚴整。河陽節度使劉詞帥師在後,勢未相繼。群情私相惴恐,惟帝銳氣益振,乃命侍衛馬步都虞候李重進與滑州節度使白重贊,將左居陣之西厢;侍衛馬軍都指揮使樊愛能、步軍都指揮使何徽將右,居陣之東厢;宣徽使向訓、鄭州防禦使史彥超,以精騎當其中;殿前都指揮使張永德,以禁兵衛蹕。帝介馬觀陣,兩軍交鋒,未幾,樊愛能望賊而遁,東厢騎軍潰亂,步卒數萬皆解甲投賊,呼萬歲數聲。帝覺勢危,乃自率親騎臨陣督戰。時太祖馳騎於陣前,臣欽若等曰:"自此以後言太祖者皆皇朝太祖歷試之事。"先犯其鋒,萬旅觀之,無不披靡。繇是戰士皆奮命争先,賊軍大敗。日暮,賊萬餘阻澗而陣,會劉詞領兵至,與大軍追之。賊軍又潰,臨陣斬賊將張暉及僞樞密使王延嗣,諸將分兵追襲,勢若風雨,僵尸弃甲填滿山谷。初夜,王師至高平,降賊軍數千人,所弃輜重兵器駞馬及僞乘輿器服等不可勝紀。壬寅,以天雄軍節度使衛王符彥卿爲河東行營、一行都部署兼知太原行府事,澶州節度使郭崇副之,宣徽南院使向訓爲監護,侍衛馬步都虞候李重進爲行軍馬步都虞候,鎮國軍節度使王彥超爲先鋒都指揮使領步騎二萬,進發討賊。乃詔河中節度使王彥超、陝府節度使韓通自陰地關入,與符彥卿會合進軍。又以河陽節度使劉詞爲隨駕都督署,鄜州節度使白重贊爲副。五月甲戌朔,帝宿於團柏谷。乙亥,次落漠驛。丙午,至太原城下,駐蹕於行宮。符彥卿率諸將已下來見。庚辰,命彥卿、郭從義、向訓、白重贊、史彥超等率步騎萬餘赴忻州。蓋自忻代歸順之後,蕃戎猶在境,故命諸將進軍以討之。帝復耀兵城下。癸未,幸城西,命諸軍飛炮以擊城。乙酉,親領六師巡城。戊子,幸太原城之東,引飛炮擊其門壘而旋。庚寅,城之四面設洞屋飛炮之具。辛卯,領親騎迫其東門,仍以飛炮擊之。壬辰,帝巡按四面軍砦。癸巳,遣李筠、張永德以三千騎赴忻州。時符彥卿等以契丹在忻北,請益兵以驅之,故遣筠等往焉。六月癸卯朔,帝巡賊城,親御軍士。己巳遲明,帝發自太原,夕次於來遠驛。是行也,大集兵車及徵山東、懷、孟、蒲、陝丁夫數萬,修洞屋雲梯以攻其城。旦夕之間,期於必取。會大雨,時行軍士勞苦,又聞忻口之師不捷,帝遂決還京之意。庚午,至自太原。

　　　　　　(宋)王欽若等編纂:《册府元龜》卷一一八《帝王部》

　　周穆令均爲潞州護軍。世宗顯德元年三月,河東賊將張暉率前鋒入寇,營於梁侯驛。潞州李筠遣令均率步騎各千人以拒之。乙亥,潞州上言:"令均所部兵爲劉崇所襲,官軍不利。"時令均營於太平驛,驛東南拒潞州八十里,令均拒寇,失於偵邏。是日,賊將張暉率衆,凌晨而至,王師遽然被甲介馬。及彼退,我軍追之,賊伏兵發,官軍且鬥且却,步卒降賊者數百人,餘衆回保潞州。我之騎軍不傷者僅百餘人，賊衆乘勝，遂薄於潞州之下。

（宋）王欽若等編纂：《冊府元龜》卷四四三《將帥部》

（顯德元年）七月，以鳳翔節度使王景兼西南面行營都招討使，以宣徽南院使鎮安軍節度使向訓兼西南面行營都監，以討秦鳳。

（宋）王欽若等編纂：《冊府元龜》卷一二○《帝王部》

（顯德元年）十一月，以宰臣李穀爲淮南道行營都部署，知廬、壽州行府事，以許州節度使王彥超爲行營副部署，命侍衛馬軍都指揮使韓令坤等一十二將，各帶行征之號以從焉。

（宋）王欽若等編纂：《冊府元龜》卷一二○《帝王部》

符彥卿，天雄軍節度使。顯德元年，從世宗親征河東，命彥卿赴忻州。時契丹駐忻北，游騎每及近郊。其月二十三日，彥卿與諸將勒兵列陣以待之。先鋒將史彥超，以二千騎遇賊於前。彥超勇憤，俱發左右馳擊，解而復合者數四，當其鋒者，無不顛仆。李筠、張永德以偏師自後擊之，軍退，史彥超死之，不獲其尸。前鋒爲虜隔絶，我軍重傷者數百人。蕃戎死者亦衆。是行，諸將論議，各有矛盾，故不能成大功。

（宋）王欽若等編纂：《冊府元龜》卷四五六《將帥部》

周世宗顯德二年四月，詔鳳翔節度使王景攻收秦、鳳二州。六月，以曹州節度使韓通充西南面行營都虞候。九月，僞秦州觀察判官趙玭以城降。十月，成州歸順。十一月，收復鳳州。初，晉末契丹犯闕，秦州節度使何建以秦、成、階三州入蜀，蜀人又收鳳州，至是秦、鳳人戶怨蜀苛政，相次詣闕，乞舉兵收復舊地，因而平之。四年二月，幸淮南，督諸軍收壽州。三月乙丑，大陳師旅，由浮橋濟淮抵壽州之北。庚寅，帝躬擐甲胄，擁兵攻破紫金山砦，擒獲甚衆。壽州劉仁瞻奉表請降，壽州平。四月，還京。十月，復幸淮南。十二月，泗州、濠州並以城歸順。是月，江南李景遣兵驅虜揚州士庶渡江，焚其州郭而去。五年正月，命將攻海州、楚州，並拔之。天長軍使以城歸順。三月丙申，李景遣其臣僞兵部侍郎陳覺奉表來上，且乞畫江爲界。江北平，凡得州十四、縣六十、户二十二萬六千五百七十四。以江南内附，頒詔於天下。六年三月，帝幸乾寧軍，大治舟師，以備北伐。四月丁酉，帝御龍舟，率内六軍鳴鼓棹順流而北。自關之西，河路漸溢，水不能勝舟，帝捨舟入于瓦橋關。僞莫州刺史劉信上表歸順。五月乙巳朔，侍衛軍使李重進已下諸將相帥師而至，是日，僞瀛州刺史高彦輝上表歸順。關南平，凡得州五、縣十七、户一萬八千三百六十一。是行也，王師數萬，不發一矢，而虜界城邑皆迎刃而下。

（宋）王欽若等編纂：《册府元龜》卷二〇《帝王部》

世宗顯德二年七月，以鳳翔節度使王景崇兼西面行營都招討使，宣徽南院使、鎮安軍節度使向訓兼西南面行營兵馬都監，收秦、鳳二州。先是，晉末契丹犯闕，秦州節度使何建以成、秦、階三州入蜀，蜀人又取鳳州。至是秦、鳳人户怨蜀之苛政，相次詣闕，乞舉王師收復舊地，乃有是命。時宰臣上言諫且罷西師，言甚切直，帝曰：“秦、鳳二州，頃因賊臣叛入西蜀，後屬中朝多事，未暇恢復，量其土疆且非遐僻，咫尺之地，聲教未被，朕實有所慚。今若無功退軍，亦大國取弱之道，舉偏師即期收復。卿等所言甚嘉，然無至多慮也。”是年九月，秦州降。十一月，收復鳳、階、成三州。

（宋）王欽若等編纂：《册府元龜》卷一二三《帝王部》

（顯德二年）十一月，帝謂侍臣曰：“淮南獨據一方，多歷年所，外則結連北虜，與我爲仇。稔惡既深，朕不敢赦。今將命將討除，與卿等籌之，乃以宰臣李穀爲淮南道前軍行營都部署兼知盧、壽等州行府事，以許州節度使王彦超副焉，又命侍衛馬軍都指揮使韓令坤已下一十二將各帶征行之號以從焉。”是月，敕淮南管内州縣軍鎮官吏、軍人、百姓等：“朕自纘承基構，統御寰瀛，方當恭己臨朝，誕修文德，豈欲興兵動衆，專耀武功。顧兹昏亂之邦，須舉吊伐之義，蠢爾淮甸，敢拒大邦。因唐室之凌遲，接廣寇之喪亂，飛揚跋扈，垂六十年，盜據一方，僭稱偽號。幸數朝之多事，與北虜而交通。厚啓戎心，誘爲邊患，晉漢之代，寰海未寧，而乃招納叛亡，朋助凶慝。李金全之據安陸，李守貞之叛河中，大起師徒，來爲應援，攻侵高密，殺掠吏民。迫奪閩越之封疆，塗炭湘潭之士庶。以至我朝啓運，東魯不庭，發兵而應接慕容，觀釁而憑凌徐部。沐陽之役，曲直可知，尚示包荒，猶稽問罪。邇後維揚一境，連歲阻饑。我國家念彼灾荒，大計羅易，前後擒獲將士皆遣放還，自來禁戢邊兵，不令侵撓。我無所負，彼實多奸，勾誘契丹，至今未已。結連兵寇，與我爲仇。罪惡難名，人神共憤。今則推輪命將，鳴鼓出師，征浙右之樓船，下朗陵之戈甲。東西合勢，水陸齊攻，吳孫皓之計窮，自當歸命；陳叔寶之數盡，何處偷生？應淮南將士、軍人、百姓等，久隔朝廷，莫聞聲教，雖從偽俗，應樂華風，必須善擇安危，早圖去就。如能投戈獻款，舉郡來降，具牛酒以犒師，奉圭符而請命，車服玉帛，豈吝旌酬？土地山河，誠無愛惜，刑賞之令，信若丹青。苟或執迷，寧免後悔。王師所至，軍政甚明，不犯秋毫，有同時雨，百姓父老，各務安居。剽虜焚燒，必令禁止。自茲兩地永爲一家，凡爾蒸黎，當體誠意。"五年三月，淮南平，事具《帝王・親征門》。

（宋）王欽若等編纂：《冊府元龜》卷一二三《帝王部》

　　（顯德）三年正月，帝將南征。庚子，御札曰："朕以中原雖靜，四表未寧，臨戎罔憚於躬親，問罪須勤於櫛沐。今訓齊驍銳，巡幸邊陲，用壯軍容，永安國步。宜取此月內車駕進發，暫幸淮上。凡關舊儀，有司準式。以宣徽南院使、陳州節度使向訓爲權東京留守兼判開封府事，以端明殿學士、左散騎常侍、權知開封府事王朴爲權東京副留守，命曹州節度使韓通權點檢侍衛司及爲在京內外都巡檢，以權判三司張美爲大內都點檢。"是日，宣侍衛都指揮使、歸德節度使李重進領兵赴晉陽。壬寅，帝南幸。丙辰，至壽州城下，帝親率六師，圍其城數匝，號令之聲，振於原野。列御營於州西北淝河之滨以駐蹕焉。丁巳，徵宋、亳、陳、潁、徐、宿、許、蔡等州丁夫數千萬，以備攻城之役。

又命中使高彦彬等四人,各領兵於壽州四面安撫編戶及禁其俘掠。又命侍衛步軍都指揮使李繼勛領兵於城之南,效順都指揮使唐景恩領兵於城之東,各進洞屋雲梯以攻之。壬戌,太祖上言,敗淮賊萬餘衆於渦口,斬僞兵馬都監四方館使何延錫、靜江軍使李鐸等於陣,擒僞壽州節度使劉仁贍倅天忠、指揮使崇浦及獲戰船五十餘隻。初,吳人遣軍萬餘衆,維舟於淮,列砦於塗山之下。上命太祖領鐵騎數千以襲。太祖將至賊砦十餘里,復其餘軍,遣輕騎百餘扣其砦門與之交鋒。既而爲僞遁之勢,仍令數騎弃其馬而遁。吳人得其馬,大喜,因鼓譟而來,離其砦數里。太祖奮伏兵以擊之,殺獲殆盡,死者不可勝紀。

(宋)王欽若等編纂:《册府元龜》卷一一八《帝王部》

(顯德)三年正月,帝親征淮南。甲寅,次正陽。命侍衛馬步軍都指揮使李重進爲淮南道行營都招討使,仍以襲衣、金帶、玉鞍、名馬等賜之。

(宋)王欽若等編纂:《册府元龜》卷一二〇《帝王部》

(顯德三年)二月甲戌,徐州遣牙將王嵒,押泗州牙校王知朗賫江南國主李景書一函來,上書云:"唐皇帝奉書於大周皇帝。"不答。戊寅,命鄧州節度使侯章爲攻取賊水砦都部署,右驍衛大將軍王環副之。四月乙亥,帝至濠州,駐蹕於其城南。己卯,韓令坤上言:"敗楚州賊將馬在貴等萬餘衆於灣頭堰,獲僞連州刺史秦進崇等。"是日,殿前都指揮使張永德上言:"敗泗州賊軍千餘人於曲溪堰。"先是,江南既失,揚州乃令鄰郡,悉發部兵,同謀收復。至是,皆爲我師所敗。庚辰,詔諭諸道曰:"朕自渡長淮,尋清千里戎略;方期於南下,金陵哀告而上章。乞駐禁軍,稱臣待罪。念其危迫,未遣攻收,不謂忽逞狂謀,又屯殘寇。韓令坤、趙諱等憤其奸詐,戮力掃除。銳旅纔交,賊徒大敗。生擒僞將,盡奪樓船。佇於旦夕之間,便見澄清之運。凡聞克捷,諒極歡呼。"五月,自宿宋還京。六月,李繼勛攻壽州,爲賊所敗。

時李重進駐軍於其城北，聞繼勛之敗，幾不能守。將議退軍，會太祖
自六合領兵歸闕，路出於壽春，因爲駐留旬日。重進倚以爲援，故其
軍復振。

（宋）王欽若等編纂：《册府元龜》卷一一八《帝王部》

李繼勛，爲侍衛步軍都指揮使。顯德三年六月，壽州賊軍犯我
南洞子，王師死者數百人。先是，帝命繼勛領兵於壽州之南，構洞
屋以攻其城。至是，繼勛以怠於守禦，爲其所敗，我之洞屋，悉爲賊
所焚。

（宋）王欽若等編纂：《册府元龜》卷四四三《將帥部》

周顯德三年，攻唐之壽州。唐人大發樓船，蔽川而下，泊於濠泗。
周師頻不利，唐將林仁肇水陸並進，又以船載薪蒸，乘風縱火，將焚浮
梁。周將張永德使習水者候其船下，縻以鐵鎖，急引輕船擊之。唐人
既不得近，溺者甚衆，奪艦數十。四年，帝還自壽春，以南方水軍敏
銳，乃於京城汴水側開地造船艦數百艘，招誘南卒教習北人水戰。數
月之後，縱橫出没，殆勝唐兵。命右驍衛大將軍王環將水軍數千自閔
河沿潁入淮，唐人見之大驚。帝乃將騎循北岸，諸將循南岸追唐兵，
水軍自中流而下，唐兵戰溺死及降者殆四萬人，獲戰船糧仗十萬數，
遂克壽州。

（元）馬端臨：《文獻通考》卷一五八《兵考十》

周世宗顯德三年，世宗親征淮南。四月丁亥，車駕發自濠州，回
幸渦口。是時銳於攻取，意欲親幸揚州。宰臣范質等以師老泣諫，
乃止。

（宋）王欽若等編纂：《册府元龜》卷一〇一《帝王部》

世宗顯德三年，親征淮南，幸水砦，行至泚橋，帝自取石一塊，於
馬上持之至砦，以供飛炮。文武從臣過橋者，皆賚一石。四年十一

月，幸淮上，親領兵破賊砦一所，殺淮賊數百人。砦在濠州東北十八里灘上，其灘廣袤數里，淮水浸而圍之，乃濠上之咽喉也。先是，賊據其地，泊舟楫以自固，恃其四面水深，謂我師必不能濟。帝之將行也，悉索行在橐駝以往，臣僚咸不諭其旨。及至，命甲士數百人跨橐駝以濟，帝又續領騎軍相繼而渡，一鼓而盡殪之，虜其戰艦而回。

（宋）王欽若等編纂：《冊府元龜》卷四五《帝王部》

（顯德）四年正月戊申，御札曰："朕躬臨庶政，志靜八方。顧淮海之未賓，命師徒而致討，克捷相繼，殺獲甚多。料彼孤危，安能抵拒？然以將士在外，攻戰逾年，竭力盡忠，摧凶破敵。念茲辛苦，常軫憂勞，暫議省巡，親行慰撫。且地理之不遠，諒回復以非遙。今取二月內，暫幸淮上，應自來緣路供頓，務從省略。凡有費用，並以官物供備，所在不得科配。其諸約束條件一如近年巡按之例。"二月甲戌，以樞密副使王朴爲權東京留守兼判開封府事，以內客省使昝居潤副焉。以三司使張美爲大內都巡檢，以侍衛都虞候韓通爲京城內外都巡檢。乙亥，帝衣戎服率步騎數萬，繇薰風門出。三月己丑，次石硤山，瞰山川之形勢。是夜，大陳師旅，繇浮橋濟淮，抵壽州之北。庚寅旦，帝躬擐甲冑，擁兵於紫金山南，乃命太祖領殿前諸軍擊賊先鋒砦，一鼓而破之，斬吳寇千餘級。餘衆復保山砦，攻之未下。帝復命太祖領兵伏紫金山，攻一砦，破之，又殺獲賊軍二千餘衆，遂斷其來道。繇是賊兵首尾不能相救，至暮，帝分兵守其城砦，回次於下蔡行宮。辛卯夜，僞監軍使朱仁裕、孫璘等相次各舉其砦來降，降其卒萬餘衆。帝慮其餘黨沿流東潰，遽命步將趙晁率舟師數千沿淮而下。是日，帝復領兵次於趙步。詰旦，淮南岸賊之大砦已爲王師所陷，殺獲萬餘衆，擒賊將僞應援使、建州節度使許文顯、僞應援都軍使、前湖南節度使邊鎬等，其餘黨果沿流東下。帝遂自趙步領親騎數百循淮之北岸以逐之。又命趙晁等諸將縱舟師順流以擊之。時太祖於淮南岸追擊賊卒，或殺或溺，殆將萬數。日既晡，帝乘勝馳騎至荊山洪。洪距趙步蓋二百餘里，沿路又有洛口等砦，砦皆迎刃而下之。殺溺之外，擒賊軍數千人，獲戰艦糧船共數百餘隻,稻米七萬餘石,鎧甲三萬餘副。克捷之速,未之有也。是夜,帝入於鎮淮軍以駐蹕焉。甲午,詔發近縣丁夫數千城鎮淮軍。軍有二城,夾淮相對,仍命徙下蔡浮橋,維於其間。甲辰,幸壽州城北,耀兵而還。丙午,壽州劉仁贍奉表請降。戊辰,帝率六師於壽州城北,受劉仁贍降。詔諭天下曰:"朕昨者再舉銳師,重清淮甸,憑玄穹之助順,賴將相之協心。盡至援軍,便臨孤壘。劉仁贍智勇俱竭,請罪軍門,相次遣男奉表輸誠,乞全生聚。今月十一日,大陳兵眾,直抵城池,劉仁贍率在城兵士一萬餘眾及軍府將吏、僧道、百姓等出城納款,尋便撫安。壽春既静於烟塵,江表仁同於文軌。遠聞克捷,當慰衷誠。"丙辰,帝議還京。四月,至自壽州。東京留司文武百官迎見於高砦鎮,且以勝捷稱賀。上顧盼者久之。兵部尚書張昭因伏奏於馬前,曰:"陛下昨離京之日,臣等親奉德音,期以兩月還京。今纔五十餘日矣!料敵班師皆如睿算,臣等不勝慶忭。"再拜呼萬歲。上大悦。十月戊辰,降御札曰:"向者以淮甸未平,王師致討,實賴忠貞之力,繼成克捷之功。漸屬嚴凝,念彼徵役,況今邊陲無事,軍旅正雄,須議省巡,親躬撫問,將布混同之化,罔辭櫛沐之勞。止期一兩月間,車駕却還京闕。凡在中外,當體朕懷。今取此月內,暫幸淮上,應往來沿路供頓,務從省略。凡有費用,並以官物供備,所在不得科配。"己巳,以樞密使王朴充東京權留守,三司使張美充大内都點檢。壬申,帝離京。丁亥,至濠州城西,設御營以駐蹕焉。戊子,帝親領兵破賊砦一所,殺淮賊數百人。砦在濠州東北十八里灘上,其灘廣袤數重,淮水浸而圍之,乃濠上之咽喉。先是,賊據其地,泊舟楫以自固,恃其四面水深,謂我師必不能濟。帝之將行也,令悉索行在橐駝以往,臣僚咸不喻其旨,及至,命甲士數百人跨橐駝以濟。癸巳,帝親領兵於濠州城下,分命諸軍攻破賊城水砦,斬獲數百人。先是,賊以戰船數百泊於城北,植木於淮以梗我舟師之路。是日辰時,帝乘勝命水軍鼓戰棹以往,盡拔其木,因縱火焚其巨艦四隻,戰船七十餘隻,斬二千餘級,餘眾皆自溺死。至午時,又命大軍攻破羊馬城,殺賊軍五百餘人,自此,城中膽破矣。丙辰夜,僞濠州團練使郭廷渭差人賫陳情表來上,且言家在江南,慮既降之後,掇孥戮之禍,欲先令人稟命於李景,望許令健步南去。帝尋降璽書慰諭,亦俞其請。辛丑,帝聞渙河已東有賊船數百隻,聲言來救應濠州,乃親領甲兵,及發戰棹,水陸東下,連夜而行。時太祖率精騎前道。癸卯,大破淮賊於洞口,斬級五千,收降二千餘人,獲戰船三百餘隻。因鼓行而東,所至皆下。太祖乘戰船以逐淮寇。至暮,爲賊船所圍,太祖引滿射殺數人。淮寇稍却,因縱兵以擊之,斬其將卒百餘人,餘皆弃船,自溺死者甚衆,因盡焚其舟楫。乙巳,至泗州城下,太祖率兵先攻其南,因焚其城門,遂乘勝麾軍破其水砦、月城。是夜,帝據月城樓,親冒矢石,率禁軍以攻其城。丙午冬至,分命諸軍急攻泗州。是時,太祖於城之西北隅構洞屋樹雲梯,已傅其城矣。一夕,摧其城闉,我師有登其陴取戰具而回者,城中大懼。十二月乙卯,泗州守將范再遇以其城降,獲降卒三千餘人。是日,帝御泗州城樓,受宰臣以下稱賀。戊午,帝聞有賊船數百泊於洞口,先令輕騎偵之,賊乃退保於清口。是日平明,領親騎發自泗州,縁淮之北岸,太祖領兵縁淮之南岸,夾淮齊進。又命諸將率戰棹沿流而下。己未,至清口,方舟以濟。庚申,追及淮賊。是夜,月色如練,步騎數萬夾淮,舟師沿流且戰且行,金鼓之聲,聞數十里。辛酉,至楚州西北。帝乃駐馬指畫,諸將一鼓而進,破之。賊衆數千猶陣於南岸,太祖領數十騎馳進擊之,即時大敗。因逐至楚州北門,斬獲甚衆。是時,有賊船數隻順流東下,帝乃親率驍騎循淮以追之。又命太祖領精騎前進,行六十餘里,太祖擒其首領僞保太軍節度使、濠泗楚海都應援使陳承昭以歸,數其收獲戰船,除燒蕩外得三百餘隻,降卒除殺溺水得七千餘人。自是,長淮之中南人之戰棹盡矣。壬戌,僞濠州團練使郭廷渭,乙丑,僞雄武軍使崔萬迪皆以城歸順。丁丑,泰州平。是月,江南李景遣兵驅虜揚州士庶渡江,焚其州郭而去。

(宋)王欽若等編纂:《册府元龜》卷一一八《帝王部》

武守琦爲左厢都校。顯德四年,世宗幸淮南。帝令守琦帥驍騎數百,徑趨維楊路,出於高郵。高郵乃揚州大邑,素多儲峙。守琦利其糧草,不時而進。故吳人因得虜其士庶,渡江南去。後數日,王人至揚州,乃督衆以救焚,故其寺觀廬舍僅有存者。及閱其遺民,惟殘癃十數人而已。

(宋)王欽若等編纂:《册府元龜》卷四四五《將帥部》

(顯德)五年正月丙戌,右龍武將軍王漢璋奏攻下海州。乙巳,帝親攻楚州。丙午,拔之,斬僞守將張彥卿等。二月,天長軍使易贇以城歸順。戊午,帝南巡。丁卯,駐蹕於廣陵。三月壬午朔,幸泰州,駐蹕於行宮。丙戌,瓜步鎮羌人押潤州軍將丘亮到行宮,且言江南李景欲差使朝貢。丁亥,帝發自泰州,復幸廣陵。壬辰,幸迎鑾江口,命武衛大將軍李繼勛已下,帥黑龍船三十隻於江中灘上,殺吳寇數百人,虜賊船二隻以歸。癸巳,帝復幸江口,命太祖帥戰棹入江,以逐賊船。軍士乘勝因直抵南岸,焚其營柵,至暮而回。丙申,江南國主李景遣其臣僞兵部侍郎陳覺奉表來上,仍進方物。是日,帝召覺對於帳殿凡數刻,覺奏云:“臣願自過江取本國表章,進納廬、舒、蘄、黃四州之地,乞畫江爲界,以事陛下。”哀告之詞,淒然可憫。帝曰:“能如是,朕復何求?若吳主復能舉國內附,則亦當待以優禮,固不阻他稱朕。”己亥,李景遣其臣劉承遇奉表以廬、舒、蘄、黃四州來上,且乞畫江爲界,江北平。

(宋)王欽若等編纂:《册府元龜》卷一一八《帝王部》

(顯德)五年三月,親征淮南,關東沛州有賊舡數百隻,乃命殿前都虞候慕容延釗及右神武統軍宋延渥帥師以討之。將行,令延釗帥驍騎登陸而往,延渥督舟師沿江而下。時議者云:“逕趣江路,恐非良策,若取裏河而往,保無憂矣。”唯帝獨斷不移。未幾,延釗上言大破賊軍於東沛州。

(宋)王欽若等編纂:《册府元龜》卷五七《帝王部》

周世宗顯德五年,南伐攻楚州,率戰士持火炬以蓺其城樓,克之。帝計其敗,卒必將南遁,因親領衛士及驍騎數百於南城逐之,又殺數千人,楚州遂平。

(宋)王欽若等編纂:《册府元龜》卷一二五《帝王部》

五年(顯德五年),上欲引戰艦自淮入江,阻北神堰,不得渡;欲鑿楚州西北濠水以通其道,遣使行視,還言地形不便,計功甚多。上自往視之,授以規畫,發楚州民夫浚之,旬日而成,用功甚省,巨艦數百艘皆達於江,唐人大驚,以爲神。

(元)馬端臨:《文獻通考》卷一五八《兵考十》

(顯德)六年三月丙寅,御札曰:"朕猥以涼德,紹此丕圖,既爲萬乘之君,宜去兆民之患。雖晨興夕惕,每常思於萬機,而紫塞黄河,猶未親於經略,秋夏則波濤罔測,三冬則邊鄙驚搔,將期安國利人,豈憚櫛風沐雨?今取此月内,駕幸滄州。已來應沿路排頓,並以官物充,餘依舊例。以右羽林統軍李繼勛充棹船左厢都部署,前澤州刺史劉洪副之。以前虢州刺史劉漢遇充棹船右厢都部署,客省副使劉贊原副之。以宣徽南院使吳廷祚爲權東京留守判開封府事,宣徽北院使昝居潤副之。以三司使張美爲權大内都部署。"甲戌,帝離京。辛卯,至滄州。是日,晝漏未盡,帝戎服乘馬,率步騎數萬發自滄州,直趨敵界。中夜駐蹕於野次。壬辰,至乾寧軍。己未,帝大治舟師以備北伐。丁酉,御龍舟率内六軍,鳴鼙鼓棹,順流而北,艫船戰艦首尾數十里。己亥,至濁流口,自北泝流以進。庚子,雲旗儵西北而行,又儵西南而行,皆順河路也。壬寅,以自關之西河路漸隘,水不能勝舟,有巨舫數千艘,不能進,乃捨之。其餘小舟,即命步卒挽之以進。是時,帝亦捨龍舟,乘馬登陸,按轡而西。癸卯,帝入於瓦橋關,駐蹕於行宮。太祖未及解鞍,旋聞關西之北有胡騎數千,乃領百餘騎往擊之,胡兵皆望塵而退。五月乙巳朔,侍衛使李重進以下諸將相次帥師而至。是日,僞瀛州刺史高彦暉上表歸順,關南平。是行也,王師數萬,不亡一矢,而虜界城邑皆迎刃而下。

(宋)王欽若等編纂:《册府元龜》卷一一八《帝王部》

(顯德)六年,帝幸滄州,入瓦橋關。五月,侍衛使李重進已下諸將,相次帥師而至,僞瀛州刺史高彦暉上表歸順,關南平。凡得州五,縣十七,户一萬八千三百六十一。是行也,王師數萬,不亡一矢,而虜界城邑皆迎刃而下。

(宋)王欽若等編纂:《册府元龜》卷四四《帝王部》

《五代周史》曰:"世宗至泗州,太祖皇帝乘勝麾軍焚郭門,奪月城,帝親冒矢石以攻其壘。丙午日南至,從臣拜賀於城之上。"

(宋)李昉:《太平御覽》卷三〇七《兵部三十八·麾兵》

帝自攻濠州,王審琦拔其水寨。唐人屯戰船數百於城北,植巨木於淮水以限周兵。帝命水軍攻之,拔其木,焚戰艦七十餘艘,斬首二千餘級。又聞唐有戰船數百艘,在渙水東,欲救濠州,將兵夜發水陸擊之,大破唐兵於洞口,克泗州。又聞唐戰船數百艘泊洞口,上自將親軍自淮北進,命太祖皇帝自淮南進,諸軍以水軍自中流進,兵迫唐兵,乘勝争進,且戰且行,金鼓聲聞數十里,追至楚州西北,大破之,所獲戰船燒沉之餘,得三百餘艘;士卒殺溺之餘得七千餘人。唐之戰船在淮上者,於是盡矣。

(元)馬端臨:《文獻通考》卷一五八《兵考十》

周李玉爲贊善大夫,世宗將用師於西南,用玉爲轉運判官。行次永興,玉爲人所説,欲襲取歸安鎮。鎮在永興之南,距永興三百餘里,山路險阻,不通車馬,雖隸於永興,其實蜀寇之狡穴也。玉素輕脱,鋭意邀功,乃先以其事白於永興節度使王彦超,彦超素知歸安路險,深不之許,玉稱奉密旨,彦超無以阻之。玉因移牒永興,取本城兵士二百人,徑往襲之。既入山,行數百里。前阻隘路,蜀寇奄至。軍士多死,其逃歸者十無二三,遂爲其所虜焉。

(宋)王欽若等編纂:《册府元龜》卷六六四《奉使部》

太祖曰:周世宗征淮南,太祖總軍政,然分部之制稟於世宗。時宣祖不豫,是役,當淮將皇甫暉之敵也,宣祖憚之,密請移軍。上告以世宗之命,遂止。上翼日銜戚奪志,以圖報效,挺身死戰,血濡袍袖,既而擒暉。淮南平,上功居第一,王業肇定矣。向若苟私循軍移,世宗有命,則得禍無類,又安能建不拔之基,以延祀於萬世者乎。

(明)陶宗儀:《説郛》卷九三《國老談苑》

周王峻爲樞密使。廣順初,河東劉崇攻晉州,峻請行應援,太祖用爲行營都部署。峻領大軍自絳赴晉州,州南有澗曰蒙坑,霍山以南,最爲險要。其途甚狹,他道無由得越。峻心憂賊據之。是日,前鋒數以過蒙坑,峻喜曰:"吾事濟矣。"

(宋)王欽若等編纂:《册府元龜》卷三八九《將帥部》

田承肇鎮晉州,上言覘知綏州、銀州。會兵未知所向,謹戌兵斥候。

(宋)王欽若等編纂:《册府元龜》卷三九〇《將帥部》

王清,領溪州刺史,詔遣以所部兵屯於鄴。會契丹南攻,圍其城,清與張從思守之。少帝飛蠟詔錫之第宅,契丹退。

(宋)王欽若等編纂:《册府元龜》卷四〇〇《將帥部》

周許遷,權知隰州刺史,會劉崇遣子鈞率兵虐平陽路,繇隰州賊衆攻城,城中兵少,遷感激撫諭,士鬥氣兼倍,賊衆傷夷,皆自退去。

(宋)王欽若等編纂:《册府元龜》卷四〇〇《將帥部》

王萬敢爲晉州巡檢，時太原劉崇攻州城五日，又並攻四城門，萬敢等遂急應赴，激勵將士，矢石水火，隨機拒鬥，死者五百餘，傷者十七八，奪賊攻梯，焚之。

（宋）王欽若等編纂：《册府元龜》卷四〇〇《將帥部》

周蕭處仁，爲右金吾衛將軍。世宗率兵渡淮，以先鋒兵馬都監攻陷滁州，爲流矢所中而卒。

（宋）王欽若等編纂：《册府元龜》卷四二五《將帥部》

白延遇爲濠州刺史。帥衆從侍衛使李重進攻圍濠州，力戰，爲賊所傷，數日而卒。

（宋）王欽若等編纂：《册府元龜》卷四二五《將帥部》

前蜀王建，初爲西川節度使，大起蜀軍，敗岐梓之兵於利州。東川節度使顧彦暉懼而乞和，請與岐人絶，建許之。其後，山南之師寇東川，彦暉求援於建，建出兵赴之，大敗興元之衆。洎軍旋，建乘虛掩襲梓州，虜彦暉，置於成都，遂兼有兩川。自此軍鋒益熾，山南諸州皆爲建所有。復攻秦隴等州，李茂貞削弱不能守，或勸建因取鳳翔，建曰：“此言失策，吾所得已多，不俟復增岐下。茂貞雖常才，然名望宿著，與朱公力爭不足，僅守有餘，韓生所謂‘入爲扞敵，出爲席籍’是也，適宜援而固之，爲吾盾鹵耳。”

（宋）王欽若等編纂：《册府元龜》卷二二七《僭僞部》

後蜀孟知祥，初爲西川節度使，後唐天成中，安重誨專權用事，以知祥莊宗舊識，方據大藩，慮久而難制，潛欲圖之。是時客省使李嚴以常使於蜀，洞知其利病，因獻謀於重誨，請以己爲西川監軍，庶效方略，以制知祥。朝廷可之，及嚴至蜀，知祥延揖甚至，徐謂嚴曰：“都監前因奉使請兵伐蜀，遂使東西兩朝俱至破滅，三川之人，其怨已深。今既復來，人情大駭，固奉令不暇也。”即遣人執下階，斬於階前。其後，朝廷每除劍南牧守，皆令提兵而往，或千或百，分守郡城。時董璋作鎮東川已數年矣，亦有雄據之意。會唐朝以夏魯奇鎮遂州，李仁矩鎮閬州，皆領兵數千人赴鎮，復授以密旨，令制禦兩川。董璋覺之，乃與知祥通好，結爲婚家，以固輔車之勢。知祥慮唐軍驟至，與遂、閬兵合，則勢不可支吾，遂與璋協謀，令璋以本部軍先取閬州。知祥遣大將軍李仁罕、趙廷隱等率軍圍遂州。長興元年冬，唐軍伐蜀，至劍門，二年二月，以遂、閬既陷，又糧運不接，乃班師。三年，知祥又破董璋，乃自領東西兩川節度使。

（宋）王欽若等編纂：《册府元龜》卷二二七《僭僞部》

高行珪爲武州刺史，時太原軍攻燕經年，城中蒭粟少，劉守光令散員大將元行欽率散員騎四千於山後牧馬，兼爲外援，及燕城危蹙，甲士亡散，守光召行欽，行欽部下諸將以守光必敗，赴召無益，乃請行欽爲燕帥，稱留後。行欽無如之何，乃謂諸將曰：“我爲帥，亦須歸幽州。”衆然之，行欽以行珪在武州，慮爲後患，乃令人於懷戎掠得其子，繫之自隨至武州，謂行珪曰：“將士立我爲留後，共汝子同行，先定軍府，然後降太原，若不從，必殺爾子。”行珪曰：“大王委爾親兵，遂圖叛逆，吾死不能從也。”其子泣告行珪，行珪謂曰：“元公謀逆，何以徇從？與爾訣矣。”行珪城守月餘，城中食盡，士有饑色，乃召集居人謂曰：“非不爲父老惜家屬，不幸軍士乏食，可斬予首出降。”即坐見寧帖。行珪爲治有恩，衆泣謂：“願出私糧濟軍，以死共守。”乃夜縋其弟行周入太原軍。既見，莊宗即令明宗率騎援之，比至，行欽解圍矣。

（宋）王欽若等編纂：《册府元龜》卷四〇〇《將帥部》

吳越王錢鏐大舉伐吳，以錢傳瓘爲諸軍都指揮使，帥戰艦五百艘，自東洲以進。吳遣彭彦章、陳汾拒之。傳瓘命每船皆載灰、豆及沙，戰於狼山江。吳船乘風而進，傳瓘引舟避之，既過，自後隨之。吳回船與戰，傳瓘使順風揚灰，吳人不能開目。及船舷相接，傳瓘使散沙於己船而散豆於吳船,豆爲戰血所漬,吳人踐之皆僵仆。傳瓘因縱火焚吳船,吳兵大敗。

(元)馬端臨:《文獻通考》卷一五八《兵考十》

彭城漢宏自廣明癸卯中潛訓兵屯錢唐。差溫牧、朱褒排海艦於赭山海口,武肅王率阮結成及鐸、聞袞、杜建徽、郎璠將議夜往襲西陵蕭清,啓行,劉孟安懼功不及己,抽駐半軍。武肅王率諸將出南雍門,無何,月色皎然。且言掩其不備脱,或彼軍覆伏,待我則無類矣。遂掬江沙誓之曰:“我苟必破叛徒,天合助順。”言訖,吞之。未幾,東南雲起如箕,逡巡彌布,漸至掩月,江天瞑黑。急棹而渡,登岸輕掩賊軍。夏公順、陳公正、孫瓌、徐度諸將悉降。大軍長驅至西小江與宏軍夾水而陣。頻日戰勝,前進圍城。駱朱闕、黃朱牧皆先降。乙巳年敕,小將軍焦居璠、和喻罷兵。光啓丙午歲再征而取越中平。隴西公、權知觀察處置武肅王遂權知杭州事。洎明年敕使至,授本州刺史,管内招討、安撫等使,始有吾國矣。

(明)陶宗儀:《説郛》卷五《傳載》

太祖提周師甚寡,當李景十五萬衆,陣於清流山下。士卒恐懼,太祖令曰:“明日午當破敵。”人心遂安。翌日正午,太祖果臨陣親斬偏驍將皇甫暉,以覆其衆。是時,環滁僧寺皆鳴鐘而應之。既平,鳴鐘因爲定制,趙時進《滁州午鐘記》。

(明)陶宗儀:《説郛》卷九三《國老談苑》

太祖將親征潞賊李筠,詔留後吕餘慶、趙普於京師。普因私謁太宗於朱邸,且曰:“普托迹諸侯十五年,今偶雲龍,變家爲國,賊勢方盛,萬乘蒙塵,是臣子效命之日,幸望啓奏,此誠愿軍前自效。”太宗即以聞上,太祖笑曰:“趙普豈勝甲胄乎?”因謂太宗曰:“是行也,朕勝則不言,萬一不利,則使趙普分兵守河陽,别作一家計度。”及凱旋,第賞,宰臣撥官,太祖曰:“普有從朕伐叛之勛,宜當加等。”於是,授侍郎、樞密使。

（明）陶宗儀：《説郛》卷九三《國老談苑》

　　梁太祖開平四年五月，發山東民饋糧於潞州，以敵後唐，數爲唐將周德威掩襲，運路頗艱。乃於東山口築道，連接爲栅，以通餉道，自是梁軍保之，謂之夾寨。

（宋）李上交：《近事會元》卷三

　　梁太祖開平四年，乃唐天祐五年也。蓋後唐不改年號，莊宗率親軍抵寨城，以李嗣源、李存璋、王霸進軍，斫燒夾寨，爲道嗣源壞夾寨，梁軍投戈南奔。

（宋）李上交：《近事會元》卷三

　　晉以鐵鎖斷德勝口，築河南北兩城，號夾寨。又取鄆州，梁人大恐。帝召王彦章爲招討使，段凝爲副，至滑州，置酒大會。陰遣人具舟於楊村，命甲士六百人，皆持巨斧，載冶者，具韛炭，乘流而下。彦章酒半，佯起更衣，引精兵數千，沿河以趨德勝，舟兵舉鎖燒斷之，以巨斧斬浮橋，而彦章引兵急擊，南城遂破。梁貞明五年，吳越王錢鏐大舉討淮南，以傳瓘爲諸軍都指揮使，帥戰艦五百艘，自東洲擊吳。吳遣彭彦章、陳汾拒之。傳瓘命每舡皆載灰、豆及沙，戰於狼山江，順風揚灰，吳人不能開目，因縱火焚吳舡，吳兵大敗，俘吳裨將七十人，斬首千餘級，焚戰船四百艘。梁賀瓌攻德勝南城，以竹笮聯艨艟十餘艘，橫於河流，以斷晉之救兵，使不得渡。晉王軍於北岸，不能通，守將石延賞告矢石將盡。晉王積金帛於軍，募能破艨艟者，軍校王建及進曰：“賀瓌悉衆而來，冀此一舉，若我軍不渡，則彼爲得計，今日之事請死決。”遂以巨索聯舟十艘，選勇卒三百人，持斧鼓枻而行，將至艨艟，流矢雨集，建及使持斧者入賊艨艟間，斧其竹笮，破其垂楯，以稍刺之，又以木罌載薪沃油，燃火於上流縱之。隨以巨艦實甲士，鼓譟攻之，艨艟既斷，隨流下，梁兵焚溺者殆半。

（宋）章如愚：《群書考索》後集卷四五

　　王建鎮成都，攻楊晟於彭州，久不下，民皆竄匿山谷，諸寨日出抄掠之。王先成往說其將王宗侃曰：“民入山谷，以俟招安，今乃從而掠之，與盜賊無異。且出淘虜，薄暮乃返，曾無守備之意，萬一城中有智者爲之畫策，使乘虛奔突，先伏精兵於門内，望淘虜者稍遠，出弓弩手炮各百人，攻寨之一面，又於三面各出耀兵，諸寨咸自備禦，無暇相救，如此能無敗乎？”宗侃矍然。先成爲條列七事爲狀，以白王建，建即施行之。榜至三日，山中之民，競出如歸市，浸還故業。

（宋）洪邁：《容齋續筆》卷一〇

　　石晉開運中，爲契丹所攻，中國兵力寡弱，桑維翰爲宰相，一制指揮節度使十五人。雖杜重威、李守貞、張彦澤輩，駑材反虜，然重威爲主將，陽城之戰，三人者尚能以身徇國，大敗彊胡，耶律德光乘橐駝奔竄，僅而獲免。由是觀之，大將之權，其可不專邪？

（宋）洪邁：《容齋續筆》卷七

　　周世宗壽春之役，太祖爲將，太宗亦在軍中，是時壽春久不下，世宗決淮水灌其城。一日，藝祖、太宗及節度使武行德共乘小艇，游於城下，艇中惟有一卒司鐐爐，世謂之茶酒司，一矢而斃，太祖、太宗安座以至回舟，矢石終不能及。

（宋）魏泰：《東軒筆録》卷一

　　藝祖仕周世宗，功業初未大顯。會世宗親征淮南，駐蹕正陽，攻壽陽劉仁贍未下，而藝祖分兵取滁州。距壽州四程皆大山，至清流關而止。關去州三十里則平川，而西澗又在滁城之西也。是時，江南李景據一方，國力全盛。聞世宗親至淮上，而滁州其控扼，且援壽州，命大將皇甫暉、監軍姚鳳提兵十萬扼其地。太祖以周軍數千與暉遇於清流關隘路,周師大敗。暉整全師入憩滁州城下,令翼日再出。太祖兵再聚於關下,且虞暉兵再至,問諸村人,云有鎮州趙學究在村中教學,多智計,村民有争訟者,多詣以決曲直。太祖微服往訪之。學究者固知爲趙點檢也,迎見加禮。太祖再三叩之,學究曰:“皇甫暉威名冠南北,太尉以爲與己如何?”曰:“非其敵也。”學究曰:“然彼之兵勢與己如何?”曰:“非其比也。”學究曰:“然兩軍之勝負如何?”曰:“彼方勝,我已敗,畏其兵出,所以問計於君也。”學究曰:“然且使彼來日整軍再乘勝而出,我師絶歸路,不復有噍類矣。”太祖曰:“當復奈何?”學究曰:“我有奇計,所謂‘因敗爲勝,轉禍爲福’者。今關下有徑路,人無行者,雖暉軍亦不知之,乃山之背也,可以直抵城下。方阻西澗水大漲之時,彼必謂我既敗之後,無敢躡其後者。誠能由山背小路率衆浮西澗水至城下,斬關而入,彼方戰勝而驕,解甲休衆,必不爲備,可以得志,所謂‘兵貴神速,出其不意’。若彼來日整軍而出,不可爲矣。”太祖大喜,且命學究指其路。學究亦不辭,而遣人前道。即下令誓師,夜出小路亟行。三軍跨馬浮西澗以迫城,暉果不爲備,奪門以入。既入,暉始聞之,旋率親兵擐甲與太祖巷戰,三縱而三擒之。既主帥被擒,城中咸謂周師大兵且至。城中大亂,自相蹂踐,死亡不計其數,遂下滁州。即《國史》所載,太祖曰“餘人非我敵,必斬皇甫暉頭”者,此時也。滁州既破,中斷壽州爲二,救兵不至,壽州爲孤軍。周人得以擒仁贍,自滁州始也。擒暉送世宗正陽御寨,世宗大喜,見暉於簣中,金瘡被體,自撫視之。暉仰而言:“我自貝州卒伍起兵,佐李嗣源,遂成唐莊宗之禍。後率衆投江南,位兼將相,前後南北二朝,大小數十戰未嘗敗。而今日見擒於趙某者,乃天贊趙某,豈臣所能及!”因盛稱太祖之神武,遂不肯治瘡,不食而死。至今滁人一日五時鳴鐘,以資薦暉云。蓋淮南無山,惟滁州邊淮,有高山大川,江、淮相近處,爲淮南遮罩,去金陵纔一水隔耳。既失滁州,不惟中斷壽州援,則淮南盡爲平地。自是遂盡得淮南,無復障塞。世宗乘滁州破竹之勢,盡收淮南,李景割地稱臣者,由太祖先擒皇甫暉,首得滁州阻固之地故也。此皇甫暉所以稱太祖爲神武者,暉亦非常人,知其天授,非人力也。其後仁宗時,所以建原廟於滁而殿曰"端命"者，太祖歷試於周，功業自此而成，王業自此而始，故號"端命"。蓋我宋之咸、鎬、豐、沛也。其趙學究即韓王普也。實與太祖定交於滁州，引爲上介，辟爲歸德軍節度使巡官。以至太祖受天命，卒爲宗臣，比迹於蕭、曹者，自滁州始也。

（宋）王銍：《默記》卷上

世宗征淮南。周世宗顯德二年，帝下詔親征淮南，丙辰帝至壽州城下，營於淝水之陽，命諸軍圍壽州。

（宋）章如愚：《群書考索》別集卷二三

顯德三年，周太祖發大梁，李穀攻壽州，久不克。唐劉彦貞引兵救之，又以戰艦數百艘趣正陽，爲攻浮梁之勢。李重進渡淮逆戰，破之。帝至壽州，營於淝水之陽，徙正陽浮梁於下蔡鎮，唐兵維舟於淮，營於塗山之下，帝命擊之。

（宋）章如愚：《群書考索》後集卷四五

張永德屯下蔡，唐將林仁肇等以水陸軍援壽春，永德與之戰。肇以船實薪芻，因風縱火，欲焚下蔡浮橋，俄而風回敗退。永德爲鐵緪千餘尺，橫絕淮流，繫以巨木，唐兵不能近。是時唐復以水軍攻之，永德夜令善游者，没其船下，縻以鐵鎖，縱兵擊之，溺死甚衆。永德解金帶，以賞善游者。

（宋）章如愚：《群書考索》後集卷四五

景（顯）德四年，先是周與高（唐）戰，水軍銳敏，周人無以敵之，帝每以爲恨。返自壽春，於大梁城西汴水側，造戰艦數百艘，命唐降卒教北人水戰。數月之後，縱橫出没，殆勝唐兵。命王環將水軍，自閔河沿潁入淮，命趙晁將水軍沿淮而下，帝軍於趙步。諸將擊唐紫金山寨，大破之，餘衆東走。帝自將騎，循北岸追之，諸將循南岸追之，水軍自中流而下，唐兵戰溺死及降者，殆四萬人，獲船艘糧仗十數萬，後遂克壽州。帝自攻濠州,王審琦拔其水寨,唐人屯戰船數百於城北,植巨木於淮水,以限周兵。命水軍攻之,拔其木,焚戰艦七十餘艘,斬首二千餘級。又聞唐有戰船數百艘在渙水,東欲救濠州,將兵夜發,水陸擊之,大破唐兵於洞口。十二月,克泗州。又聞唐戰船數百艘泊洞口,上自將親軍,自淮北進,命太祖皇帝自淮南進,諸將以水軍自中流進,共迫唐兵。乘勝爭進,皆忘其勞,且戰且行,金鼓聲聞數十里,直追至楚州西北,大破之,擒其節度陳承昭以歸,所獲戰船燒沉之餘,得三百餘艘,士卒殺溺之餘,得七千餘人,唐之戰船在淮上者於是盡矣。

(宋)章如愚:《群書考索》後集卷四五

顯德五年,上欲引戰艦,自淮入江,阻北神堰,不得度。欲鑿楚州西北鶴水以通其道,遣使視,言不便。上自獨授以規畫,發楚州民夫浚之,旬日而成,巨艦數百艘皆達於江,唐人大驚,以爲神。

(宋)章如愚:《群書考索》後集卷四五

五代周世宗征濠,夜遣兵持炬乘橐駝絕淮,濠兵驚以爲鬼乘龍。今鳳陽府有乘龍洲。

(明)彭大翼:《山堂肆考》卷七一

(乾德二年)冬十月甲戌,詔以王全斌、崔彥進、王仁贍、劉光毅、曹彬分路伐蜀。十二月,王全斌克興州,與蜀軍戰於三泉,敗之。三年春正月,劉光毅克夔州,王全斌克利州。己丑,克劍州,劉光毅克萬、施、開、忠四州,乘勝至遂州。甲午,王全斌之師至魏城,蜀主孟昶降。丙午,赦蜀,得州四十六、縣二百四。

(宋)王稱:《東都事略》卷二

(開寶三年)九月己亥,命潘美、尹崇珂伐嶺南。壬子,潘美克富州。冬十月,潘美克賀州。十一月,克昭、桂二州。十二月庚午,克連州。戊子,克韶州。四年春正月,潘美克英、雄二州。二月丁亥,克廣州,擒劉鋹,廣南平,得州六十、縣二百十四。

(宋)王稱:《東都事略》卷二

(開寶七年)九月,遣李穆使於江南,召李煜入朝,煜辭以疾。命曹彬、潘美征之。冬十月,克池州,曹彬頓兵於采石磯。十一月,曹彬等用浮梁以濟師。契丹來求通好。八年,夏四月庚午,吳越國王錢俶克常州。……冬十月己亥,李煜遣其臣徐鉉、周惟簡來乞緩師。壬寅,遣歸其國。……十二月己亥,曹彬克昇州,擒李煜,江南平,得州十九、軍三、縣一百八。

(宋)王稱:《東都事略》卷二

(太平興國)三年春三月己酉,吳越國王錢俶來朝。夏四月己卯,陳洪進以漳、泉兩州歸於有司,得縣十四。五月乙酉,赦漳、泉。吳越國王錢俶以國歸於有司,得州十三、軍一、縣八十六。

(宋)王稱:《東都事略》卷三

(太平興國)四年春正月庚寅,以潘美伐太原,石熙載僉書樞密院事。二月辛亥,詔幸鎮州。丙辰,沈倫爲東京留守。甲子,發京師。三月乙未,郭進大破契丹於石嶺關。夏四月庚戌,石熙載樞密副使。壬戌,皇帝幸太原,折御卿克岢嵐軍。乙丑,克隆州。己巳,克嵐州。辛未,皇帝幸太原城,以手詔諭劉繼元。五月壬午,幸城南。癸未,劉繼元降,釋其罪。太原平,得州十、軍一、縣四十一。

(宋)王稱:《東都事略》卷三

錢俶所獻州十三,縣八十七,戶三十三萬四千九百三十二,口七十二萬四千七百,兵十一萬五千三十六。

陳洪進所獻漳、泉二州十二縣,共管戶一十一萬二十一,口三十一萬四千九百三十二,兵一萬八千七百二十七。

曹彬平李煜,得州十九,軍三,縣一百八,户六十五萬五千六十五。

太宗皇帝親征太原劉繼元,得州十,縣四十一,户三十萬五千三百二十。

王全斌平孟昶,得州四十五,縣一百八十九,户五十三萬四千二十九。

高繼冲所獻州三,縣一十五,户一十四萬三千三百。

潘美平劉鋹,得州四十一,縣六十五,户七萬五千一百三十九。

李處耘、慕容延釗平周保權,得州十四,縣五十八,户九萬七千三百八十八。

右八國,共得州軍一百四十五,縣五百七十五。

（宋）曾鞏:《隆平集》卷一二

鎮州言契丹與北漢兵皆遁去。

（宋）李燾:《續資治通鑒長編》卷一,太祖建隆元年(960)

壬寅,李繼勛言帥師入北漢界,燒平遥縣,擄掠甚衆。

（宋）李燾:《續資治通鑒長編》卷一,太祖建隆元年(960)

北漢寇麟州,防禦使楊重勛擊走之。重勛即重訓也,避周恭帝諱改焉。廣順二年冬,重訓初見。顯德四年十月,重訓以北漢麟州來降,即命爲防禦使。

（宋）李燾:《續資治通鑒長編》卷二,太祖建隆二年(961)

晉州言敗北漢軍於汾西,獲馬牛驢數千計。時趙元徽爲節度使,而本傳不載此事,《實録》亦無之。豈元徽實未赴鎮邪? 不知果誰守晉州也。武守琪戍晉州事迹,《國史》殊不詳,此或是守琪耳,當考。

（宋）李燾:《續資治通鑒長編》卷二,太祖建隆二年(961)

乙未，昭義節度使李繼勳奏敗北漢軍千餘人，斬首百餘級，獲遼州刺史傅廷彥弟勛以獻。

（宋）李燾：《續資治通鑑長編》卷二，太祖建隆二年（961）

甲寅，北漢寇潞、晉二州，守將擊走之。

（宋）李燾：《續資治通鑑長編》卷三，太祖建隆三年（962）

北漢寇麟州，防禦使楊重勛擊走之。

（宋）李燾：《續資治通鑑長編》卷三，太祖建隆三年（962）

武安節度使、兼中書令周行逢病革，召其將吏，以其子保權屬之曰：“吾起壟畝爲團兵，同時十人，皆以誅死，惟衡州刺史張文表文表，朗州人，初見廣順二年。獨存，常怏怏不得行軍司馬。吾死，文表必叛，當以楊師璠討之。如不能，則嬰城勿戰，自歸朝廷可也。”師璠與行逢鄉里姻戚，事行逢爲親軍指揮使，數有功，行逢委信之。行逢卒，保權領留務。行逢崇信釋氏，廣度僧尼，齋懺不輟，每見僧，無老少，輒拜之，捧匜執帨，親爲煎洗。因謂左右曰：“吾殺人多矣，不假佛力，何以解其冤乎。”據《九國志》，保權以九月襲父位，而《實錄》於十月乙未乃書行逢卒，蓋因奏到之日耳。今從《九國志》，移附九月末。《十國紀年》亦繫之九月。

（宋）李燾：《續資治通鑑長編》卷三，太祖建隆三年（962）

張文表聞周保權立，怒曰：“我與行逢俱起微賤，立功名，今日安能北面事小兒乎！”會保權遣兵更戍永州，路出衡陽，文表遂驅以叛，僞縞素，若將奔喪武陵者。過潭州，時行軍司馬廖簡知留後，素輕文表，不爲之備。方宴飲，外白文表兵至，簡殊不介意，謂四座曰：“文表至則成禽，何足慮也。”飲啖如故。俄而文表率衆徑入府中，簡醉，不能執弓矢，但箕踞大罵，與座客十餘人皆遇害。文表取其印綬，自稱權留後事，具表以聞。

保權即命楊師璠悉衆禦文表，告以先人之言，感激涕泣。師璠亦

泣,顧謂其衆曰:"汝見郎君乎,年未成人而賢若此。"軍士奮然,皆思
自效。保權又遣使求援於荊南,且來乞師,文表亦上疏自理。據《渤海
行年記》,張文表攻下潭州在此年十月,而《國史·周保權傳》乃云明年春,蓋誤
也。按《實錄》,十二月甲辰已遣趙璲持詔宣諭文表,豈得却在明年春始叛,蓋明
年正月,文表尚據潭州耳。

　　　　　（宋）李燾:《續資治通鑒長編》卷三,太祖建隆三年(962)

　　丁亥,以武平節度副使、權知朗州周保權爲武平節度使。

　　　　　（宋）李燾:《續資治通鑒長編》卷三,太祖建隆三年(962)

　　庚申,以山南東道節度使、兼侍中慕容延釗爲湖南道行營都部
署,樞密副使李處耘爲都監,遣使十一人,發安、復、郢、陳、澶、孟、宋、
亳、潁、光等州兵會襄陽,以討張文表。

　　　　　（宋）李燾:《續資治通鑒長編》卷四,太祖乾德元年(963)

　　丙子,詔荊南發水兵三千人赴潭州。

　　　　　（宋）李燾:《續資治通鑒長編》卷四,太祖乾德元年(963)

　　丁巳,安國節度使王全斌言與西山都巡檢使、洺州防禦使郭進,
趙州刺史陳萬通,萬通,未見。鎮州兵馬鈐轄、登州刺史高行本,行本,
未見。客省使曹彬等率兵入北漢界,獲生口數千人來獻。詔釋之,仍
各賜錢米。

　　　　　（宋）李燾:《續資治通鑒長編》卷四,太祖乾德元年(963)

　　丁亥,王全斌言,復與郭進、曹彬等帥師攻北漢樂平縣,降其拱衛指
揮使王超超,未見。等及所部兵一千八百人。北漢侍衛都指揮使蔚進、
馬軍都指揮使郝貴超等悉蕃漢兵來救,三戰,皆敗之,遂下樂平,即建爲
樂平軍。《九國志》言郝貴超被擒。按貴超明年復戰遼州,蓋誤也,今不取。

　　　　　（宋）李燾:《續資治通鑒長編》卷四,太祖乾德元年(963)

是月，北漢主誘契丹兵攻平晉軍，命洺州防禦使郭進、濮州防禦使張彥進、彥進，未見。客省使曹彬、趙州刺史陳萬通領步騎萬餘往救之，未至一舍，北漢引兵去。《國史·契丹傳》載此事在杜延滔以遼州來降之後，今從新錄及本紀。郭進御軍嚴而好殺，部下整肅，每入北漢境，無不克捷。上時遣戍卒，必諭之曰："汝輩當謹奉法，我猶赦汝，郭進殺汝矣。"嘗選御馬直三十人，隸進麾下押陳，屬與北漢人戰，往往退怯，進斬十餘人。奏至，上方閱武便殿，厲聲曰："御馬直，千百人中始得一二人，少違節度，郭進遽殺之。誠如此，輦種健兒亦不足供矣。"乃潛遣中使諭進曰："恃其宿衛親近，驕倨不稟令，戮之是也。"進感泣。嘗有軍校詣闕訴進不法事，上謂近臣曰："所訴事多非實，蓋進御下嚴甚，此人有過，畏懼而誣罔之耳。"即命執以與進，令自誅之。進方奉表謝，會北漢入寇，進謂其人曰："汝敢論我，信有膽氣，今舍汝罪，汝能掩殺此寇，則薦汝於朝，如敗，便可往降，勿復來也。"軍校踴躍聽命，果立功而還，進奏乞遷其職，上悅而從之。

（宋）李燾：《續資治通鑑長編》卷四，太祖乾德元年（963）

楊師璠之討張文表也，兵稍失利。相持既久，文表出戰，師璠大敗之，遂取潭州，執文表。

初，文表聞王師來伐，潛送款於趙璲，具言奔喪朗州，爲廖簡所薄，因即私鬥，實無反心。璲自以奉詔諭文表，得其歸順，甚喜，即遣使撫慰之。師璠兵既入城，縱火大掠，而璲亦繼至。明日，饗將吏於延昭門，指揮使高超語其衆曰："觀中使之意，必活文表。若文表至闕，圖害朗州，我輩無遺類矣。"乃斬文表於市，盡臠食其肉。及宴罷，璲召文表，超曰："文表復謀爲亂，已斬之矣。"璲太息久之。楊師璠以三年十月出師，四年正月張文表乃成擒，其間必有相持守處，而史及雜記傳皆不載。《五代史》稱師璠至平津亭，文表出戰，即敗之。《大定錄》亦稱未逾月，師璠遂斬文表。而《九國志》則載師璠始爲文表所敗，王師將至，文表乃送款，朗兵因得入城，竟不載師璠勝負何如。並疑未得其實。《五代史》及《大定錄》日月太迫，與事不合。而《九國志》所云朗兵因王師得入城，亦必差錯。恐師璠初爲文表所敗，已而相持守，後乃得勝於平津亭，因破潭州。而文表蓋嘗遣使詣趙璲乞降，潭州既破，璲適至耳，非因璲至潭州始破也。

（宋）李燾：《續資治通鑒長編》卷四，太祖乾德元年（963）

王師既收荆南，益發兵，日夜趨朗州。周保權懼，召觀察判官桂人李觀象觀象，初見廣順元年。謀之，觀象曰："凡所以請援於朝者，誅張文表耳。今文表已誅，而王師不還，必將盡取湖湘之地也。然我所恃者，北有荆渚，以爲唇齒。今高氏束手聽命，朗州勢不獨全，莫若幅巾歸朝，幸不失富貴。"保權將從之，指揮使張從富從富，未見。等不可，乃相與爲距守計。

慕容延釗使丁德裕先路安撫。德裕至朗州，從富等不納，盡撤部内橋梁，沉船舫，伐木塞路，德裕不敢與戰，退軍須朝旨。延釗以聞。庚子，荆南表至，上覆命高繼冲爲節度使，遣樞密承旨王仁贍赴荆南巡檢。

（宋）李燾：《續資治通鑒長編》卷四，太祖乾德元年（963）

上遣使諭周保權及將校曰："爾本請師救援，故發大軍以拯爾難，今妖孽既殄，是有大造於汝輩也，何爲反距王師，自取塗炭，重擾生聚！"保權爲左右所制，執迷不復，遂進討之。慕容延釗遣戰棹都監武懷節等分兵趣岳州，大破賊軍於三江口，獲船七百餘艘，斬首四千餘級，遂取岳州。《實録》於三月初八日始書此，蓋用延釗奏到日也。然取岳州當在二月末，今移入而不書日。《十國紀年》亦繫之二月。《解暉傳》云：僞統軍使黄從志以岳州拒命，暉率舟師討平之，生擒從志及僞將校十四人，俘斬數千騎，溺死者甚衆。暉時爲戰棹都指揮使，疑此即三江口之捷也。事略不同，因不别出。

（宋）李燾：《續資治通鑒長編》卷四，太祖乾德元年（963）

三月，張從富等出軍於澧州南，與王師遇，未及交鋒，賊軍望風而潰。李處耘逐北至敖山寨，賊弃寨走，俘獲甚衆。處耘擇所俘體肥者數十人，令左右分食之，少健者悉黥其面，令先入朗州。會暮，宿寨中。遲明，慕容延釗繼至。所黥之俘得入城，悉言被擒者爲王師所啖食。賊衆大懼,縱火焚州城,驅略居民,奔竄山谷。壬戌,王師入朗州,擒張從富於西山下,梟其首。賊將汪端劫周保權並家屬亡匿江南岸僧舍。李處耘遣麾下將田守奇守奇,未見。往捕之。端弃保權走,守奇獲保權以歸。於是盡復湖南舊地,凡得州十四,監一,縣六十六,户九萬七千三百八十八。

(宋)李燾:《續資治通鑑長編》卷四,太祖乾德元年(963)

戊寅,湖南捷書至,群臣稱賀。

(宋)李燾:《續資治通鑑長編》卷四,太祖乾德元年(963)

甲戌,周保權詣闕待罪,詔釋之,以爲右千牛衛上將軍。

(宋)李燾:《續資治通鑑長編》卷四,太祖乾德元年(963)

初,上將有事於南郊,命沿邊諸將分道略北漢境。磁州刺史、晉隰等州都巡檢使孟人李謙溥謙溥,初見顯德元年。與鄭州防禦使孫延進、延進,未見。絳州防禦使沈維深、維深,未見。通事舍人王睿王睿,未見。等帥師出陰地。以謙溥爲先鋒,會霍邑。謙溥因畫攻取之策,延進等不能用,軍還至白壁關谷口,謙溥又曰:“敵必乘我後,當整衆備之。”延進又弗聽,謙溥獨令所部擐甲,俄頃追騎至,延進等狼狽入谷中,謙溥麾兵拒戰,北漢人乃退。謙溥尋遷隰州刺史,都巡檢使如故。據《實錄》,謙溥以此年二月乙未爲磁州刺史。《本傳》云是年即移隰州,而《實錄》不載,明年三月辛卯,乃書以磁州刺史韓倫爲亳州團練使,右衛將軍白庭誨知磁州。不知謙溥果用何月日移隰州,今並附見於十一月南郊之後。又按《新錄》於開寶五年四月甲辰,始書以濟州團練使李謙溥爲晉、隰等州都巡檢,與周勛責官事相接,而《舊錄》無之。蓋謙溥凡兩代隰州,其先即此時,其後乃代周勛。《新錄》偶遺其初,但記其後耳。

(宋)李燾:《續資治通鑑長編》卷四,太祖乾德元年(963)

是月,昭義節度使李繼勛、兵馬鈐轄康延沼、馬步軍都軍頭尹勛等帥步騎萬餘攻遼州,北漢馬軍都指揮使郝貴超領兵來援,戰於城下,貴超大敗。刺史杜延韜延韜,未見。危蹙,與拱衛都指揮使冀進,進,未見。兵馬都監、供奉官侯美侯美,未見。籍部下兵三千人舉城來降。延沼,延澤弟也。北漢尋誘契丹步騎六萬入侵,繼勛復與彰德節度使羅彥瓌、西山巡檢使郭進、內客省使曹彬等領六萬衆赴之,大破契丹及北漢軍於遼州城下。《本紀》不言北漢誘契丹,止言契丹六萬騎來援。《劉筠傳》又不載契丹來援事,《契丹》及《李繼勛傳》則皆云北漢誘契丹也,今從之。《契丹傳》乃以曹彬爲武懷節度,今不取。新、舊並無此,不知的是何時,今附見。杜延韜以遼州降,李繼勛即遣慕容延忠入奏,二月戊子朔延忠到闕,今於正月末書其事。

(宋)李燾:《續資治通鑒長編》卷五,太祖乾德二年(964)

戊子,南面兵馬都監、引進使丁德裕與潭州防禦使潘美、朗州團練使尹崇珂、衡州刺史張勛帥兵攻郴州,克之,殺其刺史陸光圖及招討使暨彥贇,餘衆退保韶州。崇珂,相州人也。初,內常侍、禹餘宮使邵廷琄累言於南漢主曰:"漢承唐亂,居此五十餘年,幸中國多故,干戈不及,而漢益驕於無事,今兵不識旗鼓,而人主不知存亡。夫天下亂久矣,亂久必治,今聞真主已出,將盡有海內,其勢非一天下不能已,請飭兵備,不然,悉內府琛寶遣使通好也。"南漢主懵然莫以爲慮,惡廷琄言直,深恨之。及是始懼,思廷琄言,乃以廷琄爲招討使,領舟師屯洸口。廷琄,循州人也。《九國志》廷琄傳言王師乘勝克連州,劉鋹懼,始用廷琄。按他書皆不然,今不取。

(宋)李燾:《續資治通鑒長編》卷五,太祖乾德二年(964)

北漢入寇,命西北諸鎮出兵禦之。

(宋)李燾:《續資治通鑒長編》卷七,太祖乾德四年(966)

北漢主遣侍衛都虞候劉繼欽等復取遼州。此據《九國志》及《十國紀年》,他書皆無之。乾德二年正月克遼州,乃不見新除守將,或果再失之。乾德六年三月乙未,始書以齊州團練使李守節知遼州。

（宋）李燾:《續資治通鑑長編》卷七,太祖乾德四年(966)

初,宜春人盧絳詣樞密使陳喬獻書,喬異之,擢爲本院承旨,遷沿江巡檢,召募亡命,習水戰,屢要吳越兵於海門,獲舟艦數百。嘗説唐主曰:“吳越,仇讎也。他日必爲北朝鄉道,掎角攻我,當先滅之。”唐主曰:“大朝附庸,安敢加兵?”絳曰:“臣請詐以宣、歙州叛,陛下聲言討伐,且乞兵於吳越,兵至拒擊,臣躡而攻之,其國必亡。”唐主亦不能用。二事並據《十國紀年》。

（宋）李燾:《續資治通鑑長編》卷一一,太祖開寶三年(970)

是月,嵐州言破北漢軍於古冶村,斬首數百級。

（宋）李燾:《續資治通鑑長編》卷一二,太祖開寶四年(971)

初,上征晉陽,命密州防禦使馬仁瑀率衆巡邊,至上谷、漁陽,敵素聞其名,不敢出,因縱兵大掠,生口、牛羊數萬計。已而車駕還京,令仁瑀歸治所。明年,群盜起兗州,賊首周弼尤凶悍,自號“長脚龍”,監軍率兵討之,爲所敗。詔仁瑀掩擊,仁瑀領帳下十餘人入泰山,擒弼,盡獲其黨,魯郊以寧。庚辰,徙仁瑀爲瀛州防禦使。仁瑀兄子因醉誤殺平民,繫獄當死,民家自言:“非有憾也,但過誤耳,願以過失傷論。”仁瑀曰:“我爲長吏而兄子殺人,此乃恃勢恣橫,非過失也,豈敢以己之親而亂國法哉!”遂論如律。給民家布帛爲棺斂具。

（宋）李燾:《續資治通鑑長編》卷一二,太祖開寶四年(971)

府州言北漢軍寇方山、雅爾兩寨,擊走之。

（宋）李燾:《續資治通鑑長編》卷一〇三,太祖開寶五年(972)

乙亥,遼州言遣招收指揮使王滿領兵入北漢界,拔其一寨。

（宋）李燾:《續資治通鑑長編》卷一〇三,太祖開寶五年(972)

　　隰州團練使、兼晉隰等州沿邊都巡檢周勛,築壘北漢界上,北漢人襲破之。戊午,責勛爲義州刺史。

　　(宋)李燾:《續資治通鑒長編》卷一〇三,太祖開寶五年(972)

　　初,李謙溥去隰州,邊將屢失律,乃復以謙溥爲隰州巡檢使,邊民喜謙溥之至,相率迎於路。癸巳,謙溥言領兵入北漢界,連拔其七寨。謙溥再爲隰州,乃開寶五年四月也,今並列於此。《九國志》世家云明年王師侵嵐、石州,拔我七寨。即此。

　　(宋)李燾:《續資治通鑒長編》卷一〇四,太祖開寶六年(973)

　　北漢主搜其軍中子弟,自十七以上,皆籍爲兵,盡括民馬,遣代州刺史蔚進來寇平陽。權知晉州武守琦率衆御之。庚午,與進遇於洪洞縣界,擊敗北漢兵五千餘人。明年正月初四日奏到。

　　(宋)李燾:《續資治通鑒長編》卷一五,太祖開寶七年(974)

　　己亥,權知潞州藥繼能領兵入北漢界,夜攻鷹澗堡,拔之,斬首數千級,獲馬八百匹。

　　(宋)李燾:《續資治通鑒長編》卷一六,太祖開寶八年(974)

　　己亥,曹彬等自蘄陽過江,破峽口寨,殺守卒八百人,生擒二百七十人,獲池州牙校王仁震、王宴、錢興等三人。

　　甲辰,以曹彬爲昇州西南面行營馬步軍戰棹都部署,潘美爲都監,曹翰爲先鋒都指揮使。

　　初,王師直趨池州,緣江屯戍皆謂每歲朝廷所遣巡兵,但閉壁自守,遣使奉牛酒來犒師。尋覺異於他日,池州守將戈彥遂弃城走。閏十月己酉,曹彬等入池州。

　　(宋)李燾:《續資治通鑒長編》卷一五,太祖開寶七年(974)

　　丁巳,曹彬等及江南兵戰於銅陵,敗之,獲戰艦二百餘艘,生擒八百餘人。銅陵，在池州東北一百四十里。

壬戌，曹彬等至當塗，雄遠軍判官婺源魏羽以城降。雄遠，即當塗也，江南置軍於其縣。王師先拔蕪湖，又克當塗，遂屯采石磯。

丁卯，曹彬等敗江南二萬餘衆於采石磯，生擒一千餘人及馬步軍副都部署楊收、兵馬都監孫震等，又獲戰馬三百餘匹。初，江南無戰馬，朝廷每歲賜與百匹，至是驅爲前鋒以拒王師，既獲之，驗其印記，皆朝廷所賜者也。

十一月乙亥朔，潭州兵入江南界，攻萍鄉，爲其制置使劉茂忠所敗，國主即授茂忠袁州刺史。茂忠，安福人也。

癸未，籍泰寧節度使李從善麾下及江南水軍凡千三百餘人爲禁旅，號曰歸聖。

詔移石牌鎮浮梁於采石磯，繫纜三日而成，不差尺寸，王師過之，如履平地。移采石浮梁及新林寨之捷，據《實錄》皆以二十日奏到。度其事勢，當在初十或十一二間。奏既無的日，因附見於此，獨取新林寨之捷，仍以奏到日書之，示疑也。

初爲浮梁，國主聞之，以語清輝殿學士張洎，洎對曰："載籍以來，無有此事，此必不成。"國主曰："吾亦謂此兒戲耳。"於是遣鎮海節度使、同平章事鄭彥華督水軍萬人，天德都虞候杜真領步軍萬人，同逆王師。將行，國主誡之曰："兩軍水陸相濟，無不捷矣。"彥華，見顯德三年，真，未見。

戊子，吳越王俶遣使修貢，謝招撫制置之命也。並上江南國主所遺書，其略云："今日無我，明日豈有君！明天子一旦易地酬勛，王亦大梁一布衣耳。"

己丑，知漢陽軍李恕敗江南鄂州水軍三千餘人，獲戰艦四十餘艘。恕奏以二十二日到。

甲午，曹彬等言敗江南兵數千人於新林寨，案《宋史》及薛應旂《續通鑒》皆作新竹寨，下同。獲戰艦三十艘。新林寨之捷與繫采石浮橋同以二十日到，度其事勢，當是初十或十一二間也。今從《實錄》所書，不復改移。

十二月，金陵始戒嚴，下令去開寶之號，公私記籍但稱甲戌歲。

益募民爲兵,民以財及粟獻者官爵之。杜真之敗,據《江南野録》,王師猶在當塗,國史不記其處,《實録》《本紀》並不書,不知即新林寨之捷否? 新林所獲又水軍,恐非杜真所將也。今依《野録》,附見十二月。

丁未,漢陽兵馬監押寧光祚敗鄂州水軍三千餘人於江北岸。光祚以此月初三日捷,初八日奏到。

吳越王俶率兵圍常州,俘其軍二百五十人、馬八十匹於常州城下。明年正月初九日奏到。癸亥,拔利城寨,破其軍三千餘衆,生擒六百餘人。

丙寅,曹彬等破江南兵於新林港口,斬首二千級,焚戰艦六百餘艘。明年正月一日奏到。

辛未,吳越王俶破江南兵萬餘衆於常州北境上。明年正月二十一日奏到。

（宋）李燾:《續資治通鑒長編》卷一五,太祖開寶七年(974)

春正月丙子,權知池州樊若冰敗江南兵四千人於州界。

初,曹彬等師未出,上命韶州刺史王明爲黃州刺史,面授方略。明既視事,亟修葺城壘,訓練士卒,衆莫諭其意。及彬等出師,即以明爲池州至岳州江路巡檢、戰棹都部署。辛巳,明遣兵馬都監武守謙等領兵渡江,敗江南兵萬餘人於武昌,殺七百人,拔樊山寨。十九日奏到。

是日,行營左廂戰棹都監田欽祚領兵敗江南兵萬餘人於溧水,斬其都統使李雄。十九日奏到。《十國紀年》李雄作張雄。

甲申,王明言敗鄂州兵三百餘人於江南岸。此但依《實録》,據奏到日書之,其捷時當在去年末或今年初拔樊山寨以前也。

丙戌,樊若冰遣兵馬監押王侁領兵敗江南四千餘衆於宣州界。侁,朴子也。

庚寅,曹彬等進攻金陵,行營馬軍都指揮使李漢瓊率所部渡秦淮南,取巨艦實以葭葦,順風縱火,攻其水寨,拔之,斬首數千級。初次秦淮,江南兵水陸十餘萬,背城而陣,時舟楫未具,潘美下令曰:"美提驍果數萬人,戰必勝,攻必取,豈限此一衣帶水而不徑度乎?"遂率所部先濟,王師隨之,江南兵大敗。江南復出兵,將泝流奪采石浮梁,美旋擊破之,擒其神衛都軍頭鄭賓等七人。潘美秦淮之捷,當在正月,而《實錄》與《本紀》載二月末,亦不得其日,蓋因《曹彬傳》所載二月次秦淮故也。《彬》及《美傳》,載拔水寨捷於秦淮之後,然拔水寨,《實錄》具載其日,乃正月十七日也。據此,則當先載秦淮之捷。疑不敢決,仍附見於後。《彬傳》稱既捷於秦淮,浮梁始成,按美先率所部涉水,則秦淮蓋不設浮梁,浮梁當在采石磯也。《美傳》又於秦淮既捷之後,始言采石浮梁成,事愈顛倒。然亦可見秦淮未嘗設浮梁,而鄭賓等泝流,實欲奪采石浮梁耳。今略加刪潤,更俟考求。

癸巳,命京西轉運使李符益調荊湖軍食赴金陵城下。

二月丙午,權知潭州朱洞遣兵馬鈐轄石曦領衆敗江南兵二千餘人於袁州西界。曦,太原人也。十六日奏到。朱洞,未見。

癸丑,曹彬等敗江南兵萬餘衆於白鷺洲,斬首五千餘級,擒百餘人,獲戰艦五十艘。十七日奏到。

乙卯,拔昇州關城,守陴者皆遁入其内城,殺千餘衆,溺死者又千計。天德軍都知兵馬使張進等九人來降。十九日奏到。

初,右諫議大夫段思恭知揚州,朝廷方欲經略江南,命思恭兼緣江巡檢,出則委通判以州務。而思恭常挈印及鼓角金鉦等自隨,驛書自京師至者,輒令賷詣其所,事多稽緩。通判、右贊善大夫李苕不能堪,遂相與告訐。付有司鞫之,思恭詞不直,丁巳,責思恭爲太常少卿,苕爲大理寺丞。

壬戌,賜吳越王倣軍衣五萬副,俾分給其行營將士。

癸亥,權知揚州侯陟,以所部兵敗江南千餘衆於宣化鎮。

丁亥,權知廬州邢琪領兵渡江,至宣州界,攻拔義安寨,斬首千餘級。

庚寅,曹彬等敗江南兵三千餘衆於江中,擒五百人。

壬寅,遣中使王繼恩領兵數千人赴江南。

王明言敗江南兵於江州界,斬首二千餘級。據《十國紀年》,此乃三月事,既無的日,因奏到書之。

吳越兵圍常州,刺史禹萬成距守,大將金成禮劫萬成以城降。吳越初起兵,丞相沈虎子者虎子,未見。諫曰:"江南,國之藩蔽,今大王自撤其藩蔽,將何以衛社稷乎?"不聽。遂罷虎子政事,命通儒學士崔仁冀代之,總其兵要。仁冀,錢塘人也。

曹彬等言敗江南兵二千餘人秦淮北。《實録》不載其發奏之日,奏以二十日到,因書之。《本紀》又言克昇州關城,蓋誤也。克關城,乃二月十二日矣。

五月壬申朔,加吳越王俶守太師,以其子鎮海鎮東節度使惟濬同平章事、寧遠節度使惟治爲奉國節度使,行軍司馬孫承祐爲平江節度使,行營兵馬都監丁德裕權知常州。

甲申,吳越王俶言江陰寧遠軍及緣江諸寨皆降。

丁酉,王明言破江南萬餘衆於武昌,奪戰艦五百艘。

初,陳喬、張洎爲江南國主謀,請所在堅壁以老王師。師入其境,國主弗憂也,日於後苑引僧及道士誦經、講《易》,高談不恤政事。軍書告急,非徐元㭠等皆莫得通,師薄城下累月,國主猶不知。時宿將皆前死,神衛統軍都指揮使皇甫繼勳者,暉之子也,暉,初見乾祐六年。年尚少,國主委以兵柄。繼勳素貴驕,初無效死意,但欲國主速降而口不敢發,每與衆言,輒云:"北軍强勁,誰能敵之!"聞兵敗,則喜見顏色,曰:"吾固知其不勝也。"繼勳從子紹傑,以繼勳故,亦爲巡檢使,親近,繼勳嘗令紹傑密陳歸命之計,國主不從。偏裨有募敢死士欲夜出營邀王師者,繼勳必鞭其背,拘囚之,由是衆情憤怒。又托以軍中多務,罕入朝謁。國主召之,亦不時至。是月,國主自出巡城,見王師列寨城外,旌旗滿野,知爲左右所蔽,始驚懼。乃收繼勳付獄,責以流言惑衆及不用命之狀,並紹傑殺之,軍士爭臠割其肉,頃刻都盡。

繼勳既誅,凡兵機處分,皆自澄心堂宣出,實洎等專之也。於是,遣使召神衛軍都虞候朱令贇,以上江兵入援。令贇,業之子也,業,初見顯德三年。擁十萬衆屯湖口,諸將請乘漲江速下,令贇曰:"我今進前,敵人必反據我後。戰而捷,可也。不捷,糧道且絶,其爲害益深矣。"乃以書召南都留守柴克貞使代鎮湖口,克貞先已病,遷延不行,令贇亦不敢進,國主累促之,令贇不從。克貞,再用子也。再用,初見乾寧二年。

六月癸卯，曹彬等言敗江南兵二萬餘衆於其城下，奪戰艦數千艘。

丁丑，廬州無爲鎮巡檢杜光俊，言敗宣州兵三百餘人於江南岸。

初，江南捷書累至，邸吏督李從鎰入賀，潘慎修以爲“國且亡，當待罪，何賀也！”自是群臣稱慶，從鎰即奉表請罪。上嘉其得體，遣中使慰撫，供帳牢餼，悉從優給。壬午，復命李穆送從鎰還其國，手詔促國主來降，且令諸將緩攻以待之。

先是，詔吳越王俶歸其國，俶以兵屬其大將烏程沈承禮，隨王師進討。甲申，遣使入貢謝恩。

左司員外郎、權知揚州侯陟受賕不法，爲部下所訟，追赴京師。陟素善參知政事盧多遜，自度繫獄必窮屈，乃私遣人求哀於多遜。時金陵未拔，上頗厭兵，南土卑濕，方秋暑，軍中又多疾疫。上議令曹彬等退屯廣陵，休士馬，以爲後圖，多遜爭不能得。會陟新從廣陵來，知金陵危蹙，多遜教令上急變言江南事。陟時被病，上令皇城卒掖入，見即大言曰：“江南平在朝夕，陛下奈何欲罷兵？願急取之。臣若誤陛下，請夷三族。”上屏左右，召昇殿問狀，遂寢前議，赦陟罪不治。八月甲辰，復以陟判吏部流內銓。或云已發詔罷兵，因陟言始命追還，蓋誤也，時方有此議耳。

江南吉州刺史胡公霸脱身來降，以公霸爲和州刺史。

癸亥，丁德裕言敗江南兵五千餘人於潤州城下。時德裕與吳越兵圍潤州也。

王師初起，江南以京口要害，當得良將，侍衛都虞候劉澄，澄，未見。舊事藩邸，國主尤親任之，乃擢爲潤州留後，臨行，謂曰：“卿本未合離孤，孤亦難與卿別，但此非卿不可副孤心。”澄涕泣奉辭，歸家盡輦金玉以往，謂人曰：“此皆前後所賜，今國家有難，當散此以圖勛業。”國主聞之，喜。及吳越兵初至，營壘未成，左右請出兵掩之，時澄已懷向背，乃曰：“兵勝則可；不勝，立爲虜矣。救至而後圖戰，未晚也。”國主尋命凌波都虞候盧絳，自金陵引所部舟師八千，突長圍來救。絳至京口，舍舟登岸，與吳越兵戰，吳越兵少却，絳方入城，圍復合。固守逾月，自相猜忌，澄已通降款，慮爲絳所謀，徐謂絳曰：“間者言都城受圍日急，若都城不守，守此亦何爲？”絳亦知城終陷，乃曰：“君爲守將，不可弃城而去，宜赴難者，唯絳可耳。”澄僞爲難色，久之曰：“君言是也。”絳遂潰圍而出。

初，絳怒一禆將，議殺之，未決，澄私謂曰：“盧公怒爾，爾不生矣。”禆將泣涕請命，澄因曰：“吾有一言告爾，非徒免死，且得富貴。”因諭以降事，令先出導意。禆將曰：“某家在都城，將奈何？”澄曰：“事急矣，當自爲謀。我家百口，亦不暇顧矣。”於是禆將逾城而出。絳猶未知。明日，澄與絳同食，主兵者來告，澄作色曰：“吾謂公已斬之矣，何得令逃也。”絳已去，澄遍召諸將卒，告曰：“澄守城數旬，志不負國，事勢如此，須爲生計，諸君以爲如何？”將卒皆發聲大哭。澄懼有變，亦泣曰：“澄受恩固深於諸君，且有父母在都城，寧不知忠孝乎，但力不能抗爾，諸君不聞楚州耶？”初，周世宗圍楚州，久不下，既克，盡屠之。故澄以此脅衆。戊寅，澄率將吏開門請降。潤州平。絳聞金陵危甚，乃趨宣州，日夕酣飲爲樂，或勸赴難，皆不答。

丁德裕部送潤州降卒數千人赴昇州城下，卒多道亡，曹彬發檄招誘，稍稍來集，慮其爲變，又盡殺之。庚寅，彬等言敗潤州潰卒數千人於昇州，斬首七百級。

初，李從鎰至江南諭上旨，國主欲出降，陳喬、張洎廣陳符命，以爲金湯之固，未易取也，北軍旦夕當自退矣。國主乃止。李穆既還，上復命諸將進兵。及潤州平，周邊愈急，始謀遣使入貢，求緩兵。按《實錄》，李從鎰以八月十二日還其國，使入貢求緩兵，不知初發江南何時。用十月一日到京師，則當是九月半以後也。九月半以後，從鎰無緣不在江南矣。而《煜傳》載煜手書，附周惟簡奏上者，其辭有云：“在京二弟，恤養優豐。”據此，則似從鎰與從善俱未嘗還也。從鎰既還，而此書亦無一言及之，不知何故。或者李穆歸朝，煜已具謝，而此特追感從鎰未還時並蒙恤養故耶？然李穆再使江南，其歸也，煜亦當有以復命，而史絶不記，蓋疏略矣。今且參考諸書，略加修潤，更俟詳之。

　　道士周惟簡者,鄱陽人,隱居洪州西山。國主召之,館於紫極宮,常以冠褐侍講《周易》,累官至虞部郎中致仕。於是,張洎薦惟簡有遠略,可以談笑弭兵鋒。復召爲給事中,與修文館學士承旨徐鉉同使京師。時國主屢督朱令贇舉湖口兵來援,謂鉉曰:"汝既行,即當止上江援兵,勿令東下。"鉉曰:"臣此行,未必能排難解紛,城中所恃者援兵耳,奈何止之!"國主曰:"方求和好而復召兵,自相矛盾,於汝豈不危乎?"鉉曰:"要以社稷爲計,置臣度外耳。"國主泣下,即拜左僕射、參知左右內史事,鉉固辭。國主又以惟簡雅素高尚,不近榮利,親寫十數紙,題爲奏目,令惟簡乘間求哀,欲謝政養病。冬十月己亥朔,曹彬等遣使送鉉及惟簡赴闕。

　　鉉居江南,以名臣自負,其來也,將以口舌馳説存其國。其日夜計謀思慮,言語應對之際詳矣。於是大臣亦先白上,言鉉博學有才辨,宜有以待之。上笑曰:"第去,非爾所知也。"既而鉉朝於廷,仰而言曰:"李煜無罪,陛下師出無名。"上徐召之昇殿,使畢其説。鉉曰:"李煜以小事大,如子事父,未有過失,奈何見伐?"其説累數百,上曰:"爾謂父子者爲兩家可乎?"鉉不能對。惟簡尋以奏目進,上覽之,謂曰:"爾主所言,我一不曉也。"上雖不爲緩兵,然所以待鉉等皆如未舉兵時。壬寅,鉉等辭歸江南。按《實錄》,徐鉉、周惟簡凡兩至京師,故《五代史》及《談苑》太祖對鉉辭有不同,今以《五代史》所載附之初見時,《談苑》所載附之後見時。上初答惟簡,但云不曉爾主所言,後遂詰責之,初猶以理折鉉,後乃直加威怒,其時勢或當然也。更須考詳。

　　丁巳,江南國主復遣使入貢,求緩兵。不知所遣何人,當考。

　　戊午,改潤州鎮海軍爲鎮江軍。

　　朱令贇自湖口以衆入援,號十五萬,縛木爲筏,長百餘丈,戰艦大者容千人,順流而下,將焚采石浮梁。王明率所部兵屯獨樹口,遣其子馳騎入奏,且請增造戰船三百,以襲令贇。上曰:"此非應急之策也。令贇朝夕至,金陵之圍解矣。"乃密遣使令明於洲浦間多立長木,若帆檣之狀。令贇望見,疑有伏,即稍逗遛。時江水淺涸,不利行舟,令贇獨乘大航,高十餘重,上建大將旗旄。至皖口,行營步軍都指揮使劉遇聚兵急攻之，令贇勢蹙，因縱火拒鬥。會北風甚，火反及之，其眾悉潰。己未，生擒令贇及戰棹都虞候王暉等，獲兵仗數萬。金陵獨恃此援，由是孤城愈危蹙矣。《本紀》及《劉遇傳》皆云擒令贇皖口，《王明傳》乃云小孤山，《江南野錄》又云虎踞洲，未知孰是。今從《本紀》及《劉遇傳》。

先是，武勝節度使張永德貢馬賀潤州平，馬皆老病，有司劾奏，永德上表待罪，庚午，詔釋不問。永德聞王師南伐，出家財作戰船數十艘，運糧數萬斛，自順陽緣漢水而下。州豪高進者，舉族凶暴，前後莫能禁，永德發其姦，實於法。進潛詣闕，誣永德據險固置十餘砦，將圖不軌。上遣使察之，使者詰進置砦之所，進辭窮，乃曰："張侍中誅吾宗黨殆盡，欲中傷之以報私怨爾，實未嘗置砦也。"使者還，白上，上曰："吾固知張道人非反者也。"即以進授永德，永德遽解其縛，就市笞而釋之。時稱其長者。永德舊喜與方士游，家貲為之罄乏，上故以"道人"目焉。《永德傳》云：遣樞密都承旨曹翰領騎兵察置砦之所，無有，翰即以告者付永德。按《傳》載此事，與王師討金陵相連屬，曹翰時實將先鋒，安得至唐、鄧間也？且方察其砦之有無，安用便領騎兵，不亦張皇生事乎？且不應即以告者付永德，恐傳必誤。今輒刪改之，更須考詳。

徐鉉及周惟簡還江南，未幾，國主復遣入奏，辛未，對於便殿。鉉言李煜事大之禮甚恭，徒以被病，未任朝謁，非敢拒詔也，乞緩兵以全一邦之命。其言甚切至，上與反覆數四，鉉聲氣愈屬。上怒，因按劍謂鉉曰："不須多言，江南亦有何罪，但天下一家，臥榻之側，豈容他人鼾睡乎！"鉉皇恐而退。上復詰責惟簡，惟簡益懼，乃言："臣本居山野，非有仕進意，李煜強遣臣來耳。臣素聞終南山多靈藥，它日願得栖隱。"上憐而許之，仍各厚賜遣還。庚辰，王明言敗江南兵萬餘人於湖口，獲戰船五百艘，兵仗稱是。

先是，曹彬等列三寨攻城，潘美居其北，以圖來上。上視之，指北寨謂使者曰："此宜深溝自固，江南人必夜出兵來寇，爾亟去語曹彬等，併力速成之。不然，終為所乘矣。"賜使者食，且召樞密使楚昭輔草詔，令徙置戰棹，以防它變，使者食已即行。彬等承命，自督丁夫掘塹，塹成。丙戌，江南人果夜出兵五千襲北寨，人持一炬，鼓噪而進。

彬等縱其至，乃徐擊之，皆殲焉，其將帥佩符印者，凡十數人。

王師圍金陵，自春徂冬，居民樵采路絕，兵又數敗，城中奪氣。曹彬終欲降之，故每緩攻，累遣人告國主曰：“此月二十七日，城必破矣，宜早爲之所。”國主不得已，約先令其子清源郡公仲寓入朝，既而久不出。前數日，彬日遣人督之，且告曰：“郎君不須遠適，若到寨，即四面罷攻矣。”國主終惑左右之言，以爲城堅如此，豈可克日而破，但報云：“仲寓趣裝未辦，宮中宴餞未畢，二十七日乃可出也。”彬又遣人告曰：“若二十六日出，亦無及矣。”國主不聽。

先是，上數因使者諭曹彬以勿傷城中人，若猶困鬥，李煜一門，切勿加害。呂祖謙《宋朝大事》記：自古平亂之主，其視降王不啻仇讎，而我太祖待之極其恩禮。劉鋹，卮酒飲之釋疑；李煜，一門戒無加害。故僭僞之豪，悉得保全，老死於牖下。自古攻取之主，其視生民殆若草菅，而我太祖待之曲加存撫。江南興師，不戮一人，平蜀多殺，每以爲恨。故新集之眾，不啻如赤子之仰父母。仁心仁聞，三代而下，即未之聞也。於是，彬忽稱疾不視事，諸將皆來問疾，彬曰：“余之病非藥石所愈，須諸公共爲信誓，破城日不妄殺一人，則彬之疾愈矣。”諸將許諾，乃相與焚香約言。既畢，彬即稱愈。乙未，城陷。初，陳喬、張洎同建不降之議，事急，又相要以同死社稷。然洎實無死志，於是携妻子及橐裝入止宮中，引喬同見國主。喬曰：“臣負陛下，願加顯戮。若中朝有所詰問，請以臣爲辭。”國主曰：“運數已盡，卿死無益也。”喬曰：“陛下縱不殺臣，臣亦何面目見國人乎。”遂縊。洎乃告國主曰：“臣與喬共掌樞務，今國亡當俱死。又念陛下入朝，誰與陛下辨明此事，所以不死者，將有待也。”《國史》《張洎傳》，言洎約陳喬同升閣，喬自縊，洎視喬氣絕乃下。而《談苑》載喬縊於視事廳，洎猶不知。《國史》蓋因《九國志》《陳喬傳》所云，恐《九國志》未可信也。洎既已背約不死，亦何待喬氣絕，乃下閣乎？《談苑》又言國主求喬不得，或告洎以爲喬已北降，明年乃得喬尸。按此，則所云同升閣者，繆甚矣。今參酌修潤，庶免牴牾。大抵城破時，洎與喬猶同見國主，請如前約，喬遂死，而洎不死耳。洎固不能死，所以同見國主者，度國主必不許其死也。

彬整軍成列，至於宮城，國主乃奉表納降，與其群臣迎拜於門。

即選精卒千人守其門外，令曰：「有欲入者，一切拒之。」始，國主令積薪宮中，自言若社稷失守，則盡室赴火死。及見彬，彬慰安之，且諭以歸朝俸賜有限，費用至廣，當厚自賷裝，既爲有司所籍，一物不可復得矣。因復遣煜入宮，惟意所欲取。行營右廂戰棹都監梁迴及田欽祚等皆諫曰：「苟有不虞，咎將誰執？」彬但笑而不答。迴等力爭不已，彬曰：「煜素無斷，今已降，必不能自引決，可亡慮也。」又遣五百人爲輦載輜重。煜方憤嘆國亡，無意蓄財，所操持極鮮，頗以黃金分賜近臣。獨右內史、學士張洎不受，詣彬自陳，願奏其事，彬謂洎邀名，不許，但取金輸之官。

彬既入金陵，申嚴禁暴之令，士大夫賴彬保全，各得其所。親屬爲軍士所掠者，即時遣還之。因大搜於軍，無得匿人妻女。倉廩府庫，委轉運使許仲宣按籍檢視，彬一不問。《紀事本末》：振乏絕，恤鰥寡，仁人之心，無所不至。吳人大悅。師旋，舟中惟圖籍衣衾而已。

十二月己亥朔，江南捷書至，凡得州十九、軍三、縣一百有八、戶六十五萬五千六十有五。群臣皆稱賀。上泣謂左右曰：「宇縣分割，民受其禍，思布聲教，以撫養之。攻城之際，必有橫罹鋒刃者，此實可哀也。」即詔出米十萬石，賑城中饑民。

辛丑，赦江南管內州縣常赦所不原者，僞署文武官吏見釐務者，並仍其舊。曾經兵戈處，百姓給復二年，不經兵戈處，給復一年。諸色人及僧道被驅率爲兵者，給牒聽自便。令諸州條析舊政，賦斂煩重者，蠲除之。軍人俘獲生口，年七歲以上，官給絹五匹贖還其家，七歲以下即還之。又詔不得侵犯李煜父祖邱壟，令太子洗馬河東呂龜祥詣金陵，籍李煜所藏圖書送闕下。

（宋）李燾：《續資治通鑑長編》卷一六，太祖開寶八年（975）

丙辰，詔分兵入北漢界，西上閤門使郝崇信與解州刺史王政忠出汾州，內衣庫副使閻彥進與澤州刺史齊超超，未見。出沁州，內衣庫副使孫晏宣晏宣，未見。與濮州刺史安守忠出遼州，引進副使齊延琛延琛，未見。與晉、隰州巡檢、汝州刺史穆彥璋彥璋，未見。出石州，洛苑副使侯美與郭進出忻、代。

辛巳，郭進言領兵出忻、代路，俘北漢山後諸州民三萬七千餘口。

丁酉，安守忠言與洛羅寨兵馬監押馬繼恩，繼恩，未見。領兵出遼州路，焚北漢四十餘寨，獲牛羊人口數千。按八月遣内衣庫副使孫晏宣與濮州刺史安守忠取遼州路入河東界。《守忠傳》亦載守忠時知遼州，與馬繼恩入界事，而《舊録》乃云：遼州知州齊超上言，蓋誤也。齊超實澤州刺史，別取沁州路入界，非遼州也。《新録》止稱遼州，當是覺《舊録》誤，故改之，今直書安守忠。

齊超言領兵沁州路，敗北漢軍五百人，擒三十人。此據《本紀》也。《新》《舊録》無之，疑《實録》脱誤，或與安守忠同日奏到耳。當考。

庚子，郭進言破北漢壽陽縣，俘其民九十餘口。

黨進言又敗北漢軍千餘人於太原城北。

　　（宋）李燾：《續資治通鑑長編》卷一〇七，太祖開寶九年（976）

上初即位，謂齊王廷美曰："太原我必取之。"及議致討，召樞密使曹彬問曰："周世宗及我太祖皆親征太原，以當時兵力而不能克，何也？豈城壁堅完不可近乎？"彬對曰："世宗時，史超敗於石嶺關，人情震恐，故師還。太祖頓兵甘草地中，軍人多被腹疾，因是中止，非城壘不可近也。"上曰："我今舉兵，卿以爲何如？"彬曰："國家兵甲精銳，人心忻戴，若行吊伐，如摧枯拉朽耳，何有不可哉。"上意遂決。宰相薛居正等曰："昔世宗起兵，太原倚北戎之援，堅壁不戰，以致師老而歸。及太祖破敵於雁門關南，盡驅其人民分布河、洛之間，雖巢穴尚存，而危困已甚。得之不足以辟土，舍之不足以爲患，願陛下熟慮之。"上曰："今者事同而勢異，彼弱而我強。昔先帝破此敵，徙其人而空其地者，正爲今日事也。朕計決矣，卿等勿復言。"乃先遣常參官分督諸州軍儲赴太原。

庚寅，以宣徽南院使潘美爲北路都招討制置使。河陽節度使崔彦進攻其城東面，彰德節度使李漢瓊城南面，桂州觀察使曹翰城西面，彰信節度使劉遇城北面。遇以次當攻其西面，而西面直北漢主宫城，尤險惡。翰欲與遇易地，自言我觀察使班宜在節度使下，遇弗可，翰必欲易之，議久不決。上慮將帥不協，乃諭翰曰："卿智勇無雙，城西面非卿不能當也。"翰始奉詔。

八作使郝守浚充西面壕寨都監，馬軍都虞候米信，步軍都虞候田重進充行營馬步軍都指揮使，西上閤門使郭守文、判四方館事順州團練使梁迴監其軍。信，奚人。重進，幽州人也。詔發邢、貝、洺、澤等州軍儲赴太原，著作佐郎張潤之掌其出納。

辛卯，命雲州觀察使郭進爲太原石嶺關都部署，西上閤門使田仁朗、閤門祗候供奉官劉緒按行太原城四面壕寨，閱視攻城梯衝器用。

乙未，宴潘美等於長春殿，上親授方略以遣之。時劉鋹及淮海王俶、武寧節度使陳洪進等皆與，鋹因言："朝廷威靈及遠，四方僭竊之主今日盡在坐中。且夕平太原，劉繼元又至，臣率先來朝，願得執梃，爲諸國降王長。"上大笑，賞賜甚厚，鋹詼諧類此。

丁酉，命河北轉運使侯陟與陝西北路轉運使雷德驤分掌太原東、西路轉運事。

壬寅，詔發齊、汝、蔡等州軍糧赴太原。

詔發曹單滑濮濱淄青鄆同耀華等州、京兆河南大名府軍儲赴太原。

己酉，命左屯衛上將軍張鐸爲京城內外都巡檢，車駕將北征也。

二月辛亥，詔以此月內暫幸鎮州。

甲子，車駕發京師。

戊辰，次澶州。方渡河，有持手版衣綠邀車駕者，前驅斥之，不退，號呼道旁，自言獻封事。上令取視，乃臨河主簿宋捷，上甚喜，即以爲將作監丞。《甕牖閒評》云：宋捷之事，真所謂以姓名而盜爵禄者也。然載之《談苑》，乃云：太平興國中，北敵侵邊，太宗遂幸大名府，方渡河，有人持手版衣綠邀乘輿，前驅斥之，號呼道旁，自言獻封事，太宗令接取視之，乃臨河主簿宋捷，太宗甚喜，即以爲將作監丞。載之《事實》，又云：太宗征太原，行次澶淵，有太僕寺丞宋捷者，掌出納行在軍儲，迎謁道左，太宗見其姓名，喜曰："我師有必捷之兆。"而劉繼元果降。此二書所載各不同，未知其孰是也？

己巳，次德清軍。命行在轉運使劉保勛兼勾當北面轉運使事，遣均州刺史臨洺解暉、尚食使折彥贇攻隆州。《解暉傳》作石彥贇。按折彥贇十一月庚辰復見，《暉傳》誤也。三月一日，又命尹勛攻隆州。

庚午，次大名府。

壬申，次洺州。

癸酉，郭進自石嶺關來朝於中路頓。

甲戌，次邢州。

以唐州團練使曹光實知威勝軍事，令調軍食。光實入告：「願提一旅之衆，奮銳先登。」上曰：「資糧事大，亦足宣力也。」

丙子，以潞州都監陳欽祚知威勝軍。《實録》於丙子書：命威勝軍使米文睿赴太原，隸曹翰麾下，以潞州兵馬都監陳欽祚知威勝軍。而《曹光實本傳》乃云車駕征河東，以光實知威勝軍，與《實録》不同。然米文睿、陳欽祚二人皆無可載，因取光實事附見於此，或因光實辭，遂改命欽祚也，當考。

三月庚辰朔，駐蹕於鎮州。命鄆州刺史尹勛攻隆州。隆非古州，北漢人依險築城以拒王師，故先分兵圍之。二月己巳先命解暉、折彥贇攻隆州。

辛巳，命鎮州馬步都監客省副使齊延琛、洛苑副使侯美分兵攻孟縣。

癸未，石嶺關言陽曲寨民三百三十八口歸附。

引進使、汾州防禦使田欽祚護石嶺關屯軍，與都部署郭進不協。賊兵奄至，欽祚閉壁自守，既去，又不追；月俸所入芻粟，多蓄之以俟善價而規其利，爲部下所訴。詔鞫之，欽祚具伏，責授睦州團練使，仍護軍。

丁亥，分命太子中允扈華等十二人發安、復、唐、鄧、商、坊、徐、宿、兖、海、密、蔡等州軍儲赴太原。華，未見。

郭進言破北漢西龍門寨，擒獲千餘計，獻俘行在。

戊子，命六宅使侯繼隆攻沁州，閤門祗候王僎攻汾州。僎，侁弟也。侯繼隆，未見。

壬辰，復命淄州刺史太原王貴攻沁州。

是日，宴從官及諸軍校。

遣劉保勛赴太原閱視轉運事。

乙未，命知府州閑廄使折御卿、監軍供奉官晉陽尹憲分兵攻嵐州。

郭進言契丹數萬騎入侵，大破之石嶺關南。於是北漢援絶，北漢主復遣使間道賫蠟書走契丹告急，進捕得之，徇於城下，城中氣始奪矣。

丙申，左飛龍使史業破北漢鷹揚軍，斬獲甚衆，以俘百人來獻。

丁酉，詔以太原軍前所送降卒五人隸歸明軍，人賜錢三千。

庚子，命通事舍人王侁、軍器庫使劉文裕帥師分守石嶺關。

癸卯，河東城西面轉運使劉保勛爲陝西北路轉運使，代雷德驤也。德驤調發沁州軍儲後期，詔劾德驤，命保勛兼領之。

乙巳，定難留後李繼筠言，遣所部銀州刺史李光遠、綏州刺史李光憲帥蕃漢兵卒緣黄河列寨，渡河略敵境以張軍勢。

詔泉州發兵護送陳洪進親屬赴闕，所過州縣續食。

丙午，命左補闕樂冲馳傳督諸州供軍芻粟。北漢人潛師犯我軍鋒，馬軍都指揮使米信擊敗之，殺其控鶴指揮使裴正，以首級來獻。裴正事，《本紀》《實録》無之，今載於三月末上未至城下以前，當更考之。

夏四月己酉朔，折御卿等言攻嵐州，破北漢千餘衆。

詔發河南、鄆濟博棣澤潞懷汝同華虢等州軍儲赴太原。

庚戌，齊延琛等言孟縣降。

詔發河中、晉絳慈隰解齊德曹單淄衛等州軍儲赴太原。

乙卯，折御卿等破岢嵐軍，殺戮甚衆，擒軍使折令圖以獻。

考功郎中范旻上書，願從征太原，召爲右諫議大夫、三司副使，判行在三司事。

壬戌，車駕發鎮州，幸太原。命定武節度使孟元喆爲鎮州駐泊兵馬都鈐轄。

癸亥，次天威軍，作《早行詩》，令從臣和。

甲子，解暉等攻隆州，西頭供奉官袁繼忠、武騎軍校許均先登，陷之。均中八創，殺三百餘衆，擒招討使李珣等六人以獻。繼忠前護隰州白壁關屯兵，前後入北漢境，破三寨，擒僞將校二人，得鎧甲、鞍馬、牛羊、生口數萬計。近戍聞之，懼無功受譴，乃以誠告，繼忠悉分虜獲，使列奏焉。繼忠，太原人。均，開封人也。

丙寅，次側口頓，作《聞捷奏》《平隆州詩》。

是日，折御卿又破嵐州，殺憲州刺史霍翊，案《宋史·本紀》作郭翊。擒蔡州節度使馬延忠等七人以獻。

庚午，上至太原，駐蹕於汾水之東。

辛未，幸城四面按視營壘攻具，慰勞諸將。以手詔諭北漢主繼元，傳詔至城下，守陴者不敢受。

壬申，夜漏未盡，上幸城西，督諸將攻城。天武軍校荆嗣率衆先登，手刃數賊，足貫雙箭，手中炮，碎齒二，上見之，亟召下，賜以錦袍銀帶。嗣，罕儒兄孫也。

先是，上選諸軍勇士數百人，教以劍舞，皆能擲劍於空中，躍其身左右承之，見者無不恐懼。會契丹遣使修貢，賜宴便殿，因出劍士示之，數百人袒裼鼓譟，揮刃而入，跳擲承接，曲盡其妙，契丹使者不敢正視。及是巡城，必令舞劍士前導，各呈其技，北漢人乘城，望之破膽。

上每躬擐甲冑，蒙犯矢石，指揮戎旅，左右有諫者，上曰：“將士爭效命於鋒鏑之下，朕豈忍坐觀！”諸軍聞之，人百其勇，皆冒死先登。凡控弦之士數十萬，列陣於乘輿前，蹲甲交射，矢集太原城上如蝟毛焉。每詔給諸軍箭數百萬，必頃刻而盡。捕得生口，云北漢主城中市所射之箭，以十錢易一隻，凡得百餘萬隻，聚而貯之。上笑曰：“此箭爲我蓄也！”及城降，盡得之。

田欽祚在石嶺關，恣爲奸利諸不法事，郭進不能禁止，屢形於言，欽祚憾之。進武人，剛烈，戰功高，欽祚數加陵侮，進不能堪，癸酉，遂縊而死，欽祚以卒中風眩聞。上悼惜良久，優詔贈安國節度使。左右皆知，而無敢言者。命冀州刺史牛思進爲石嶺關部署。思進，無極人也，有膂力，嘗以强弓絓於耳，引手極前張之令滿，又負壁立，二力士撮其乳曳之不動，軍中咸異焉。

甲戌，幸諸寨。

乙亥,幸連城,視攻城諸洞。時李漢瓊率眾先登,矢集其腦,又中指,傷甚,猶力戰。上促召至幄殿,視其創,傅以良藥。上欲親幸洞屋中勞士卒,漢瓊泣曰:"晉陽孤壘,危若累卵,諸將用命,戰士賈勇,矢石注洞屋如雨,陛下奈何以萬乘之尊親往臨之! 若不聽,臣請先死。"上乃止。

丁丑,幸西連城樓。

五月己卯朔,幸城西南隅,夜督諸將急攻。遲明,陷羊馬城。北漢宣徽使范超來降,攻城者疑超出戰,擒之以獻,斬於纛下。既而北漢主盡殺超妻子,梟其首,投於城外。

辛巳,幸城西北隅,北漢馬步軍都指揮使郭萬超來降。萬超來降,《實錄》在壬午,今從《本紀》。

壬午,幸城南。上謂諸將曰:"翌日重午,當食於城中。"遂自草詔賜北漢主。夜,漏上一刻,城上有蒼白雲如人狀。《九國志》云:太宗駕至城下,築連堤壅汾河灌城。五月四日,城東南隅壞,水入注夾城中,繼元大恐,自督眾負土塞之,然《實錄》《正史》略不載灌城事,當考。

癸未,幸城南,督諸將急攻,士奮怒,爭乘城,不可遏。上恐屠其城,因麾眾少退。城中人猶欲固守,左僕射致仕馬峰以病臥家,舁入見北漢主,流涕以興亡諭之,北漢主乃降。夜漏上十刻,遣客省使李勛上表納款。上喜,即命通事舍人薛文寶齎詔入城撫諭。夜漏未盡,幸城北,宴從臣於城臺,受其降。

甲申,遲明,劉繼元率其官屬素服紗帽待罪臺下。詔釋之,召升臺勞問。繼元叩頭曰:"臣自聞車駕親臨,即欲束身歸命,致陛下鑾輿暴露,尚敢以孤壘拒戰,蓋亡命卒懼死,劫臣不得降耳。"上令籍亡命者至,悉斬之。顧謂淮海國王錢俶曰:"卿能保全一方以歸於我,不致血刃,深可嘉也。"

北漢平,凡得州十,軍一,縣四十一,戶三萬五千二百二十,兵三萬。《國史》云:亡命卒數百人,選其巨害者斬之,餘悉分隸諸軍,與《九國志》及《實錄》皆不同,今不取。《郭守文傳》又云:劉繼元弟繼文據代州,依契丹以拒命,守文討平之。按《九國志》則繼文前死矣,此蓋守文墓志所載,《國史》因之,今亦不取。

　　（宋）李燾:《續資治通鑑長編》卷二〇,太宗太平興國四年(979)

　　建隆親征澤潞淮南

　　建隆元年四月戊子,討澤潞。五月己未,親征。六月己巳朔至澤州,辛巳克其城,李筠死。乙酉,克潞州。丁亥,守節降。十月庚寅,親征淮南。李重進十一月丁未次大儀。石守信奏揚州即破,請上臨視。是夕拔之,重進自焚。四年收湖南北。六年收蜀。十三年收南粵。十七年定江表。内則吳越、閩海歲奉貢職,外則交州、高麗請吏嚮化,而契丹修好之使數至闕庭。石介頌曰:既剪二盜,聖武燀爚,荆潭蜀吳,如拔腐草,如火烈烈,如飆發發,口授臂指,虹銷霧豁。

　　湖南行營都總管慕容延釗平高繼冲

　　建隆三年,武陵周行逢卒。衡州刺史張文表率兵攻潭州。行逢子保權初自立,乞師於朝廷以爲救援。乾德元年正月七日庚申,詔以山南東道節度使慕容延釗爲湖南行營都總管,宣徽南院使李處耘爲都監,率兵討之。發安、復、郢、陳、澶、孟、宋、亳、潁、光等州兵防襄陽。以郢州刺史趙重爲先鋒都尉,以淄州刺史尹崇珂爲行營馬軍都指揮使。師至荆門,保權已擒文表,殺之。二月十一日己未,王師入荆南。高繼冲請舉族歸朝。時王師略出荆渚,繼冲即日迎延釗入城聽命,以三州十七縣來歸。自是江陵數郡皆平之。三月二十六日壬戌,克武陵初。保權既殺張文表,復謀拒命。故王師鼓行而前大破其軍於澧州,乘勝入其城。保權遁,盡有湖湘。戊寅,捷書至,群臣稱賀。凡得州十四、監一、縣六十六。石介頌曰:聖機神謀,天秘地藏,旦秣我馬,夕取其疆。

　　西川行營都總管王全斌平蜀崇元殿受俘

　　乾德二年歲在甲子十一月甲戌詔曰:朕掩定萬邦,於茲五稔,陳師鞠旅,出必有名,伐罪弔民,動非得已,睠惟邛蜀,久限化風,舞階詎識於懷柔,干紀自貽於禍釁。近禽獲西川僞樞密院大程官孫遇等二人,搜得孟昶遺河東劉均蠟書,潛相表裏,欲起寇戎,致奸謀之自彰,蓋天道之助順，將定一方之亂。難稽六月之師，爰命將臣，俾正戎律，建靈旗而西指。授成算以徂征，言念坤維，久沉污俗。既爲民而除害，必俟後以來蘇。式清全蜀之封，止正渠魁之罪，已戒師徒務遵法律。凡彼黎烝，勿懷憂慮。以忠武軍節度使王全斌爲西川行營，前軍兵馬都總管武信軍節度使崔彥進副之，樞密副使王仁贍爲都監，史延德爲行營馬軍都指揮使，張萬友爲步軍都指揮使，張凝爲先鋒都指揮使，王繼濤爲濠寨使，康延澤爲馬軍都監，張照爲步軍都監，田仁明濠寨都監。自全斌而下率禁軍步騎二萬、諸道兵一萬，由鳳州路進討。又以寧江軍節度使劉光義爲西川行營前軍兵馬副都總管，樞密承防曹彬爲都監，張延翰爲行營馬軍都指揮使，李進卿爲步軍都指揮使，高彥暉爲先鋒指揮使，白延誨爲濠寨使，米元緒爲馬軍都監，折彥斌爲步軍都監，王令昺爲先鋒都監，郝守濬爲濠寨都監，楊光美爲戰棹左右廂都指揮使。自光義而下率禁軍步騎一萬，諸道州兵由歸州路進討。乙亥宴崇德殿，太祖召全斌示川峽地圖，授以方略，仍令所至之處以前詔告諭吏民。丁丑，兩路將帥發京師。十二月，全斌等收復幹渠渡、萬仞燕子二寨，下興州，敗蜀軍七千人，獲軍糧四十餘萬石。乘勝連拔石圌、魚關、白水等二十餘寨。丁未，師防於鳳州。己酉取青泥關路入蜀界。是月，史延德等進軍至三泉寨，敗蜀軍數萬人，生禽偽招討使韓保正，副使李進等，又獲軍糧三十餘萬石。三年正月，劉光義收復三防、巫山等寨，殺偽將南光海等五千餘人，生擒戰櫂都指揮使袁德宏等千二百人，奪戰船二百餘艘，又殺水軍三千人，又拔防州。初光義將行，帝以地圖示之，指防州鏁江處謂光義等曰："至此我軍沂流而上，勿以舟師，爭先當以步騎陸行，出其不意而擊之。俟其稍却，即以戰櫂夾攻，取之必矣。"及捷奏至乙亥，帝問其狀，果如所料。王全斌等拔利州得軍糧八十萬石，崔彥進、康延澤等逐蜀軍過三泉，殺戮獲虜甚衆，遂至嘉州。進擊金山寨，又破小漫天寨，至深渡。蜀人依江列陣以待我師，彥進發遣張萬友等擊之，奪其橋防。天暮，蜀人退保大漫天寨，詰朝，彥進、萬友與康延澤分兵三道擊之。蜀人悉以精銳來拒，又大破其衆，乘勝奪其寨，禽寨主王審超、監軍趙崇渥，又獲三泉監軍劉延祚。蜀將王昭遠引兵來救,遇我師三戰三敗,追至利州北,昭遠遁去,渡桔柏江,焚浮橋,退守劍門。王師遂入利州。先是既至嘉州,防蜀人斷閣道,未得入。王全斌議,欲取羅川路入,康延澤謂延祚曰:羅川路險,軍士難進,不如督修閣道,取大路,與全斌防於深渡,彥進然之。不數日閣道成,遂進兵王全斌等收復劍州丁丑,殺蜀兵萬餘人,生禽僞都統王昭遠、步軍都指揮使趙崇韜。先是王師發利州至益光,全斌防諸將令,各陳進取之計。侍衛軍頭向韜曰:“得降卒。”牟進言:“益光江東越大山數重,有小路名來蘇,蜀人於江西置寨。對岸有渡路,出劍關南二十里,至青强店,與大路合,可於此進兵,則劍門之險不足恃也。”全斌等即欲領兵赴之,康延澤曰:“來蘇細路無煩主帥自往。且蜀人自與官軍相遇,數戰數敗,今聞併兵守劍門,不如諸帥協力攻取,命偏將趨來蘇。若達青强北,擊劍關與大兵,夾攻破之必矣。”全斌等然之,遂命史延德等分兵趨來蘇,起浮橋於江上。蜀人見橋成即弃寨而遁。昭遠聞延德至青强,即引兵陣於漢源坡上,留偏將守劍門。全斌等以銳兵直擊,遂破之。昭遠、崇韜皆遁走。全斌遣追之,悉生致焉。劉光義等收復萬施、開忠四郡,至遂州,知州陳愈出降。既而全斌領兵至魏城十三日甲申,蜀主孟昶遣使持表詣軍門降。先是癸未,昶遣伊審微賫表。全斌令康延澤領騎兵百人入成都安撫。乙酉,馳捷書入奏。全斌入成都後十餘日光義始自峽路至。三年正月十三日王全斌兵至魏城,孟昶請降。《昶傳》云:正月十一日壬午降,自發京師至昶降才六十六日。二十五日詔,陶穀約前代儀制損益,草定受降之禮。五月十六日丙戌,昶至。前一日有司設御座於崇元殿,陳仗衛於庭如元防之儀,爲昶及僞官設次於明德門外,設表案於門外橫街之北。是日大陳將軍昶及子弟、僞官李昊等三十二人至闕下。昶以待罪奏授閣門使,使持表入。昶等俟命表至。侍臣讀表,閣門使承防出。昶等俯伏於地,宣制釋罪入,見於崇元殿。百官起居訖,昶入起居,舞蹈再拜。昶出,百僚稱賀,禮畢,御明德門觀諸軍還營,宴近臣及昶於大明殿。凡得州四十六縣二百四十。初荊湖既平,上召見穆昭嗣問蜀中山川曲折之狀。昭嗣曰:“荊南即西川。江南廣南都防之衝既克,此則水陸皆可趨蜀。"又董樞上書請伐蜀。防蜀使孫遇等二人間行持蠟書,如太原約劉鈞同舉爲疆吏所獲。上曰:朕出師有名矣。詔遇等指畫江山道裏及戌守之處,畫地圖以示王全斌等,燕崇德殿。上曰:西川可取否? 全斌曰:臣仗天威,遵廟算,刻日可定。史延德曰:西川若在天上,人不能到。若在地上,以今兵力,到即平耳。上壯其言曰:汝等果敢如此,計日望捷書。上又曰:所破郡縣,當傾帑藏爲朕賞戰士。朕所取惟土疆耳。故人皆效命。

瀛州防禦使何繼筠,彰德軍節度使韓重贇破契丹。

開寶二年三月戊戌,車駕至太原城下。四月丁未朔,命置寨城四面。李繼勳軍於南,趙贊西,曹彬北,黨進東以逼之。先是契丹兩道來援,一道攻石嶺關,一道由定州,并人恃之。何繼筠屯曲陽驛,命以精騎數千,拒敵於石嶺。上曰:翌日亭午俟捷至。己未,上御北臺以俟,見一騎,自北來。乃繼筠子承睿來獻戌捷,禽契丹刺史王彥符等二人。上命以所獲首級鎧甲示城下,并人喪氣。彰德節度韓重贇大破敵於常山北。五月癸未,捷至,上大悦。

潭州防禦使充賀州道行營兵馬都總管潘美擒劉鋹明德門受俘。

開寶三年九月八日己亥,一云己亥朔。以潘美爲賀州道行營兵馬都總管,武陵團練使尹崇珂副之之命,道州刺史王繼勳爲行營都監,發諸州兵趣賀州,始用師於嶺也。先是廣南劉鋹爲政昏暴,民皆苦之。數舉兵來寇,道州刺史王繼勳上言,請討之。帝初爲含容,詔江南李煜致書,諭令歸款,鋹不聽,美等討之。十月庚辰美等克賀州。十二月壬寅,下桂、昭、連三州,殺廣南軍萬餘人,遂下韶州十二月辛亥拔連州。四年正月癸丑收英、雄二州。二月庚午,遂克廣州擒劉鋹。上露布曰:臣聞飛霜激電,上帝所以宣威,伐罪吊民,明王以之耀武。今我國家仰稽象,大啓鴻基,將復三代之土疆,永泰萬方之生聚。西平巴蜀,雲雷敷潤物之恩;南定衡湘,江漢鼓朝宗之浪,惟嶺南之獷俗獨恃,遠以偷安,人皆照臨,罔遵聲教。僞漢國主劉鋹性惟凶惡,識本庸愚,以虐害爲化風,以誅戮爲政事,置大床鐵刷之獄,人不聊生;設鉎斫湯鑊之刑,古未曾有。恨刀鋒之未快,用鋸解之恣情;臠割封屠,窮彼殘毒,一境告天而無路,生民蹐地以稱冤,衆心向明,如望皎日。皇帝仁深惻隱,義切救焚,遂發干戈,拯其塗炭。臣等上憑仁武,遙稟睿謀,舉軍未及於半年,乘勝連收於數郡,累逢戰陣,無不掃除。劉鋹遠懼傾危,尋差人使。初則稱臣,上表具陳歸化之心;後則設詐藏奸,翻作款兵之計。臣與將士仰憑睿防,不敢逗留,於正月二十七日甲子到柵口,去廣只一程。鋹乃頻遣僚佐往來商議,漸無憑準。固欲濟延,兼於諸路,到處新出僞命,文榜皆是防合逆黨,拒敵王師。至二月四日己巳果遣其弟保興等部領舉國軍兵并力決戰。將士等感大君之撫御,咸願竭忠,怒逆寇之執迷,爭先效命。八十里槍旗競進,數萬人殺戮無遺,又分佈師徒徑收賊壘。其劉鋹知城隍之必防,將府庫以自焚,烈燄連天,更甚崑岡之火;投戈散地,甘從涿野之誅。在州百姓乍除苛虐,咸遂生全,無不感帝力以沾襟,望皇都而稽首,此蓋天威遠被,宸算遐敷,平七十年不道之邦,救百萬户倒懸之命,殊方既乂,長承日月之回光,鴻祚無疆,永荷乾坤之降祐。知制誥扈防草露布至,防召對從福殿,賜金紫。開寶四年歲在辛未二月庚午,潘美克廣州,擒劉鋹。己丑露布至,命有司撰定獻俘之禮。五月一日己未朔帝御明德門樓,有司陳仗衛,及諸軍文武官班於樓前,如閤之儀。設俘位於東西街之南,獻俘將校位於俘位之前,武士繫鋹等及僞官露布。前引先獻太廟及社,百官常服,將校戎服,文官起居訖,引鋹至樓前,拜舞。起居訖,引露布,案付中書門下,如宣制之儀。刑部尚書請以俘付所司,釋鋹縛,拜舞稱謝。文武官稱賀放仗。昇州西南路行營馬步戰棹都總管曹彬平江南明德門受獻。

　　開寶七年九月十九日丙寅,命山南東道節度使潘美,潁州團練使曹翰,宣徽南院使義成軍節度使曹彬,侍衛馬軍都虞候李漢瓊,賀州刺史田欽祚,步軍都虞候劉遇等領軍同赴荆南。十月二十三日丁酉又以吳越國王錢俶爲昇州東南面行營招撫制置使。三十日甲辰以曹彬爲西南路行營馬軍戰棹都總管,潘美爲都監,曹翰爲先鋒都指揮使,以討之。閏十月己酉曹彬收峽山寨,殺江南軍八百人,獲池州内指揮使王仁震等,遂克池州。又敗江南軍七千餘人於銅陵,生擒八百人,獲戰艦二百餘艘,連拔蕪湖、當塗二縣,駐軍於采石磯。先是李煜外示恭儉,內懷觀望,太祖慮其難制,遣李穆諭旨召赴闕,果稱疾不朝,而全茸城壘教習戰櫂,爲自固之計。帝怒,命彬等進討十一月,敗江南軍二萬人於采石磯,生禽僞兵馬使王乾、總管龍驤將軍都虞候楊收等。十一月甲申大江浮梁成。先是樊若水嘗漁於采石磯,以小舟載絲繩維南岸,疾櫂至北岸,以度江之廣狹,遂詣闕獻策,請造舟爲梁,以濟師。由是大軍長驅如履平地,又敗數千人於新林寨。十二月又敗江南軍五千餘人於白鷺洲。八年正月甲戌朔又敗江南軍於新林港口,斬首三千級。吳越王錢俶拔常州利城寨,敗江南軍田欽祚。又敗江南軍萬餘人於溧水,斬僞都統使李雄等。曹彬等又敗其眾數千人於白鷺州,拔昇州、關城。三月又敗其眾於江中。四月又敗其眾於秦淮北。六月曹彬又敗其眾二萬餘人於昇州城下。九月乙酉降潤州。十月劉遇破江南軍三萬餘眾於皖口。十一月又敗其軍五千人於城下。先是彬等遣使以三寨攻城圖來上。帝視之,指潘美北寨謂其使曰:此宜深溝自固,吳人必夜寇其壘。爾亟去令曹彬自督其役,并力速成,則不能爲其所乘矣。彬等承命,晝夜濬之才畢,吳人果來寇。美等披新溝以拒之。吳人大敗,悉如帝所料焉。二十七日乙未曹彬等拔昇州,擒李煜及其臣僚百餘人。江南平,得州十九軍三縣一百八戶六十五萬。九年正月四日辛未曹彬奉露布,露布云:貔貅竟效其先登,蟻虱自悲於相吊。以李煜及其子弟僞官四十五人來獻。御明德門受獻,有司言:李煜獻俘之禮,請如劉鋹。帝以煜常奉正朔,非鋹之比。不欲暴其罪,寢露布而勿宣。赦文:李煜不量分力,每縱奸險,詐爲事大之恭勤,每欲欺天而觀望。修茸城壘,彌年爲固守之方;招誘豪強,終日有包藏之志。顯然彰露,達於聽聞。朕欲推以異恩,許其入覲。堅心背順,稱疾不朝。

太平興國親征太原平晉詩賦記頌

開寶二年二月戊午詔,親征太原。三月戊戌傅城下,乙巳壅汾水灌城,丙午又壅晉水,圍之累月。閏五月壬戌班師。興國二年,太宗曰:彼弱我強,我計決矣。四年己卯歲正月庚寅命宣徽南院使潘美等進師。二月二日詔親征。甲子,上親征。二十九日次德清軍。三月庚辰朔次真定。四月壬戌克岢嵐,乙丑克隆州,己巳克嵐州。繼元外援不至,饟道絶,王師四合。庚午上次太原,駐蹕汾水東。二十三日幸城四面,按行營壘閱視攻具。翌日夜漏未盡,幸城西,督諸軍發機石攻城。二十七日命馬仁瑀、慕容福超、白重貴、李繼昇等分道攻城。帝自草詔賜繼元。五月壬午,幸城南。上曰:翌日重午當食於城中。癸未諸將急攻,城欲壞。帝恐屠城,麾衆少退。是夜繼元納款。甲申幸城北張樂,宴從臣,於城防受降。乙酉,赦河東。自劉旻歷四主凡二十九年。御制《平晉賦》及七言詩命從臣和。以行在所爲平晉寺,御制《平晉記》刻石。直使館宋白從征,因獻《平晉頌》。丁亥上幸太原。石介頌曰:往吊其民,王澤時雨,往伐其罪,王師虎旅,撫我則懷,并人肯來,降旗出城,并門夜開,尹洙皇雅,帝御我師,百萬貔虎,鋒鏑始交,梯衝如舞,我士奮揚。願究吾武皇帝曰:籲念彼黎庶,匪鯨匪鯢,復爲王土,維我藝祖,亦勤於征,匪貸晉罪,俟其貫盈。

(宋)王應麟:《玉海》卷一九三上《兵捷》

開寶講武池

開寶六年三月壬午,詔以教船池爲講武池。七年將有事於江南。是歲凡五臨幸,觀習水戰。開寶三年冬十月有幸,造船務命水工駕雜修樓船以習水戰。

乾德元年二月慕容延釗遣戰棹都監武懷節等分兵趣岳州,大破賊軍於三江口,獲船七百餘艘。《解暉傳》,僞統軍使黃從志以岳州拒令暉率舟師討平之。五月遣使往涪、瀘、戎等州,閱擢手增置水軍。二年十二月,劉光義等入峽路生擒戰棹指揮使,奪戰艦二百餘艘,斬獲水軍六千餘。初蜀於夔州鎮江爲浮梁,上設敵棚三重,夾江列炮具。上出地圖指其處,謂光義曰:泝江至此切勿以舟師爭勝。當先遣步騎潛擊之。竢其稍却,乃以戰棹夾攻,可必取也。

七年閏十月己酉,曹彬等入池州。先是上遣八作使郝守濬率丁匠,自荆南以大艦載巨竹絙並下朗州,所造黃黑龍船於采石磯。跨江爲浮梁,或謂江闊水深,古未有浮梁而濟者。乃先試於石牌口,既成。丁巳曹彬等及江南兵戰於銅陵,敗之,獲戰艦二百餘艘。

(宋)王應麟:《玉海》卷一四七《兵制》

建隆中,曹彬、潘美統王師平江南。二將皆知兵善戰,曹之識慮尤遠,潘所不迨。城既破,國主李煜白紗衫帽見二公。先見潘,設拜,潘答之。次見曹,設拜,曹使人明語曰:"介胄在身,拜不及答。"識者善其得體。二公先登舟,召煜飲茶。船前設一獨木腳道,煜向之國主,儀衛甚盛,一旦獨登舟,徘徊不能進,曹命左右翼而登焉。既一啜,曹謂李歸辦裝,詰旦會於此,同赴京師。未曉,如期而赴焉。始潘甚惑之,曰:"詎可放歸?"曹曰:"適獨木板尚不能進,畏死甚也。既許其生赴中國,焉能取死?"衆方服其識量。

(明)陶宗儀:《説郛》卷三四《談淵》

自古取蜀將帥皆不利。漢岑彭、來歙討公孫述遭刺客之禍。魏鄧艾、鍾會討劉禪皆族滅。後唐郭崇韜、康延孝、魏王繼岌討王衍皆死。國朝王全斌、崔彦遠討孟昶皆坐廢。開禧間楊巨源、李好義討吳曦皆爲李子文所殲。近余玠爲宣諭凡十年,亦不克令終。

(明)陶宗儀:《説郛》卷六〇《藏一話腴》

親征

太宗(太平)興國四年二月二日,詔曰:"王者肆覲群后,存問百年,必因龜筮之祥,會於方嶽之下。所以巡諸侯之守,達遠民之情,斯爲舊章,豈可暫廢?眷兹河朔,控乃邊陲,翠華久曠於豫游,比屋實勤於望幸。宜親巡於疆場,庶躬撫於士民。慰其徯后之心,用展省方之義。櫛風沐雨,朕無憚焉。朕今暫幸鎮州,以此月内進發。沿路供頓,並從簡儉。凡百費用,悉以官物充,不得於民間輒有科率,諸州不得於州縣輒有須索。車駕經過州府、縣鎮,並不得於道路排比香臺、畫甕、青繩、欄竿等物。近處節度、防禦、團練、刺史、知州等,不得輒離任所,求赴朝覲。兩京留守司官及諸州屯戍將校上表起居,並附驛以聞。應經過除州府外縣鎮官吏,並不得輒以饔餼爲獻。"

十九日,次德清軍。均州刺史解暉、尚食使折彥斌攻隆州。

二十七日,次臨城縣。契丹遣使耶律尚書拽刺梅里上表,對於行在。

三月一日,次真定府。

四月十四日,發真定府。

二十二日,次太原,駐蹕於汾水東之行宮。

二十三日,幸太原城四面按行營壘,閱視攻具機石、革笴、梯衝、器用。所至皆下馬,召諸將慰勞久之。歸行宮,詔諭劉繼元曰:"太原一方,介於三晉,有陶唐之舊俗,有西河之遺風。務稽勸農,憂深思遠。知去就之分,爲禮義之邦。而乃誑誤閭閻,淪胥塗炭,北面稱臣於胡虜,南向拒命於闕庭。假息偷安,苟延歲月,爲計如此,不亦謬歟! 今朕親御戎衣,龔行天討,靈旗所指,虎旅爭先,以王者時雨之師,救比戶倒懸之急。孤壘四絕,奇兵九攻,翦滅之期,在於刻漏。又念一城之內,百姓何幸,用推仁恕之心,更諭安危之理。繼元素懷明略,合有遠圖,當茲窮蹙之中,必念通變之術。先人宗社,豈使絕於蒸嘗;編户生民,豈令塗於原野。比鄰之救何益,駟馬之悔莫追。事理較然,所宜熟慮。儻能翻然改過,束身來降,實亦富貴可期,何止待以不死。恃險與馬,往戒實深;大王小侯,朕言不食。在城文武官僚等,忠純事主,明哲保身,儻思轉禍之言,共定歸朝之計,我有好爵,與爾縻之。苟執迷之不悛,則追悔而無及。審定良計,以副朕懷。"傳詔至城下,守陴者疑懼不敢受詔,繼元不之知也。

二十四日,夜漏未盡,太宗幸太原城西,督諸將麾兵發機石攻城。先是,帝決意取太原,乃選諸軍壯士數百,教以劍舞,皆能擲劍空中,躍其身左右承之,妙絕無比,見者震恐。會北戎遣使修貢,賜宴便殿,因出劍士示之。祖裼鼓譟,揮刃而入,跳蹕承接,霜鋒雪刃,飛舞滿空。戎使見之,懼形於色。及是,每巡城耀武,必令劍舞前道,各呈其技,賊衆乘城,望之破膽。帝每躬擐甲胄,犯矢石,指揮戎旅,左右有諫者,帝曰:"將士爭效命於鋒鏑之下,朕豈忍坐觀!"士卒聞之,人百其勇,皆爭先登。凡控弦之士數十萬,列陳於前,蹲甲交射,矢集賊城如蝟毛。每給諸軍矢數百萬,必頃刻而盡。捕得生口,云繼元城中購市所射之箭,以十錢易一隻,凡得百餘萬隻,聚而貯之。帝聞,笑曰:"此箭爲我蓄也。"及城降,盡得。

二十六日,幸諸寨,親督諸將攻城。

二十七日,夜漏未盡,又幸連城諸洞,命瀛州防禦使馬仁禹、成州刺史慕容福超、飛龍使白重貴、八作使李繼昇分道率卒攻城。

二十九日,幸城西連城樓,親督諸軍攻城,甚危。

五月一日,晚,帝躬擐甲冑,幸城西南隅,督諸將急攻,達曉而止,陷其羊馬城,生擒僞宣徽使范超,斬於纛下。

四日,幸城南,督衆攻城。帝自草詔賜繼元曰:"眷茲孤壘,朝夕蕩平。朕憫萬姓之倒懸,思一戎之底定。蓋救焚拯溺之舉,無佳兵樂戰之心,特推寬大之恩,爰示生全之路。繼元素懷英氣,當體朕懷。恐於危蹙之中,遽罹鋒鏑之禍。奉父母之遺體,當如是耶? 此非男子之見也。日前或繕戈甲,敢抗王師,及至討除,悉皆釋放。昨者越王、吳王獻地歸明,或授以大藩,或列於上將;臣僚子弟,皆享官封。繼元但速歸降,必保終始富貴。先人之祭祀不絕,一城之生聚獲全,安危兩途,爾宜決擇。故茲詔示,當悉至懷。"

五日,諸將急攻,士卒奮怒乘城,矢石交發,梯衝並進,城欲壞,士氣不可遏。帝恐屠其城,因麾衆稍退。是夜,繼元遣僞客省使李勛上表納款,賜襲衣、金帶、銀器、綿彩、鞍馬。命通事舍人薛文寶賫詔入城宣諭繼元曰:"卿肇承世業,據有并門,與我國家,本無釁怨。屬中原之多故,遂王祭之闕供,致干戈之日尋,使生靈之塗地。朕君臨區寓,子育蒸黎。豈使三晉之邦,未歸於封略;一方之俗,尚隔於照臨。是用親御六師,龔行天討,以神武而不殺,欲比屋之來蘇。當茲危迫之中,能定變通之計,上表待罪,束身請降,益彰君子之見機,實救生民之焚首。嘉茲效順,副我好生,從前愆尤,並與洗滌,待以優禮,蓋有彝章。方示信於萬邦,必延賞於十世。諒卿明晤,深識朕懷。"

是夜,幸太原城北,張樂宴從官於城臺,受繼元之降。御制《平晉賦》及五七言詩,令從臣繼作。

十八日,幸太原城北御河沙門樓,遣徙部居民,盡徙於新城。民既出,即命縱火,萬炬皆發,官寺民舍,一日俱燼。以行在所爲佛寺,賜號"平晉",御制《平晉記》刻於石。

(清)徐松輯:《宋會要輯稿》兵七之五—八

周保權

太祖建隆四年,武陵周行逢僞命衡州刺史張文表舉兵攻潭州,行逢子保權初嗣立,乞師於朝廷,以爲救援。正月七日,詔以山南東道節度使慕容延釗爲湖南行營都總管,宣徽南院使李處耘爲都監,率兵討之。又以申州刺史聶章爲壕寨使,遣內酒坊副使盧懷忠、氈毯使張繼勛、染院副使康仁澤領步騎數千赴之。分命使臣十一人,發安、復、郢、陳、澶、孟、宋、亳、(穎)〔潁〕、光等州兵會襄陽,以判四方館事武懷節爲行營戰棹都監,郢州刺史趙重進爲先鋒都監。

八日,以淄州刺史尹崇珂爲行營馬軍都指揮使。師至荊門,保權已擒文表殺之。

二月十一日,王帥入荊南,高繼沖請舉族歸朝。時王師路出荊渚,繼沖即日迎延釗入城,聽命。自是,江陵數郡皆來。

三月二十六日,克武陵。初,保權既殺張文表,復謀拒命,故王師鼓行而前,大破其軍於澧州,乘勝入其城,保權遁匿於溪洞。由是盡有湖湘之故地。

九月二十七日,慕容延釗獲賊將汪端,詔磔於武陵。時廣南劉鋹數寇桂陽、江華,乾德二年,潭州防禦使潘美與武陵團練使尹崇珂、西南面都監引進使丁德裕、衡州刺史張繼勛,同率兵收復郴州,即詔以繼勛爲郴州刺史。

(清)徐松輯:《宋會要輯稿》兵七之二三—二四

平蜀

太祖乾德二年十一月,詔曰:"朕奄宅萬邦,於茲五稔。陳師鞠旅,出必有名;伐罪吊民,動非獲已。睠惟邛蜀,久限化風,舞階詎識於懷柔,干紀自貽於禍釁。近擒獲西川僞樞密院大使程官孫遇等三人,搜得孟昶與河東劉鈞蠟書,潛相表裏,欲起寇戎,致奸謀之自彰,蓋天道之助順。將定一方之亂,難稽六月之師,爰命將臣,俾正戎律。建靈旗而遠指,授成算以徂征。言念坤維,久沉污俗,既爲民而除害,必俟後以來蘇。式清全蜀之封,止正渠魁之罪。況西川將校,多是北人,所宜翻然改圖,轉禍爲福。苟執迷而不復,雖後悔以難追。如能引道王師,供饋軍食,率衆歸順,舉城來降,咸推不次之恩,用啓自新之路。重念征行之際,宜申約束之文。已戒師徒,務遵法令,不得燔蕩廬舍,毆略吏民,開發丘墳,剪伐桑柘。共體救焚之意,以成不陣之功。凡彼蒸黎,勿懷憂慮。故茲詔示,知朕意焉。"以忠武軍節度使王全斌爲西川行營前軍兵馬都總管,武信軍節度使、侍衛步軍都指揮使崔彥進副之,樞密副使王仁贍爲都監,龍捷右廂都指揮使史延德爲行營馬軍都指揮使,虎捷右廂都指揮使張萬友爲步軍都指揮使,隴州防禦使張凝爲先鋒都指揮使,左神武大將軍王繼濤爲(濠)[壕]寨使,內染院使康延澤爲馬軍都監,翰林副使張煦爲步軍都監,供奉官田仁朗爲壕寨都監。自全斌而下,率禁軍步騎二萬、諸道州兵一萬,由鳳州路進討。以給事中沈義倫爲隨軍水陸轉運使,又以寧江軍節度使、侍衛馬軍都指揮使劉光義爲西川行營前軍兵馬副總管,內客省使兼樞密承旨曹彬爲都監,客省使武懷節爲前軍戰棹總管,龍捷左廂都都指揮使張廷翰爲行營馬軍都指揮使,虎捷左廂都指揮使李進卿爲步軍都指揮使,前階州刺史高彥暉爲先鋒都指揮使,右衛將軍白廷誨爲壕寨使,御廚副使米光緒爲馬軍都監,儀鸞副使折彥賨爲步軍都監,八作副使王令岩爲先鋒都監,供奉官郝守濬爲壕寨都監,馬步軍都軍頭楊光美爲戰棹左右廂都指揮使。自光義而下,率禁兵步騎一萬、諸道州兵一萬,由歸州路進討。以均州刺史曹翰爲西南面水陸諸州轉運使,仍鑄印以賜之。太祖召全斌等,示川峽地圖,授以方略,仍令所至之處，以前詔告諭僞將吏軍民。

十二月，全斌等收復幹渠渡、萬仞、燕子二寨，下興州，僞刺史藍思綰退保西縣。敗蜀軍七千人，獲軍糧四十餘萬石。乘勝連拔石圌、魚關、白水閣二十餘寨。

二十八日，詔曰：“命將出師，指期殄寇。今所向皆下，捷音繼來。方乘破竹之功，更示戢兵之令。如聞收復州縣，其僞命軍員、兵士或旁投山林，或散匿民舍，俾安疑懼，特用招懷。詔到，限一月許於逐處首身，更不問罪。”

是月，史延德等進軍至三泉寨，敗蜀軍數萬人，生獲僞招討使、山南節度使韓保正，副使、洋州節度使李進等，又獲軍糧三十餘萬石。

三年正月，劉光義等收復三會、巫山等寨，殺僞將南光海等五千餘人，生擒戰櫂都指揮使、渝州刺史袁德宏等千二百人，奪戰艦二百餘艘，又殺水軍三千人。又拔夔州，僞節度使高彥疇縱火自焚。初，光義等將行，帝以地圖示之，指夔州鎖江處，謂光義等曰：“至此，我軍泝流而上，慎勿以舟師爭先，當以步騎陸行，出其不意而擊之。候其稍却，即以戰櫂夾攻，取之必矣。”及捷奏至，帝問其狀，果如所料。詔蜀中僞將士死於兵及暴露原野者，所在郡縣速收瘞之。又詔行營兵士戰陣被傷者，等第給以繒帛。

八日，詔行營馬步軍兵士及諸道義軍所經之處，長吏以牛酒犒之。

王全斌等拔利州，得軍糧八十萬石。崔彥進、康延澤等逐蜀軍過三泉，殺戮虜獲甚眾，遂至嘉川。進擊金山寨，又破小漫天寨，至深渡。蜀人依江列陣，以待我師，彥進遣張萬友等擊之，奪其橋。會天暮，蜀人退保大漫天寨。詰朝，彥進、萬友與康延澤分兵三道擊之，蜀人悉以精銳來拒，又大破其眾，乘勝奪其寨，擒寨主王審超、監軍趙崇渥，又獲三泉監軍劉延祚。蜀將王昭遠引兵來救，遇我師，三戰三敗。追至利州北，昭遠遁去，渡桔柏江，焚浮橋，退守劍門。王師遂入利州。先是，既至嘉川，會蜀人斷棧道，未得進。王全斌議欲取羅川路入，康延澤謂彥進曰：“羅川路險，軍士難進，不如督修閣道，取大路與全斌會於深渡。”彥進然之。不數日,閣道成,遂進軍。

王全斌等收復劍州,殺蜀軍萬餘人,生擒偽都統都監、通奏使、知樞密院事、山南節度使王昭遠,左衛聖馬步軍都指揮使、前洋州節度使趙崇韜。先是,王師發利州,至益光,全斌會諸將,令各陳進取之計,侍衛軍頭向韜曰:"得降卒牟進,言益光江東越大山數重,有小路名來蘇,蜀人於江西置寨,對岸有渡,路出劍關南二十里至青彊店,與大路合,可於此進兵,則劍門之險不足恃也。"全斌等即欲領兵赴之。康延澤曰:"來蘇細路,無煩主帥自往。且蜀人自與官軍相遇,數戰數敗,今聞并兵守劍門,不如諸帥協力攻取,命偏將趨來蘇。若達青(彊)[彊],北擊劍關,與大兵夾攻,破之必矣。"全斌等然之,遂命史延德等分兵趨來蘇,起浮橋於江上。蜀人見橋成,弃寨而遁。昭遠聞延德至青(彊)[彊],即引兵陣於漢源坡上,留偏將守劍門。全斌等以銳兵直擊,遂破之。昭遠、崇韜皆遁走,全斌遣[騎]追之,悉生致焉。

劉光義等收復萬、施、開、忠四郡。至遂州,偽知州、少府少監陳愈率其將吏出降,光義即日入城安撫,盡出府庫錢帛以給軍士。初,諸將辭,帝謂曰:"所破郡縣,當傾帑藏爲朕賞戰士,國家所取惟土疆爾。"故人皆效命,所至成功,如席卷之易。

既而王全斌領兵至魏城,蜀主孟昶遣通奏使伊審征持表詣軍門請降。全斌令康延澤領騎兵百人入成都府安撫,遣通事舍人田欽祚馳騎入奏,以昶表來上。詔答之,又賜西川將吏、百姓詔諭焉。

是月,王全斌等殺蜀軍二萬餘人於成都夾城中。

四月一日,詔:"孟昶先代墳塋,令西川行營將校禁約軍民,不得侵毀。所屬田園,並蠲常賦,仍令每歲官給粟帛,充其時饗。川峽西路有偽蜀兵亡命者,委王全斌、劉光義廩食其家,仍加安撫。"

(清)徐松輯:《宋會要輯稿》兵二四之二八

太祖乾德三年正月,西川行營前軍兵馬都總管王全斌言:收復劍州,殺蜀軍萬餘人,生擒偽命將帥等。群臣稱賀於崇德殿。

(清)徐松輯:《宋會要輯稿》兵一四之一〇

乾德二年十一月，王師伐蜀，詔以給事中沈義倫爲［隨］軍轉運使，從鳳州路兵行；又以均州刺史曹翰爲西南面水陸諸辦轉運使，從歸州路兵行。

（清）徐松輯：《宋會要輯稿》食貨四九之三

平廣南

太祖開寶三年九月八日，以潭州防禦使潘美爲賀州道行營兵馬都總管，武陵團練使尹崇珂副之，就命道州刺史王繼勛爲行營馬軍都監，仍遣使十餘人，發諸州兵赴賀州。始用師於嶺表也。先是，廣南劉鋹爲政昏暴，民皆苦之。數舉兵來寇道州，刺史王繼勛上言，請討之。帝初爲含容，詔江南李煜致書諭令歸款，鋹不聽，故命美征討之。

十月，潘美等克賀州。

十一月，下桂、昭、連三州，敗廣南軍萬人，殺獲甚衆，遂下韶州。

四年，收英、雄二州。

二月，潘美遣人部送廣南僞命左僕射蕭漼、中書舍人卓惟休赴闕，以鋹表來上。遂克廣州，擒劉鋹。

（清）徐松輯：《宋會要輯稿》兵七之二八—二九

（開寶）五年八月六日，以大理正李符知京西轉運使。九日，以知廣州山南東道節度使潘美、保信軍節度使尹崇珂并兼嶺南轉運使，王明爲副使，許九言爲判官。美等既平劉鋹，就命知廣州，俄兼領使職，逾年而罷。

（清）徐松輯：《宋會要輯稿》食貨四九之三

平江南

太祖開寶七年九月十八日，命穎州團練使曹翰率征南之師先赴荊南。

二十一日，命宣徽南院使、義成軍節度使曹彬，侍衛馬軍都虞候李漢瓊，賀州刺史、判四方館事田欽祚，同率軍赴荊南，領戰棹緣江而下。

二十二日，又命山南東道節度使潘美、侍衛步軍都虞候劉遇、東上閤門使梁迥領軍赴荊南。

十月二十三日，以吳越國王錢俶爲昇州東南面行營招撫制置使，仍賜戰馬二百匹。

三十日，以曹彬爲昇州西南路行營馬步軍戰棹都總管，潘美爲都監，曹翰爲先鋒都指揮使。

閏十月，曹彬等收峽口寨，殺江南軍八百餘人，生擒二百七十人，獲池州牙内指揮使王仁震、指揮使王晏、副指揮使錢興，遂克池州。又敗江南軍七千餘人於銅陵，生擒八百人，獲戰艦二百餘艘。連拔蕪湖、當塗二縣，駐軍於采石磯。先是，李煜外示恭順，内懷觀望，及遣李穆諭旨召赴闕，果稱疾不朝，而完葺城壘，教習戰權，爲自固之計。帝怒，命彬等興兵進討。既而捷音繼至，中外莫不稱慶。

十一月，又敗江南軍二萬餘衆於采石磯，生擒僞兵馬副總管龍驤都虞候楊收、兵馬都監氈毯副使孫震等，獲馬三百餘匹。江表本無戰騎，先是，朝廷每歲賜與數百匹，至是驅爲前鋒，以扞王師。及獲之，驗印記，皆前所賜者。先時，於大江造浮梁，至是始成，命前汝州防禦使陸萬友往守之。先是，江南布衣樊若水嘗漁於采石磯，以小舟載絲繩，維南岸，疾櫂至北岸，以度江之廣狹。遂詣闕獻策，請造舟爲梁以濟師。帝命高品石全振往荊湖造黄黑龍船數千艘，又以大艦載巨竹絙，自荊南而下。及命曹彬等出師，乃遣八作使郝守濬等率丁夫營之。議者以爲自古未有浮梁渡大江者，恐不能就。是至，先試於石碑口造之，移置采石磯，三日而橋成。由是大軍長驅以濟，如履平地。彬等又敗江南軍數千人於新林寨，獲樓舡、戰櫂三十餘艘。

十二月，又敗江南軍五千餘人於白鷺洲，生擒一百三十人。

八年正月，又敗江南軍於新林港口，斬首三千級，獲戰舡六十餘艘。吳越王錢俶拔常州利城寨，敗江南軍，生擒二百五十人、馬八十匹來獻。又，田欽祚敗江南軍萬餘人於溧水，斬僞都統使李椎等。曹彬又敗其衆數千人於白鷺洲，拔昇州關城，江南軍千餘人溺死，守陴者遁入城。

三月，又敗其衆於江中，生擒五百人。

四月，又敗其衆於秦淮北。

四月二十九日，吳越國王錢俶遣越州觀察支使王通馳騎上言拔常州，即以通爲台州刺史。

六月，曹彬又敗其軍二萬餘衆於昇州城下，奪戰艦數十艘。

九月，降潤州，就命行營都監丁德裕領常、潤等州經略巡檢使。

十月，劉遇等破江南軍三萬餘衆於皖口，生擒僞將朱令贇並戰櫂都虞候王暉等，獲戎器數萬事。

十一月，又敗其軍五千人於城下。先是，彬等遣使，以三寨攻城圖來上。帝視之，指潘美北寨，謂使者曰：“此宜深溝自固，吳人必夜寇其壘。爾亟去，令曹彬自督其役，并力速成之，不然，則爲其所乘矣。”彬等承命，晝夜濬之，才畢，吳人果來寇。美等環新溝以拒之，吳人大敗，悉如帝所料然。

二十七日，曹彬等拔昇州，擒僞國主李煜及其臣僚百餘人，江南平。時詔諸軍虜得人口七歲已上，官給絹人五匹收贖；其七歲已下兒女，並給付本主，無得隱藏也。

（清）徐松輯：《宋會要輯稿》兵七之二九—三一

平太原

太祖乾德二年二月，命昭義軍節度使李繼勳、兵馬鈐轄康延沼、馬步軍都軍頭尹訓，率步騎萬餘攻河東遼州。僞將郝貴超領兵來援，戰於城下，貴超大敗，州城危蹙。僞刺史杜延韜與僞拱衛都指揮使冀進、兵馬都監供奉官侯美舉城來降。未幾，并人誘契丹步騎六萬來取遼州，又遣繼勳與羅彥環、郭進、曹彬領六萬衆赴之，大敗契丹及太原軍於城下。

六年八月十五日，將有事於太原，遣客省使盧懷忠等二十二人率禁軍赴潞洲。

十七日，以昭義軍節度使李繼勳爲河東行營前軍都總管，侍衛步軍都指揮使、彰信軍節度使黨進副之，宣徽南院使、義成軍節度使曹

彬爲都監;棣州防禦使何繼筠爲先鋒總管,懷州防禦使康延沼爲都
監;建雄軍節度使趙贊爲汾州路總管,絳州防禦使司超副之,隰州刺
史李謙溥爲都監。又命殿中侍御史李瑩等十八人分往諸州調發軍糧
赴太原。

是月,繼勛等敗太原軍於洞過河。

開寶二年二月,又以趙贊爲馬步軍都虞候,洺州防禦使郭進爲馬
軍都指揮使,司超爲步軍都指揮使,統軍先赴太原。時將親征,故先
遣焉。

十八日,又以彰德軍節度使韓重斌爲北面都總管,義武軍節度使
祁廷義副之。

三月五日,以潁州團練使曹翰爲河東行營都壕寨使,八作使王令
岩副之。李繼勛上言,敗太原軍於城下。

三十日,置寨於城四面,李繼勛軍於南,趙贊軍於西,曹彬軍於
北,黨進軍於東以脅之。

四月四日,遣海州刺史孫萬進率兵數千圍汾州,以判四方館事翟
守素監其軍。時并人恃契丹爲援,守陴者揚言虜旦夕至矣。會帝親
征,駐蹕晉陽,召何繼筠授以方略,分精騎數千赴石嶺關拒虜,且約翌
日亭午以俟捷奏。至期,繼筠遣使馳騎上言,敗契丹於陽曲,斬首數
千級,擒僞武州刺史王彦符以獻。帝命以所獲首級及鎧甲示於城下,
并人由是喪氣。俄詔罷兵。

開寶九年八月十三日,以侍衛馬軍都指揮使黨進爲河東道行營
馬步軍都總管,宣徽北院使潘美爲都監,虎捷左右廂都指揮使楊光美
爲行營馬步軍都虞候;龍捷左第二軍都指揮使牛思進爲先鋒都指揮
使,西京作坊副使米文義爲都監;八作使李繼昇爲壕寨使,供奉官梁
銳爲都監。

十七日,以鎮州西山巡檢、洺州防禦使郭進爲河東道忻、代等州
行營馬步軍都監。

二十二日,又遣使分兵入太原:西上閣門使郝崇信、解州刺史王
政忠由汾州路,内衣庫副使閤彦進、澤州刺史齊超由沁州路,内衣庫

副使孫晏宣、濮州刺史安守忠由遼州路，引進副使齊延琛、晉隰等州巡檢汝州刺史穆彥璋由石州路，洛苑副使侯美、鎮州西山巡檢洺州防禦使郭進由忻、代州路。

九月，黨進等敗太原軍數千人，獲馬千餘匹。郭進又破太原壽陽縣，得民九千餘口。又，穆彥璋入太原境，得民二千四百餘口。黨進復敗其軍千餘人於其城北。會太祖上仙，罷兵。

太宗太平興國四年正月，將有事於晉陽，分遣常參官於諸州督軍糧芻茭。命右監門衛率府率崔亮按行太原軍糧。

其月十二日，命宣徽南院使潘美爲北路都招討兼制置太原行府。河陽節度使崔彥進爲太原城東面洞子頭車濠寨使，鄆州防禦使尹勳爲都監，馬軍副都軍頭朱守節爲寨主，供奉官史彥斌、殿直段珣隨行濠寨；相州節度使李漢瓊爲南面洞子頭車濠寨使，冀州刺史牛思進爲都監，馬步軍都軍頭楊進超爲寨主，殿直劉仁保、王守信隨行壕寨；桂州觀察使曹翰爲西面洞子頭車（濠）[壕]寨使，饒州防禦使杜彥圭爲都監，馬步[軍]副都軍頭孫繼鄴爲寨主，供奉官賀令圖、張文正隨行壕寨；曹州節度使劉遇爲北面洞子頭車壕寨使，光州刺史史圭爲都監，馬步軍都軍頭馮鐸爲寨主，殿直李睿、承旨習彥斌隨行壕寨；八作使郝守濬爲四面壕寨都監、馬軍都虞候米信爲行營馬軍都指揮使，西上閤門使郭守文爲都監；侍衛親軍步軍都虞候田重進爲行營步軍都指揮使，判四方館梁迥爲都監。命左贊善大夫張鑒、秘書省校書郎郝鎔、左武衛中郎將毋克恭、大理評事李煦分於邢、貝、洺、澤四州督芻糧；著作佐郎張潤之太原城下給納芻糧。

十三日，命雲州觀察使郭進爲太原石嶺關都總管，西上閤門使田仁朗、閤門祗候供奉官劉緒爲太原城四面壕寨都監，提點頭車、洞子；殿直張守能城東面洞子監押，供奉官（吏）[史]彥瓊城南面洞子監押，供奉官史延廣城北[面]洞子監押，閑廄使武再興、八作副使張峻、閤門祗候供奉官董思願城西面洞子監押；供奉官史斌，城下招收都監。先是，劉崇負固不恭，開寶中，太祖親征，圍守累月，會盛暑班師。太宗初即位，謂齊王廷美曰：“太原，我必當取之。”至是，始議攻討。事具《議兵門》中。

二月二十七日,命威勝軍使米文睿赴太原,隸曹翰麾下。

三月二日,命鎮州馬步軍都監、客省副使齊延琛,洛苑副使侯美,分兵攻取孟縣。

八日,分遣太子中允扈革等十三人,發安、復、唐、鄧、商、坊、徐、宿、兗、海、密、蔡等州軍糧赴太原。郭進攻破西龍門寨,擒獲甚衆,以俘馘及鎧甲來獻。時駐蹕真定。又命淄州刺史王貴、六宅使何繼隆攻沁州,閤門祗候王僎攻汾州,知府州折御卿、監軍尹憲分兵攻嵐州。郭進破契丹於關南。

四月一日,嵐州行營又破賊千餘衆。詔發河南、鄆、濟、博、濱、澤、潞、懷、汝、同、華、虢及河中、晉、絳、慈、隰、解、齊、德、曹、單、淄、衛等州軍糧赴太原。齊延琛降十四縣,折御卿破岢嵐軍,殺戮甚衆,擒偽軍使折令圖以獻。隆州行營兵馬總管解暉破隆州,殺賊兵三百餘人,擒偽招討使李恂等六人以獻。折御卿又破嵐州,殺偽憲州刺史霍翊,擒偽蘷州節度使馬延忠七人以獻。會車駕親征,劉繼元降。

（清）徐松輯：《宋會要輯稿》兵七之三一——三五

開寶三年二月,太祖親征太原,（折）御勛不候詔朝行在,帝嘉其意,即以御勛爲永安軍節度觀察留後。及還,厚賜遣之。

太宗太平興國四年三月,太宗征河東,詔御卿與監軍尹憲領屯兵同攻嵐州。又破苛嵐軍,殺戮甚衆,並擒偽軍使。

（清）徐松輯：《宋會要輯稿》方域二一之一

雍熙三年三月十九日,王師北伐,田重進之兵圍飛狐,偽武定軍馬步軍都指揮使、鄆州防禦使呂行德,副都指揮使張繼從,馬軍都指揮使劉知進等舉城降,詔升其縣爲飛狐軍。

（清）徐松輯：《宋會要輯稿》方域七之二五——二六

開寶二年二月,親征河東,以樞密直學士趙逢爲隨駕轉運使。咸平二年十一月北征，以鹽鐵使陳恕充。

（清）徐松輯：《宋會要輯稿》食貨四九之三

太平興國四年正月，王師征河東，命常參官四員分掌河東轉運，侯陟東路，郭泌副之；雷德驤西路，韋務昇副之。

（清）徐松輯：《宋會要輯稿》食貨四九之四

梁晉之争也，河北諸鎮忽梁，忽晉，殊難考矣。即以澤潞軍名昭義，晉改安義，梁又改匡義，晉滅梁又復名安義。言之，此鎮梁晉所必争，據歐史《唐紀》，晉王李克用於中和三年，初破黄巢，爲河東節度，即攻昭義孟方立，取澤、潞二州。大順中，梁將葛從周取潞，言潞則歸梁可知。光化二年，克用將李嗣昭又取澤潞。天復元年，梁將氏叔琮又取澤潞。天祐初，克用子存勖曰：今天下勢，歸梁者十七八，趙今真定府、魏今大名府、中山今定州莫不聽命，自河以北無爲梁患者，所憚惟我與燕劉仁恭云云。時晉又攻取潞，遂以李嗣昭爲節度，則此軍長爲晉有矣。克用卒之年，梁人復攻潞，而莊宗於新喪中，又破梁軍於上黨，置酒三垂岡，囊矢告廟，則澤潞長屬晉矣。故歐史於天祐十八年，臚列諸節度勸王即帝位中有昭義也。同光元年四月，書即帝位，而下文八月又書梁人克澤州，守將裴約死之。徐無黨云：唐末澤潞皆屬晉，梁初已得澤州，至此又屬晉而梁克之，中間不見晉得澤州年月，蓋舊史闕不書。愚謂上卷歐史具書梁晉澤潞得失，無黨乃爲此言，其憒憒幾如不辨菽麥者，乃覥顔注史乎！歐史於此下書十月壬申，如鄆州襲梁，己卯即滅梁矣，用八日滅梁，迅速如此，蓋自滑衛渡河，此自北而南直取之，自鄆襲梁繞東而行曲取之也。梁有澤潞約兩月耳。是年春爲晉之天祐二十年，稱帝改元在是年四月，滅梁在十月，而梁人之暫有澤潞，即在是年之八九月間，考是年歲在癸未，即梁龍德三年，薛史於三月言潞州留後李繼韜叛降梁，莊宗謂李嗣源曰：昭義阻命，梁將董璋攻迫澤州，梁志在澤潞云云。而《通鑒目録》第二十七卷《梁均王紀》於龍德三年言，晉李繼韜以潞州來附。裴約據澤州不從，遣董璋攻之。又云：帝召王彥章助董璋攻澤州，璋拔澤州，殺裴約。《通鑑》第二百七十二卷《唐莊宗紀》於同光元年春載，李繼韜受晉命爲安義即昭義留後，而欲自托於梁，使弟繼遠詣大梁，請以澤潞爲梁臣。梁更安義軍曰匡義，以繼韜爲節度使。安義舊將裴約戍澤州，泣諭其衆曰：余事故使二紀，胡三省曰：故使，繼韜父嗣昭也。見其志滅讎仇，捐館未葬，郎君遽背其親，吾不能從也。遂據州自守。梁以董璋爲澤州刺史，將兵攻之。又於秋七月後載裴約遣使告急於帝，帝曰：吾兄生此梟獍，胡三省曰：李嗣昭於帝爲兄。裴約能知逆順。顧李紹斌曰：澤州彈丸地，朕無所用，胡三省曰：自并潞窺懷洛，則澤州爲要，志在自東平取大梁，故云。然胡注此條甚妙，觀此可知晉所以爭澤潞之故矣。卿爲我取裴約以來。八月壬申，紹斌將甲士五千救之，未至，城已陷，約死。此下書十月辛未朔，又書壬申，帝自楊劉濟河至鄆州，己卯滅梁，與歐紀略同。考《目録》，是年八月壬申朔，十月辛未朔，俱合，則八九兩月，一月大，一月小，裴約之死必在八月初，而莊宗入汴，梁主見殺，在十月八日，則梁人之有澤潞只兩月可知。周廣順二年，《澤州龍泉禪院碑》言其先主僧懲公，以天祐十九年示寂。顧寧人遂謂此地本屬梁，碑乃追削梁號而稱天祐。案薛史《梁末帝紀》貞明二年云：是歲，河北諸州悉入於晉。此年乃晉稱天祐十三年，此時河北已悉入晉，況十九年乎？却因明年天祐二十年，即同光元年，正當滅梁之歲，而梁人反有暫取澤潞一事，寧人記憶不審，誤以爲十九年前，率爾有此論，其實碑文據實以書，非追削梁號也。寧人考古，本極精核，此乃偶失之。

（清）王鳴盛：《十七史商榷》卷九六

（郭）崇韜曰：願陛下分兵守魏，固楊劉，而自鄆長驅擣其巢穴，不出半月，天下定矣。莊宗即日下令軍中，歸其家屬於魏，夜渡楊劉，從鄆州入襲汴州，八日而滅梁。案汴州之“州”，南雍本作“用”，“用”字佳。歐史此段乃梁晉興亡大關目，所叙亦差簡明。但薛史載崇韜說莊宗之言，則云聞汴人決河，自滑今滑縣屬河南衞輝府。至鄆今東平州，屬山東泰安府，皆在河南岸。非舟不能濟。又聞精兵盡在段凝麾下段凝時駐守滑州。王彥章日寇鄆境，彼既以大軍臨我，南鄙又憑恃決河，謂我不能南渡。志在收復汶陽，本作汝陽，以意改。此汴人之謀也。臣謂段凝保據河壖，苟欲持我，臣但請留兵守鄴，今直隸大名府，當時名曰鄴，即魏州。保固楊劉，見下文。陛下親御大軍，倍道直指大梁今河南開封府云云。此段於情事尤詳析，若歐史則未免刪改太多，向來史家動稱梁晉夾河之戰，此戰蓋相持數年，方得滅梁，大約東起楊劉，西至澶滑，沿河皆戰壘也。《通鑒》第二百七十二卷胡三省注楊劉，引《九域志》，在鄆州東阿縣，極精確。其間扼要處爲德勝，夾河兩岸，皆有城，號南城北城。見《新唐》臣《符存審》《王建及》二傳。又有楊邨，有潘張，有麻家口，《新唐》臣《周德威傳》作麻家渡。有景店，有馬家口，有鄒家口，有清兵驛，有王邨，有高陵津，此皆河津夾寨，梁晉戰地，胡注亦不能一一鑿指。薛史以“決河自滑至鄆”一句括之，甚妙。大約諸地名總在此一句中。《通鑒》叙此事，作梁主命於滑州決河，東注曹今山東曹州府、濮今濮州屬曹州府及鄆，以限唐兵，尤明。此水乃梁人所稱護駕水也。其時莊宗以魏爲都，故須固守，而楊劉則極東河南岸旁所築城，亦須固守，方可從此而南，自鄆襲汴也。前第八十九卷楊劉一條，已考此事，今再將諸河津地名考之，則當日戰地情形，益可見。又觀此則自滑至鄆，爲決河所行之道，而經流亦相去不遠，今則桑麻遍野，一望皆成平地，曾無涓滴河流，試就梁晉事尋之，猶可想其遺迹。《禹貢錐指》除解經再商外，其於後世事則詳明，可取卷首，有《唐大河圖》，考之則五代河形，亦自了然矣。

觀第六卷《唐明宗紀》、第四十四卷《康延孝傳》並《崇韜傳》，勸莊宗自鄆襲汴，三人所見如一，莊宗又果銳，梁安得不滅？若從鄴渡河而來，則段凝重兵駐守滑臺，其勢必來爭戰，未便長驅而南，故必迂道從楊劉夜渡，自鄆入汴，凝本怯懦持兩端，即使覺之，亦必觀望不前。梁若未遽滅，則謠言未及覺知，故不急赴救；梁一滅，則旋踵降唐矣。唐人早已料破，定計之妙如此，是以所向無敵。

所以必守魏者，莊宗爲欲滅梁，從太原遷此根本之地，隔河對岸即滑，梁重兵在焉故也。《通鑒》一百十九卷《宋高祖武皇帝紀》：永初三年五月,帝崩。九月,魏人入寇。奚斤等率步騎二萬濟河,營於滑臺之東。"又一百二十五卷宋文帝欲伐魏,帝策軍勢,先言乘夏水浩汗,河道流通,泛舟北下,先取碻磝、滑臺二城,並虎牢、洛陽,然後下文言"比及冬初,城守相接,虜過河即成擒"。彼時魏都平城,即今山西大同府,尚未遷洛也。觀此二條,則知南北朝時,滑在河南,唐沈亞之《下賢文集》第三卷《魏滑分河錄》云:"元和八年秋,水大至滑,河南瓠子堤溢,將及城,居民震駭,帥恐,出視水,迎流西南行,欲救其患。聞故有分河之事,其水嘗道出黎陽傍,其功尚可迹,於是遣其賓裴引泰請於魏曰:河東滑最大,自洛以西,百流皆集於滑,而堤防不固,竊以黎陽西南回壖拒流,以生衝激之力,誠愿決一派於斯,幸分其威耳。今秋雨連久,洛滑以西,雄川峻谷,暴發之水,爭怒以走,會河勢,日益壯,恐一旦城郭無類,謹聽命於將軍。魏帥許之,其將卒吏民請曰:滑得水禍於天久矣,魏何戚,乃許移於己哉?帥曰:黎陽與滑俱帝土,人有不幸,凡見其苦即爲舉手,寧皆有戚者。夫全大以弃細,理也。且滑壁卒數萬人,民不安生,未知其賴,吾安敢以河鄙咫尺地爲惜乎?顧桑麻五穀之出,不能賑百戶。假如水能盡敗,黎陽尚不足愛,況其無有?民何患無土以食。因召吏,趣籍民地所當奪者,盡以他地與之。籍奏天子,天子嘉其意而可之。明年春,滑鑿河北黎陽西南,役卒萬人,間流二十里,復會於河,其壖田凡七百頃,皆歸屬河南。夏六月,魏使楊茂卿授地。案《新唐・方鎮表》,肅宗上元元年,置滑衛節度使,號永平軍,改義成。治滑州,即今河南衛輝府。滑縣在黃河之南岸。廣德元年,置魏博節度使,號天雄軍。即今直隷大名府,治元城縣,在黃河之北岸,今則禾麻遍野,廬舍相望,撫茲日之桑田,何知昔時之滄海乎?觀亞之所錄,則唐時大勢,尚可想像,得之《南》《北》各書,《新》《舊唐書》皆無《河渠志》,河事須旁考而得也。趙彥衛《雲麓漫鈔》第二卷載東京至女真御寨行程云"東京四十五里至封丘縣,皆望北行,四十五里至胙城縣腰頓,四十五里至渡河沙店,四十五里至滑州館"云云。彥衛此書當宋光、寧間。其時河已徙陽武而南,汲胙之流已斷,滑反在河之北,今則視彼時徙而愈南,河壖去滑遠矣。

當梁晉夾河戰爭時，河形大約與唐元和不異。魏、滑南北對峙，而魏乃晉都，滑對岸最近，梁人防晉切要處也。梁人決河以限晉兵者，若是專指大河，則彼時之河，即奪漯出朝城者，是其流必大，似無待於決。且晉人之渡河而軍者多矣，河南之地晉兵充斥，但恃經流未足限隔晉兵，故予前於八十九卷以爲此恐別是小支流，蓋多爲之阻，使不得便耳。其如晉人之勇銳，竟長驅入汴，何哉？

晉兵之神速，不但以段凝怯懦觀望而已也，梁既於滑州決河東注曹、濮及鄆，以限晉兵，當晉之自鄆襲汴也，已渡河而南矣，而段凝精兵在滑，若欲赴救，反在決河之北岸，曩所恃以限晉兵者，今反自限隔。《通鑑》載李嗣源之策云：“段凝即發救兵，直路則阻決河，須自白馬南渡，數萬之衆，舟楫亦難猝辦。此去大梁至近，段凝未離河上，友貞已爲吾擒。”又敬翔謂梁主曰：“今唐兵且至，段凝限於水北，不能赴救。胡三省注云：言凝欲還救大梁，爲決河所限，其道回遠。”此二節叙事，情狀如繪。

決河爲害，見於史鑒，纍纍不絕書，想趙宋橫隴之決，尚是朱梁貽禍生民，餘毒數百年。

（清）王鳴盛：《十七史商榷》卷九五

薛史：同光元年冬十月辛未朔，日有蝕之，歐史不書，非也。薛於此下書“壬申，帝自楊劉濟河，癸酉至鄆州”。歐史云“冬十月壬申，如鄆州以襲梁”，不言朔，則亦以辛未爲朔。此下所書，二史詳略懸殊，而大判則同。薛史書十月事至庚子止，當爲三十日，下書“十一月辛丑朔”，又書“丁未日南至”，則七日也。計是月當小盡，何則？下文“甲子，車駕發汴州，十二月庚午朔，至西京”，則甲子是十一月二十四日，己巳是二十九日矣。歐史亦言“十二月庚午朔，至洛”，必與薛合。《通鑑目錄》是年十一月庚子朔，八日冬至，與歐、薛不同。十七史似此者，似非一處，偶摘此條。

（清）王鳴盛：《十七史商榷》卷九四

夫五代干戈之事，固不足議，惟以其去唐最近，而於今不爲遠，亦可摭其既往之迹，而著爲監戒，以杜萬世之患焉。昔者唐之禍，始於方鎮，終於盜賊，而遂爲梁之所乘。自梁以來，以亂濟亂，其覆亡之端，則與唐無異。或以將帥之跋扈，或以外裔之侵迫，繼之以驕悍之兵滿於天下，而不知所以制禦之道。是故，或變於外，或潰於內，而不復支矣。國家蕩除根芽，混一區宇，立成法制，思與萬世爲利。罷藩侯，銷武力，將帥之臣受成於內，雖擁兵專閫，而未嘗敢擅威福。凡進退出處，惟天子之命是從，求其跋扈之狀，固無有也。然而外侮驕兵之勢，則志士仁人竊以之爲憂焉。以後唐之亡驗之，則悍兵可不爲之防耶；以石晉之亂推之，則邊圉可不爲之備耶。失慮於一日者，召患於百世矣。

（宋）呂陶：《淨德集》卷一六

《唐書·劉仁恭傳》曰：天祐三年，朱全忠自將攻滄州，仁恭悉發男子十五已上爲兵，涅其面曰“定霸都”。兵之涅面，雖自周上皇始，亦原於劉仁恭“定霸”之事也。

（宋）高承：《事物紀原》卷一○

梁祖以宛朐群盜之黨而附黃巢爲盜，後歸命於王重榮，遂秉旄宣武。

（宋）陳傅良：《歷代兵制》卷七

宣武廳子都尤勇悍，其弩張一大機，則十二小機皆發，用連珠大箭，無遠不及，晉人極畏此。文士戲呼爲急龍車。

（宋）陶穀：《清異錄》卷下

梁祖自初起，每令左右持大赤旗，緩急之際，用以揮軍，祖自目爲火龍標。

（宋）陶穀：《清異錄》卷下

初,梁太祖令諸軍悉黥面,爲細字,各識軍號。五代至本朝因之,方募時先度人材,次閲馳躍,次試瞻視,初舉手指問之而已,其後又刻木作手,加白堊舉以試之。然後黥面,而給衣屨緡錢,謂之招刺利物。至今皆不改。

(宋)施宿:《嘉泰會稽志》卷四

《五代史補》、梁武帝《刑法志》:劫身皆斬妻子補兵遇赦降死者,黥面爲劫字。劉仁恭據盧龍,悉取男子十五以上爲兵,涅其面曰“定霸都”,士人涅其臂曰“一心事主”。盧龍閭里爲空,得衆計二十萬。軍人刺面,自仁恭始,健兒文面,自梁太祖始。

(清)陳元龍:《格致鏡原》卷一一

置銀槍效節軍。太祖與晉戰河北,乃以楊師厚爲招討使,悉領梁之勁兵,矜倨難制,復置銀槍效節軍。置落雁都。梁攻兗鄆,鄆州朱瑾募驍勇黠奴手,號燕子都。太祖勇士數百人,號落雁都。又選富家子之材武者,置帳前號廳子都。干戈日尋,負大惡逆,民心携貳。弱子與莊宗爲敵,此其所以亡也。

(宋)陳傅良:《歷代兵制》卷七

五代梁鄆州朱瑾,募其軍中勇者,黥雙雁於其頰,號“雁子都”。

(宋)馬永易:《實賓録》卷八

葛從周有水瑩鐵甲,十年不磨治,亦若鏡面,遇賊戰不利,甲必前昏,事已還復。從周常以候克跙,其驗若神。日以香酒奉之,設次於中寢,曰金翅將軍之位。

(宋)陶穀:《清異録》卷下

槍材難得十全,魏州石屋林多有之。楊師厚時,賜鎗效節軍,皆采於此。團典所用,多是絶品聖龍筋,餘軍不過四五等,托地仙、長腰奴、范陽嬌、金梢裊兒是也。更有風火枝、聖蚰蜒，頗曲弱，軍中不取。

（宋）陶穀：《清異録》卷下

案歐陽公史論云：朱邪部族之號耳沙陀者，大磧也，至盡忠孫始賜姓李氏，後代遂以沙陀爲貴。然克用以朱邪之裔，奄踐汾晉，莊宗襲位，與梁對壘河上，卒使朱氏失國。既登大位，日與群伶俳戲，劉後喜聚斂，而饑其師，郭崇韜以勛舊見戮，曾未三年，遽取顛覆。清泰間，呂琦言石敬瑭必以契丹爲援，卒立晉者，契丹也。使帝能從其言，亦可以紓禍，惜其莫之能用，才十年而易四姓，禍亂極矣。

（宋）陳傅良：《歷代兵制》卷七

當時之兵，楊行密號黑雲都。楊行密據廬州收兵數千，以皂衣蒙身，號黑雲都。劉仁恭號定霸都。梁攻滄州劉仁恭，調其境内凡年十五以上，七十以下，皆文其面，曰定霸都。而麾下諸將皆老於行陣，與武皇齊駕並驅之人，莊宗皆能養之以恩，折之以氣，遂服其心。從定山東，取漁陽，兼魏博，置帳前銀槍都。楊師厚卒，梁以魏博兵强，欲分爲兩鎮。魏兵不願，縱火大掠，效節軍校張彦逼賀德倫求援於晉，晉王軍於臨清，張彦選效節銀槍軍五百人自衛，謁晉王。王以其陵脅主帥，誅之，即以其卒爲帳前銀槍都。

（宋）陳傅良：《歷代兵制》卷七

魏銀槍軍最爲凶悍。唐莊宗爲晉王時，張彦作亂，引五百人謁王，王斬張彦及其黨七人，餘衆股栗。王召諭之曰：“罪止八人，餘無所問。自今當竭力爲吾爪牙。”衆皆拜伏，呼萬歲。明日，王緩帶輕裘而進，令張彦之卒擐甲執兵翼馬而從，仍以爲帳前銀槍軍。衆心由是大服。

（宋）孔平仲：《續世説》卷三

武皇嘉明宗之功，以其屬五百騎，號曰“橫衝都”，侍於帳下。故兩河間目爲"李橫衝"。

（宋）錢易：《南部新書》癸

明宗以所將騎五百，號橫衝都。進擊葛從周，由是李橫衝名重四方。

（宋）陳傅良：《歷代兵制》卷七

上問范延光見管馬數，對曰："見管馬軍三萬五千。"上撫髀嘆曰："朕從戎四十年，太祖在太原時，騎軍不過七千。先皇帝與汴軍校戰，自始至終，馬數纔萬。今有鐵馬三萬五千，不能使九州混一，是吾養卒練士將帥之不至也。老者馬將奈何？"延光以馬數多，國力虛耗爲言，上亦然之。

（五代）孫光憲：《北夢瑣言》卷二〇

國家買馬，南邊於邕管，西邊於岷黎，皆置使提督，歲所綱發者蓋逾萬匹。使臣、將校得遷秩轉資，沿道數十州，驛程券食、厩圉薪芻之費，其數不貲，而江、淮之間，本非騎兵所能展奮，又三衙遇暑月，放牧於蘇、秀以就水草，亦爲逐處之患。因讀《五代舊史》云："唐明宗問樞密使范延光内外馬數。對曰：'三萬五千匹。'帝嘆曰：'太祖在太原，騎軍不過七千。先皇自始至終，馬纔及萬。今有鐵馬如是，而不能使九州混一，是吾養士練將之不至也。'延光奏曰：'國家養馬太多，計一騎士之費可贍步軍五人，三萬五千騎，抵十五萬步軍，既無所施，虛耗國力。'帝曰：'誠如卿言。肥騎士而瘠吾民，民何負哉！'"明宗出於蕃戎，猶能以愛民爲念。李克用父子以馬上立國制勝，然所蓄只如此。今蓋數倍之矣。尺寸之功不建，可不惜哉！且明宗都洛陽，正臨中州，尚以爲騎士無所施。然則今雖純用步卒，亦未爲失計也。

（宋）洪邁：《容齋續筆》卷五

案石敬瑭父臬捩鷄，出於西夷，自朱邪歸，唐明宗妻之以女。及地尊勢重，猜貳既生，乘隙而奮，求援契丹，自非邪律德光之師不足以亡唐立晉,然彼雖有德於我,其遂可無以弭其後患耶。暨再傳而爲其所滅,桑維翰輩,可謂失謀矣。

(宋)陳傅良:《歷代兵制》卷七

至於五代,易置天子皆以兵,於是不聞有屯田者。惟見石晉括民穀,周氏鬻營田,而隸營田之民於州縣,遣使均天下之田税而已。然則兵民之分,始於府兵之壞,而極於屯田之俱廢,天下安得不以養兵而困哉。此五季有犯啜茗飡鹽之禁者,悉有常刑,皆爲養兵故也。石晉失關南十縣,契丹主南來,既度雁門之險,自知其必勝者,以中國有險固而不知有守也。言猶在耳,而復以關南十縣予之,何晉氏之昏庸哉! 自時厥後,更漢周而逮於宋,幾得而復失者屢矣。天以險固畀夷,而不畀夏,抑非偶然者耶。何夷狄恃此,卒爲中國患也。

(宋)章如愚:《群書考索》續集卷四三

及守貞之死,趙思綰、王景崇繼降,挾不賞之功,乘危而發,雖履大位,而宗族先戮矣。世宗高平之役,首誅樊何,以振軍法,於是南割江淮,西克秦鳳,北開關南,乃興禮樂,審法度,修政事,收賢才,於五代之君亦可謂賢矣。遭聖人之興,天命有歸,不能自立,乾旋坤轉,否極泰來,亦自然之數歟。

(宋)陳傅良:《歷代兵制》卷七

周世宗還自壽春,以南方水軍敏鋭,於京城側開池,造船艦數百艘,招誘南卒教習北人水戰。數月之後,縱橫出没,無不可用者,則五代舟師,其可見者如此。

(宋)章如愚:《群書考索》後集卷四五

案歐陽公史論云:世宗區區五六年間,取秦隴,顯德二年,克秦成階鳳四州。平淮右,五年,克淮南十四州。復三關,益津關、瓦橋關、游口關。震慴夷夏,英武之材,可謂雄傑。其北取三關,兵不血刃,史家猶譏其輕社稷之重，殊不知料強弱，較彼我而乘述律之殆，得不可失之機。此非明於決勝者，孰能至哉然，則世宗亦賢主也。

（宋）陳傅良：《歷代兵制》卷七

李氏建國，國中無馬，歲與劉鋹市易。太祖既下嶺南，市易遂罷，馬益艱得。惟每歲入貢，得賜馬百餘匹耳。朝廷未悉其有無也。王師南伐，煜遣兵出戰，騎兵纔三百，至瓜州，盡爲曹彬之裨將所獲。驗其馬，尚有印文，然後知其爲朝廷所賜也。

（宋）曾敏行：《獨醒雜志》卷一

西川自唐劉辟構逆後，久無干戈，人不習戰。每歲諸道差兵屯戍大渡河，蠻旗纔舉，望風而潰。咸通中，長驅直抵府城，居人有扃户而拒之，蠻亦不敢扣門也。嘗有一蠻，迷路入廣都縣村墅，里人相率數百輩叫譟而逐之，蠻一回顧，却走如堵墻崩焉。自晝及暝，終不能擒致，其怯懦如此。

王蜀先主時，雲南寇蜀，蜀軍勇銳欲吞之，俘擒噉食，不以爲敵，與向前之兵，百倍其勇也。

（五代）孫光憲：《北夢瑣言》卷五

孟蜀時，周世宗志欲取蜀，蜀卒涅面爲斧形，號"破柴都"。

（宋）陸游：《老學庵筆記》卷一

劉鋹據嶺南，置兵數千人，專以采珠爲事，目曰媚川都。每以石磲其足，入海至五七百尺，溺而死者相屬也。久之，珠璣充積內府，所居殿宇梁棟簾箔，率以珠爲飾，窮極華侈，及王師入城，一火而盡。藝祖詔廢媚川都，黥其壯者爲軍，老者放歸田里，仍詔百姓不得以采珠爲業，於是俗知務農矣。

（宋）江少虞：《宋朝事實類苑》卷六一

劉鋹據嶺南，置兵八千人，專以采珠爲事，目曰"媚川都"。每以石硾其足，入海至五七百人，溺而死者相屬也。久之，珠充積內庫，所居殿宇梁棟簾箔，率以珠爲飾，窮極華麗。及王師入，一火而盡。藝祖廢媚川都，黥其壯者爲軍，老者放歸田里。仍詔百姓不得以采珠爲業，於是俗知務農矣。

（宋）王闢之：《澠水燕談錄》卷九

近代通謂府廷爲公衙，即古之公朝也。字本作"牙"。詩曰："祈父，予王之爪牙。"祈父，司馬，掌武備，象獸，以牙爪爲衛。故軍前大旗謂之"牙旗"，出師則有建牙、禡牙之事。軍中聽號令，必至牙旗之下，與府朝無異。近俗尚武，是以通呼公府、公門爲牙門，字稱訛變轉爲"衙"。

（宋）錢易：《南部新書》庚

五季日尋干戈，其於軍卒，尤先激勵，凡軍頭非有戰功，皆號伴飯指揮使。

（宋）王栐：《燕翼詒謀錄》卷五

臣伏見唐及五代，至乎國朝，征伐四方，立功行陣，其間名將，多出軍卒。

（宋）歐陽修：《文忠集》卷九八

及五代之際，而黥涅之兵分佈內外，於是兵民判矣。使民出其賦以養兵，兵盡其力以衛民；民有耕耨之勤，而兵有征戍之勞，更相爲用，而不以爲德。此固分兵民之本意也。

（宋）蘇轍：《欒城後集》卷一一

竊聞祖宗兵制之善者，蓋能深鑒唐末五代之弊也。唐自盜起山陵，藩鎮竊據，外抗王命，內擅一方，其末流至朱溫，以編户殘寇，挾宣武之師，睥睨王室，必俟天子禁衛神策之兵屠戮俱盡，劫遷洛陽，乃可得志。如李克用、王建、楊行密，非不忠義，徒以遐方孤鎮，同盟欲救王室，皆悲咤憤懣，坐視凶逆，終不能出一兵。內向昭宗親兵既盡，朱溫羽翼已就，行密輩崛於一邦，初務養練，不能遽成，此內外俱輕盜臣得志之患也。後唐莊宗萃名將，握精兵，父子轉戰二十餘年，僅能滅梁。恃功而驕，兵制不立，弗知內外之患，一夫奮呼，內外瓦解。故李嗣源以退將養痾私第，起提大兵，與趙在禮合於耳陵，返用莊宗直擣大梁之術，徑襲洛陽，乘內輕外重之勢，數日而濟大事。其後耳陵卒恃功狂肆，邀求無窮，至一軍盡誅，血膏原野，而明宗爲治少定。如李從珂、劉智遠、郭威皆提本鎮之兵直入中原，而內外拱手聽命者，循用莊宗、明宗之意也。周世宗知其弊，始募壯士於帳下，立親衛之兵爲腹心肘腋之用，未及期年，兵威大振，敗澤潞，取淮南，內外兼濟，莫之能禦。

（宋）陳傅良：《歷代兵制》卷八

　　唐莊宗爲晉王時，與梁軍拒於河上，垂十年。時李嗣源明宗爲大將，莊宗與之謀取鄆州，嗣源請獨當之，乃以騎五千襲取鄆。梁軍破德勝南柵，莊宗悉軍救之，嗣源爲先鋒，擊破梁軍。《明宗紀》。是明宗在軍中也。嗣源子從珂廢帝嘗從戰於河上，屢立戰功，莊宗呼其小字曰：“阿三不獨與我同年，其敢戰亦類我。”德勝之戰，從珂以十數騎雜梁軍，奔入梁壘，斧其眺樓，嗣源以鐵騎三千乘之，梁軍大敗。胡柳之戰，又從莊宗奪土山，軍勢復振。《廢帝紀》。是廢帝亦在軍中也。是時嗣源婿石敬瑭晉高祖常在嗣源帳下，號左射軍。梁將劉鄩急攻清平，莊宗馳救，爲鄩所圍，敬瑭以十數騎橫槊馳取之，莊宗拊其背而壯之。又從莊宗擊敗梁將戴思遠於德勝渡，又從戰胡盧套，肩護嗣源而退；從戰楊村寨，解嗣源之危；從取鄆，以五十騎突入東門。《晉紀》。是晉祖亦在軍中也。而劉知遠漢高祖時方爲敬瑭裨校，德勝對柵時，敬瑭爲梁人所襲，馬甲斷，知遠輒騎以授之，自跨斷甲者殿而歸。《漢紀》。是漢祖亦在軍中也。計是時唐莊宗、明宗、廢帝、晉高祖、漢高祖皆在行間,一軍共有五帝,此古來未有之奇也。

(清)趙翼撰,王樹民校證:《廿二史劄記校證》卷二二

3. 修武

梁太祖開平元年十月,幸繁臺,因農隙以講武事。

(宋)王欽若等編纂:《册府元龜》卷二一四《閏位部》

(開平二年)十一月,出開明門,登高僧臺閲兵。

(宋)王欽若等編纂:《册府元龜》卷二一四《閏位部》

梁太祖開平二年十二月癸丑,獵畋於含耀門外。

(宋)王欽若等編纂:《册府元龜》卷二〇五《閏位部》

(開平)三年三月,幸右軍舊杏園講武。

(宋)王欽若等編纂:《册府元龜》卷二一四《閏位部》

(開平)三年十一月丙申,畋於上東門外。

(宋)王欽若等編纂:《册府元龜》卷二〇五《閏位部》

(開平三年)十一月,幸榆林坡閲兵,教諸都馬步兵。

(宋)王欽若等編纂:《册府元龜》卷二一四《閏位部》

(開平三年)十二月乙丑臘,校獵於甘泉驛。

(宋)王欽若等編纂:《册府元龜》卷二〇五《閏位部》

(開平)四年正月,帝出師子門,至榆林坡下閲教。

(宋)王欽若等編纂:《册府元龜》卷二一四《閏位部》

（開平四年）二月，帝出師子門，幸榆林東北坡教諸軍兵事。

　　（宋）王欽若等編纂：《册府元龜》卷二一四《閏位部》

（開平四年）十月，幸開化閣，大閱軍實。

　　（宋）王欽若等編纂：《册府元龜》卷二一四《閏位部》

（開平）四年十一月己亥，畋於伊水。

　　（宋）王欽若等編纂：《册府元龜》卷二〇五《閏位部》

（開平四年）十二月，親閱禁軍，命格鬥於教馬亭。

　　（宋）王欽若等編纂：《册府元龜》卷二一四《閏位部》

乾化元年八月庚申，幸保寧殿，閱天興控鶴兵事，軍使將校，各有賜。丙子，閱四蕃將軍及親衛兵士於天津橋南，至龍門廣化寺。戊寅，幸興安鞠場，大教閱，帝自指麾，無不踴抃，坐作進退，聲振宮掖。

　　（宋）王欽若等編纂：《册府元龜》卷二一四《閏位部》

乾化元年十二月癸酉臘，假詔諸王與河南尹、左右金吾、六統軍等校獵於近苑。

　　（宋）王欽若等編纂：《册府元龜》卷二〇五《閏位部》

梁趙犨，唐末爲陳州刺史。時黃巢犯宮闕，犨謂將吏曰：“賊巢之虐，遍於四方。苟不爲長安市人所誅，則必驅殘黨以東下。況與忠武久爲仇讎，凌我土疆，勢必然也。”乃遣增垣墉，濬溝洫，實倉廩，積薪芻。凡四門之外，兩舍之內，民有資糧者，悉令挽入郡中。繕甲兵，利劍稍，弓弩矢石，無不畢備。又招召勁勇，置之麾下。以仲弟昶爲防遏都指揮使，以季弟珝爲親從都知兵馬使，長子麓、次子霖，皆分領銳兵。黃巢在長安，果爲王師四面振束，食盡人饑，謀東奔之計，先遣驍將孟楷擁徒萬人，直入項縣。犨引兵擊之，賊衆大潰，斬獲略盡，生擒孟楷。中和三年，朝廷聞其功，就加檢校兵部尚書。

（宋）王欽若等編纂：《冊府元龜》卷六九六《牧守部》

王檀守密州刺史，郡接淮戎，舊無壁壘，乃率丁夫，修築羅城，六旬而畢，居民賴之。

（宋）王欽若等編纂：《冊府元龜》卷六九六《牧守部》

鄧季筠爲登州刺史，下車稱理。登州舊無羅城，及季筠至郡，率丁壯以築之，民共安之。

（宋）王欽若等編纂：《冊府元龜》卷六九六《牧守部》

後唐莊宗天祐十一年，平燕薊還。正月，至衡唐。己亥，帝與趙王王鎔畋於衡唐之西，至界而別。

（宋）王欽若等編纂：《冊府元龜》卷一一五《帝王部》

同光元年十月庚子，帝畋於汴水之陽，際夜還宮。

（宋）王欽若等編纂：《冊府元龜》卷一一五《帝王部》

（同光）二年八月庚午，車駕幸西苑，試鷹以畋。甲申，畋於西苑。九月癸卯，畋於西北近畿。癸亥，畋於石橋。十一月癸亥，畋於石橋。戊申，畋於西北近甸，至暝還宮。十二月戊辰，幸西苑校獵。庚申，興駕出開化門校獵，至夕還宮。己丑，興駕幸龍門，校獵於彭婆店。癸卯，大畋於伊闕，侍衛金槍馬萬餘騎從。帝一發中大鹿，從臣稱慶。是夜，駐蹕於張全義之別墅。甲辰，涉歷山川，六軍衛士獲禽者衆，帝皆勞以繒帛或錦袍、銀帶。是夜，駐蹕伊闕縣。乙巳，自伊闕分環衛諸軍騎士馳鹿山谷間。暮未合圍，夜二鼓，駐御營於湛澗。是夜，騎士有顛墜崖谷而斃及折傷手足者甚衆。丙午，復分衛兵分獵，殺獲數萬計。是夜二鼓一籌，歸京城。街市火炬如晝。丁未，百官赴中興殿問起居,賜群臣鹿肉。

（宋）王欽若等編纂:《册府元龜》卷一一五《帝王部》

（同光）三年車駕在鄴。辛酉,帝出崇明門試鷹犬,日暮還宮。癸亥,帝出北門至王莽河射雁,日晚還宮。丁亥,帝出北門校獵,至夜還宮。乙亥,駕出北門至王莽河射雁。乙酉,帝出北門射鴨於郭泊,至夜還宮。庚寅,帝出北門射雁。九月丁巳,帝出師子門,射雁於尖山,至晚還宮。十二月庚辰,大雪。帝以臘辰狩於白沙。

（宋）王欽若等編纂:《册府元龜》卷一一五《帝王部》

（同光）四年二月,帝出西師子門,至冷泉校獵,至晚還宮。

（宋）王欽若等編纂:《册府元龜》卷一一五《帝王部》

明宗天成元年十二月壬辰,帝出畋,自定鼎門供頓於甘水亭,晡晚還宮,臘辰也。

（宋）王欽若等編纂:《册府元龜》卷一一五《帝王部》

後唐明宗天成二年十月癸未,御興教門觀兵,自卯至午,隊伍方絶。

（宋）王欽若等編纂:《册府元龜》卷一二四《帝王部》

（天成）二年十二月甲辰臘,狩於東郊。圍合萬騎,賜宰臣學弓矢,爲從禽之樂,迫暮歸内。

（宋）王欽若等編纂:《册府元龜》卷一一五《帝王部》

（天成）三年十二月甲辰臘,狩於近郊,一鼓歸内。

（宋）王欽若等編纂:《册府元龜》卷一一五《帝王部》

（天成）四年四月丙辰,宣步軍指揮使楊漢章將步騎五千往雲朔巡邊。

（宋）王欽若等編纂：《冊府元龜》卷九九四《外臣部》

（天成）四年十一月甲戌，車駕出近郊，試夏州所進白鷹。十二月甲辰，車駕畋於龍門南，至夜還宮，臘辰故也。

（宋）王欽若等編纂：《冊府元龜》卷一一五《帝王部》

（長興元年）七月，北京留守馮贇奏：諸蕃部三千餘帳近振武，請添兵控禦。

（宋）王欽若等編纂：《冊府元龜》卷九九四《外臣部》

長興元年十月，車駕出師子門，畋於近郊。十二月丙辰，車駕出金耀門，獵於西山下，臘辰故也，至晚還宮。

（宋）王欽若等編纂：《冊府元龜》卷一一五《帝王部》

（長興）二年十二月乙卯，帝出金耀門，獵於西郊。

（宋）王欽若等編纂：《冊府元龜》卷一一五《帝王部》

（長興）三年二月，引進使劉處讓奏相度西路事，請修葺故武州以備邊。

（宋）王欽若等編纂：《冊府元龜》卷九九四《外臣部》

（長興）三年十二月戊辰，帝獵於京西南，圍合親射，中走鹿，從臣皆賀，宴於梁村，申時還宮。

（宋）王欽若等編纂：《冊府元龜》卷一一五《帝王部》

（長興四年）四月己亥，隰州刺史劉遂凝至，帝問所陳密事，奏曰："臣所部與綏銀二州接境，二州漢戶約五千，自聞國家攻討夏州，皆藏竄山險。請除二州刺史，各與二三百人爲衙隊，令其到郡招撫，則不戰而下兩州矣。"帝問左右："其言如何?"范延光奏曰："綏、銀户民，朝廷常加撫育，緣與部落雜處，其心翻覆多端。昨聞安從進初至盧關，蕃酋望風歸附，尋加存撫，各令放歸。及上馬登山，未行百步，反襲從進騎從士十餘人，幾至不濟。奈何以刺史衙隊一二百人制彼狡虜，適足爲虜嗤也。況國家之患，正在夏州。夏州即平，綏銀自然景附。如夏州未拔，王師自當退舍，何以能守綏銀? 遂凝之説非也。"遂凝不能對，良久又奏曰："臣聞李仁福有二子，彝超乃次子也，長子彝殷爲夏州留後，彝超徵詔赴闕，則諸蕃歸心矣。臣請以百騎自入夏州。"延光心知其不可，以遂凝恃内助之恩，恐並沮其謀則生怨望，乃止。翼日，帝又謂延光曰："遂凝之行可乎?"延光奏曰："王師進取之謀，計度已定，遂凝請立彝殷，兼將百騎入夏州，事固不可。設令虜執吾使，一遂凝不足惜，所惜朝廷事體也。臣等商量，不許遂凝輕行。"乃止。六月，新州節度使王景戡奏："契丹國左右相牙盧衮與臣書，稱被都要鎮偷竊馬三匹，速宜送來，不然則出兵剽掠。"范延光奏曰："北虜以我夏州未平，欲詭文相窺。時向初秋，所宜防備，緣邊戍兵合交蕃者，宜留候秋獲訖令還。"帝從之。

（宋）王欽若等編纂：《册府元龜》卷九九四《外臣部》

後唐末帝清泰二年正月，詔諸州府本處牢城防禦，兵士都將内人數不足團並或闕稍多，量許招添。其就糧禁軍内本指揮將校，選偉壯長於武藝者，據人數差節級部送京師。

（宋）王欽若等編纂：《册府元龜》卷一二四《帝王部》

（清泰）三年七月，置水軍五都，以董思鐸、馬暉、何温、安韜、史希儼爲指揮使，尹居璠爲都指揮，起鄴城。先是，范延光進軍攻城，以濠水闊，溺兵士，故立此軍。

（宋）王欽若等編纂：《册府元龜》卷一二四《帝王部》

（清泰三年）八月，詔應州起兵戍茹越口。詔欣州堙石嶺關左右道路。

（宋）王欽若等編纂：《冊府元龜》卷一二四《帝王部》

晉高祖天福二年十月，敕：“習戰講武，歷代通規；選士練兵，由來舊制。宜以每年農隙時講武，仍準令式處分。”

（宋）王欽若等編纂：《冊府元龜》卷一二四《帝王部》

晉高祖天福三年五月，昭義奏舊有銅鞮等五縣，收拾到甲仗兵共六千七十副，已勒作院添修，旋送軍前次。始，帝建義自晉入洛，趙德鈞兵敗奔至上黨，故有此遺弃戈甲。至是，再令繕補賫往鄴下。

（宋）王欽若等編纂：《冊府元龜》卷一二四《帝王部》

曹國珍，爲吏部郎中。天福三年十月，隰州蒲縣令竇溫顏進策，內一曰：“兵不可不戰，將不可不擇。每於月旦，宜令教習。楚莊立功，而心懼晉文。戰勝而色憂，居安慮危，古之道也。此乃鴻圖永固，霸業彌芳。”詳定官等，以其徵引方拙，未可奏聞。國珍與其議，以爲可行。乃上言曰：“臣聞去華務實，舍短從長，片善不遺，群材畢録。切詢古道，宛是良圖。將隆講武之規，宜舉訓戎之典。故《左氏春秋傳》云：‘禁暴戢兵，保大定功，安民和衆豐財，此所以昭宣七德，制服萬邦。’又云：‘春蒐夏苗，秋獮冬狩，皆於農隙，以講武事，此所謂聿修戰法，俾耀軍威。’又云：‘三時務農，一時講武，不教民戰，是謂弃之。’所請每月旦教習事，伏乞宣駙馬步軍都指揮使，檢練馴閱，甚爲允當，望賜施行。”敕：“習戰講武，歷代通規。選士練兵，其來舊制。宜以每年農隙時講武，仍準令式處分。”

（宋）王欽若等編纂：《冊府元龜》卷四七六《臺省部》

（天福）六年十二月，帝習射於後苑，諸軍都督、指揮使已上悉預焉。

（宋）王欽若等編纂：《冊府元龜》卷一二四《帝王部》

少帝以天福七年即位。九年，敕天下鳩集鄉兵遍民，七户共資一卒，兵仗器具均以出之。

（宋）王欽若等編纂：《册府元龜》卷一二四《帝王部》

晉少帝天福八年十二月臘，詔陝府節度使畋於近郊。

（宋）王欽若等編纂：《册府元龜》卷一一五《帝王部》

開運元年十二月己亥朔，幸皋門，射中白鹿。

（宋）王欽若等編纂：《册府元龜》卷一一五《帝王部》

少帝開運二年二月，帝次滑州。丙子，大閲諸軍於戚城，帝親臨之。

（宋）王欽若等編纂：《册府元龜》卷一二四《帝王部》

（開運）二年十月戊寅，帝幸硯臺，射中伏兔，隨行節度使進馬慶之。至暮還宫。己巳，帝出京城，巡幸西北，至皋門村，射中二兔。幸沙臺，賜從官酒食。至晚還宫。

（宋）王欽若等編纂：《册府元龜》卷一一五《帝王部》

漢史弘肇爲許州節度使。時高祖委以禁戎，留扈京邑，屬杜重威據鄴爲亂，車駕親狩，命弘肇從行。自九月駐師，及重威歸命，凡三月，弘肇擐甲在野，晝巡宵警，與士卒均其甘苦，無所間然。時人推其威而有愛，乃近代之良將也。

（宋）王欽若等編纂：《册府元龜》卷四三一《將帥部》

周太祖廣順元年四月，河中言送器械至隰州付汾州刺史王繼勛。太祖收河中，得繼勛、聶遇，皆西北山賊之魁。時劉崇侵撓，乃用聶遇爲石州刺史，繼勛爲汾州刺史，各就險阻設虎落，爲行州招收賊寇禦邊患焉。

（宋）王欽若等編纂：《冊府元龜》卷一二四《帝王部》

（廣順元年）十月，以寇侵平陽軼，遣中使分押虎捷兵士赴河陽、陜州守禦。

（宋）王欽若等編纂：《冊府元龜》卷一二四《帝王部》

（廣順）三年六月，遣中使修懷州城池。

（宋）王欽若等編纂：《冊府元龜》卷一二四《帝王部》

（顯德四年）三月甲午，詔發近縣丁夫數千人。鎮淮軍有三城，夾淮相對，仍令徙下蔡浮橋，維於其間。

（宋）王欽若等編纂：《冊府元龜》卷一二四《帝王部》

（顯德）五年三月己酉，命右神武統軍宋延渥帥舟師三千溯江而上，以江北初定，巡警故也。

（宋）王欽若等編纂：《冊府元龜》卷一二四《帝王部》

周世宗顯德五年十月壬辰，帝出長慶門，獵於近郊。宰臣及江南、兩浙進奉使，皆從焉。十一月甲子，出迎秋門，薄狩於近郊。十二月甲午，出迎春門，薄狩於近郊。上親射雉兔共三隻。

（宋）王欽若等編纂：《冊府元龜》卷一一五《帝王部》

（乾化元年）十月，帝北征，駐蹕相州。癸丑，閱武於州閫之南樓。丙子，帝御城東教場閱兵，諸軍都指揮、北面招討使太尉楊師厚總領鐵馬步甲十萬，廣亘十數里陳焉。士卒之雄銳，部隊之嚴肅，旌旗之雜遝，戈甲之照曜，屹若山嶽，勢動天地。帝甚悅焉，即命丞相泪文武從臣列侍賜食，逮晚方歸。

（宋）王欽若等編纂：《冊府元龜》卷二一四《閏位部》

（乾化元年）二年三月甲午，幸貝州之東圃閱武。乙未，帝復幸東圃，閱騎軍。

（宋）王欽若等編纂：《册府元龜》卷二一四《閏位部》

劉詞爲沁州團練使。在郡臨事之暇，必披甲枕戈而卧。人怪而問之，詞曰：“我以勇登爵，不可一日而忘本也。若國家遇邊事，信其溫飽，則箸力有怠，何以申毛髮之報？此其意也。”後從少帝禦北虜於河橋，每出師，則蹕屬負戈，以爲前道，所向無不披靡，六師壯之。

（宋）王欽若等編纂：《册府元龜》卷四三一《將帥部》

興國二年十二月二十四日乙丑，幸講武臺，觀飛山卒發機石，射連弩。上將有事於晉陽一云將有事於太原。習武事也。明年遂平河東。

（宋）王應麟：《玉海》卷一四五《兵制》

王安石又爲上言：“邊事尋當帖息，正宜討論大計，如疆場尺寸之地，不足校計，要當有以兼制夷狄，乃稱天所以畀付陛下之意。今中國地廣民衆，無纖芥之患，四夷皆衰弱。陛下聰明齊聖，憂勤恭儉，欲調一天下兼制夷狄，極不難，要討論大計而已。”上曰：“誠如此。夷狄非難兼制，但朝廷事未成次第，今欲收功於夷狄，即糧不足，兵亦不足，又無將帥。”安石曰：“此皆非方今之患也。陛下誠思柴世宗及太祖時，邊鄙兵孰多於今，糧孰多於今？今糧不足，但以未急故耳；若急須糧，多轉錢帛厚價收糴，何患糧不足。募兵既多，百姓又極衆，如何却患兵少？自古興王，皆起於窮困寡弱之中而能爲富彊衆大，若待富彊衆大然後可以有爲，即古無興王矣。方今之患，非兵糧少，亦非無將帥也。若陛下能考核事情，使君子甘自竭力，小人革面不敢爲欺，即陛下無爲而不成，調一天下兼制夷狄，何難之有！”上大悦。三月四日並此月二十二日西邊事可考。

（宋）李燾：《續資治通鑒長編》卷二三二，神宗熙寧五年(1072)

　　上問王安石義勇士如何,安石曰:"奉旨令臣弟安禮選舉相度,觀臣弟必不能選舉,恐合自朝廷差,仍須候趙子幾京西回,令與張京溫同去乃濟事。"上曰:"如何只趙子幾偏了得?"安石曰:"宜先了河東一路。河東舊制,每年教一月,今令上番巡檢下半月或十日,人情無不悅;又以東兵萬人所費錢糧,且取一半或三分之二,依保甲養恤其人,即人理無不忻賴者。若更減得舊來諸軍恩澤及程試武藝,又減武舉所推恩例,並令人趨赴此,即一路豪傑無不樂從。此法凡欲用衆,若法不合於衆心,即難經久,若衆心以此法爲便,即此法自然經久。既行之久,人雖破壞,衆必不以爲允,如此乃爲良法。又今義勇須三丁以上,今當如府界兩丁以上盡收,三丁即出戍,出戍即以厚利誘之,兩丁就於巡檢下上番,上番如府界法,大略不過如此。但要遣人與經略、轉運使及諸路長吏商量,令知朝廷立法之意,及要見本路民情所苦、所欲,因以寓法。"上曰:"鼓舞三路人皆成就,人豈少!"安石曰:"此極天下一大事,若成就即宗廟社稷安,夷狄無足畏者。"因論及宿衛盡是四方亡命奸猾,非宗社長計。上曰:"祖宗厚以財帛、官職撫此輩,固爲此。"安石言:"五代之變,皆緣此輩。"上曰:"今百年舊俗未革。"安石曰:"觀仁宗服藥時事,即此輩亦似未能全然革心也。"馮京曰:"義勇雖云三丁以上,今亦有已死一丁,止存兩丁不曾差替者。"安石曰:"既有兩丁不差替,必有三丁不差上者。近聞義州義勇,兩縣戶同,其一縣得兩指揮,一縣只一指揮,即收刺有不盡處。今若用府界保甲法,即無收刺不盡,必然更增見在人數。"安石又言:"義勇、保甲爲正長,須選物力高強即素爲其鄉閭所服、又不肯乞取侵牟人戶,若貧戶即須乞取侵牟,又或與富強有宿怨,倚法陵暴以報其宿怨也。"此段據《日録》,與《兵志》第二卷並同,但語言略有增損耳。自馮京曰以下,本志不載。王安禮編修《三路義勇條貫》,在五月二十二日。是月十九日差劉坦等,閏七月十四日、十五日、十八日當考。

　　(宋)李燾:《續資治通鑑長編》卷二三五,神宗熙寧五年(1072)

　　壬戌，執政同進呈河東保甲事，樞密院但欲爲義勇、强壯，不別名保甲，王安石曰："此非王安禮初議也。"五月二十三日，命王安禮專修條貫。上曰："今以三丁爲義勇，兩丁爲强壯。三丁遠戍，兩丁本州縣巡檢上番。此即王安禮所奏，但易保丁爲强壯，人習强壯久，恐別名或致不安也。"安石曰："義勇非單丁不替，强壯則皆第五等户爲之，又自置弓弩及箭寄官庫，須上教乃給。今以府界保甲法推之河東，蓋寬利之，非苦之也。請更遣官相度，不必如聖旨爲定。"上曰："河東義勇、强壯，已成次第，今欲遣官修義勇、强壯法，又別令人團集保甲，如何？"安石曰："義勇要見丁數，即須隱括。因團集保甲，即一動而兩業就。今既差官隱括義勇，又別差官團集保甲，即一事分爲兩事，恐民不能無擾。"上曰："保甲要亦未可便替正軍上番。"安石曰："王安禮所奏，固云俟其習熟乃令上番。然義勇與東軍武藝亦不相較。臣在江寧，見廣勇、虎翼何嘗有武藝，但使人詣逐路閱試東軍及義勇，比較武藝生熟具奏，即可坐知勝負。今募兵大抵皆偷惰頑猾不能自振之人，爲農者皆朴力一心聽令之人，以此較之，則緩急莫如民兵可用。"馮京曰："太祖征伐天下，豈嘗用農兵？"安石曰："太祖時，接五代，百姓困極，公侯多自軍中起，故豪傑以從軍爲利。今百姓安業樂生，易以存濟，軍士無復有如向時拔起爲公侯者，豪傑不復在軍，而應募者大抵皆不能自振之人而已。"上曰："軍强弱在人，五代軍弱，至世宗乃强。"安石曰："世宗所收多天下亡命强梁之人，此其所以强也。"文彦博曰："以道佐人主者，不以兵强天下。"安石曰："以兵强天下，非有道也。然有道者，固能柔能剛，能弱能强，方其能强則兵必不弱。張皇六師，固先王之所務也，但不當專務强兵爾。"上卒從安石議，令盡依王安禮所奏，彦博請令安石就中書一面施行此事，安石曰："本爲保甲，故中書預議。若止欲作義勇、强壯，即合令樞密院取旨施行。"上曰："此大事，須共議乃可。""彦博請令"至"共議乃可"，《兵志》所無，今以《日録》增入。十八日，遂遣曾、趙察訪。王安石曰："臣聞'天造草昧'。天之所造，其初尚草而不齊，昧而不明，及其成功，然後可觀。如保甲事，初已見效如此，矧及其成功？今縱小可未如人意，猶宜遲之待其成就。計天下事，當於未成之時,逆見其必成之理,乃可以制事;不然,須其已成然後悦懌,即事於未成之時,已爲人所破壞矣。此《日録》十五日所載。上曰:"保甲、義勇,有芻糧之費,當爲之計。"安石曰:"當減募兵,取其費供之。所供保甲之費,纔養兵十之一二。"上曰:"畿内募兵之數已減於舊,强本之勢未可悉減。"安石曰:"既有保甲代其役,即不須募兵。今京師募兵,逃死停放,一季乃及數千,但勿招填,即爲可減。然今廂軍既少,禁兵亦不多,臣願早訓練民兵,民兵盛則募兵當減矣。"又爲上言:"今河北義勇雖十八萬,然所可獎慰者不過酋豪百數十人而已。此數百十人歃釂,則十八萬之衆皆順聽矣,此府兵之遺意也。"上以爲然,令議其法。此據《兵志》第一卷,與"卒從安石議"相接,今附注此。安石云"天造草昧"至"人所破壞",乃《日録》閏七月十五日事,九月四日,初詔試驗河北義勇,閏七月半聞未也。六年八月二十六日,安石論勿詔填募兵之逃亡者,以其費供保甲,初不專指河北。又三年三月十七日,亦有此言。

(宋)李燾:《續資治通鑒長編》卷二三六,神宗熙寧五年(1072)

4. 納降

梁太祖開平二年九月,帝西幸至於陝,幽州都將康君紹等十人自蕃賊寨内來投。又幽州騎將高彦章八十人騎先在并州,乃於晉州軍前來降,至是到行在。皆賜分物衣服,放歸本道,以示懷服。

(宋)王欽若等編纂:《册府元龜》卷二一五《閏位部》

(開平)三年二月,同州節度使劉知俊奏:延州都指揮使高萬興部領節級家累三十八人來降。三月,以萬興檢校司徒,爲丹、延等州安撫招誘等使。閏八月又制:"左憑背叛,元惡遁逃,如聞相濟之徒,多是脅從之輩,若能回心向國,轉禍全身,當與加恩,必不問罪。仍令同、華、雍等州切加招諭,如能梟斬温韜,或以鎮寨歸化,必加厚賞,仍獎官班,兼委本界招復人户,切加安存。"

(宋)王欽若等編纂:《册府元龜》卷二一五《閏位部》

(開平三年)閏八月,襄陽叛將李洪差小將進表,帝示以含弘,特賜敕書慰諭。

（宋）王欽若等編纂：《册府元龜》卷二一五《閏位部》

（開平）四年二月，賜潞州投歸軍馬張行恭錦服、銀帶，並食。

（宋）王欽若等編纂：《册府元龜》卷二一五《閏位部》

（開平）五年二月，武安軍節度使馬殷進呈虔州刺史盧延昌箋表。虔州，北支郡也，兵甚鋭，自得韶州，益强大，昇爲百勝軍使。始洪州之陷，盧光稠願收復使府，立功自效，上因兼授江西觀察留後。光稠卒，復命延昌領州事，方伯亦頗慰薦。揚渭遣人爲署爵秩，延昌佯受官牒，禮遣其使，因胡南自表其事曰：“郡小寇迫，欲緩其奸謀，且開道貢路，非敢貳也。”以其爲制來自陳。上覽奏曰：“我方有北事，不可不爾。”甚加撫恤，尋兼授鎮南將軍節度使觀察留後，命使慰勞。

（宋）王欽若等編纂：《册府元龜》卷二一五《閏位部》

乾化元年六月乙卯，命北面都招討使、鎮國軍節度使楊師厚出屯邢、洛。丁巳，鎮定鈔我蕩陰，詔曰：“常山背義，易水效尤，誘其蕃戎，動我邊鄙，南侵相、魏，東出邢、洛。是用遣將徂征，爲人除害。但初頒赦令，不欲食言，宥而伐之，諒非獲己。況聞謀始，不自帥臣，致此屬階，並緣奸佞。密通人使，潛結犬戎，既懼罪誅，乃生離叛。今雖行討伐，已舉師徒，亦開詔諭之門，不阻歸降之路。矧又王鎔處置未曾削爵除名，若翻然改圖，不遠而復，必仍舊貫，當保前功。如有率衆向明，拔州效順，亦行殊賞，冀徇來情，免令受弊於疲民，用示惟新於污污俗。宜令行營都招討使及陳暉軍前，準此敕文，敬加招諭，將安衆懼，特舉明恩。鎮州只罪李弘規一人，其餘一切不問。”

（宋）王欽若等編纂：《册府元龜》卷二一五《閏位部》

末帝貞明元年三月，邠州留後李保衡以城歸順。保衡，楊崇本養子。崇本，又李茂貞養子。任邠州二十餘年，去歲爲其子彦魯所毒。

彦魯權知州事五十餘日，保衡殺彦魯，送款於帝，即以保衡爲華州節度使，以河陽留後霍彦威爲邠州節度使。

（宋）王欽若等編纂：《册府元龜》卷二一五《閏位部》

後唐武皇大順二年三月，邢州節度使安和建叛入汴軍。武皇令李存孝定邢洺，因授之節鉞。時幽州李威與鎮州王鎔屢弱中山，將中分其疆土。定州王處存求援於武皇，武皇命存孝侵鎮趙之南鄙，又令李存信、李存審率師出井陘以會之，併軍攻臨城。柏鄉李威救至，且議旋師。

（宋）王欽若等編纂：《册府元龜》卷一六六《帝王部》

乾寧元年五月，鄆州節度使朱瑄爲汴軍所攻，遣使來乞師。武皇遣騎將安福順、安福應、安福遷督精騎五百，假道於魏州以應之。

（宋）王欽若等編纂：《册府元龜》卷一六六《帝王部》

（乾寧）三年五月，汴人大舉以攻兖、鄆，朱瑄、朱瑾再乞師於武皇。武皇假道於魏州，羅弘信許之。乃令都指揮使李存信將步騎三萬，與李承嗣、史儼會軍以拒汴人，存信軍於莘，與朱瑾合勢，頻挫汴軍。

（宋）王欽若等編纂：《册府元龜》卷一六六《帝王部》

（乾寧）四年九月，河中王珂來告急，言王拱引汴軍來寇。武皇遣李嗣昭將兵三千以援之，屯於胡壁堡。汴軍萬餘人來拒戰，嗣昭擊退之。

（宋）王欽若等編纂：《册府元龜》卷一六六《帝王部》

天復三年，梁太祖所署昭義節度使丁會以潞州歸，帝納之，賜甲第於太原，位在諸將上。

（宋）王欽若等編纂：《册府元龜》卷一六六《帝王部》

　　(天祐)二月,南伐鄆州,步騎三千自黎陽歸國,其都指揮使張從楚、曹儒謁見帝,賜衣袍、轡馬,額其兵爲左右。是月,命從楚、儒爲都將,俱賜姓李氏。從楚改名紹文,曹儒曰紹武。

　　　　　　(宋)王欽若等編纂:《册府元龜》卷一六六《帝王部》

　　莊宗初爲晉王,天祐八年正月南伐至邢州,遣李存璋治械攻城,時梁將王檀爲邢帥,乃約矢飛書,諭以禍福曰:"天維助順,神亦害盈,有道即興,無道即滅。昔漢朝中否,俄成王莽之妖;晉祚中微,復起桓玄之禍。莫不因緣多難,構合異圖。謂天地可以心欺,謂帝王可以力取,殊不知雪霜之後,寒松驗貞翠之姿;喪亂之期,義士見忠勤之節。是故南陽宗室、京口英雄皆懷仗順之謀,悉建平勛之策。逆溫崔蒲餘孽,畎畝微民,因黃巢將敗之秋,於白水喪師之後,自知勢蹙,遂乃向明,聖朝以方切招懷,顯行恩渥,使從賊將委以齊壇,錫全忠之嘉名,居夷門之重地。爾後連侵四鎮,疊擁雙旌,非聖朝恩澤不深,非聖朝有負此賊,而乃結連奸逆,攻逼河岐,謀害近臣,劫遷鑾輅,終成大逆,遂弑昭皇,殺戮宗枝,逼辱妃后,萬民相顧而抆泪,百辟飲恨以吞聲。以致神堯萬代之基,陷入碭山豎子之手,人祇痛憤,天地慘傷。況復自僭逆以來,猜狂愈甚,忌勛舊則殺傷已盡,貪財貨則溪壑難盈。氏叔琮、朱友恭之徒,蔣玄暉、張廷範之輩,罪無毫髮,皆被誅夷。王仲師覆族於前,劉知俊脫身於後,如斯統馭,何以扶持? 稍成瓜李之嫌,便中讒邪之口。且鎮、定兩地,聖唐重藩,皆世嗣山河,代分旄鉞,各以生靈是念,封壤求安,既拜表以稱臣,又竭財而入貢。而逆溫不察忠瘁,潛肆窺圖,詐稱應援之師,盜取深、冀兩郡,見利忘義,一至於斯! 欲令天下歸心,乃至舟中敵國。昨鎮定大王特差人使,徑告弊藩,予遂統師徒躬來應援。逆溫已令其將王景仁等七八萬衆屯據柏鄉。日令步騎攻圍,其賊終不出門,遂令引退,即便前來。既落轂中,須施毒手,東西掩擊,勢若山摧,擒戰將二百餘員,奪鐵騎五千餘匹,橫尸滿野,皆龍驤神捷之徒;弃甲如山,悉長劍銀鎗之類。程思權縷陳表本,張濤亦備述事機,燃董卓之臍,何煩再舉;斬桓玄之首,正在此時。近又岐下淮南皆通間使，咸期春首同起義師。計柏鄉之勝捷遠聞，在兩地之戈鋋轉急，天時人事，昭然可知。伏以公緱嶺名家，聖唐勳族，因逢國難，偶在賊庭，當華夷無事之時，滿朝朱紫；儻社稷中興之後，足顯勳名。予曾高自憲宗朝赴闕以來，世荷恩寵，敢因此際，誓復聖唐，必不與碭山田夫同戴天而履地。予幕賓王緘僕射九月中鳳翔使回，劉知俊令公因遺書示，兼傳密意，具述足下相與之分最異他人，兼憑附達絹書，尋令通送，又累得潞州相公家兄文字及招得魏博子將。聞得逆溫於公君臣之分，已有猜嫌，曾於故鎮着人密欲窺算，皆言紀綱不少，謀害稍難，頗得事機，極不虛謬。且公彭門侍中之後，鴻勳茂業，播在史書，豈忍屈節賊庭，點污盛族！轉禍爲福，去就奚安？箕子去殷，項伯歸漢，弃骨肉猶稱先智，全富貴固是良圖。今三鎮嚴師已及城下，敢傾丹抱，仰達英聰，儻蒙俯賜忠言，見機知變，叶同討逆，興復聖唐，則身與金石齊堅，名與天地同固。蓋以久欽重德，是敢先貢直言，如明鑒未回，丹誠尚阻，則長濠巨塹，築室返耕，使飛走以無門，固展覿而有日。”

　　（宋）王欽若等編纂：《冊府元龜》卷一六六《帝王部》

　　後唐莊宗初爲晉王，討幽州劉守光。天祐十年二月，東北面行營周德威上言：“蘇州降將成行言、陳萬迻、羅景溫來降。”

　　（宋）王欽若等編纂：《冊府元龜》卷一二六《帝王部》

　　（天祐十年）三月乙丑，幽州劉守光將張方信、賈全節挈族二百五十口來降。

　　（宋）王欽若等編纂：《冊府元龜》卷一二六《帝王部》

　　（天祐十年）四月甲申，劉守光將校李暉、王行安、王元迪、王行周、李在殷、王文豐、延陵位、劉行遇、楊令暉、劉行宇、王元福、尹謙、李暉、段文祐、李行禮、馬令紹、賈從暉、韓令珪等，並携家屬來降。周德威引軍逼幽州南門，賊將鄭宗遇、王居俸、趙行立、鄭賽、管丙來降。

（宋）王欽若等編纂：《册府元龜》卷一二六《帝王部》

（天祐十年）七月壬子，劉守光將楊師貴等五十人來降。

（宋）王欽若等編纂：《册府元龜》卷一二六《帝王部》

（天祐十年）八月，賊將李進、劉建章、劉唐珪、張在禮、劉敬德等來降。

（宋）王欽若等編纂：《册府元龜》卷一二六《帝王部》

（天祐十年）九月，燕將史德讓、衛章、李彦暉、董行立等來降。

（宋）王欽若等編纂：《册府元龜》卷一二六《帝王部》

（天祐十年）十月，燕將王居爽、軍使孟在章一百六十人來降。

（宋）王欽若等編纂：《册府元龜》卷一二六《帝王部》

（天祐）十三年八月，攻邢、衛、洺、磁，下之。相州節度張筠弃城遁去，邢州節度閻寶嬰城拒守。帝令軍士諭以張筠宵遁，令降將張溫率汴軍五百於城下招諭之。寶知勢危窘，援軍路絶，請以城降。帝嘉之，進位檢校太尉、同平章事，遙領天平節度、東南面招討等使，待以賓禮，位在諸將上。

（宋）王欽若等編纂：《册府元龜》卷一六六《帝王部》

（天祐十三年）九月，梁將戴思遠爲滄州帥。時已定魏博，思遠勢蹙，弃州遁走，毛璋毛璋本滄州小校乘虛據之，以城歸國。因授貝州刺史，轉遼州。

（宋）王欽若等編纂：《册府元龜》卷一六六《帝王部》

（天祐）十四年二月，梁將謝彦璋帥衆數萬逼楊劉城。帝自魏州聞之,輕騎趣於河下。賊軍遂壘以自固,又決河水,彌漫數里,以陷我軍。我軍不得進。自破安彦之後,其潰亡之卒多嘯聚於兖、鄆山谷間,觀時勝負,有投來者。帝以書諭之曰:"夫相時達變,爲智士之良圖;擇福知機,蓋丈夫之能事。故有竄身山谷,不處危邦,今古攸同,豪傑共貫。近聞鄆州山塞聚徒實繁,並是汴、洛舊人,兖、鄆奇士,見河南之失險,知僞數之必亡,厭血刃於連年,避淫刑於虐主,必想元元失所,惸惸無依,莫知投足之方,未有息肩之地。予自去冬親提虎旅,徑取楊劉,既獲通津,已諧大計,視逆豎而便同機上,算梁園而已在彀中。謝彦章營葺梟巢,嘯聚河上,撩虎頭而難逃碎首,伸螳臂而何暇爭鋒。今則虐使生民,決開天塹,築堤壅水,自固軍營,偷生取笑於庸夫,作事頗同於兒戲,公私塗炭,內外分離,既板蕩以不披,固永消而在即。予俯詳人事,仰察天時,既畫成謀,已圖大舉,控新羈之鐵馬,礪却日之霜戈,屈指定期,長驅決戰,誓平國耻,須復家仇,廓妖祲於西郊,奉中興於萬葉。諸君等或中州義士,或大國遺民,困兵革而不保田園,避殘酷而深藏溪洞。聞余義舉,計各歡然,今既屯聚衆多,已相統屬,須自謀畫,自立功名。或則攻取城池,便可跨據州縣,因滋事勢,以決遠圖。梁寇既西有多虞,固不暇分其東去,青、兖則無人之境,齊、鄆則喪亂之州,彼若圖之,必定成事,斯爲上策,不可後時。凡有兵機,予能應接,當俟寰區一統,海內爲家,可於所得封疆,遂其富貴之願。蒼穹白水,予所不欺。若守險偷生,潛身匿迹,終爲亡命,自弃何多? 時不再來,機須速決,長謀遠算,自可擇焉!"自是,兖、鄆群盜往往率衆歸於行臺。

(宋)王欽若等編纂:《册府元龜》卷一六六《帝王部》

(天祐)十五年八月己酉,梁兖州節度使張萬進遣使歸款。

(宋)王欽若等編纂:《册府元龜》卷一二六《帝王部》

(天祐)十五年,梁河中節度使朱友謙來乞師。友謙本名簡,梁太祖畜爲假子,以爲陝州節度,後爲河中節度。及友珪弑逆,意深不憚,友珪徵之，友謙不奉命。友珪令其將韓勍等將兵攻之，友謙乞師於帝。帝赴援，大敗汴軍，與友謙會於猗氏。陳詞瀝懇，願爲附庸。帝嘉其忠，頗賞待之。

（宋）王欽若等編纂：《册府元龜》卷一六六《帝王部》

（天祐）十六年，攻下濮陽，獲其良吏。乃下教告諭曹、濮百姓曰："干紀亂常，人神共怒；弑君盜國，天地何容？激忠良仗順之心，拯黎庶倒懸之急。予援從近歲，親舉義師，每惟戡難之謀，所切吊民之患，而賊黨不分逆順，憑附妖凶，唯偷晷漏之生，不慮覆亡之禍。去秋予暫歸寧覲，留侍并都，賊將王瓚輒渡洪河，偷營巢穴，不敢前來決戰，遠出交兵，壁閉偷安，可知羸懦。予親臨賊壘，率士登城，賊遂出營門與吾合戰。才交鋒刃，便委干戈，戮甲士二萬餘人，奪鐵騎三千餘匹。敬千、李立之輩，已釁鼓於軍前；拱宸侍衛之徒，盡横尸於大野，所殘無幾，不日薊除。料彼友貞，難逃鈇鉞，豈能保完生聚，禦捍疆陲？予昨徑出偏師，徇地曹濮，閔其蒸庶罹此百殃，空多轉餉之勞，殊失保全之望。予示其禍福，各擇安危，勿附賊以亡家，須決機而保族。若能自携老幼，歸我封巡，亦議撫綏，俾令蘇息。如懷鄉戀土，苟免待時，則須遠避兵鋒，慎於去就，佇平凶醜，冀復鄉園。其諸軍兵士、州縣長吏等自解圍上黨，對陣柏鄉，華縣交兵，楊劉接戰，亦合諳吾機略，可料興衰，何必阿附元凶，自貽伊戚！不如向義，自卜永圖。旦旦之懷，元元共悉。"

（宋）王欽若等編纂：《册府元龜》卷一六六《帝王部》

（天祐）十七年秋六月，梁將劉鄩、尹皓寇同州。先是，河中節度使朱友謙取同州，以其子令德王留務，請梁王降節。梁王怒不與，遂請旄節於帝。梁王乃遣劉鄩與華州節度使尹皓帥師圍同州。友謙來告難，帝遣蕃漢總管李存審、昭義節度使李嗣昭、代州刺史王庭及率師赴援。九月，師至河中，朝夕濟梁，人不意王師之至，望之大駭。明日，次於朝邑，與朱友謙謀遲明進軍距梁壘。梁人悉衆以出，蒲人在南，王師在北。騎軍既接，蒲人小却，李嗣昭以輕騎抗之，梁軍奔潰，追捕二千餘級。是夜，劉鄩收餘衆保營，自是閉壁不出。數日，鄩遂宵遁，王師追及於渭河，所弃兵仗輜重不可勝計。劉鄩、尹皓單騎獲免。未幾，鄩憂恚發病而卒。

（宋）王欽若等編纂：《册府元龜》卷一六六《帝王部》

（天祐）二十年四月，莊宗即位。制曰：“澤潞封疆，兄弟之國，追思舊績，言念疲民，惠在綏懷，恩加招撫，各仰沿路鎮戍布命宣陳，咸令樂業營生，無使侵疆爲患。”

（宋）王欽若等編纂：《册府元龜》卷一六六《帝王部》

同光元年八月，梁行營右先鋒指揮使康延孝自高陵津渡剽於臨河。帝以騎軍挑戰，延孝率百餘騎倒戈來歸。延孝，本晉陽人，家世部族，少隸太祖軍，負罪奔於梁，漸至偏裨。性剛烈負氣，不居人下，知賊庭終敗來奔。帝虛懷引見，解御衣、金帶以賜之。翌日，賜田宅於鄴，以爲捧日都軍使兼南面招討都指揮使、檢校司徒、守博州刺史。時河朔危急，延孝至，軍情稍壯。

（宋）王欽若等編纂：《册府元龜》卷一六六《帝王部》

同光元年八月，帝自鄴御軍至朝城，與梁軍相遇。戊戌，梁將左右先鋒指揮康延孝領騎百人來投。延孝，本晉陽人，家世部族，少隸太祖軍，負罪奔於梁，漸至偏祖。性剛烈負氣，不居人下，知梁朝終敗來奔。帝虛懷引見，賜御錦袍、玉帶，屏人問之。對曰：“臣竊觀汴人兵衆不少，論其君臣將校，終見敗亡。趙岩、趙鵠、張漢傑居中專政，締結宮掖，賄賂公行，每命一統軍，必先入金銀千錠，不由勛德，以賂取人。段凝智勇俱無，一朝便爲大將，是由入銀爲賂，便付兵權。霍彥威、王彥章皆宿將名臣，却出其下，切齒側目，勢不奈何。自將兵已來，率斂行伍，曲心事賂，阿媚取容，自彥章獲德勝齒城，梁主亦稍獎使。此人立性剛暴，不奈凌制，梁主每一發軍，即令近臣監，當進止可否，悉取監臨處分。彥章悒悒，形於顔色。自通津失利，段凝、彥章又獻謀策，欲數道舉軍，令董璋以陝、虢、澤、潞之衆，趨石會關以寇太原。霍彥威統關西、汝、洛之衆，自衛、相、邢、洺以寇鎮定。段凝、杜晏球領大軍以攻鄆州決戰。十月大舉，又自滑州南決破河堤，使水東注曹濮之間，至於汶陽，彌漫不絶，以限北軍。臣在南中，側聞此議。臣亦料其兵力聚則不少，分則無餘。陛下但待彼分，却諸軍領鐵騎五千自鄆州移程，直抵宋汴。不旬日，天下事定，斷曰不疑。且密喻藩鎮各令戒嚴，餘無憂矣。"帝懌然，壯其陳述。然聞汴軍大舉，心亦憂之。延孝之來，其母妻子在滑，密約同奔，及延孝至，亦自滑浮舟東下，至於鄆城。

（宋）王欽若等編纂：《册府元龜》卷一二六《帝王部》

（同光元年）十月己卯，車駕至汴州。梁開封尹王瓚恐懼，出城迎降，伏地請死。帝曰："朕與卿家世密親，兵或阻闊，卿時竭心所事，人臣之節也，何罪之有？"乃命復舊職。及誅張漢傑、朱珪輩，瓚大憂駭，不自安，以憂病。所有家財相繼入貢。帝慰諭之，終以憂病而卒。

（宋）王欽若等編纂：《册府元龜》卷一六六《帝王部》

（同光元年十月）壬午，梁將段凝所部馬步軍伍萬解甲於封丘，敕旨令於州城北十里排立。俄而凝等率大將先至，泥首請死。帝慰之曰："僞主詿誤，卿輩無罪。"各賜錦袍、御馬、錢帛有差。帝出封丘門撫勞兵士，歡呼之聲，殷動天地。帝慰之曰："爾等皆吾赤子，被賊驅率，暴露征行，數十年來，不安耕織。今誅逆孽，平一天下，自此休兵罷戰，何樂如之？可各復本營，餘勿憂懼！"

（宋）王欽若等編纂：《册府元龜》卷一六六《帝王部》

（同光元年十月）癸巳，敕："朕親驅義旅，徑下僞庭，凶醜雖已翦除，内外或聞搔擾，貴行招諭，以示綏懷。應諸色官員並宜仍舊勾當；當軍百姓各自安居，永無勞弊之虞，共睹昇平之代。如無量之輩扇動人情，便仰密加追捕，嚴行處斷，貴從寧謐，當體朕懷。"是月入洛，僞洛京留守、河南尹張全義羸老，不勝拜蹈，帝令人掖之，臨軒慰勞稠沓。初，全義弃澤州而趨河陽，弟全武及家屬爲我軍所得，歸之太原，太祖給

賜田宅,厚加撫恤。天復中,密令人通情。至是,帝重其宿望,謂之曰:
"張侯無恙。卿識機知變,無由與我早通,卿家弟姪,幸復相見。"全義
垂涕謝恩,進幣、馬千計謝恩。帝命皇子繼岌、皇弟存紀等弟兄之。是
月,詔曰:"叛之則懲,服之則捨,蓋前經奧旨,爲當代之通規。既屬纂
承,是務遵守,應舊僞庭位居藩翰,任處專城,或掌握兵權,或捍防邊鄙,
各爲其主,以全其名,既解甲以歸明,或飛章而送款,變通斯睹,忠節可
嘉。其逐處節度、觀察、防禦、團練等使及諸州刺史、監押及僞庭先差出
行營將校、都監等並須恩詔,不議改更,仍許且稱舊銜,當俟別加新命。"
是月,僞梁宋州節度使袁相先至,觀於玄德殿,泥首待罪,詔赦之。

（宋）王欽若等編纂:《冊府元龜》卷一六六《帝王部》

（同光元年）十一月,梁河中節度使、西平王朱友謙自河中至見於
玄德殿,進金鞍、名馬,帝慰勞加等。友謙乞割磁、隰依舊爲蒲之屬
郡,乃以絳州隸之。又求爲安邑、解縣兩池榷鹽使,亦許之。尋加守
太師、尚書令,進邑至一萬八千户,西平王如故。又賜姓名繼麟,兼賜
鐵券,恕死罪。

（宋）王欽若等編纂:《冊府元龜》卷一六六《帝王部》

（同光元年十一月）是月,中書奏:"河南諸方鎮節度、刺史昭洗
之後,未有新官,每上表章,只書姓名,未頒渙汗,必負憂疑。望宣付
各降制命,以表新恩。"從之。

（宋）王欽若等編纂:《冊府元龜》卷一六六《帝王部》

（同光）二年二月,遣左武衛大將軍張紹虔押國信宣賜淮南。

（宋）王欽若等編纂:《冊府元龜》卷一六六《帝王部》

（同光二年）五月,潞州賊首領楊立遣守將韓暉奉表,乞行赦宥。
帝令樞密副使宋唐玉賫敕招撫。

（宋）王欽若等編纂:《冊府元龜》卷一六六《帝王部》

後唐魏王繼岌，同光三年九月爲西征都統，伐蜀。繼岌至鳳州，僞武興軍節度使王承捷以鳳、興、文、扶四州降。大軍食其芻粟，得糧四十萬，兵士八千。魏王給牒，令攝武興軍節度使。前一日，康延孝、李嚴至故鎮威武城。僞指揮使唐景思、吳鐸、王權思部下兵四百降於延孝，其軍吏鄒彥諲、都指揮使李璠見城危，方出，歸投郭崇韜，以初無降意，皆伏誅。以唐景思攝興州刺史。城中除已殺戮，得兵四千，米麥一十七萬，粟三萬。威武城蜀道咽喉，險固之地，其城倚嘉陵江，三面山險，延孝既拔故鎮，殺其守將，其衆萬餘縱其逸去。至興州，僞蜀東川節度使宋光葆以梓、綿、劍、龍、普等五州來降。武定軍節度使王承肇以洋、蓬、璧三州符印降，其監軍使周永謙爲衆所殺。興元節度使王宗威以梁、開、通、渠、麟等五州符印送降。階州王丞岳納符印來降。康延孝、李嚴至漢州，僞蜀主王衍遣人送牛酒請降魏王。至綿州，王衍遣使上箋曰：“衍叩頭言：伏以五帝三王，竟歸於代謝。有家垂國，孰免其廢興。苟大命之革新，願轉禍而爲福。衍誠惶誠恐叩頭，伏以衍先人，頃以受唐封冊，列土坤維，自霸一方，於茲三紀。乃者因夷門之構逆，偶中國以喪君，勉副推崇，遂開興崇。衍謬爲世子，獲紹舊基，而以幼沖，不得負荷。尋遇大唐皇帝中興聖運，再造鴻圖，輝赫大明，照臨下土，薦修嘉好。仰恃恩盟，感覆燾於堯天，將驅馳於禹貢。忽審王師討伐，部内震驚，靡敢當鋒，幸思歸命。伏惟殿下，位尊上嗣，德寶元良，騰少海之波瀾，動前星之秀彩。親乘象輅，勞履劍關，已得萬民之歡心，望恕斯人之死罪。今則完全府庫，守遏邑居，率文武以陳誠，輿棺櫬而納款。伏惟殿下特弘哀鑒，保證奏聞，亦存諸典刑，貯在肺腑。庶幾先人之靈，猶享血食之祀，免支離於眷屬，得敬養於庭闈。惟聖君之明慈，係殿下之玄造。衍無任危迫，殆越戰懼，激切之至，謹差私署檢校司空、行尚書兵部侍郎歐陽彬，軍使韓知權等奉箋以聞。”

十一月辛亥，魏王軍到德陽。僞蜀六軍使王宗弼遣使顏守倫上箋云：“蜀主王衍，已出府第，舉家遷於西宅。王宗弼權稱西川兵馬留後，安撫軍城，以候王師。”又言：“宗弼欲至漢州，迎奉天軍。”其僞六軍印沿發遣公事,且留未納。翌日,宗弼又遣人奉箋言:"昨蜀主與將校同議款,其偽樞密使宋光嗣、景淵澄、南院宣徽使周輅、北院宣徽使歐陽晃等四人同出異謀,惑亂蜀主,臣當時梟首以徇。謹令送納。"偽中書令夒王宗範上箋曰:"臣生居穎許,因先父建光啓中討陳敬瑄在蜀。"偽司空平章事王諧上箋曰:"臣因天復三年,奉使西川,遇車駕劫遷洛陽,因留蜀部。"王子王衍尋又遣使上表曰:"臣衍言:臣先人建,久在坤維,受先朝寵澤,一開土宇。衍四十年,頃以梁孽興災,鴻圖版蕩,不可助逆。遂乃從權,勉循衆人,止王三蜀,固非獲已,未有所歸。臣輒紹鎡基,且安生聚。臣衍誠憂誠懼,頓首頓首!伏惟皇帝陛下,嗣堯、舜之業,揚湯、武之師,廓定寰區,削平凶逆,梯航聚集,文軌會同。臣方議改圖,便期納款,遽聞王師致討,實抱驚危。今則將千里之封疆,盡爲王土;冀萬家之臣妾,皆沐皇恩,必當輿襯乞降,負荆請命。伏惟皇帝陛下,回照臨之造,施覆燾之私,別示哀矜,以安反側。儻墳寢而獲祀,實存没以知歸。臣無任望恩,虔禱之至。"表稱乙酉年十一月二十日,不稱偽年號。甲寅,魏王繼岌至漢州,偽蜀六軍使王宗弼至。乙卯,魏王統大軍至蜀城北,舍於王宗弼之別墅。丙辰,招撫使李嚴自蜀城引王衍及偽文武百官、儀仗法物至蜀城北昇仙橋下。王衍初乘竹輿,自城中出至降所,素衣牽羊,草索繫首,肉袒,銜璧,輿襯。後從宰臣百官,衰絰、徒跣以俟命。魏王降車,取其璧。郭崇韜解縛燔襯。王衍率偽百官東北再拜謝恩訖,又率衆拜魏王,復拜崇韜。韜答拜。復拜李嚴,嚴亦答拜。丁巳,大軍入西川城,戒諸軍剽掠法令嚴峻,軍士强括民錢,必論之以法,市不改肆,兵無血刃。

(宋)王欽若等編纂:《冊府元龜》卷四二七《將帥部》

(同光)四年二月癸丑,中書門下奏:"偽蜀官員先有敕旨黜降,近者員數極多,相次到闕,並是未承前敕,慮抱憂疑。宜令御史臺具所到官員出身、歷任、三代家狀約、偽官品秩,準前敕次第當擬。同正官奏復。如是偽蜀將相,家屬稍多,即於山東州府安置。如位卑家屬少者,或是本朝舊人,有骨肉見在班行,即任便居止。或是三川居人,願還本土,亦俟三兩日放歸本處。或有本朝曾登科第,歷任班行,材器爲衆所知,可以甄録,即續具人才,酌量奏擬。"從之。是時,僞蜀宰相王鍇、庾傳素、張格皆本朝衣冠之後也,豆盧革、韋説素知之,既聞歸款,意欲處之善地,故有是條奏,以俟其來。

(宋)王欽若等編纂:《册府元龜》卷一六六《帝王部》

(天成元年)九月,幽州奏:"契丹平州守將、僞置幽州節度使盧文進率户口歸明,所率降户孳畜人口在平州西守尾約七十里。"十一月,鎮州又奏:"文進所率歸業户口蠲免税租三年,仍每口給糧五斗。"是月,文進及將吏四百人見賜鞍馬、玉帶、衣被、器玩、錢帛有差,仍下制:"契丹盧龍軍節度使、檢校太尉盧文進,遼西飛將,薊北雄才,傾以被讒,因而避禍,雖附茹毛之俗,長懷向國之誠。將軍寧屈於虜庭?校尉終還於漢壘。洎予纂紹,果卜旋歸,繼飛雁足之書,累珍龍庭之虜。前冒白刃,中推赤心,擁塞垣之車帳八千,復唐土之民軍十萬,氣吞沙漠,義貫神明,爰降寵章,以旌壯節。可特進依前檢校太尉,同中書門下平章事,使持節滑州諸軍事,守滑州刺史,充義成軍節度,滑、濮管内觀察處置等使。仍封范陽郡開國侯,食邑一千三百户,兼賜推忠翊聖保義功臣。"

(宋)王欽若等編纂:《册府元龜》卷一六六《帝王部》

(天成)二年十月,汴州節度使朱守殷閉州城拒命,帝親平之。辛丑,德音曰:"衛主亡軀,摧凶效命,偶徇脅從之勢,終懷忠藎之誠,首議向明,理宜行賞。昨車駕初到城下之時,有將士率先開門及城下朝見。宜令石敬瑭奏聞,當與甄酬。"

(宋)王欽若等編纂:《册府元龜》卷一六六《帝王部》

王翔,爲左拾遺。天成三年二月,上言曰:"伏睹州縣百姓,早因危葳,小寇連綿,舊染成非,習性難改,逃刑網外,作患民間。起晝藏夜出之謀,懷念惡墮農之志,惟觀得失,但聽灾危。不慮嚴章,當孤美化。法緩則潛藏軍旅，法急則流散藩方。條令難加，網羅莫及，是非同等，曲直相參。伏乞顯示軍門，無招此輩，永去未萌之咎，當平不力之民。"從之。

（宋）王欽若等編纂：《冊府元龜》卷四七五《臺省部》

（天成）三年四月，制："夫忠而能力，蓋臣子之嘉猷；賞不逾時，乃君親之大義。其有一心奉國，萬里勤王，宜至化於遐陬，振威聲於異俗，宜昇寵秩，式示優恩。竭忠建策興復功臣、東南面行營副招討使、寧江軍節度觀察等使、光禄大夫、檢校司徒、使持節都督夔州諸軍事、守夔州刺史西方鄴，壯節挺生，英材間出，居家克孝，事主能忠，總鋭旅以遄征，飛捷書而薦至。一日千里，復峽内之土疆；七縱七擒，蕩荊門之妖祲。近令偏將徑取敵城，運籌之智神輸，破竹之威電速。漸平兔穴，當覆梟巢，方堅倚仗之誠，宜降褒崇之命。俾兼爲保，益重殿邦，既虎踞於上流，佇鯨吞於下瀨。於戲！功名既立，節義彌高，鼎鐘方示於鎸銘，綸綍寧煩於訓誡？唯期帶礪，永協雲龍。可檢校太保、使持節都督夔州諸軍事、守夔州刺史、寧江軍節度觀察等使。"

（宋）王欽若等編纂：《冊府元龜》卷一六六《帝王部》

（天成三年）十月戊午，契丹署平州刺史張希崇將麾下八十餘人歸闕，見於玄德殿，便召赴宴，例加賞賜。希崇，幽州人，陷蕃歲久，契丹署於平州，至是殺其蕃兵，率平營人户來歸。

（宋）王欽若等編纂：《冊府元龜》卷一六六《帝王部》

（天成）四年二月丁亥，夏州行營都監安重益率師赴西軍。時夏州李仁福身亡，其子彝超擅稱留後，詔邠州藥彦稠總兵赴夏州，至此因降。敕書曉諭夏、綏、銀、宥等州將吏、百姓曰："近據西北藩鎮聞奏，定難軍節度使李仁福薨變。朕以仁福自分戎閫，遠鎮塞垣，威惠俱行，忠孝兼著。當本朝藩越之後，及先皇興創之初，或大剿凶徒，或遥尊聖主，夙夜每勤於規救，始終罔怠於傾輸。爰今眇躬，益全大節，協和群虜，惠養蒸民，致朕端拱無爲，修文偃武，賴彼統臨有術，遠肅邇安。委仗方深，凋殞何早？忽窺所奏，深愴予懷。不朽之功，既存於社稷；有餘之慶，宜及於子孫。但以彼蕃地處窮邊，每資經略。厥子年纔弱冠，未歷艱難，或虧駕御之方，定啓奸邪之便，此令嗣襲，貴示優恩，必若踐彼危機，不如置之安地。其李彝超已除延州節度觀察留後，前延州節度使安從進却除夏州節度留後，各降宣命，指揮使勤赴任。但夏、銀、綏、宥等州，最居邊遠，久屬亂離，多染夷狄之風，少識朝廷之命，既乍當於移易，宜普示於渥恩。應夏、銀、綏、宥等州管內，罪無輕重，常赦所不原者，並公私債負，殘欠税物，一切並放。兼自刺史以下、指揮使押衙以下，皆勒仍舊勾當及與各轉官資。宜令安從進到日倍加安撫，連具名銜，分折聞奏。朕自總萬機，唯弘一德，內安華夏，外撫夷狄，先既懷之以恩，後必示之以信。且如李從曮之守岐隴，疆土極寬；高允韜之鎮鄜延，甲兵亦衆。咸能識時知變，舉族來朝。從曮則見領大梁，允韜則尋除鉅鹿，次其昆仕，並建節麾，下至將僚，悉分符竹。又若王都之貪上谷，李賓之吝朔方，或則結構契丹，偷延旦夕；或則依憑党項，竊據山河。罔稟除移，唯謀依拒。比及朝廷差命良將，徵發鋭師，謀悉萬全，戰皆百勝，纔興討伐，已見覆亡，數萬騎之契丹，隻輪莫返；幾千族之党項，一鼓俄平。尋拔孤城，盡誅群黨，無遠無近，悉見悉聞。何必廣引古今，方明利害？只陳近事，聊諭將來。彼或要覆族之殃，則王都、李賓足爲鑒戒；彼或要全身之福，則允韜、從曮可作規繩。朕設兩途，爾宜自擇，無貽後悔，有玷前修。今以天命初行，人情未定，或慮將校之內，親要之間，幸彼幼冲，恣其熒惑，遂成騷動，致累人靈。今特差邠州節度使樂彥稠部領馬步兵士五萬人騎送安從進赴任，兼以別降宣命，嚴切指揮。安從進等委其訓戒師徒，參詳事理，從命者秋毫勿犯，違命者全族必誅，先令後行，有犯無舍。更慮孤恩之輩，樂禍之徒，居安則廣造異端，貴令擾亂；臨難則却謀相害，自要功勛。宜令李彝超體認朕懷，宣諭彼衆，無聽邪説，有落奸機，宣布丁寧，咸令知悉。”

（宋）王欽若等編纂：《册府元龜》卷一六六《帝王部》

（天成四年）六月，權知京南節度高從誨上章，乞許自新，重修職貢。初，從誨父季興以請峽内三州事據城阻命，繕甲締結獠夷，從誨屢諫不從。及王師問罪，孔循令門客李湜見季興，諭以禍福，季興悖慢不遜，從誨俟其有間，私與湜曰："令公性强，不能遠圖此事；予嘗號泣，言之竟未聽從。然予之操心，必不負於國家，苟王師退舍，聖上許其改圖，予必可到令公首過。公爲予言於朝執。"至是，季興卒，從誨屢遣使致書於湖南襄陽師，請上章保明，願垂昭洗。先時，襄湖表章交至，至是從誨復自上章首罪。帝曰："先臣叛命，不預從誨事，可待之如初。"

（宋）王欽若等編纂：《册府元龜》卷一六六《帝王部》

長興元年九月，淮南降將海州馬步軍都指揮使王傳極率黑雲都兵士七百三十五人見於内殿，各賜鞍馬、衣段、錢帛、袍帶有差。

（宋）王欽若等編纂：《册府元龜》卷一六六《帝王部》

（長興）三年三月辛丑，以淮南降人潤州觀察巡官嚴澤爲亳州譙縣令，仍賜緋。

（宋）王欽若等編纂：《册府元龜》卷一六六《帝王部》

孫彦韜，字德光，少以勇力聞於鄉里。唐末，朱氏將圖革命，兼領四鎮，擢彦韜於伍卒，歷諸軍校偏。及朱氏僭竊軍鋒，屢爲莊宗所敗，彦韜北屯河上，知大事不濟，乃間行由官渡委質來歸。帝喜而納之，授親從定捷右厢指揮使。

（宋）王欽若等編纂：《册府元龜》卷一六六《帝王部》

孫彦韜，仕後唐爲濮州刺史。清泰末，群寇入郡，郡人大擾。彦韜率帳下百人，一呼破之，人皆感之。

（宋）王欽若等編纂：《册府元龜》卷六九四《牧守部》

劉玘,梁貞明末爲晉州觀察留後。莊宗收復汴州,玘來朝。玘在平陽八年,日與上黨、太原之師交鬥境上,莊宗見而勞之曰:"劉侯無恙。爾控吾晉陽之南鄙,歲時久矣,不早相聞。今日見訪,不其晏歟!"玘頓首謝之。郊天後復令歸鎮,正授旄節,尋有詔改授安遠軍。

(宋)王欽若等編纂:《冊府元龜》卷一六六《帝王部》

明宗初以天祐九年領內衙親兵,時周德威攻圍幽州,劉守光困蹙,令元行欽於山北募兵以應契丹。時帝攻行欽於山北,與之接戰,矢及帝馬鞍,既而以勢迫來降。帝憐其有勇,奏隸爲假子。後因從征,恩禮特隆,常臨敵擒生,必有所獲,名聞於軍中。

(宋)王欽若等編纂:《冊府元龜》卷一六六《帝王部》

後唐李嚴爲客省使,隨郭崇韜征蜀,爲三川招撫使。嚴與先鋒使唐延孝將兵五千,先驅閣道,或馳以詞說,或威以兵鋒。大軍未及,所在降下。延孝在漢州,王衍與書曰:"可請司空先來,余即舉城納款。"衆咸以討蜀之謀始於嚴,衍以甘言,將誘而殺之,欲不令往。嚴聞之,喜,即馳騎入益州,衍見嚴於母前,以妻母爲託。即日,引蜀使歐陽彬迎謁魏王繼岌。

(宋)王欽若等編纂:《冊府元龜》卷四二六《將帥部》

晉高祖天福元年閏十一月己卯,車駕至河陽北,節度使萇從簡來降。

(宋)王欽若等編纂:《冊府元龜》卷一二六《帝王部》

晉高祖天福二年二月,敕:"訪聞諸道州府等,昨以朝廷近有指揮,搜羅官健,震驚戶口,搔動鄉原,致彼編甿不思樂業,結集徒伴,藏避山林,其間亦有接便爲非,率意行劫,事不獲已,想非故心。今既國步晏寧,春事興作,宜行告諭,各便歸還。但務耕農,況無徭役,切慮有無知之輩懼罪不歸,頃示條流,冀令安靜。限敕到後與量地里遠近,與限各令復業。已前爲非,一切不問。如限内不來者,其物業許鄰近人請射承佃。或有不聽招携,尚行偷劫者,一聽居停。及鄰人密來陳告,便許占射賊人物業充賞;如賊無物業,即與逐處指揮,每告一人,即與賞錢二十貫文。如至十人已上,更賜銀鞍轡馬一匹,此外,並依所告得人數支與賞錢。仍據所願穩便處,與補職安排,委逐處長吏遍下管内,令於山谷、道口、津渡,如法粉壁曉諭,仍不任差人四向專切招携。如是不能悛改,尚務結集者,委逐處差兵掩殺。

(宋)王欽若等編纂:《册府元龜》卷一六六《帝王部》

　　(天福二年)七月,敕:"昨者魏府帥臣忽興狂悖,河陽兵士小有驚搔,已各命於討除,仁盡平於巢窟。軍興之際,賊計多奸,時發細人,潛賚蠟彈,意在離間上下,點污忠良,朕固無疑,人何懷懼? 近聞尹暉忽然出外,不赴朝參。又婁繼英誤有傳聞,亦兹潛匿。且尹暉、婁繼英位居班列,事合審詳,不謂此時偶乖斟酌。朕情深軫憫,恩在矜寬,專遣招携,時議釋放。各委家人諸處招唤出來,却令如舊,一切不問。此後諸處收捉到奸細文字等,其捉事人依舊支給優賞;其細人盡時處斬,文字當處焚燒。冀表推誠,免令惑衆;布告中外,咸使聞知。仍付所司。"暉,魏州人也,少以勇健事連師楊師厚爲爪牙。莊宗並其弟昇爲少校,從戰河上,每於馬前步鬥有功。莊宗即位,連改諸軍指揮使。明宗天成後,領數郡刺史,應順中王師討潞王於岐下,暉與楊師權首歸潞王,潞王約以鄆園授之。潞王即僞位,帝入洛,嘗遇暉通衢,暉上馬横鞭揖帝,帝甚怒之。及因朝謁,謂僞主曰:"尹暉常才,以歸命稍先,陛下欲令出鎮名藩,外論皆云不當。"僞主乃授應州節度。帝即位,改西衛將軍。時延光以暉失意,密使人以榮利啗之,暉懼,沿汴水欲奔歸淮南,未出王畿,爲人所殺。繼英未詳何許人也,事僞梁歷爲内職。唐莊宗朝歷諸衛將軍,出爲絳州刺史。明宗天成中,改冀州北面水陸轉運使,旋移耀州團練使,入爲執命,轉左監門衛上將軍,繼收懷州、金州,加檢校太保。帝即位,復居西衛。至是,以有弟爲魏州子城都虞候,故延光使人誘焉。繼英不自安,逃許州,匿於所親溫延沼弟,以繼英有女嫁延沼之故也,竟不爲溫氏兄弟所容。知張從賓據泥水叛命,繼英往依之,尋爲杜重威所擒送闕,梟首北市。時繼英有子曰德懷,爲萬全令,蒲中連師安審信械而奏之,尋有敕追毀所授告,亦釋之。以繼英因匿身不容,本非爲逆故也。是時,楊光遠討范延光於鄴,送賊軍都頭王洪等十人至大寧宮前,並釋放。

(宋)王欽若等編纂:《册府元龜》卷一六六《帝王部》

晉劉處讓爲左監門衛上將軍,充宣徽南院使。天福二年,范延光據城反,高祖命宣武軍節度使楊光遠領兵討之,處讓詔與光遠同參議軍政。四年冬,范延光將謀納降,尚或遲留,處讓首入其城,以禍福諭之,延光乃降。

(宋)王欽若等編纂:《册府元龜》卷四二六《將帥部》

(天福)三年三月,詔送箭書二百,遣楊光遠射入賊城,除范延光,並不爲罪。

(宋)王欽若等編纂:《册府元龜》卷一六六《帝王部》

(天福)三年八月,魏府軍前澶州刺史馮暉自遞城來降。

(宋)王欽若等編纂:《册府元龜》卷一二六《帝王部》

(天福三年)八月,帝以范延光據鄴城,攻之經歲不下,以師老民勞,思解其役。遣謁者入,謂之曰:“卿既危蹙,敗在朝夕,若能返掌轉規,改節歸我,我當以大藩處之。如降而殺之,則何以享國? 明明白日,可質是言。”因賜鐵券,改封高平郡王,移鎮天平。延光謂門人李式曰:“主上敦信明義,言無不踐,許之不死,則不死矣!”因徹去守備,素服請降。

(宋)王欽若等編纂:《册府元龜》卷一六六《帝王部》

（天福三年）九月己酉，宮苑使焦繼勛自軍前押魏博節度使范延光、牙將馬諤賚歸命待罪表到闕。壬子，延光領部下兵士素服於本府門俟命，有詔釋罪。

（宋）王欽若等編纂：《册府元龜》卷一二六《帝王部》

（天福三年）十月，制："七萃師徒、五營吏士，偶因罪累，遂至逋逃，念曾效於忠勤，宜顯行於招誘。自用軍已來，應有諸軍及諸色負罪逃輩諸處人等，限一百日内，許所在陳告，並不問罪，却與收管。如限内不出，復罪如舊，諸州府應有見禁此色人家口骨肉並從釋放。"

（宋）王欽若等編纂：《册府元龜》卷一六六《帝王部》

（天福）五年五月，安州節度使李金全叛歸淮南，命馬全節以汴、洛、汝、鄭、鄆、宋、陳、蔡、曹、濮、周、唐之兵討之。帝使供奉官劉彦瑶馳詔諭李金全曰："邊藩都護三載一更，古之制也。嗣守世及，則勞役不均。朕俾全節代卿，將授卿以重鎮，何猶預熒惑而有異圖？近覽復州上言，云東陵、泂口、官波三戍皆稱江下，鳩集水軍，大發樓櫓，與卿應授；又賈貞、蔡進等咸以蠟書章表來投闕庭。故旋命六將，徵兵三萬，如能轉負從順，朕亦待爾如初。予之食言，何以享國？若其迷途不返，即聾從昧，則夷宗覆族，良可哀也！"

（宋）王欽若等編纂：《册府元龜》卷一六六《帝王部》

（天福五年）六月，淮南僞安州節度使李承裕率衆大掠，輦其資貨而夜遁，擒其監軍杜光業及部下將毛璘、孫厚、吕太、徐弘、李仲福等五七百人，露布詣闕。帝曰："此等何罪？"乃以所獲之馬與器幣資裝豐厚而賜之，及待以館穀。光業等無不仰天感激，涕泣請死。帝終不戮一人，悉放還之。

（宋）王欽若等編纂：《册府元龜》卷一六六《帝王部》

（天福）六年八月，制曰："天覆地載，無所不容；改過自新，於斯爲美。應亡命山澤、負罪潛匿者，並放罪招携，各令歸業。所在切加安撫。如過百日不出首，復罪如初。"

（宋）王欽若等編纂：《册府元龜》卷一六六《帝王部》

（天福）六年九月十一日，以襄州投降賊軍馬軍七百餘人名彰順、步軍一千一百餘人名歸順，並令汝州收管。

（宋）王欽若等編纂：《册府元龜》卷一二六《帝王部》

（天福六年）十一月，襄州投來將士三百餘人到闕，宣付侍衛司安排，其首領賜衣帛有差。

（宋）王欽若等編纂：《册府元龜》卷一六六《帝王部》

（天福）七年正月，鎮州安重榮僞署深州刺史李從禎、指揮使張仁希並都頭、十將、長行共九十七人，先歸降到闕，見賜衣物有差，尋人押赴鎮州。

（宋）王欽若等編纂：《册府元龜》卷一六六《帝王部》

開運元年十二月，青州楊光遠降。光遠子承勛等斬觀察判官丘濤、牙將白延祚、楊瞻、杜延壽等首級送於招討使李守貞，乃縱火大譟，劫其父於私第，以城納款，遣即墨縣令王德柔貢表待罪。楊光遠亦遣節度判官楊麟奉表請死，詔釋之。

（宋）王欽若等編纂：《册府元龜》卷一二六《帝王部》

少帝開運二年，宣收降到泰州刺史晉庭謙、軍州官吏以下至行宮前。敕令釋縛，賜晉庭謙器帛、鞍馬、銀帶、公裳，又賜錄事參軍李崇義、司法參軍張唯諫、清苑主簿李正佑、部署指揮使劉繼暉器帛有差。

（宋）王欽若等編纂：《册府元龜》卷一六六《帝王部》

漢高祖即位，稱天福十二年。五月，車駕離晉陽，澤州刺史翟令奇以郡來降。至絳州，本州刺史李從朗以郡降。初，契丹遣偏校成霸卿、曹可璠等守其郡。帝建義之始，不時歸命。及車駕至，帝耀兵於城下，不令攻擊，從朗等遂降。

（宋）王欽若等編纂：《冊府元龜》卷一二六《帝王部》

漢高祖以天福十二年四月即位於太原。五月，至霍邑，詔諭鎮州趙贊曰："卿燕臺大族，唐室懿親，作鎮方隅，既多善政，應時制置，素有嘉謀，實兼文武之才，比擅方圓之譽。惟卿之身，久從迫脅，居胡土而當全骨肉，還漢疆而近脫鋒鋩，浮沉祇係於虜情，舒卷非繇於己意，想其扼腕，常所吞聲。朕猥以眇躬，式隆丕構，承皇天眷命，副群后樂推，方救阽危，用拯塗炭。昨契丹見華人不附，尋已促還；今酋長爲神物所誅，俄聞暴卒。興亡之兆，其理昭然。其永康王遁入鎮州，與卿顯相疑惑。今月一日於待賢館內已被繫俘，所有僚屬將校並遭誅戮，冤聲遙聽，慘性可量，想計聞之，必多酸楚。卿一門忠孝，三代王公，須自雪家冤，當共清國難。於我則既明嚮日，於彼則無與同天。自然濤土分茅，長居爵位，重茵列鼎，永慶來雲，孟津之會宜先，塗山之期勿後。況車駕按幸已及晉州，無致他人別邀富貴，臨軒睠注，寤寐不忘。所有諸道申奏蕃賊等逃遁事由表章文狀等，並同封往。其三軍官吏、僧道、百姓等，別降敕曉示撫問，用符卿意，當體朕懷。"

（宋）王欽若等編纂：《冊府元龜》卷一六六《帝王部》

（天福十二年）六月，至洛，詔應有契丹除授諸道節度觀察防禦團練使、刺史及令錄賓僚將吏等，並各安職，不議改更。

（宋）王欽若等編纂：《冊府元龜》卷一六六《帝王部》

（天福十二年）十一月，杜重威據鄴城拒命，城中散指揮使穆彥章相次與軍士等來歸。彥章賜帛百段、銀帶、器皿、鞍馬等，餘有差。

（宋）王欽若等編纂：《冊府元龜》卷一六六《帝王部》

乾祐元年,詔曰:"其有先曾事契丹,並有骨肉見在契丹者,其本人本家所在切須安存,不得妄有恐動。"

(宋)王欽若等編纂:《册府元龜》卷一六六《帝王部》

隱帝乾祐二年正月乙巳朔,制曰:"河府李守真、鳳翔王景從、永興趙思綰等,此與國家,素無讎釁,偶因疑懼,遂致叛違。所以命將陳師,徵辭問罪,止期旦夕,必見攻收。然以彼之提封,朕之黎庶,久陷孤壘,可念非辜,易子折骸,填溝委壑,爲人父母,寧不軫傷?便以屈己愛人,先王厚德;包荒含垢,列聖美談。宜弘濟物之恩,用廣好生之道。其李守真、王景從、趙思綰等宜令逐處都部署分明曉諭,若能翻然歸順,朕並待之如初,當保始終,享其富貴,申明信誓,固無改易。其或不認推誠,堅欲拒命,便可應時攻擊,克日蕩平。候復收城池,罪止元惡,其餘詿誤,一切不問。仍預告諸軍,破城日不得殺人放火。諸處草寇等拋弃耕農,聚集林藪,晝伏夜動,害物殘人,前後累令剪除,繼行招諭,尚恐疑懼,特示寬恩。如能改過知非,出來陳首者,應以前所有非爲一切不問。宜令逐處節度刺史及巡檢使臣明行曉示,宣達朝廷恩旨,冀其歸業,常切撫安。不得信任節級所由,衷私恐動。重念征討以來,勞役滋甚,兵猶在野,民未息肩,急賦繁徵,財殫力匱,矜恤之澤,未下於疲羸;愁嘆之聲,幾盈於道路。尚以軍旅未息,帑廩無餘,猶稽蠲復之恩,空懷愧憫之意,即俟邊烽少弭,國患漸除,當議優饒,冀獲蘇息。諸道藩侯郡守咸分寄任,共體憂勞,更宜念彼瘡痍,倍加勤恤,究鄉閭之疾苦,去州縣之煩苛,勸課農桑,少察冤濫,共挾政理,用副憂勞。凡百臣僚,當體朕意。"辛未,夏州節度使李彝殷獻馬謝隸靜州爲屬郡。彝殷祖拓拔思恭,唐光啓初得夏州節鉞,自相繼襲。後唐明宗時,命藥彥稠等討之,彝殷招引党項,攻奪餉道,食不能給。彝殷登城言曰:"夏州虛名耳,無珍寶帑藏貢賦朝廷。但以父子相傳,寓居此郡,或朝廷指使征伐,願誓衆先登,幸國家哀憐。"由是赦之。自是傲視中原,陰結叛臣,朝廷知其心,而羈維之。

(宋)王欽若等編纂:《册府元龜》卷一六六《帝王部》

　（乾祐二年）四月，永興趙思綰遣牙將劉成詣闕乞降。制遂授思綰華州節度留後、檢校太保。以永興城内都指揮使常彦卿爲虢州刺史。

　　　　（宋）王欽若等編纂：《册府元龜》卷一六六《帝王部》

　（乾祐）二年三月，徐州部送所獲淮南都將李暉等三十人徇於市，復給與衫帽，放還淮南。

　　　　（宋）王欽若等編纂：《册府元龜》卷一六六《帝王部》

　（乾祐二年）九月，以契丹僞署前武州刺史高奉明爲右衛將軍。奉明曾任蔚州録事參軍，頃歲契丹陷蔚州，奉明爲蕃將南大王養子，累授刺史。戎王死，永康立，以奉明爲邢州節度使，以代麻答。麻答主留鎮州。未幾，聞高祖南渡，高唐英死於安陽，心不自安，乃請麻答署馬部都指揮使，留鐸爲本州副使，尋令知軍府事。奉明歸於鎮州，麻答被逐，奉明赴闕，故授環衛之官。

　　　　（宋）王欽若等編纂：《册府元龜》卷一六六《帝王部》

　廣順元年正月，徐州押牙鞏廷美、教練使楊温據城拒守。敕曰："朕昨迫於軍情，遂臨帝位。已曾示諭，想備聞知。汝等初得耗音，争無疑懼，一則顧身，擐甲閉關，須至如是。今覽汝等報姚武文字，備悉心誠。況汝等始則爲使主竭忠，終則向朝廷順命，秉持甚善，節義可嘉，佇俟旌褒，何煩憂懼？近者已有敕旨，汝等並授郡符，祇候新節度使入州，即便施行恩命。朕當示信於天下，汝宜諭旨於城中，凡在軍民，各宜安堵。其諸元從職員並宜安撫。"

　　　　（宋）王欽若等編纂：《册府元龜》卷一六七《帝王部》

　（廣順元年）三月丙寅，與荆南高保融詔曰："安審琦奏湖南船網行監押節級官健四百九人在襄州。朕以武陵長沙尋戈結釁，既道塗而梗澀，致官健以淹留。卿義在恤鄰，志惟體國，俾歸途而無滯，副輊念以在兹。已降宣命下襄州，取逐人便穩，如願歸本道者，即差人管押至荆南候到,卿可差人部送至湖南。"

(宋)王欽若等編纂:《册府元龜》卷一六七《帝王部》

(廣順元年)五月丁丑,敕京兆、鳳翔府:"朕臨御以來,憂勤無怠,慮庶政之尚闕,恐蒸民之未安,寢食不遑,夙宵若厲。早歲雍、岐連叛,兵革薦興,迨至討平,可知傷弊。誠念負罪之黨,尋以誅夷;亡命之徒,近皆滌蕩。則被釋放者,皆爲赤子;經鏖革者,悉是平人。雖性命之永全,在生涯之何着? 興言軫閔,未嘗去懷。其京兆、鳳翔府先因攻討之時及收復之後,應有諸色犯罪人第宅、莊園、店舍、水磑曾經籍没及本主未歸者,已宣下本道,却給付罪人骨肉爲主,仍仰逐處嚴切指揮,勿令所由里私闌咨,邀求資金,庶令存濟,用副朕懷。"

(宋)王欽若等編纂:《册府元龜》卷一六七《帝王部》

(廣順元年)八月,滄州王景言幽州饑,繼有流民入界。敕:"朕以沿邊百姓適因灾沴,遂至流亡,抛弃鄉園,扶携老幼,未有安泊之地,深懷愍念之心。宜切撫綏,庶令存濟。其邊界流移人户,差使臣與所在官吏撫恤安泊。其滄、景、德管内甚有河淤退灘之土,蒿萊無主之田,頗是膏腴,少人耕種,可令新來百姓量力佃蒔,只不得虛占土田,有妨别户居止。如是願在别管界内居住者,亦聽取便,所在關津口岸不得阻滯。如邊界有親識可依,亦聽從便,仍人給斗粟,委三司支給。候安泊定,取便耕種放差税。"

(宋)王欽若等編纂:《册府元龜》卷一六七《帝王部》

(廣順元年八月)是月,晉州送擒獲太原軍士二十六人,各與巾履、衫褲,並釋之。

(宋)王欽若等編纂:《册府元龜》卷一六七《帝王部》

(廣順)二年正月,賜兖州慕容彦超詔曰:"朕與卿久叙兄弟,比無嫌隙，自前歲奔逃之後，尋時慰納如初，察憂疑則推以赤心，邀信誓則指之白日。留男不歸，大職欲已，只在舊藩，動必依從，斷無疑阻，何故執心不定，率意而行？聚草寇於城中，修戰具於衙内，發言不遜，舉事無常。差遣元隨主持鎮務，恣令殘害，任便誅求，率配之名，三四十件，搶拾事力，贍養奸凶，一境生靈，不勝其苦。南則結連淮寇，北則勾喚劉崇。早者差都押牙鄭麟口奏敷陳，乞移藩閫。朕推心嘉納，回詔允俞。昨上表請赴闕廷，朕亦一從卿意。復成欺侮，翻有指名，兼更偽詐鄆州書題，點染齊王勛德，且非奇計，何必如斯？近者東面諸侯相繼奏報，稱卿差點管内人户團並義營，欲議發軍攻取鄰道，衆情不服，闔境波逃，其百姓皆并力同心，殺却元隨。鎮將例各將家回避，散投外界潛藏。或則保聚山林，就便構置寨栅，懼卿挾讎屠害，不保朝昏，懸望官軍救護爲主。朕爲人父母，能不痛心？弔伐之行，蓋不獲已。今差侍衛步軍都指揮使曹英等部領馬步大軍，問卿情狀。卿若能改心知過，束身歸朝，當許全生，待之如舊。朕或違信，是謂自欺；卿若拒張，便令攻取。今更飛此詔，始末指陳，冀卿静慮深思，庶幾轉禍爲福。言盡於此，卿其圖之！"

（宋）王欽若等編纂：《册府元龜》卷一六七《帝王部》

周曹英爲侍衛親軍馬步軍指揮使兗州行營。廣順二年正月，上言十八日至任城，喚得縣令胡延禧分付救榜，招安百姓。其山寨民尋時下山歸業，見更令招安次。又，上言按問，得降人。及兗州副都指揮使康海超來投，俱説賊城人心離散，慮慕容彦招逃竄，已牒鄰道防備掩殺，其康海超且留於城下，説誘賊黨，俟三五日，遣赴京師。

（宋）王欽若等編纂：《册府元龜》卷四二六《將帥部》

（廣順二年）二月癸卯，以先擒獲太原鄉軍頭周暉而下百三十三人各賜錢、鞋，遣供奉官蓋繼明部送昭義界，放還鄉里。甲辰，以先獲淮南指揮使燕敬權、都頭趙筠、官健吳進、羅義等四人放歸本土，仍賜衣服、金帛以遣。召見謂之曰："爾歸言達吾意於爾君,凡人惡凶邪,獎忠順,天下一也。我之賊臣,撓亂國法,嬰城作逆,殃及生靈,不意吳人助此凶愿,驅徒領眾,涉我封陲,南土君臣非良算也。"

(宋)王欽若等編纂:《冊府元龜》卷一六七《帝王部》

(廣順二年二月)是月戊申,以兗州兵士數百人先在金州屯戍,其家口仍在本城中,敕就金州撫諭之曰:"一昨慕容彥超結連草寇,毒寇蒸民,側近縣鎮鄉村無名脅從徒害,人神憤怒,須議討除。朝廷已發大軍,往彼攻取,汝等屯戍邊境,勞苦經時,言念忠勤,不忘窹寐。所有汝等家口並在兗州城內,屬此背違,想皆憂念。在朕誠意,暫不弭忘,已降宣命指揮曹英,候收復城池日,畫時選得力負寨部領兵士率先入城,佔據本營,安撫逐人骨肉家口,不得輒有驚恐。"

(宋)王欽若等編纂:《冊府元龜》卷一六七《帝王部》

(廣順二年)五月,親征兗州。乙丑旦,次金鄉。曹英送賊黨文懷美三人至行在,賜袍帶釋之。癸酉,賊散員都將周延嗣歸順。自是,賊黨相繼來奔,皆有所賜。

(宋)王欽若等編纂:《冊府元龜》卷一六七《帝王部》

(廣順二年五月)是月,兗州行軍孫暉、副使劉演及本城將校等,爲軍士所獲,帝以其脅從,皆賜衣裝以釋之。諸村鎮要路捕獲得賊黨者,相繼而至,帝多宥之。彥超、元隨都押衙鄭麟、李玘及伶官十數人,王峻請而免之。

(宋)王欽若等編纂:《冊府元龜》卷一六七《帝王部》

(廣順二年五月)是月,兗州平。制曰:"應曾與慕容彥超同惡之人,逃避潛藏者,並與釋放。仰於所在,自出陳首;百日不首者,復罪如初。應已伏誅逆黨人等於諸處有骨肉者,先已指揮放罪招安,尚慮本身抵法之後却有驚疑,宜令所在州縣明行告諭,並釋放不問。兗州城内幕職及縣官吏軍府將校並令放罪；及衙前州使、兩院職役人、本城軍都並勒仍舊。自慕容彥超違背已來，鄉村山寨豪强人等接便爲非，劫掠虜殺，今因收復之後，並與洗滌，一切不問。”

（宋）王欽若等編纂：《册府元龜》卷一六七《帝王部》

（廣順二年）八月，淮南界俘獲耕牛雜畜，詔送還本處。

（宋）王欽若等編纂：《册府元龜》卷一六七《帝王部》

（廣順）三年正月，夏州李彝殷、府州折德扆上言：“河東界偽麟州刺史楊仲訓以蕃部攻圍，繼來求便乞歸明。”賜敕書曰：“麟州刺史楊仲訓及軍州將吏職員等，據夏州節度使李彝殷奏，得汝等狀稱劉崇拒命聖朝，堅其逆黨，今被部族侵迫，乞垂救解。兼已稱大朝正朔，并門逆命，邊郡無歸，值妖孽之脅從，致朝貢之阻絕。今則蕃部兵民助我討違，汝等哀告蕃鄰，欲謀歸向，備睹變通之意，特用弘納之仁。宜示撫安，用獎忠順。已指揮州府及諸蕃部不令進攻汝等，便宜明宣朝旨，告諭軍民。應是通河東道路口岸，晝時遣人守禦，不得通人來往，凡有公事，一一奏取朝廷指揮。其官員將校職掌一切依舊，仍分折名衙申奏。當議等第加恩，兼之酬賞。”邠州折從阮言：“奉詔示諭慶州諸蕃部，尋遣人告報首領，其野雞第七門族首領李萬全及樹夥等族受敕書，領袍帶等設誓，其諸族猶負倔强，見與寧州諸軍襲擊。”其次月戊申，邠州折從阮言：“奉詔討逐慶州野雞族，兼招携諸部族。臣自前月興兵後，招到樹夥等二十一族，與敕書、袍帶、彩緞，設酒食，令發誓詞盟約，兼排列軍士圍繞。今已和斷，兼補郝爽爲慶州牢城使。又發龍捷一指揮赴寧州、深州，言蕃界内來歸老小漸多，任便諸處安置。”二月，以前解州刺史鄭元昭爲慶州刺史，充青、白兩池推鹽制置使。廣順初，以郭彥欽再刺慶州，性瀆貨，及擅加榷錢，民夷流怨。州北十五里寡婦山有蕃部曰野雞族，多羊馬，彥欽作法擾之，利其賂遺。蕃情獷悍，易爲不法，彥欽乃奏野雞族暴盜掠奪綱商，帝難於興師，遣使賫詔書撫慰，望其率化。蕃人既苦彥欽惡政，不時報命，或曰：“野雞部族,蕃落之最狡者,宜以兵詰而誅之。"乃移陝帥折從阮鎮邠州,又令寧州張建武會合環州皇甫進兵攻之。建武勇於立功,徑趨野雞族帳追擊殺數百人。其喜萬玉族、折思族、殺牛族者,皆熟戶蕃人,此無猜忌,又殺牛素與野雞族有憾,且聞官軍討伐,相聚餉饋,欣然欽奉。官軍利其財貨,孳畜劫奪之,翻爲諸族所誘至包山負險之地,官軍不利,被蕃人迫逐,投崖墜澗而死者數百餘。折從儉等以兵自保,無相救應。建武陷長男,餘眾僅免。帝怒彥欽及建武,俱罷任。彥欽至京師,勒歸私第,竟不得見。建武左遷率府卒。是月,元、昭兩地榷鹽之任故特行制置,以寧邊人。

（宋）王欽若等編纂:《冊府元龜》卷一六七《帝王部》

（廣順三年二月）其月,契丹降人僞授儒州晉山簿李著、鄭縣簿王裔、泰州司法劉裴等,著賜比明經出身,裔、裴比學究出身。

（宋）王欽若等編纂:《冊府元龜》卷一六七《帝王部》

（廣順三年）五月,沁州、和州縣民百四戶來奔,遣於河中安置,命節度使彥超分配居止撫安。

（宋）王欽若等編纂:《冊府元龜》卷一六七《帝王部》

（廣順三年）六月,敕太原來降嵐州錄事參軍丁守加朝散大夫、試大理評事兼監察御史,爲蔡州真陽令。

（宋）王欽若等編纂:《冊府元龜》卷一六七《帝王部》

周太祖初爲漢樞密使,以乾祐二年奉命討李守貞。五月九日,賊河西水砦主周光遜以砦及將校兵士一千一百三十二來降。賊南面都監王仁岳之下十六人、指揮使石公進、草賊都頭惡長官聶知遇、王三鐵之下十六人,副兵馬使軍頭十將、長行共一千四十七人,賊火城內,乘船投來。都頭劉瓊、安建武之下三十七人並來奔。十日,太祖率騎部領降將周光遜等兵士三千人入長連城以徇,尋有賊職員八人來奔。

其夜，又賊將胡進超已下三百餘人歸。

　　　　　（宋）王欽若等編纂：《册府元龜》卷一二六《帝王部》

　　周太祖以漢乾祐中奉命討河中李守貞。太祖令水軍沿河具戰棹長連，城用步軍分守，各以使臣監之。賊小校劉重進、高思來降，補招收十將，付以錦袍、銀帶，積於城下，令誘賊軍。

　　　　　（宋）王欽若等編纂：《册府元龜》卷一六七《帝王部》

　　世宗顯德元年正月，詔自廣順元年後來幽州、淮南、西川、河東等界軍人、百姓投降者，累令安撫，所在有無荒閑田土，一任請射住佃爲永業。西川接界久不通商，今後一任來往，只須所屬官吏防閑，恐夾帶奸細。

　　　　　（宋）王欽若等編纂：《册府元龜》卷一六七《帝王部》

　　（顯德元年）三月辛巳，詔應沿邊州府接近西川、淮南、契丹、河東界處，仰所在府州及巡檢使臣鈐轄兵士及邊上人户，不得侵擾外界及虜人畜，務要静守疆場，勿令搔動。其投來人户，仍仰倍加安撫。

　　　　　（宋）王欽若等編纂：《册府元龜》卷一六七《帝王部》

　　世宗顯德元年三月，親征河東。四月乙卯，河中節度使王彦超上言："僞汾州防禦使董希顔以城歸順。丙辰，僞遼州刺史張漢超以城歸順。先帝遣萊州防禦使康延紹率師討遼州，又遣密州防禦使田瓊率師攻沁州。先以宣旨招諭，如不受命，即進軍伐之。二州皆拒命，延紹及瓊請益兵及治攻具以迫之。帝可其奏，各益之以步卒三千，仍詔主將期以三日克之。是日，田瓊遣潞州行軍司馬安友規上言："沁之禦備甚堅，賊皆死戰，攻取未下。"帝暴怒，疑其逗撓，亟命延駕，欲親至其所。群臣以偏郡孤危，請車駕不行，會中使自遼州至，言賊城已歸順，乃止。五月丙子，僞代州防禦使鄭處謙上表歸順。時契丹大將楊衮自高平之敗，奔至代州。及聞王師至太原，意處謙等有變,謀奪其州。一日,立召處謙計事,處謙懼不敢赴,袞使虜騎數十守其城門,處謙與軍民共擊殺之。因閉壁以拒蕃戎,遣使歸命,且乞援兵。時劉崇所署僞樞密直學士王得中自虜中使回,至代州遇變,亦上表歸命。

(宋)王欽若等編纂:《册府元龜》卷一二六《帝王部》

(顯德元年)是月,親征河東。甲午,次高平縣,兵士解嚴,詔河東降卒二千餘人各賜絹二匹,並給衣裝,義軍各絹一匹,令還本部。受賜者無不歡呼感泣。

(宋)王欽若等編纂:《册府元龜》卷一六七《帝王部》

(顯德元年)四月戊午,僞遼州刺史張漢超待罪於行闕,命釋之,仍賜衣服、鞍馬、器備等。甲子,僞汾州防禦使董希顏、僞嵐州刺史郭言等詣行闕見帝,命釋罪,賜賚有差。丙寅,僞泌州刺史李廷誨見;丁卯,僞憲州刺史韓光願見,皆賜賚有差。癸酉,忻州僞監軍李就殺僞刺史趙皋及契丹大將楊耨姑來降,尋以李就爲檢校司空、忻州刺史,仍遣使慰諭。

(宋)王欽若等編纂:《册府元龜》卷一六七《帝王部》

(顯德元年四月)是月,討太原回,詔:"河東及契丹敗散軍士其中有潛竄山谷間者,並令招喚,不得輒有傷害。如是義軍百姓,便可放還本家。若是軍人及諸色人,並監送至駕前,各與穩便安排。遼、泌二州新屬路府,久陷賊境,深可憫傷,委本道節度使倍加安撫,所有劉崇煩苛事件並與除放。"

(宋)王欽若等編纂:《册府元龜》卷一六七《帝王部》

(顯德)二年九月甲午,昭義節度使李筠遣牙將押送先擒到河東僞兵馬監押程友已下二百餘人到闕。帝皆赦之,仍加賜賚。

(宋)王欽若等編纂:《册府元龜》卷一六七《帝王部》

（顯德二年九月）是月，西南面招討使王景獲西川軍校姜暉已下三百餘人來獻。帝曰："姜暉等悉是中朝將士，昨拒王師，盡力於僞主，亦其忠也。宜並赦之。"仍以錢帛賜之。

（宋）王欽若等編纂：《冊府元龜》卷一六七《帝王部》

（顯德二年）閏九月，潁州主言：有淮南百姓邢盛等二人度淮而來，言因失耕牛，故來此尋覓，本部以來自賊境，奏稟朝旨。帝曰："率土之內，皆吾民也。豈以不庭之境，便爲限隔？宜速放還。仍給官錢市牛與之。"

（宋）王欽若等編纂：《冊府元龜》卷一六七《帝王部》

（顯德二年）十一月，以秦鳳卒，詔秦城階等州歸明將士："自長行已上等第，支賜優給，其官吏將校職員等，並與加恩。其中有西川人員，除恩澤賞賜外，加願駐留者厚與請受；如願歸去者，並給盤纏，用慰眾情，免違物性。應捉到賊軍將校一切放罪，並令押送赴闕，各與恩澤。自何里建等歸投西川已來，訪聞管內州縣連歲饑荒，百姓軍人倍多勞役，科斂頻並，法令滋章，既爲吾民，宜革前弊。今後除秋、夏兩稅征科外，應僞屬所立諸般科率名目及非理徭役一切停罷。德音未該者，宜令所司相次指揮。"

（宋）王欽若等編纂：《冊府元龜》卷一六七《帝王部》

（顯德二年）十二月辛卯，右領衛將軍王繼清押僞鳳州節度使王環已下四十三人到闕。帝赦其罪，頒賜有差。先是，自興師西伐至收復秦鳳，前後擒獲川軍凡數千人，帝皆赦之，仍給以袍褲、糧糧，署爲懷恩指揮。由是降卒無不感悅，尋以環爲左驍衛大將軍，仍以服玩、鞍馬賜之。

（宋）王欽若等編纂：《冊府元龜》卷一六七《帝王部》

（顯德）二年，王師伐蜀。九月癸丑，西南面都監向訓上言："秦

州以城降。"初,鳳州重圍既合,日已危蹙。蜀人乃遣僞秦州節度使高處儔領兵
自秦州出,將解鳳州之圍。處儔聞堂倉之敗,且懼追兵將至,因潰歸秦州。僞觀
察判官趙批閉城拒之,處儔遂西遁。批,澶州人也。初補集賢院書史,後調選出
官,因從知於階成間。開運末,戎虜盜國,節度使何建以城入蜀,後受僞命爲秦
州觀察判官。及聞處儔敗走,盡召秦州官屬論之曰:"今大朝兵甲無敵於天下,
自用師西征,戰無不勝。蜀中所遣將校皆武勇者,所發兵士皆驍鋭者,然殺戮逃
遁之外,幾無孑遺。我輩安坐受其禍,去危就安當在今日。"聞者皆俯伏聽命,批
遂以城降。

〔(宋)王欽若等編纂:《册府元龜》卷一二六《帝王部》

　(顯德)三年正月,親征淮南。壬子,次永寧鎮。帝謂侍臣曰:
"壽州圍閉數月,大軍暫退淮上,如聞四面百姓往日入城回避者多來
歸業。今王師再舉,慮其復入城中,枉爲餓殍,宜先告諭,俾安其家。"
乙卯,次趙村,軍士於戍邏間擒到敗卒數人。帝問曰:"爾敗來數日,
何不走入壽州?而乃日夜奔走周旋,不離此地,蓋心迷耳!"命釋其
縛,仍以袍褲賜之。

〔(宋)王欽若等編纂:《册府元龜》卷一六七《帝王部》

　(顯德三年)二月丁亥,僞左神衛軍使徐象等一十八人來降,賜錦
袍、銀帶、鞍馬、繒帛有差。

〔(宋)王欽若等編纂:《册府元龜》卷一六七《帝王部》

　(顯德三年)三月,僞命光州都監張承翰以城歸順,授承翰集州
刺史。

〔(宋)王欽若等編纂:《册府元龜》卷一六七《帝王部》

　(顯德三年三月)是月,賜楊、光二州先歸順員流張洪等三十五人
錦袍、銀帶。

〔(宋)王欽若等編纂:《册府元龜》卷一六七《帝王部》

（顯德三年三月）戊戌，壽州城內天成軍使蔡暉來降，賜錦袍、銀帶、錢絹等。

（宋）王欽若等編纂：《冊府元龜》卷一六七《帝王部》

（顯德三年三月）壬戌，壽州城內軍校陳元貞等一十三人及水砦副將李溫等並來降，賜物有差。

（宋）王欽若等編纂：《冊府元龜》卷一六七《帝王部》

（顯德三年三月）是月，命供奉官安洪道押江南進奉副使王崇質、李德明等二人發赴金陵。初，吳人聞正陽之敗，其氣已消矣。又聞今上敗何延錫於渦口，擒皇甫暉於滁州，始懼覆亡之不暇，乃遣鍾謨等奉表來上。謨等因面奏云：“臣大國主願割壽、濠、泗、楚、光、海六州之地隸於大朝，仍歲貢百萬之數以助軍用，請罷攻討。”及孫晟至，所奏亦然。上以淮南諸郡半爲我有，復又諸將捷奏日聞於行在，料其事勢，可以盡取江北之地，乃不許之。德明等上見急攻壽陽，慮頃刻不保，乃奏云：“臣之保本國，向來不知大朝兵力如是，願陛下寬臣等五日之誅，容臣自往江南，取本國章表，割江北諸郡盡獻於大朝。”上乃許其行。因令齎璽書以賜李景，書曰：“頃自有唐失御，天步方艱，巢、蔡喪亂之餘，朱、李戰爭之後，中夏多故，六紀於茲。海縣瓜分，英豪鼎峙，自爲聲教，各擅蒸黎，連衡而交結四夷，乘釁而憑陵上國，華風不競，否運所鍾，凡百有心，孰不興憤？朕猥承先訓，恭荷永圖，德不迨於前王，道未方於往古。然而擅一百州之富庶，握三十萬之甲兵，農戰交修，士卒樂甲，思欲報累朝之宿怨，刷萬姓之包羞。是以踐位以來，懷安不暇，破幽並之巨寇，收秦鳳之全封，兵不告疲，民有餘力。一昨回軍隴上，問罪江干，我實有辭，咎將安執？朕親提金鼓，尋渡淮泚，上順天心，下符人欲，前鋒所向，彼寇無遺，弃甲僵尸，動盈川谷，收城徇地，已過滁陽。豈有落其爪牙，折其羽翼，潰其心腹，扼其吭喉而能不亡者哉！早者泗州主將遞送到書一函，尋又使人鍾謨、李德明至，賚所上表及貢奉衣服、腰帶、金銀器、帛、茶、藥、牛酒等；近差健步進到第二表；今月十六日使人孫晟等至，賫到第三表及進奉金銀等到行朝，深誠厚意。觀其降身聽命，引咎告窮，所謂君子見幾，不俟終日，苟非達識，孰能若斯！但以奮武興戎，所以討不服；惇信明義，所以來遠人。五帝三王，盛德大業，嘗用此道，以正萬邦。朕今躬統戎師，龔行討伐，告於郊廟社稷，詢於將相公卿，天誘其衷，國無異論。苟不能恢復外地，自畫邊疆，便議班師，真同戲劇，則何以光祖宗之烈，厭士庶之心？匪徒違天，兼且咈衆。但以淮南部內已定六州，廬、壽、濠、黃，大軍悉集，指期克日，拉朽焚枯，其餘數城，非足介意。必若盡淮甸之土地，爲大國之提封，猶是遠圖，豈同迷復。如此，則江南吏卒悉遣放還，江北軍民並當留住，免違物類之性，俾安鄉土之情。至於削去尊稱，願輸臣禮，非爲故事，實有前規。蕭詧奉周，不失附庸之道；孫權事魏，自同藩國之儀。古也雖然，今則不取，但存帝號，何爽歲寒？倘堅事大之心，終不迫人於險，事實真愨，詞匪枝游，俟諸郡之悉來，即大軍之立罷，質於天地，信若丹青，我無彼欺，爾無我詐，言盡於此，皆不須云。苟曰未然，請從茲絕。竊以陽春在候，庶務繁思，願無廢於節宣，更自期於愛重。音塵匪遠，風壤猶殊，翹想所深，勞於夢寐。"又賜其將佐書曰："朕自類禡興師，麾旆問罪，絕長淮而電擊，指建業以鷹揚。旦夕之間，克捷相繼。至若兵興之所，釁起之所來，勝負之端倪，戎甲之次第，不勞盡諭，必想具知。近者金陵使人繼來行闕，追悔前事，委質大朝，非無謝咎之辭，亦有罪軍之請。但以南邦之土地本中夏之封疆，苟失克復之期，大孤朝野之望，已興是役，固不徒還。必若自淮以南，畫江爲界，盡歸中國，猶是遠圖。所云願爲外臣，乞比湖浙，彼既服義，朕豈忍人？必當別議封崇，待以殊禮。凡爾將佐，各盡乃心，善爲國家之謀，勉擇常久之利。"

（宋）王欽若等編纂：《冊府元龜》卷一六七《帝王部》

（顯德三年）四月，駐蹕於壽春城下，以江南僞命常州刺史姚鳳爲左屯衛將軍。是月，前湖南節度使馬希崇昆仲凡十有七人自揚州來見，賜衣物、鞍馬、錢帛各有差。賜以希崇爲左羽林統軍。又以淮南僞命揚州通句尚書、虞部員外郎何幼沖爲工部郎中,仍賜金紫。

(宋)王欽若等編纂:《册府元龜》卷一六七《帝王部》

(顯德三年)五月,以僞命東都副留守、工部侍郎馮延魯爲太府卿。

(宋)王欽若等編纂:《册府元龜》卷一六七《帝王部》

(顯德三年)六月,詔以江北諸州縣有未收復處,宜令行營大將明申招諭,儻能知機,歸順朝廷,其向來名位,當一切如故。仍宣名藩大郡厚加旌賞,其軍都自長行已上並與優給。其中願歸江南者,亦聽自便。

(宋)王欽若等編纂:《册府元龜》卷一六七《帝王部》

(顯德)四年正月,詔曰:"應淮南界南百姓,宜令行營將校告報諸軍,不得俘虜傷害。"

(宋)王欽若等編纂:《册府元龜》卷一六七《帝王部》

(顯德四年)三月,親征淮南。壬寅,賜收降到淮南將卒許文縝已下一萬五百二十四人,分物有差。

(宋)王欽若等編纂:《册府元龜》卷一六七《帝王部》

(顯德四年三月)甲辰,僞壽州節度使劉仁贍上表乞降。丁未,再差人上表。是日,賜仁贍詔曰:"朕昨者再幸淮泗,盡平諸砦,念一城之生靈,久困重圍;豁三面之疏網,少寬疲瘵。果聞感義,累貢來章。卿受任江南,鎮兹淮甸,逾年固守,誠節不虧,近代封疆之臣,卿且無愧忠烈。回翔之際,不失事機,萬民獲保於安全,一境便期於舒泰。卿便可宣達恩信,慰撫軍城,將覿儀刑,良增欣沃。覽奏嘉獎,再三在懷。"差東上閤門使張保續入城宣諭。是日,仁贍遣其子崇讓上表請罪。又賜詔曰:"朕臨御萬邦,推誠克己,當五兵未戢,雷霆宣震耀之功；暨萬旅投戈，覆戴示生成之德。況卿等受任本國，保茲列藩，戮力邦家，將帥常道，救援不及，回翔得宜，事主盡心，何罪之有？已令宣諭，當體優恩。勉自保調，無更疑慮，稱獎在念，寤思不忘。"戊申，帝率六師於壽州城北受仁贍以下降將。仁贍已抱疾，帝令不拜，慰勞久之。仍賜蟒衣玉帶、御馬鞍轡、金銀器皿、錦綺綾羅等甚厚，又賜其子崇讓等四人及監軍使周廷構、節度判官鄭牧、營田副使孫羽等分物。又賜其軍士錢絹米麥各有差。尋除仁贍天平軍節度使，特進檢校太尉兼中書令。

（宋）王欽若等編纂：《冊府元龜》卷一六七《帝王部》

（顯德四年三月）壬子，以江南偽命西北面行營監軍使、舒州團練使朱元爲蔡州防禦使，文德殿使、監軍使周廷構爲衛尉卿，壽州營田副使孫羽爲太僕卿，節度判官鄭牧爲鴻臚卿，賞歸順也。

（宋）王欽若等編纂：《冊府元龜》卷一六七《帝王部》

（顯德）四年，再征淮西。三月辛卯夜，偽監軍使朱元、賊將朱仁裕、孫璘等相次各舉其砦來降，其卒萬餘衆。帝慮其餘黨沿流東潰，遽令步將趙晁率舟師數千沿淮而下逐之。

（宋）王欽若等編纂：《冊府元龜》卷一二六《帝王部》

（顯德四年）四月辛未，以江南偽命西北面行營應援使、前永安軍節度使、檢校太尉許文縝爲檢校太尉、左監門行上將軍；以偽命會西北面行營應援都軍使、前武安軍節度使、檢校太傅邊鎬爲檢校太傅、左千右衛上將軍，仍各僉一子爲供奉官。

（宋）王欽若等編纂：《冊府元龜》卷一六七《帝王部》

（顯德四年）五月，賜許文縝、邊鎬、王環、周廷構、馮延魯、鄭牧、孫羽等宅地各數畝。又以材植緡錢等賜之，俾構居第。

（宋）王欽若等編纂：《冊府元龜》卷一六七《帝王部》

（顯德四年）八月，又賜許文縝等各絹三百匹、綿五百兩，俾備時服。

（宋）王欽若等編纂：《冊府元龜》卷一六七《帝王部》

（顯德四年）十一月癸亥，賜濠州降卒錢帛各有差。

（宋）王欽若等編纂：《冊府元龜》卷一六七《帝王部》

（顯德四年十一月）乙丑，漣水縣僞雄武軍使知縣事崔萬迪以其縣來降，尋授萬迪瓊州刺史，充開封府馬步軍都指揮使，仍以鞍馬、金銀錢帛等物賜之。

（宋）王欽若等編纂：《冊府元龜》卷一六七《帝王部》

（顯德四年十一月）丙寅，制以僞濠州團練使郭廷謂爲亳州防禦使；以僞濠州兵馬都監、泰州團練使陳遷爲忻州團練使；以僞保義軍節度使陳承昭爲右監門衛上將軍。仍以錦袍、金帶賜之。

（宋）王欽若等編纂：《冊府元龜》卷一六七《帝王部》

（顯德四年十一月丙寅）是日，賜漣水縣歸降兵士衣物、錢帛各有差。

（宋）王欽若等編纂：《冊府元龜》卷一六七《帝王部》

（顯德四年十一月）庚午，僞濠州團練使郭廷謂已下詣行宮見帝，優以待之，咸厚加賜賚焉。

（宋）王欽若等編纂：《冊府元龜》卷一六七《帝王部》

（顯德四年）十二月，泗州守將范再遇以其城降，尋授再遇檢校太保、宿州團練使，賜推誠化功臣，仍厚賜加賚。

（宋）王欽若等編纂：《冊府元龜》卷一六七《帝王部》

（顯德四年）十二月，帝幸淮上。乙卯，泗州守將范再遇以其城降，獲降卒三千餘人。庚申，招討使李重進上言："僞濠州團練使郭延謂已下以其城降。"濠州平，降其卒萬餘衆，獲軍糧數萬石。乙丑，漣水縣僞雄武軍使知縣事崔萬迪以其縣來降。

（宋）王欽若等編纂:《册府元龜》卷一二六《帝王部》

（顯德五年）二月，征淮南，幸揚州。辛酉，僞天長軍使兼雄州刺史易賛及監軍使周暉已下詣行宮見。尋以賛爲天雄軍節度行軍司馬，以暉爲萊州團練副使，咸加賜賚焉。

（宋）王欽若等編纂:《册府元龜》卷一六七《帝王部》

（顯德五年）三月己亥，賜江南書云："皇帝恭問江南國主:劉承遇至，賫到草表，分割廬、舒、蘄、黃等州，畫江爲界，兼重叠見謝者，頃逢多事，莫通玉帛之歡;適自近年，遂構干戈之役，兩地之交兵未息，蒸民之受弊斯多。一昨再辱使人，重尋前意，將敷久要，須盡縷陳。今者承遇爰來，封函復至，請割州郡，仍定封疆，狠形信誓之詞，備認始終之意。既能如是，又復何求？邊陲頓静於烟塵，師旅便還於京闕，永言欣慰，深切誠懷。其常、潤一路及沿江兵棹，今已指揮抽退;兼兩浙、荆南水路將士，各降詔示，並令罷兵;其廬、黃、蘄三路將士，亦遣抽拔近外。若彼中起揭，逐處將員兵士及軍都家口了畢，只請差人勾唤在彼將校，交割州城。所有江内舟船或慮上下，須有往來，已指揮只令就北岸牽駕。盡合披陳，幸惟體認。"

（宋）王欽若等編纂:《册府元龜》卷一六七《帝王部》

（顯德五年三月）是月，命鹽城監使申屠諤賫璽書押御馬一十匹、金銀鞍轡一十副、散馬四十匹、羊千口賜江南國主李景。諤先爲王師所擒，帝釋而歸之，因令賫是以往。又命釋先擒到僞舒州刺史施仁望，令歸江南，仍加賜賚焉。

（宋）王欽若等編纂:《册府元龜》卷一六七《帝王部》

（顯德五年）四月，江南進奉使馮延巳已下辭歸，賜延巳金器百兩，銀器五千兩，絹五十匹，錢五百萬緡，馬四十蹄，羊二百口；及偏副給事中田霖已下，所賜各有差。

　　　　　　（宋）王欽若等編纂：《冊府元龜》卷一六七《帝王部》

（顯德）五年五月甲寅，韓令坤自揚州差人執江南偏閣門承旨李延祚來獻。延祚稱奉李景命，起遣江北人户過江。帝命釋之，乃以錦袍賜焉。

　　　　　　（宋）王欽若等編纂：《冊府元龜》卷一六七《帝王部》

（顯德五年五月）是月，又賜海州捷到軍校卒伍錢帛有差。

　　　　　　（宋）王欽若等編纂：《冊府元龜》卷一六七《帝王部》

（顯德五年）五月，降璽書賜李景云：“皇帝恭問江南國主：竊以道契昌隆，撫有疆宇，控朱方而定霸，總澤國以稱雄，五嶺三江，風聲自遠，重光奕世，基構無窮。不有奇傑之才，孰副民庶之望！朕猥以凉德，奄宅中區，接風壤以非遥，幸馬牛之相及，引領南望，久渴徽猷，果契素誠，獲親高義。一昨繼勞使介，頻奉好音，方在行朝，未遑報命。近還宮闕，合遣軺車，俾伸玉帛之歡，少答歲寒之意。今遣太府卿馮延魯、衛尉卿鍾謨管押持送，仍賜景御衣四對，金玉帶各一，錦衣綺羅縠綾帛共十萬匹，金器千兩，銀器萬兩，御馬五匹並金玉鞍馬、散馬四百蹄，羊五百口。”又賜其世子冀國信物稱是。又賜絹十萬匹，俾犒其師焉。

　　　　　　（宋）王欽若等編纂：《冊府元龜》卷一六七《帝王部》

（顯德五年）六月辛未，降璽書賜李景云：“朕居大寶之尊，爲萬邦之主，體穹昊從人之意，法禹、湯罪己之心，豁開襟懷，昭示寰海，方務協和之德，豈忘曠蕩之恩。載想融明，諒應鑒認！相次收到江南諸軍員僚兵士四千六百八十七人，今並放歸。”自是，命使臣七人分番押送赴迎鑾渡過江,仍以資糧賜之。南軍無不感悦。

(宋)王欽若等編纂:《册府元龜》卷一六七《帝王部》

(顯德五年)七月庚寅,放江南天輝、拔山、長劍兵士七百餘人歸江南。

(宋)王欽若等編纂:《册府元龜》卷一六七《帝王部》

(顯德五年)十月甲午,放刑部侍郎馮延魯、左監門衛上將軍許文縞、右千牛衛上將軍邊鎬、衛尉卿周廷構等,並放歸江南。又敕淮南諸州舊隸江南者,元置義軍宜並放歸農。

(宋)王欽若等編纂:《册府元龜》卷一六七《帝王部》

(顯德五年)十二月庚辰,江南生辰國信使曹翰辭,上令賷璽書以賜李景云:“皇帝致書恭問江南國主:星聚湖關,挺生英哲,命世既崇於基構,承家撫有於江山。顧寡昧之膚圖,與君王之契協。屬兹誕日,遂舉舊章,仍輟近臣,往修國命,道所懷於樂土,期福履之無疆。今差樞密承旨曹翰押生辰國信往彼,到希見領,仍賜景金銀器千兩,錦綺繒帛二千匹,御衣三襲,玉帶二條,名馬二十匹,金銀鞍勒各一副。”

(宋)王欽若等編纂:《册府元龜》卷一六七《帝王部》

(顯德)六年,幸滄州。四月壬辰,至乾寧軍。僞寧州刺史王洪率其部衆以城來降,賜物有差,尋授洪隨州刺史。

(宋)王欽若等編纂:《册府元龜》卷一六七《帝王部》

(顯德)六年,幸滄州。四月辛丑,次益津關,僞守將終廷輝以其城來降。

(宋)王欽若等編纂:《册府元龜》卷一二六《帝王部》

（顯德六年四月）癸卯，至瓦橋關，僞守將姚内斌率其部衆五百餘人以城來降，入於瓦橋關，駐蹕於行宮。甲辰，僞鄭州刺史劉信上表歸順。

（宋）王欽若等編纂：《册府元龜》卷一二六《帝王部》

（顯德六年）五月，幸瓦橋關。以契丹僞瀛州刺史高彦暉爲華州刺史，以僞鄭州刺史劉楚信爲寧州刺史，以僞關南巡檢使姚中斌爲汝州刺史，皆賞歸順之智也。

（宋）王欽若等編纂：《册府元龜》卷一六七《帝王部》

（顯德六年）六月戊寅，賜僞泉州節度使劉從效詔曰：“黄禹錫至省所上表歸附大朝兼於京都置邸務事具悉。卿自保全土宇，專養黎元，立功早達於機權，臨事固無於凝滯。乃能望中原而内附，陳方略以輸誠，永言恭勤，良多嘉奬。爰自江南通和之後，朝廷禮遇方深，用恩信以綏懷，俾寰區而是則。兼以卿本道地鄰江表，常奉金陵，遽有改圖，理宜盡善。如上都置邸，與彼抗衡，雖百谷朝宗，無以異也！”是時，從效遣牙將蔡仲興爲商人，間道至京師，求置邸内屬。

（宋）王欽若等編纂：《册府元龜》卷一六七《帝王部》

丁亥，徙北漢降民於邢、洺州，計口賦以粟。

（宋）李燾：《續資治通鑒長編》卷三，太祖建隆三年（962）

壬寅，邢州言北漢民四百七十人來降。

（宋）李燾：《續資治通鑒長編》卷三，太祖建隆三年（962）

己卯，北漢捉生指揮使路貴等十一人來降，並補内殿直。

（宋）李燾：《續資治通鑒長編》卷三，太祖建隆三年（962）

命磁州分閑田以處北漢降民，仍賜耕牛及錢米。

（宋）李燾：《續資治通鑑長編》卷四，太祖乾德元年（963）

辛卯，以北漢樂平降兵爲效順軍，賜錢帛有差。

（宋）李燾：《續資治通鑑長編》卷四，太祖乾德元年（963）

丙申，北漢静陽等十八寨首領相帥來降。

（宋）李燾：《續資治通鑑長編》卷四，太祖乾德元年（963）

永安節度使折德扆言，敗北漢軍數千人於府州城下，獲其衛州刺史楊璘。

（宋）李燾：《續資治通鑑長編》卷四，太祖乾德元年（963）

甲寅，杜韜等七人案，杜韜疑即杜延韜，脱去“延”字。至自遼州，上赦其罪，賜分物有差。及楊璘至自府州，亦如之。

（宋）李燾：《續資治通鑑長編》卷五，太祖乾德二年（964）

以遼州降兵分隸效順，餘爲懷恩軍。

（宋）李燾：《續資治通鑑長編》卷五，太祖乾德二年（964）

乙未，北漢耀州團練使周審玉等四人來降。各賜分物有差。以審玉爲汾州團練使，改名承瑁。《實録》於七月戊戌乃除承瑁汾州，今並書之。

（宋）李燾：《續資治通鑑長編》卷五，太祖乾德二年（964）

丁卯，詔侍衛馬軍都指揮使范陽劉光義領兵赴潞州，備北漢也。

（宋）李燾：《續資治通鑑長編》卷五，太祖乾德二年（964）

釋北漢軍俘千人，賜衣履，分隸畿縣民籍。

（宋）李燾：《續資治通鑑長編》卷五，太祖乾德二年（964）

乙未,詔河東境上軍寨分遣人入北漢界招諭將吏兵民,苟能去逆效順,當倍加安撫。卑職者命以高秩,假攝者授以正員。

（宋）李燾:《續資治通鑒長編》卷六,太祖乾德三年（965）

晉州言北漢羅侯、松谷兩寨指揮使張貴等七百餘人來歸。

（宋）李燾:《續資治通鑒長編》卷六,太祖乾德三年（965）

潞州言太原官吏將校多來歸者,詔優給裝錢,部送闕下。

（宋）李燾:《續資治通鑒長編》卷六,太祖乾德三年（965）

辛酉,令西北諸州俘獲北漢生口,並給以田及農具種食。

（宋）李燾:《續資治通鑒長編》卷七,太祖乾德四年（966）

丙辰,鎮州言北漢石盆寨招收指揮使言章以其寨來降。

（宋）李燾:《續資治通鑒長編》卷八,太祖乾德五年（967）

鎮州言北漢鴻唐寨招收指揮使樊暉殺其監軍成昭,以寨來降。

（宋）李燾:《續資治通鑒長編》卷八,太祖乾德五年（967）

乙巳,晉州言北漢偏城寨招收指揮使任守恩等案,任守恩,宋史作任恩。一百五十人來降。

（宋）李燾:《續資治通鑒長編》卷九,太祖開寶元年（968）

甲辰,鎮州言百井寨兵出攻北漢馬鞍山寨,斬獲數十人。

（宋）李燾:《續資治通鑒長編》卷九,太祖開寶元年（968）

晉州言北漢軍校翟洪貴等二百餘人來降。

（宋）李燾:《續資治通鑒長編》卷九,太祖開寶元年（968）

鎮州言北漢烏玉寨主胡遇等並家屬一百三十九人來降。

（宋）李燾：《續資治通鑑長編》卷九，太祖開寶元年（968）

丙寅，命客省使盧懷忠等二十二人領兵屯潞州，將有事於北漢也。

（宋）李燾：《續資治通鑑長編》卷九，太祖開寶元年（968）

北漢主繼恩怨郭無爲初與其父言不助己，且惡其專政，欲逐之而未果，是月，加無爲守司空，外示優禮，內實疏遠之也。繼恩服衰裳視事，寢處皆居勤政閤，其左右親信悉留太原府廨，或請召入令翊衛，繼恩弗聽。於是，文武百官皆進秩，繼恩置酒宴諸大臣及宗子，飲罷臥閤中。供奉官侯霸榮率十餘人挺刃入閤，反扃其戶，繼恩驚起，繞書堂屏風環走，霸榮以刃搇其胸，殺之。無爲遣兵以梯登屋入，殺霸榮並其黨，迎立繼恩弟太原尹繼元。繼恩立纔六十餘日。

霸榮者，邢州人，多力善射，走及奔馬。嘗爲盜并、汾間，北漢世祖用爲散指揮使，戍樂平。王全斌攻樂平，霸榮率所部降之，補內殿直，未幾，復奔北漢爲供奉官。於是，謀殺繼恩，持其首歸朝，旋爲無爲所殺。或謂無爲實使霸榮作亂，亟誅霸榮以滅口，故人無知者。

繼元始立，王師已入其境，乃急遣使上表契丹，且請兵爲援，又遣侍衛都虞候劉繼業、馮進珂進珂，未見，亦未詳爲何官。領軍扼團柏谷，以將作監馬峰爲樞密使，監其軍。峰，太原人。繼元妻，峰女也。繼業本名重貴，姓楊氏，重勛之兄。幼事北漢世祖，遂更賜以姓名。馬峰至洞過河，《朔記》作銅鍋河。案《宋史》作銅温河，《宋史記》作銅渦河，薛應旂《續通鑑》作銅鍋河。與李繼勛等遇，何繼筠以先鋒擊破之，斬首二千餘級，獲馬五百匹，擒其將張環、石斌，遂奪汾河橋，薄太原城下，焚延夏門。繼元遣殿直都知郭守斌領內直兵出戰，又敗。守斌中流矢，退入城中。是月二十日庚子，繼勛奏到。

丁未，北漢佐勝軍使李瓊來降。

（宋）李燾：《續資治通鑑長編》卷九，太祖開寶元年（968）

遣使分往京西諸州賜太原所徙民帛，人一匹。又命控鶴都虞候京兆崔翰差擇其勇悍習武藝者籍爲禁軍。

（宋）李燾：《續資治通鑒長編》卷一〇，太祖開寶二年（969）

北漢軍校王興等二十三人來降。

（宋）李燾：《續資治通鑒長編》卷一一，太祖開寶三年（970）

乾寧軍言北漢民二千二百四十八户來歸。

（宋）李燾：《續資治通鑒長編》卷一〇三，太祖開寶五年（972）

是月，北漢主命劉繼業、馬峰攻晉州，武守琦敗之洪洞。此據《十國紀年》。

（宋）李燾：《續資治通鑒長編》卷一六，太祖開寶八年（974）

晉州以所獲北漢嵐、憲、石三州巡檢使王洪武等二十九人來獻。洪武，未見。

（宋）李燾：《續資治通鑒長編》卷一〇七，太祖開寶九年（976）

晉州獲北漢諜者趙訓，械送闕下，上釋不誅，給裝服遣之。

（宋）李燾：《續資治通鑒長編》卷一〇七，太祖開寶九年（976）

西山巡檢郭進言北漢胡桃寨指揮使史温等四十四户二百四十五口内附。

（宋）李燾：《續資治通鑒長編》卷一八，太宗太平興國二年（977）

先是，詔於潞州北亂柳石圍中築城。甲午，賜名威勝軍。

（宋）李燾：《續資治通鑒長編》卷一八，太宗太平興國二年（977）

河北、河東强壯，自五代時瀛、霸諸州已有之，是歲，始詔河北民家二丁、三丁籍一,四丁、五丁籍二,六丁、七丁籍三,八丁以上籍四爲强壯。五百人爲指揮,置指揮使。百人爲都,置正副都頭二人,節級四人。所在置籍,擇善射者第補校長。聽自置馬,勝甲者蠲其户役。尋募其勇敢,團結附大軍爲栅,官給鎧甲。此據《兩朝兵志》、《實録》無之。團結勇敢附大軍,志又在明年,今亦附見。

(宋)李燾:《續資治通鑑長編》卷四七,真宗咸平三年(1000)

庚子,上論太宗時用兵,多作大小卷付將帥,御其進退,不如太祖。王安石曰:"太祖知將帥情狀,故能得其心力,如言郭進反,乃以其人送郭進,此知郭進非反也,故如此。此所以如進者,皆得自竭也。此與唐德宗送言李錡反者與錡異矣。其後,郭進乃爲奸人所擠,至自殺;楊業亦爲奸人所陷,不得其死。將帥盡力者乃如此,則誰肯爲朝廷盡力? 此王師所以不復振,非特中御之失而已。"上曰:"祖宗時,從中御將帥,蓋以五代時士卒或外附而叛,故懲其事而從中御。"安石曰:"人君所以爲士卒所侮者,必先爲貴近所侮而不悟,以至於此。孟子曰:'能治其國家者,誰敢侮之!' 苟爲貴近所侮而不悟,即士卒敢侮,安能使方鎮、夷狄不侮? 太祖能使人不敢侮,故人爲用,人爲用,故雖不中御而將帥奉令承教無違者,此所以征則强、守則固也。"

(宋)李燾:《續資治通鑑長編》卷二三七,神宗熙寧五年(1072)

是月,詔張方平歸宣徽院供職,罷知青州。先是,方平與滕甫易任,方平又辭。上問方平:"祖宗禦敵之策孰長?"方平曰:"太祖不勤遠略,如夏州李彝興、靈武馮暉、河西折御卿,皆因其酋豪,許以世襲,故邊圉無事。董遵誨捍環州,郭進守西山,李漢超保關南,皆十餘年,優其禄賜,寬其文法,而少遣兵。諸將財力豐而威令行,間諜精審,吏士用命,賊所入輒先知,併兵禦之,戰無不克,故以十五萬人而獲百萬之用。終太祖之世,邊鄙不聳,天下安樂。及太宗平并州,欲遂取燕薊,自是歲有契丹之虞,曹彬、劉廷讓、傅潛等數十戰,各亡士卒十餘萬。

(宋)李燾:《續資治通鑑長編》卷二五九,神宗熙寧八年(1075)

5. 犒軍

開平二年七月,湖南節度使馬殷奏:"天軍先與本道兵士同收復明州,進賞犒將士錢十萬貫。"

(宋)王欽若等編纂:《册府元龜》卷四八五《邦計部》

後唐莊宗同光四年二月丁巳,遣宣徽使宋唐玉往鄴都宣諭諸軍。

(宋)王欽若等編纂:《册府元龜》卷一三六《帝王部》

明宗天成二年四月,有内臣自荆南至。云暑雨方甚,兵士苦之,及劉訓有疾。是日,差孔循徑往勞問,及續賜孔循詔曰:"朕以荆門伐叛,方委勛臣,而聞統帥縈切戎機,勤劬王事,致乖攝理,深軫痗懷。輟卿樞近之繁,達我優隆之旨,固於旬朔已就宣和。苟或尚未全平,且要暫還本道,便於將息,亦可允俞,委卿精白。凡事詳酌,審於準節,庶協籌謀,料度攻收,撫綏軍旅,咸繫明略,更集殊庸,倚注之心,再三在念。"

(宋)王欽若等編纂:《册府元龜》卷一三六《帝王部》

(天成二年)九月戊午,北面屯戍上言:"經夏戰馬多死。"是日出内厩馬三百匹賜之。帝猶慮邊將憂慮,召來人慰諭之曰:"盛夏酷熱,人尚多疾,其況馬邪?但令勉於王事,無以此爲恐。"仍以槍劍賜其主將。又曰:"沿路芻粟,館驛相接,爾慎勿擾人。"

(宋)王欽若等編纂:《册府元龜》卷一三六《帝王部》

(天成)三年六月,命閤門使馮知兆往定州犒宴將校。

(宋)王欽若等編纂:《册府元龜》卷一三六《帝王部》

末帝清泰元年十二月壬申,遣李讓勛馳騎代北,犒享防邊將士。

(宋)王欽若等編纂:《册府元龜》卷一三六《帝王部》

（清泰）三年八月，詔端明殿學士吕琦往河東忻代諸屯戍犒軍。

（宋）王欽若等編纂：《册府元龜》卷一三六《帝王部》

（清泰三年）是年，詔放澶州刺史馮暉屬省錢一百萬。暉以犒軍爲辭，故有是命。

（宋）王欽若等編纂：《册府元龜》卷一七九《帝王部》

後唐李建及，有膽氣，慷慨不群，臨陣鞠旅，意氣橫壯。自莊宗至魏州，建及都總内外衙銀鎗效節帳前親軍，善於撫御，所得賞賜皆分給部下，絕甘分少，頗洽軍情。

（宋）王欽若等編纂：《册府元龜》卷三九八《將帥部》

晉少帝天福九年三月，契丹寇河北，帝親征，駐蹕澶淵。丙午，先鋒指揮使石公霸遇賊數萬騎於戚城之北，爲賊所圍。高行周、符彥卿在戚城之東南方，息於林下，忽聞賊至，駭愕督軍而進，纔數千騎，衆寡不較。行周遣人馳告景延廣，請益師，延廣遲留，候帝進止。既而行周等爲賊圍之數重，三人大譟嗔目，奮擊賊衆，傷死者甚衆，帝自御親兵援之，前軍獲免，帝登戚城南古臺，置酒以勞二將。

（宋）王欽若等編纂：《册府元龜》卷一三六《帝王部》

晉吴巒，爲復州防禦使。二年罷歸，會王令溫以機事入奏，執政者以巒雲中之難，有善守之功，遂令乘輺而往。既至，大寒，軍士無衣者悉衣之。平生廉儉，囊無資用，以至壞帳幕以禂之，其推心撫下如此。

（宋）王欽若等編纂：《册府元龜》卷三九八《將帥部》

孔知濬，開運中爲鳳州刺史。河池據關防之要，密邛、益兵少勢孤，知濬撫士得宜，人皆盡力，故西疆無牧圉之失。

（宋）王欽若等編纂：《册府元龜》卷三九八《將帥部》

漢高祖天福十二年十月,討杜重威於魏府。二十日,帝乘馬環城幸副部署慕容彥超、尚洪千、聶章、周殷等營,遍加撫喻,衆心咸懌。

（宋）王欽若等編纂:《冊府元龜》卷一三六《帝王部》

（天福十二年）十一月,將伐鄴。壬午,車駕次長垣,因賜宰臣竇貞固、蘇逢吉、蘇禹珪、李濤及從官食。帝曰:"朕少親戎馬,險阻艱難,備嘗之矣。公等儒臣也,從朕蒙犯霜露,得無勞苦乎?"群臣蹈舞稱謝。

（宋）王欽若等編纂:《冊府元龜》卷一三六《帝王部》

（廣順元年）二月癸巳,賜王彥超詔曰:"昨以鞏廷美、楊温等妄抱憂疑,輒敢違拒,累令招諭,未體誠懷。須至加兵,以安民衆。切慮破城之後,玉石難分,卿可告諭諸軍,勿令殺人放火,但誅惡黨,宜捨脅從,眷惟許國之心,當體好生之意。"

（宋）王欽若等編纂:《冊府元龜》卷六六《帝王部》

周太祖廣順二年五月,親征兗州,至兗州城下,於西屯寨下慰勞兵士,賜監押使臣將校茶酒。

（宋）王欽若等編纂:《冊府元龜》卷一三六《帝王部》

（廣順二年）十一月,荊南上言,覘知湖南事宜。朗州大將劉言,十月三日,以兵入長沙界,十五日至潭州。其淮南所署僞節度使邊鎬焚城而遁,岳州僞刺史宋權亦弃城去。帝遣供奉官齊藏琦乘馹往湘潭慰撫三軍將吏。

（宋）王欽若等編纂:《冊府元龜》卷一三六《帝王部》

（廣順）三年九月,涇州節度使史懿疾復作,遣客省使楊廷章往知州事。賜襲衣、金帶、縑帛,詔諭彰義軍民吏曰:"朕以史懿自鎮邊蕃,克勤王事,眷言勛舊,深副倚毗。爰自近年,多嬰疾苦,邇來頻有發動,乞赴闕尋醫。既覽奏陳,須議俞允,已差客省使楊廷章往彼知軍州事,即令史懿發來京師。朕念涇州久夾瘵痍之地,軍人百姓,撫愛皆同,今已指揮楊廷章,候到日凡事倍加撫安,不得輒有科率,俾令眾庶,皆遂蘇舒。"

(宋)王欽若等編纂:《册府元龜》卷一三六《帝王部》

世宗顯德元年五月,親征河東。丁丑,觀兵於城下,帝巡撫諸軍,親自慰勉。賜賚有差。

(宋)王欽若等編纂:《册府元龜》卷一三六《帝王部》

王景,爲鳳翔節度使。世宗顯德二年五月上言:今月七日收下黄牛、新城、大忌等三砦。相次又收下鬼迷、黄花、下湛、滴水、皂莢等五砦,其鄉村人户並已招携安撫。

(宋)王欽若等編纂:《册府元龜》卷三九七《將帥部》

(顯德)五年四月丁丑,吳越王錢俶上言:"四月十日夜,杭州火,沿燒府署殆盡。帝憫之,遽命內臣賫璽書恤問。"

(宋)王欽若等編纂:《册府元龜》卷一三六《帝王部》

6. 獻捷

梁太祖開平元年五月,湖南節度使馬殷奏:"克袁州,大破淮寇,畫圖以進。"宣示宰臣。先是,淮夷襲陷洪州,並有宜春。袁民厭淮夷苛政,且忿其屠戮而征賦煩重,乃有邊界酋首,潛以人情利害導湖南之兵取袁州。淮夷賊寇失守,舉郡皆没,殺傷甚衆。馬殷屯兵戍守,以捷來奏。

(宋)王欽若等編纂:《册府元龜》卷四三五《將帥部》

(開平)二年五月癸未,朗州奪得淮賊舟船大小共四十隻,斬首百餘級,以捷來告。

（宋）王欽若等編纂：《冊府元龜》卷四三五《將帥部》

（開平二年）九月,同州劉知俊以鄜、延歸降將健十人並捷表來獻。

（宋）王欽若等編纂：《冊府元龜》卷四三五《將帥部》

（開平二年）十月己亥朔,帝在陝,兩浙節度使錢鏐奏:"於常州東洲鎮,殺淮賊萬餘人,生擒將校千餘人,獲戰船一百二十隻。"

（宋）王欽若等編纂：《冊府元龜》卷四三五《將帥部》

（開平）三年六月戊戌,兩浙節度使錢鏐奏:"四月十六日,於蘇州大破淮賊,擒獲數千人,戰船數百隻,器甲二十餘萬。"

（宋）王欽若等編纂：《冊府元龜》卷四三五《將帥部》

（開平三年六月）是月丁未,靈武節度使韓遜奏:"收復鹽州,擒偽刺史李繼直以下六十二人,並處斬訖。"七月,殿直聶榮受自軍前走馬奏:"收復丹州,生擒賊將王行思,獻於行在。"時同州節度使劉知俊叛。

（宋）王欽若等編纂：《冊府元龜》卷四三五《將帥部》

（開平三年）八月辛酉,城州刺史張敬方既定其郡,又移兵克房陵。

（宋）王欽若等編纂：《冊府元龜》卷四三五《將帥部》

（開平三年）九月庚子,殿直王唐福,自襄州走馬,以天軍勝捷,逆將李洪歸降事上聞。賜唐福絹銀有加。宰臣百官上表稱賀。壬寅,開封府虞候李繼業賫襄州都指揮使程暉奏狀,以今月五日,殺戮逆黨千人,並生擒都指揮使傅霸已下節級共五百人,收復襄州,人戶歸業事。癸卯,帝御文明殿,以收復襄、漢,受宰臣已下稱賀。

（宋）王欽若等編纂：《冊府元龜》卷四三五《將帥部》

（開平）四年四月，葉縣鎮遏使馮德武，於蔡州西平縣界，殺戮山賊，擒首領張濆等七人以獻。

（宋）王欽若等編纂：《冊府元龜》卷四三五《將帥部》

乾化元年十一月庚寅，延州節度使高萬興奏：“當軍都指揮使高萬金，統領兵士，今月五日收鹽州僞刺史高行存，泥首來降。”丞相及文武百官各上表稱賀。按鹽州與吐蕃、党項封境互接，爲二境咽喉之地，又有烏池鹽鹼之利。唐建中初爲吐蕃所陷，平其塏而去。繇是銀、夏、寧、延、泊、于、靈武歲以河南、河東、山東、淮南、青、徐、江、浙等道兵士不啻四五萬，分護其地，謂之防秋。貞元九年，朝政稍暇，乃命副元帥渾瑊總兵三萬，復取其地，建城壁焉。自是虜塵乃清，邊患遂止。唐末又復失之。今纔動偏師，遽收襟要，國之疾疢其息哉。

（宋）王欽若等編纂：《冊府元龜》卷四三五《將帥部》

（乾化元年）十二月，延州節度使高萬行奏：“領軍於邠州界蒿子谷韋家寨，殺戮寧、慶兩州賊軍約二千餘人，並生擒都頭指揮使及奪馬器甲等事。”其入奏軍將使宣召赴內殿略對，托以銀器彩物錫之。宰臣及文武官各奉表賀。

（宋）王欽若等編纂：《冊府元龜》卷四三五《將帥部》

（乾化元年十二月）是月，魏博節度上言：“於涇縣北，戮殺鎮州王鎔兵士七千餘人，奪馬二千餘匹，戈甲未知其數，並擒都將已下四十餘人。”

（宋）王欽若等編纂：《冊府元龜》卷四三五《將帥部》

後唐閻鍔，武皇牙將也。武皇初，爲河東節度使。昭宗乾寧二年，武皇討邠州王行瑜，行瑜急困，與其妻子部曲五百餘人潰圍出奔，至慶州，爲部下所殺，其家二百口並詣行營乞降。武皇命鍔獻於京師。十二月甲申朔,昭宗御延喜門受俘馘,百僚樓前稱賀。

（宋）王欽若等編纂:《册府元龜》卷四三四《將帥部》

後唐莊宗天祐十四年,以契丹攻周德威於幽州,命諸將進討。八月,大軍入幽州。翌日,獻捷於鄴。

（宋）王欽若等編纂:《册府元龜》卷四三五《將帥部》

（天祐）十八年九月,北面招討使李存審攻鎮州,下之。擒王德明之子處球、同惡高蒙、李鼇,露布以獻。

（宋）王欽若等編纂:《册府元龜》卷四三五《將帥部》

同光二年五月,潞州招討霍彥威平潞州,擒叛將楊立,獻捷以聞。

（宋）王欽若等編纂:《册府元龜》卷四三五《將帥部》

（同光二年）是年,龍武大將軍夏魯奇擒梁將王彥章以獻。帝壯之,賞絹一千匹。

（宋）王欽若等編纂:《册府元龜》卷四三五《將帥部》

（同光）三年二月,荆南高季興奏:“收復歸、夔、忠等州。”

（宋）王欽若等編纂:《册府元龜》卷四三五《將帥部》

（同光）四年三月,李紹真奏:“收復邢州,擒賊首趙太等二十一人,徇於鄴都城下,皆磔於軍門。”是月,西面行營副招討使任圜奏:“收復漢州,擒逆賊康延孝。”時,圜從郭崇韜平蜀,延孝以利州叛,欲回劫西川。圜率兵攻延孝於漢州,擒之。

（宋）王欽若等編纂:《册府元龜》卷四三五《將帥部》

明宗天成二年九月,以峽路招討西方鄴進兵殺敗荆南賊船,收復忠、萬、夔等州，圖一面，陳於通天門外，俾將校觀之。

（宋）王欽若等編纂：《册府元龜》卷四三五《將帥部》

（天成）三年四月，復州刺史周令武飛狀上言：“湖南大軍曾與淮南賊將王茂求等戰於道人磯，茂求敗績。”

（宋）王欽若等編纂：《册府元龜》卷四三五《將帥部》

（天成三年）五月癸丑朔，湖南馬殷上言：“今歲二月中，殺敗淮寇二萬衆，生擒將卒五百餘人。”內外皆賀。是月壬申，破定州曲陽，捷音至，帝大悦，謂侍臣曰：“王都違負天地，擒之不遠。因此，兼破契丹也。”左右稱賀。王都爲定州節度使，通契丹爲叛。

（宋）王欽若等編纂：《册府元龜》卷四三五《將帥部》

（天成三年）六月己丑，張延朗自定州回，押領到所獲賊將五十餘人。帝御咸安門，觀其獻俘。

（宋）王欽若等編纂：《册府元龜》卷四三五《將帥部》

（天成三年）七月己丑，北面招討使、定州刺使王晏球獻所獲戎馬一百匹。甲子，晏球使人馳報：“十九日，契丹七千騎來援定州，遂逆戰於唐河北。敗之。襲至蒲城，又掩殺二千級，捉馬千匹。”內外稱賀。己巳，驛騎入報：“二十一日，又於陽州掩殺契丹四十餘里，擒獲殆盡。”

（宋）王欽若等編纂：《册府元龜》卷四三五《將帥部》

（天成三年）八月，鎮州趙德鈞馳騎上言：“今月二日，於府西逢契丹敗黨數千，生擒首領惕隱等五十餘人，接殺皆盡。”契丹强盛僅三十年，雄據北戎，諸蕃竄伏，屢爲邊患，漢兵嘗憚之，前後戰爭，罕得其利。是役也，曲陽之敗，已失千騎；唐河之陣，兵號七千。潰散之後，溝渠泛溢，官軍襲殺，人不暇食。秋雨繼降，泥濘莫進，人饑馬乏，難投村落。所在村人,持白梃毆之。德鈞生兵接於要路,惟奇峰嶺北有棄馬潛遁,脫者數十餘,無噍類。帝致書諭其本國,皇威大振。四年正月,房知溫攻帥子口白波砦,獻捷於行闕。

(宋)王欽若等編纂:《册府元龜》卷四三五《將帥部》

(天成四年)二月乙巳,北面馳報:"是月三日,收復定州。"帝大悅,舉酒遍賜侍臣,喜除心腹之疾。賜教坊絹五百匹,内臣進馬稱賀。丙午,百辟入賀。戊申,宴群臣於玉華殿,樂作,王晏球馳報:"已獲王都首級,生擒契丹秃餒等二千餘人。"宴罷,賜物加等。辛酉,定州獻俘馘,帝御咸安樓,立儀仗,百官就列。尚書兵部宣露布於樓前,曰:"蓋聞禍福兩途,響應雖從於天道;賞罰二柄,憲章必在於帝王。所以虞殛四凶之徒,周誅三監之類。爲時除害,令在必行。顯申旄鉞之威,以剿豺狼之黨。逆賊王都,濫承餘緒,叨據邊方。當朝廷念舊之時,冒藩翰延賞之帥。曾無績效,但抱奸邪。國家光有萬邦,寵綏諸夏,累頒殊渥,官兼右相之榮;疊示優恩,秩冠三公之貴。諒兹睠命,果至滿盈。其況去歲,駐驆夷門,吊民梁苑,萬乘有省方之念,諸侯專述職之勤。而乃王都,背惠辜恩,藏奸積釁,不思入覲,惟自偷安。以至繼歷寒暄,逗留川陸。朝廷務從寬恕,累降詔書,候其悛心,冀全理體。殊不知凶頑益固,抗拒彌堅。信折簡以難招,非舞干而可格。而又朋連北狄,狎禦王師,擾我疆場,負我盟誓,須兹飾怒,所冀夷凶。乃謀帥於軍中,俾恭行於天罰。緜是貔貅雲集,虎豹風馳,咸搗梟巢,誓平蟻穴。北面招討、天平軍節度使王晏球等,推心許國,挺志忘家,皆矜摩壘之雄,各騁寢皮之勇。遂乃交飛矢石,齊舞梯衝,共指游鼎之魚,必取膏碪之肉。以致徵兵調食,結壘連營。逾沙軼漠之戎,全軍皆戮;同惡齊奸之虜,匹馬不回。而又舉螳臂以求生,張蝟毛而自固。計窮力盡,且無飛走之門;萬詐千妖,寧免芟夷之禍。是以致其醜類,無所逃形。既諧飲至之期,爰契疇庸之典。今月三日,定州指揮使馬讓能已下三人,先約歸降。是時,果於賊城之上,自相殺戮。王晏球等領兵士直扣曲陽門,接勢而攻,一合收下其逆賊王都及秃餒,趁入子城,斬首生擒,不可勝計。至於徒黨骨肉,略無子遺。今則獻俘行闕,懸首藁街。六師盡敵而凱旋,一境復安於生聚。王晏球等已下從上行賞,表不逾時。或跨鎮分封,官居極品;或雙旌大斾,寵奇十連。著銘鍾鏤鼎之榮,顯傳子示孫之業。於戲!違天逆道,鬼瞰神誅。顧斯蕩定之勛,實快華夷之意。可期康樂,以泰黎元。申號令於市朝,明征伐之有謂。布告天下,咸使聞知。"刑部侍郎張文寶奏曰:"逆賊王都首級,請付所司大理卿蕭希甫受之,以出獻於郊社,畢,於街市號令。王都男四人弟一人、禿餒父子二人,並磔於開府橋。"文武百官稱賀於樓前。

(宋)王欽若等編纂:《册府元龜》卷四三五《將帥部》

長興元年三月,靈武節度使康福奏:"攻取保靜鎮,賊首李正賓並其黨與盡誅之。"

(宋)王欽若等編纂:《册府元龜》卷四三五《將帥部》

(長興元年)是年,河中軍校楊彥溫,逐其帥皇子重琦。四月,河中行營都部署索自通奏:"今月十八日,收復河中,斬楊彥溫,傳首來獻。"帝御殿受賀。

(宋)王欽若等編纂:《册府元龜》卷四三五《將帥部》

(長興元年四月)壬戌,冀州奏:"殺敗蕃賊,於城中見輿棺者,訊其降者,云:戚城之戰,上將金頭玉中流矢而死,此其櫬也。"

(宋)王欽若等編纂:《册府元龜》卷四三五《將帥部》

(長興元年)八月,太原節度使奏:"代州刺史白文琦,破契丹於七里峰,斬首千餘級,生擒將校七千餘人。"

(宋)王欽若等編纂:《册府元龜》卷四三五《將帥部》

(長興)二年二月,符州防禦使折從阮奏:"部領兵士攻圍契丹勝州,降之。見進兵趨朔州。"

(宋)王欽若等編纂:《冊府元龜》卷四三五《將帥部》

(長興二年)三月,易州刺史安審約奏:"二月三日,夜差壯丁斫虜營,殺賊千餘人。"又奏:"郎山砦將孫方簡,破契丹千餘人,斬蕃將諧里相公,虜其妻以獻。又杜重威以大軍攻秦州,刺史晉廷謙以州降,獲守城兵士三百八十九人。"朝廷稱賀。又奏:"收復蒲城,獲契丹首領没剌相公及守城兵士一千九百六十四人。"又奏:"收復遂城縣,守城契丹留六十三人,首領餘並殺之。"四月,內班張嶼北面軍前回,進呈:"收奪得契丹王金盂子龍鳳旗。"李守貞又進奪得契丹王奚車、白駝、掌羽、旗槍等。護聖散都頭辛進進納奪得契丹王紅羅麞金銀綫裝玉鞍轡一副。賜絹五十匹,蓋碗一口。

(宋)王欽若等編纂:《冊府元龜》卷四三五《將帥部》

(長興)三年八月,李守貞奏:"大軍至望都縣,相次至長城北,遇虜寇千餘騎,轉鬥四十里,斬蕃將解里相公。"

(宋)王欽若等編纂:《冊府元龜》卷四三五《將帥部》

(長興三年八月)是月,靈武馮鐸奏:"與威州刺史藥元福,於威州土橋西一百里遇吐蕃七千餘人。大破之,斬首千餘級。"張彥澤奏:"破蕃賊於定州界,斬虜首二千餘級,追襲百餘里,生擒蕃將四人,摘得金耳環二副進呈。"癸卯,太原奏:"破契丹於陽武谷,殺七千餘人。"

(宋)王欽若等編纂:《冊府元龜》卷四三五《將帥部》

漢隱帝乾祐元年二月,右衛大將軍王景崇奏:"於大散關大敗蜀軍,俘斬三千人。"初,北虜犯京師,侯益、趙贊皆受虜命,節制岐、蒲。聞高祖入洛,頗懷反仄。朝廷移贊於京兆,益與贊皆求援於蜀。蜀遣何建率軍出大散關以應之。至是,景崇糾合岐、雍、邠、涇之師以破之,又遣人送所獲僞蜀將校軍士四百三十八人至闕下。詔釋之,仍各賜衣服。

(宋)王欽若等編纂:《冊府元龜》卷四三五《將帥部》

(乾祐元年)九月,鳳翔都部署趙暉奏:"大破川軍於大散關,殺三千餘人,其餘弃甲而遁。"

(宋)王欽若等編纂:《冊府元龜》卷四三五《將帥部》

(乾祐元年九月)是月,永興行營都部署郭從義奏:"今月十四日,鳳翔王景崇兵士離本城,尋遣監軍李彥從率兵追襲至法門寺西,殺戮二千餘人。"趙暉又奏:"破王景崇賊軍於鳳翔城下。"

(宋)王欽若等編纂:《冊府元龜》卷四三五《將帥部》

(乾祐)二年正月,河中府軍前奏:"今月四日夜,賊軍偷斫入西寨。捕斬七百餘級。"時蜀軍自大散關來援王景崇,周太祖自將兵赴岐下,將行,戒白文琦、劉詞等曰:"賊之驍勇並在城西,慎爲備。"既行,至華州,聞川軍敗退,且憂文琦等爲賊奔突,遂兼程而回。賊內俱知周太祖西行,夜遣賊將王三鐵等,率驍勇千餘人,沿流南行,坎岸而登,爲三道來攻。賊軍已入王師砦中,劉詞極力拒之,短兵既接,遽敗之。

(宋)王欽若等編纂:《冊府元龜》卷四三五《將帥部》

(乾祐二年)三月,徐州巡檢使成德欽奏:"至峒峿鎮遇淮賊,破之,殺五百人,生擒一百二十人。"

(宋)王欽若等編纂:《冊府元龜》卷四三五《將帥部》

(乾祐二年)五月,湖南奏:"蠻寇賀州。"遣大將徐進率兵援之,戰於鳳陽山下,大敗蠻獠,斬首五千級。

(宋)王欽若等編纂:《冊府元龜》卷四三五《將帥部》

（乾祐二年）七月，永興都部署郭從義奏："新除華州留後趙思綰，三月三日授華州留後，準詔赴任，三移行期，仍要鎧甲以給牙兵。及與之，竟不遵路。至九日，適有部曲曹彥進告：'思綰欲於十一日夜，與同惡五百人奔南山入蜀。'是日詰旦，再促上路，云：'候夜進塗。'臣等與王峻入城分兵守四門，其趙思綰部下，軍各已執帶，遂至牙署，令召思綰，至則執之，與一行徒黨，並處置訖。"

（宋）王欽若等編纂：《冊府元龜》卷四三五《將帥部》

（乾祐二年七月）是月，西面行營都部署，露布獻河中府所獲逆賊李守貞首級並俘馘等。帝明德門樓受俘，群臣列班於位，稱賀而退。

（宋）王欽若等編纂：《冊府元龜》卷四三五《將帥部》

（乾祐）三年春正月，鳳翔行營都部署趙暉奏："前月二十四日，收鳳翔逆賊王景崇，舉家自燔而死。請供奉官張銖，押逆賊王景崇首級並同惡周璨至闕下獻俘馘。"命徇於六街，磔於兩市。

（宋）王欽若等編纂：《冊府元龜》卷四三五《將帥部》

周太祖廣順元年二月，隰州刺史許遷上言："河東賊軍侵我。今月十一日，遣步軍都指揮使孫繼業等，領兵三百至州北長壽村掩殺，獲賊砦將程筠、軍使冒千、王仁原、供奉官李演，並駝馬等。所獲賊將校並斬之。不數日，賊引軍攻城，四面齊進。臣與判官李昉、都指揮使趙太、糧料使王光裔、官員、職掌、百姓，守把拒鬥，焚賊攻具，死者五百餘，傷者千餘，信宿遁去。"詔曰："凶狂烏合，來犯軍城。醜類蜂屯，罔識天命。汝誓平國蠹，固彼人心，率驍銳以前衝，履鋒芒而直進。機籌神助，部伍風生。偽將活擒，殘妖碎首。心堅鐵石，城固金湯。蛇豕既殲，梯衝並爇。孳堅偷生而遁迹，雄師賈勇以追奔。言念忠貞，優無倫比。嘉賞愧嘆，再三不忘。"時劉崇以朝廷初定，徐方用兵，遣子均領兵出陰地關侵晉、隰，以觀人心。至是，挫衂而退，窺覬之意稍息矣。

（宋）王欽若等編纂：《册府元龜》卷四三五《將帥部》

（廣順元年二月）是月，安平兵馬監押馬彥珣言：“契丹入寇，出兵掩襲，奪下老幼人口並牛馬，各付其家。”

（宋）王欽若等編纂：《册府元龜》卷四三五《將帥部》

（廣順元年）三月，徐州行營都部署王彥超，遣供奉都知孫仁安馳奏：“收復徐州。”賜仁安錦袍銀帶、絹百匹、銀器五十兩。甲戌，群臣詣廣政殿稱賀。其月己卯，潞州常思奏：“差人部送：涉縣陣所捉到之賊將校長行，共二百六十五人、馬三十四匹赴闕。”回詔曰：“卿摧敵有方，執俘甚衆。據兹惡黨，固有常刑。但念彼之賊軍，悉是朕之赤子，遭罹凶暴，迫脅征行，以至就擒，良亦可憫。察其情狀，奚忍加誅？配於邊遐，亦所不欲。其賊軍並已釋罪，各與衫褲巾履，遣供奉官張諲，管押至河東界首，放歸本家。諒卿明敏，當體朕懷。”常思上言：“招誘到熟吐渾李骨卑四十一人。”

（宋）王欽若等編纂：《册府元龜》卷四三五《將帥部》

（廣順元年）八月，鎮州何福進上言：“平山西，殺山東賊軍數百餘人。”

（宋）王欽若等編纂：《册府元龜》卷四三五《將帥部》

（廣順元年）十二月，樞密使王峻征并寇。遣供奉官梁義奏：“臣部領大軍至晉州。翌日，遂攻劉崇，焚燒其砦柵，弃甲遁去。臣當時入城鎮安撫，遣行營馬軍都指揮使仇弘超、左厢排陣使陳思讓、都排陣使藥元福、右厢排陣使康延沼等領騎軍掩襲。”賜梁義錦袍、銀帶。庚戌，宰臣百僚内殿稱賀。

（宋）王欽若等編纂：《册府元龜》卷四三五《將帥部》

（廣順）二年正月，鎮州何福進令指揮使王斌，領先擒獲河東賊軍二百三十人，馬三十匹至京師。各賜巾履衫褲並釋放。

（宋）王欽若等編纂：《冊府元龜》卷四三五《將帥部》

（廣順二年）九月，樂壽縣監押杜廷熙言：“於瀛州南，殺契丹三百餘，得馬四十七匹。”

（宋）王欽若等編纂：《冊府元龜》卷四三五《將帥部》

（廣順）三年正月，定州言：“契丹三千攻圍義豐軍。遣定、和都指揮使楊弘裕選兵二百，夜斫寨，殺蕃首綰相以下六十人，得馬八匹，契丹遁去。”

（宋）王欽若等編纂：《冊府元龜》卷四三五《將帥部》

世宗顯德二年十二月，淮南道行營前軍都部署李穀上言：“副部署王彥超，敗淮賊二千餘人於壽州城下。”又言：“先鋒都指揮使白延遇，敗淮賊軍千餘人於山口鎮。”

（宋）王欽若等編纂：《冊府元龜》卷四三五《將帥部》

（顯德）三年正月，侍衛都指揮使李重進，差人馳騎上言：“敗淮賊三萬餘衆於正陽鎮東，追殺二十餘里，剿戮殆盡，生擒賊將咸師郎，戈甲約三十萬衆，馬五百餘匹。”帝大悦，詔書褒之，文武從官皆稱賀焉。

（宋）王欽若等編纂：《冊府元龜》卷四三五《將帥部》

（顯德三年）二月，朗州節度使王進達上言：“領兵入鄂州界，攻下淮南長山砦，殺賊軍三千餘衆。”三月，鐵騎右廂都指揮使高懷德上言：“殺廬州賊軍七百餘衆於其城下。”是月，行光州刺史何超上言：“僞光州兵馬都監張承翰，舉城內附，其僞刺史張紹單騎而遁。”文武從官稱賀，既而授承翰遥領集州刺史。庚子，馬軍都指揮使韓令坤，差牙將押降到僞天威指揮使曹延嗣等一千二百餘人至行在,賜物有差。又舒州刺史郭令圖上言:"今月四日,收下舒州,其僞刺史自溺而死,餘黨皆遁。"文武從官稱賀。壬寅,朗州節度使王進達,差牙將捉到押送淮南賊將陳澤等。馬軍都指揮使韓令坤差人押先降到天張賊軍朱重進等千餘人到行闕,賜衣物有差。

(宋)王欽若等編纂:《册府元龜》卷四三五《將帥部》

(顯德三年)四月,韓令坤自揚州差人馳騎上言:"敗吳寇萬餘衆於泰州路,獲賊帥陸萬俊。"

(宋)王欽若等編纂:《册府元龜》卷四三五《將帥部》

(顯德三年四月)是月,韓令坤又上言:"敗楚州賊將馬在貴等萬餘衆於灣頭堰,獲僞漣州刺史秦進崇等。"殿前都指揮使張永德上言:"敗泗州賊軍千餘人於曲溪堰。"

(宋)王欽若等編纂:《册府元龜》卷四三五《將帥部》

(顯德三年)七月,廬州行營都部署劉重進上言:"敗淮賊千五百人於廬州。"是月,濠州行營都部署武行德上言:"敗淮賊二千餘人於其界。"八月壬寅,張永德上言:"敗淮賊千餘人於下蔡橋東,獲樓船二隻、掉船五隻。"

(宋)王欽若等編纂:《册府元龜》卷四三五《將帥部》

(顯德三年)十月,昭義軍節度使李筠上言:"差行軍司馬范守圖領兵入邊州界,殺獲河東賊軍三百餘人,兼擒送員僚數人赴闕。"

(宋)王欽若等編纂:《册府元龜》卷四三五《將帥部》

(顯德三年十月)是月壬午,任永德上言:"敗淮賊千餘人於下蔡縣淮北岸,獲戰船數十隻,賊衆溺死者甚衆。"

(宋)王欽若等編纂:《册府元龜》卷四三五《將帥部》

（顯德三年十月）是月，淮南道行營招討使李重進上言："吴人寇我盛塘等，差鐵騎都指揮使王彦昇等率兵掩殺，斬首二千餘級。"

（宋）王欽若等編纂：《册府元龜》卷四三五《將帥部》

（顯德三年）十一月壬子，黄州刺史司超上言："敗淮寇千餘衆於麻城縣北。"

（宋）王欽若等編纂：《册府元龜》卷四三五《將帥部》

（顯德三年）十二月己卯，海州刺史張廷翰上言："敗淮賊五百餘衆於北界。"

（宋）王欽若等編纂：《册府元龜》卷四三五《將帥部》

（顯德三年十二月）是月戊子，李重進上言："敗淮賊二千餘衆於塥山北。"

（宋）王欽若等編纂：《册府元龜》卷四三五《將帥部》

（顯德）四年正月丁未，淮南道行營都招討使李重進差人馳騎上言："敗淮南援軍五千餘衆於壽州城北，奪得砦兩所，及獲軍需器械等。"是日，隨班於廣政殿稱賀。

（宋）王欽若等編纂：《册府元龜》卷四三五《將帥部》

（顯德四年）二月辛酉，淮南道行營都監尚訓上言："敗淮賊二千餘衆於黄耆砦。"

（宋）王欽若等編纂：《册府元龜》卷四三五《將帥部》

（顯德四年）三月甲午，廬州行營都部署劉重進上言："殺淮賊三千餘人於壽州東山口。"乙未，宰臣樞密使已下，以王師大捷，各進馬稱賀。

（宋）王欽若等編纂：《册府元龜》卷四三五《將帥部》

（顯德四年）五月，劉重進又上言：“於航步鎮、金牛砦、廬江縣相次殺獲淮寇，獲賊船三十餘隻。”詔褒之。

（宋）王欽若等編纂：《册府元龜》卷四三五《將帥部》

（顯德四年五月）是月，權知府州事折德願上言：“敗河東賊軍五百餘衆於夾谷砦，斬其砦主都章、都監張釗等。”璽書褒美之。

（宋）王欽若等編纂：《册府元龜》卷四三五《將帥部》

（顯德四年）九月，龍捷右廂主柴貴上言：“敗淮賊千餘衆於木林山。”

（宋）王欽若等編纂：《册府元龜》卷四三五《將帥部》

（顯德四年）十月，昭義軍節度行軍司馬范守圖，帥師入河東界，收降下賊砦二所。

（宋）王欽若等編纂：《册府元龜》卷四三五《將帥部》

（顯德四年十月）是月，田州節度使楊信上言：“盛唐縣兵馬都監薛支柔，敗淮賊六百餘人於田州北界。”

（宋）王欽若等編纂：《册府元龜》卷四三五《將帥部》

（顯德四年十月）是月，招討使李重進上言：“攻下濠州南關城。”十二月，李重進上言：“僞濠州團練使郭廷謂已下，以其城降，濠州平，降其卒萬餘衆，獲賊糧數萬石。”

（宋）王欽若等編纂：《册府元龜》卷四三五《將帥部》

（顯德）五年二月，右龍武統軍趙贊上言：“敗淮南賊軍五百餘人於石潭橋。”

（宋）王欽若等編纂：《册府元龜》卷四三五《將帥部》

（顯德五年二月）是月,黃州刺史司超上言:"領兵破淮南賊砦二所,殺賊三千餘人,兼擒偽舒州刺史施仁望來獻。"

（宋）王欽若等編纂:《册府元龜》卷四三五《將帥部》

（顯德五年）五月,鎮州節度使郭崇上言:"帥師攻下東城縣,斬級數百,俘人口牛畜三萬餘衆。"先是,戎虜以駕在淮南,遣騎萬餘,掠我邊境。至是,故有是舉,以報之也。

（宋）王欽若等編纂:《册府元龜》卷四三五《將帥部》

（顯德五年）六月,昭義節度使李筠上言:"帥師入河東界,破賊砦六所於石會關。"

（宋）王欽若等編纂:《册府元龜》卷四三五《將帥部》

（顯德五年）十月,邢州兵馬留後陳思讓上言:"西山巡檢使楊璘,領兵入遼州界,收降下才砦兩所,獲生口牛羊,具數以聞。"

（宋）王欽若等編纂:《册府元龜》卷四三五《將帥部》

（顯德五年）十一月己未,邢州上言:"西山巡檢使楊璘,破遼州賊界井口砦,擒殺百餘人。"

（宋）王欽若等編纂:《册府元龜》卷四三五《將帥部》

（顯德五年十一月）是月,昭義節度使李筠上言:"破遼州賊界長清砦,擒偽磁州刺史李再興來獻。"

（宋）王欽若等編纂:《册府元龜》卷四三五《將帥部》

（顯德五年）十二月,西山巡檢使楊璘領兵入遼州界,攻破牛居砦一所,斬三百餘級。

（宋）王欽若等編纂:《册府元龜》卷四三五《將帥部》

　　（顯德）六年五月，定州節度使孫行友上言：“率師攻下易州，擒偽刺史李在欽來獻。”命斬於軍市。己酉，先鋒都指揮使張藏英上言：“敗胡騎數百於瓦橋關北，兼攻下固安縣。”己巳，侍衛使李重進上言：“敗河東賊軍五千餘人於北井路，斬二十餘級。”

　　　　　　　　　　（宋）王欽若等編纂：《册府元龜》卷四三五《將帥部》

　　（顯德六年）六月，晉州節度使楊廷璋上言：“率所部兵入河東界，招降下堡砦一十三所，兼下偽西南面巡檢使，斬漢晃已下三人。”

　　　　　　　　　　（宋）王欽若等編纂：《册府元龜》卷四三五《將帥部》

7. 兵器與兵法

護聖將軍

　　貞明末，帝夜於寢間擒刺客，自戮之。造雲母匣，貯所用劍，名匣曰“護聖將軍之館”。

　　　　　　　　　　（明）陶宗儀：《説郛》卷六一《清異録》

十二機弩

　　宣武廳子都，尤勇悍。其弩張一大機，則十二小機皆發，用連珠大箭，無遠不及。晉人極畏此，文士戲呼爲“急就章”。

　　　　　　　　　　（明）陶宗儀：《説郛》卷六一《清異録》

金翅將軍

　　葛從周有水瑩鐵甲遇賊戰不利，甲必前昏，事已還復。從周常以候克衈，其驗若神。日以香酒奉之，設次於中寢，曰：“金翅將軍之位。”

　　　　　　　　　　（明）陶宗儀：《説郛》卷六一《清異録》

（天福二年）十月辛巳，禁諸道不得擅造器甲。

　　　　　（宋）王欽若等編纂：《册府元龜》卷六六《帝王部》

晉天福二年，敕禁諸道不得擅造器甲。

開運元年，命諸道州、府，點集鄉兵，率以稅户七家共出一卒，兵
仗器械，共力營之。

　　　　　（元）馬端臨：《文獻通考》卷一六一《兵考十三》

開運元年八月，將作使周仁美獻三接雲梯，懸空橋梁，高三百餘
尺，遣使送青州行府。

　　　　　（宋）王欽若等編纂：《册府元龜》卷一二四《帝王部》

晉高祖天福十二年，左衛將軍許敬遷奏：“臣伏見天下鞍轡器械並
取契丹樣裝飾，以爲美好。安有中國之人，反效異域之俗？ 請下明詔毁
弃，須依漢境舊儀。”敕曰：“近年中華兆人浮薄，不依漢禮，却慕殊風，
果致狂兵來侵諸夏。應有契丹樣鞍轡器械服裝等，並令逐處禁斷。”

　　　　　（宋）王欽若等編纂：《册府元龜》卷一六〇《帝王部》

張昭爲兵部尚書，世宗親征淮南，表進所撰《兵法》，其略曰：“臣
本書生，不嫻武藝，空忝穰苴之位，慚無郤縠之能，遽捧綸言，令纂兵
法，雖彊三宫之説，何稱九天之謀。伏惟陛下玉斗纘戎，金樓聚學，九
舜十堯之典，不足揣摩；三門五將之書，無煩接要。而猶申旦不寐，乙
夜縱觀，留連於尺籍伍符，探賾於楓天棗地。以爲人情貴耳而賤目，
儒者是古而非今。以韓、白之智有餘，英、衛之才不足，寧悟渭水釣翁
之學。今廼椎輪圯橋神叟之言，已爲糟粕，無足師模於鈐算，聊可挹
酌於源流，爰命下臣，撮其樞要。臣遂觀前代兵家所著，篇部頗多，自
唐末亂離，圖書流落，今蘭臺秘府，目録空存，其於討論，固難詳悉。
今只據臣家所有之書，摭其兵要，自軍旅制置、選練教習、安營結陣、
命將出師、詭譎機權、形勢利害、賞罰告誓、攻守巧拙、星氣風角、陰陽

課式等,部四十二門,離爲十卷。管窺蠡測,莫知穹渤之高深;獸走犬馳,且副蒐苗之指使。既成卷部,須有籤題,臣伏見前代奉詔撰論,皆目爲制旨,今輒準故事,題爲《制旨兵法》。臣留司都下,不敢輒去班行,謹差私吏賫詣行闕陳進。"詔曰:"朕昔覽兵書,粗知前事,將觀機要,委卿撰述。曾未逾時,遠來呈進,披尋之際,備見精詳。論戰法之大綱,與孫吳而共貫,賴卿博學,副朕所懷。宜示頒宣,用明恩寵,嘉獎在念,再三不忘。今賜卿衣著二百匹,銀器一百兩。"

（宋）王欽若等編纂:《册府元龜》卷六〇七《學校部》

（廣順二年）十月庚寅,詔諸州或罷任,或朝覲,不得以器械進貢。先是,諸道州府各有作院,每日課定造軍器,逐季般送京師進納。其逐州每年占留係省資金不少,謂之甲科。仍更於本部内廣配土產物,又徵斂數倍,部民苦之。除上供軍器外,節度使、刺史又私造器甲,以進貢爲名,功費又倍,悉取之於民户。帝以諸州上供器甲造作不精,兼占留屬省物用過多,乃令罷諸州作院。詔藩侯郡牧罷貢器甲,仍選擇諸處作工赴京作坊,以備役使。辛丑,詔諸道州府所差知館驛人,不得於縣界別差人户貼助,致擾貧民。

（宋）王欽若等編纂:《册府元龜》卷一六〇《帝王部》

（廣順）四年,延州向訓言請禁止州界民賣軍裝兵器於蕃部。從之。

（宋）王欽若等編纂:《册府元龜》卷六六《帝王部》

王建初起,軍中隱語代器械之名,以犯者爲不祥,至孟氏時猶有能道其略者。劍曰奪命龍,刀曰小逡巡,鎗曰肩二,斧曰鐵餹糜,甲曰千斤使,弓曰潘尚書,弩曰百步王,箭曰飛郎,鼓曰聖牛兒,鑼曰響八,旗曰愁眉錦,鐵蒺藜曰冷尖。

（宋）陶穀:《清異録》卷下

得夫地

王蜀普慈公主出降秦州節度使李令中，即秦王之猶子也。初王太祖欲興師取天水，而計未成，因問大夫馮涓。涓對曰："臣聞興師者，殘兵力，虛府庫，弊群畜，損弓甲，攘桑農，動德義，興詐偽，故損國害人，莫先於用兵也。方今梁王朱全忠霸盛，强據兩京，料其先取河東。河東，梁之敵國也。勢不兩立。儻一處爲雄，率天下之衆一舉西來，縱葛亮重生，五丁復出，無以泥封大散，石鎖劍門。今秦庭實蜀之巨屛也，去其屛，窺見庭館焉，莫若與秦王和親，稍稍以麻布茗草給之，不傷於大義，濟之以小利。蜀但訓兵秣馬，固敵料强，足可以保天禄於三川，固子孫於萬叶。潛令公主探其機密，窺彼室家，俟便攻之，一舉而獲可也。"帝曰："甚善。"是時，秦王遣使求親，遂以普慈公主而許之，於是成其姻好。公主出降也，內宮一帑之資以爲妝奩服玩之飾，而道從華麗，已逾千里。秦王以隴右之地貧薄不產絲麻，請西向稱臣，希六萬衆春冬之賜。太祖又用馮涓之計，許之茶布，請自備人力而迎。秦王大喜，率强丁及驢馬悉遣入蜀搬取。其來也，載青鹽紫草，蜀得其厚利焉。其去也，載白布黃茶，秦得粗貨矣。每來駐泊，周歲而還。閣道崎嶇，江溪壅滯，人畜疲乏，躋卧道塗。是時，秦卒太半不還，遂止西來之役。李駙馬久鎮天水，與季父秦王常持兩端。普慈公主密使閹人宋內侍絹書封事而達太子，備述駙馬常驕矜，每多沉湎，或淫誅嬖妾，或醉害賢良，兵力方微，民心思亂，願歸侍省，免死危邦。事達宸聰，六宮慟哭。大祖遂詐以後薨遣使暫迎公主。公主既至，不復歸秦。蜀遣大將軍許太師將兵五萬，與秦人戰於金沙，秦人大敗。於是獲其城邑，遂迎駙馬及降無敵王劉知俊，並戰將郭守遷、郭守存、李彥德、聶璜、孫禮、陳彥詞、毛昌業、邵雲等五十餘員，大踏馬三千餘匹，兵士九千，戶六萬，悉歸於蜀。至同光三年，秦賓後唐，蜀遂亡國，是無巨屛矣。乃知馮君之口信不虛開矣。

（後蜀）何光遠：《鑒誡錄》卷四

用兵之世，武備是亟，故五代藩鎮貢獻，多以鞍馬器械爲先。

(清)趙翼撰，王樹民校證：《廿二史劄記校證》卷二二

8. 其他

衛州淇水二監。周顯德中，置牧馬監。建隆初增葺，後改東西牧龍坊。景德二年七月，改爲淇水監，後又分爲第一、第二監。熙寧七年四月，合併爲一。

(清)徐松輯：《宋會要輯稿》兵二一之四

河南府洛陽監。舊曰飛龍院，太平興國五年改牧龍坊。

(清)徐松輯：《宋會要輯稿》兵二一之四

同州沙苑二監。建隆初葺故地爲監，後改牧龍坊。景德二年七月，改爲沙苑監。

(清)徐松輯：《宋會要輯稿》兵二一之四

相州安陽監。周顯德中置馬坊，建隆初增葺，後改牧龍坊。景德三年七月改今名。

(清)徐松輯：《宋會要輯稿》兵二一之五

五代監牧多廢，官失其守，國馬無復蕃息。國初，始務興葺，遣使歲詣邊益市馬，自是閑厩始充矣。

(清)徐松輯：《宋會要輯稿》兵二四之一

(天聖)四年九月，三司言乞收市準備在京馬料萬數至多。帝問宰臣："諸坊監牧馬幾何？"王曾曰："今來比之五代，馬數倍多，芻秣之費，歲計不下數百萬。蓋措置利害，未得其要。若將向西逐次估買入中官馬立定分數，自今取便於民間市易，可三二年，大有蕃育，急緩

取之，必無闕用。如此，公私皆便。"帝深然之。

（清）徐松輯：《宋會要輯稿》兵二四之一五——一六

太祖建隆二年十月，詔北面諸州禁邊民無得出塞盜馬。先是，五代以來，募民盜戎人馬，官給其直。時方留意撫綏，詔禁之。

（清）徐松輯：《宋會要輯稿》蕃夷一之一

唐天祐初，有李甲，本常山人，逢歲饑饉，徙家邢臺西南山谷中。樵采鬻薪，以給朝夕。曾夜至大明山下，值風雨暴至，遂入神祠以避之。俄及中宵，雷雨方息。甲即寢於廟宇之間，松柏之下。

須臾，有呵殿之音自遠而至。見旌旗閃閃，車馬闐闐。或擐甲冑者，或執矛戟者，或危冠大履者，或朝衣端簡者，揖讓升階，列坐於堂上者十數輩。方且命酒進食，歡語良久。其東榻之長，即大明山神也。體貌魁梧，氣岸高邁。其西榻之首，即黃澤之神也。其狀疏而瘦，其音清而朗。更其次者，云是漳河之伯，餘即不知其名。坐談論，商榷幽明之事。

其一曰："稟命玉皇，受符金闕。太行之面，清漳之湄，數百里間，幸為人主。不敢逸豫怠惰也，不敢曲法而徇私也，不敢恃尊而害下也。兢兢惕惕，以承上帝，用治一方。故歲有豐登之報，民無扎瘥之疾。我之所治，今茲若是。"其一曰："清泠之域，泱漭之區，西聚大巔，東漸巨浸，連陂湊澤，千里而遥。余奉帝符，宅茲民庶，雖雷電之作由己也，風波之起由己也，鼓怒馳驟，人罔能制予。予亦非其詔命，不敢有為也；非其時會，不敢沿溯也。正而御之，靜而守之。遂致草木茂焉，魚鱉蕃焉，鹹鹵磊塊而滋殖，萑蒲蓊鬱而發生。上天降鑒，亦幸無橫沴爾。"又一曰："岑崟之地，岝崿之都，分塊圠之一隅，總飛馳之眾類。熊羆虎豹，烏鵲雕鶚。動止咸若，罔敢害民。此故予之所職耳，何假乎備言。"座上僉曰："唯唯。"

大明之神，忽揚目盱衡，咄嗟長嘆而謂眾賓曰："諸公鎮撫方隅，公理疆野，或水或陸，各有所長。然而天地運行之數，生靈厄會之期，巨盜將興，大難方作。雖群公之善理，其奈之何？"衆咸問："言何謂也？"
大明曰："余昨上朝帝所，竊聞衆聖論將來之事。三十年間，兵戎大起。
黄河之北，滄海之右，合屠害人民六十餘萬人。當是時也，若非積善累
仁，忠孝純至者，莫能免焉。兼西北方有華胥遮毗二國，待兹人衆，用實
彼土焉。豈此生民寡祐，當其殺戮乎？"衆皆顰蹙相視曰："非所知也。"
食既畢，天亦將曙，諸客各登車而去。大明之神，亦不知所在。

　　及平旦，李甲神思怳然，有若夢中所遇。既歸，具以始末書而志
之，言於鄰里之賢者。自後三十餘載，莊皇與梁朝對壘河岸，戰陣相
尋。及晉、宋，戎虜亂華，干戈不息，被其塗炭者，何啻乎六十萬焉！
今詳李生所說，殆天意乎？非人事乎？

　　　　　　　　　（宋）李昉：《太平廣記》卷一五八《李甲》

　　（開平）二年，詔禁戢諸軍節級，兵士及供奉官受旨殿直以下，各
修禮敬。

　　　　　　（宋）王欽若等編纂：《册府元龜》卷一九一《閏位部》

　　（開平四年）六月己未朔，詔軍鎮勿起土功。

　　　　　　（宋）王欽若等編纂：《册府元龜》卷一九一《閏位部》

　　（開平四年）九月戊寅，頒奪馬令。先是王師擊賊，獲馬皆令上
獻，至是乃止之。蓋欲邀其奮擊之效也。

　　　　　　（宋）王欽若等編纂：《册府元龜》卷一九一《閏位部》

　　梁尹皓爲夾馬指揮使。開平元年，令於山北促生。先時并寇屢
擾邊州，太祖欲擒俘以挫其勢，皓首出應召，遂獎而遣焉。

　　　　　　（宋）王欽若等編纂：《册府元龜》卷三八九《將帥部》

　　（天祐）八年正月，敗梁軍於柏鄉。史建塘、周德威前軍徇地邢、
洺、魏、博、衛、滑諸郡縣，曰："王室構屯，七廟被凌夷之酷；昊天不吊，

萬民罹塗炭之災。必有英主奮庸，忠臣仗順，斬長鯨而清四海，廓妖祲以泰三靈。予位忝維城，任當分閫，念茲顛覆，詎可晏安？故仗桓文節制之規，問羿浞凶狂之罪。逆溫碭山傭隸，巢孽餘凶，當僖宗奔播之初，我太祖掃平之際，束身泥首，請命牙門，包藏奸詐之心，惟示婦人之態。我太祖俯憐窮鳥，曲爲開懷，特發表章，請師梁汴。纔出崔蒲之澤，便居茅社之尊，殊不感恩，遽行猜忍。我國家祚隆周漢，迹盛伊唐，二十聖之鎡基，三百年之文物，外則五侯九伯，内則百辟千官，或代襲簪纓，或門傳忠孝，皆遭陷害，永抱沉冤。且鎮定兩藩，國家巨鎮，冀安民而保族，咸屈節以稱藩。逆溫唯仗陰謀，專行不義，欲全吞噬，先據屬州。趙王特發使車，來求援助，予情惟蕩寇，義切親仁，躬率賦輿，赴茲盟約。賊將王景仁將兵十萬，屯據柏鄉。遂驅三鎮之師，授以七擒之略，鸘鵝繾列，梟獍大奔，易如走坂之丸，勢若燎原之火，僵尸仆地，流血成川。組甲雕戈，皆投草莽；謀夫猛將，盡作俘囚。群凶既快於天誅，大憝須懸於鬼録。今則選蒐兵甲，簡練車徒，乘勝長驅，剪除元惡。凡爾魏、博、邢、洺之衆，感恩懷義之人，乃祖乃孫爲聖唐赤子，豈徇梟狼之黨，遂忘覆載之恩？蓋以封豕長蛇，憑陵薦食，無方逃難，遂被脅從，空嘗膽以銜冤，竟無門而雪憤。既聞告捷，想所慰懷，今義旅徂征，止於招撫。昔耿純焚廬而向順，蕭何舉族以從軍，皆審料興亡，能圖富貴。殊勛茂業，翼子貽孫，轉禍見機，決在今日。如能詣轅門而效順，開城堡以迎降，長吏則斷補官資，百姓則優加賞賜，所經誑誤，更不推窮。三鎮諸軍已申嚴令，不得焚燒廬舍，剽掠馬牛，但仰所在生靈，各安耕織。予恭行天伐，罪止元凶已外，居民一切不問。凡爾士衆，咸諒予懷。"

（宋）王欽若等編纂：《册府元龜》卷六五《帝王部》

　　（同光二年）九月，先有敕關防道路捉搦詐僞之人，如聞諸道有詐稱天使者，嚴加辨認。又敕如聞藩方入奏使臣多有於京内私買衣甲，宜令總管司指揮諸軍密加覺察。

（宋）王欽若等編纂：《册府元龜》卷六五《帝王部》

（長興三年）三月，神武兵士鞏縣就糧辭，帝誡之曰：“無擾吾民。”

（宋）王欽若等編纂：《册府元龜》卷一五八《帝王部》

劉遂凝爲隰州刺史。長興四年，遂凝至京，帝問所陳密事，奏曰：“臣所部與綏、銀二州接境，二州漢户約五千，自聞國家攻討夏州，皆藏竄山險。請除二州刺史，各與二三百人爲衛隊，令其到郡招撫，則不戰而下兩州矣。”帝問左右：“其言何如？”范延光奏曰：“綏、銀户民，朝廷常加撫育，緣與部落雜處，其心翻覆多端。昨聞安從進初至蘆關，蕃酋望風歸附，尋加存撫，各令放歸。及上馬登山，未行百步，反襲從進，騎從七十餘人，幾至不濟。奈何以刺史牙隊一二百人制彼狡虜，適足爲虜噬也。況國家之患，正在夏州，夏州即平，綏、銀自然景附。如夏州未拔，王師自當退舍，何以能守綏、銀？遂凝之説非也。”遂凝不能對，良久又奏曰：“臣聞李仁福有二子，彝超乃次子也。長子彝殷爲夏州留後，彝超徵詔赴闕，則諸蕃歸心矣。臣請以百騎自入夏州。”延光心知其不可以，遂凝恃内助之恩，恐並阻其謀則生怨望，乃止。翌日，帝又謂延光曰：“遂凝之行可乎？”延光奏曰：“王師進取之謀，計度已定。遂凝請立彝殷，兼將百騎入夏州，事固不可。設令虜執吾使，一遂凝不足惜，所惜朝廷事體也。臣等商量不許遂凝輕行。”乃止。

（宋）王欽若等編纂：《册府元龜》卷三八九《將帥部》

後唐安重榮，爲鄭州巡檢。清泰元年，上言召募騎軍五千人，自出鎧馬從之。

（宋）王欽若等編纂：《册府元龜》卷四一三《將帥部》

孫鐸爲金州刺史。清泰二年，鐸聞討太原，上表請行，不允。

（宋）王欽若等編纂：《册府元龜》卷三八九《將帥部》

周薛懷讓初仕後唐，爲申州刺史。清泰二年，懷讓乞罷郡，赴代軍陳力,不允。廣順元年爲同州節度,時方征并寇,懷讓上言請行。

（宋）王欽若等編纂:《册府元龜》卷三八九《將帥部》

清泰三年,敕:“諸道州府縣鎮,賓佐至録事參軍、都押衙、教練使已上,各留馬一匹乘騎。及鄉村士庶有馬者,無問形勢,馬不以牝牡,盡皆鈔借。但勝衣甲,並仰印記,差人管押送納。其小弱病患者,印退字,本道收管。節度防禦團練等使、刺史,除自己馬外,不得因便影占。管軍都將,除出軍及隨駕外,見逐處屯駐者,都指揮使舊有馬許留五匹,小指揮使兩匹,都頭一匹,其餘凡五匹取兩匹,十匹取五匹,更多有者,並依此例抽取。在京文武百官、主軍將校、内諸司使已下、隨駕職員,舊有馬者任令隨意進納,不得影占人私馬。各下諸道,准此。”

按:清泰之距長興纔數年耳。長興時,樞密使范延光奏陳方患官馬太多,芻秣耗用,曾幾何年,而括馬之令復如此。豈長興之馬,已俱不復存邪?

晉天福九年,發使於諸道州府,括取公私馬。以備禦契丹。

（元）馬端臨:《文獻通考》卷一五九《兵考十一》

盧文紀,末帝清泰初爲平章事。是時,帝與閔帝兄弟尋戈之後,宗社甫寧,虜寇内侵,强臣在境。文紀處經綸之地,無輔弼之謀,所論者愛憎朋黨之小瑕,所糾者銓選擬倫之微纇。三年夏,移易大元帥,晉祖引虜拒命。既而大軍挫衂,官寨受圍,間道告急。八月,帝親征,過徽陵,拜於闕門,休於仗舍。文紀扈從,帝顧謂之曰:“朕聞主憂臣辱,予自鳳翔來,首命卿爲宰相,聽人言語,將爲便致太平。今寇孽紛紛,萬乘自行戰賊,於汝安乎?”文紀惶恐致謝。時帝季年,天奪其魄,聲言救寨,其實倦行。初次河陽,召文紀、張延朗謀事,文紀曰:“虜騎倏往忽來,無利則去,大寨牢固,足以枝梧。況臣有三處救兵,可以一戰而解。使人督促,責以成功。輿駕且駐河橋,詳觀事勢。況地處舟車之要,正當天下之心,必若未能解圍,去亦非晚。”會延朗與趙延壽款密,旁奏曰:"文紀之言是也。"故令延壽北行。

(宋)王欽若等編纂:《册府元龜》卷三三六《宰輔部》

末帝初爲潞王,舉兵向闕,次陝州,下令曰:"余叨居家嫡,謬列盤維,成家於十死九生,立國於千征萬戰。事父母,敦於至孝;爲臣子,敢於盡忠。將相期夾輔之勛,以廣文明之祚。一昨先皇晏駕,嗣聖承祧,敢不遵周召以勤王,相成康而在位?社稷既然有奉,人民於是知歸,但固宗祊,敢論季孟?豈意梓宫在阼,靈駕未歸,而朱弘召、馮贇等,妄興猜忌之心,驟起窺圖之計,喪紀在近,除書遽行,津涯莫知,迫促尤甚。況又不宣麻制,便降使臣,立遣離藩,俾其懼禍,霆電之速,軍民可知。是以聊葺城池,以緩碪機,十鎮驅貔豾而遽至,六師擁組練以齊來,當此阽危,如何旅拒?不謂天道鑒其非罪,人情慭以無辜,憚以攻城,自來束手。數鎮憑陵之帥,立自滅亡;九重侍衛之師,翻爲心腹。以至抱義者感泣,懷憤者咄嗟,凡百有知,皆悲無罪。今則軍戎大集,園寢將成,群帥獻忠,迫令赴闕,載念遺弓在近,仙駕將歸,既息憂惶,又盈哀慘。今則須將禁旅,入赴山陵,面朝太后太妃,自訴爲臣爲子。今月二十七日已次陝州,其在京文武兩班內諸司使務,除朱弘昭、馮贇家族伏法外,凡百士庶,並無憂疑。況禁令嚴明,軍都整肅,必無暴犯,克保平寧。苟渝此言,何以行令。"

(宋)王欽若等編纂:《册府元龜》卷六六《帝王部》

晉少帝天福元年四月,分令文武臣僚三十六人使洛、陝、孟、潞、蒲、岐、邠、涇、同、華、秦、鄧、徐、兖、相、滑、邢、洺、澤、衛、隰、絳、慶、寧、沁、復、隨、郢、汝、蔡、沂、密、埭、懷、磁、濮等州,率民財産,以資軍用。將行,帝召賜酒食,戒之曰:"朕凉德嗣位,天降薦饑,契丹作梗,河北凋弊,社稷所賴,在軍士耳。乏衣匱食,危之道也。事不獲已,議及於斯,卿等宜體朕意,切戒左右勿爲滋横,以重取怨讟也。"

(宋)王欽若等編纂:《册府元龜》卷一五八《帝王部》

（天福）六年四月丙申，詔顯義指揮使劉康部下兵百人放還淮海，即安州所俘也。

（宋）王欽若等編纂：《册府元龜》卷四二《帝王部》

乙未歲，契丹據河朔，晉師拒於澶淵，天下騷然，疲於戰伐。翰林學士王仁裕，奉使馮翊，路由於鄭，過僕射陂。見州民及軍營婦女，填咽於道路，皆執錯彩小旗子，插於陂中，不知其數。詢其居人，皆曰：“鄭人比家夢李衛公云：‘請多造旗幡，置於陂中。我見集得無數兵，爲中原剪除戎寇，所乏者旌旗耳。’是以家别獻此幡幟。”初未之信，以爲妖言，果旬月之間，擊敗胡虜。及使回，過其陂，使僕者下路，訪於草際，存者尚多。

（宋）李昉：《太平廣記》卷三一四《僕射陂》

漢高祖即位太原，至東京，謂左右曰：“過陳橋，見百姓桑棗空有餘柹，其廬室悉墻垣耳，因荒邪？因兵邪？”左右對曰：“此契丹犯闕時，杜重威宿漢軍之所也。”上惻然嗟嘆曰：“重威破國殘物，一至於此！此而不討，是朕養惡蓄奸，何以爲蒼生父母，副海内徯望之心也。”左右皆稱萬歲。

（宋）王欽若等編纂：《册府元龜》卷一四七《帝王部》

晉陳思讓爲磁州刺史。開運二年，思讓上表，乞北面征行。

（宋）王欽若等編纂：《册府元龜》卷三八九《將帥部》

漢孫方諫，爲定州節度使。上言所部屯兵數少，欲召募牙兵千人，乞度支給衣糧。

（宋）王欽若等編纂：《册府元龜》卷四一三《將帥部》

李筠爲相州節度使。廣順元年十一月，筠上言乞西征，詔褒之。

（宋）王欽若等編纂：《册府元龜》卷三八九《將帥部》

劉詞爲邢州節度。廣順元年十二月，上言乞西征。

（宋）王欽若等編纂：《册府元龜》卷三八九《將帥部》

周許遷爲隰州刺史，以太祖廣順元年十二月朝見，賜襲衣、金帶、銀鞍馬，獎守城之功也。

（宋）王欽若等編纂：《册府元龜》卷六九四《牧守部》

（廣順二年）九月，敕北面沿邊州府鎮戍兵自守疆場，不得入幽瀛界俘掠。

（宋）王欽若等編纂：《册府元龜》卷六六《帝王部》

世宗顯德元年正月，敕文：“諸軍將士年老病患，不任征行，情願歸農者，本軍具以名聞給憑由，放免。”

（宋）王欽若等編纂：《册府元龜》卷一三五《帝王部》

世宗顯德元年三月，親征河東。四月，放太原投來義軍百姓餘人歸本所。

（宋）王欽若等編纂：《册府元龜》卷四二《帝王部》

周顯德乙卯歲，僞連水軍使秦進崇修城，發一古冢。棺椁皆腐，得古錢破銅鏡數枚。復得一瓶，中更有一瓶，黃質黑文，成隸字云：“一雙青鳥子，飛來五兩頭。借問船輕重，寄信到揚州。”其明年，周師伐吳，進崇死之。

（宋）李昉：《太平廣記》卷三九〇《秦進崇》

（顯德）四年三月，降下壽州敕曰：“自用兵以來，被虜却骨肉者不計遠近，並許本家識認，官中給物收贖，所在不得藏占。”

（宋）王欽若等編纂：《册府元龜》卷四二《帝王部》

（顯德四年）四月，放懷恩軍士歸蜀。是軍當秦鳳之役，爲王師所俘，帝舍之，給以衣廩，賜號懷恩軍。至是，軫其懷土之意，故放之。

（宋）王欽若等編纂：《册府元龜》卷四二《帝王部》

唐景思爲鄧州行軍司馬，受代歸闕。顯德初，河東劉崇帥衆來寇，世宗親總六師以禦之。及陣於高平，景思於帝馬前距踴數四，且曰：“願賜臣堅甲壹聯，以觀臣之效用。”帝繇是知其名，因以高平陣所得降卒數千，署爲效順指揮，命景思董之，使屯淮上。

（宋）王欽若等編纂：《册府元龜》卷三八九《將帥部》

後梁開平四年，頒奪馬令，冒禁者罪之。先是，梁師攻戰，得敵人之馬必納官，故出令命獲者有之。

後唐同光三年，詔下河南、河北諸州和市戰馬，官吏除一匹外，匿者有罪。時將伐蜀。

長興四年，敕：“沿邊藩鎮，或有藩部賣馬，可擇其良壯者給券，具數以聞。”

先是，上問見管馬數，樞密使范延光奏：“天下常支草粟者近五萬匹。見今西北諸蕃賣馬者往來如市，其郵傳之費，中估之直，日以四五十貫。以臣計之，國力十耗其七，馬無所使，財賦漸銷，朝廷甚非所利。”上善之，故有是敕。

（元）馬端臨：《文獻通考》卷一五九《兵考十一》

先是，五代募民盜戎人馬，給其直，籍數以補戰騎之闕。

（元）馬端臨：《文獻通考》卷三四六《四裔考二十三》

先是，邊將獲北漢民數百人，甲子，命悉放還。

（宋）李燾：《續資治通鑑長編》卷一，太祖建隆元年（960）

初,五代募民盜戎人馬,官給其直,籍數以補戰騎之闕。上欲敦信保境,戊戌,敕沿邊諸州禁民無得出塞侵盜,前所盜馬,盡令還之。由是,邊方畏慕,不敢内侮。

（宋）李燾:《續資治通鑒長編》卷二,太祖建隆二年(961)

四、民族與國家類

1. 通論

右《郭子儀廟碑》,高參文,其叙子儀功業不甚詳,而載破墨姓處木、討沙陀處密事,則《唐書》列傳無之。蓋子儀微時所歷,其後遂立大勛,宜乎史略不書也。然《唐書》有處密、處月、朱耶、孤注等,皆是西突厥薛延陀別部名號,余於《五代史》爲李克用求沙陀種類,卒不見其本末,而參謂處密爲沙陀,不知其何所據也。按陳翃《子儀家傳》亦云,討沙陀處墨十二姓,與參所書頗同。《唐書》轉密爲蜜,當以碑爲正。

(宋)歐陽修:《集古録》卷八

甲午九月望日,東原五六友人會於孫侯小軒,話及前朝得失之漸。坐客問云:"金有中原百有餘年,將來國史何如爾?"或曰:"自唐以降,五代相承,宋受周禪,雖靖康間二帝蒙塵,緣江湖以南,趙氏不絶。金於宋史中亦猶劉、石、符、姚一載記耳。"衆頗惑焉。僕曰:"正閏之論,愚雖不敏,試以本末言之。夫耶律氏,自唐已來世爲名族。延及唐末,朱温篡唐,四方幅裂,遼太祖阿保機乘時而起,服高麗諸國,並燕、雲以北數千里,改元神册,與朱梁同年即位,元年丁卯。在位十九年,遼太宗嗣位,諱德光,太祖第二子。改元天顯。元年丙戌,與唐明宗同年即位。十一年,河東節度使石敬瑭爲清泰來伐,遣使求救於遼,奉表稱臣,仍以父禮事之。遼太宗赴援,以滅後唐,石氏號晉。晉以燕、雲十六州獻於遼太宗,歲貢帛三十萬匹。天福七年,晉高祖殂,出帝嗣位。大臣議奉表稱臣,告哀於遼,景延廣請致書稱孫而不稱臣,與遼抗衡。太宗舉兵南下,會同九年入汴,以出帝爲負義侯,置於黃龍府,石晉遂滅。大同元年,太宗北還,仍以蕭翰留守河南。劉知遠在河東,乘間而發,由太原入汴,自尊爲帝。及乎宋受周禪,有中原一百六十餘年。遼爲北朝,世數如之。雖遼之封域褊於宋,校其兵力,而澶淵之戰,宋幾不守,因而割地連和,歲貢銀絹二十萬兩匹,約爲兄弟,仍以世序昭穆。降及晚年,遼爲翁,宋爲孫。至天祚,金朝太祖舉兵西來,平遼克宋。奄有中原三分之二,子孫帝王坐受四方朝貢百有餘年,今以劉、石等比之,予故不可不辨。夫劉淵、石勒,皆晉之臣庶,叛亂國家,以臣伐君,縱能盜據一隅,僭至姚泓,終爲晉將劉裕所虜,斬於建康市。返本還元,茲作載記,理當然也。夫完顏氏世爲君長,保有肅慎。至武元時,而天下南北敵國,素非君臣。若依席上所言,金爲載記,未審遼史復如何耳。方遼太祖神册之際,宋太祖未生,遼祖比宋前期五十餘年已即帝位,固難降就五十年之後,包於《宋史》爲載記。其世數相懸,名分顛倒,斷無此法。既遼之世紀,宋不可兼,其金有中原,更難別議。以公論處之,據五代相因,除莊宗入汴,復讎伐罪,理勢可觀外;朱梁篡逆,甚於窮、新;石晉因遼有國,終爲遼所虜;劉漢自立,父子四年;郭周廢湘陰公而立。以五代之君,通作《南史》。內朱梁名分,猶恐未應。遼自唐末,保有北方,又非篡奪,復承晉統,加之世數名位,遠兼五季,與前宋相次而終,言《北史》。宋太祖受周禪,平江南,收西川,白溝迤南,悉臣大宋,傳至靖康,當爲《宋史》。金太祖破遼克宋,帝有中原百有餘年,當爲《北史》。自建炎之後,中國非宋所有,宜爲《南宋史》。"或曰:"歐陽,宋之名臣也,定立《五代》,不云《南史》,當時想曾熟議。如何今日復有此論?"僕曰:"歐陽公作史之時,遼方全盛,豈不知梁、晉、漢、周授受之由?故列五代者,欲膺周禪,以尊本朝,勢使而然。至於作《十國》《世家》,獨稱周、漢之事,可謂難矣!請事斯語,厥有旨哉!愚謂讀李屏山《咏史詩》,咏五代郭周云:'不負先君持節死,舉朝惟有一韓通。'愚嘗驚哀此詩命意。宋自建隆以來,名臣士大夫論議篇章不爲不多,未嘗有此語。非不能道也，蓋禘之説也。故列五代者良可知。隋季文中子作《元經》，至晉宋以後，正統在中原。而後大唐南北一統。後至五代，天下擾擾，無由再議。降及今日，時移事改，商確前人隱約之迹，當從公論。"議者又曰："金有中原雖百餘年，宋自建隆於今，幾三百年。況乎今年春正月，攻陷蔡城，宋有復仇之迹，固可兼金。"愚曰："元魏、齊、梁，世數已遠，恐諸公不以爲然。請以五代周、漢之事方之。漢隱帝乾祐三年遇弒，太后詔立帝弟武寧軍節度使嗣位。名贇，河東節度使劉旻之子。後雖廢爲湘陰公，旻亦尋即皇帝位於晉陽。終旻之世，猶稱乾祐。四帝二十九年，至宋太祖興國四年歸宋。依今日所論，旻係劉高祖母弟。在位四年，其子承鈞嗣位，改元天會。五年，郭周已絕。郭周三主九年。東漢四主二十九年。東漢四主，遠兼郭周，郭亦不當稱周，固當爲閏。宋太祖不曰受周禪，傳至太宗，方承東漢之後。歐陽不合作《五代史》，合作《四代史》；司馬光《通鑒》當列東漢爲世紀，歐陽不宜作《十國世家》。嗚呼！國家正閏，固有定體，不圖今日輕易褒貶，在周則爲正，在金則爲閏。天下公論，果如是乎？況蔡城一事，蓋大朝征伐之功。是時宋之邊將，專權率意，自撤藩籬，快斯須之忿，昧唇齒之理。自謂愛己而惡佗，延引強兵深入，遵行覆轍。徽宗跨海助金破遼之事。媒孽後禍，取笑萬世，何復讎之有也！"

（元）王惲：《玉堂嘉話》卷八

（天成三年）九月甲申，吐蕃、回紇入貢使放還蕃，賜錦衣繒帛有差。壬辰，吐蕃使閻薩羅等三人並可歸化司義，回紇使羅婆都督可歸化司階。

（宋）王欽若等編纂：《冊府元龜》卷九七六《外臣部》

（天成三年）十月甲子，差春州刺史米海金押國信賜契丹王，及回使梅老秀里等辭，賜物有差。

（宋）王欽若等編纂：《冊府元龜》卷九七六《外臣部》

（天成三年）十一月，吐渾、念九等共進馬五十三匹，党項、吐蕃相次朝貢。

（宋）王欽若等編纂：《冊府元龜》卷九七二《外臣部》

長興元年四月，雲州奏：掩殺契丹、吐渾、突厥等，斬首級四十六，獲契丹副行首尼列以下十人，牛羊駝馬萬計。

（宋）王欽若等編纂：《冊府元龜》卷九八七《外臣部》

長興元年六月，達怛三十帳內附。七月，北京奏吐渾十餘帳內附，已於天池川靜樂縣界安置。八月，北京奏吐渾內附，欲於嵐州安族帳。十月，青州奏登州申契丹阿保機男東丹王突欲一行四十餘萬人，馬八十匹來歸。

（宋）王欽若等編纂：《冊府元龜》卷九七七《外臣部》

（長興元年）九月，河西蕃官姚東山、吐蕃首領王滿儒等進駝馬。

（宋）王欽若等編纂：《冊府元龜》卷九七二《外臣部》

（長興）二年正月，河西党項折七移等進駝馬，東丹王突欲進馬十匹、氊帳及諸方物，又進本國印三面，宣示宰臣。達怛列六隴娘居等進馬。

（宋）王欽若等編纂：《冊府元龜》卷九七二《外臣部》

（長興二年）十一月，党項、達怛、阿屬朱並來朝貢。

（宋）王欽若等編纂：《冊府元龜》卷九七二《外臣部》

廢帝清泰元年八月，青州言高麗入貢使金吉船至岸，北京言契丹遣使、達怛朝貢，部送京師。是月，達怛首領沒干越等人，入朝貢牛馬。

（宋）王欽若等編纂：《冊府元龜》卷九七二《外臣部》

晉康福,拜朔方河西等軍節度使,明宗遣將軍牛和柔領兵送赴鎮。行次青岡峽,會大雪,令人登山望之,見川下烟火,吐蕃數千帳在焉。寇不之覺,因分軍爲三道以掩之。蕃衆大駭,弃帳幕而走,殺之殆盡,獲玉璞羊馬甚多。

（宋）王欽若等編纂:《册府元龜》卷四二○《將帥部》

周太祖廣順元年二月癸丑寒食節,太祖出玄化門至浦池,設御幄,遥拜諸陵,宣召契丹使曩骨支、回鶻都督賜酒食,未時還宮。己未,曩骨支辭,賜衣着五十匹,銀器二十兩,彩二十匹,又賜從人各彩三十匹。

（宋）王欽若等編纂:《册府元龜》卷九七六《外臣部》

世宗顯德五年甲午,詔賜回鶻、達怛國信物有差。

（宋）王欽若等編纂:《册府元龜》卷九七六《外臣部》

瓜、沙二州,本漢敦煌故地,自唐天寶末陷於西戎。大中五年,刺史張義潮以州歸順,詔建沙州爲歸義軍,以（義軍以）義潮爲節度使,州人曹義金爲長史。義潮卒,義金遂領州務。後唐同光中,又來修貢,即授歸義軍節度。義金卒,子元忠嗣。周顯德二年來貢,自稱留後,世宗命以節度使、檢校太尉、同中書門下平章事,鑄印賜之。

（清）徐松輯:《宋會要輯稿》蕃夷五之一

2. 契丹

契丹,匈奴之種也。世居潢水之南,南距幽州千七百里,本鮮卑之地。君長姓大賀氏,有八部。唐光啓後,其王欽德乘中原多故,侵略諸部,達靼、奚、室韋咸被驅役,由是族帳浸盛。欽德政衰,別部酋長（邪）[耶]律阿保機代其位。先是,八部互立爲主,三年而代,至阿保機,遂怙强不受代。後唐天成元年卒,僞謚大聖皇帝。次子元帥太子德光立,二年,始私建年號曰天顯,陷營、平二州。晉祖起并州,借其兵勢,割幽、薊、瀛、莫、涿、檀、順、新、嬀、儒、武、雲、應、寰、朔、蔚十六州以報之。又改元會同。少帝末,南牧渡河,僞稱大遼。死,僞謚嗣聖皇帝。兄突欲子永康王兀欲立,號天授皇帝,改元天禄。立五年,爲燕王述軋所殺。述軋立,虜衆不附,共推德光子齊王述律襲位,殺述軋,時周廣順六年也,號天順皇帝,更名明,改元應曆。述律好睡,國中目爲"睡王"。自世宗平三關,虜氣遂衰。治平二年十二月,改今國號。

(清)徐松輯:《宋會要輯稿》蕃夷一之一

土俗:其俗頗與靺鞨同。父母死而悲哭者爲不壯,但以其尸置於山樹之上,經三年之後,乃收其骨而焚之,因酹酒而祝曰:"冬月時,向陽食;夏月時,向陰食。若我射獵時,使我多得猪鹿。"其無禮頑嚚,於諸夷最盛。

(宋)樂史:《太平寰宇記》卷一九九《四夷·契丹》

梁太祖開平元年四月,契丹首領袍笏梅老來朝,貢方物。

(宋)王欽若等編纂:《册府元龜》卷九七二《外臣部》

梁太祖建號,契丹阿保機遣使送名馬、女口、貂皮等求封册。梁祖與之書曰:"朕今天下皆平,惟有太原未服,卿能長驅精甲,徑至新莊,爲我翦彼仇讎,與爾便行封册。"

(宋)王欽若等編纂:《册府元龜》卷九九九《外臣部》

(開平二年)二月,契丹王阿保機遣使貢良馬、方物。

(宋)王欽若等編纂:《册府元龜》卷九七二《外臣部》

(開平二年)五月,契丹國王阿保機遣使進良馬十匹、金花鞍轡、貂鼠皮、頭冠並裘。男口一,名蘇,年十歲;女口一,名譬,年十二。契丹王妻亦附進良馬一匹、朝霞錦、金花頭冠、麝香,前國王欽德亦進馬,其國中節級各差使進獻,共三十一人,表六封。

(宋)王欽若等編纂:《册府元龜》卷九七二《外臣部》

(開平)三年八月戊寅,御文殿,召契丹朝貢使昌鹿等五十人對見群臣,以遠蕃朝貢。稱賀罷,賜昌鹿以下酒食於客省,賚銀帛有差。

(宋)王欽若等編纂:《册府元龜》卷九七六《外臣部》

(開平三年)閏八月,鴻臚寺引進契丹阿保機差首領葛鹿等進金渡鐵甲、金渡銀甲,及水精玉裝鞍轡等物,馬一百匹。其阿保機母、妻各進雲霞錦一匹。

(宋)王欽若等編纂:《册府元龜》卷九七二《外臣部》

(開平三年)九月癸卯,賜契丹朝貢使曷魯、押進將軍污鹿、副使夫達、通事王梅落及首領等銀、絹有差。

(宋)王欽若等編纂:《册府元龜》卷九七六《外臣部》

(開平)五年四月,契丹王阿保機遣使實柳梅老朝貢。

(宋)王欽若等編纂:《册府元龜》卷九七二《外臣部》

(乾化二年)十月,契丹蜀括梅老等朝貢。

(宋)王欽若等編纂:《册府元龜》卷九七二《外臣部》

後唐武皇天祐四年,契丹阿保機大寇雲中。武皇遣使連和,因與之面會於雲州東城,大具饗禮,延入帳中,約爲兄弟,謂之曰:"唐室爲賊所篡,吾欲今冬大舉,弟可以精騎二萬同收汴、洛。"保機許之,賜予甚厚,留馬三千匹以答贶。左右咸勸武皇可乘間虜之,武皇曰:"逆賊未殄,不可失信於夷狄,自亡之道也。"乃盡禮遣之。

(宋)王欽若等編纂:《册府元龜》卷九八〇《外臣部》

《附録·契丹》：“耶律德光脱白貂裘以衣晉高祖。”白貂，俗呼銀鼠。

（清）王鳴盛：《十七史商榷》卷九七

後唐莊宗初爲晉王，天祐十三年八月，契丹阿保機率諸部號稱百萬，自麟勝陷振武，長驅雲朔，北邊大擾。帝親赴援於代北，虜衆方退。

（宋）王欽若等編纂：《册府元龜》卷九八七《外臣部》

後唐莊宗初爲晉王，天祐十四年二月，新州偏將盧文進殺其帥李存矩，叛投契丹，寇我新州。先是，契丹阿保機當武皇時，屢盟於雲中，面相約束，款塞交歡，義爲弟兄，急難相救，彼無侵苦。至是，容納叛臣，渝盟犯塞。遣使讓之曰：“畫野離疆，雖有華戎之別，惟忠與信，不違蠻貊之邦。契丹王氣禀貞剛，心懷仁義，爲天山之貴族，據玉塞之雄藩，恩加辮髮之鄉，威讋控弦之俗。往者降情修好，款塞通盟，各守封疆，交陳贄幣。錦車使者，常馳問遺之書，牙帳賢王，頗識會同之禮；關山無事，風馬有歸，青冢路邊，罕有射雕之騎，受降城北，更無遺鏃之憂，永保初終，不渝信誓。近者盧文進潛圖凶逆，苟避誅夷，苞奸蘊惡之情，何方可保，有父有君之國，皆所不容。契丹王未始苞藏，專聽誑惑，黨一夫之罪惡，絶兩國之歡盟，縱彼犬羊，窺吾亭障，徒封牛耳，難保獸心，輒將左衽之徒，幸我中原之利。見蒐兵甲，決戰西樓，暫勞車騎之師，佇見藁街之首。”

（宋）王欽若等編纂：《册府元龜》卷九九六《外臣部》

後唐莊宗天祐十四年二月，莊宗未即位，尚稱昭宗年號。契丹阿保機攻幽州，城中困弊，士卒惱懼。周德威使人間行以聞，帝憂形於色，召諸將議發兵之策，帝曰：“鮮卑百萬，踐暴漁陽，德威獨坐孤城，計無生路，群情恟恟，日望援軍。今若出師，深虞衆寡不敵，且欲伺其機便，又慮失彼一隅。今日諸君，計將安出？”李嗣進曰：“戎狄無厭，唯利是視,從古已來,常爲邊患。古公避狄於岐下,高宗受困於平城,然周垂定鼎之基,漢享卜年之慶。其後宣王薄伐,孝武窮征,垂基七百餘里。凡夷狄之侵中國,皆乘間隙而來。或以天子政衰,諸侯侵伐,兵連禍結,樹黨分朋,畿甸邦域之中自相矛盾,遂有獫戎入爲邊患。晉之烏丸、鮮卑是也。或聖主創業之初,方誅暴亂,正弭中原之難,未遑邊備之師,遂有獫戎入爲邊患。漢高之冒頓,太宗之突厥是也。獫鬻之人,昧於聽受,或因奸臣亡命,交構虜庭,扇誘禍源,指陳利害,召戎而至,擾犯邊城。漢之中行說、代宗之僕固懷恩是也。擾犯之端,其來異勢,御備之道,蓋亦隨時。夏之即序,古公避狄,宣王薄伐,秦起長城,文景和親,漢武窮討,皆一時也。戎不亂華,著於前載,王基帝迹,皆順天時。今大王爲國除凶,伏順討逆,前無堅陣,所向摧鋒。阿保機背約渝盟,惑盧文進之奸策,遠驅戎虜,寇我漁陽。周德威社稷重臣,控茲要害,重圍之內,唯望援師。我若猶豫不前,竊恐城中生事。如失人喪地,虜勢難支,須興攘逐之師,以決安危之計。天命有在,阿保機無能爲也。如其世道未平,我亦不孤於宗社,安民保泰,在此一行。"明宗時爲邢州節度使,曰:"樊將軍願以十萬之師,橫行絕漠;傅介子欲奉單車之師,獨制凶酋,遠阻山川,猶希萬一。今阿保機親攜醜類,犯我疆場,原其獸心,本窺貨利。雖名百萬之衆,勝兵都有幾何? 止無斥堠之方,戰無行陣之法,交兵合鬥,唯恃騎軍。如其長戟交鋒,短兵接戰,纔聞鼓譟,即已敗亡。臣久在雲中,備知能否,從前料度,每在彀中。願假臣突騎五千,蠕蠕、獫戎,即時平蕩。"閻寶又曰:"去病忘家,思平冒頓;陳湯奮命,願斬郅支。豈獨幸於功名,實欲傾其臣節。古人效一夫之命,尚滅獫戎,當今聚萬旅之師,何憂患難? 臣雖愚懦,請以命先。凡戎狄獸心,見利忘義,以爲玉帛子女,可特棰而驅之,以爲堅甲利刃,可斬木而當之。今但蒐選銳兵,控制山險,良弓勁弩,設伏待之。虜騎輕佻,度險不整,一人敗走,衆不敢支。我但犄角陳兵,偃旗臥鼓,餌以羸卒,嘗以孤軍追奔,巖險之中,遇我伏藏之卒,萬弩齊發,則醜類無遺,保機之頭,坐見懸於蠻邸。願假臣精卒一萬,庶幾成殄掃之功。"帝曰:"苟如其言,吾當高枕矣。昔太宗得一李靖,卒平突厥,況予今有三人,吾無憂矣。"諸將奉觴爲壽,讌樂而罷。四月,命明宗率師赴援,次於淶音來水,扼祁溝諸關,伺其賊勢。自是敵騎不過祁溝。帝又遣閻寶帥師合鎮定之兵以附,既而分領騎軍,夜過祁溝,入賊部伍,俘擒而還。又有燕人自賊中來言:"阿保機見在幽州南,稍住攻城,其軍無營舍,皆聚氈帳以處,其衆軍分頭剽掠,全無警備。馬千百爲群,夜牧邊地,枕戈而睡,不虞奔逸。所獲我人,皆以長紲聯頭繫之於樹中,夜斷紲,皆得逃去。"周德威遣人密書告於明宗,言:"契丹約三十萬人,馬牛不知其數。賊以羊馬爲資,近聞所食數已大半。阿保機譴讓盧文進,已悔其來。契丹勝兵散佈射獵,保機帳前不滿萬人,宜夜出奇兵,掩其不備。"明宗具其事聞。八月,明宗破敵於幽州。

(宋)王欽若等編纂:《册府元龜》卷九九四《外臣部》

(天祐)十八年十二月,契丹阿保機寇幽州,節度使李紹宏帥士固守,契丹引衆而南攻涿州,圍逼十餘日,陷之。契丹寇定州,王都遣使告急,御親軍赴之。

(宋)王欽若等編纂:《册府元龜》卷九八七《外臣部》

(天祐)十九年正月甲午,帝御親軍五千進擊契丹。至新城南,探報契丹前鋒三千騎宿於新樂,渡沙河而南矣。帝令前鋒偵契丹所至,報云:"渡沙河矣。"軍中相顧失色,咸欲釋鎮州之圍,班師於魏,以避契丹,俟其還塞,再議進軍。諸將上言曰:"今北戎舉國入寇,我師既寡,難與爭鋒。又聞汴賊内侵,鄴中危急,儻有差跌,吾何所歸? 宜且旋師魏州,徐圖勝負。"帝曰:"古者霸王舉事,自有天道。漢祖不亡於冒頓,周宣詎伏於玁狁? 時事在吾,此於無患。且武德中突利、頡利二可汗率衆三十餘萬侵寇關内,高祖欲播弃長安,徙居樊鄧。文皇帝諫曰:'儉犾孔熾,作患中華。自古有之,非獨今也。周、漢並有兹患,未聞遷移都邑。霍去病,漢庭之將帥耳,猶且志滅匈奴。若聽臣微效,不數年之間,必係單於之頸。'自後頡利二可汗部落束身闕下,爲

宿衛之人。今吾以數萬之衆,底定山東,張文禮廝僕小人,非吾所敵;
阿保機潼中勇切酪賤類,唯利是求,犯難而來,其强易弱,一逢挫敗,奔
走無路。爾曹輩但筴馬同行,看吾破賊。"帝乃率鐵騎五千,精甲曜
日,至新城,比半出桑林,契丹萬餘騎遽見我軍,惶駭而退。帝乃分軍
爲二廣乘之,躪數千里,獲其大將一人,即機之子,其衆益恐。時沙河
冰薄,橋道甚狹,虜騎軍無行次,相踐而過,陷溺人馬。帝際晚追襲,
宿於新樂。阿保機車帳方在定州,敗兵夜至,拔族而遁,保於望都。
帝車次定州,王都迎遏,言詞懇切。是夜,宿於開元寺。來日,帝引軍
趨望都,契丹逆戰,帝身先騎士,馳擊數四,虜騎退而結陣,我徙兵陣
於水次。俄而,帝與李嗣昭躍馬交戰,賊騎大潰。俘斬數千級,獲其
酋長數十,追擊至於易州,所獲氈車毳幕羊馬不可勝紀。時自正月
朔,雪平地五尺,賊芻粟已竭,人馬踣死於積雪中,纍纍不絶。帝乘勝
追襲,至幽州而還。時獲賊中人言:阿保機之來,蓋取信於王都。初,
都説保機曰:"子父使我以情告王,鎮州金城湯池,玉帛山積,燕姬趙女,
充牣其中。俟君一到,不屬佗人。如不時至,必爲晉人所有。"保機躍
馬務進,其妻曰:"我有牛馬,娛樂西樓,足可以榮育兒孫,何更遠離鄉
土? 我聞晉人無敵,兵强天下。事一不測,後悔何追!"保機曰:"張文
禮有金玉百萬,留待皇后,當率騎同取,非有他患。"遂傾部落而來。
既遇挫敗,狼狽而旋。保機繫王都責讓,自是不聽其謀。妻亦讓保機
曰:"聽狂口,貪貨財,稱其敗也。"保機亦大慚。

　　　　　(宋)王欽若等編纂:《册府元龜》卷九八七《外臣部》

　　同光二年正月,契丹寇瓦橋關,以天平軍節度使李嗣源爲北面行
營招討使,陜州留後霍彦威爲副,率軍討之。是月,契丹還。

　　　　　(宋)王欽若等編纂:《册府元龜》卷九八七《外臣部》

　　同光二年三月,鎮州奏契丹將犯塞,乃令李紹斌、李從珂部署馬
軍分道備之,蕃漢内外馬步軍副總官李嗣源領諸軍屯於邢州。

　　　　　(宋)王欽若等編纂:《册府元龜》卷九九四《外臣部》

後唐莊宗同光二年三月,蔚州送降附契丹七人。六月,雲州節度使李敬文奏:"達勒首領潦撒于于越族帳先在磧北,去年契丹攻破背陰,達勒因相掩擊,潦撒于于率領步族羊馬三萬逃遁來降。已到金月南界,今差使蒙越到州,便令入奏。"

(宋)王欽若等編纂:《冊府元龜》卷九七七《外臣部》

(同光二年)五月,幽州上言:契丹阿保機將寇河朔,以滄州節度使李紹斌爲東北面招討使,以兗州節度使李紹欽爲副招討使,以宣徽使李紹宏爲招討都監,率大軍渡河而北。

(宋)王欽若等編纂:《冊府元龜》卷九八七《外臣部》

後唐莊宗同光二年七月,幽州奏:偵得阿保機東攻渤海。

(宋)王欽若等編纂:《冊府元龜》卷九九五《外臣部》

(同光)二年八月,幽州進契丹國舅撒剌宴書。

(宋)王欽若等編纂:《冊府元龜》卷九八〇《外臣部》

後唐莊宗同光二年十一月己丑,幽州李存賢奏:契丹林牙求茶、藥。

(宋)王欽若等編纂:《冊府元龜》卷九九九《外臣部》

(同光二年)十二月,契丹寇幽州,以宣武軍節度使李嗣源部署大軍北征。

(宋)王欽若等編纂:《冊府元龜》卷九八七《外臣部》

(同光)三年正月,李嗣源上言:於涿州東南殺敗契丹,生擒首領三十人,遣人告捷。是月,嗣源送所獲契丹俘囚首領衢多等八人,斬於應天門外。

(宋)王欽若等編纂:《冊府元龜》卷九八七《外臣部》

（同光）三年二月己卯，文思殿宴罷，召郭崇韜於文明殿後議邊事，言：“契丹部族方彊，幽州寡弱，威名宿將相繼殂落，如非勛望，難伏夷人。”崇韜曰：“臣未奉聖謨，已有私畫，敢不上陳！”因曰：“李紹斌雖忠勤盡瘁，洞悉燕薊事情，然向來名位未高，蕃情恐未賓伏。此時彈壓，宜委重臣。”上曰：“正吾意也。”

（宋）王欽若等編纂：《冊府元龜》卷九九四《外臣部》

（同光）四年正月，北面招討使李紹真奏：北來奚首領云契丹阿保機寇渤海國。

（宋）王欽若等編纂：《冊府元龜》卷九九五《外臣部》

（同光）四年正月，幽州李紹斌奏：契丹阿保機與臣貂裘一，生吐蕃谷渾杜每兒爰生，李紹威遣梅老茹真貢馬。

（宋）王欽若等編纂：《冊府元龜》卷九八〇《外臣部》

後唐，契丹主阿保機，莊宗同光四年正月戊寅遣使梅老鞋里已下三十七人，貢馬三十四。時阿保機將寇渤海，僞修好於我，慮乘虛掩擊故也。

（宋）王欽若等編纂：《冊府元龜》卷九九八《外臣部》

莊宗同光初，滄州奏偵間契丹國舅撒剌宴送羊馬於幽州，申和好。

（宋）王欽若等編纂：《冊府元龜》卷九八〇《外臣部》

明宗初纂嗣，遣供奉官姚坤空函告哀。至契丹西樓邑，屬阿保機在渤海，又徑至慎州，崎嶇萬里。既至，謁見，保機延入穹廬。保機身長九尺，被錦袍，大帶垂後，與妻對榻引見坤。坤未致命，保機先問曰：“聞爾漢土，河南、河北各有一天子，信乎？”坤曰：“河南天子，今年四月一日洛城軍變，今凶問至矣。河北總管令公，比爲魏州軍亂，先帝詔令除討,既聞内難,衆軍離心,及京城無主,上下堅册令公,請主社稷。今已順人望,登帝位矣。"保機曰:"漢國兒與我雖父子,亦曾彼此仇掣,俱有惡心;與爾今天子彼此無惡,足得歡好。爾先復命,我續將馬二萬騎至幽鎮已南,與爾家天子面爲盟約,我要幽州,今漢兒把捉,更不復侵汝漢界。"天成初,阿保機死,其母令次子德光權主牙帳。明年,德光遣其使梅老等三千餘人來修好,又遣使爲父求碑石,帝許之,賜予甚厚,並賜其母纓絡、錦彩。自是山北安静,蕃漢不相侵擾。

（宋）王欽若等編纂:《册府元龜》卷九八〇《外臣部》

（天成元年）七月,契丹國王遣梅老、里述骨之進内官一人、馬二匹、地衣、真珠裝、金釧、金釵等,渤海國使大昭佐等六人朝貢。

（宋）王欽若等編纂:《册府元龜》卷九七二《外臣部》

天成元年九月,幽州趙德均奏:先差軍將陳繼威使契丹部内,今使還得狀稱今年七月二十日至渤海界扶餘府,契丹族帳在府城東南隅。繼威既至,求見不通,竊問漢兒,言契丹主阿保機已得疾。其月二十七日,阿保機身死。八月三日,隨阿保機靈柩發離扶餘城。十三日至烏州,契丹王妻始受却當府所持書信。二十七日至龍州,契丹王妻令繼威歸本道,仍遣捺括梅老押馬三匹充答信同來。繼威見契丹部族商量來年正月葬阿保機於木葉山下,兼差近位阿思没姑餒持信,與先入蕃天使供奉官姚坤同來赴闕告哀。兼聞契丹部内取此月十九日一齊舉哀,朝廷及當府前後所差人,使繼威來時見處分,候到西樓日,即並放歸。

（宋）王欽若等編纂:《册府元龜》卷九八〇《外臣部》

（天成元年）十月辛丑,契丹告哀使没骨餒,見言契丹國王阿保機今年七月二十七日薨。敕曰:"朕以近纘皇圖,恭修帝道,務安夷夏,貴洽雍熙。契丹王世豫歡盟,禮交聘問,遽聞凶計,倍軫悲懷,可輟今月十九日朝參。"

（宋）王欽若等編纂：《冊府元龜》卷九八〇《外臣部》

明宗天成元年十月，契丹平州守將領幽州節度使盧文進率戶口兵馬車帳來降。

（宋）王欽若等編纂：《冊府元龜》卷九七七《外臣部》

明宗天成元年十一月，青州霍彥威奏：得登州狀申，契丹先發諸部攻逼渤海國，自阿保機身死，雖已抽退，尚留兵馬在渤海扶餘城，今渤海王弟部領兵士攻圍扶餘城契丹。

（宋）王欽若等編纂：《冊府元龜》卷九九五《外臣部》

明宗天成二年九月癸酉，北面招討副使王晏球奏：准宣差兵士築城於閻溝店。初詔城良鄉，復詔壁於此，蓋取幽涿之中塗，以備鮮卑之來抄掠也。

（宋）王欽若等編纂：《冊府元龜》卷九九四《外臣部》

（天成二年）九月壬申，契丹差梅老滑骨以下進奉，各有頒賜。

（宋）王欽若等編纂：《冊府元龜》卷九七六《外臣部》

明宗天成二年十月，幽州奏：契丹王差人持書求碑石，欲爲其父表其葬所。

（宋）王欽若等編纂：《冊府元龜》卷九九九《外臣部》

（天成二年）十一月，契丹使梅老等三十餘人見，傳本土願和好之意，帝謂侍臣曰："宜保邊鄙，以安疲民，朕豈辭降志耶？彼既求和，足得懷柔矣。"

（宋）王欽若等編纂：《冊府元龜》卷九八〇《外臣部》

（天成二年）十二月，宣飛勝指揮使安念德使於契丹，賜契丹王錦綾羅三百五十匹，金花銀器五百兩，寶裝酒器一副，其母綉被一張，寶裝纓絡一副。

（宋）王欽若等編纂：《册府元龜》卷九七六《外臣部》

（天成）三年正月己酉，契丹主阿保機妻差使送前振武副使劉在到行闕，賜在金錢帛、銀器、金帶、鋪陳氈褥甚厚。甲子，契丹使禿汭悲梅老以下五十人進奉，仍各賜錦衣、銀帶、束帛有差，宣散指揮使奔托山押國信賜契丹王妻。契丹指揮使郭知瓊歸國，錫賚加等。戊辰，敕以吐蕃野利延孫等六人並可懷遠將軍，回鶻米里都督等四人並可歸德將軍。

（宋）王欽若等編纂：《册府元龜》卷九七六《外臣部》

（天成）三年正月己酉，契丹王阿保機妻差使送前振武副使劉在金到行闕。賜在金錢帛、銀器、金帶、鋪陳、氈褥甚厚。

（宋）王欽若等編纂：《册府元龜》卷九八〇《外臣部》

（天成）三年正月，契丹使禿納梅老已下五十人進奉。

（宋）王欽若等編纂：《册府元龜》卷九七二《外臣部》

（天成）三年四月，定州王都作亂，求援於契丹，耶律德光遂陷平州，遣禿餒以騎五千援都於中山。北面行營招討使王晏球破之於曲陽，禿餒走保賊城。

（宋）王欽若等編纂：《册府元龜》卷九八七《外臣部》

（天成）三年四月，幽州奏：得契丹書，求覓藥器，云要蕃中所有，即亦遵副。帝曰："招懷之道，且宜依隨。"

（宋）王欽若等編纂：《册府元龜》卷九九九《外臣部》

（天成三年）六月，幽州趙德均奏：殺契丹百餘人於幽州之東，奪馬六百匹。是月，詔王晏球攻取定州，詔達怛及諸蕃東入契丹界，以張軍勢。

（宋）王欽若等編纂：《册府元龜》卷九八七《外臣部》

（天成三年）七月，契丹遣楊隱率七千騎救定州，招討使王晏球逆戰於唐河，大破之。幽州趙德均以生兵接於要路，生擒首領楊隱等五十餘人，接殺皆盡。契丹強盛僅三十年，雄據北戎，諸蕃鼠伏，屢爲邊患，漢兵常憚之，前後戰争，罕得其利。是役也，曲陽之敗已失下騎；唐河之陣，兵號七千，潰敗之後，溝渠之溢，官軍襲殺，人不暇食。秋雨繼降，泥濘莫進，人饑馬乏，散投村落，所在村人，持白挺毆之。德均生兵接於要路，惟奇峰嶺北有弃馬潛遁脱者數十，餘無噍類，帝致書諭其本國，皇威大振。

（宋）王欽若等編纂：《册府元龜》卷九八七《外臣部》

（天成三年七月）是月，殿直崔處納押契丹僞平州刺史羽厥律以下一百七十人至，内十七人有骨肉識認，餘分於兩橋斬之。

（宋）王欽若等編纂：《册府元龜》卷九八七《外臣部》

（天成三年）閏八月，契丹使梅老季，吐蕃、回紇等使各貢舉。

（宋）王欽若等編纂：《册府元龜》卷九七二《外臣部》

（天成）三年閏八月，契丹平州刺史張希崇殺其契丹，以一城居人歸國，命中使賣茶藥接之。

（宋）王欽若等編纂：《册府元龜》卷九七七《外臣部》

明宗天成三年十一月，以契丹僞署平州刺史、光禄大夫、檢校太保張希崇爲汝州刺史，加檢校太傅。隨行官員二十四人各依資授諸道官。

（宋）王欽若等編纂：《册府元龜》卷一七〇《帝王部》

（天成）四年二月，定州王都平，擒委餒及餘衆，斬之。自是契丹大挫，數年不敢窺邊。

（宋）王欽若等編纂：《册府元龜》卷九八七《外臣部》

（天成）四年四月，契丹差使捭栝、梅里等朝貢。

（宋）王欽若等編纂：《册府元龜》卷九七二《外臣部》

長興元年正月，定州奏：於易州界簡行到奇峰嶺北黑兒口修置砦柵，已分兵士守把，備契丹侵軼故也。

（宋）王欽若等編纂：《册府元龜》卷九九四《外臣部》

長興元年五月，青州奏所與高乞國敕書鈿函已付本國知後官。

（宋）王欽若等編纂：《册府元龜》卷九八〇《外臣部》

（長興元年）七月，振武張萬進呈納契苾木書二封。

（宋）王欽若等編纂：《册府元龜》卷九八〇《外臣部》

長興二年正月，東丹王突欲率衆自渤海國内附。上御文明殿對突欲及其部曲慰勞久之，賜鞍馬、衣服、金玉帶、錦彩、器物。又大將軍、副將軍已下分物有差。宰臣率百僚稱賀。

（宋）王欽若等編纂：《册府元龜》卷一七〇《帝王部》

（長興二年）二月，幸東丹王突欲之第，賜突欲絹三百匹。至晚還宮。

（宋）王欽若等編纂：《册府元龜》卷一七〇《帝王部》

（長興二年）三月辛酉，中書門下奏："東丹王突欲遠泛滄波，來歸皇化，既服冠帶，難無姓名。兼惕隱等頃以力助王都，罪同禿餒，爰從必死，並獲再生。每預入朝，各宜授氏，庶使族編姓譜，世荷聖恩。

況符前代之規，永慰遠人之款。自突欲已下請別賜姓名，仍準本朝蕃官入朝例安排。"敕旨付中書門下商量聞奏。宰臣按四夷入朝蕃官例有懷德、懷化、歸德、歸化等將軍、中郎將名號。又本朝賜新羅、渤海兩蕃國王官，初自檢校司空至太保。今突欲是阿保機之子，且類渤海國之王，念自遠夷，宜加異渥，冀顯賓王之道，以旌航海之思。其惕隱、赫邈已下，始自朋凶，不可同等。古者保姓授氏，有以因官，有以所居所掌，有因歸化，特賜姓名。敕旨突欲宜賜姓東丹，名慕華，乃授光禄大夫、檢校太保、安東都護兼御史大夫、上柱國、渤海郡開國公，食邑一千五百户，充懷化軍節度，瑞、慎等州觀察處置押蕃落等使。其從慕華歸國部曲罕只宜賜姓罕，名支通；穆葛宜賜姓穆，名順義；撒羅宜賜姓羅，名實德；易密宜賜姓易，名師德；蓋禮宜賜姓蓋，名來賓。仍授罕只等五人歸化、歸德小將軍、中郎將。先助禿餒擒獲蕃官惕隱官蕃名赫邈，宜賜姓狄，名懷惠；相公官蕃名擔列，宜賜姓列，名知恩，仍並授銀青階檢校散騎常侍。舍利官蕃名蒭刺，宜賜姓原，名知感；福郎宜賜姓服，名懷造；奚三副使竭失訖宜賜姓乞，名懷有。三人並授銀青階檢校、太子賓客。

（宋）王欽若等編纂：《册府元龜》卷一七〇《帝王部》

（長興）二年五月癸亥，青州上言：有百姓過海北樵采，附得東丹王堂兄京尹污整書問，慕華行止，欲修貢也。

（宋）王欽若等編纂：《册府元龜》卷九八〇《外臣部》

（長興二年）閏五月，青州進呈東丹國首領耶律羽之書二封。

（宋）王欽若等編纂：《册府元龜》卷九八〇《外臣部》

（長興二年）七月乙未，兗州奏：密州淮口準敕放過往來商客一千八十八人。

（宋）王欽若等編纂：《册府元龜》卷九八〇《外臣部》

（長興二年）八月，契丹遣使邪姑兒朝貢。

（宋）王欽若等編纂：《册府元龜》卷九七二《外臣部》

（長興二年）九月，敕懷化軍節度使東丹慕華宜賜姓李，名贊華，仍改封隴西郡開國公。兼應有先配在諸軍契丹直等，並宜賜姓名。

（宋）王欽若等編纂：《册府元龜》卷一七〇《帝王部》

（長興二年）十二月丙辰，幽州奏：契丹乞通和好。

（宋）王欽若等編纂：《册府元龜》卷九八〇《外臣部》

（長興）三年正月庚子，契丹遣使拽骨等來朝。

（宋）王欽若等編纂：《册府元龜》卷九八〇《外臣部》

（長興）三年正月，契丹遣使拽骨等來朝，渤海、回鶻順化可汗等吐蕃各遣使朝貢，涼州奏將吏有狀，請朝廷命師兼進方物，沙州進馬七十五匹、玉三十六團。

（宋）王欽若等編纂：《册府元龜》卷九七二《外臣部》

長興三年二月，雲州上言：契丹遣使來求果子。帝曰：“虜中雖闕此物，亦彼非實然，蓋當面偵諜。宜阻其求，但報云遣使入朝，當有處分。”

（宋）王欽若等編纂：《册府元龜》卷四五《帝王部》

長興三年二月，雲州上言：契丹遣使來求果子。帝曰：“虜中雖闕此物，亦非彼實然。蓋當面偵諜，宜阻其求。”但報云：“遣使入朝，當有處分。”

（宋）王欽若等編纂：《册府元龜》卷九九九《外臣部》

（長興三年）三月，契丹遣使都督起阿鉢等一百一十人進馬一百匹及方物，達怛常葛蘇進馬十匹及方物。又，契丹遣使鐵葛羅卿獻馬三十匹,高麗國遣使大相王儒朝貢。

（宋）王欽若等編纂:《册府元龜》卷九七二《外臣部》

（長興三年）三月甲午,禮賓使梁進德自契丹使回,稱契丹王請放前剌舍利還本國。

（宋）王欽若等編纂:《册府元龜》卷九九九《外臣部》

（長興三年）五月己亥,契丹朝貢使迭羅卿辭歸蕃,迭羅卿之來求歸前救。帝初欲遣之,大臣争之未決。會幽州趙德均狀奏,及揚檀皆言其不可遣,帝意方解,仍曰:"鮮卑修好,朕意在息邊患,若所求俱不遣,虜即有詞。其前骨舍利,朕欲放還,冀不全阻其請。"執政不敢復争,乃遣從虜使歸蕃。

（宋）王欽若等編纂:《册府元龜》卷九八〇《外臣部》

（長興三年）五月,契丹入朝使綉骨梅里辭歸蕃,賜分物、鞍馬、錦袍、銀帶。

（宋）王欽若等編纂:《册府元龜》卷九七六《外臣部》

（長興三年）七月,幽州奏:契丹國差梅老乾、捺鋪都到州求果子。

（宋）王欽若等編纂:《册府元龜》卷九九九《外臣部》

（長興三年）九月,契丹國遣使都督述禄卿進馬四十匹。

（宋）王欽若等編纂:《册府元龜》卷九七二《外臣部》

（長興三年）十月戊午,帝御廣壽殿,謂范延光、秦王從榮等曰:"契丹欲謀犯塞,邊上宜得嚴重帥臣。卿等商量,誰爲可者以聞。"甲戌,秦王從榮奏曰:"伏見北面奏報,契丹族帳近塞,吐渾突厥已侵邊地。北面戍卒雖多,未有統率,早宜命大將。"帝曰:"卿等商量定未?"俱奏曰:"將校之中,唯石諱、康義誠二人可行。"諱素不欲爲禁

軍之副,即奏曰:"臣願北行。"帝曰:"卿爲吾行事無不濟。"即令宣旨
施行。及受詔,不樂六軍副使,諱却,遷延辭遜。帝曰:"召義成來。"
遂令宣徽使朱弘昭知襄州事,代義成還京師。

(宋)王欽若等編纂:《册府元龜》卷九九四《外臣部》

(長興三年)十一月庚辰,帝謂近臣曰:"北面頻奏蕃寇,宜令河
東節度使李從温,且將兵士至雁門已來巡撫。"因令各省副使劉處讓
往太原,與從温同出兵師。庚寅,帝謂新除河東節度使石諱曰:"卿至
河東,禦虜之要,但有塞斷鵓谷,凡諸關防禦守備,設法以待之,慎勿
與之孤鬥。"

(宋)王欽若等編纂:《册府元龜》卷九九四《外臣部》

(長興三年)十一月乙巳,雲州節度使張敬達奏:探得契丹王在黑
榆林南,捺剌泊率蕃族三百帳,見製造攻城之具,云蕃界無草,欲借漢
界水草。詔親直指揮使張萬全、供奉官周務謙賫書國信雜彩五百匹、
銀器二百兩,往賜契丹王。

(宋)王欽若等編纂:《册府元龜》卷九八〇《外臣部》

(長興三年)四月庚申,契丹朝貢使鐵葛羅卿辭歸本部,帝顧謂侍
臣曰:"契丹遣使求歸薊剌,其事如何?"侍臣對曰:"薊剌之來,此爲
我患。到今邊患弭息,蓋緣此輩受擒。若縱其歸,則復生吾敵,固不
可從其請也。"帝曰:"苟欲和戎修好,不可慮及此也。"帝意欲歸之。
會冀州刺史楊檀罷都。檀素部洛人,尤諳邊事,帝召檀以薊剌事謀
之。奏曰:"此輩初附王都,謀危社稷,陛下寬慈,貸其生命,苟若歸
之,必復正南放箭,既知中國事情,爲患深矣。"帝曰:"其實如此。非
卿,吾幾誤計矣。"

(宋)王欽若等編纂:《册府元龜》卷九九四《外臣部》

(長興)三年四月癸亥,以懷化軍節度使李贊華爲滑州節度使。

初，帝欲以贊華爲藩鎮。范延光奏以爲不可。帝曰："吾與其先人約爲兄弟，故贊華來附。吾老矣，儻後世有守文之主，則此輩招之亦不來矣！"由是，近臣不能抗議。

（宋）王欽若等編纂：《冊府元龜》卷一七〇《帝王部》

（長興）四年三月，延州節度使安從進奏：夏州李仁福卒，其子彝殷自爲留後。先是，河西諸鎮皆言仁福連結契丹，常約虜使。朝廷以虜勢方盛，恐與仁福往來，若使深入河西，可以南侵關輔，爲社稷之憂，無有控制之術。會仁福死，欲移其嗣別鎮，命廷師安從進鎮之。恐其不從命，令邠州節度使樂彥稠、宮苑使安重益爲監軍，同率師援送安從進之鎮。帝又命安重益收聚諸軍，先配契丹及親從契丹直兩都並隨重益。先是，幽州捕送契丹楊隱已下六百人及相次投來者，散配諸軍，選其尤壯勁者立爲契丹，實其酋長，皆賜姓吉，而言事者以爲胡虜悍戾，不可狎於君側。至是契丹首領吉趙實自京欲遁歸，奪船過河至深州，所隸捕送斬之。是日，命重益部而出征，固所以斥之於外也。

（宋）王欽若等編纂：《冊府元龜》卷九九四《外臣部》

（長興）四年五月丙戌，契丹國使述骨卿三十四人入朝。

（宋）王欽若等編纂：《冊府元龜》卷九八〇《外臣部》

（長興）四年五月，契丹遣使朝貢。

（宋）王欽若等編纂：《冊府元龜》卷九七二《外臣部》

（長興四年五月）其年，契丹耶律德光以兄東丹王突厥在闕下，其母繼發使申款，朝廷亦優容之，賜突厥姓李氏，名贊華，出鎮滑州，以莊宗夫人夏氏嫁之。

（宋）王欽若等編纂：《冊府元龜》卷九八〇《外臣部》

明宗長興四年六月己未，新州王景戡奏：“契丹國左右相牙盧兗與臣書，稱被都要鎮偷竊馬三匹，速宜送來，不然則出兵剽掠。”范延光奏曰：“北虜以我夏州未平，欲詭間相窺。時向初秋，所宜防備，緣邊戍兵合交蕃者，宜且留，候秋獲訖令還。”從之。阿保機長子東丹王突欲歸國，明宗賜姓名贊華，出鎮滑州。在鎮多行不法，頃之入覲，乞留闕下。明宗許之，復遣使就第問所欲。贊華附奏曰：“臣願爲許州節度使。”明宗欲從之，樞密使范延光以爲不可，乃止。明宗促令歸滑，贊華謂使者曰：“若須令赴舊地，當自裁爾。”使者以聞，明宗不悦，召而證之。贊華曰：“臣不言自裁，曾言乞削髮爲僧。”使者引統軍李從昶爲證，贊華以手畫空曰：“使者之言，如水上畫字，何可據耶？”明宗優容之。

（宋）王欽若等編纂：《册府元龜》卷九九八《外臣部》

愍帝應順元年正月乙亥，契丹遣都督没辣干來朝，獻馬四百、駝十、羊二千。先是，遣供奉官西方鄴入契丹復命，故有是獻。

（宋）王欽若等編纂：《册府元龜》卷九八〇《外臣部》

閔帝應順元年正月，契丹遣都督没辣來朝，獻馬四百、駝十、羊二千。先是，遣供奉官四方鄴入契丹復命，故有是獻。

（宋）王欽若等編纂：《册府元龜》卷九七二《外臣部》

（清泰元年）十二月，北面招討使、河東節度使石敬瑭晉高祖送擒獲契丹首領來海金等至京師。

（宋）王欽若等編纂：《册府元龜》卷九八七《外臣部》

（清泰）二年，北面總管奏：雲州殺退契丹具籍報前軍，奪甲馬，又援送靈武軍衣。副都部署潘環言：至馬嶺，党項殺牛族結集，遂殺獲首領阿磨而下五人，又獲撥相公族人馬，通路前進。

（宋）王欽若等編纂：《册府元龜》卷九八七《外臣部》

末帝清泰三年八月戊午，契丹遣使梅里來朝。

　　（宋）王欽若等編纂：《册府元龜》卷九八〇《外臣部》

　　（清泰）三年九月甲辰，北面行營都招討使張敬達奏："此月十五日，與契丹戰於太原城下，王師敗績。"時契丹主自率部族來援太原，時晉高祖起義。高行周、符彥卿率左右厢騎軍出鬥，蕃軍引退。已時後，蕃軍復成列，張敬達、楊光遠、安蕃琦等陣於賊城西北，倚山横陣，諸將奮擊，蕃軍屢却。至晡，我騎軍將移陣，蕃軍如山而進，王師大敗。詔遣侍衛步軍都指揮使符彥饒率兵屯河陽，詔范延光率兵繇青山路趨榆次，詔幽州趙德均繇飛狐路出賊軍後，耀州防禦使潘環合防戎軍出慈隰，以援張敬達。

　　（宋）王欽若等編纂：《册府元龜》卷九八七《外臣部》

　　（清泰三年）其年，契丹遣使銀折梅里入朝。

　　（宋）王欽若等編纂：《册府元龜》卷九八〇《外臣部》

　　後唐，契丹東丹王贊華，明宗時歸朝。清泰，帝幸懷州，遣內班秦繼旻、皇城使李彥紳害之。東丹長子兀欲，晉開運末從虜主耶律德光入汴，虜主遂殺繼旻、彥紳於東市，復東丹之讎也。命兀欲弟留桂爲滑州節度使，以處東丹之舊地。

　　（宋）王欽若等編纂：《册府元龜》卷一〇〇〇《外臣部》

　　後唐，契丹東丹王歸中國，明宗賜姓名贊華，尤好畫及燒金煉汞之術，始泛海歸朝，載書數千卷自隨。樞密使趙延壽每求假異書及醫經，皆中國無者。

　　（宋）王欽若等編纂：《册府元龜》卷九九七《外臣部》

　　後唐，契丹東丹王歸中國，明宗賜姓李，名贊華。嚴刻馭下，姬僕小有過者，即挑目火灼，妻夏氏畏其慘毒，竟離婚爲尼。又好飲人血，左右姬媵多刺其臂以吮之。

（宋）王欽若等編纂：《冊府元龜》卷九九七《外臣部》

永康王兀欲，即東丹之長子也，後改名孛，好行仁惠，善丹青，尤精飲藥。

（宋）王欽若等編纂：《冊府元龜》卷九九七《外臣部》

晉高祖天福元年十二月，詔封故東丹王李贊華爲燕王，令前單州刺史李肅部歸葬本國。

（宋）王欽若等編纂：《冊府元龜》卷一七〇《帝王部》

晉高祖天福二年二月，新州翟璋奏：契丹點發新毅蔚等州軍馬與契丹討奚族達刺干，今已歸服。

（宋）王欽若等編纂：《冊府元龜》卷九九五《外臣部》

（天福）二年二月，契丹太子解里舍利梅老等到闕見。

（宋）王欽若等編纂：《冊府元龜》卷九八〇《外臣部》

（天福二年）四月，契丹宮苑使李可與到闕見。

（宋）王欽若等編纂：《冊府元龜》卷九八〇《外臣部》

晉高祖天福二年春，故契丹人皇王歸葬，輟視朝一日。

（宋）王欽若等編纂：《冊府元龜》卷九七六《外臣部》

晉高祖天福二年六月，契丹使夷離卑進馬二百匹、人參、貂鼠皮、走馬、木碗等物。

（宋）王欽若等編纂：《冊府元龜》卷九七二《外臣部》

（天福）三年八月戊寅，以左僕射劉昫爲契丹册禮使，左散騎常侍韋勛爲使副，給事中盧重册契丹太后，使贈賜帛、器皿有差。

（宋）王欽若等編纂：《册府元龜》卷九八〇《外臣部》

（天福三年）九月庚申，契丹使跌跌廷信押鞍各馬往洛京，般取後唐公主。丙寅，趙延壽進馬二匹謝恩，放燕國長公主歸幽州。

（宋）王欽若等編纂：《册府元龜》卷九八〇《外臣部》

（天福三年）十一月，契丹遣梅里賷書到闕賀范延光歸明。其月戊寅，契丹命使以寶册上帝徽號曰“英武明義”。左右金吾、六軍儀仗、兵部法物、太常鼓吹、殿中省傘扇等，並出城迎，引至崇元殿前陳列。帝受徽號畢，御殿受百官賀。

（宋）王欽若等編纂：《册府元龜》卷九八〇《外臣部》

（天福四年）九月，契丹使粘木孤來獻牛、馬、犬、腊顚驍十馱。高麗王王建使廣評侍郎邢順等九十二人，以方物來朝。

（宋）王欽若等編纂：《册府元龜》卷九七二《外臣部》

（天福）四年十月，契丹使近臣崔廷勛領兵交戍於雲丘之北，帝遣中官李威以吴赴上爵遣而勞之。

（宋）王欽若等編纂：《册府元龜》卷九八〇《外臣部》

（天福四年）十一月戊子，契丹遣遥折來使，因聘吴越。

（宋）王欽若等編纂：《册府元龜》卷九八〇《外臣部》

（天福）五年四月甲子，契丹使興化王來聘。

（宋）王欽若等編纂：《册府元龜》卷九八〇《外臣部》

（天福）五年四月辛亥，北京奏：契丹於越王進寧掠山後諸蕃，退止於青冢。

（宋）王欽若等編纂：《冊府元龜》卷九九五《外臣部》

（天福五年）十月，契丹使舍利來聘，致馬百匹及玉轡、鏤鞍、氍
毹、弧矢、組繡、橐鞬等。

（宋）王欽若等編纂：《冊府元龜》卷九七二《外臣部》

（天福五年）十一月，契丹使舍利來聘，致馬百匹及玉鞍弧毹等。
其年，回紇可汗仁美遣使貢良馬、白玉，謝冊命也。

（宋）王欽若等編纂：《冊府元龜》卷九八〇《外臣部》

（天福）六年四月己未，契丹使述括來聘。

（宋）王欽若等編纂：《冊府元龜》卷九八〇《外臣部》

（天福六年）八月，蕃通事康王六自契丹回，復遣使焉。

（宋）王欽若等編纂：《冊府元龜》卷九八〇《外臣部》

（天福）六年九月，遣供奉官李延業以時果送於契丹。

（宋）王欽若等編纂：《冊府元龜》卷九八〇《外臣部》

（天福六年）十一月，契丹遣使楊通事與供奉官李仁廓同到闕見。

（宋）王欽若等編纂：《冊府元龜》卷九八〇《外臣部》

（天福）七年春正月庚午，契丹遣使達剌已下三十六人來聘。

（宋）王欽若等編纂：《冊府元龜》卷九八〇《外臣部》

（天福）七年二月，契丹遣使大卿已下三十一人來聘，獻馬及
方物。

（宋）王欽若等編纂：《冊府元龜》卷九七二《外臣部》

（天福七年）三月乙卯朔，契丹通事高模翰來聘。

（宋）王欽若等編纂：《册府元龜》卷九八〇《外臣部》

（天福七年）閏三月，遣殿直馬延理，内班王延斌送櫻桃於契丹。

（宋）王欽若等編纂：《册府元龜》卷九八〇《外臣部》

（天福七年）六月辛酉，契丹遣達刺干來使。癸亥，遣殿直張延杲使於契丹。

（宋）王欽若等編纂：《册府元龜》卷九八〇《外臣部》

少帝以天福七年六月乙丑即位，八月，宣唤契丹王母使舍利共一十二人宴於崇德殿。

（宋）王欽若等編纂：《册府元龜》卷九八〇《外臣部》

（天福）八年七月壬午，契丹回圖使喬榮通、郝在殷到闕，各進馬一匹。

（宋）王欽若等編纂：《册府元龜》卷九七二《外臣部》

（天福）八年。漢高祖時爲太原節度使。奏以太原往例。每年差人押送葡萄往契丹。今年伏候敕旨，有詔罷之。高祖曰：“此土産常物，廢而不行，必啓戎心，以生怨也。”

（宋）王欽若等編纂：《册府元龜》卷九八〇《外臣部》

少帝天福九年，定州節度使馬全節戰契丹於北平，擒千餘人而斬之。

（宋）王欽若等編纂：《册府元龜》卷九八七《外臣部》

晉，契丹阿保機，少帝天福九年入寇，陷貝、博及略諸縣邑，所至皆撫寧之，給以符牒，賞以服章。及戚城小戰不勝，博州大衄，青州阻絕,遂大怒華人,所俘百姓屠死者不可勝紀,成擒軍士皆炮烙之。開運二年,又犯廣晉府西北界邢、洺、磁三州,虜殺殆盡;束蘊於大桑樹,炷火燒之,仍詬樹曰:"我知紫披襖出於爾身,豈容汝活邪?"

（宋）王欽若等編纂:《册府元龜》卷九九七《外臣部》

晉少帝開運二年八月,契丹瀛州刺史詐爲書與樂壽監軍王巒:願以本城歸順,且言城中蕃軍不滿千人,請朝廷發軍襲取之,以爲内應。又云:"今秋苦雨,川澤漲溢,自瓦橋以北,水勢無際。戎王已歸本國,若聞南夏有變,北遠阻水,雖欲奔命,無能及也。"又巒繼有密奏,苦言瀛鄚可取之狀。先是,前歲中,車駕駐於河上,曾遣邊將遺書於幽州趙延壽,勸令歸國。延壽尋有報命,依違而已。是歲三月,復遣都鄲杜威致書於延壽,且述朝旨,啖以厚利,仍遣洛州軍將趙行實齎書而往,潛申款密。行實曾事延壽,故遣之。七月,行實自燕回,得延壽書,具言久陷虜庭,願歸中國,乞發大軍應接,即拔身南去。叙致懇切,詞旨綿密。時朝廷欣然信之,復遣趙行實計會延壽大軍應接之所。又有瀛州大將遣所親齎蠟書至闕下,告云欲謀翻變,以本城歸命。未幾,會彼有告變者,事不果就。至是,瀛州守將劉延祚受戎王之命,詐輸誠款,以誘我軍。國家深以爲信,遂有出師之議。

（宋）王欽若等編纂:《册府元龜》卷九九八《外臣部》

開運三年八月,李守貞奏:大軍至望都縣,相次至長城北,遇虜寇千餘騎,轉鬭四十里,斬蕃將解里相公。

（宋）王欽若等編纂:《册府元龜》卷九八七《外臣部》

天福十一年十一月,朝廷遣杜重威與諸將攻瀛、莫二州,以詔諭帝。帝謂幕客及左右曰:"主上富有春秋,左右乏正人,重威以國親,方擅兵柄,輕爲表請,有此無名之役。契丹自陽城不利,畜謀俟便,逾一期矣。今國家邊上深溝高壘,守猶不足,得有侵越乎! 且瀛、莫獲之無以保,殘之是爲寇,立敵招怨,在此行也。朝廷以我先帝舊臣,特都統虛名而已,曾不以大事利害一相謀之。社稷至重,良有憂也。"始少帝八年,在澶淵爲契丹所迫,命帝爲北面招討使,第一詔會兵鎮州,第二詔會兵邢臺。時以雁門有虜黨南下,張脅牽之勢,故帝親率兵拒焉。由是兩路將行皆後期,不能赴,朝廷以爲持疑逗留,稽勤王之意。少帝曾謂近侍曰:"太原全不爲朕,必貯異志,有處分,便可速爲之。"識者以爲言之非祥。故後雖有委托之命,而無臨制之權。帝亦知少帝不爲我用,常鎮静自守,無復敢進一言以箴朝廷之闕。十一月,杜重威入瀛洲界,下東城而西,以契丹大至故也。十二月十日,重威以王師降契丹真定東垣渡。耶律氏率雜虜漢軍而南,先遣我降將張彥澤以二千騎馳渡白馬津,入汴,據之。帝聞而大駭,分兵守境,以備侵軼之患。

(宋)王欽若等編纂:《冊府元龜》卷四六《帝王部》

晉開運末,契丹主耶律德光自汴歸國,殂於趙之欒城。國人破其腹,盡出五臟,納鹽石許,載之以歸。時人謂之帝羓。

(宋)李昉:《太平廣記》卷五〇〇《帝羓》

晉高祖即位於晉陽,改號天福。元年,車駕將入洛。閏十一月甲戌,契丹王舉酒言於帝曰:"余遠來赴義,大事已成。皇帝頃赴京都,今已令大相温勒兵相送至於河梁,要過河者即多少任意,余亦且在此州。俟京洛已定,便當北轅。"執手相泣,久不能別,脱白貂裘以衣帝,贈馬二十匹,戰馬一千二百匹,仍誡曰:"子子孫孫,各無相忘焉。"

(宋)王欽若等編纂:《冊府元龜》卷九八〇《外臣部》

晉高祖時,桑維翰鎮兗州,吐渾都督白承福爲契丹所迫,舉衆内附。帝方通好於契丹,拒而不納。鎮州節度使安重榮患契丹之彊,欲謀攻襲戎使,往返路出於真定者,皆潜害之,密與吐谷渾相結,至是納焉,而致於朝。既而安重榮抗表請討契丹,且言吐渾之請。是時,安重榮握彊兵,據重鎮,恃其驍勇,有飛揚跋扈之志。帝覽表,猶豫未決。維翰知重榮已畜奸謀,且懼朝廷拂於其意。乃密上疏曰:"竊以防未萌之禍亂，立不拔之基局。上繫聖謀，動符天意，非臣淺陋所可窺量。然臣逢世休明，致位通顯，無功報國，省己愧心。其或事繫安危，理干家國，苟猶緘默，實負君親。是以區區之心，不能自已。近者相次得進奏院狀，報吐渾首領白承福已下舉衆內附，鎮州節度使安重榮上表請討契丹。臣方遙隔朝闕，未測端倪。思陛下頃在并、汾，初罷屯種，師少糧匱，援絕計窮，勢若綴旒，困同懸磬。契丹控弦玉塞，躍馬龍城，直度陰山，徑絕大漠，萬里赴難，一戰夷凶，救陛下累卵之危，成陛下覆盂之業。皇朝受命，於此六年，夷夏通歡，亭障無事。雖卑詞降節，屈萬乘之尊，而庇國息民，實數世之利。今者，安重榮表契丹之罪，方恃勇以請行；白承福畏契丹之彊，將假手以報怨。恐非遠慮，有惑聖聰。方今契丹未可與爭者，其有七焉：契丹自數年來最爲彊盛，侵伐鄰國，吞滅諸蕃，救援河東，功成師克。山後之名藩大郡，盡入封疆，中華之精甲利兵，悉歸虜北。即今土地廣，人民衆，戎器備而戰馬多，此未可與爭者一也。契丹自克捷之後，鋒鋭氣雄，南軍因敗衄以來，心沮膽怯。況今秋夏雖稔，而帑廩無餘，黎庶雖安，而貧弊益甚，戈甲雖備，而鍛礪未精，士馬雖多，而訓練未至，此未可與爭者二也。契丹與國家恩義非輕，信誓甚篤，雖多求取，未至侵凌，豈可先發釁端，自爲戎首。縱使因茲大克，則後患仍存，其或偶失沉機，則追悔何及？兵者，凶器也；戰者，危事也。苟議輕舉，安得萬全？此未可與爭者三也。王者用兵，觀釁而動。是以漢宣帝得志於匈奴，因單于之爭立；唐太宗立功於突厥，由頡利之不道。方今契丹正抱雄武之量，有戰伐之機，部族輯睦，蕃國畏伏，土地無災，孳畜繁庶，蕃漢雜用，國無釁隙。此未可與爭者四也。引弓之民，遷徙鳥舉，行逐水草，軍無饋運，居無竈幕，住無營柵；便苦澀，任勞役，不畏風霜，不顧饑渴，皆華人之所不能。此未可與爭者五也。戎人皆騎士，利在坦途，中國用徒兵，喜於走險。趙魏之北，燕薊之南，千里之間，地平如砥，步騎之便，較然可知。國家若與契丹相持，則必屯軍邊上，少則懼夷狄之衆，固須堅壁以自全；多則患飛挽之勞，則必逐寇而速反。我歸而彼至，我出而彼回，則禁衛之驍雄，疲於奔命，鎮定之封境，略無遺民。此未可與爭者六也。議者以陛下於契丹有所供億，謂之耗蠹；有所卑遜，謂之屈辱。微臣所見，則曰不然。且以漢祖英雄，猶輸貨於冒頓；神堯武略，尚稱臣於可汗。此謂達於權變，善於屈伸，所捐者微，所利者大。必若因兹交構，遂成釁隙，自此則歲歲徵發，日日轉輸，困天下之生靈，空國家之府藏，此爲耗蠹，不亦甚乎？兵戈既起，將帥擅權，武吏功臣，過求姑息，邊藩遠郡，得以驕矜；外剛內柔，上凌下僭，此爲屈辱又非多乎？此未可與爭者七也。願陛下思社稷之大計，采將相之善謀，勿聽樊噲之空言，宜納婁敬之逆耳。然後訓撫士卒，養育黔黎，積穀聚人，勸農習戰，以俟國有九年之積，兵有十倍之彊。主無內憂，民有餘力，便可以觀彼之變，待彼之衰，用己之長，攻彼之短，舉無不克，動必成功，計之上者也。惟陛下熟思之。臣又以鄴都襟帶山河，表裏形勝，原田沃衍，户賦殷繁，乃河朔之名藩，實國家之巨屏。即今主帥赴闕，軍府無人。臣竊思慢藏誨盜之言，恐非勇夫重閟之意，願回深慮，免啓奸謀。欲希陛下暫整和鑾，略謀巡幸，雖櫛風沐雨，上勞於聖躬，而杜禍防微，實資於睿略，省方展義，今也其時。臣受主恩深，憂國情切，智小謀大，理淺辭繁，俯伏惟懼於僭逾，裨補或希於萬一，謹冒死以聞。"疏奏留中不出。帝召使人於內寢，傳密旨於維翰曰："朕比日於南面之事，煩懣不決，今省卿所奏，釋然如醒。朕計已決，卿無憂也。"

（宋）王欽若等編纂：《册府元龜》卷九九四《外臣部》

晉王廷裔移鎮定州。先是，契丹欲以王處直之子威爲節度使。處直，則廷裔之叔祖也，處直爲養子。都所纂時，威北走虜廷，虜納之。至是，虜遣使諭高祖云："欲使王威襲先人土地，如我蕃中之制。"高祖答以"中國將校，自刺史、團練、防禦使序遷，方授旄節，請遣威至此任用，漸令升進，乃合中土舊規。"王威深怒其見拒，使人復報曰："爾自諸侯爲天子，有何階級耶？"高祖畏其滋蔓，則厚賂，力拒其命，虜忿稍息。遂連升廷裔鎮中山，且欲塞其意也。

（宋）王欽若等編纂：《册府元龜》卷九九九《外臣部》

漢高祖即位,稱天福十二年,鎮州先屯騎將白再榮奏:逐出虜將麻荅,復其城。

（宋）王欽若等編纂:《册府元龜》卷九八七《外臣部》

隱帝乾祐二年十一月,契丹入寇,前軍至貝州,陷高老鎮千餘家,乃西北至南宮堂陽,剽虜人畜,諸鎮守閉關自固。時高行周以重名鎮鄴,而諸屯戌甲兵雲布,帝慮行周年高,避事緩急,疏於應變。時周太祖爲樞密使,帝乃詔於内殿,謂之曰:"國祚初基,先皇厭代,冲人嗣襲,政教未孚,而守貞之徒,連結方面,偽竪未誅,憂不暇食。卿受托孤之寄,率伐叛之師。俾其落角摧牙,夷凶蕩寇,實卿之力也。樞機雖重,在朕面前,獫狁内侵,實憂境上。夫兵機不可預授,權道全在臨時,苟非良將主謀,安能却敵? 卿可更爲朕河朔之行,則予無北顧之憂矣。"對曰:"臣受顧托之重,處將相之地,安敢憚於赴蹈? 唯陛下指使。"帝曰:"卿速撰行,無使虜塵滋蔓。"翌日,賜玉帶、名馬、金鞍、戎裝、器仗、雜彩、銀器,仍宣供奉官趙延希等二十人,殿直都知張盛等二十八人、樞密院承旨張闕名等五人、前汾州刺史白文遇、隨州刺史康延詔、房州刺史李彦崇、均州刺史曹奉金、天文趙修己、醫官顧師珙等從行,仍令宣徽南院使王峻參與軍事。十二月,深、冀、易等州契丹退。

（宋）王欽若等編纂:《册府元龜》卷九八七《外臣部》

漢薛懷德,爲邢州節度。上言:昨契丹侵逼諸縣,人户入山逃避。臣已散差人招携安撫,漸已復業。

（宋）王欽若等編纂:《册府元龜》卷三九七《將帥部》

漢梁暉,淦陽人,少爲盜。會契丹犯闕,暉收集徒黨,先入磁州,無所侵犯,遣使送款於高祖。暉偵知相州頗積餉,且無守備,遂以三月二十一日夜,與其徒逾垣而入,殺契丹十人,奪器用數萬計。遂據其城,虜主先遣偽命相州節度使高唐英率兵討之,未幾,虜主至城下。

是月四日，攻拔之，遂屠其城。

（宋）王欽若等編纂：《册府元龜》卷七五九《總録部》

周李瀚，初仕晉爲翰林學士。晉末，契丹犯闕。明年春，隨盧帳北行，虜主永康王善待之。永康入國，以瀚華人，不令隨從，留住幽州，供給亦厚。永康爲述軋所殺，述律代立，部族首領多被戮。永康妻弟曰蕭海真，亦謂之蟬得舍利，爲幽州節度使，與瀚相善，每與瀚言及中國，意深慕之。瀚嘗微以言挑之，欣然遂納。會定州節度使遣諜者田重霸繼往幽州，偵邏軍事。每令潛至瀚所，密謀還計，瀚亦致書於定帥致謝。定帥表其事，太祖哀瀚羈離異域，常有南歸之意，乃令田重霸賫詔賜之，兼令瀚兄太子賓客濤密通家問。瀚得詔，甚感太祖恩，因重霸回，致謝曰：「田重霸至，伏蒙聖慈，特頒明詔，降日中之文字，慰天外之流離。別示宸慈，俾傳家信，如見骨肉，倍感君親。」又奏陰事曰：「昨田重霸至，爲無與蕭海真詔敕，祇有兄濤家書，不敢將出。方欲遣田重霸却回，至五月四日，海真差中門使趙佩傳語臣云：『昨擬差人賫絹書上南朝皇帝，請發兵來，兼取得姚漢英等奏狀，所貴聽信，其絹文印押，了未封被，趙佩懷内遺失，交下憂怕，不知所爲。』臣既認實心，遂喚趙佩、通事李解里來，呈與書詔，當時聞於海真，極喜，引臣竊謝。尋喚重霸於私宅相見。至五月二十六日，又喚重霸於衙内一宿。今月四日，令趙佩將銀十兩令與重霸，兼傳語與臣云：我心如鐵石，但令此人，且回諸事，宿時説與，一一已令口奏，候南朝有文字來，則別差人去。今因奏陳，皆據目前所得。至於機事兵勢權謀，非臣愚爲敢陳鄙款，伏乞妙延良弼，周訪嘉謀，斷於宸衷，用叶廟勝。」又與濤書，言契丹述律事云：「今王驕駿，唯好擊鞠，耽於内寵，固無四分之志，觀其事勢，不同已前親密，貴臣尚懷異志，即微弱可知，不敢備奏。一則煩文，一則恐涉爲身計大好，乘其亂弱之時，計亦易和。若辦得，來討唯速，若且和亦唯速，將來必不能力爲可束也。」

（宋）王欽若等編纂：《册府元龜》卷七六二《總録部》

周太祖廣順元年二月丁未，左千牛衛將軍朱憲使於契丹，復命契丹王，充欲復遣使裛骨支伴送朱憲歸京師，又賀我登極，兼獻良馬一駟，仍達蕃情，云兩地通歡，近因晉祖議和好之理，爲遠大之謀。

（宋）王欽若等編纂：《冊府元龜》卷九八〇《外臣部》

（廣順元年）五月己巳，遣左金吾將軍姚漢英、右神武將軍華光裔使於契丹，辭，各賜襲衣銀帶絹彩三百匹，銀器五十兩；契丹入朝使大卿賜重錦五匹，衣着三百匹，銀器百兩，別賜衣着五十匹，馬價衣着一百五十匹，副使賜有差，曳剌五人各賜中錦一匹，衣着五十匹，仍遣供奉官李誦押援兵防送至樂壽。

（宋）王欽若等編纂：《冊府元龜》卷九八〇《外臣部》

（廣順元年）八月，契丹遣幽州教練使曹繼筠護送宰相趙瑩喪柩至其家。先是，開運末，虜陷京城，瑩與馮玉、李彥韜俱遷於北塞，未幾卒，至是方歸喪柩。

（宋）王欽若等編纂：《冊府元龜》卷九八〇《外臣部》

周大祖廣順二年七月戊寅，以契丹長慶宮提轄使、戶部郎中韓僚爲鄜州延慶縣令；契丹虞部員外郎胡嶠爲汝州魯山縣令，並以其歸化故也。

（宋）王欽若等編纂：《冊府元龜》卷一七〇《帝王部》

（廣順二年）十二月，補契丹武州刺史石越爲南府知兵馬使；張延煦爲許州都知兵馬使。

（宋）王欽若等編纂：《冊府元龜》卷一七〇《帝王部》

（廣順二年十二月）是月，契丹部建州掌書記馬震興、州錄事參軍李超普、州主簿李署、可汗州懷來主簿王自真等，宣中書各授州縣參贊之官。

（宋）王欽若等編纂：《冊府元龜》卷一七〇《帝王部》

周太祖廣順二年四月，定州言契丹羽林都署辛霸卿等二十三人、馬三匹並車牛來奔。六月，契丹降人孫重勛等四十四人到闕。八月，定州言有户三百自契丹來歸。十月辛卯，契丹釣臺鎮將王彦、鎮都將盧曉文、招收軍使王瓊等八人來奔。十一月，契丹界闕南都船務使王希、乾寧軍使孫章而下二十四人來歸。十二月，契丹殿頭王進、龍武，羽林軍校及通事舍人胡延等六人來奔。

（宋）王欽若等編纂：《冊府元龜》卷九七七《外臣部》

周太祖廣順二年九月，鎮州何福進言：契丹寇深、冀。遣龍捷都指揮使劉成誨、兵馬監押慕延釗、本州衙内指揮使何繼筠率兵拒之，至武强縣，奪下老小千餘口，賊軍遁去。

（宋）王欽若等編纂：《冊府元龜》卷九八七《外臣部》

（廣順）三年正月，契丹王子元禄二人、羽林軍使王遇、軍將張超等十九人來奔。二月，鎮州言部送契丹來奔銀院使張知訓等七人。三月，契丹羽林軍士十五人來降。四月，契丹乾寧軍使張韜等三十八人、羽林軍將王興等十五人來奔。五月，深州送契丹來奔，麴院官李緒等十七人，指揮使李重筠等十人，爲儀郎四十人至京師。

（宋）王欽若等編纂：《冊府元龜》卷九七七《外臣部》

（廣順三年）六月，契丹瀛州戎軍陶洞文等十二人，及巡檢指揮使葛知友、雲州牙將崔崇等十九人，招收軍使李彦暉二十一人來奔。是月，定州送奚、契丹來奔。綉院使邢福順等十三人並順州刺史男戴原等至闕下。

（宋）王欽若等編纂：《冊府元龜》卷九七七《外臣部》

（廣順三年）七月，契丹羽林軍士楊澤等十三人，殿直楊晏等二十五人來奔。是月，滄州李暉送契丹降人盧臺軍使張藏英等二百二十二人，馬二十三匹。八月，定州部送契丹歸明軍士齊武等二十九人至京師。九月，雲州吐渾指揮使黨富達等五十一人，馬駝四十二，並朔州軍使馬延嗣等來奔。

（宋）王欽若等編纂：《冊府元龜》卷九七七《外臣部》

周，契丹永康王兀欲，自漢末遣使寓書於漢少帝，會漢室有蕭牆之亂。周太祖登極時，邢州節度使劉詞馳送虜使至闕。周太祖覽其書，欲因便以和之。廣順元年正月，遣將軍朱憲伴送虜使歸國，仍遺兀欲金器玉帶，以結其意。二月，朱憲回，兀欲復遣使來賀，兼獻良馬。朝廷尋遣尚書左丞田敏報命，仍厚其禮。既而兀欲留我行人將軍姚漢英、華光裔，不令復命，繇是復絕。

（宋）王欽若等編纂：《冊府元龜》卷九九八《外臣部》

世宗顯德元年五月，符彥卿上言：逐契丹過忻口北，殺蕃軍二千餘衆，大軍已還忻州，從官稱賀。

（宋）王欽若等編纂：《冊府元龜》卷九八七《外臣部》

周世宗顯德二年三月庚午朔辛未，改李晏口爲靜安軍。先是，河朔生靈，自晉漢已來，常爲契丹所困，每胡兵入寇，洞無藩籬，帝甚憫之。而言事者以爲梁冀之間有胡蘆河，東西橫亘數百里，然其堤岸非峻，不能扼胡騎之奔突。帝乃按圖定策，於是詔許州節度使王彥超、曹州節度使韓通等領兵尤徒，濬其堤而增其岸，仍於河上築壘，以屯戍兵。是時，工未畢而虜至，彥超等迎擊退之。李晏口者，即河上之要津也，故賜以軍額。自是之後，虜騎雖至，終不敢涉河以肆掠，繇是河朔生民稍安其居矣。

（宋）王欽若等編纂：《冊府元龜》卷九九四《外臣部》

（顯德）六年四月，大治舟師，以備北伐，分命諸將沿流設備，以前郯州節度使田景咸爲淤口部署，以右神武統軍李洪信爲合流口部署，以前鳳翔節度使王晏爲益津關一路都部署，侍衛馬軍都指揮使韓令坤副焉，以侍衛馬步都虞候韓通爲陸路都部署，殿前都虞候石守信副焉。

　　　　（宋）王欽若等編纂：《册府元龜》卷九八七《外臣部》

（顯德六年）五月，帝將收瓦橋關，以侍衛馬步都指揮使韓令坤爲霸州都部署，虎捷左厢主張鐸副焉；以滑州節度留後陳思讓爲雄州都部署，龍捷左厢主高懷德副焉，仍命各率部兵以戍焉。餘見《帝王·親征》及《功業》門。

　　　　（宋）王欽若等編纂：《册府元龜》卷九八七《外臣部》

恭帝即位初，北面兵馬都部署韓令坤奏：敗契丹五百騎於霸州北。

　　　　（宋）王欽若等編纂：《册府元龜》卷九八七《外臣部》

阿保機，亦不知其何部人也，爲人多智勇而善騎射。是時，劉守光暴虐，幽、涿之人多亡入契丹。阿保機乘間入塞，攻陷城邑，俘其人民，依唐州縣置城以居之。漢人教阿保機曰：“中國之王無代立者。”由是阿保機益以威制諸部而不肯代。其立九年，諸部以久不代，共責誚之。阿保機不得已，傳其旗鼓，而謂諸部曰：“吾立九年，所得漢人多矣，吾欲自爲一部以治漢城，可乎？”諸部許之。漢城在炭山東南灤河上，有鹽鐵之利，乃後魏滑鹽縣也。其地可植五穀，阿保機率漢人耕種，爲治城郭邑屋廛市如幽州制度，漢人安之，不復思歸。阿保機知衆可用，用其妻述律策，使人告諸部大人曰：“我有鹽池，諸部所食。然諸部知食鹽之利，而不知鹽有主人，可乎？當來犒我。”諸部以爲然，共以牛酒會鹽池。阿保機伏兵其旁，酒酣伏發，盡殺諸部大人，遂立，不復代。

梁將篡唐，晉王李克用使人聘於契丹，約爲兄弟，贈金帛甚厚，期共舉兵擊梁。阿保機既而背約,遣使聘梁稱臣,約共滅晉。後唐莊宗天祐十三年,契丹寇晉蔚州,又攻破新州。莊宗遣周德威擊之,德威兵敗,走幽州,契丹圍之。幽、薊之間,虜騎遍野,德威拒守百餘日,契丹兵敗,乃解去。

阿保機多用漢人,漢人教以隸書之半增損之,作文字數千,以代刻木之約。又制婚姻,置官號。乃僭稱皇帝,自號天皇王。以其所居橫帳地名爲姓,曰世里。世里,譯者謂之耶律。名年曰天贊。以其所居爲上京,起樓其間,號西樓,又於其東千里起東樓,北三百里起北樓,南木葉山起南樓,往來射獵四樓之間。契丹好鬼而貴日,每月朔日,東向而拜日,其會聚、視國事,皆以東向爲尊,四樓門屋皆東向。

莊宗討張文禮,圍鎮州。定州王處直懼鎮且亡,晉兵必併擊己,乃遣子郁説契丹入塞以牽晉兵。郁謂阿保機曰:"鎮州金帛山積,姬女羅綺盈廷。張文禮得之爲晉所攻,懼死不暇,故留以待皇帝。"阿保機大喜,乃空國入寇,攻幽州不克,又攻涿州,陷之。遂攻中山,渡沙河。莊宗自將鐵騎五千,乘虜散走,會天大雪,契丹人馬飢寒,多死,乃引兵去。契丹雖無所得而歸,然自此頗有窺中國之意,患女真、渤海在其後,欲擊渤海,懼中國乘其虛,乃遣聘使唐通好。同光間,使者再至。莊宗崩,明宗遣供奉官姚坤告哀於契丹。阿保機問坤以洛陽之變,仰天大哭曰:"晉王與我約爲兄弟,河南天子,即吾兒也。昨聞中國亂,欲以甲馬五萬往助我兒,而渤海未除,志願不遂。"又曰:"我兒既没,理當取我商量,新天子安得自立?"坤曰:"新天子將兵二十年,位至大總管,所領精兵三十萬,天時人事,豈可得違?"其子突欲在側曰:"使者無多言,蹊田奪牛,豈不爲過!"坤曰:"應天順人,豈比匹夫之事。至如天皇王得國而不代,豈彊取之邪?"阿保機即慰勞坤曰:"理正當如是爾!"又曰:"吾聞此兒有宮婢二千人,樂官千人,放鷹走狗,嗜酒好色,任用不肖,不惜人民,此其所以敗也。我自聞其禍,即舉家斷酒,解放鷹犬,罷散樂官。我亦有諸部樂官千人,非公宴不用。我若所爲類吾兒,則亦安能長久?"又謂坤曰:"吾能漢語,然絶口不道於部人,懼其效漢而怯弱也。"因戒坤曰:"爾當先歸,吾以甲馬三萬會新天子幽、鎮之間，共爲盟約，與我幽州，則不復侵汝矣。"阿保機攻渤海，取其扶餘一城，以爲東丹國，以其長子人皇王突欲爲東丹王。已而阿保機病死，述律護喪歸西樓，立其次子元帥太子耀屈之。坤從至西樓而還。耀屈之後更名德光，謚阿保機爲大聖皇帝。

德光立三年，改元天顯，遣使聘唐。明宗厚禮之，遣使報聘。會定州王都反，求援於契丹，契丹遣禿餒、荝刺將兵援都，唐遣王晏球破定州，擒禿餒等斬之，擒其壯健者五千餘人爲"契丹直"。初阿保機死，長子東丹王突欲當立，其母述律愛德光。德光智勇，素服諸部，共希旨請立德光。突欲不得立，長興元年，自夫餘泛海奔唐。明宗賜其姓爲東丹，更名曰慕華，拜懷化軍節度使。後又更姓李，名贊華。契丹自阿保機時侵滅諸國，稱雄北方。及救王都，爲王晏球所敗，喪其萬騎，又失赫遫等，皆名將，而述律尤思念突欲，由是卑辭厚幣數遣使聘中國，因求歸赫遫、荝刺等，唐輒斬其使而不報。當此之時，中國之威幾振。

距幽州北七百里有榆關，東臨海，北有兔耳、覆舟山。山皆陡絕，並海東北，有路狹，僅通車，其旁地可耕植。唐時置東西狹石、淥疇、米磚、長楊、黃花、紫蒙、白狼等戍，以扼契丹於此。戍兵常自耕食，惟衣絮歲給幽州，久之皆有田宅，養子孫，以堅守爲己利。自唐末幽、薊戍兵廢散，契丹因得出陷平、營，而幽、薊之人歲苦寇鈔。自涿州至幽州百里，人迹斷絕，轉餉常以兵護送，契丹多伏兵鹽溝以擊奪之。莊宗之末，趙德鈞鎮幽州，於鹽溝置良鄉縣，又於幽州東五十里築城，皆戍以兵。及破赫遫等，又於其東置三河縣。由是幽、薊之人，始得耕牧，而輸餉可通。德光乃西徙橫帳居捺剌泊，出寇雲、朔之間。明宗患之，以石敬瑭鎮河東，總大同、彰國、振武、威塞等軍禦之。應順、清泰之間，調發饋餉，遠近勞敝。

德光侍其母甚謹，常侍立其側，國事必告而後行。石敬瑭反，唐遣張敬達等討之。敬瑭遣使求救於德光，稱臣以父事之，約事捷之後，割盧龍一道，及雁門關以北諸州與之。契丹兵出雁門，車騎連亘數十里，唐兵大敗。遂築壇晉城南，立敬瑭爲皇帝。敬瑭自太原入洛陽，德光送至潞州。先時唐廢帝遣趙德鈞並其子延壽將兵禦契丹，德鈞陰遣人聘德光求立己爲帝。德光指穿廬前巨石謂德鈞使者曰：“吾已許石郎矣。石爛，可改也。”德光至潞州，遂執德鈞父子而去。後以延壽爲幽州節度使，封燕王。

契丹當莊宗、明宗時攻陷營、平二州，及已立晉，又得雁門以北幽州節度管內，合一十六州。乃以幽州爲燕京，改天顯十一年爲會同元年，更其國號大遼，置百官，皆依中國，參用中國之人。晉高祖每遣使聘問，奉表稱臣，歲輸絹三十萬匹，其餘寶玉珍異，下至中國飲食諸物，使者相屬於道，無虛日。德光約高祖不稱臣，更表爲書，稱“兒皇帝”，如家人禮。德光遣中書令韓頻奉册高祖爲英武明義皇帝。高祖復遣趙瑩、馮道等以太常鹵簿奉册德光及其母尊號。終其世，奉之甚謹。

高祖崩，出帝即位，德光怒其不先以告，而又不上表，不稱臣而稱孫，數遣使者責晉。晉大臣皆恐，而景延廣對契丹使者語，獨不遜。德光益怒。楊光遠反青州，招之。開運元年春，德光傾國南寇，分其衆爲三：西出雁門，攻并、代，劉知遠擊敗之於秀容；東至於河，陷博州，以應光遠；德光與延壽南攻，陷貝州。德光屯元城，兵及黎陽。晉出帝親征，遣李守貞等東馳馬家渡，擊敗契丹。而德光與晉相距於河，月餘，聞馬家渡兵敗，乃引衆擊晉，戰於戚城。德光臨陣，望見晉軍旗幟光明，而士馬嚴整，有懼色，謂其左右曰：“楊光遠言晉家兵馬半已餓死，何其盛也！”兵既交，殺傷相半，陣間斷箭遺鏃，布厚寸餘。日暮，德光引去，分其兵爲二，一出滄州，一出深州以歸。

二年正月，德光復傾國入寇，圍鎮州，分兵攻下鼓城等九縣。杜重威守鎮州，閉壁不敢出。契丹南掠邢、洺、磁，至於安陽河，千里之內，焚剽殆盡。契丹見大桑木，罵曰：“吾知紫披襖出自汝身，吾豈容汝活邪！”束薪於木而焚之。是時，出帝病，不能出征，遣張從恩、安審琦、皇甫遇等禦之。過前渡漳水，遇契丹，戰於榆林，幾爲所虜。審琦從後救之，契丹望見塵起，謂救兵至，引去。而從恩畏怯，不敢追，亦引兵南走黎陽。契丹已北，而出帝疾少間，乃下詔親征，軍於澶州，遣杜重威等北征。契丹歸至古北，聞晉軍且至，即復引而南，及重威戰於陽城、衛村。晉軍飢渴，鑿井輒壞，絞泥汁而飲。德光坐奚車中，呼其衆曰："晉軍盡在此矣，可生擒之，然後平定天下。"會天大風，晉軍奮死擊之，契丹大敗。德光喪車，騎一白橐駝而走。至幽州，其首領大將各笞數百，獨趙延壽免焉。是時，天下旱蝗，晉人苦兵，乃遣開封府軍將張暉假供奉官聘於契丹，奉表稱臣，以修和好。德光語不遜。然契丹亦自厭兵。德光母述律嘗謂晉人曰："南朝漢兒爭得一向臥邪？自古聞漢來和蕃，不聞蕃去和漢，若漢兒實有回心，則我亦何惜通好！"晉亦不復遣使，然數以書招趙延壽。

延壽見晉衰而天下亂，嘗有意窺中國，而德光亦嘗許延壽滅晉而立之。延壽得晉書，僞爲好辭報晉，言身陷虜思歸，約晉發兵爲應。而德光將高牟翰亦詐以瀛州降晉，晉君臣皆喜。三年七月，遣杜重威、李守貞、張彥澤等出兵，爲延壽應，兵趨瀛州，牟翰空城而去。晉軍至城下，見城門皆啓，疑有伏兵，不敢入。遣梁漢璋追牟翰及之，漢璋戰死。重威等軍屯武彊。德光聞晉出兵，乃入寇鎮州。重威西屯中渡，與德光夾水而軍。德光分兵，並西山出晉軍後，攻破欒城縣，縣有騎軍千人，皆降於虜。德光每獲晉人，刺其面，文曰"奉敕不殺"，縱以南歸。重威等被圍糧絕，遂舉軍降。德光喜，謂趙延壽曰："所得漢兒皆與爾。"因以龍鳳赭袍賜之，使衣以撫晉軍，亦以赭袍賜重威。遣傅住兒監張彥澤將騎二千，先入京師。晉出帝與太后爲降表，自陳過咎。德光遣解里以手詔賜帝曰："孫兒但勿憂，管取一喫飯處。"德光將至京師，有司請以法駕奉迎，德光曰："吾躬擐甲冑，以定中原，太常之儀，不暇顧也。"止而不用。出帝與太后出郊奉迎，德光辭不見，曰："豈有兩天子相見於道路邪！"

四年正月丁亥朔旦，晉文武百官，班於都城北，望帝拜辭，素服紗帽以待。德光被甲衣貂帽，立馬於高岡，百官俯伏待罪。德光入自封丘門，登城樓，遣通事宣言諭衆曰："我亦人也，可無懼。我本無心至此，漢兵引我來爾。"遂入晉宮，宮中嬪妓迎謁，皆不顧，夕出宿於赤岡。封出帝負義侯，遷於黃龍府。癸巳，入居晉宮，以契丹守諸門，門廡殿庭皆磔犬挂皮,以爲厭勝。甲午,德光胡服視朝於廣政殿。乙未,被中國冠服,百官常参,起居如晉儀,而氈裘左衽,胡馬奚車,羅列階陛,晉人俛首不敢仰視。二月丁丑朔,金吾六軍、殿中省仗、太常樂舞陳於廷,德光冠通天冠,服絳紗袍,執大珪以視朝,大赦,改晉國爲大遼國,開運四年爲會同十年。

德光嘗許趙延壽滅晉而立以爲帝,故契丹擊晉,延壽常爲先鋒,虜掠所得,悉以奉德光及其母述律。德光已滅晉而無立延壽意,以爲中京留守、大丞相,燕王如故。三月丙戌朔,德光服靴、袍,御崇元殿,百官入閤,德光大悦,顧左右曰:"漢家儀物,其盛如此。我得於此殿坐,豈非真天子邪!"德光已滅晉,遣其部族酋豪及其通事爲諸州鎮刺史、節度使,括借天下錢帛以賞軍。胡兵人馬不給糧草,遣數千騎分出四野,劫掠人民,號爲"打草穀"。東西二三千里之間,民被其毒,遠近怨嗟。漢高祖起太原,所在州鎮多殺契丹守將歸漢,德光大懼。又時已熱,乃以蕭翰爲宣武軍節度使。翰,契丹之大族,其號阿鉢,翰之妹亦嫁德光,而阿鉢本無姓氏,契丹呼翰爲國舅,及將以爲節度使,李崧爲制姓名曰蕭翰,於是始姓蕭。

德光已留翰守汴,乃北歸,以晉内諸司伎術、宫女、諸軍將卒數千人從。自黎陽渡河,行至湯陰,登愁死岡,謂其宣徽使高勛曰:"我在上國,以打圍食肉爲樂,自入中國,心常不快,若得復吾本土,死亦無恨。"勛退而謂人曰:"虜將死矣。"相州梁暉殺契丹守將,閉城距守。德光引兵破之,城中男子無少長皆屠之,婦女悉驅以北。後漢以王繼弘鎮相州,得髑髏十數萬枚,爲大冢葬之。德光至臨洺,見其井邑荒殘,笑謂晉人曰:"致中國至此,皆燕王爲罪首。"又顧張礪曰:"爾亦有力焉。"德光行至欒城,得疾,卒於殺胡林。契丹破其腹,去其腸胃,實之以鹽,載而北,晉人謂之"帝羓"。永康王兀欲立,謚德光爲嗣聖皇帝,號阿保機爲太祖,德光爲太宗。

兀欲,東丹王突欲子也。突欲奔唐,兀欲留不從,號永康王。性殘忍,然喜賓客,好飲酒,工畫知書。契丹兵助晉攻唐,唐廢帝殺突欲。晉高祖入京師,追封突欲爲燕王。德光滅晉,兀欲從至京師。德光死欒城,兀欲與趙延壽及諸大將等俱入鎮州。延壽自稱權知軍國事,遣人求鎮州管籥於兀欲,兀欲不與。延壽左右曰:"契丹大人聚而謀者詢詢,必有變,宜備之。今中國兵猶萬人,可以擊虜,不然,事必不成。"延壽猶豫不決。兀欲召延壽飲酒,誘而鎖之,籍其家,乃宣德光遺制曰:"可於中京即皇帝位。"中京,契丹謂鎮州也。遣使告哀於諸鎮。蕭翰聞德光死,弃汴州而北。

兀欲已立,先遣人報其祖母述律。述律怒曰:"我兒平晉取天下,有功業,其子在我側者當立,人皇王背我歸中國,其子豈得立邪?"乃率兵逆兀欲,將廢之。兀欲留其將麻答守鎮州,晉諸將相隨德光在鎮州者皆留之而去。與其祖母述律相拒於石橋,述律所將兵多亡歸兀欲。兀欲乃幽述律於祖州。祖州,阿保機墓所也。初,德光之擊晉也,述律常非之,曰:"吾國用一漢人爲主可乎?"德光曰:"不可也。"述律曰:"然則汝得中國不能有,後必有禍,悔無及矣。"德光死,載其尸歸,述律不哭而撫其尸曰:"待我國中人畜如故,然後葬汝。"已而,兀欲囚之,後死於木葉山。

兀欲更名阮,號天授皇帝,改元曰天祿。是歲八月,葬德光於木葉山,遣人至鎮州召馮道、和凝等會葬。使者至鎮州,鎮州軍亂,大將白再榮等逐出麻答。據定州,已而悉其衆以北。麻答者,德光之從弟也。德光滅晉,以爲邢州節度使,兀欲立,命守鎮州。麻答尤酷虐,多略中國人,剝面,抉目,拔髮,斷腕而殺之,出入常以鉗鑿挑割之具自隨,寢處前後挂人肝、脛、手、足,言笑自若,鎮、定之人不勝其毒。麻答已去,馮道等乃南歸。漢乾祐元年,兀欲率萬騎攻邢州,陷內丘。契丹入寇,常以馬嘶爲候。其來也,馬不嘶鳴,而矛戟夜有光,又月食,虜衆皆懼,以爲凶,雖破內丘而人馬傷死者大半。兀欲立五年,會諸部酋長,復謀入寇,諸部大人皆不欲,兀欲彊之。燕王述軋與太寧王、嘔里僧等率兵殺兀欲於火神淀。德光子齊王述律聞亂,走南山。契丹擊殺述軋、嘔里僧,而迎述律以立。

述律立,改元應曆,號天順皇帝,後更名璟。述律有疾,不能近婦人,左右給事,多以宦者。然畋獵好飲酒,不恤國事,每酣飲,自夜至旦,晝則常睡,國人謂之"睡王"。初,兀欲常遣使聘漢,使者至中國而周太祖入立。太祖後遣將軍朱憲報聘,憲還而兀欲死。述律立,遂不復南寇。顯德六年夏,世宗北伐,以保大軍節度使田景咸爲淤口關部署,右神武統軍李洪信爲合流口部署,前鳳翔節度使王晏爲益津關部署,侍衛親軍馬步都虞候韓通爲陸路都部署。世宗自乾寧軍御龍舟,艛船戰艦,首尾數十里,至益津關,降其守將,而河路漸狹,舟不能進,乃捨舟陸行。瓦橋淤口關、瀛、莫州守將,皆迎降。方下令進攻幽州,世宗遇病,乃置雄州於瓦橋關、霸州於益津關而還。周師下三關、瀛、莫,兵不血刃。述律聞之,謂其國人曰:"此本漢地,今已還漢,又何惜邪?"

歐陽氏《五代史記》論曰:初,蕭翰聞德光死,北歸,有同州郃陽縣令胡嶠爲翰掌書記,隨入契丹。而翰妻爭妒,告翰謀反,翰見殺,嶠無所依,居虜中七年。當廣順三年,亡歸中國,略能道其所見。云:"自幽州西北入居庸關,明日,又西北入石門關,關路崖狹,一夫可以當百,此中國控扼契丹之險也。又三日,至可汗州,南望五臺山,其一峰最高者,東臺也。又三日,至新武州,西北行五十里有雞鳴山,云唐太宗北伐聞雞鳴於此,因以名山。明日,入永定關,此唐故關也。又四日,至歸化州。又三日,登天嶺,嶺東西連亘,有路北下,四顧冥然,黃雲白草,不可窮極。契丹謂嶠曰:'此辭鄉嶺也,可一南望而爲永訣。'同行者皆慟哭,往往絶而復蘇。又行三四日,至黑榆林,時七月,寒如深冬。又明日,入斜谷,谷長五十里,高崖峻谷,仰不見日,而寒尤甚。已出谷,得平地,氣稍溫。又行二日,渡湟水。又明日,渡黑水。又二日,至湯城淀,地氣最溫,契丹若大寒,則就溫於此。其水泉清冷,草軟如茸,可籍以寢。而多異花,記其二種:一曰旱金,大如掌,金色爍人;一曰青囊,如中國金燈,而色類藍可愛。又二日,至儀坤州,渡麝香河。自幽州至此無里候,其向不知爲南北。又二日,至赤崖,翰與兀欲相及,遂及述律戰於沙河。述律兵敗而北,兀欲追至獨樹渡,遂囚述律於撲馬山。又行三日,遂至上京,所謂西樓也。西樓有邑屋市肆,交易無錢而用布。有綾錦諸工作、宦者、翰林、伎術、教坊、角觝、秀才、僧尼、道士等，皆中國人，而并、汾、幽、薊之人尤多。自上京東去四十里，至真珠寨，始食菜。明日，東行，地勢漸高，西望平地松林鬱然數十里。遂入平川，多草木，始食西瓜，云契丹破回紇得此種，以牛糞覆棚而種，大如中國東瓜而味甘。又東行，至裏潭，始有柳，而水草豐美，有息雞草尤美，而本大，馬食不過十本而飽。自裏潭入大山，行十餘日而出，過一大林，長二三里，皆蕪荑，枝葉有芒刺如箭羽，其地皆無草。兀欲時卓帳於此，會諸部人葬德光。自此西南行，日六十里，行七日，至大山門，兩高山相去一里，有長松豐草，珍禽野卉，有屋宇碑石，曰‘陵所’也。兀欲入祭，諸部大人惟執祭器者得入。入而門闔。明日開門，曰‘拋醆’，禮畢。問其禮，皆秘不肯言。”嶠所目見兀述律、葬德光等事，與中國所記差異。

　　已而，翰得罪被鎖，嶠與部曲東之福州。福州翰所治也。嶠等東行，過一山，名十三山，云此西南去幽州二千里。又東行，數日，過衛州，有居人三千餘家，蓋契丹所虜中國衛州人，築城而居之。嶠至福州而契丹多憐嶠，教其逃歸，嶠因得其諸國種類遠近。云：“距契丹國東至於海，有鐵甸，其族野居皮帳，而人剛勇。其地少草木，水鹹濁，色如血，澄之久而後可飲。又東，女真，善射，多牛、鹿、野狗。其人無定居，行以牛負物，遇雨則張革爲屋。常作鹿鳴，呼鹿而射之，食其生肉。能釀麋爲酒，醉則縛之而睡，醒而後解，不然，則殺人。又東南，渤海，又東，遼國，皆與契丹略同。其南海曲，有魚鹽之利。又南，奚，與契丹略同，而人好殺戮。又南，至榆關矣，西南至儒州，皆故漢地。西則突厥、回紇。西北至嫗厥律，其人長大，髡頭，酋長全其髮，盛以紫囊。地嚴寒，水出大魚，契丹仰食。又多黑、白、黃貂鼠皮，北方諸國皆仰足。其人最勇，鄰國不敢侵。又其西，轄戛，又其北，單于突厥，皆與嫗厥律略同。又北，黑車子，善作車帳，其人知孝義，地貧無所產。云契丹之先，常役回紇，後背之走黑車子，始學作車帳。又北，牛蹄突厥，人身牛足，其地尤寒，水曰瓠䰇河，夏秋冰厚二尺，春冬冰徹底，常燒器銷冰乃得飲。東北，至轌劫子，其人髡首，被布爲衣，不鞍而騎，大弓長箭，尤善射，遇人輒殺而生食其肉，契丹等國皆畏之。

契丹五騎遇一韃劫子,則皆散走。其國三面皆室韋,一曰室韋,二曰黃頭室韋,三曰獸室韋。其地多銅、鐵、金、銀,其人工巧,銅鐵諸器皆精好,善織毛錦。地尤寒,馬溺至地成冰堆。又北,狗國,人身狗首,長毛不衣,手搏猛獸,語爲犬嗥,其妻皆人,能漢語,生男爲狗,女爲人。自相婚嫁,穴居食生,而妻女人食。云嘗有中國人至其國,其妻憐之使逃歸,與其箸十餘隻,教其每走十餘里遺一箸,狗夫追之,見其家物,必銜而歸,則不能追矣。”其説如此。又曰:“契丹嘗選百里馬二十匹,遣十人賫乾餱北行,窮其所見。其人自黑車子,歷牛蹄國北,行一年,經四十三城,居人多以木皮爲屋,其語言無譯者,不知其國地山川部族名號。其地氣,遇平地則溫和,山林則寒冽。至三十三城,得一人,能鐵甸語,其言頗可解,云地名頡利烏于邪堰。云:‘自此以北,龍蛇猛獸,魑魅群行,不可往矣。’其人乃還,此北荒之極也。”契丹謂嶠曰:“夷狄之人豈能勝中國? 然晉所以敗者,主暗而臣不忠。”因具道諸國事,曰:“子歸悉以語漢人,使漢人努力事其主,無爲夷狄所虜,吾國非人境也。”嶠歸,録以爲《陷虜記》云。

(元)馬端臨:《文獻通考》卷三四五《四裔考二二》

契丹之先,有一男子乘白馬,一女子駕灰牛,相遇於遼水之上,遂爲夫婦。生八男子,則前史所謂迭爲君長者也。此事得於趙志忠。志忠嘗爲契丹史官,必其真也。前史雖載八男子,而不及白馬、灰牛事。契丹祀天,至今用灰牛、白馬。予嘗書其事於《實録·契丹傳》,王禹玉恐其非實,删去之。予在陳州時,志忠知扶溝縣,嘗以書問其八男子迭相君長時爲中原何代。志忠亦不能答,而云:“約是秦漢時。”恐非也。

(宋)范鎮:《東齋記事》卷五

契丹國在庫莫奚東,唐所謂黑水靺鞨者,今其地也。有七十二部落,不相統制,好爲寇盜。父母死而悲哭者,以爲不壯,但以其尸置於山樹上,經三年後,乃收其骨而焚之。因酹酒而祝曰:“冬月時,向陽

食;夏月時,向陰食;我若射獵時,使我多得猪鹿。"其無禮頑囂,於諸
夷最甚。其風俗與奚、靺鞨頗同。至阿保機,稍並服諸小國,而多用
漢人。漢人教之以隷書之半增損之,作文字數千,以代刻木之約。又
制婚嫁,置官號,稱皇帝。漢時爲匈奴所破,保鮮卑山。魏青龍中,部
酋爲王雄所殺,衆遂逃潢水之南,黄龍之北。至元魏,自號曰契丹。
在唐開元、天寶間,使朝獻者無慮二十。故事:以范陽節度爲押奚、契
丹使,至唐末,契丹始盛。

(宋)葉隆禮:《契丹國志》卷二三《國土風俗》

　　初契丹有八部,族之大者曰大賀氏。後分爲八部,部之長號"大
人",而常推一人爲王,建旗鼓,以統八部。每三年則以次相代,或其
部有灾疾而畜牧衰,則八部聚議,以旗鼓立其次而代之。被代者以爲
元約如此,不敢争。及阿保機,乃曰"中國之主無代立者"。由是阿保
機益以威制諸國,不肯代。其立九年,諸部共責誚之。阿保機不得
已,傳其旗鼓,而謂諸部曰:"吾立九年,所得漢人多矣。吾欲別自爲
一部以治漢城,可乎?"諸部將許之。漢城在炭山東南灤河上,有鹽鐵
之利,乃後魏滑鹽縣也。其地可植五穀,阿保機率漢人耕種,爲治城
郭邑屋廛市如幽州制,漢人安之,不復思歸。阿保機知衆可用,用其
妻述律策,使人告諸部大人曰:"我有鹽池之利,諸部所食。然諸部知
食鹽之利,而不知鹽有主人,可乎? 當來犒我。"諸部以爲然,共以牛
酒會鹽池。阿保機伏兵其旁,酒酣伏發,盡殺諸部大人,復併爲一國,
東北諸夷皆畏服之。

(宋)葉隆禮:《契丹國志》卷二三《併合部落》

　　賤他姓,貴耶律、蕭氏二姓。其官有契丹樞密院及行宫都總管
司,謂之北面,以其在牙帳之北,以主蕃事;又有漢人樞密院、中書省、
行宫都總管司,謂之南面,以其在牙帳之南,以主漢事。其惕隱,宗正
寺也。夷離畢,參知政事也。林牙,翰林學士也。夷離巾,刺史也。
内外官多仿中國者。其下佐吏,則有敵史、木古思奴古、都奴古、徒奴

古。分領兵馬，則有統軍、侍衛、控鶴司，南王、北王、奚王府五帳分、提失哥東西都省太師兵。又有國舅、鈐轄、遙輦、常袞諸司，南北皮室、二十部族節度，頻必里、九克、漢人、渤海、女真五節度，五冶大師一百、六百、九百家奚。凡民年十五以上，五十以下，皆籍爲兵。將舉兵，必殺灰牛、白馬，祠天地日及木葉山神。鑄金魚符，調發兵馬。其捉馬及傳命，有銀牌二百。軍所舍，有遠探欄子馬，以夜聽人馬之聲。每其主立，聚所得人户、馬牛、金帛及其下所獻生口，或犯罪没入者，別爲行宫領之，建州縣，置官屬。既死，則設大穹廬，鑄金爲像，朔、望、節、辰、忌日輒致祭，築臺高丈餘，以盆焚食，謂之"燒飯"。

（宋）葉隆禮：《契丹國志》卷二三《建官制度》

十宫各有民户，出兵馬，阿保機曰洪義宫，德光曰永興宫，兀欲曰積慶宫，述律曰延昌宫，明記曰章敏宫，突欲曰長寧宫，燕燕曰崇德宫，隆緒曰興聖宫，隆慶曰敦睦宫，隆運曰文忠王府。又有四樓，在上京者曰西樓，木葉山曰南樓，龍化州曰東樓，唐州曰北樓。凡受册，積柴升其上，大會蕃夷其下，已，乃燔柴告天，而漢人不得預。有諢子部百人，夜以五十人番直，四鼓將盡，歌於帳前，號曰"聒帳"。每謁木葉山，即射柳枝，諢子唱番歌前道，彈胡琴和之，已事而罷。

（宋）葉隆禮：《契丹國志》卷二三《宫室制度》

國母與蕃官皆胡服，國主與漢官即漢服。蕃官戴氈冠，上以金華爲飾，或以珠玉翠毛，蓋漢、魏時遼人步搖冠之遺象也。額後垂金花織成夾帶，中貯髮一總。服紫窄袍，加義襴，繫鞊鞢帶，以黄紅色條裏革爲之，用金、玉、水晶、碧石綴飾。又有紗冠，制如烏紗帽，無檐，不撅雙耳，額前綴金花，上結紫帶，帶末綴珠。或紫皂幅巾，紫窄袍，束帶。大夫或綠巾，綠花窄袍，中單多紅綠色。貴者被貂裘，貂以紫黑色爲貴，青色爲次，又有銀鼠，尤潔白；賤者被貂毛、羊、鼠、沙狐裘。弓以皮爲弦，箭削樺爲簳，鞿勒輕快，便於馳走。以貂鼠或鵝項、鴨頭爲扞腰。

（宋）葉隆禮：《契丹國志》卷二三《衣服制度》

　　朱全忠時，劉仁恭與其子守光盜據幽薊，政令苛虐，燕人苦之，逃入契丹。按巴堅撫存慰納，不取租稅，以致檀、順、平、營之人亦多歸之。會後唐莊宗領兵入洛，誅滅梁氏，尋亦剪除劉守光父子，於是幽薊不復有抗捍焉。按巴堅攻雲、朔諸州安次、潞縣、三河、漁陽、懷柔、密雲等縣，俘掠赤子萬數入蕃。至明宗，約爲兄弟，且以解邊人之倒縶，紓國家之外憂，按巴堅改元稱制，分建京闕，宮室、官號盡依中國。按巴堅死，子德光立。會石敬瑭叛於河東，遣趙瑩、桑維翰等奉使求援，許以得志後割地爲獻，德光乃率兵十萬，送敬瑭入洛，册爲晉主，名之爲子。遂割代北應、朔、寰、雲、蔚及范陽山前幽、薊、瀛、莫、涿、易、檀、順及山後儒、嬀、新、武十六州以與之，仍歲與帛三十萬匹。供給稍稽，則詬辱陵責。及少主嗣立，恥稱臣而稱孫，自是有隙而兵始交矣。詔天下點抽鄉兵，七户出一卒，而四方於是騷然。及景延廣矜橫磨之刃，趙延壽希統天之業，杜重威領兵而降於中渡，張彥澤斬關而爲彼鄉道，邊馬嘶於宮闕，戰塵坌於河洛。天地失常，少主乃遷於黃龍府。鬼神含怒，德光尋斃於欒城。大順之時，荒淫失政。周世宗乘其衰削，遂奪其關南之地，以瓦橋關爲雄州，以益津關爲霸州，淤口關置寨，復破楊顯仁於高平。至顯德二年，又遣劉崇襲府州，爲折德扆所敗。

　　　　　　　　　　（宋）李攸：《宋朝事實》卷二〇《經略幽燕》

　　韓延徽，幽州人也。仕劉守光爲幕府參軍，守光與六鎮構怨，自稱燕帝，延徽諫之不從，守光置斧質於庭，曰：“敢諫者斬。”孫鶴力諫，守光殺之。延徽以幕府之舊，且素重之，得全。

　　守光末年衰困，盧龍巡屬皆入於晉，遣延徽求援於契丹。太祖怒其不拜，留之，使牧馬於野。延徽有智略，頗知屬文，述律太后言於太祖，曰：“延徽能守節不屈，此今之賢者，奈何辱以牧圉，宜禮用之”。太祖召延徽語，悦之，遂以爲謀主，舉動訪焉。

　　延徽始教太祖建牙開府，築城郭，立市里，以處漢人，使各有配偶，墾藝荒田。由是漢人各安生業，逃亡者益少。契丹威服諸國，延徽有助焉。

（宋）葉隆禮：《契丹國志》卷一六《韓延徽》

張礪，磁州滏陽人也。唐魏王繼岌征蜀，時爲掌書記。繼岌死，礪詣王府慟哭久之。潞王時，爲翰林學士。

石敬瑭叛，潞王以趙德鈞爲行營招討，礪以翰林學士爲行營判官。礪隨德鈞入契丹，太宗復以爲翰林學士。

（宋）葉隆禮：《契丹國志》卷一六《張礪》

契丹耶律隆緒，年十二，嗣其父明記位。明記僞號景宗，初名述律，德光之子也。唐初，契丹八十餘年未常寇邊。通天時，李盡忠始陷營州。明年，總管楊元基以奚軍攻潰其衆。至開元十一年，可突于奉盡忠之弟邵固統衆，詔許襲王。方是之時，猶稟命中國如此。梁正明間，耶律阿保機始建元神策，遂以五十萬衆從晉叛將盧文進寇幽州。龍德初復入，爲鎮州張文禮之援。明年，晉王大破之於新城，而獲阿保機之子。自是，繼爲邊患。及阿保機死，子德光繼立。晉祖因其兵勢而得天下，故兼臣禮而父事之，割地以爲壽，輸帛以爲貢。未更一紀之久，已貽開運之禍。其後劉崇崛彊於太原，爲計亦出於此，有以益其驕僭也。德光滅晉，而歸死於鎮陽之殺虎林。其兄之子永康王兀欲自立爲天授皇帝，因其祖母述律氏於木葉山，述律氏，阿保機之妻也。兀欲五年爲其族述軋所殺，述律討其亂，因自立爲天順皇帝，更名謂之明記。

（宋）曾鞏：《隆平集》卷二〇

契丹自阿保機雄據燕北之地，修其國有威法，諸國遂漸爲所制。常得中國所賜紈錦，以其尤精緻者籍地，使牧豎污踐之。親近者或問其故，曰：“我國他日富盛，是等固當踐之。”其用意驕貪侈毒，豈易盈哉！自石晉求援，爲耶律德光所立，約爲父子之國，歲輸絹三十萬，舉雁門以北及幽州之地爲德光壽。自是失其控壓之要，縻之無全策矣。

虜雖時有聘問,不過豐貂大臘,顓頊數四而已。其鄰國曰渤海、女真、室韋、達靼、奚霫之類,皆君奉之。其民强而善戰,堪艱苦,但衆寡不侔,故爲所制耳。梁及後唐時,尚有來貢者,自是阻閡,偪於彊力。晉高祖時,桑維翰疏云:"契丹自數年來最爲彊盛,侵伐鄰國,吞滅諸蕃。"蓋謂是也。每興兵擾塞,則傳一矢爲信,諸國皆震懼奔會,無後期者。每戰必銜枚無誼,傳指顧令,統帥之下,各有部隊。晝則望旗幟,遇夜則或鳴鉦,或吹蠡角,或爲禽鳥之聲,各隨部隊,撤卷而去,至明不遺一騎。軍令至峻,常以什伍相分。一人趨敵,則什伍俱前,緩急不相赴援,則盡誅之,故其人能死戰。而又山後郡縣,俗情篤實,高上氣武,士農商工,四者俱備,以資其用。其主雖遷徙出入,非廬帳不居,然有垣壘宫室矣;其民雖瘵墮寒冽,非旃毳不禦,然有衣服染繢矣。自開運中德光亂華,盡得晉朝帑實、圖書。服器工巧事,多摹擬中國,久而益盛矣。始石晉時,關南、山後,初葃虜民,既不樂附,又爲虜所侵辱日久,企思中國聲教,常若偷息苟生。周世宗止平關南,功不克就。歲月既久,漢民宿齒盡逝,新少者漸服習不怪,甚至右虜而下漢。其間士人及有識者,亦嘗悵然,無可奈何。

(宋)田况:《儒林公議》卷下

梁太祖開平元年,契丹遣其臣袍笏梅老之梁通好,梁遣太府少卿高頏、軍將郎公遠報聘。太祖嘗入攻雲州,衆共三十萬。晉王李存勖唐太祖李克用長子也。與之連和,面會東城,約爲兄弟,延之帳中,縱酒握手盡歡,約以今冬共擊梁。留旬日而去,晉王贈以金繒數萬。太祖留馬三千匹、雜畜萬計以酬之。太祖既歸國,更通好於梁。

(宋)葉隆禮:《契丹國志》卷一《太祖大聖皇帝》

契丹阿保機,當唐末五代時最盛。開平中,屢遣使聘梁,梁亦遣人報聘。今世傳李琪《金門集》,有賜契丹詔,乃爲阿布機。當時書詔不應有誤,而自五代以來,見於他書者,皆爲阿保機,雖今契丹之人自謂之阿保機,亦不應有失。又有趙志忠者,本華人也,自幼陷虜,爲人明敏,在虜中舉進士,至顯官。既而脱身歸國,能述虜中君臣世次、山川風物甚詳。又云"阿保機,虜人實謂之阿保謹",未知孰是。此聖人《歸田》有"所以"二字。慎於傳疑也。

(宋)江少虞:《宋朝事實類苑》卷七八

五代阿保機,遣使者解里隨頃以朝霞錦聘梁。

(唐)白居易、(宋)孔傳:《白孔六帖》卷八

五代阿保機,遣使者以朝霞錦聘梁。

(明)彭大翼:《山堂肆考》卷一八七

五代時,契丹圍幽州,城中危困。李存審自山中潛行至幽州,契丹列陣待之。存審命步兵陣於後,戒勿動,先以羸兵曳柴燃草而進,烟塵蔽天,鼓譟合戰,乃趣後陣起乘之,契丹大敗。

(明)彭大翼:《山堂肆考》卷七〇

五代時,契丹圍幽州,晉王遣兵救之。李存審命步兵伐木爲鹿角,人持一枝,止則成寨。契丹騎環寨而過,寨中發萬弩射之,人馬死傷塞路。

(清)趙翼:《陔餘叢考》卷一五《鹿角》

晉末,契丹主投下兵,謂之"大帳",有皮室兵約三萬人騎,皆精甲也,爲其爪牙。國母述律氏投下,謂之"屬珊",有衆二萬。是先,戎主阿保機牙將半已老矣,每南來時,量分借得三五千騎,述律常留數百兵,爲部族根本。其諸大首領太子偉王、永康、南北王、于越、麻荅、五押等,大者千餘騎,次者數百人,皆私甲也。別族則有奚、霫,勝兵亦千餘,人少馬多。又有渤海首領大舍利高模翰兵,步騎萬餘人,並髡髮左衽,竊爲契丹之飾。復有近界轄軺、于厥里、室韋、女真、党項,亦被脅屬,每部不過千餘騎。其三部落吐渾、沙陁,洎幽州管內雁門以

北十餘軍、州部落漢兵,合三萬餘衆,此是石晉割賂契丹之地。番漢諸族,其數可見矣。每契丹南侵,其衆不啻十萬。國主入界之時,步騎車帳不從阡陌,東西一概而行。大帳前及東西面,差大首領三人,各率萬騎,支散游奕,百十里外,交相覘邏,謂之"欄子馬"。戎主吹角爲號,衆即頓舍,環繞穹廬,以近及遠。折木稍屈之,爲弓子鋪,不設槍營塹柵之備。每軍行,聽鼓三伐,不問昏晝,一匝便行。未逢大敵,不乘戰馬,俟近敵師,即競乘之所,以新羈戰馬,蹄有餘力。其用軍之術,成列而不戰,俟退而乘之,多伏兵,斷糧道,冒夜舉火,上風曳柴,饋餉自賫,退敗無恥,散而復聚,寒而益堅,此其所長也。

(宋)葉隆禮:《契丹國志》卷二三《兵馬制度》

後晉末年,契丹連歲入寇中國,疲於奔命,契丹人畜亦多死,國人厭苦之。述律太后謂契丹曰:"使漢人爲胡主可乎?"曰:"不可。"曰:"然則汝何故欲爲漢王?"曰:"石氏負恩不可容。"太后曰:"汝今雖得漢地不能居也,萬一蹉跌,悔何所及。"

(宋)孔平仲:《續世説》卷七

耶律德光入京師,春日聞杜鵑聲,問李崧:"此是何物?"崧曰:"杜鵑。唐杜甫詩云:'西川有杜鵑,東川無杜鵑。涪萬無杜鵑,雲安有杜鵑。'京洛亦有之。"德光曰:"許大世界,一個飛禽,任他揀選,要生處便生,不生處種也無,佛經中所謂觀自在也。"

(宋)陶穀:《清異録》卷上《觀自在》

契丹耶律嘗怒晉少帝,乃罄國入寇,遂陷京師,執帝並母后文武大臣及諸寶貨而歸。至鄴西紫柏橋愁死崗得疾,又至恒州殺狐林死。崗本陳思王不爲文帝所容,王常於此悲怨吟嘯,時人謂之愁思崗,後音訛,而謂之"愁死"。殺狐林者,本村人曾於林内射殺一狐,因此名之。至是而耶律死,乃有其應。昔高祖之畏柏人去之,以全福岑彭之惡,彭亡留之以致禍,讖雖自人,其禍福皆本於天,然則地亦應天乎?

此術家所以言之而嘆息也。

（宋）佚名：《分門古今類事》卷一三

石晉之時，契丹入寇，陷數州而太后囚。其後又助北漢拒周，諸部不欲入寇，而其主強之。燕王述軋因衆心所惡，弑其主而自立焉。南北之限，天意也，干紀妄動，其報如此，則亦可以自懲艾矣。

（宋）孔平仲：《孔氏雜説》卷四

五代漢高祖天福十二年，書契丹封晉主重貴爲負義侯，徙之黃龍府。隱帝乾祐二年，又書契丹遷故晉主重貴於建州，不云遷負義侯重貴於建州也。夫紀所封以著其實，而仍故號，以存其體，朱子之權度精矣。

（清）趙翼：《陔餘叢考》卷一五《昏德公 重昏侯》

北婦以黃物塗面如金，謂之“佛妝”。

（宋）葉隆禮：《契丹國志》卷二五《佛妝》

石敬瑭稱契丹爲父，其子出帝稱孫。至劉崇引契丹入寇，周世宗獲契丹主耶律明《與劉崇書》，首稱“大契丹天順皇帝謹致書於大漢英武皇帝闕下”，末云“某白”。劉崇《與契丹書》，首云“姪大漢英武皇帝旻謹致書於天順皇帝闕下”，末云“某再拜”。此可以知崇僭位後，始改名旻也。《周世宗實錄》三。本朝真宗與北虜通好。至仁宗時以昭穆相序，亦稱“姪大宋皇帝”也。蓋日前有例，虜以無弟國列之，中國無辭以拒也。

（宋）程大昌：《續考古編》卷一〇

周主南伐江南，勞師三載，躬親三駕，履行陣，冒矢石，數十戰以極兵力，必得江北而後止。江北既獻，無難席捲以渡江，而修好休兵，餽鹽還俘，置之若忘。嗚呼！此其所以明於定紛亂之天下而得用兵之略也。蓋周主之志，不在江南而在契丹也。

當時中原之所急者，莫有大於契丹也。石敬瑭割地以使爲主於塞內，南向而俯臨中夏，有建瓴之勢焉。叛臣降將，道以竊中國之政令，而民且奉之爲主。德光死，兀欲、述律交相戕賊，至是而其勢亦衰矣，是可乘之機也。然其控弦馳馬獷悍之力，猶未易折箠以驅之出塞。且自朱溫以來，所號爲中國主者，僅橫亘一綫於雍、豫、兗、青之中，地狹力微，不足以逞志。而立國之形，犬牙互入，未能截然有其四封，以保其內而應乎外。則不收淮南、江北之地，中國不成其中國。守不固，兵不彊，食不裕，强起而問燕雲之故壤，石重貴之覆軌，念之而寒心矣。……於是逾年而自將以伐契丹，其志乃大白於天下。而中國之威，因以大振。其有疾而竟不克者天也，其略則實足以一天下而紹漢、唐者也。王朴先蜀、粵而後幽、燕之策非也，屢試而驕以疲矣。威方張而未竭，周主亟用之，天假之年，中原其底定乎！

（清）王夫之：《讀通鑑論》卷三〇

太祖收晉，水侵河東之年，晉危，使僞命殿直程再榮間道入契丹求救兵。至西樓，叩於契丹宣徽使王白，曰："南朝今收弊國，危甚不保，乞師以救。"白深於術數，謂榮曰："晉必無患，南兵五月十七日當回，晉次日必大濟。"再榮因問他後安危之數，白曰："後十年晉破，破即掃地矣。非惟晉破，而契丹亦衰，然扶困却犯中原，飲馬黃河而返。"又曰："晉破二十年後，契丹微弱，滅絕幾無遺種矣。子但記之。"是時，王師果不克晉。殆後十年，當太平興國四年，方平晉壘。又，白嘗謂契丹扶困再犯之事者，即太宗征漁陽旋兵。雍熙丙戌歲，會曹武惠彬伐燕不利，是年冬，虜報役，王師失勢於河間，虜乘勝抵黃河而退，皆如王白之言。白，冀州人，年七十，語氣方直，雖事契丹，嘗諫曰："南朝天地山河與虜不同，雖暫得一小勝，不足永恃。彼若雪恥，稍興兵復燕薊，破榆關，而直赴灤河，恐穹廬氊幕不勞一踐而盡。"契丹厭其語，欲誅之，蓋賴其學術，年八十卒。

（宋）文瑩：《續湘山野錄》

太祖收晉,水浸河東之年,晉危甚,使偽命殿直程再榮求救於契丹。至西樓而遇契丹宣徽使王白,白深於術數,謂再榮曰:"晉必無患,南兵五月十七日當回,晉次日必大濟,後十年晉乃破,破即掃地矣。非惟晉破,而契丹亦衰,仍扶困却犯中原,飲馬黃河而返。"又曰:"晉破二十年後,契丹微弱,幾無遺種子,但記之。"是年,王師果不克晉,後十年正當太平興國四年,乃平晉壘,太宗征漁陽旋。丙戌歲,命曹彬伐燕不利。冬,遼乘勝抵黃河而退。王白扶困之言,驗於此矣。興廢之數,固有前定,何王白之術,其妙如此耶。

(宋)佚名:《分門古今類事》卷二

自五代來,契丹歲壓境,及中國徵發即引去,遣問之,曰:"自校獵爾。"以是困中國。

(宋)陳師道:《後山談叢》卷四

五代契丹貴日,每月朔旦,東向而拜日。

(唐)白居易、(宋)孔傳:《白孔六帖》卷一

蕭慶嘗言:"契丹牛馬有熟時,有不熟時,一如南朝養蠶也。"予問其故,曰:"有雪而才露出草一寸許時,如此則牛馬大熟。若無雪,或有雪而沒却草,則不熟。"蓋契丹視此爲豐凶。

(宋)范鎮:《東齋記事》卷五

五代契丹主迷律,年少,好游戲畋獵,不親國事。每夜酣飲,達旦乃寐,日中方起,國人謂之"睡王"。

(宋)馬永易:《實賓錄》卷七

先是,五代時,募民盜戎人馬,官給其直,籍數以補戰騎之缺。

(宋)李攸:《宋朝事實》卷二〇《經略幽燕》

太宗將討太原,選軍中驍勇趫捷者數百人,教以劍舞,皆能擲高丈餘。會北戎使至,宴於便殿,因令劍舞者,科頭露體,鼓譟而入,戎使懼形於色。淮海國王錢俶等驚懾,不敢仰視。俶言於上曰:"如熊如羆,如虎如貔者也。漢高祖、太宗相望千載,雖平秦定晉,時異事別,而皆得之談笑間,顧非不世出之主,曷能如是哉!"

(宋)吳炯:《五總志》

劉守光戍平州,契丹舍利王子率萬騎攻之,守光僞與之和,張幄幕於城外以饗之,群虜就席,伏甲起擒。舍利入城,群虜聚哭,請納馬五千以贖之,不許。欽德乞盟納賂以求之,自是十餘年不敢犯塞。

(宋)王欽若等編纂:《冊府元龜》卷三六七《將帥部》

姚坤爲供奉官。先是,契丹阿保機深貯亂華之志,欲收兵大興,慮渤海躡其後。一年,舉軍衆討渤海之遼東,令禿餒、盧文進據營、平等州,擾我燕薊。明宗初纂嗣,遣坤賫空函告哀,至西樓,屬阿保機在渤海,又徑至慎州,崎嶇萬里。既謁見保機,延入窮廬。保機身長九尺,被錦袍,大帶垂後,與妻對榻引見坤。坤未致命,保機先問曰:"聞爾漢土河南北各有一天子,信乎?"坤曰:"河南天子,今年四月一日洛城軍變,今凶問至矣。河北總管令公,比爲魏州軍亂,先帝詔令除討,既聞內難,軍衆離心。及京城無主,上下堅冊令公,請主社稷,今已順人望登帝位矣。"保機號咷,聲淚俱發,曰:"我與河東先是約爲兄弟,河南天子吾兒也。近聞漢地兵亂,點得甲馬五萬騎,比欲自往洛陽,救助我兒。又緣渤海未下,我兒果致如此,冤哉!"泣下不能已。又謂坤曰:"如今漢土天子,初聞洛陽有難,何不急救,致令及此!"坤曰:"非不急切,地遠阻隔,不及也。"又曰:"我兒既無,當合取我商量,安得自便?"坤曰:"吾皇將兵二十年,位至大總管,所部精兵三十萬,衆口一心,堅相推戴,違之則立見禍生,非不知稟天皇王意旨,無奈人心何。"其子突欲在側,謂姚坤曰:"漢使勿多談。"因引左氏牽牛蹊田之説以折坤,坤曰:"應天順人,不同匹夫之義,祇如天皇王初領國事,豈是強取之耶？”保機因曰：“理當須此，我漢國兒子致有此難，我知之矣。聞此兒有宮婢二千，樂官千人，終日放鷹走犬，耽酒嗜色，不惜人民，任使不肖，致得天下皆怒。我自聞如此，常憂傾覆。一月前，已有人來報知，我便舉家斷酒，解放鷹犬，休罷樂官。我亦有諸部家樂千人，非公宴未嘗妄舉。我若所爲似我兒，亦應不能持久矣。自此得以爲戒。”又曰：“漢國兒與我雖父子，亦曾彼此讎挈，俱有惡心，與爾今天子彼此無惡，足得歡好。爾先復命，我續將馬三萬騎至幽、鎮已南，與爾家天子面爲盟約，我要幽州，令漢兒把捉，更不復侵汝漢界。”又問：“漢家收得西川，信否？”坤曰：“去年九月出兵，十六日收下東、西兩川，得兵馬二十萬，金帛無算。皇帝初即位，未辦送來，續當遣使至矣。”保機欣然曰：“聞西川有劍閣，兵馬從何過得？”坤曰：“川路信險，然先朝收復河南，有精兵四十萬騎，但通人行處，便能去得，視劍閣如平地耳。”

（宋）王欽若等編纂：《册府元龜》卷六六〇《奉使部》

初，北漢主嗣位，所以事契丹者多略，不如世祖時每事必稟之。劉旻廟號世祖。於是，契丹遣使持書來責，其略曰：“爾先人窮來歸我，我先兄天授皇帝待以骨肉。洎余繼統，益修前好。爾父即世，我用命爾即位匿前，丹青之約，我無所負。爾父據有汾州七年，止稱乾祐，爾不遵先志，輒肆改更。李筠包藏禍心，舍大就小，無所顧慮，姑爲覘覦，軒然舉兵，曾不我告。段常爾父故吏，本無大惡，一旦誣害，誅及妻子，婦言是聽，非爾而誰？我務敦大義，曲容瑕垢，父子之道，所不忍渝。爾宜率德改行，無自貽伊戚也。”北漢主得書恐懼，遣使重幣往謝，契丹執其使不報。北漢主再遣使修貢，契丹又執其使不報。北漢地狹産薄，又歲輸契丹，故國用日削，乃拜五臺僧繼顒爲鴻臚卿。繼顒，故燕王劉守光之子，守光死，以孽子得不殺，削髮爲浮圖，後居五臺山，爲人多智，善商財利，世祖頗倚賴之。繼顒能講《華嚴經》，四方供施，多積畜以佐國用。五臺當契丹界上，繼顒常得其馬以獻，號“添都馬”，歲率數百匹。又於柏谷置銀冶，募民鑿山取礦烹銀。北漢主取其銀以輸契丹,歲千斤,因即其冶建寶興軍。

（宋）李燾:《續資治通鑑長編》卷四,太祖乾德元年（963）

北漢主四遣使詣契丹賀正旦、生辰、端午,契丹皆執其使不報。此據《九國志》。然諸書多言北漢引契丹兵入侵平晉軍,遼州之役,契丹兵皆在焉。而遣使修好,輒被執,豈雖執其使,猶借其兵乎? 當考。

（宋）李燾:《續資治通鑑長編》卷五,太祖乾德二年（964）

是歲,北漢主遣駙馬都尉白昇昇,未見。奉表謝過於契丹,具請釋遣前使,契丹不報,又遣其子繼文及宣徽使李光美光美,初見廣順元年。往,亦被執。自是文武内外官屬悉以北使爲懼,而抱負才氣不容於權要者,乃多爲行人矣。

（宋）李燾:《續資治通鑑長編》卷六,太祖乾德三年（965）

北漢主遣使持禮幣賀契丹主,樞密使高勛言於契丹主曰:“我與晉陽,父子之國也。歲嘗遣使來覲,非其大臣,即其子弟。先君以一怒而盡拘其使,甚無謂也。今嗣主新立,左右皆非舊人,國有憂患,寧不我怨? 宜以此時盡歸其使。”契丹主曰:“善。”乃悉索北漢使者前後凡十六人,厚其禮而歸之。即命李弼爲樞密使,劉繼文爲保義節度使,詔北漢主委任之。繼文等久駐契丹,復受其命,歸秉國政,左右皆譖毀之。未幾,繼文爲代州刺史,弼爲憲州刺史。契丹主聞之,下詔責北漢主曰:“朕以爾國連喪二主,僻處一隅,期於再安,必資共治。繼文爾之令弟,李弼爾之舊臣,一則有同氣之親,一則有耆年之故,遂行並命,俾效純誠,庶幾輯寧,保成歡好。而席未遑暖,身已弃捐,將順之心,於我何有!”北漢主得書恐懼,且疑繼文報契丹,乃密遣使按責繼文,繼文以憂懼死。

（宋）李燾:《續資治通鑑長編》卷一一,太祖開寶三年（970）

契丹將通好於我,遣使諭北漢主以强弱勢異,无妄侵伐。北漢主聞命慟哭，謀出兵攻契丹，宣徽使馬峰固諫，乃止。此據《十國紀年》。

（宋）李燾：《續資治通鑒長編》卷一五，太祖開寶七年（974）

契丹遣使克妙骨慎思奉書來聘，詔閤門副使郝崇信崇信，未見。至境上迓之。及至，館於都亭驛。是日召見，及其從者十二人，賜衣帶、器幣各有差，宴於長春殿。仍召至便殿，觀諸班騎射，令其二從者裹屋六、除骨與衛士馳射毛毬，截柳枝。及辭歸國，復召見，賜器幣。因謂宰相曰：“自五代以來，北敵彊盛，蓋由中原衰弱，遂至晉帝蒙塵，亦否之極也。今景慕而至，乃時運使然，非涼德能致。”先是，涿州遣孫全興書，云遣使克妙骨慎思。至是發書，但云克慎思。或云“克”，其官號也；又曰其姓氏也。

（宋）李燾：《續資治通鑒長編》卷一六，太祖開寶八年（974）

（五月）庚午，命起居舍人辛仲甫使於契丹，右贊善大夫穆被副之。仲甫至境上，聞朝廷議興師伐北漢，實倚契丹爲援，遲留未敢進，飛奏竢報，有詔遣行。既至，契丹主問曰：“聞中朝有黨進者真驍將，如進之比凡幾人？”仲甫對曰：“名將甚多，如進鷹犬之材，何可勝數！”契丹主頗欲留之，仲甫曰：“信以成義，義不可留，有死而已。”契丹主知其秉節不可奪，厚禮遣還。上嘗謂左右曰：“仲甫遠使絕域，練達機宜，可謂不辱君命，若更得如仲甫數人，朕何患也。”

（宋）李燾：《續資治通鑒長編》卷一八，太宗太平興國二年（977）

上初以契丹渝盟來援太原，遂親征范陽，欲收中國舊地。既而兵連不解，議者多請息民。癸亥，詔緣邊諸州軍縣鎮等，各務守境力田，無得闌出邊關，侵擾帳族及奪略畜產，所在嚴加偵邏，違者重論其罪，獲羊馬、生口並送於塞外。上嘗謂近臣曰：“朕每讀《老子》至‘佳兵者，不祥之器，聖人不得已而用之’，未嘗不三復以爲規戒。王者雖以武功克定，終須用文德致治。朕每退朝，不廢觀書，意欲酌前代成敗而行之，以盡損益也。"契丹主明記死，不得其時，今附歲末，更當考之。

（宋）李燾：《續資治通鑑長編》卷二三，太宗太平興國七年（982）

高陽關捕得契丹生口，送至闕下，戊午，上召見，言契丹種族携貳，慮王師致討，頗於近塞築城爲備。上謂宰相曰："戎人以剽略爲務，乃修築城壘，爲自全之計耳。曩者劉繼元盗據汾、晉，周世宗及太祖皆親征不利。朕決取之，爲世宗、太祖刷耻，親禽繼元，今日視之，猶几上肉耳。當其保堅城，結北鄙爲援，豈易制乎？"宋琪對曰："臣少陷北庭，備知戎馬之數，自晉末始强盛，然種族蕃多，其心不一。自石嶺關之敗，平繼元，緣邊諸郡，頻有克捷。以臣度之，其部下携貳必矣，國家不須致討，可坐待其滅亡。"

久之，上復謂宰相曰："數有人自北邊來，偵知契丹事。自朝廷增修邊備，北人甚懼。威虜軍主財吏盗官錢，盡室奔入契丹，至涿州，州將不敢受，悉遣還。晉、漢微弱，邊陲無盡節之臣，率張皇事勢，以要恩寵，爲自利之計。今之邊將，皆朕所推擇，咸能盡心，無復襲舊態也。幽州四面平川，無險固可恃，難於控扼。異時收復燕薊，當於古北口以來據其要害，不過三、五處，屯兵設堡寨，自絶南牧矣。"琪對曰："范陽是前代屯兵建節之地，古北口及松亭關、野狐門三路並立堡障，至今石壘基堞尚存，將來平定幽朔，止於此數處置戍可也。況奚族是契丹世仇，儻以恩信招懷之，俾爲外禦，自可不煩朝廷出師矣。"

（宋）李燾：《續資治通鑑長編》卷二四，太宗太平興國八年（983）

先是，知雄州賀令圖與其父岳州刺史懷浦及文思使薛繼昭、軍器庫使劉文裕、崇儀副使侯莫陳利用等相繼上言："自國家伐太原，而契丹渝盟，發兵以援，非天威兵力決而取之，河東之師幾爲遷延之役。且契丹主年幼，國事決於其母，其大將韓德讓寵倖用事，國人疾之，請乘其釁以取幽薊。"上遂以令圖等言爲然，始有意北伐。

上初議親征，給事中、參知政事李至上言曰："幽陵，戎之右臂，王師往擊，彼必來拒。攻城之人不下數萬，兵多費廣，勢須廣備饋糧。

假令一日克平，當爲十旬準計，未知邊庾可充此乎？又戎城之旁，坦無陵阜，去山既遠，取石尤難，金湯之堅，非石莫碎，則發機縋石，將安得乎？若聖心獨斷，睿慮已成，則京師天下根本，願陛下不離輦轂，恭守宗廟，示敵人以閑暇，慰億兆之瞻仰者，策之上也。大名，河朔之咽喉，或暫駐鑾輅，揚言自將，以張兵勢、壯軍威者，策之中也。若乃遠提師旅，親抵邊陲，北有戎援之虞，南有中原爲慮，則曳裾之懇切，斷鞅之狂愚，臣雖不肖，耻在昔賢之後也。”

刑部尚書宋琪上疏曰：

伏以國朝大舉精兵，討除邊寇，靈旗所指，燕城必降。而敵所趨徑術，或落其便，必欲取雄、霸路直進，未免更有陽城之圍。蓋界河之北，陂淀坦平，北路行師，投戈散地。況軍行不離於輜重，敵來莫測其淺深，必冀回轅，西適山路。望令大軍會於易州，循狐山之北、漆水以西，挾山而行，援糧以進，涉涿水，並大房，抵桑乾河，出安祖寨，則東瞰燕城，裁及一舍。此是周德威收燕之路。自易水距此二百餘里，並是緣山，村墅連延，溪澗相接，采薪汲水，我占上游。東則林麓平岡，非戎馬奔衝之地，内排鎗弩步隊，實王師備禦之方。然於山上列白幟以望之，戎馬之來，二十餘里外可悉數也。從安祖寨西北有盧師神祠，是桑乾出山之口，東及幽州，四十餘里。趙德鈞作鎮之時，欲遏西衝，曾甃此水。況河次半有崖岸，不可徑渡，河壖平處，築城護之，守以偏師，此斷戎之右臂也。仍慮步奚爲寇，可分雄勇兵士三五千人至青白軍以來山中把截，此是新州、嬀山之間南出易州大路，其桑水屬燕城北隅，繞西壁而轉。大軍如至城下，於燕丹陵北横堰此水，灌入高梁河，高梁岸狹，桑水必溢，可於駐蹕寺東引入祁亭淀，三五日彌漫百餘里，即幽州隔在水南。王師可於州北繫浮梁以通北路，戎騎來援，已隔水矣。視此孤壘，浹旬必克，幽州管内洎山後八軍，聞薊門不守，必盡歸降，蓋勢使然也。然後國家命重臣以鎮之，敷慶澤以懷之。

奚、霫部落，劉仁恭及男守光之時，皆刺面爲義兒，伏燕軍指使，人馬疆土，少劣於契丹。自彼脅從役屬以來，常懷骨髓之恨。渤海兵馬土地，盛於奚帳，雖勉强從事，俱懷殺主破國之怨。其薊門洎山後

雲、朔等州，沙陀、吐渾元是割屬，咸非叛黨。此蕃漢諸部之衆，如將
來討伐，雖臨陣禽獲，必貸其死，命署置存撫，使之懷恩，但以罪契丹
爲名。如此，則衆族之心願報私憾，契丹小敵，克日殄平。其奚、霫、
渤海之國，各選重望親嫡，封册爲王，仍賜分器、旗鼓、車服、戈甲，優
而遣之，必竭赤心，永服皇化。俟克平之後，宣布守臣，令於燕境及山
後雲、朔諸州，厚給衣糧料錢，別作禁軍名額，召募三五萬人，教以騎
射，隸於本州。此人生長塞垣，諳練戎事，乘機戰鬥，一以當十，兼得
奚、霫、渤海以爲外臣，乃守在四夷也。然自阿保機時，至於近日，河
朔户口，虜略極多，並在錦帳。平盧亦邇柳城，遼海編户數十萬，耕墾
千餘里，既殄群醜，悉爲王民。革異志以服德威，率邊氓而被聲教，願
歸者俾復舊貫，懷安者因而撫之。申畫郊圻，列爲州縣，則前代所建
松漠、饒落等郡，未爲開拓之盛也。

琪本燕人，究知敵帳車馬、山川形勝，所言悉有歸趣。俄又上
疏言：

晉末契丹主頭下兵，謂之大帳，有皮室兵約三萬人騎，皆精甲也，
爲其爪牙。國母述律氏頭下，謂之屬珊，有衆二萬，是先戎主阿保機
牙將，半已老矣。每南來時，量分借得三五千騎，述律常留餘兵爲部
族根本。其諸大首領太子、偉王、永康、南北王、于越、麻答、五押等，
大者千餘騎，次者數百人，皆私甲也。別族則有奚、霫，勝兵亦千餘
人，少馬多步。奚，其王阿保得者，昔年犯闕時，令送劉晞、崔廷勛屯
河洛者也。奚王，拽剌也，此云阿保得，當考。又有渤海首領大舍利高模
翰兵，步騎萬餘人，並髡髮左衽，竊爲契丹之飾。復有近界韃靼、尉厥
里、室韋、女真、党項，亦被脅屬，每部不過千餘騎。其三部落，吐渾、
沙陀，泊幽州管内雁門以北十餘軍、州部落漢兵，合二萬餘衆，此是石
晉割以賂戎之地。蕃漢諸族，其數可見矣。

每契丹南侵，其衆不啻十萬。契丹入界之時，步騎車帳不從阡
陌，東西一概而行。大帳前及東西面，差大首領三人各率萬騎，支散
游奕，百十里外，交相觇邏，謂之欄子馬。戎主吹角爲號，衆即頓合，
環繞穹廬。以近及遠，折木稍屈之，爲弓子鋪，不設槍營塹柵之備。

每軍行，聽鼓三伐，不問昏晝，一匝便行。未逢大敵，不乘戰馬，俟近王師，即競乘之所，以新羈戰馬蹄有餘力也。其用軍之術，成列而不戰，俟退而乘之。多伏兵，斷糧道，冒夜舉火，上風曳柴，饋餉自齎，退敗無恥，散而復聚，寒而益堅。此其所長也。中原所長，秋夏霖霪，天時也；山林河津，地利也；槍突劍弩，兵勝也；財豐士衆，力彊也。乘時互用，較然可知。

王師破敵之計，每秋冬時，河朔軍州緣邊柵寨，但專守境，勿輒侵漁，令彼尋戈，其詞無措。或戎馬既肥，長驅入寇，戎主親行，群敵萃至，寒雲翳日，朔雪迷空，鞍馬相持，氊褐之利。所宜守陣坐甲，以逸待勞，其騎士並屯於天雄軍、貝磁相州以來，若分於邊城，緩急難於會合。近邊州府，只用步兵，多屯弩手，大者萬卒，小者千人，堅壁固守，勿令出戰。彼以全國兵甲，此以一郡貔貅，雖勇懦之有殊，慮衆寡之不敵也。國家別命大將，總統前軍，以遏侵軼。只在天雄軍、邢洺貝州以來，設掎戎之備。俟其陽春啓候，北敵計窮，新草未生，陳荄已朽，蕃馬無力，疲寇思歸，逼而逐之，必自奔北。

前軍行陣之法，馬步精卒不過十萬，自招討已下，更命三五人蕃候，充都監、副戎、排陣、先鋒等，臨事分布，所貴有權。追戎之陣，須列前後。其前陣萬五千騎，陣身萬人，是四十指揮。左右厢各十指揮，是二十將。每指揮作一隊，自軍主、都虞候、指揮使、押當，每隊用馬突或刀子槍一百條，餘並弓劍、骨鉎。其陣身解鐙排之，候與戎人相搏之時，無問厚薄，十分作氣，槍突交衝，馳逐往來，後陣交進。敵若乘我深入，陣身之後，更以馬步人五千，分爲十頭，以撞竿、鎧弩俱進，爲回騎之舍也。陣厢不可輕動，蓋防橫騎奔衝。此陣以都監領之，進退賞罰，便可裁決。後陣以馬步軍八萬，招討董之，與前陣不得過三五里，展厢寔心，有常山之勢，左右排陣分押之。或前陣擊破敵人，後陣亦禁其馳驟輕進，蓋師貞之律也。

《牧誓》云“四伐五伐，乃止齊焉”，謹重之誠也。是以開運中晉軍掎戎，不曾奔散。三四年間，雖德光爲戎首，多計桀黠，而無勝晉軍之處，蓋併力禦之。厥後以任人不當，爲張彥澤所誤。如將來殺獲驅攘之後，聖人務好生之德，設息兵之謀，雖降志以難甘，亦和戎而爲便，魏絳常陳於五利，奉春僅得其中策，歷觀載籍，前王皆然。《易》稱高宗用伐鬼方，《詩》美宣王薄伐玁狁，是知戎狄侵軼，其來尚矣。然則兵爲凶器，聖人不得已而用。若精選使臣，不辱君命，通盟結好，弭戰息民，此亦策之得也。

臣每見國朝發兵，未至屯戍之所，已於兩河諸郡調民運糧，遠近騷然，煩費十倍。臣生居邊土，習知兵事。況幽州爲國北門，押蕃重鎮，養兵數萬，討敵乃宜矣。每逢調發，惟作糗糧之備，入蕃浹旬，軍糧自齎，每人給麨二斗餘，盛之於囊以自隨。征馬每匹給生谷二斗，作口袋，飼秣日以二升爲限，旬日之間，人馬俱無飢色。更以牙官子弟，戮力携擎裹送之，一月之糧，不煩餽運。俟大軍既至，定議取舍，然後圖轉餉，亦未爲晚。臣有平燕之策，入燕之路，具在前奏，願加省覽。

疏奏，頗采用之。本傳及《會要》《經武聖略》皆云端拱二年，時討幽薊，召群臣各言邊事，琪上此疏。按端拱二年，契丹侵擾河北，朝廷旰食，豈暇遠議幽薊。此疏蓋雍熙三年春曹彬等出師時所上，故專言幽薊事宜，今掇出附見於此。傳云吏部，亦誤也。

（宋）李燾：《續資治通鑑長編》卷二七，太宗雍熙三年（986）

八月辛亥朔，上御文德殿，百官入閣，右司諫、直史館孫何次當待制，上疏曰：

六卿分職，邦家之大柄也。故周之會府，漢之尚書，立庶政之根本，提百司之綱紀，令、僕率其屬，丞、郎分其行，二十四司粲然星拱；郎中、員外判其曹，主書、令史承其事，四海九州之大，若網在綱。有吏部焉，辨考績而育人才；有兵部焉，簡車徒而治戎備；有户部焉，正版圖而阜財賦；有刑部焉，謹紀律而誅暴强；有禮部焉，祀神祇而選賢俊；有工部焉，繕宮室而修堤防，六職舉而天下之事備矣。

有唐貞觀之風，最爲稱首。於時封疆甚廣，經費尤多，亦不聞別分利權,改創使額,而軍須取足。玄宗侈心既萌,貪地無已,北事奚、契丹,南征閤羅鳳,召發既廣,租調不充,於是蕭旻、楊釗始以地官判度支,而宇文融爲租調地稅使,雖利孔始開,禍階將作,然版籍根本尚在南宮。肅、代之世,物力蕭然,於是有司之職盡廢,而言利之臣攘臂於其間矣。征稅多門,本於專置使額,故德宗之初,首降詔書,追行古制,天下錢穀,皆歸文昌,咸謂故事復興,太平可致。而天未悔禍,叛亂相仍,經費不充,使額又建,於是裴延齡以利誘君,甚於前矣。憲、穆而下,或迫於軍期,切於國計,用救當時之急,率以權宜裁定。五代短促,曾不是思。

　　(宋)李燾:《續資治通鑒長編》卷四五,真宗咸平二年(999)

　　如京使柳開上言:"臣去年蒙陛下差知代州,今年移知忻州,每見北界歸明人言契丹排比入寇,次第甚大。臣初未敢決然信之,伏自八月以來,聞河北邊上敵人屯結甚衆,又數侵犯雁門瓶形寨、寧化軍。度其奸謀,必不輕退,深恐大寒之際,契丹轉肆衝突。臣愚乞陛下郊禋既畢,慶賞才行,五七日間,速起聖駕,徑至鎮州,躬御六師,奮揚威武,勿生遲疑之慮,勿聽猶豫之謀,周世宗及我太祖、太宗近事,皆可法也。況陛下諒陰三年,禮無違者,復此順動,其誰敢當!聖駕若過河北,契丹當自引退,四夷八蠻,無思不服,政在此舉矣。"

　　(宋)李燾:《續資治通鑒長編》卷四五,真宗咸平二年(999)

　　(錢若水)臣嘗讀前史,周世宗即位之始,劉崇結契丹入寇,遣大將楊袞領騎數萬隨崇至高平。當時懦將樊愛能、何徽等臨陳不戰,世宗知之,翌日大陳宴會,斬愛能、徽等,拔偏裨十餘人,分兵擊太原,劉崇聞之,股栗不敢出,契丹即日而遁。是以兵威大振,復收淮甸,下秦鳳,平關南,如席卷耳。陛下睿聖神武,豈愧於世宗乎?此所謂,即今御戎之策也。

　　(宋)李燾:《續資治通鑒長編》卷四五,真宗咸平二年(999)

今秋陛下推轂命將，委以北面之事，精兵銳旅，悉萃中山，緣邊諸城，皆受其節度。選任非不至也，權位非不重也，告戒非不丁寧也，處置非不專也。及匈奴犯塞，河朔騷動，冀、趙之地，生民罹災，田園一空，老幼四散，以至嚴沍之月，輿駕親征，曾不聞出一人一騎爲之救援，即不知深溝高壘，秣馬厲兵，欲安用哉？臣以爲臨軍易帥，拔卒爲將，正在此時也；有功者賞於朝，不用命者戮於市，亦在此時也。臣不敢遠引古事，上煩聖聽。近者，周世宗西取秦、鳳，南平淮甸，北收關南，三數年間，威震天下，契丹屏氣不敢南牧，其故何哉？誠由高平之戰，斬大將何徽、樊愛能數輩耳。繇是將校股栗，知法令必行，無所假貸，人人爭效死力，所向成功。

（宋）李燾：《續資治通鑑長編》卷四五，真宗咸平二年(999)

上每憤北人倔強，慨然有恢復幽燕之志，即景福殿庫聚金帛爲兵費。是年，始更庫名，自製詩以揭之曰："五季失圖，獫狁孔熾，藝祖造邦，思有懲艾。爰設內府，基以募士，曾孫保之，敢忘厥志。"凡三十二庫。後積羨贏，又揭以詩曰："每虞夕惕心，妄意遵遺業，顧予不武姿，何日成戎捷。據《食貨志》，以詩更庫名實元豐元年，今附年末，仍取墨本元豐八年史臣叙聖德篇，稍增飾之。

（宋）李燾：《續資治通鑑長編》卷二九五，神宗元豐元年(1078)

3. 奚

（同光元年）十二月，奚首領李紹威遣使朝貢。

（宋）王欽若等編纂：《冊府元龜》卷九七二《外臣部》

（天成）二年正月，定州行營副招討房知溫奏："奚陁羅支領兩蕃奚內附，建牙於營州。"

（宋）王欽若等編纂：《冊府元龜》卷九七七《外臣部》

明宗天成二年四月,幽州節度使趙德均令衙校常玉破奚於檀州,斬首百餘級,奪漢民四十,擒生奚二。

(宋)王欽若等編纂:《册府元龜》卷九八七《外臣部》

(天成四年)六月,故奚王男素姑進其父鞍馬、衣甲、器械。

(宋)王欽若等編纂:《册府元龜》卷九七二《外臣部》

後唐莊宗滅劉守光,賜掃剌姓李,更其名紹威。紹威卒,子拽剌立。同光以後,紹威父子數遣使朝貢。初,紹威娶契丹女舍利逐不魯之姊爲妻,後逐不魯叛亡入西奚,紹威納之。晉高祖入立,割幽州雁門以入於契丹,是時紹威與逐不魯皆已死,耶律德光已立晉北歸,拽剌迎謁馬前,德光曰:“非爾罪也。負我者,掃剌與逐不魯爾。”乃發其墓,粉其骨而揚之。後德光滅晉,拽剌常以兵從。其後不復見於中國。自去諸徙嫣州自別爲西奚,而東奚在琵琶川者,亦爲契丹所併,不復能自見云。

(元)馬端臨:《文獻通考》卷三四四《四裔考二十一》

4. 吐渾

明宗初在太祖左右,大順中,吐渾黠戛斯侵代北,陷遮虜軍,執我軍使劉胡子。時遣大將李存信拒戰,不利。太祖讓存信曰:“非蕃部難敵,乃公之巽懦也。吾擇帳下豪俊副公戰,必捷矣。”遂命帝副存信軍,再戰,果捷。存信時爲河東蕃漢步騎大將,四征討伐,略無虛歲,嘗命帝左右其軍。

(宋)王欽若等編纂:《册府元龜》卷二〇《帝王部》

(天成三年)二月甲午,敕吐渾寧朔、奉化兩府都知兵馬使、檢校司徒李紹魯可授光禄大夫、檢校太保、竭忠建策興復功臣。吐渾寧朔府都督、檢校工部尚書赫連公德可金紫光禄大夫、檢校右僕射、賜忠義正衛功臣。

（宋）王欽若等編纂：《冊府元龜》卷九七六《外臣部》

（天成三年）二月，吐渾都督李紹魯等進馬一百二十匹，回鶻權知可汗仁裕遣都督李阿山等十八人入貢。

（宋）王欽若等編纂：《冊府元龜》卷九七二《外臣部》

（天成四年）九月丙戌，帝御中興殿，蕃部進馬。安重誨奏曰：“吐渾、党項近日相次進馬，皆給還馬直。對見之時，別賜錦彩，計其所費，不啻倍價，漸成損耗，不如止絕。”帝曰：“常苦馬不足，差綱遠市，今蕃官自來，何費之有？外蕃錫賜，中國常道，誠知損費，理不可止！”自是，蕃部羊馬不絕於路。

（宋）王欽若等編纂：《冊府元龜》卷一七〇《帝王部》

石晉，吐谷渾酋長白承福家甚富，飼馬用銀槽。

（宋）孔平仲：《續世説》卷九

（天成）四年十月，吐渾首領薛糞堆進狀，乞授嵐州刺史。上欲許之，安重誨諫乃止。

（宋）王欽若等編纂：《冊府元龜》卷九九九《外臣部》

（長興）二年閏五月，吐渾下大首領薛海金等于我。

（宋）王欽若等編纂：《冊府元龜》卷九七七《外臣部》

（清泰）二年正月，生吐渾首領姚胡入朝獻馬。

（宋）王欽若等編纂：《冊府元龜》卷九七二《外臣部》

（天福）六年五月，吐渾大首領白承福及麾下念庞里、赫連功德來朝。

（宋）王欽若等編纂：《冊府元龜》卷九七二《外臣部》

（天福六年）九月，吐渾遣首領白可久等一百一十八人朝貢。

　　（宋）王欽若等編纂：《册府元龜》卷九七二《外臣部》

（天福七年）三月，吐渾使慕容金進已下十四人見，進馬十匹。

　　（宋）王欽若等編纂：《册府元龜》卷九七二《外臣部》

（天福七年）六月，吐渾都督白承福遣指揮使念醜漢朝貢。

　　（宋）王欽若等編纂：《册府元龜》卷九七二《外臣部》

（天福八年）九月，吐渾遣都督黑連功德、副使白可久、節度使白承福、男鐵櫃，高麗遣使王子太相王申一等來朝貢。

　　（宋）王欽若等編纂：《册府元龜》卷九七二《外臣部》

5. 達怛

（同光）四年正月，達怛都督折文通貢駝馬，回鶻可汗阿咄欲遣都督程郡明貢馬。

　　（宋）王欽若等編纂：《册府元龜》卷九七二《外臣部》

（天成三年）四月，達怛使人朝貢。

　　（宋）王欽若等編纂：《册府元龜》卷九七二《外臣部》

（天成四年）十月，達怛首領張十三朝貢，党項首領來有行進馬四十匹。

　　（宋）王欽若等編纂：《册府元龜》卷九七二《外臣部》

（長興）三年五月，達靼首領頡哥已下四百人内附。

　　（宋）王欽若等編纂：《册府元龜》卷九七七《外臣部》

（清泰元年八月）是月，達怛首領没干越等入朝貢羊馬。

（宋）王欽若等編纂：《册府元龜》卷九七二《外臣部》

（清泰）二年六月，詔北面總管沿邊馬軍會於代州，指揮達靼於雲州界安置，仍少月糧。

（宋）王欽若等編纂：《册府元龜》卷一七〇《帝王部》

6. 党項

土俗物産：俗皆土著，有棟宇，織氂牛及羊毛覆之。俗尚武，無法令賦役。其人多壽，年至百五六十歲。不事生産，好爲竊盜，常相陵劫。尤重復讎，讎人未得，必蓬頭垢面，跣足蔬食，要斬讎人而後復常。男女並衣裘褐，被大氊。不知耕稼，土無五穀。氣候多風寒。以氂牛、馬、驢、羊、豕爲食。五月草生，八月霜雪降。求大麥於他郡界，醞以爲酒。妻其庶母及伯叔母、嫂、子弟之婦，淫穢蒸報，諸夷中最爲甚，然不婚同姓。老死者以爲盡天年，親戚不哭；少死者，則云夭枉而悲哭之。死則焚尸，名爲火葬。無文字，但候草木以紀歲時。

（宋）樂史：《太平寰宇記》卷一八四《四夷·党項》

西夏，自唐末拓跋思恭鎮夏州，討黄巢有功，賜姓李氏。有拓跋仁福者，爲蕃部都指揮使，從其姓。梁開平中，將吏迎立仁福爲州帥，子彝超、彝興繼爲帥，世有夏、銀、綏、宥之地。彝興仕周，爲定難軍節度使、太傅、中書令，封西平王。其後光睿、繼鋪、繼佐相次承襲，然自祖宗以來服叛不常，朝廷易其小寇，不即討除。彼盜有之，故《元豐九域志》列之爲化外云。

（宋）章如愚：《群書考索》卷六〇

五代史拓拔思恭、思敬兄弟二人也，誤作一人，陳後山《叢談》曾譏之。

（清）袁枚：《隨園隨筆》卷三

（同光二年）二月，党項遣使朝貢。

（宋）王欽若等編纂：《册府元龜》卷九七二《外臣部》

（同光二年）十一月，党項進白驢，奚王李紹威進駝馬，回鶻都督安千想進玉團、駝馬等。

（宋）王欽若等編纂：《册府元龜》卷九七二《外臣部》

（同光二年）十二月，党項薄備香來貢良馬，其妻韓氏進駝馬。

（宋）王欽若等編纂：《册府元龜》卷九七二《外臣部》

（天成二年）九月，河西党項如連山等來朝，共進馬四十匹，契丹差梅老没骨已下進奉。

（宋）王欽若等編纂：《册府元龜》卷九七二《外臣部》

（天成四年）九月，党項折文通進馬，西京府蕃官撥心、吐蕃首領撥里忙、布蘭氈等並來朝，生吐渾北海兒進駝馬。

（宋）王欽若等編纂：《册府元龜》卷九七二《外臣部》

（天成四年）十二月，靈武康福奏：方其渠北掩殺野利大蟲兩族三百餘帳，牛羊二萬計。

（宋）王欽若等編纂：《册府元龜》卷九八七《外臣部》

長興元年正月，敕河西党項蕃官來萬德可懷化司戈，餘如故。

（宋）王欽若等編纂：《册府元龜》卷九七六《外臣部》

（長興元年）十二月，以党項折家族五鎮都知兵馬使折文政檢校僕射,以党項薄備家族都督薄備撒羅檢校尚書。

（宋）王欽若等編纂:《册府元龜》卷九七六《外臣部》

（長興）三年正月,遣邠州節度使藥彥稠,靈武節度使康福等率步騎七千往方渠,鎮討党項之叛命者。

（宋）王欽若等編纂:《册府元龜》卷九八七《外臣部》

（長興三年）二月,康福奏:賀蘭山下蕃部數百帳,順命者撫之,其背叛者見除討次,所獲駝馬、牛羊數千計。

（宋）王欽若等編纂:《册府元龜》卷九八七《外臣部》

（長興三年二月）是月,樂彥稠奏:誅党項河埋三族,韋悉褒勒疆賴埋厮骨尾各一族,屈悉保三族,計十族,得七百餘人,黑玉一團。

（宋）王欽若等編纂:《册府元龜》卷九八七《外臣部》

（長興三年）七月,靈武奏夏州党項七百騎侵擾,當道出師逆戰,敗之,生擒首領以下五十騎,追至賀蘭山下,掩擊之。

（宋）王欽若等編纂:《册府元龜》卷九八七《外臣部》

（清泰二年）四月,新州言党項拓跋黑連欲入朝貢奉,從之。

（宋）王欽若等編纂:《册府元龜》卷九七二《外臣部》

晉高祖天福四年八月,西蕃寇邊,涇州節度使張彥澤獲其大首領野離王子羅蝦獨。

（宋）王欽若等編纂:《册府元龜》卷九八七《外臣部》

（廣順二年）十一月,環州党項皋家族首領越斯、七移並授懷化將軍。

（宋）王欽若等編纂:《册府元龜》卷一七〇《帝王部》

（廣順）三年二月，環州皇甫進、邠州析從阮各上言：奉命率軍討慶州蕃部野鷄族。

（宋）王欽若等編纂：《册府元龜》卷九八七《外臣部》

（廣順）三年十一月，延州党項首領吳怡磨五十三人並授懷化郎將。

（宋）王欽若等編纂：《册府元龜》卷一七〇《帝王部》

後唐同光二年，其首領薄香來貢良馬。天成二年，河西党項如連山等來朝，共進馬四十匹。宰相奏：“党項之衆競赴都下賣馬，常賜食禁廷，醉則連袂歌其土風。凡將到馬無駑良，並云上進國家，雖約價直以給之，而計其館給賜賚，不啻倍價耗盡國用，請止之。”上以爲國家常苦馬不足，今番官自來中國，錫賜乃朝廷常事，不足言費。自是番部羊馬不絕於路。長興元年、二年，俱入貢，授其首領以官。三年，以西路党項部族劫掠使臣及外域進奉，詔邠州節度使藥彥稠等率步騎七千討之，誅其二十族七百餘人，獲其大首領六人，黨類二千人，駝馬牛羊數千計。周廣順二年，以府州党項泥也等六族大首領爲大將軍。

（元）馬端臨：《文獻通考》卷三三四《四裔考十一》

吏部尚書張齊賢上疏言：“臣在先朝，常憂靈、夏兩鎮終爲繼遷吞併。當時言事者以臣所慮爲太過，略舉既往事以明本末。當時臣下皆以繼遷只是懷戀父母舊地，別無他心。先帝與銀州廉察，庶滿其意。邇後不住攻劫，直至降到麟、府州界八部族蕃首，又脅制却賀蘭山下族帳，言事者猶謂封賞未厚。洎陛下續紹，務欲綏懷，不恡爵賞，盡賜銀、夏土壤，寵以節旄。自此奸威愈滋，逆志尤暴，屢斷靈州糧路，復擾緣邊城池。數年之間，靈州終爲吞噬。彼之情狀，昭然可知。當麟州、清遠軍垂欲陷没，臣方受經略之命。臣思繼遷須是得一兩處頭角蕃族，令與爲敵，此乃以蠻夷攻蠻夷，中夏之上策也。遂請以六谷名目封崇潘羅支，俾其展效。其時近位所見，全與臣謀不同，恩命之間多沮撓。及梅詢受命，終不令去，所授所賜，全違始謀。然繼遷終因攻劫六谷，爲潘羅支射殺。近知趙德明依前攻劫六谷，兼聞曾破却西涼府，所有節度使並副使，折逋游龍鉢及在府户民，並錄在部下。萬一不謬，則德明之心又似不小。況其人悉是唐末陷蕃華人，兼折逋游龍鉢等諳熟西南面入遠蕃道路，六谷田牧之遠近，川澤之險易，盡知之矣。若使脅制却六谷之後，即慮瓜、沙、甘、肅、于闐諸處，漸爲控制。緣此以四蕃中州郡，舊屬靈州總統，即今在夏州，晝説者必以此爲計。所以繼遷在日，方欲吞滅六谷，今來德明又以父讎爲名，志在通甘、伊、瓜、沙道路，必要統制。西夏，唐朝嘉木布破滅之後，便不相統一，所以五代以來，西蕃安静。今儀、渭、秦、隴山後，雖大段部族，苟或漸被侵擾，則他時邊患非輕。將來聖駕東幸，臣必慮德明乘便去攻六谷。向使潘羅支尚在，則德明未足爲虞，今潘羅支已亡，廝鐸督恐非其敵。伏望委兩府大臣謀議，早爲經制。"齊賢上疏，不得其的日月，附見德明請市鹽後，更俟考詳。

（宋）李燾：《續資治通鑒長編》卷六八，真宗大中祥符元年（1008）

丙午，吴育又言："聖人統禦之策，夷夏不同，雖有遠方君長，嚮化賓服，終待以外臣之禮，羈縻勿絶而已。或一有背叛，亦來則備禦，去則勿追，蓋異俗殊方，聲教迥隔，不足責也。今元昊若止是鈔掠邊隅，當置而不問，若已見叛狀，必須先行文告，以詰其由，不可同中國叛臣，即加攻討。大凡兵家之勢，征討者貴在神速，守禦者利在持重。況羌戎之性，惟是剽急，因而僞遁，多誤王師。武夫氣鋭，輕進貪功，或陷誘詐之機。今宜明烽候，堅壁清野，以挫剽急之鋒，而徐觀其勢，此廟堂遠算也。"

初，元昊反書聞，朝廷即議出兵，群臣爭言小醜可即誅滅，育獨建議："元昊雖名藩臣，其尺賦斗租不入縣官，窮漠之外，服叛不常，宜外置之，以示不足責。且彼已僭輿服，夸示酋豪，勢必不能自削，宜援國初江南故事，稍易其名，可以順撫而收之。"奏入，宰相張士遜笑曰："人言吴正言心風，果然。"於是育復上奏，俱不報。心風，據《龍川别志》，然《別志》稱吳舍人，則誤矣。育時以右正言，諫院供職，明年五月乃知制誥，又明年六月乃爲起居舍人。

（宋）李燾：《續資治通鑑長編》卷一二三，仁宗寶元二年（1039）

鄜延、環慶副都部署劉平上攻守之策曰：

五代之末，中國多事，四方用兵，惟制西戎，似得長策。於時中國未嘗遣一騎一兵，遠屯塞上，但任土豪爲眾所服者，以其州邑就封之。凡征賦所入，得以贍兵養士，由是兵精士勇，將得其人，而無邊陲之虞。太祖廓清天下，謂唐末諸侯跋扈難制，削其兵柄，收其賦入。自節度使以下，第其俸祿，或四方有急，則領王師行討，事已，兵歸宿衛，將還本鎮。雖爲長策，然當時大臣不能遠計，亦以朔方李彝興、靈武馮繼業徙於内地，自此靈、夏漸敝，中國命將出守，發兵就屯，千里饋糧，遠近騷動，十年之中，兵民交困。靈武既失守，趙德明以僻守一隅，且懼問罪，亟馳驛奏，願備藩臣。朝廷姑務息民，即以靈、夏兩鎮授之。德明潛治甲兵，日滋邊患。當時若止弃靈、夏、綏、銀四州，限山爲界，使德明遠遁漠北，則無今日之患。既以山界蕃漢人户並授之，而鄜延、環慶、涇原、秦隴歲宿兵數萬。

（宋）李燾：《續資治通鑑長編》卷一二五，仁宗寶元二年（1039）

7. 吐蕃

土俗物産：其國風雨雷雹，每隔日有之。盛夏節氣如中國暮春之月。山有積雪，地有瘴氣，令人氣急，不甚爲害。其俗重漢繒而貴瑟瑟，男女用爲首飾。男女皆辮髮，氈爲裘，赬塗面。無器物，以手捧酒而飲之。屈木令圓，以皮作底，就中而食。俗多金及小馬。

（宋）樂史：《太平寰宇記》卷一八五《四夷·吐蕃》

（開平）二年正月，吐蕃遣使喁來朝貢。

（宋）王欽若等編纂：《册府元龜》卷九七二《外臣部》

（天成三年）九月,吐蕃遣使朝貢。

　（宋）王欽若等編纂:《册府元龜》卷九七二《外臣部》

（天成三年）十二月壬戌,吐蕃孼王子撥氈可歸德郎將,首領十人,並授歸化司戈。

　（宋）王欽若等編纂:《册府元龜》卷九七六《外臣部》

（長興元年）四月,吐蕃首領干撥葛進犛牛二頭。

　（宋）王欽若等編纂:《册府元龜》卷九七二《外臣部》

（長興元年）八月,吐渾康合畢來貢駝馬。

　（宋）王欽若等編纂:《册府元龜》卷九七二《外臣部》

（長興）二年十一月戊申,以吐蕃首領掇里忙布、藺氈並爲歸德司戈。

　（宋）王欽若等編纂:《册府元龜》卷九七六《外臣部》

（長興三年）二月,吐蕃遣首領野利閻心等朝貢。是月,契丹穆順義,先是遣還本國,回進馬三匹及方物藥。

　（宋）王欽若等編纂:《册府元龜》卷九七二《外臣部》

（長興三年）八月,吐蕃遣使朝貢,見於端明殿。帝問本蕃牙帳去京師遠近,對曰:“涇州西二千里,比年阻大水,朝貢後時。”

　（宋）王欽若等編纂:《册府元龜》卷九七二《外臣部》

（長興三年）十一月,吐蕃朝貢使辭,人賜虎皮一張,皆披虎皮拜謝,委身婉轉,落其氈帽,見髮亂如蓬,帝笑之不已。

　（宋）王欽若等編纂:《册府元龜》卷九七六《外臣部》

（長興四年）十一月，吐蕃遣使來貢，奚首領李素姑來朝貢。

（宋）王欽若等編纂：《册府元龜》卷九七二《外臣部》

（天福四年）十月，罷延族吐蕃大首領聶褒郎彝磨摽昌訶兀羅只褒等率屬朝貢。

（宋）王欽若等編纂：《册府元龜》卷九七二《外臣部》

梁開平二年，遣使朝貢，官其首領。後唐天成二年，遣使者野利延孫等入貢，並蕃僧四人，持蕃書二封，人莫識其字。其後，權知西涼府留後孫超遣大將拓跋承誨來貢，明宗召見。承誨云："涼州東距靈武千里，西北至甘州五百里，舊有鄆人二千五百爲戍卒，及黃巢之亂，遂爲阻絶。今城中漢户百餘，皆戍兵之子孫，衣服言語，略如漢人。"又言："涼州郭外數十里，尚有漢民陷没者耕作，餘皆吐蕃。"詔授超涼州刺史，河西軍節度使留後。漢乾祐初，超卒，州人推其土人折逋嘉施權知留後，遣使來貢，即以嘉施代超爲留後。周廣順二年，始以申師厚爲河西節度。師厚初至涼州，奏授吐蕃首領折逋支等官，從之。顯德中，師厚爲其所迫，擅還朝，坐貶。涼州亦不復命帥。

（元）馬端臨：《文獻通考》卷三三五《四裔考十二》

五代吐蕃婦人戴瑟瑟珠，云珠之好者，一珠易一良馬。

（唐）白居易、（宋）孔傳：《白孔六帖》卷七

《五代史》：吐蕃婦人辮髮帶瑟瑟珠，珠之最好者，一珠易一良馬。

（清）陳元龍：《格致鏡原》卷三二

五代回鶻。唐莊宗時，王仁美遣使者來貢玉馬。

（唐）白居易、（宋）孔傳：《白孔六帖》卷七

8. 回鶻

回鶻，本匈奴之別裔，在天德西北娑陵水上。後魏號鐵勒，唐初號特勒，後稱回紇。其君長曰可汗。《宋史》列傳：自貞觀以後朝貢不絕。至德初，出兵助國討平安史之亂，故累朝恩禮最重。然而恃功橫恣，朝廷雖患其邀求無厭，然頗姑息聽從之。元和中，改爲回鶻。會昌中，其國喪亂，其相馺職者擁外甥將龐勒奔安西。既而回鶻爲幽州張仲武所破，龐勒乃自稱可汗，居甘、沙、西州，無復昔時之盛。五代皆來朝貢。《宋史》：後唐、晉、漢、周，皆遣使朝貢。後唐同光中，册其國王仁美爲英義可汗。仁美卒，其弟仁裕立，册爲順化可汗。先是，唐朝以公主下嫁，故回鶻世謂中朝爲舅，中朝每賜答詔亦曰外甥。五代同之。《宋北盟録》：回鶻皆長髯高鼻，以匹帛纏頭，散披其服。晉天福中，封其國主仁裕爲奉化可汗。裕卒，其子景瓊嗣。

（清）徐松輯：《宋會要輯稿》蕃夷四之一

初，回鶻風俗樸厚，君臣之等不甚異，故衆志專一，勁健無敵。自有功於唐，唐賜遺豐腴，登里可汗始自尊大，築宮室以居，婦人有粉黛文綉之飾，中國爲之虛耗，而虜俗亦壞。如(邪)[耶]律德光，踐污中土而有之，且死，其母猶不哭，撫其尸曰：“待我國中人畜如故，然後葬汝。”蓋爲之華夷者，天也，有或反此，非其福也。

（清）徐松輯：《宋會要輯稿》蕃夷四之九——一〇

周廣順元年二月，(回鶻)遣使並摩尼貢玉團、白氈、貂皮等。

張星烺：《中西交通史料彙編》第六編第六章

回鶻，自唐末浸微。本朝盛時，有入居秦川爲熟戶者，女真破陝，悉徙之燕山。甘、凉、瓜、沙舊皆有族帳，後悉羈縻於西夏。唯居四郡外地者頗自爲國，有君長。其人卷髮深目，眉修而濃，自眼睫而下多虬髯。土多瑟瑟珠玉，帛有兜羅綿、毛氎狨錦、注絲、熟綾、斜褐，藥有腽肭臍、硇砂。香有乳香、安息、篤耨。善造賓鐵刀劍、烏金銀器，多爲商賈於燕，載以橐駝。過夏地，夏人率十而指一，必得其最上品者，賈人苦之。後以物美惡雜貯毛連中，注：毛連，以羊毛緝之，單其中，兩頭爲袋，以毛繩或綫封之。有甚粗者，有間以雜色毛者，則輕細。然所徵亦不貲。其來浸熟，始厚賂稅吏，密識其中下品，俾指之。尤能別珍寶，蕃漢爲市者，非其人爲儈，則不能售價。回紇奉釋氏最甚，共爲一堂，塑佛像其中，每齋，必刲羊。或酒酣，以指染血塗佛口，或捧其足而鳴之，謂爲親敬。誦經則衣袈裟，作西竺語。燕人或俾之祈禱，多驗。婦人類男子，白晳，著青衣，如中國道服，然以薄青紗羃首而見其面。其居秦州時，女未嫁者，先與漢人通，有數子，年近三十，始能配其種類。媒妁來議者，父母則曰：“吾女嘗與某人某人昵。”以多爲勝，風俗皆然。其在燕者，皆久居業成。能以金相瑟瑟爲首飾，如釵頭形而曲一二寸，如古之笄狀。又善結金綫，相瑟瑟爲珥及巾環。織熟錦、熟綾、紵絲、綫羅等物。又以五色綫織成袍，名曰克絲，甚華麗。又善撚金綫別作一等，皆織花樹，用粉繳，經歲則不佳，唯以打換達靼。辛酉歲，金國肆眚，皆許西歸，多留不反。今亦有目微深而髯不虯者，蓋與漢兒通而生也。

（清）徐松輯：《宋會要輯稿》蕃夷四之一○——一一

（開平三年）五月，賜回紇朝貢使阿福引分物。

（宋）王欽若等編纂：《冊府元龜》卷九七二《外臣部》

乾化元年十一月丙午，以回鶻都督周易言爲右監門大將軍同正，地略李麥之、石壽兒、石論斯並左千牛衛將軍同正，李屋、列殊、安鹽山並右千牛將軍同正，吐蕃温末首領杜論没悉伽、杜論心並左領軍衛將軍同正，温末蘇論乞禄論右領軍衛將軍同正。癸未，回鶻入朝僧凝盧宜、李思宜、延錢等並賜紫衣還蕃。

（宋）王欽若等編纂：《冊府元龜》卷九七六《外臣部》

（乾化元年）十二月，帝御朝元殿，以回鶻、吐蕃二大國首領入覲故也。扇開，所司道二首領與傔從等一百二十二人，伏拜庭下，即各以其君長所上表及方物等陳而獻焉。

（宋）王欽若等編纂：《冊府元龜》卷九七二《外臣部》

梁太祖乾化元年，鄜州以回紇可汗所與書來上，制以左監門衛上將軍楊沼爲右驍衛上將軍，押領回紇等還蕃。又，河中奏回紇宣慰諭使楊沼押領二蕃酋長一百二十人歸本國事。

（宋）王欽若等編纂：《冊府元龜》卷九七七《外臣部》

（乾化二年）十一月，回鶻遣都督周易言等入朝進貢。

（宋）王欽若等編纂：《冊府元龜》卷九七二《外臣部》

（同光二年）四月，回鶻都督李引、釋迦副使田鐵林、都監楊福安等六十六人陳方物，稱本國權知可汗仁美在甘州差貢善馬九匹、白玉一團。是月，沙州曹義進玉三團、碯砂、羚羊角、波斯錦、茸褐、白氈、牛黃、金星礬等。

（宋）王欽若等編纂：《冊府元龜》卷九七二《外臣部》

（同光）二年四月，回鶻權知可汗仁美遣使來貢。制曰：“回鶻可汗仁美，代襲驍雄，生知義烈，乘北方忠順之氣，爲南面沙漠之君。自列聖有國之初，便申盟誓，及肅宗中興之運，繼立勛庸。爾來貢奉不違，戎馬無警，一心常保於甥舅，萬里或結於姻親。今則興服之初，琛賮俄至，仍聞撫寧七部，兼且控制諸蕃。終姓之道無渝，信言必復；嗣緒之文斯在，典冊宜行。俾紹前修，且明久要。宜封爲英義可汗，仍令所司擇日備禮冊命。”乃以太原少尹李彥圖檢校工部尚書爲冊使。

（宋）王欽若等編纂：《冊府元龜》卷九六五《外臣部》

（同光）三年七月丁巳，靈武奏：恩賜回紇王敕書函已送甘州。

（宋）王欽若等編纂：《冊府元龜》卷九七七《外臣部》

（天成二年）十二月，回鶻西界吐蕃發使野利延孫等入貢蕃僧四人，持蕃書兩封，文字未詳。

（宋）王欽若等編纂：《册府元龜》卷九七二《外臣部》

（天成）三年二月，命使册回鶻權知可汗仁秘爲順化可汗。

（宋）王欽若等編纂：《册府元龜》卷九六五《外臣部》

（天成三年）五月辛未，回鶻使辭於便殿，賜賚有差。

（宋）王欽若等編纂：《册府元龜》卷九七六《外臣部》

（天成三年）十二月，回鶻差使朝貢。

（宋）王欽若等編纂：《册府元龜》卷九七二《外臣部》

（天成）四年正月壬辰，回鶻入朝使掣撥都督等五人，並可懷化司戈。

（宋）王欽若等編纂：《册府元龜》卷九七六《外臣部》

（長興元年）五月，回鶻孽栗祖等來朝貢，回鶻國使安黑連來朝貢，又回鶻可汗仁裕遣使來貢方物。

（宋）王欽若等編纂：《册府元龜》卷九七二《外臣部》

（長興元年）十二月，回鶻順化可汗仁裕遣使翟末思等三十人進馬八十匹、玉一團。沙州曹義金進馬四百匹、玉一團。

（宋）王欽若等編纂：《册府元龜》卷九七二《外臣部》

（長興三年）三月丙申，回鶻朝貢使都督拽祝爲懷化將軍，副使印安勤懷化郎將，監使美梨懷化司候，判官裴連兒懷化司階。己亥，以吐蕃朝貢使左廂首領右千牛衛將軍同正野利閤心爲歸德大將軍，右廂首領籛心爲懷化郎將，中廂首領李琪讀歸利司候，重雲都督對兒

六、突兒鷄並爲歸德司階。

　　　　（宋）王欽若等編纂：《册府元龜》卷九七六《外臣部》

　　（長興）四年七月癸巳，回鶻遣都督李米等三十人來朝，進白鶻一聯，帝召對於廣壽殿，厚加錫賚，仍命解放其鶻。

　　　　（宋）王欽若等編纂：《册府元龜》卷九七六《外臣部》

　　（長興四年）七月，回鶻都督李未等三十一人進白鶻一聯。敕禮賓使解綵放之。

　　　　（宋）王欽若等編纂：《册府元龜》卷九七二《外臣部》

　　愍帝以長興五年正月即位，詔關西鎮城禁回鶻帶挾私人往來，所在檢校非正數，即時勒留。

　　　　（宋）王欽若等編纂：《册府元龜》卷六六《帝王部》

　　張希崇，鎮靈武。閔帝應順元年正月，沙州、瓜州遣牙將各以方物朝貢，回鶻可汗仁美遣使獻故可汗仁裕遺留貢物、鞍馬、器械。仁美又獻美玉、圓玉、鞦轡、碙砂、羚羊角、波斯寶繰、玉帶，蓋希崇招懷邊鎮，內附故也。

　　　　（宋）王欽若等編纂：《册府元龜》卷三九七《將帥部》

　　（應順元年）是月，沙州、瓜州遣牙將各以方物朝貢，回鶻可汗仁美遣使獻故可汗仁裕遺留貢物、鞍馬、器械；仁美獻馬二、團玉、鞦轡、碙砂、羚羊角、波斯寶繰、玉帶。

　　　　（宋）王欽若等編纂：《册府元龜》卷九七二《外臣部》

　　閔帝應順元年正月，賜回鶻入朝摩尼八人物有差。

　　　　（宋）王欽若等編纂：《册府元龜》卷九七六《外臣部》

（應順元年）閏正月，瓜州入貢牙將唐進、沙州入貢梁行通、回鶻朝貢安摩訶等辭，各賜錦袍、銀帶，物有差。

（宋）王欽若等編纂：《册府元龜》卷九七六《外臣部》

末帝清泰元年正月，回紇李突安而下十人先在京，放還本部。

（宋）王欽若等編纂：《册府元龜》卷一七〇《帝王部》

末帝清泰元年七月己巳，回鶻朝貢多爲河西雜虜剽掠，詔邠州節度使康福遣將軍牛知柔率禁兵援送至靈武，虜之爲患者，隨便討之。

（宋）王欽若等編纂：《册府元龜》卷九八七《外臣部》

（清泰二年）六月，詔邠、涇、鄜、耀四州兵應接回鶻出州入貢。

（宋）王欽若等編纂：《册府元龜》卷九七二《外臣部》

（清泰二年）七月，詔邠、涇、鄜、耀四州出州兵應接回鶻。時回鶻朝貢多爲河西雜虜剽掠，故有是命。及回，又詔邠州節度使康福遣將軍牛知柔率禁兵援送至靈武，虜之爲患者，隨便討之。

（宋）王欽若等編纂：《册府元龜》卷一七〇《帝王部》

（清泰二年）七月，回鶻可汗仁美遣都督陳福海而下七十八人，獻馬三百六十四、玉二十團、白氎斜褐、犛牛尾、綠野馬皮、野駝峰。沙州刺史曹義金、涼州留後李文謙各獻馬三匹，瓜州刺史慕容歸盈獻馬五十匹。

（宋）王欽若等編纂：《册府元龜》卷九七二《外臣部》

廢帝清泰二年八月乙亥，回鶻朝貢使密録都督陳禄海爲懷化郎將，副使達奚相温爲懷化司階，監使屈蜜禄阿撥爲歸德司戈，判官安均爲懷化司戈。

（宋）王欽若等編纂：《册府元龜》卷九七六《外臣部》

　　（清泰三年）二月戊辰，以吐渾寧朔、奉化兩府留後檢校尚書左僕射李可久超授檢校司徒，其副使檢校工部尚書赫連海龍可檢校尚書左僕射，其兩府大夫李鐵匭可檢校右僕射。可久、海龍、鐵匭皆吐渾白姓赫連部落，前朝賜姓。已巳，以熟吐渾左廂都指揮使李全福、右廂赫連撒濫，並可懷化司階。指揮使黨海甲、段公奴、梁康全、王堂九、高骨吐山、黨公政、段貞福、康息力、慕容于谷、李海全、李冬山、兩府都評事梁戞根啜等，並可懷化司戈，吐渾指揮使黨紇辢、秦公達、慕容葛禮，並可懷化司戈，皆吐渾兩府白赫連之將校也。

　　　　　　　　（宋）王欽若等編纂：《冊府元龜》卷九七六《外臣部》

　　（天福）三年三月，回鶻可汗王仁美進野馬、獨峰駝、玉碾頭、大鵬砂、硇砂、膃肭臍、金剛鑽、羚羊角、白貂鼠皮、安西絲、白氈布、犛牛尾、野駝峰等物。

　　　　　　　　（宋）王欽若等編纂：《冊府元龜》卷九七二《外臣部》

　　（天福）三年五月，回鶻朝貢使都督翟全福，並肅州甘州專使僧等歸本國，賜鞍馬、銀器、繒帛有差。

　　　　　　　　（宋）王欽若等編纂：《冊府元龜》卷九七六《外臣部》

　　（天福三年）十月，回鶻遣使都督李萬金等朝貢。

　　　　　　　　（宋）王欽若等編纂：《冊府元龜》卷九七二《外臣部》

　　（天福）四年三月，回鶻都督拽里敦來朝，可汗仁美貢鏤劍珤音孚玉、良馬百駟、瑶枯音法、寶纛、舟鹽、𧛡氈、玉㺸猊、白貂鼠、犛牛之尾、駒騄之革。

　　　　　　　　（宋）王欽若等編纂：《冊府元龜》卷九七二《外臣部》

　　（天福）四年三月，制曰：“回鶻可汗仁美，雄臨朔野，虔奉中朝。

一方之烽燧薦聞,萬里之梯航繼至。自當開創,益效傾輸。備觀尊獎之心,爰降册封之命。宜封爲奉化可汗,擇日備禮册命,遣衛尉卿邢德昭持節使之。"

（宋）王欽若等編纂:《册府元龜》卷九六五《外臣部》

（天福）五年正月,回鶻可汗仁美遣都督石海金來朝,貢良馬百駟,白玉百團,謝册命也。

（宋）王欽若等編纂:《册府元龜》卷九七二《外臣部》

少帝天福七年,回鶻都督來朝,獻馬三百匹、玉百團、玉帶一。

（宋）王欽若等編纂:《册府元龜》卷九七二《外臣部》

開運二年二月,回鶻可汗進玉團、獅子、玉鞍、碙砂、紅鹽、野駝峰、安西白氎、腽肭臍、大鵬砂、羚羊角、犛牛尾、貂鼠等物。

（宋）王欽若等編纂:《册府元龜》卷九七二《外臣部》

漢隱帝乾祐元年五月,回鶻可汗遣使入貢,獻馬一百二十匹、玉鞍轡、玉團七十三、白氎百二十七、貂鼠皮二百二十六、犛牛尾一百四十八、玉鈿鞍三百三十四。又羚羊角、碙砂、諸藥。

（宋）王欽若等編纂:《册府元龜》卷九七二《外臣部》

漢隱帝乾祐元年七月,以回鶻入朝貢使李握爲歸德大將軍,副使安鐵山、監使未相温並爲歸德將軍,判官翟毛哥爲懷化將軍。

（宋）王欽若等編纂:《册府元龜》卷九七六《外臣部》

周太祖廣順元年二月,西州回鶻遣都督來朝,貢玉大小六團、一團碧琥珀九斤,白氎布一千三百二十九段,白褐二百八十段,珊瑚六樹,白貂鼠皮二千六百三十二,黑貂鼠皮二百五十,青貂鼠皮五百三,舊貂鼠襖子四,白玉環子、碧玉環子各一,鐵鏡二,玉帶鉸具六十九,玉帶一,諸香藥稱是。回鶻遣使摩尼貢玉團七十七,白氎段三百五十,青及黑貂鼠皮共二十八,玉帶、玉鞍轡鉸具各一副,犛牛尾四百二十四,大琥珀二十顆,紅鹽三百斤,胡桐泪三百九十斤,餘藥物在數外。

(宋)王欽若等編纂:《冊府元龜》卷九七二《外臣部》

(廣順)二年正月,涇州史光懿言:回紇可汗遣悉里來等四人到州迎接,進奉回使。

(宋)王欽若等編纂:《冊府元龜》卷九七七《外臣部》

(廣順二年)三月,回鶻遣使每與難支、使副骨迪歷等十二人來朝,貢玉團三、珊瑚樹二十、琥珀五十斤、貂鼠皮、毛褐、白氎岺、皮靴等。

(宋)王欽若等編纂:《冊府元龜》卷九七二《外臣部》

(廣順)三年正月,回鶻入朝使獨呈相溫貢白氎段七百七十、玉團一、珊瑚片七十。

(宋)王欽若等編纂:《冊府元龜》卷九七二《外臣部》

世宗顯德元年二月,回鶻朝貢使以寶玉進上。

(宋)王欽若等編纂:《冊府元龜》卷九七二《外臣部》

(顯德元年)五月,回鶻朝貢使因難狄略進方物。

(宋)王欽若等編纂:《冊府元龜》卷九七二《外臣部》

(顯德)三年二月,回鶻遣使貢方物。

(宋)王欽若等編纂:《冊府元龜》卷九七二《外臣部》

(顯德六年)二月,回鶻使貢方物。

(宋)王欽若等編纂:《冊府元龜》卷九七二《外臣部》

五代之際,有居甘州、西州者,嘗見中國,而甘州回鶻數至。自唐以女妻之,後代猶呼中國爲舅,中國答以詔書,亦呼爲甥。梁乾化元年,都督周易言等來,史不見其君長名號。梁拜易言等官爵,遣還。唐莊宗時王仁美遣使者來貢玉、馬,自稱“權知可汗”,莊宗遣使册爲英義可汗。是歲,仁美卒,弟狄銀立。同光四年,狄銀卒,阿咄欲立。天成二年,權知國事王仁裕遣使來朝,明宗册爲順化可汗。晉高祖時又加册命。阿咄欲,不知其爲狄銀親疏,亦不知其立卒;而仁裕訖五代常來朝貢,史亦失其紀。

長興四年,回鶻來獻白鶻一聯,明宗命解緤放之。自明宗時,嘗以馬市中國,其所賣寶玉皆鬻縣官,而民犯禁爲市者輒罪之。周太祖時除其禁,民得與回鶻私市,玉價由此倍賤。顯德中,來獻玉,世宗曰:“玉雖寶而無益。”却之。仁裕卒,子景瓊立。

> (元)馬端臨:《文獻通考》卷三四七《四裔考二十四》

建隆回鶻貢方物 回鶻居甘沙西州晉天福封奉化可汗。

> (宋)王應麟:《玉海》卷一五四《朝貢》

五代回鶻地宜白麥、青稞麥、黄麻、葱韭、胡荽。

> (唐)白居易、(宋)孔傳:《白孔六帖》卷八〇

五代回鶻地,出綠野馬。

> (唐)白居易、(宋)孔傳:《白孔六帖》卷九六

五代回紇,以橐駝耕而種。

> (唐)白居易、(宋)孔傳:《白孔六帖》卷九七

9. 于闐

(天福三年)九月,于闐國王李聖文遣使馬繼榮進玉團、白氈布、

犛牛尾、紅鹽、鬱金、碙砂、大鵬砂,玉裝鞦轡、鞓鞦鞦軒、手刃。回鶻可汗又遣使李萬金進馬一百匹,駝十二頭。

(宋)王欽若等編纂:《册府元龜》卷九七二《外臣部》

土俗物産:其地多水潦沙石。氣候温,土良沃,宜稻麥、蒲萄。有水出玉,名曰玉河。國人善鑄銅器。其居曰西山城,有屋室市井蔬菜,與中國同。王所居室加以朱畫。其人恭敬,相見則跪,其跪一膝至地。書則以木爲筆札,以玉爲印。國人得書,先戴於首,而後開封。自高昌以西,諸國人多深目高鼻,唯此一國,貌不甚胡,頗類華夏。

(宋)樂史:《太平寰宇記》卷一八一《四夷·于闐國》

晉高祖天福三年十月,制曰:"于闐國王李聖天,境控西陲,心馳北闕。頃屬前朝多事,久阻來庭。今當寶曆開基,乃勤述職。請備屬籍,宜降册封。將引來遠之恩,俾樂無爲之化。宜册封爲大寶于闐國王,仍令所司擇日備禮册命。"以供奉官張光鄴充使。

(宋)王欽若等編纂:《册府元龜》卷九六五《外臣部》

(天福三年)十一月,授于闐國進奉使、檢校太尉馬繼榮鎮國大將軍,副使黃門將軍,國子少監張再通試衛尉卿,監使殿頭、承旨通事舍人吳順規試將作少監,回鶻使都督李方金歸義大將軍,監使雷福德順化將軍。

(宋)王欽若等編纂:《册府元龜》卷九七六《外臣部》

晉天福三年,其王李聖天自稱唐之宗屬,遣使來貢。高祖遣供奉官張匡鄴、高居誨等入其國,册聖天爲大寶于闐國王。匡鄴等自靈州行二年至于闐。至七年乃還。頗記其往來所見山川,而不能道聖天世次也。

居誨記曰:"自靈州過黃河,行三十里,始涉沙入党項界,曰細腰沙、神樹沙。至三公沙,宿月支都督帳。自此沙行四百餘里,至黑堡

沙，沙尤廣，遂登沙嶺。沙嶺党項牙也，其酋曰捻崖天子。渡白亭河
至涼州，涼州西行五百里至甘州。甘州，回鶻牙也。其南，山百餘里，
漢小月支之故地也，有別族號鹿角山沙陀，云朱邪氏之遺族也。自甘
州西，始涉磧，磧無水，載水以行。甘州人教晉使者作馬蹄木澀，木澀
四竅，馬蹄亦作四竅而綴之，駝蹄則包以氂皮乃可行。西北五百里至
肅州，渡金河，西百里出天門關，又西百里出玉門關，經吐蕃界，吐蕃
男子冠中國帽，婦人辮髮，戴瑟瑟珠，云珠之好者，一珠易一良馬。西
至瓜州、沙州，二州多中國人，聞晉使者來，其刺史曹元深等郊迎，問
使者天子起居。瓜州南十里鳴沙山，云冬夏殷殷有聲如雷，云《禹貢》
流沙也。又東南十里三危山，云三苗之所竄也。其西，渡都鄉河曰陽
關。沙州西曰仲雲族，其牙帳居胡盧磧。云仲雲者，小月支之遺種
也，其人勇而好戰，瓜、沙之人皆憚之。胡盧磧，漢明帝時征匈奴，屯
田於吾盧，蓋其地也。地無水而嘗寒多雪，每天暖雪銷，乃得水。匡
鄴等西行入仲雲界，至大屯城，仲雲遣宰相四人、都督三十七人候晉
使者，匡鄴等以詔書慰諭之，皆東向拜。自仲雲界西，始涉釀磧，無
水，掘地得濕沙，人置之胸以止渴。又西，渡陷河，伐檉置水中乃渡，
不然則陷。又西，至紺州，紺州，于闐所置也，在沙州西南，云去京師
九千五百里矣。又行二日至安軍州，遂至于闐。聖天衣冠如中國，其
殿皆東向，曰金冊殿，有樓曰七鳳樓。以葡萄為酒，又有紫酒、青酒，
不知其所釀，而味尤美。其食，粳沃以蜜，粟沃以酪。其衣，布帛。有
園圃花木。俗喜鬼神而好佛。聖天居處，嘗以紫衣僧五十人列侍，其
年號同慶二十九年，其國東南曰銀州、盧州、湄州，其南千三百里曰玉
州，云漢張騫所窮河源出于闐，而山多玉者此山也。”

漢乾祐元年，復遣使入貢。

（元）馬端臨：《文獻通考》卷三三七《四裔考十四》

建隆于闐貢玉圭

于闐去京師西九千九百餘里，西南帶葱嶺，南接吐蕃國。城之東
有白玉河，西有綠玉河，次西有烏玉河，崑崙在其西。自漢至唐皆入

貢。晉天福中入貢。

（宋）王應麟：《玉海》卷一五四《朝貢》

于闐國去京師之西九千九百餘里，西南帶葱嶺與婆羅門接，相去三千餘里，南接吐蕃，北至疏勒。自漢至唐皆入貢。中國晉天福中，李聖天自稱唐之宗屬，遣使入貢。

（宋）章如愚：《群書考索》後集卷六四

五代于闐有七鳳樓。

（唐）白居易、（宋）孔傳：《白孔六帖》卷一〇

五代于闐以蒲萄爲酒，又有紫酒、青酒，不知其所釀，而味尤美。

（唐）白居易、（宋）孔傳：《白孔六帖》卷一五

《五代史》：于闐國有紫酒、青酒，不知其所釀，而味尤美。

（清）陳元龍：《格致鏡原》卷二二

五代于闐，晉天福二年遣使來貢紅鹽。

（唐）白居易、（宋）孔傳：《白孔六帖》卷一六

貢士邦憲出《化胡經像》，復與西昇所畫盡異。其説以老子化胡俗成正覺者，則不知其所據也。西域舊傳于闐西五百里有北摩寺，云是老子化胡成佛處也。老子初至此，與群胡辭決，言暫游天上，當尋下生。其後出天竺國，化爲胡王太子，言號曰佛。今考老子與孔子同時，而經既説恒星不見以證，則此尤不可信，而畫又與此異。然畫特佳，疑江南時所爲也。

（宋）董逌：《廣川畫跋》卷三

（天福二年）十一月，于闐國僧曼哥羅贊常羅賜紫，號昭梵大師。

（宋）王欽若等編纂：《册府元龜》卷五二《帝王部》

石晉天福四年，嘗遣使册命于闐，以平居誨爲制置判官。居誨《行程記》曰：“自沙州至樓蘭城二千餘里，自樓蘭行三月，過一處名陷河，須束薪排連填匝兩岸，乘勢急走，乃始得過。駝馬比人稍重，即須卸去所載，獨以身行可也。若適遇鋪薪不接之處，不問人駝皆陷矣。駝雖軀體壯大，苟其陷焉，亦遂全體淪没，才能露出背峰，一入遂不可救。”

（宋）程大昌：《演繁露》卷一

晉天福中，平居誨從使于闐，爲判官。作記紀其采玉處之玉河，在國城外，源出崑崙山，西流千三百里。至國界牛頭山，分爲三：一曰白玉河，在城東三十里；二曰綠玉河，在城西二十里；三曰烏玉河，在綠玉河西七里。源雖一，玉隨地變，故色不同。每歲五六月，水漲玉隨流而至，多寡由水大小，水退乃可取。方言曰：撈玉，國主未采，禁人輒至河濱。大觀中，添創八寶，從于闐求大玉。一日，忽有國使奉表至。故事，下學士院，召譯表語，而後答詔。其表云：“日出東方，赫赫大光，照見西方五百國。五百國條貫主，師子黑汗王。表上日出東方，赫赫大光，照見四天下。四天下條貫主，阿舅大官家：你前時要者玉，自家甚是用心力，只爲難得似你尺寸的，自家已令人兩河尋訪，纔得似你尺寸的，即奉上也。”當時傳以爲笑。後果得之，厚大逾二尺，色如截肪，昔未始有也。大抵玉分五色，惟青碧一色，高下最多，端帶白色者，漿水亦分九等……宣和殿有玉等子，以諸色玉次第排定。凡玉至，則以等子比之，高下自見。今內帑有金等子，亦此法。

（清）潘永因：《宋稗類鈔》卷三二

漢隱帝乾祐元年五月……于闐國遣使朝貢。

（宋）王欽若等編纂：《冊府元龜》卷九七二《外臣部》

漢隱帝乾祐元年七月……于闐入朝使王知鐸檢校司空，副使張文達檢校右僕射，監使劉行立檢校兵部尚書，判官秦元保檢校左僕射，並放還蕃。

（宋）王欽若等編纂：《冊府元龜》卷九七六《外臣部》

10. 突厥

（同光三年）十月，奚、吐渾、突厥首領使人貢方物爲萬壽節，高麗國遣使韋伸貢方物。

（宋）王欽若等編纂：《冊府元龜》卷九七二《外臣部》

（天成）二年正月，突厥首領張慕晉來朝貢。

（宋）王欽若等編纂：《冊府元龜》卷九七二《外臣部》

（長興二年）二月，突厥首領杜阿、熟吐渾康萬琳各進馬。

（宋）王欽若等編纂：《冊府元龜》卷九七二《外臣部》

（長興）四年正月，突厥首領李白山等三十四人內附。

（宋）王欽若等編纂：《冊府元龜》卷九七七《外臣部》

後唐天成二年，其首領張慕晉等來朝貢。長興二年，其首領杜阿熟來朝。晉天福六年，其首領遣使薛同海以下十七人來朝貢。

（元）馬端臨：《文獻通考》卷三四四《四裔考二一》

（天福）七月，突厥遣使薛同海已下一十七人來朝貢。

（宋）王欽若等編纂：《冊府元龜》卷九七二《外臣部》

神册元年,親征突厥、吐渾、党項、小蕃、沙陀諸部,俘户一萬五千六百。

(元)脱脱等:《遼史》卷三四《兵衛志上》

(神册元年)秋七月壬申,親征突厥、吐渾、党項、小蕃、沙陀諸部,皆平之。俘其酋長及其户萬五千六百,鎧甲、兵仗、器服九十餘萬,寶貨、駝馬、牛羊不可勝算。

(元)脱脱等:《遼史》卷一《太祖紀上》

(天顯三年)八月丙子,突厥來貢。

(元)脱脱等:《遼史》卷三《太宗紀上》

11. 女真

五代時,始稱女真,後避契丹主宗真諱,更爲女直,俗訛爲女質。阿保機吞北方三十六蕃,此其一也。阿保機慮其爲患,誘遷豪右數千家於遼陽南而著籍焉,分其勢,使不得與本國相通,謂之合蘇館。合蘇館者,熟女真也。又曰黃頭女真,其人戇朴勇鷙,不能别死生。自咸州東北分界入山谷,至束沫江,中間所居者,以隸咸州兵馬司,與其國往來無禁,謂之"回霸"。"回霸"者,非熟女真,亦非生女真也。自束沫江之北寧江之東北,地方千餘里,户十餘萬,無大君長,亦無國名,散居山谷間,自推豪俠爲酋渠,小者千户,大者數千户,則謂之生女真,僻處契丹東北隅。

(元)馬端臨:《文獻通考》卷三二七《四裔考四》

訖唐世,朝獻不絶,五代時始稱女真。後唐明宗時,嘗寇登州渤海,擊走之。其後避契丹諱,更爲女直。

(宋)洪皓:《松漠紀聞》

《海外行程記》者，南唐章（一曰張）僚記其使高麗，所經所見也。中引保大初，徐弼使事爲證，即當是後主末年也。僚之使也，會女真獻馬於麗，其人僅百餘輩，在市商物價不相中，輒引弓擬人，人莫敢向。則其强悍有素，麗不能誰何矣。麗主王建常資其馬萬匹，以平百濟，則諸家謂女真攻遼初時，力弱無器械者誤也。

（宋）程大昌：《續演繁露》卷一

五代趙光逢爲平章事，有女真寄黄金一檻於其室後，經亂離，女真委化他土。後二十年，金無所歸，光逢納於河南尹張全義，付諸宮觀，其舊封尚在。光逢兩登廊廟，四退邱園，百行五常，不欺暗室，縉紳咸仰，以爲名教宗主。

（明）彭大翼：《山堂肆考》卷四二

（同光二年）九月庚戌，有自契丹部降者上言："女真、回鶻、黄頭室韋合勢侵契丹。"召北部酋長禦捍。

（宋）王欽若等編纂：《册府元龜》卷九九五《外臣部》

（顯德）六年正月……女真國遣使阿辨等來貢方物。

（宋）王欽若等編纂：《册府元龜》卷九七二《外臣部》

12. 西域

龜兹，回鶻之別種也。其國主自稱師子王，戴寶裝冠，著黄色衣，與宰相九人同理國事。每出，其宰相著大食國錦彩之衣，騎馬前引，常以音樂相隨。其妃名阿厮迷，著紅羅縷金之衣，多用珠寶嚴飾其身，每年一度出宮游看。國城有市井而無錢貨，但以花蘂布（牙）〔互〕換博買米麥、瓜果，與中國無異。西至大食國兩月程，東至夏州三月程。或稱西州回鶻，或稱西州龜兹，又稱龜兹回鶻，其實一也。

（清）徐松輯：《宋會要輯稿》蕃夷四之一三

土俗物産：俗有城郭。能鑄冶。其刑賦、風俗略與焉耆同，唯氣候少暖爲異。土多稻、粟、菽、麥，饒銅、鐵、硇砂、鹽緑、雌黄、胡粉、安息香、良馬、細氈、氍毹、孔雀。

　　　　（宋）樂史：《太平寰宇記》卷一八一《四夷·龜兹國》

（後梁太祖時）泉州寺僧智宣自西域回，進辟支、佛骨及梵甲經律。此僧自壯歲西游，及還已耄矣。既遇新朝，又傳佛教，亦聖德之所感契。

　　　　（宋）王欽若等編纂：《册府元龜》卷一九四《閏位部》

（天成）四年正月，賜龜兹國隸臺寺僧波羅密紫衣。

　　　　（宋）王欽若等編纂：《册府元龜》卷一七〇《帝王部》

土俗物産：地有蒲萄諸果。土人皆翦髮，著氈帽，小袖衣，爲衫則開頸而縫前。多牛羊騾驢。

　　　　（宋）樂史：《太平寰宇記》卷一八一《四夷·且末國》

土俗物産：其俗丈夫翦髮，婦人衣襦，著大褲。婚姻同華夏。兵有弓、刀、甲、稍。死亡者皆焚而後葬，其服制滿七日即除之。俗事天神。氣候寒，土田良沃，穀有稻、粟、菽、麥，畜有駝、馬、牛、羊。養蠶不以爲絲，惟取綿纊。俗尚蒲萄酒，兼愛音樂。

　　　　（宋）樂史：《太平寰宇記》卷一八一《四夷·焉耆國》

（廣順元年）四月，西域僧嘯囉朝貢。

　　　　（宋）王欽若等編纂：《册府元龜》卷九七二《外臣部》

（廣順三年）十一月，西天僧薩滿多等十六族貢馬。

　　　　（宋）王欽若等編纂：《册府元龜》卷九七二《外臣部》

薔薇水

周顯德五年，昆明國獻薔薇水十五瓶，云得自西域，以灑衣，衣敝而香不滅。

（宋）曾慥：《類說》卷五九《香後譜》

唐貞觀中內附，置西伊州。五代號胡盧磧，小月氏遺種居之。

（明）彭大翼：《山堂肆考》卷三六

五代仲雲國，其食栗沃以酪。

（明）陳耀文：《天中記》卷四六

拜胡僧

僞蜀王先主未開國前，西域胡僧到蜀，蜀人瞻敬，如見釋迦，舍如大慈三學院。蜀主復謁坐於廳，傾都士女就院，不令止之，婦女列次拜，俳優王舍城揚言曰："女弟子勤禮拜，願後身面孔一似和尚。"蜀主大笑。

（明）陶宗儀：《說郛》卷三二《群居解頤》

宋乾德三年，滄州僧道圓自西域還，得佛舍利一、水晶器、貝葉梵經四十夾來獻。道圓天福中詣西域，在塗十二年，住五印度凡六年，五印度即天竺也。還經于闐，與其使偕至。太祖召問所歷風俗山川道里，一一能記。

（清）徐松輯：《宋會要輯稿》蕃夷四之八八

13. 西南夷（盤瓠種、夜郎、南詔、兩爨蠻、昆明）

（開平）四年正月，邕州節度使葉廣略進如洪洞生獠爨蠻一十人，赴闕朝見。前朝末，道路梗塞，遠夷進貢罕有至者。帝即位，威略柔遠,東南蠻貊,相繼來庭。

(宋)王欽若等編纂:《冊府元龜》卷九七二《外臣部》

後唐同光三年,既平蜀,魏王繼岌奏賫書招諭南詔蠻。天成元年供奉官李彥楷等雲南使回。巂州山後兩林百蠻都鬼主、右武衛將軍李卑晚差大鬼主傅能阿花等來朝貢,明宗引見,加其官,遣還。二年七月,遣使入蠻。九月,西川奏:"據黎州狀申:雲南使趙和於大度河南起舍一間,留信物十五籠,並雜詩一卷。"遞至闕下。

(元)馬端臨:《文獻通考》卷三二九《四裔考六》

後唐魏王繼岌,以莊宗同光三年冬平蜀,遣使賫書詔諭南詔蠻。時郭崇韜欲聲教達於南荒,募蜀川曾使南詔者,有秦州副使徐藹,諳雲南苴羊城途路,且云中和二年,僖宗在蜀,令嗣王龜年使雲南,藹季父虔爲副使,藹爲判官。時不到苴羊城,只達於善闡回。時約爲甥舅,許出降安化公主。雲南使來迎公主,次驛。報收長安,黃巢東走,乃托以佗歲。

(宋)王欽若等編纂:《冊府元龜》卷三九七《將帥部》

明宗天成元年十月,以巂州山後兩林百蠻都鬼主右武衛大將軍李卑晚爲寧遠將軍,大渡河南山前邛州六姓都鬼主懷安郡王勿鄧摽莎爲定遠將軍。

(宋)王欽若等編纂:《冊府元龜》卷九六五《外臣部》

(天成元年)十月,雲南巂州山後兩林百蠻都鬼主、右武衛大將軍李卑晚遣大鬼主傅能阿花等來朝貢。帝御文明殿對之,百僚稱賀。

(宋)王欽若等編纂:《冊府元龜》卷九七二《外臣部》

(天成)二年,西川奏黎州狀,雲南使趙和於大渡河南起舍一間,留信物十五籠,並雜箋詩一卷,遞至闕下。初,郭崇韜平蜀之後,得王衍昔獲蠻俘數十,以天子命令殿直李楷持國信賜其國王,並歸其俘囚。楷入其部,爲止於界上,惟國信與蠻俘得往,月餘乏食而還。續有轉牒稱:督爽大長和國宰相布燮等上大唐皇帝舅奏疏一封,自鶴枯發遞,歷畿美、白崖爽等,又入弄棟演習白鸚鵡、郡繕裔爽等,又入平夷、新安、寧遠標莎,差人轉送黎州。其紙厚硬若皮,筆力遒健,有書詔體。後有督爽陀苴、忍爽王寶、督爽彌勤、忍爽董德義、督爽長坦、綽爽楊布爽等所署。有彩箋一軸,轉韻詩三章,章三韻,共十聯,有類擊築詞,時有思本朝姻親之意,理亦不遜。其褚中之物,即却返其國,信舊封猶存。復命左衛上將軍烏昭遇等再往使焉,至西川,知李楷又不能進,遂回。

　　（宋）王欽若等編纂:《册府元龜》卷九八〇《外臣部》

　　（天成二年）八月,昆明大鬼主、羅殿王、普露静王、九部落各差使若土等隨牂牁清州八郡剌史宋朝化等一百五十二人來朝,各賜等第官告、繒帛錦衣、銀器,放還蕃。

　　（宋）王欽若等編纂:《册府元龜》卷九七六《外臣部》

布燮朝

　　南蠻所都之地,號曰"長和國",呼宰相爲"布燮"。王蜀後主乾德中,南蠻選布燮段義宗、判官贊衛、姚吟等爲使入蜀。義宗不欲朝拜,遂禿削爲僧,號曰"大長和國左街崇聖寺賜紫沙門銀鉢"。既而屆蜀,群臣議奏:"僧有胡法,宜令禮拜。"義宗於是失節焉。至於談論,敷奏道理,一歌一咏,捷應如流。有《題大慈寺芍藥》云:"浮花不與衆花同,爲感高僧護法功。繁影夜鋪方丈月,異香朝散講筵風。尋真自得心源静,觀色非貪眼界空。好是芳馨堪供養,天教生在釋門中。"又《題三學院經樓》云:"鷲嶺雞園不可儔,叩倍龍象喜登游。玉排複道珊瑚殿,金錯危欄翡翠樓。尚欲歸心求四諦,敢辭旋繞滿三周。義和鞭撻金烏疾,俗網無由肯駐留。"又題曰:"當今積善競修崇,七寶莊嚴作梵宮。佛日明時齊舜日,皇風清處接慈風。一乘妙理應難測,萬劫良緣豈易窮。其恨塵勞非法侣,掉鞭歸去夕陽中。"又《題判官贊衛有聽歌妓洞雲歌》略云："嵇叔夜,嵇叔夜。鼓琴飲酒無閒暇。若使當時聞此歌,抛擲廣陵渾不藉。劉伯倫,劉伯倫,虛生浪死過青春。一飲一碩獨自醉,無人爲爾下梁塵。"又《思鄉》云："虜北行人絕,雲南信未還。庭前花不掃,門外柳誰攀。坐久消銀燭,愁多減玉顏。懸心秋夜月,萬里照關山。"似此製作,實爲高手。義宗生居蠻貊,蔑有漢朝。章表□□,頗生輕易。國師常瑩、辯廣、光業等酬酢偈句,皆失機宜。□□□還,遇鴆而卒。議者以南康王韋皋於沈黎大興黌序,□□□□,遂至夷亂華風,文流異域。自有唐蠻子朝覲,罕有□□□□,□俗之間,無不繕寫《洞雲歌行》者也。

(後蜀)何光遠:《鑒誡錄》卷六

五代馬希範遣兵收武陵諸蠻,至此屯兵,山高眷平,可屯數萬人。

(清)顧炎武:《天下郡國利病書》

(天成二年)八月,昆明大鬼主羅殿王、普露靜王、九部落各差使若土等,隨羋牁清州八郡刺史宋朝化等一百五十三人來朝,共進草豆蔻二萬顆,朱砂五百兩,黃蠟三百斤。

(宋)王欽若等編纂:《冊府元龜》卷九七二《外臣部》

後唐天成中,山後兩林蠻遣其大鬼主來貢。

(元)馬端臨:《文獻通考》卷三三〇《四裔考七》

(乾祐二年)是年,湖南上言:蠻寇賀州。遣大將徐進率兵援之,接戰於風陽山下,大敗蠻獠,斬首五千級。

(宋)王欽若等編纂:《冊府元龜》卷九八七《外臣部》

詔:"僞蜀時,邊郡守將遣牙校賫信幣入黔南並院及思、費、播、夷、獠、南、辰、錦等州,率用私覿,以邀厚報。頗聞夷獠甚苦其事。自今諸州當遣使者,勿得受其獻。"

（宋）李燾:《續資治通鑑長編》卷七,太祖乾德四年（966）

唐季蠻酋分據其地,自署刺史。晉天福中,馬希範襲父業,據有湖南。溪州刺史彭士愁等以溪、錦、獎州歸馬氏,立銅柱爲界。

（元）馬端臨:《文獻通考》卷三二八《四裔考五》

（夜郎）唐末,王建據西川,由是不通中國。後唐天成二年,牂牁清州刺史宋朝化等一百五十人來朝。孟知祥據蜀,復不通朝貢。

（元）馬端臨:《文獻通考》卷三二九《四裔考六》

西南蕃,漢牂牁郡地也。唐置費、珍、莊、琰、播、郎、牂、夷等州,王建據西川,由是不通中國。後唐天成二年,牂牁清州刺史宋朝化亦嘗來朝。孟知祥鎮蜀,復不通朝貢。

（清）徐松輯:《宋會要輯稿》蕃夷五之一〇

黎峒,唐故瓊管之地,在大海南,去雷州岸泛海一日。其地有黎母山,黎人居焉。舊說云:五嶺之南,人雜夷獠,朱崖環海,豪富兼併,役屬貧弱;婦人服總緶,績木皮爲布。陶土爲釜,器用瓠瓢。人飲石汁,又有椒酒,以安石榴花著瓷中,即成酒。俗呼山嶺爲"黎",居其間者號曰黎人,弓刀未嘗離手,弓以竹爲弦。今儋、崖、萬安皆與黎爲境。其服屬州縣者爲熟黎,其居山峒無征徭者爲生黎,亦時出與郡人互市焉。

（清）徐松輯:《宋會要輯稿》蕃夷五之四三

儂氏,廣源州蠻也。其先韋、黃、周、儂四氏爲州首領,互相劫掠,唐邕管經略徐申撫之,遂定。自交趾竊據,而州多服役之。地在邕管西南鬱江之源,其巖險峻深,產黃金、丹砂,頗有邑居村聚,椎髻左衽,善戰鬥,輕死好亂。初,知儻猶州儂全福殺其弟知萬涯州存禄、妻弟知武勒州儂當道,併三州之地。而卒爲交趾所虜,其妻阿儂遂嫁商人,生智高。年十三,即殺其父。阿儂更嫁特磨道儂夏卿,而智高冒姓儂氏。奔雷火洞,復據儻猶,爲交趾所拔。交趾釋之,以知廣源州,又以雷火、頻婆四洞及思琅州屬之。然内怨交趾,頗劫掠其地,僭稱南天國,改年景瑞。久之,求内附。既未得請,遂寇廣南。

(清)徐松輯:《宋會要輯稿》蕃夷五之六一

黎州山後西林蠻,皆西南夷之别種也,其酋長號都鬼主,或云王子,次曰大鬼主。後唐天成中,常遣其大鬼主來貢。

(宋)章如愚:《群書考索》後集卷六四

於是而王建之識,不可及矣。黎、雅三部淺蠻歲賜繒帛,使覘南詔蠻,反取略南詔,詗我虚實,建絶其賜而斬部將之與蠻交通者,自此群蠻戢服,而終五代以迄宋,南詔不入寇擾,皆建之善謀善斷以窒亂源也。

(清)王夫之:《讀通鑒論》卷二七

五代鄭買嗣簒南詔位,改號大長平,立撫運碑於大理府五花樓前上。後高氏改刻爲高公輔政碑。

(明)彭大翼:《山堂肆考》卷三一

蠻馬。出西南諸蕃,多自毗那、自杞等國來。自杞取馬於大理,古南詔也。地連西戎,馬生尤蕃。

(宋)范成大:《桂海虞衡志》

大理國。間有文書至,南邊及商人持其國佛經,題識猶有"圀"字者。"圀",武后所作國字也。《唐書》稱大禮國,其國止用理字

(宋)范成大:《桂海虞衡志》

周顯德五年,昆明國獻薔薇水十五瓶,云得自西域,以灑衣,衣敝而香不滅。

(宋)祝穆:《古今事文類聚》續集卷一二

顯德間,昆明國又獻薔薇水矣。昔所未有,今皆有焉。然香一也,或出於草,或出於木,或花,或實,或節,或葉,或皮,或液,或又假人力煎和而成。有供焚者,有可佩者,又有充入藥者。至龍涎、麝臍又取之於龍,采之於麝者矣。好事者試相與評之。

(宋)謝維新:《古今合璧事類備要》外集卷四一

14. 日本

官有十二等:一曰大德,次小德,次大仁,次小仁,次大義,次小義,次大禮,次小禮,次大智,次小智,次大信,次小信,員無定數。有軍尼百二十人,猶中國之牧宰。八十戶置一伊尼翼,如里長也;十伊尼翼屬一軍尼。其王以天爲兄,以日爲弟。尤信巫覡。每正月一日,必射戲飲酒,其餘節略與華同。樂有五弦之琴,好棋博、握槊、樗蒲之戲。

(宋)樂史:《太平寰宇記》卷一七四《東夷・倭國》

土俗物産:其國土俗宜禾稻、麻苧、蠶桑,知機織爲縑布,出白珠、青玉。其山出銅及丹。土氣溫暖,冬夏生菜茹,無牛、馬、虎、豹、羊、雞,有桂、薑、橘、椒、荷。出黑雉,又有獸如牛,名山鼠。又有大蛇吞此獸,皮堅不可斫。其上孔乍開乍閉,時或有光,射中之,其蛇即死。其兵有矛、楯、木弓、竹矢,以骨爲鏃。男子皆黥面文身。自謂泰伯之後,衣皆橫幅結束相連,女人被髮屈紒,衣如單被,貫頭而著之,並以丹朱坋身,如中國之用粉也。有城柵、屋宇,父母兄弟異處,唯會同男女無別。飲食以手,而用籩豆。俗皆徒跣,以蹲踞爲恭敬。人性嗜酒,多壽考。國多女,大人皆四五妻,其餘或兩或三,女人不淫不妒。

又俗不盜竊，少爭訟。其婚嫁不娶同姓，婦人夫家必先跨火，乃與夫相見。其死停喪十餘日，家人哭泣，不進酒食肉，親賓就尸歌舞爲樂。有棺無椁，封土作冢。舉大事，灼骨以卜吉凶。其行來渡海詣中國，恒使一人不櫛沐，不食肉，不近婦人，名曰"持衰"。若在塗吉利，則顧以財物，如疾病、遭害，以爲持衰不謹，便共殺之。

　　　　　（宋）樂史：《太平寰宇記》卷一七四《東夷·倭國》

　　次仁和天皇，當此梁龍德中，遣僧寬建等入朝。次醍醐天皇，次天慶天皇。次村上天皇，當此周廣順年也。次冷泉天皇，今爲太上天皇。次首平天皇，即今王也。

　　大中、光啓、龍德及周廣順中，皆嘗遣僧至中國，《唐書》《五代史》失其傳。

　　　　　（元）馬端臨：《文獻通考》卷三二四《四裔考一》

　　乙卯，日本國僧奝然與其徒五六人自其國來入朝。奝然言其國王姓王氏，自始祖至今凡六十四世，八十五王矣，其文武僚吏亦皆世官。上聞之嘆息，謂宰相曰："此島夷爾，尚存古道。中國自唐季海内分裂，五代世數尤促，大臣子孫皆鮮克繼祖父之業。朕雖德不及往聖，然孜孜求理，惟恐庶獄有冤，未嘗敢自暇逸，以田游聲伎爲樂，冀上穹降鑒，庶幾作子孫長久計，使運祚悠遠，大臣亦世守禄位。卿等宜各盡心輔朕，無令遠夷獨享斯慶也。"因賜奝然紫衣，存撫之甚厚。

　　　　　（宋）李燾：《續資治通鑒長編》卷二五，太宗雍熙元年（984）

　　自遣唐使罷，至朱雀帝承平五年，吳越王錢元瓘遣使蔣承勛來，饋羊數頭。其明年承勛又至，左大臣藤原忠平附之贈書。村上帝天曆元年，吳越王錢俶又遣蔣承勛致書於左大臣藤原實賴，實賴答書，有"南翔北向，難附寒溫於秋鴻；東出西流，只寄瞻望於曉月"之語。七年，吳越又遣蔣承勛致書右大臣藤原師輔，師輔報書有云"人臣之道,交不出境,錦綺珍貨,奈國憲何"。楊億《談苑》云"吳越錢氏多因海舶通信,《天臺智者教》五百卷,有錄而多闕,賈人言日本有之。錢俶寓書於其國王,送黃金五百兩,求寫其本,盡得之"云云。據此,則當時實附海舶通信,此蔣承勛頻年屢至,亦係賈人,非專使也。然商務大通,唐物麕聚,特設唐物使一官,駐於築紫,以檢查真贋。

(清)黃遵憲:《日本國志》卷五

太平興國八年,日本國僧奝然至,言其國王傳襲六十四世矣。文武僚吏,皆是世官。上顧宰臣等曰:"此蠻夷耳,而嗣世長久,臣下亦世官,頗有古道。中國自唐季,海內分裂,五代世數尤促。又大臣子孫,鮮能繼述父祖基業。……"

(宋)江少虞:《宋朝事實類苑》卷二《祖宗聖訓》

15. 高麗

高句麗國,在唐及五代皆有傳,本扶餘別種,以高爲氏,今其王曰王氏。王氏之先曰建,高麗大族也。高氏政衰,國人以建賢,共立爲君長。後唐長興三年,稱知國事,請命於明宗,乃拜建玄菟州都督,充大義軍使,封高麗王。建卒,子武立,武卒,子昭立。

(宋)羅濬:《寶慶四明志》卷六

長興三年五月,制權知高麗國事王建,可特進檢校太保,使持節玄菟州都督、上柱國,封高麗國王,充大義軍使。

(宋)王欽若等編纂:《冊府元龜》卷九六五《外臣部》

(長興三年)七月,詔特進檢校太保使持節玄菟州都督、上柱國高麗國王建妻河東柳氏,可封河東郡夫人。高麗入朝使太相王儒奏請也。

(宋)王欽若等編纂:《冊府元龜》卷九七六《外臣部》

（清泰二年）十月,高麗國王王建遣使入朝貢方物。

　　　　（宋）王欽若等編纂:《冊府元龜》卷九七二《外臣部》

（清泰二年）十二月,高麗遣使禮賓卿邢順等來朝貢。

　　　　（宋）王欽若等編纂:《冊府元龜》卷九七二《外臣部》

（清泰）三年正月庚午,以高麗朝貢使王子太相王規檢校尚書右僕射,副使廣評侍郎崔儒試將作監,其節級三十餘人,並授司戈、司階。

　　　　（宋）王欽若等編纂:《冊府元龜》卷九七六《外臣部》

（清泰）三年正月,百濟國遣使入朝貢方物,高麗遣使王子大相王規等來貢方物。

　　　　（宋）王欽若等編纂:《冊府元龜》卷九七二《外臣部》

晉高祖天福三年八月,青州王建立奏:"高麗國宿衛質子王仁翟乞放歸鄉里。"可之。

　　　　（宋）王欽若等編纂:《冊府元龜》卷九九六《外臣部》

（天福）六年五月,制曰:"王者法二象以覆載,齊七麗以照臨。既符有道之文,是布無私之化。其有誠懸象魏闕,路越鯨津。首傾拱極之心,久勵事君之節,得不示四時之信,同萬國之風。用顯英賢,俾行典禮。大義軍使特進檢校太保使持節玄菟州都督上柱國高麗王王建,天資間傑,神授機謀,宇量矜嚴,靈襟洞達,志堅金石,操凜雪霜。每切朝宗,常勤事大。守三韓之重地,仁義兼修,定百濟之彊鄰,恩威並振。暨朕握圖御宇,膺籙開基,遣猶子以朝天,備彰忠節;改名臣而稱賀,益認深誠。而又叙立國之緜,述連姻之舊,慕予正朔,顯爾籌謀。是用時舉徽章,聿覃豐澤,階升一品,位統三師,加以户封,兼其真食,勉膺寵命,以保令猷。可開府儀同三司、檢校太師,依前使持節玄菟州都督充大義軍使,食邑一萬户,食實封一千户,高麗國王。"八月,遣光禄卿張澄、國子博士謝攀往冊命焉。

(宋)王欽若等編纂:《冊府元龜》卷九六五《外臣部》

同光年,高麗行人至,副使者春部少卿、上柱國朴岩叟,文雅如中朝賢士。既行,吏掃除其館舍,得餘燭半挺,其末紅印篆文曰"光濟叟"。叟,蓋以命燭也。

(宋)陶穀:《清異録》卷下《光濟叟》

後唐時,高麗遣其廣評侍郎韓申一來。申一通書史,臨回召對便殿,出新貢林慮漿面賜之。

(宋)陶穀:《清異録》卷下《林慮漿》

天成三年十二月日,學士院記事:"樞密院近送到知高麗國諸軍事王建表,令賜詔書者。其高麗國先未曾有人使到闕,院中並無彼國詔書式樣,未審呼卿爲復呼汝,兼使何色紙書寫及封裹事例。伏請特賜參酌,詳定報院者。中書帖太常禮院令具體例分析申堂。據狀申,謹案太宗親平其國,不立後嗣,是以書詔無賜高麗國式樣。且東方最大是新羅國,請約新羅國王書詔體例,修寫奉敕所賜高麗王書詔,宜依賜新羅、渤海兩蕃書詔體書寫。"

(宋)洪遵:《翰苑群書》卷八

高麗國,後唐長興中,遣使貢獻。

(宋)章如愚:《群書考索》後集卷六四

唐莊宗同光二年,高麗遣使來中國,史失不記其王之姓名。至明宗長興三年,權知國事王建遣使者來,明宗封王建高麗國王。至是丙申年,高麗舉兵擊破新羅、百濟,於是東夷諸國皆附之,有二京六府九節度百二十部焉。

(元)覺岸:《釋氏稽古略》卷三

高麗舶主王大世,選沈水近千斤,疊爲敧旎山,象衡岳七十二峰。錢俶許黄金五百兩,竟不售。

（宋）陶穀：《清異録》卷下《敧旎山》

高麗自三國以來見於史者,句驪其國號,高其姓也。隋去"句"字,故自唐以來止稱高麗。《五代史》記後唐同光元年韓申來,其王尚姓高,則自三國至五代,止傳一姓。長興中,始稱"權知國事王建"。王氏代高,當在同光、長興之間,而史失其傳。元豐初,王徽遣使金梯入貢,建之七世孫也。其表章稱"知國王事",蓋慣用其舊;而年稱甲子,以其受契丹正朔故也。

（宋）葉夢得：《石林燕語》卷四

高麗自五代以來,朝貢不絶,朝廷每加爵命,必遣使以獎之。

（宋）江少虞：《宋朝事實類苑》卷七七《高麗》

南唐張僚《使高麗記》,其所見曰："麗多銅,田家饌具皆銅爲之,有温器,名服席,狀如中國之鐺,其底方,其蓋圓,可容七八升。"

（宋）程大昌：《演繁露》卷一

予見舊史自平遼問陸趨高麗者,多直東行,意麗並海與平遼等處,對東而出。而明人登航商販於麗者,乃皆微北並東而往耳。今觀僚所書,水程乃自海、萊二州,須得西南風乃行,則麗地之與中國對者,已在山東之東矣。而麗之屬郡有康州者,又在麗南五千里,乃與明州相對。康之鄰郡曰武州,自産橘柚,又明言其氣候正似餘姚。則麗之與明,其斜相對,值蓋相爲東西,而微並西北矣。

（宋）程大昌：《續演繁露》卷一

（開運二年）十月,高麗遣使廣評侍郎韓玄圭等來朝貢。

（宋）王欽若等編纂：《册府元龜》卷九七二《外臣部》

晉,高麗國王王武,勇而多力,能伸屈鐵鈎。

（宋）王欽若等編纂:《册府元龜》卷九九七《外臣部》

（廣順）二年正月,高麗權知國事王詔遣廣平侍郎徐逢等九十七人來朝貢。

（宋）王欽若等編纂:《册府元龜》卷九七二《外臣部》

（廣順二年）七月,高麗僧思泰獻方物。

（宋）王欽若等編纂:《册府元龜》卷九七二《外臣部》

（廣順二年十月）其月,淮南送高麗使陳參等到闕見,敕有司賜酒食、衣服。

（宋）王欽若等編纂:《册府元龜》卷九七七《外臣部》

世宗顯德元年正月,通事舍人王演高麗復命,進黑水馬、新羅刀劍,不納。

（宋）王欽若等編纂:《册府元龜》卷一六八《帝王部》

（顯德元年）十月,高麗國遣王子大相王融來貢方物。

（宋）王欽若等編纂:《册府元龜》卷九七二《外臣部》

（顯德）二年十一月,高麗復遣本國廣評侍郎荀質來貢方物,稱賀登極。

（宋）王欽若等編纂:《册府元龜》卷九七二《外臣部》

（顯德）六年正月壬子,高麗國王王昭遣其臣王子佐丞王兢、佐尹皇甫魏光等,來進名馬及織成衣襖、弓劍器甲等,賜兢等龍衣、銀帶、器幣有差。

（宋）王欽若等編纂:《册府元龜》卷九七六《外臣部》

（顯德）六年正月，高麗國王王昭遣使臣王子丞王兢佐尹、皇甫魏光等來進名馬及織成衣襖、弓劍、器甲等。

（宋）王欽若等編纂：《册府元龜》卷九七二《外臣部》

恭帝顯德六年八月，高麗國遣使朝貢，兼進《別序孝經》一卷、《越王孝經新義》八卷、《皇靈孝經》一卷、《孝經雌圖》二卷。

（宋）王欽若等編纂：《册府元龜》卷九七二《外臣部》

（顯德六年）十一月，高麗復遣使貢銅五萬斤、紫白水精各二千顆。

（宋）王欽若等編纂：《册府元龜》卷九七二《外臣部》

後唐同光元年，遣使奉貢，其王姓高氏，名字史失不紀。天成中，復入貢。長興中，權知國事王建承高氏之位，遣使朝貢，以建爲玄菟州都督，充大義軍使，封高麗國王。晉天福中，來朝貢。開運二年，建死，子武襲位。漢乾祐末，武死，子昭權知國事。自周廣順初，遣使朝貢，以昭爲特進、檢校太保、使持節、玄菟州都督、大義軍使、高麗國王。後加太師。其俗知文字、喜讀書。庶賤之家各於衢路造大屋，謂之"局堂"，子孫晝夜誦書，習射。又遣使進《別叙孝經》一卷，《越王孝經》一卷，《越王孝經新義》八卷，《皇靈孝經》一卷，《孝經雌圖》一卷。《別叙》者，詔孔子所生及弟子從學之事。《新義》者，以越王爲問目，以釋疏文之是非。《皇靈》止説延年辟災之事，及志符文，乃道書。《雌圖》説日之環量，星之彗字、灾異之應，讖緯之書，皆不經之説也。

（元）馬端臨：《文獻通考》卷三二五《四裔考二》

史館修撰曾鞏言："竊考舊史，高句驪自朱蒙得紇升骨城居焉，號曰高句驪，因以高爲氏。歷漢至唐高宗時，其王高藏失國内徙。聖曆中，藏子德武，安東都督，其後稍自爲國。元和之末，嘗獻樂工，自此不復見於中國。五代同光、天成之際，高麗主高氏復來貢，而失其名。

長興三年,乃稱權知國事王建,遣使奉貢,因以建爲王。建子武,武子昭,昭子伷,伷弟治,治弟誦,誦弟詢,相繼而立。蓋自朱蒙至藏,可考者一姓九百年,傳二十一君而失國,其後復自爲國,而名及世次興廢之本末與夫王建之所始,皆不可考。王氏自建至伷,四王皆傳子,自治至詢,三王皆傳弟。詢自天聖八年來貢,至熙寧三年今王徽來貢,其不見於中國者,蓋四十有三年。今陛下仁聖文武,聲教之盛,東漸海外,徽所遣使方集闕下。蓋高句驪文字之國,其使者宜知其國之君長興壞本末、名及世次,欲乞詔諭典客之臣,問:'自德武之東也,其後何以能復其國?何以復失之?嘗傳幾君?其名及世次可數否?王建之所以興者何繇?其興也自建始歟?建之先已有興者歟?自天聖至熙寧四十三年之間,而徽復見於中國,其繼詢而立者歟?豈其中間復自有繼詢者歟?徽於詢爲何屬?'如其言可論次,足以補舊史之闕,明陛下德及萬里,殊方絶域,前世有不能致者,慕義來廷,故能究知四夷之事,非聲教之所被者遠不能及此。"詔下畢仲衍。仲衍以所與使人崔思齊,李子威語來上,其所知不詳於鞏所論著也。所可紀者:新羅、百濟內亂,王建遂合三韓,易高氏姓;誦於治爲遠宗,王徽,詢之子也。又云:"高氏聖曆、元和間事,皆有紀錄,三韓自有史。元和中,獻樂兩部,蓋唐樂、鄉樂也。"上曰:"蠻夷歸附中國者固亦不少,如高麗其俗尚文,其國主頗識禮義,雖遠在海外,尊事中朝,未嘗少懈,朝廷賜予禮遇,皆在諸國之右。近日進伶人十數輩,且云夷樂無足取者,止欲潤色國史爾。"安燾等出使其國中,館伴乃與上節人從庭下相揖,蓋以其國主與燾均禮故也。

（宋）李燾:《續資治通鑒長編》卷三二三,神宗元豐五年(1082)

建隆高麗來貢

唐元和末獻樂工,自此不復見。五代同光天成間,高氏復來貢。長興三年,王建遣使奉貢。

（宋）王應麟:《玉海》卷一五四《朝貢》

16. 新羅

土俗物産:土地肥美,宜植五穀,多桑麻、果菜、鳥獸,物産略與華同。風俗、刑政、衣服,略與高麗、百濟同,而朝服尚白。好祭山神,重元日,每以其日拜日月神。國人金、朴兩姓,異姓不爲婚。婦人多美髮。

（宋）樂史:《太平寰宇記》卷一七四《東夷·新羅國》

後唐莊宗同光元年十一月丁巳,新羅國王朴英遣倉部侍郎金樂、録事參軍金幼卿朝貢,賜物有差。

（宋）王欽若等編纂:《册府元龜》卷九七六《外臣部》

後唐莊宗同光元年十一月,新羅國王金朴英遣倉部侍郎金樂、録事參軍金幼卿朝貢。賜物有差。

（宋）王欽若等編纂:《册府元龜》卷九七二《外臣部》

（同光）二年正月,新羅王金朴英並本國泉州節度使王逢規遣使朝貢,渤海王子大禹謨來朝貢。

（宋）王欽若等編纂:《册府元龜》卷九七二《外臣部》

（同光）二年四月戊寅,新羅朝貢使授朝散大夫守倉部侍郎賜紫金魚袋金岳爲朝議大夫、試衛尉卿。

（宋）王欽若等編纂:《册府元龜》卷九七六《外臣部》

（同光二年）六月,新羅遣使朝散大夫倉部侍郎賜紫金岳來朝貢。

（宋）王欽若等編纂:《册府元龜》卷九七二《外臣部》

後唐同光元年,王金朴英遣使來朝貢。長興四年,權知國事金溥遣使來。朴英、溥世次、卒立,史皆失記。自晉以後不復至。

（元）馬端臨:《文獻通考》卷三二六《四裔考三》

明宗天成二年三月乙卯,以新羅國權知康州事王逢規爲懷化將軍,新羅國前登州都督府長張希岩、新羅國登州知後官本國金州司馬李彥謨,並可檢校右散騎常侍。庚午,以新羅國入朝使中散大夫兵部侍郎賜紫金魚袋張芬可檢校工部尚書,副使兵部郎中賜緋魚袋朴術洪可兼御史中丞判官,倉部員外郎賜緋魚袋李忠式可兼侍御史。

　　　　（宋）王欽若等編纂:《册府元龜》卷九七六《外臣部》

（天成二年）二月,新羅國使兵部侍郎張芬等來朝貢。

　　　　（宋）王欽若等編纂:《册府元龜》卷九七二《外臣部》

（天成二年）四月,新羅國康州遣使林彥朝貢,對於中興殿,賜物有差。

　　　　（宋）王欽若等編纂:《册府元龜》卷九七六《外臣部》

（天成二年）四月,新羅國康州遣使林彥來朝貢。

　　　　（宋）王欽若等編纂:《册府元龜》卷九七二《外臣部》

（長興三年）四月,新羅國權知本國王金溥遣使執事侍郎金朌貢方物。

　　　　（宋）王欽若等編纂:《册府元龜》卷九七二《外臣部》

17. 黑水

（同光二年）九月,黑水國遣使朝貢。

　　　　（宋）王欽若等編纂:《册府元龜》卷九七二《外臣部》

（同光二年）十一月庚寅,以黑水國朝貢兀兒爲歸化中郎將。

　　　　（宋）王欽若等編纂:《册府元龜》卷九七六《外臣部》

（同光三年）五月，黑水胡、獨鹿、女貞等使朝貢，契丹阿保機遣使拽鹿盂貢方物。

（宋）王欽若等編纂：《冊府元龜》卷九七二《外臣部》

後唐莊宗同光三年八月，青州市到黑水蕃馬三十匹。

（宋）王欽若等編纂：《冊府元龜》卷九九九《外臣部》

（天成四年）八月，黑水遣使骨至來朝，兼貢方物。吐渾首領念公山、念坦相次來朝貢，党項折遇明等來貢方物。高麗國王王建遣使廣平侍郎張棻等五十二人來朝，貢銀香獅子香爐、金裝鈒鏤、雲星刀劍、馬突、金銀鷹韜、韜韝鈴、錦罽腰、白紵、白氈、頭髮、人參、香油、銀鏤剪刀、鉗鈇、松子等。

（宋）王欽若等編纂：《冊府元龜》卷九七二《外臣部》

（天成四年）八月乙巳，黑水朝貢使骨至來可歸德司戈。癸亥，北京奏葬摩尼和尚。摩尼，回鶻之佛師也，先自本國來。太原少尹李彥圖者，武宗時懷化郡王李思忠之孫也。思忠，本回鶻王子嗢没斯也，歸國錫姓名。關中大亂之後，彥圖挈其族歸太祖，賜宅一區，宅邊置麾尼院以居之，至是卒。

（宋）王欽若等編纂：《冊府元龜》卷九七六《外臣部》

長興元年正月，青州奏：羌人押渤海王憲一行歸本國，被黑水剽劫。今得黑水兀兒狀及將印紙一張進呈。

（宋）王欽若等編纂：《冊府元龜》卷九九五《外臣部》

長興元年二月，黑水兀兒遣使貢方物。

（宋）王欽若等編纂：《冊府元龜》卷九七二《外臣部》

長興二年五月,青州奏,黑水兀兒部至登州賣馬。

（宋）王欽若等編纂:《冊府元龜》卷九九九《外臣部》

後唐同光二年,黑水兀兒遣使來,其後常來朝貢,自登州泛海出青州。明年,黑水胡獨鹿亦遣使來。兀兒、胡獨鹿若其兩部酋長,各以使來。而其部族、世次、立卒,史皆失其紀。至長興三年,胡獨鹿死,子桃李花立,嘗請命中國,後不復見云。

（元）馬端臨:《文獻通考》卷三二六《四裔考三》

18. 渤海

渤海,高麗之別種。後唐天成初,爲契丹阿保機攻扶餘城,下之,改扶餘爲東丹府,命其子突欲留兵鎮之。保機死,渤海王復攻扶餘,不能克。周顯德中,其酋崔烏斯等三十人歸化,自後不通中國。

（清）徐松輯:《宋會要輯稿》蕃夷四之一○三

（開平元年）五月,渤海王子大昭順貢海東物產。契丹首領袍笏、課哥梅老等來朝。契丹久不通中華,聞帝威聲,乃率所部來貢。三數年間,頻獻名馬方物。

（宋）王欽若等編纂:《冊府元龜》卷九七二《外臣部》

梁太祖開平二年正月,渤海國朝貢使殿中少令崔禮光已下各加爵秩,並賜金帛有差。

（宋）王欽若等編纂:《冊府元龜》卷九七六《外臣部》

（開平）三年三月,渤海王大諲撰羌其相大誠諤朝貢,進兒女口及物、貂鼠皮、熊皮等。

（宋）王欽若等編纂:《冊府元龜》卷九七二《外臣部》

乾化元年八月,渤海國遣使朝賀且獻方物。

　　（宋）王欽若等編纂:《册府元龜》卷九七二《外臣部》

　　（乾化）二年五月,渤海王大諲撰差王子大光贊景帝表,並進方物。

　　（宋）王欽若等編纂:《册府元龜》卷九七二《外臣部》

　　（乾化）二年閏五月戊申,詔以分物銀器賜渤海進貢首領以下,遣還其國。庚申,喔末首領熱通鉢督、崔延没相等並授銀青光禄大夫、檢校太子賓客,遣還本部。

　　（宋）王欽若等編纂:《册府元龜》卷九七六《外臣部》

　　（同光二年）五月庚申,賜渤海朝貢使大元讓等分物有差。

　　（宋）王欽若等編纂:《册府元龜》卷九七六《外臣部》

　　（同光二年）五月,渤海國王大諲撰遣使侄元讓貢方物。

　　（宋）王欽若等編纂:《册府元龜》卷九七二《外臣部》

　　（同光二年）八月,渤海朝貢使王侄、學堂親衛大元謙可試國子監丞。

　　（宋）王欽若等編纂:《册府元龜》卷九七六《外臣部》

　　（同光）三年五月乙卯,以渤海國入朝使政當省守和部少卿賜紫金魚袋裴璆可右贊善大夫。

　　（宋）王欽若等編纂:《册府元龜》卷九七六《外臣部》

　　明宗天成元年四月,渤海國王大諲撰遣使大陳林等一百一十六人朝貢,進兒口、女口各三人,人參、昆布、白附子及虎皮等。

　　（宋）王欽若等編纂:《册府元龜》卷九七二《外臣部》

（天成四年）五月，渤海遣使高正詞入朝貢方物。

　　（宋）王欽若等編纂：《册府元龜》卷九七二《外臣部》

（天成四年）七月乙酉，以渤海國前入朝使高正詞爲太子洗馬。

　　（宋）王欽若等編纂：《册府元龜》卷九七六《外臣部》

（長興）三年正月，渤海回鶻順化可汗、吐蕃各遣使朝貢。涼州奏：將吏有狀，請朝廷命帥兼進方物，諸蕃使各賜物有差。

　　（宋）王欽若等編纂：《册府元龜》卷九七六《外臣部》

（清泰二年）十一月，渤海遣使列周道入朝貢方物。

　　（宋）王欽若等編纂：《册府元龜》卷九七二《外臣部》

梁開平元年，王大諲撰遣王子來貢方物。二年、三年及乾化二年，俱遣使來貢。後唐同光二年，遣王子來朝，又遣俟學堂親衛大元謙試國子監丞。三年及天成元年，俱遣使入貢，進兒口、女口。先是契丹大首領耶律阿保機兵力雄盛，東北諸蕃多臣屬之，以渤海土地相接，常有吞併之志。是歲，率諸番部攻渤海國夫餘城，下之，改夫餘城爲東丹府，命其子突欲留兵鎮之。未幾，阿保機死，命其弟率兵攻夫餘城，不克而還。四年，及長興二年、三年、四年，清泰二年、三年，俱遣使貢方物。周顯德元年，渤海國崔烏思羅等三十人歸化，其後隔絕不通。

宋太平興國四年，太宗平晉陽，移兵幽州，其酋帥大鸞河率小校李勛等十六人、部族三百騎來降，以鸞河爲渤海都指揮使。

　　（元）馬端臨：《文獻通考》卷三二六《四裔考三》

19. 波斯

土俗物産：賦稅，準地輸銀錢。俗事天地、日月、水火諸神，西域諸胡事火祆者,皆詣波斯受法。婚合不擇尊卑,於諸夷中最爲醜穢。死者多弃於山,一月理服。城外有人別居,惟知喪葬之事,號爲不净人,若入城市,搖鈴自別。以六月爲歲首。氣候暑熱,家自藏冰。其地多砂磧,引水溉灌。其五穀及禽獸與中夏略同,惟無稻及黍。土出名馬、駿駝,日行七百里,富室至有數千頭者。又多駿犬,今所謂波斯犬也。出麟及大驢、白象、獅子。有大鳥,形如橐駝,有兩翼,飛而不能高,食草與肉,噉火。又有大鳥卵,真珠、瑪瑙、玻璃、珊瑚、琉璃、水晶、瑟瑟、金銀、鍮石、金剛、火齊、銅、錫、鑌鐵、朱砂、水銀,綾,錦,叠,細布,氍毹、毾㲪、護那、越諾布,金縷織成,赤麞皮,薰陸、鬱金、蘇合、青木等香,胡椒、蓽撥、石蜜、千年棗、香附子、訶黎勒、無食子、鹽緑、雌黄,又有優鉢曇花,鮮華可愛。地有咸池,人代鹽味。

(宋)樂史:《太平寰宇記》卷一八五《四夷·波斯》

石處温,處温萬州人,本波斯之種,仕前蜀,爲利州司馬。同光中,知祥入蜀,補萬州管内諸壇點檢指揮使。率義兵同收峽路。時通州大將王允瓊侵擾邊鄙,及草寇杜景温劫束鄉豪,殺縣令牟孟。剽掠户口,焚燒村落。處温與諸軍討平之。知祥遺書褒美。轉寧江軍節度都兵馬使,萬州管内義軍都指揮使。昶襲位,遷獎州刺史。處温初據石市,招納亡命,遠近多歸之。由是廣事耕墾,常積谷數萬千石,前後累獻軍糧二千石,加之以寶貨。昶嘉之,加檢校司空。未幾授萬州刺史,移簡州。卒年八十。

張星烺:《中西交通史料彙編》第六編第五章

李珣字德潤,本蜀中土生波斯。少小苦心,屢稱賓貢。所吟詩句,往往動人。

張星烺:《中西交通史料彙編》第六編第五章

斥亂常
賓貢李珣字德潤,本蜀中土生波斯也。少小苦心,屢稱賓貢,所

吟詩句,往往動人。尹校書者,錦城烟月之士,與李生常爲善友。遂
因戲遇嘲之,李生文章掃地而盡。詩曰:"異域從來不亂常,李波斯强
學文章。假饒折得東堂桂,胡臭熏來也不香。"

(後蜀)何光遠:《鑒誡録》卷四

李珣,字德潤,梓州人,有《瓊瑶集》,今存詩三首。

張星烺:《中西交通史料彙編》第六編第五章

李舜弦,梓州人,珣之妹,蜀王衍納爲昭儀。詩三首。

張星烺:《中西交通史料彙編》第六編第五章

20. 東南亞與南亞、西亞

(1) 交趾

交(址)[趾],本南越之地,唐交州總管也。至德中,改安南都護
府。梁貞明中,土豪曲承美專有其地,送款於末帝,因授承美節鉞。
時劉陟擅命嶺表,遣將李知順伐承美,執之,乃并其土宇。後有楊廷
藝、紹洪,皆受廣南劉氏偽署,繼爲交州節度使。紹洪卒,州將吳昌岌
遂居其位。昌岌死,其弟昌文承襲。宋乾德初,昌文死,其參謀吳處
玶、峰州刺吏矯知護、武寧州刺史楊暉、牙將杜景碩等爭立,管内十二
州大亂,部民嘯聚,起爲寇盜,攻交州。先是,楊廷藝以牙將丁公著攝
歡州刺史、兼御蕃都督,公著死,子部領繼之。至是,部領與其子璉同
率兵三萬人逐其黨,擊敗處玶等,賊黨潰散,境内安堵,部民德之,乃共
立部領爲交州帥,號曰大勝王。部領率闚凡三年,私命璉爲節度使。

(清)徐松輯:《宋會要輯稿》蕃夷四之二〇

朱梁貞明中,土豪曲承美專有其地,送款於末帝,因授承美節鉞。
時劉陟擅命嶺表,遣將李知順伐承美,執之,乃并其土宇。後有楊廷
藝、紹洪皆受廣南偽署,繼爲交趾節度使。紹洪卒,州將吳昌岌遂居

其位。昌岌死,其弟昌文承襲。

(元)馬端臨:《文獻通考》卷三三〇《四裔考七》

交阯,本秦漢以來,中國郡縣之地。五代時爲劉隱所並,至宋初始封爲郡王,然猶授中國官、爵、勛、階,如所謂特進、檢校太尉、静海軍節度觀察等使,及賜號推誠順化功臣,皆如内地之臣,未始以國稱也。其後,封南平王,奏章文移猶稱安南道。孝宗時,始封以王稱國,而天下因以高麗、真臘視之,不復知其爲中國之郡縣矣。

(清)顧炎武:《天下郡國利病書》

五代之際,江海之間分爲五,大者竊名號,其次擅征伐,故皆峻刑法,急聚斂,以制命於其民。越雖名爲臣屬之邦,然閡於江淮,與中國隔不相及者久矣。

(宋)歐陽修:《文忠集》卷二〇

五代梁土豪曲成美,專有其地(安南),後爲劉隱所并。楊延藝、紹洪相繼爲交阯節度使。既而管内大亂,推丁部爲州帥,其子璉繼立。

(明)彭大翼:《山堂肆考》卷三六

(2) 占城

占城國在中國之西南,與交州接境,泛海交州,兩日程,陸行半日程。泛海至廣州,半月程。其國前代與中國通,周顯德中,其王釋利用德漫嘗遣使來貢。

(宋)章如愚:《群書考索》後集卷六四

其衣服制度,大略與大食國同。所乘皆象、馬。粒食稻米,肉食水兕、山羊之類。獸之奇者有犀牛,禽之大者有孔雀。所貢表文以貝多葉,檢以香木函,其言譯之,方諭其意云。

(宋)樂史:《太平寰宇記》卷一七九《四夷·占城國》

《宋史》：周顯德五年，占城王釋利因德漫遣其臣莆訶散貢方物，有雲龍形通犀帶。

（清）陳元龍：《格致鏡原》卷一七

（顯德）五年九月，占城國王釋利因德漫遣其臣莆訶散等來貢方物，中有灑衣薔薇水一十五琉璃瓶。言出自西域，凡鮮華之衣，以此水灑之則不黦，而復郁烈之，香連歲不歇。又進猛火油八十四琉璃瓶。是油得水而愈熾，彼國凡水戰則用之。

（宋）王欽若等編纂：《冊府元龜》卷九七二《外臣部》

（顯德六年）六月，占城國進奉使莆訶散以雲龍形通犀帶一條、菩薩石一片上進。

（宋）王欽若等編纂：《冊府元龜》卷九七二《外臣部》

（顯德六年）十一月壬戌，占城國進奉使蒲河散、金婆羅等辭，各賜分物有差，仍令賫金銀器千兩、繒彩十段，及細甲、名馬、銀鞍勒等，就賜本國主釋利因。

（宋）王欽若等編纂：《冊府元龜》卷九七六《外臣部》

周顯德中，其王釋利因德漫遣其臣莆訶散貢方物，有雲龍形通犀帶、菩薩石。又有薔薇水，灑衣經歲香不歇，猛火油得水愈熾，皆貯以琉璃瓶。

（元）馬端臨：《文獻通考》卷三三二《四裔考九》

周世宗顯德末，占城國遣使朝貢，所貢表文于貝多葉，簡以香木，其言譯之方諭其意。

（宋）王欽若等編纂：《冊府元龜》卷九九六《外臣部》

丹流眉①……廣順三年十六族貢馬。

（宋）王應麟：《玉海》卷一五四《朝貢》

(3) 師子國

土俗物産：其地多出奇寶。土地和適，無冬夏之異。五穀隨人所種，不須時節。其國舊無人，止有鬼神及龍居之。諸國商賈來共市易，鬼神不見其形，但出珍寶，明其所堪價，商人依價取之。諸國人聞其土樂，因此競至，或有停住者，遂成大國。能馴養師子，遂以爲名。風俗與婆羅門同，而尤敬佛法。

（宋）樂史：《太平寰宇記》卷一八三《四夷·師子國》

（清泰）三年，西域南印土師子國婆羅門摩訶定利密多羅、甘州大雲寺僧那迦悉地并賜紫袈裟。百濟僧智周言元朝賜紫，辭歸國，賜號曰法深大師。

（宋）王欽若等編纂：《册府元龜》卷一七〇《帝王部》

(4) 天竺

天竺，後漢通焉，即漢時身毒國。鄧展曰：“毒（因）［音］篤。”李奇曰：“一名天篤。”初，張騫使大夏，見邛竹杖、蜀布，問曰：“安得此？”大夏人曰：“吾賈人往身毒國市之。”即天竺也。或云摩伽陁，或云婆羅門。在葱嶺之南，去月氏東南數千里，地方三萬餘里。其中分爲五天竺：一曰中天竺，二曰東天竺，三曰南天竺，四曰西天竺，五曰北天竺。地各數千里，城邑數百。南天竺際大海。北天竺距雪山，四周有山爲壁，南面一谷，通爲國門。東天竺東際大海，與扶南、林邑鄰接，但隔小海而已。西天竺與罽賓、波斯相接。中天竺據四天竺之間，其都城周回七十餘里，北臨禪連河云。昔有婆羅門，領徒千人肄業於樹下，樹神降之，遂爲夫婦。宮室自然而立，童僕甚盛。於是使役百神，築

---

① 丹流眉國位於今馬來半島北部泰國洛坤，附於此。

城以統之,經日而就。此後有阿育王,復役使鬼神,累石爲宮闕,皆雕文刻鏤,非人力所及。阿育王頗行苛政,置炮烙之刑,謂之地獄,今城中見有其迹焉。國並有王。漢時又有捐毒國,去長安九千八百里,去都護治所二千八百里,南與葱嶺相連,北與烏孫接,衣服類烏孫,隨水草,故塞種也。顏師古曰:“捐毒即身毒,身毒則天竺,塞種即釋種也。蓋語音有輕重也。”《島夷志略》云:“居大食之東,隸秦國之主,去海二百餘里,地平田沃,氣候不齊。俗尚古風。男女身長七尺,目小項長,手帕繫額,編髮垂耳,穿百縫衣。民以藤皮織鞋,以綿紗結襪,仍時穿之,示其執禮也。不善煮海,食仰他國。民間以金錢流通使用。有酋長。地産沙金、駿馬。貿易之貨用銀、青白花器、斗罐酒、色印布之屬。”《路史·發揮·佛之俗篇》云:“昔老子西游出關,過於天竺,教胡人爲浮屠,厥後其徒更相推譽,流傳而失實爾。”從月氏、高附國以西,南至西海,東至盤起,皆身毒之地。有別城數百,城置長;有列國數十,國置王。雖各小異,而俱名身毒。《扶南傳》云:“舍衛國隸屬天竺。伽尸國一名波羅奈國,一名皮波羅奈斯國。”竺法維《佛國記》云:“波羅奈國在伽維羅越國南千四百八十里。”釋法盛《歷國傳》云:“其國有稍割牛,其牛黑色,角細長,可四尺餘,十日一割,否則病或致死。人服牛血,皆老壽。國人皆壽五百歲,牛壽亦等於人。亦天竺屬國。”都臨恒河,一名伽毗黎河。靈鷲山,胡語曰耆闍崛山,山是青石,頭似鷲鳥。竺法維《佛國記》云:“在摩竭提南,亦天竺屬國也。”其時皆屬月氏。月氏殺其王而置將,命統其人。俗修浮圖道,不殺生飲酒,遂以成俗。地卑濕暑熱。其國臨大水,乘象而戰。其人弱於月氏。漢武帝遣使十餘輩出西南,指求身毒,爲昆明所閉,莫能通。和帝時,數遣使貢獻,後西域反畔,乃絕。(柏)[桓]帝延熹二年、四年,頻從日南徼外來獻。世傳明帝夢見金人長大,頂有光明,以問群臣,或曰西方有神,名曰佛,其形長丈六尺而黃金色。帝於是遣使天竺,問佛道法,遂於中國圖畫形象焉。楚王英始信其術,中國因此頗有奉其道者。後桓帝好神,數祀浮圖、老子,百姓稍有奉者,後遂轉盛。至魏時,中國人始祝髮爲僧。吳時,扶南王范旃遣親人蘇勿使其國,從扶南發投拘利口,循海大灣中,正西北入歷灣邊數國，可一年餘，到天竺江口，逆水行七千里乃至焉。天竺王驚曰：“海濱極遠，猶有此人乎？”即令觀視國內。仍差陳宋等二人以月氏馬四匹報游、勿，積四年方至。其時吳遣中郎康泰使扶南，及見陳宋等，具問天竺土俗，云：“佛道所興國也。人敦厖，土饒沃。其王號茂論。所都城郭，水泉分流，繞於渠塹，下注大江。其宮殿皆雕文鏤刻，街曲市里，屋舍樓觀，鍾鼓音樂，服飾香華，水陸通流，百賈交會，器玩珍瑋，恣心所欲。左右嘉維、舍衛、葉波等十六大國，去天竺或二三千里，共尊奉之，以爲在天地之中。”晉鳩摩羅什譯出衆經，沙門慧叡才識高明，常隨羅什傳寫。羅什每爲慧叡論西方辭體，商略同異，云：“天竺國俗甚重文制，其宮商體韻以入管弦爲善。”至是，不復通焉。唯宋文帝元嘉五年，天竺伽毗黎國王月愛又遣使奉表，獻金剛指環、摩勒金環、寶物、赤白鸚鵡各一。明帝泰始二年，又遣使貢獻，以其使主竺扶大、竺阿珍並爲建威將軍。元嘉十八年，蘇摩黎國王那羅跋摩遣使獻方物。孝武孝建二年，有斤陀利國王釋婆羅那隣陀遣長史獻金銀寶器。後廢帝元徽元年，婆黎國遣使貢獻。此數國皆事佛道。凡此諸國，皆天竺之屬也。梁武帝天監初，天竺王屈多遣長史竺羅達奉表獻琉璃唾壺、雜香、吉貝等物。國臨大江，名新陶，源出崑崙，分爲五江，總名恒水。其水甘美，下有真鹽，色正白，如水精。後魏宣武帝時，南天竺遣使來獻駿馬，云其國出獅子、貂、豹、犰胡昆反、橐駝、犀、象。有火齊，如雲母而紫色，裂之則薄如蟬翼，積之則如紗縠之重沓。有金剛、似紫石英，百（練）[鍊]不銷，可以切玉。瑠珸、金、銅、鐵、鉛、錫、金縷織成金罽、白㲲、㲲㲲。㲲音塔，㲲音登。又有旃檀、鬱金等香、甘蔗諸果、石蜜、胡椒、薑、黑鹽。西與大秦、安息交市海中，或至扶南、交趾貿易，多珊瑚、珠璣、琅玕。俗無簿籍，以齒貝爲貨。尤工幻化。丈夫致敬極者，舐足摩踵而致其詞。家有奇樂倡伎。其王與大臣多服錦罽。王爲螺髻於頂，餘髮剪之使短。丈夫剪髮，穿耳垂璫。俗皆徒跣。衣重白色。怯於鬥戰，有弓箭、甲矟，亦有飛梯、地道、木牛、流馬之法。有文字，善天文算曆之術。其人皆學《悉曇章》書，云是梵天法。書於貝多樹葉以記事。隋煬帝志通西域，遣裴矩應接西蕃諸國，多有至者,唯天竺不通,帝以爲恨。唐武德中,其國大亂,中天竺王尸羅逸多練兵聚衆,所向無敵,象不解鞍,人不釋甲。居六歲,而東、西、南、北四天竺國之君皆北面臣之。天竺王姓乞利咥氏,亦曰刹利,世有其國,不篡殺。稻歲四熟,禾之長者没橐駝。婦人項飾金銀珠瓔絡。死者燔骸取灰,建窣堵,或委野中及河餌鳥獸魚鼈,無喪紀。謀反者幽殺之,小罪贖錢,不孝者斷手足,劓耳徙邊。有文字,善步曆,學爲梵天,書貝多葉以記事。國中處處指曰佛故迹也。信盟誓,傳禁咒,能致龍起雨。會唐浮屠玄奘至其國,尸羅逸多召見曰:“而國有聖人出,作《秦王破陣樂》,試爲我言其爲人。”玄奘粗言太宗神武、平禍亂、四夷賓服狀。王喜曰:“我當東面朝之。”貞觀十五年,自稱摩伽陀王,遣使者上書。帝命雲騎尉梁懷璥持節慰撫,尸羅逸多驚問國人:“自古亦有摩訶震旦使者至吾國乎?”皆曰:“無有。”戎言中國爲摩訶震旦。乃出迎,膜拜受詔書,戴之頂,復遣使者隨入朝。詔衛尉丞李義表報之,大臣郊迎,傾都邑縱觀,道上焚香,尸羅逸多率群臣東面受詔書,復獻火珠、鬱金、菩提樹。二十二年,遣右衛率府長史王玄策使其國,以蔣師仁爲副。未至,尸羅逸多死,國人亂,其臣那伏帝阿羅那順自立,發兵拒玄策。時從騎纔數十,戰不勝,皆没,遂剽諸國貢物。玄策挺身奔吐蕃西鄙,檄召鄰國兵,吐蕃以兵千人來,泥婆羅以七千騎來。玄策部分進戰茶鎛和羅城,三日,破之,斬首三千級,溺水死萬人。阿羅那順委國走,合散兵復陣,師仁禽之,俘斬千計。餘衆奉王妻、息阻干陀衛江,師仁擊之,大潰,獲其王妃、王子,虜男女萬二千人,雜畜二萬,降城邑五百八十所。東天竺國王尸鳩摩送牛馬三萬餽軍,及弓、刀、寶纓絡。於是天竺響震,城邑聚落降者五百八十餘所,遂俘阿羅那順以還。太宗大悦,因謂群臣曰:“夫人耳目玩於聲色,口鼻耽於臭味,此乃敗德之源。若婆羅門不劫掠我使人,豈爲俘虜耶? 昔中山以貪寶取斃,蜀侯以金牛致滅,莫不由之。”拜玄策朝散大夫。是時,就其國得方士那羅邇娑婆寐,自言壽二百歲,云有長生之術。太宗深加禮敬,館之於金飈門内,造延年之藥。令兵部尚書崔敦禮監主之,發使天下,采諸奇藥異石,不可稱數。延歷歲月,藥成,服竟不效,後放還本國。又使者走婆羅門諸國。所謂畔茶法水者，出石臼中，有石像人守之。水有七種色，或熱或冷，能銷金鐵，人手入輒爛，以橐駝髑髏轉注瓠中。有樹名咀賴羅，葉如(黎)[梨]，生窮山崖腹，前有巨虺守穴，不可到。欲取葉者，以方鏃矢射枝則落，爲群鳥銜去，則又射，乃得之。其詭譎類如此。後術不驗，聽還，不能去，死長安。太宗之葬昭陵也，刻石像阿羅那順之形，列於玄闕之下。五天竺所屬之國數十，風俗物産略同。有迦没路國，其俗開東門以嚮日。王玄策至，其王發使，貢以奇珍異物及地圖，因請老子像及《道德經》。那揭陀國有醯羅城，中有重閣，藏佛頂骨及錫杖。貞觀二十年，遣使貢方物。高宗時，盧伽逸多者，東天竺烏茶人，亦以術進，拜懷化大將軍。乾封三年，五天竺皆來朝。天授三年，東天竺王摩羅枝摩、西天竺王尸羅逸多、南天竺王遮婁其拔羅婆、北天竺王婁其那那、中天竺王地婆西那並來朝獻。景龍四年，南天竺國復遣使來朝。景雲元年，復遣使貢方物。開元二年，西天竺遣使瞿曇惠誠來朝貢。八年，南天竺國遣使獻五色能言鸚鵡。其年，南天竺國王尸利那羅僧伽請以戰象及兵馬討大食及吐蕃等，仍求有以名其軍，玄宗甚嘉之，名軍爲懷德軍。使者曰："蕃夷惟以袍帶爲寵。"帝以錦袍、金革帶、魚袋並七事賜之。九月，南天竺王尸利那羅僧伽寶多枝摩爲國造寺，上表乞寺額，敕以"歸化"爲名賜之。十一月，遣使冊利那羅伽寶多爲南天竺國王，遣使來朝。十七年六月，北天竺國三藏沙門僧密多獻質汗等藥。十九年十月，中天竺國王伊沙伏摩遣其大德僧勃來朝貢，獻方物。二十九年三月，中天竺國王子李承恩來朝，授游擊將軍，放還。天寶中，累遣使朝獻。乾元末，河隴陷没，遂不復至。晉、宋浮圖經云："臨倪國，其王生浮圖。浮圖，太子也。父曰屑頭耶，母曰莫耶。浮圖身體色黃，髮青如青絲。始，莫耶夢白象而孕，及生，從母左脅出。生而有髻，墮地能行七步。此國在天竺域中。天竺又有神人名沙律，昔漢哀帝元壽元年，博士弟子景盧受大月氏王使伊存口授浮圖經，曰復立者其人也。伊蒲塞、桑門、伯聞、疏間、白間、比丘、晨門，皆弟子號也。浮圖所載，與中國《老子經》相出入，蓋以爲老子西出關，過西域之天竺，教胡爲浮圖，徒屬弟子別號合有二十九,不能詳載,故略之。諸家記天竺事,多録諸僧法明、道安之流傳記,疑皆怪誕不經,不復悉纂也。"已具《序略》注中。至周廣順三年,西天竺僧薩璊多等十六族來貢名馬。

(清)徐松輯:《宋會要輯稿》蕃夷四之八五—八八

其國出獅子、貂、豹、狸、橐駝、犀、象。有火齊,如雲母而色紫,別之則薄如蟬翼,積之則如紗縠之重沓。有金剛,似紫石英,百煉不銷,可以切玉,出玼瑂、金、銅、鐵、鉛、錫。金縷織金罽、白疊、氍毹。又有旃檀、鬱金等香,甘蔗諸果、石蜜、胡椒、薑、黑鹽。西與大秦、安息交市海中,或至扶南、交趾貿易。多珊瑚、珠璣、琅玕。俗無簿籍。以齒貝爲貨。尤工幻化。丈夫致敬,極者舐足摩踵而致其辭。家有奇樂倡伎。其王與大臣多服錦罽。王爲螺髻於頂,餘髮翦之使短。丈夫翦髮,穿耳垂璫。俗皆徒跣,衣重白色。怯於鬥戰,有弓、箭、甲、矟,亦有飛梯、地道、木牛、流馬之法。有文字,善天文算曆之術。其人皆學《悉曇章》。書於貝多樹葉以記事。

(宋)樂史:《太平寰宇記》卷一八三《四夷·天竺國》

(天福)二年正月,詔西天中印土摩竭陁舍衛大菩提寺三藏阿闍黎沙門室利縛囉上軌,下刺。宜賜號弘梵大師。

(宋)王欽若等編纂:《冊府元龜》卷一七〇《帝王部》

周廣順三年,西天竺僧薩滿多等十六族來貢名馬。

(元)馬端臨:《文獻通考》卷三三八《四裔考十五》

(5) 大食

薔薇紅露,大食國花露也。五代時,以十五瓶入貢,厥後罕有至者。今則采茉莉爲之,然其水多僞,試之,當用琉璃瓶盛之,翻搖數四,其泡周上下爲真。

(宋)陳景沂:《全芳備祖》前集卷一七

薔薇露，五代時，蕃使蒲阿散以十五瓶獻。

（明）陳耀文：《天中記》卷三

《圍山叢談》：奉宸庫有玻璨母，若今之鐵滓塊，大小猶兒拳，或云柴世宗顯德間，大食國所貢。又云真廟朝物也。諸當以意用火煅而模寫之，但能作珂子狀，青紅白黃，隨其色而不克，自必也。

（清）陳元龍：《格致鏡原》卷三三

大食國進龍腦油，元宗秘愛。耿視之，曰：“此未爲佳。”以夾縑囊貯白龍腦數斤懸之，有頃，瀝液如注，香味逾於所進。

（宋）吳淑：《江淮異人錄》卷下

南唐女冠耿先生，鳥爪玉貌，獲寵於元宗。將誕之夕，震雷繞室，大雨河傾。半夜雷止，耿身不復孕。大食國進龍腦油，上所秘惜，先生見之曰：“此非佳者，當爲大家致之。”乃縫夾絹囊，貯白龍腦一斤，垂於棟上，以胡瓶盛之。有頃如注，上駭嘆不已，命酒泛之，味逾於大食國進者。又於元宗前掬雪爲銀鋌，投紅爐淬之，成，中金指痕猶在。又取宮妓箕中糞壤炒爲銀。開寶末，內庫尚有先生糞銀。炒小麥於銀釜成真珠。

（宋）李石：《續博物志》卷三